Rosenberger

罗森伯格汽车电子

作为全球领先的射频、光纤和高压连接解决方案提供商，罗森伯格深耕汽车电子领域二十余载，始终践行"在中国，为中国"的承诺，专注于车载高速数据传输与高压电力连接领域，提供从连接器到线束的一体化解决方案。罗森伯格深度参与国际及中国车载连接系统标准的制定工作，以技术创新推动行业发展，从传统燃油车到新能源汽车，从智能网联到自动驾驶，我们的连接解决方案已成功应用于众多主流车企的核心系统。

依托德国精密制造基因，罗森伯格在全球布局了14个汽车生产基地，包括在北京、上海、常州、昆山等地建立了现代化研发生产基地，构建起覆盖亚太地区的本地化研发、验证、制造和销售服务网络。未来，我们将继续以技术创新为驱动，快速响应客户需求，释放潜能，创领非凡。

随着汽车智能化与网联化的飞速发展，汽车以太网和Serdes技术正迎来前所未有的蓬勃机遇。如今，摄像头、雷达、显示屏等高性能配置在车辆中的应用日益普及，单个功能的性能标准也在不断提升。这种高性能化与多配置化的趋势，对传输介质提出了更为严苛的要求。罗森伯格凭借其领先的高速连接解决方案，全面覆盖了当前汽车高速传输技术协议。例如，H-MTD®和H-MTDe的诞生，不仅为汽车以太网的普及提供了强有力的技术支撑，更推动了行业的快速发展；而FAKRA、HFM®等同轴连接器以RosenbergerHSD®、H-MTD®等差分连接器的研发，则完美契合了汽车制造商对高速信号传输的多样化需求。罗森伯格将继续秉持创新精神，不断突破技术边界，以卓越的产品和服务推动行业进步，为消费者创造更加智能、便捷的出行体验。

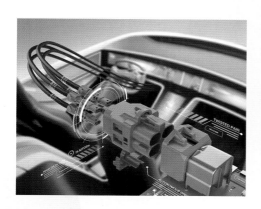

地址: 北京市顺义区空港工业区B区安祥街3号
网址: www.Rosenbergerap.com
邮箱: Auto@rosenberger.com.cn

Rosenberger

信息娱乐和显示器
Infotainment & Displays
- H-MTD®
- MTD®
- RosenbergerHPD®
- RosenbergerHSD®

传感器
Sensors
- H-MTD®
- MTD®
- FAKRA
- HFM®
- RMC®

传感器集群
Sensorcluster
- Multiheader
- H-MTD®
- MTD®
- HFM®
- FAKRA
- RMC®
- RosenbergerHSD®

摄像头
Cameras
- FAKRA
- HFM®
- RMC®

高性能计算（HPC）
High Performance Computing (HPC)
- Multiheader
- Scaleable Connector
- H-MTD®
- HFM®
- FAKRA
- RMC®
- RosenbergerHSD®

全球汽车标准 – 罗森伯格创新

FAKRA	RosenbergerHSD®	FAKRA SF	HFM®	H-MTD®
2000	2006	2007	2014	2017
Fachkreis Automobil 第一代汽车同轴连接器	High-Speed Data 高速数据连接器	Stamping & Forming FAKRA 冲压FAKRA	High-Speed FAKRA-Mini 高速小型 FAKRA	High-Speed Modular Twisted-Pair Data 高速模块化双绞线数据连接器
工作频率为≤6GHz的汽车同轴连接系统	工作频率为≤6GHz的汽车差分连接系统	工作频率为≤6GHz的汽车同轴连接系统	工作频率为≤20GHz的汽车同轴连接系统	工作频率为≤20GHz的汽车差分连接系统

汽车先进技术译丛
智能网联汽车系列

汽车高速通信技术

SerDes 与以太网技术在传感器和显示屏上的应用

［德］ 克尔斯滕·马特乌斯（Kirsten Matheus）
迈克尔·凯恩德尔（Michael Kaindl）　　著

中国信息通信研究院　组译
汪浩楠　方明锴　何　巍　李　巍　译

机 械 工 业 出 版 社

这本书全面介绍了面向汽车的新型 SerDes 和以太网高速通信解决方案。它涉及核心物理组件，如电缆、连接器或 PCB 设计，以及物理层处理、特定用例协议等。作者提供了关于各种技术选择的上下文和背景，其目的是帮助读者端到端地了解当前的生态系统。本书内容包括概述及背景、汽车应用案例、汽车环境、汽车电磁环境、汽车信道、电源、汽车 SerDes 技术、高速汽车以太网、相关标准和协议、测试和认证。本书适合汽车电子和通信工程师阅读使用，也适合车辆工程及相关专业师生阅读参考。

北京市版权局著作权合同登记　图字：01 - 2023 - 1837。

图书在版编目（CIP）数据

汽车高速通信技术：SerDes 与以太网技术在传感器和显示屏上的应用/（德）克尔斯滕・马特乌斯（Kirsten Matheus），（德）迈克尔・凯恩德尔（Michael Kaindl）著；汪浩楠等译. -- 北京：机械工业出版社，2025. 3. --（汽车先进技术译丛）（智能网联汽车系列）. -- ISBN 978 - 7 - 111 - 77790 - 8

Ⅰ. U463.67

中国国家版本馆 CIP 数据核字第 202595RT33 号

机械工业出版社（北京市百万庄大街 22 号　邮政编码 100037）
策划编辑：孙　鹏　　　　　　　责任编辑：孙　鹏
责任校对：贾海霞　王　延　　　封面设计：马若濛
责任印制：刘　媛
北京中科印刷有限公司印刷
2025 年 4 月第 1 版第 1 次印刷
169mm × 239mm · 25.75 印张 · 3 插页 · 529 千字
标准书号：ISBN 978-7-111-77790-8
定价：249.00 元

电话服务　　　　　　　　　　　网络服务
客服电话：010-88361066　　　机　工　官　网：www. cmpbook. com
　　　　　010-88379833　　　机　工　官　博：weibo. com/cmp1952
　　　　　010-68326294　　　金　书　网：www. golden-book. com
封底无防伪标均为盗版　　　机工教育服务网：www. cmpedu. com

作者简介

克尔斯滕·马特乌斯（Kirsten Matheus）**博士**

克尔斯滕·马特乌斯博士于 2009 年加入宝马公司（BMW），目前负责确保宝马公司内部标准化通信技术的及时可用性。她的工作对于保持宝马在高度竞争的汽车行业中的技术领先地位至关重要。通过她的努力，宝马能够更有效地整合和利用先进的通信技术，从而提升车辆的性能和客户满意度。

迈克尔·凯恩德尔（Michael Kaindl）

迈克尔·凯恩德尔于 1990 年加入宝马公司，并自此一直从事车载通信技术的工作。他见证了汽车行业通信技术的飞速发展，并积极参与了宝马多项车载通信系统的研发与实施。迈克尔的专业知识和丰富经验使他成为宝马在通信技术领域的宝贵资产，为公司的发展做出了显著贡献。

前　言

众所周知，汽车中电子系统和软件的数量持续增加。不仅越来越多的机械功能被电子功能所取代，而且通常由驾驶人执行的与驾驶相关的功能也被电子系统所替代或支持，同时为更精细和互联的娱乐信息系统提供了空间。

从我们的角度来看，所有这一切得以实现的一个最重要的基础设施元素是适合汽车的强大且稳健的通信技术集合，而我们正是这一技术的源头。我们（本书作者，后同）在宝马汽车内部负责车内通信技术的核心部门工作。因此，我们部门的职责涵盖了所有方面：提前预见和识别通信需求，开发和标准化适当的技术，验证和鉴定相应的半导体产品，编写如何在电子控制单元（ECU）和汽车电子电气（EE）架构中部署这些技术的需求规范，确保有可用的工具和测试规范，解决现场出现的意外错误等。

所有主要的汽车制造商都有类似的部门，负责类似的任务。一些汽车制造商，如宝马，早期就参与进来。其他汽车制造商可能稍晚一些。这些部门的共同之处是要对用于不同 ECU 之间通信的网络技术负责，这些技术包括 LIN、CAN、FlexRay（如果使用的话），以及最近的汽车以太网（尤其是100Mbit/s）。这些技术在行业中拥有广泛的公开知识基础，并且有各种标准化组织在维护和推进这些技术知识。

对于非常特定应用的技术、不属于网络部分的通信链路（通常称为"私有"通信链路），或者从一级供应商那里购买的封闭系统中的通信功能，情况并不那么直接明了。这些技术通常不是由一个统一的部门处理，而是分散在负责各个应用的团队。对于这些技术，几乎没有（实际上也没有公开的）技术描述和启用规格（如 EMC、信道、系统功能、测试等）的信息可供查阅。推动这些技术发展的行业联盟（由具有共同利益的成员组成）也很少见。

用于连接摄像头和显示屏的高速通信技术过去常常是这样的特定应用技术。这些技术通常被视为私有的点对点（P2P）链路，每辆车上的数量有限，且采用封闭系统提供，使用专有（如果不是模拟）的通信技术。因此，行业内一直缺乏推动共同努力的动力，直到现在。

我们看到有多种原因说明现在是时候承担责任并在行业内扩大知识基础了。

1）车内摄像头和显示屏的数量正在增加，同时连接它们的通信链路数量也在增加。

2）摄像头和显示屏应用的重要性和安全关键性正在增加。用于自动驾驶功能的摄像头图像的可靠性要求比用于低速停车操作的摄像头图像更高。数字仪表板或替代后视镜显示屏比显示变化相对较慢的地图数据的显示屏具有更高的安全关键性。

3）摄像头和显示屏链路的数据速率增加意味着技术挑战也随之增加，表现为信噪比（SNR）阈值降低和对链路损伤的敏感性增加。这要求更具体地了解如何使其正常工作。此外，不仅追求摄像头和显示屏更高的分辨率，也在讨论各种传感器更高的数据速率。

4）责任正在转移。汽车制造商开始从不同的一级供应商处购买摄像头和显示屏。随着这种变化，系统不再封闭，通信技术的责任也从一级供应商转移到了汽车制造商身上。

5）电子电气架构正在发生变化。汽车制造商正在探索区域架构，但到目前为止，由于缺乏合适通信技术支持的足够数据速率，这些架构不包括摄像头和显示屏的数据传输。汽车 SerDes 和以太网的新技术的发展为具有较少限制的架构选项提供了可能。

6）汽车 SerDes 和汽车以太网之间的界限变得模糊。对于未来的架构，这两种技术都支持足够的数据速率。通过正确的 IC 产品设计，未来的 SerDes 可以集成到以太网网络中，而以太网也可以解决摄像头和显示屏的应用问题。当这两种技术由不同部门处理时，如何有效地探索这一点？

7）汽车 SerDes 正在被标准化，这实际上为汽车行业的相关工作提供了一个官方的框架。

这些都是很好的理由，解释了为什么一些汽车制造商已经将摄像头和显示屏链路的责任转移到了中央车载通信技术部门。以我们为例，早在 2015 年，我们就已经承担了部分 SerDes 的责任。从那时起，我们进行了调查、学习、实践、收集，并渴望与大家分享。这本书就是我们的成果。它保持了技术的专业性。我们希望这本书能支持各阶段的初学者和专家，全面概述高速（HS）传感器和显示屏通信技术——汽车 SerDes 和高速汽车以太网。我们坚信合理的技术推理，并希望支持所有感兴趣的人得出自己的结论。

这是一本全新书籍的第一版，包含了许多新的内容。没有众多同事的协助，我们不可能以同样的质量完成它。他们耐心地回答了我们的所有或大或小的问题。在此，我们按字母顺序感谢以下同事：Heather Babcock（TI）、Kristian Baumann（BMW）、Bert Bergner（TE）、Andreas Brösse（BMW）、Vijay Ceekala（TI）、Jim Conder（Socionext）、Kamal Dalmia（Aviva Links）、Mario Heid（Omnivision）、Stefan Holzknecht（BMW）、Kilian Jacob（BMW）、Ariel Lasry（Qualcomm）、Balagopal Mayampurath（ADI）、Andy McLean（ADI）、Chanakya Metha（TI）、Thorsten Meyer（Valeo）、Roland Neumann（Inova）、Takashi Nishimura（SONY）、Jochen Schyma（NXP）、Anton Sifferlinger（BMW）、Luisma Torres（KDPOF）、Dirk Waldhauser（BMW）、Rick Wietfeldt（Qualcomm）、Conrad Zerna（Aviva Links）和 George Zimmerman（CME Consulting）。

特别感谢 Daniel Hopf（Continental）对全书进行了审阅和注释，他的努力使本书更加连贯和精确。

同时，我们也感谢宝马公司为我们提供了机会，让我们能够有所作为。

克尔斯滕·马特乌斯和迈克尔·凯恩德尔
2022 年 6 月

目 录

时间线

1886 年，卡尔·本茨（Carl Benz）被授予一项名为"以气体发动机驱动的车辆（Fahrzeug mit Gasmotorenbetrieb）"的专利[1]，并开始制造相同的汽车复制品。尽管在此之前已经建造了几辆机动车，但要实现成功的商业化仍需要几年的时间[2]，但 1886 年可以看作是商业汽车生产的起始年份。转速表在 1817 年被发明，并在 1840 年首次用于火车。目前尚不清楚它们何时首次用于汽车[3]。

1892 年，随着电报和电话业务的兴起，德国通过了第一部关于电磁兼容性（EMC）的法律[4]。

1902 年，德国工程师奥托·舒尔茨（Otto Schulze）发明了一种技术，该技术使用由磁体产生的涡流将车轮的旋转速度转换为表盘读数。直到 20 世纪 80 年代中期，几乎所有的汽车车速表都是基于这一技术的。到 1910 年，车速表已成为汽车的标准配置[5]。

1904 年，德国专利局收到了第一项关于雷达技术的专利，该专利名为"一种使用电磁波通知金属物体存在的方法"，该方法可以确定物体的距离[6]。

1908 年，福特 T 型车（Ford Model T）是第一条移动装配线上生产的第一款汽车[7]。

1917 年，燃油表发明[8]。

1927 年，德国通过了第一部关于高频无线电发射机的使用和安装的法律，该法律经过修改后一直实施到 1995 年[4]。

1930 年，第一台商业上成功的车载收音机开始销售[9]。

1931 年，国际照明委员会（Commission Internationale de l'Éclairage，CIE）通过红绿蓝（RGB）色彩空间定义了可见光谱中波长分布与感知颜色之间的第一个定量关系[10]。

1933 年，成立了国际无线电干扰特别委员会（Comité International Spécial des Perturbations Radioélectriques，CISPR），以制定欧洲地区的电磁兼容性（EMC）指导方针[4]。

1952 年，首次销售商业调频（FM）车载收音机。当时市场上主要使用的是调幅（AM）。

1956 年，第一套全自动移动电话系统的出现，允许使用公共电话网络在汽车中接听电话[11]。

1956 年 1 月，在别克 Centurion 概念车上，通用汽车（General Motors）的 Motorama 首次展示了倒车摄像头[12]。

1958 年 12 月，激光的发明被公之于众[13]。

1973 年，以太网被发明。以太网首次在施乐 PARC（Palo Alto Research Center）进行演示，以便在施乐的个人计算机工作站和激光打印机之间传输数据[14][15]。

1973 年，国际电工委员会（IEC）成立了一个特别技术委员会，为不同使用领域的电磁兼容性（EMC）制定规范[4]。

1974 年，第一个电荷耦合器件（CCD）图像传感器投入生产[16]。

1974 年 12 月，首次发布了"互联网传输控制协议（TCP）规范"[17]。

1976 年 9 月 9 日，JVC 的总裁展示了视频家庭系统（VHS）。从 1977 年开始，日本以外的其他市场也收到了首批产品[18][19]。

1979 年，阿斯顿·马丁（Aston Martin）推出了配备一系列 LED 屏幕的 Lagonda[20]。

1979 年 6 月，国际标准化组织（ISO）发布了 7 层开放系统互连（OSI）模型[21]。相应的委员会于 1977 年成立[22]。

1980 年 12 月，电气和电子工程师协会（IEEE）启动了 802.3 工作组，专门研究 CSMA/CD（以太网）[23]。

1981 年，本田发布了第一款商用车载导航系统"Electro Gyro-Cator"，它通过跟踪从起点行驶的距离和方向来提供指导[24]。

1982 年，飞利浦半导体（现为 NXP 半导体）开发了 Inter-IC 总线（I2C）[25]。

1982 年 1 月 26 日，作为第一家汽车制造商，丰田在其量产车型中提供了基于声呐的倒车停车系统[26]。

1982 年 10 月，日本首次销售了商用 CD 播放器（由索尼推出）[27]。

1983 年，Macrovision 为 VHS 录像带引入了模拟内容保护技术[28]。

1985 年，首款出厂预装的车载 CD 播放器问世[9]。

1986 年，柯达开发出了第一台能够记录 140 万像素的数码相机，它使用了 CCD 成像器[29]。

1986 年，别克 Riviera 可能是首款配备触摸屏的量产车型[20]。

1986 年 2 月，飞利浦半导体（现为 NXP 半导体）首次发布了 I2S 音频总线接口规范[30]。

1987 年，丰田销售了其 Royal Crown 车型，该车为其基于 CD 的导航系统配备了彩色显示屏[20]。

1988 年，成立了运动图像专家组（MPEG），用于开发音频和视频等媒体数据的编码表示标准[31]。

1988 年 11 月，由 NEC 倡议，成立了视频电子标准协会（现在仅使用其缩写"VESA"），以标准化视频显示接口[32]。该组织于 1989 年 7 月成立[33]。

1989 年 10 月，TCP/IP 互联网协议套件被发布为"Internet 主机要求——通信层"，RFC 1122[34] 和"Internet 主机要求——应用与支持"，RFC 1123[35]。

1989/1990 年，万维网（www）在 CERN 被发明[36]。

1990 年，开发了 CMOS 有源像素传感器[37]。

1990 年，马自达推出了其 Eunos Cosmo 车型，该车型配备了仪表板内的彩色显示屏，作为第一款基于 GPS 的导航系统[20]。

1990 年 9 月，IEEE 802.3 批准了以太网规范 10BASE-T[15]，据称以太网因此赢得了与其他技术的竞争[14]。

1992 年，第一款带有触摸屏的"智能"手机 IBM Simon 开始商业化销售[38]。

1992 年 9 月 18 日，国际电信联盟（ITU）发布了联合图像专家组（JPEG）压缩格式的推荐 T. 81[39]。

1994 年 6 月，汽车电子委员会（AEC）首次发布了 AEC-Q100 规范，该规范针对集成电路的汽车质量[40]。

1994 年，美国国家半导体公司（现为德州仪器）推出了低压差分信号（LVDS）技术[41]，该技术随后被发布为 ANSI/TIA/EIA-644-1995 标准[42]，并在 1996 年 7 月作为 IEEE 1596.3 标准发布[43]。该标准最初支持的数据速率是 655Mbit/s。

1995 年，国际标准化组织/国际电工委员会（ISO/IEC）发布了向后兼容的 MPEG-2 音频规范（MPEG-2 第三部分）——通常被称为 MP3——并增加了额外的比特率和采样率[44]。

1995 年 12 月 8 日，东芝、松下、索尼、飞利浦、时代华纳、先锋、JVC、日立和三菱电机宣布他们就统一的 DVD 格式达成了协议[45]。

1996 年，国际标准化组织/国际电工委员会（ISO/IEC）发布了 MPEG-2 视频（MPEG-2 第二部分）规范，该规范被用于 DVD 标准等其他应用中。国际电信联盟（ITU）也发布了相应的 H. 262 规范[46]。

1996 年，美国国家半导体公司（现为德州仪器）开发了第一个 FPD-link 规范，并发布了该规范以实现大规模的市场接受[47]。

1996 年 11 月 5 日，惠普和微软提出了针对显示屏、打印机和万维网的标准 RGB（sRGB）色彩空间[48]。1999 年，国际电工委员会（IEC）将其作为 IEC 61966-2-1：1999 标准发布[49]。

1997 年，IEEE 802.3x 标准发布，支持以太网的全双工操作[50]。

1998 年，IEEE 802.1Q 标准首次发布，该标准除了其他功能外，还为以太网通信添加了八个优先级队列和虚拟局域网（VLANs）的选项[51]。

1998 年，戴姆勒推出了第一款基于雷达的自适应速度驾驶辅助系统[52]。

1998 年 10 月 28 日，美国总统比尔·克林顿签署了《数字千年版权法案》（DMCA），为互联网上的版权侵权行为提供了起诉的基础。之后，该法案在其他国家和地区也得到了类似的采纳[53]。

1999 年 5 月，Napster 推出了其"与所有人免费分享"的平台。这得益于互联网和音频压缩标准的结合。它不可逆地改变了媒体行业和媒体消费方式，一直持续到 2001 年 2 月[54]。

1999 年 5 月，第一款带有内置相机的手机——京瓷 VP-210，开始向公众销售[55]。

1999 年 4 月 2 日，数字显示工作组（DDWG）发布了数字视频接口（DVI），该接口专注于为计算机和显示设备之间提供标准化的连接[56]。

1999 年 5 月 13 日，美国国家半导体公司（现为德州仪器）发布了开放 LVDS 显示屏接口（OpenLDI）规范 v.0.95，作为一个开放标准，以完善视频源和显示设备之间的数字连接[57]，这是从 LVDS 技术开始的。

2000 年，日产英菲尼迪 Q45 开始提供系列生产的倒车摄像头/后置摄像头。这被认为启动了倒车摄像头市场[12]。

2000 年 2 月 17 日，英特尔发布了高带宽数字内容保护（HDCP）规范 1.0 版，旨在防止高清视频内容的录制和分发[58]。在接下来的几年里，许多内容提供商都强制要求支持此规范。

2001 年 11 月，宝马 7 系开始生产，采用了中央仪表板安装的显示屏，用于用户信息和交互（加上 "iDrive"）[59]。人们经常认为，是宝马首次将此类屏幕作为汽车交互的中心枢纽，使其成为标准功能[60]。这款汽车也是第一款使用数字视频链接连接显示屏的汽车：FPD-link 被用于连接后座娱乐（RSE）显示屏。

2002 年 12 月 9 日，由七家创始成员日立、松下、飞利浦、Silicon Image、索尼、汤姆逊和东芝宣布了 HDMI 1.0 连接标准[61]（现在是 Lattice、Maxell、松下、飞利浦、索尼、Technicolor 和东芝[62]）。

2003 年，首次发布了 ISO/IEC 14496-10 标准，也被称为 MPEG-4 高级视频编码（AVC）或 ITU H.264[63]。

2003 年 7 月，ARM、诺基亚、意法半导体和德州仪器（TI）成立了移动产业处理器接口联盟（现在仅使用其缩写 "MIPI"），以定义降低复杂性和成本的同时保持灵活性的手机标准[64]。

2003 年 8 月 4 日，作为德国的第一个地区，柏林停止了模拟地面电视广播，转而采用数字视频广播地面（DVB-T）进行数字广播[65]。这是全球过渡的一个范例日期。到 2017 年，全球数字地面电视广播分为四种主要技术：DVB-T2、综合业务数字广播（ISDB）、高级电视系统委员会（ATSC）或数字地面媒体广播（DTMB）[66]。

2004 年 7 月，IEEE 启动了允许在以太网中添加服务质量（QoS）功能的标准的开发[67]。这最初被称为音频视频桥接（AVB），在 2005 年转移至 IEEE 802.1[68]，并在 2012 年更名为时间敏感网络（TSN）[69]。

2005 年，首次发布了 MIPI CSI-2 和 DSI-2 规范[70][71]。

2006 年 5 月，发布了第一个 VESA DisplayPort 规范 v1.0[72][73]。第一个嵌入式 DisplayPort（eDP）规范在 2008 年 12 月发布[74]。

2007 年，日产（Nissan）通过其英菲尼迪（Infiniti）EX35 推出了第一款全景摄像头系统[75]。

2008 年 10 月，首辆使用以太网作为通信技术的量产车型开始生产。宝马 7 系使用 100BASE-TX 以太网作为诊断接口，采用非屏蔽双绞线（UTP）布线，并且使用屏蔽双绞线（STP）布线连接前车单元（HeadUnit，HU）和后排座椅娱乐系统（RSE）[76]。

2010 年，IEEE 802.3 发布了关于节能以太网（EEE）的 802.3az 规范[50]。这是在交换式以太网系统中节省能源的重要一步。后来，该规范被单独应用于每个通信方向，特别适用于高度不对称通信的情况。

2011 年 10 月，HDMI 的创始成员创建了 HDMI 论坛，以便让所有感兴趣的公司都能成为开发过程不可或缺的一部分[77]。

2013 年 9 月，首辆使用"汽车以太网"的量产车型开始生产。宝马 X5 使用 BroadR-Reach 和单根 UTP 线连接摄像头到全景摄像头系统[76]。该技术于 2015 年 10 月 26 日由 IEEE 批准为 IEEE 802.3bw/100BASE-T1 以太网[78]。

2014 年 9 月 30 日，ISO 17215 规范系列"道路车辆——摄像头视频通信接口（VCIC）"发布，定义了以太网作为通信接口[79]。

2015 年 12 月 12 日，《联合国气候变化框架公约》（UNFCCC）通过了所谓的《巴黎协定》。其目标是将全球变暖限制在比工业化前水平高出 2℃（理想情况下为 1.5℃）以下[80]，这导致汽车行业面临严格的二氧化碳减排目标。

2016 年 11 月 10 日，IEEE 802.3 提出并批准了征集兴趣书（CFI），这标志着为标准化后来在汽车环境中使用的 MultiGBASE-T1 以太网（支持 2.5、5 和 10Gbit/s 的数据速率）的努力开始[81]。

2016 年 12 月，IEEE 802.3 发布了关于数据线供电（PoDL）的 IEEE 802.3bu 规范[50]。尽管这一规范针对的是单对 100Mbit/s 和 1Gbit/s 汽车以太网技术，但它为更高的数据速率设定了一个重要的起点。

2017 年 1 月，MIPI 联盟完成了其 I3C 规范 v1.0。同年 12 月发布了公开版本[82]。

2018 年，奥迪 A8 成为首款配备激光雷达（Lidar）的量产车型[83]。然而，在随后移除激光雷达后[84]，小鹏 P5 可能正确地宣称自己在 2021 年 12 月再次成为首款配备激光雷达的车型[85]。

2018 年 8 月 2 日，MIPI 联盟宣布了其 A-PHY 的标准化[86]。

2019 年 5 月，成立了汽车 SerDes 联盟（ASA）[87]。

2019 年 7 月，在 IEEE 802.3 上提出并接受了针对汽车适用的多 Gbit/s 光学以太网 PHY 技术的征集兴趣书（CFI）[88]。

2020 年 6 月，IEEE 802.3 发布了 IEEE 802.3ch/MultiGBASE-T1 规范，用于在汽车环境中通过单根双绞线进行 2.5、5 和 10Gbit/s 的传输[50]。尽管该规范仅允许对称数据速率，但 EEE 功能可以针对每个方向单独激活。

2020 年 6 月 24 日，"大于 10Gbit/s 的电气汽车以太网 PHY 任务组（TF）"在 IEEE 802.3 举行了首次会议[89]。虽然讨论了能够非对称使用该技术的属性，但仅通过非对称应用 EEE 功能来坚持这一点。

2020 年 7 月 14 日，多千兆位光学汽车以太网 TF 在 IEEE 802.3 举行了其首次 TF 会议[90]。

2020 年 9 月 15 日，MIPI 宣布发布其 MIPI A-PHY 规范 1.0[91]。

2020 年 10 月 13 日，汽车 SerDes 联盟宣布完成了其 ASA Motion Link 规范 1.01 的定稿[87]。

参 考 文 献

[1] C. Benz, "Fahrzeug mit Gasmotorenbetrieb". Mannheim Patent 37435, 19 January 1886.

[2] Daimler, "1886–1920. Anfänge des Automobils," not known. [Online]. Available: *https://www.daimler.com/konzern/tradition/geschichte/1886-1920.html.* [Accessed 26 January 2021].

[3] P. Fears, "The History of the Tachometer," Cearbont Automotive Instruments, 17 February 2017. [Online]. Available: *https://www.caigauge.com/blog/the-history-of-the-tachometer.* [Accessed 12 March 2021].

[4] D. E. Möhr, "Was ist eigentlich EMV? - Eine Definition," not known. [Online]. Available: *http://www.emtest.de/de/what_is/emv-emc-basics.php* (no longer available). [Accessed 6 May 2020].

[5] N. Berg, "Great Inventions: The Speedometer," Hagerty, 6 July 2020. [Online]. Available: *https://www.hagerty.com/media/automotive-history/great-inventions-the-speedometer/.* [Accessed 2 April 2021].

[6] W. Holpp, "Geschichte des Radars," 2004. [Online]. Available: *https://www.100-jahre-radar.fraunhofer.de/index.html?/content_gdr1.html.* [Accessed 2 February 2022].

[7] History.com, "Model T," 2 May 2019. [Online]. Available: *https://www.history.com/topics/inventions/model-t.* [Accessed 7 February 2021].

[8] K. Kupchik, "10 Inventions That Changed Cars Forever," 2 July 2014. [Online]. Available: *https://www.zaloomsautorepair.com/blog/10-inventions-that-changed-cars-forever.* [Accessed 3 April 2021].

[9] J. Berkowitz, "The History of Car Radios," Car And Driver, 25 October 2010. [Online]. Available: *https://www.caranddriver.com/features/a15128476/the-history-of-car-radios/.* [Accessed 7 February 2021].

[10] T. Smith and J. Guild, "The C.I.E Colorimetric Standards and their Use," Transactions of the Optical Society, vol. 33, no. 3, pp. 73–134, 1931.

[11] Not known, "Facts about the Mobile. A Journey through Time.," about 2007. [Online]. Available: *https://web.archive.org/web/20100813122017/; http://www.mobilen50ar.se/eng/FaktabladENGFinal.pdf.* [Accessed 7 February 2021].

[12] N. Andreev, "A Brief History of Car Parking Technology," Confused.com, 13 June 2018. [Online]. Available: *https://www.confused.com/on-the-road/gadgets-tech/parking-technology-brief-history#* (no longer available). [Accessed 13 March 2021].

[13] A. Chodos and J. Ouellette, "December 1958: Invention of the Laser," December 2003. [Online]. Available: *https://www.aps.org/publications/apsnews/200312/history.cfm.* [Accessed 3 February 2022].

[14] R. M. Metcalfe, "The History of Ethernet," 14 December 2006. [Online]. Available: *https://www.youtube.com/watch?v=g5MezxMcRmk*. [Accessed 6 May 2020].

[15] C. E. Surgeon, Ethernet: The Definite Guide, Sebastopol, CA: O'Reilly, 2000, February.

[16] Wikipedia, "Charge-Coupled Device," 9 August 2021. [Online]. Available: *https://en.wikipedia.org/wiki/Charge-coupled_device*. [Accessed 22 October 2021].

[17] Wikipedia, "Internet Protocol Suite," 30 June 2013. [Online]. Available: *http://en.wikipedia.org/wiki/Internet_protocol_suite*. [Accessed 5 July 2013].

[18] Museum of Arts and Design, "Film Series/VHS," 2012. [Online]. Available: *https://www.madmuseum.org/series/vhs*. [Accessed 15 March 2022].

[19] total rewind, "JVC HR-3300," 1978. [Online]. Available: *https://www.totalrewind.org/vhs/H_3300.htm*. [Accessed 15 March 2022].

[20] M. Bubbers, "Shift From Huge In-car Screens May be Under Way – but First They'll get Bigger," The Globe and Mail, 2 May 2018. [Online]. Available: *https://www.theglobeandmail.com/drive/culture/article-shift-from-huge-in-car-screens-may-be-under-way-but-first-theyll/*. [Accessed 12 March 2021].

[21] W. Stallings, "The Origin of OSI," 1998. [Online]. Available: *http://williamstallings.com/Extras/OSI.html*. [Accessed 6 May 2020].

[22] A. L. Russel, "OSI: The Internet That Wasn't," 30 July 2013. [Online]. Available: *http://spectrum.ieee.org/computing/networks/osi-the-internet-that-wasnt*. [Accessed 6 May 2020].

[23] U. v. Burg and M. Kenny, "Sponsors, Communities, and Standards: Ethernet vs. Token Ring in the Local Area Networking Business," Industry and Innovation, vol. 10, no. 4, pp. 351–375, December 2003.

[24] CNN, "Japanese Inventions that Changed the Way we Live," 30 June 2017. [Online]. Available: *https://edition.cnn.com/2017/06/13/world/gallery/japanese-inventions-changed-how-we-live/index.html*. [Accessed 13 March 2021].

[25] Arrow, "What is I2C? How Inter-Integrated Circuits Work," 4 February 2019. [Online]. Available: *https://www.arrow.com/en/research-and-events/articles/what-is-i2c-how-inter-integrated-circuits-work*. [Accessed 15 May 2022].

[26] Toyota, "Toyota Corona Undergoes full Model Change," 26 January 1982. [Online]. Available: *https://global.toyota/en/detail/7675511*. [Accessed 1 February 2022].

[27] Sony, "Product & Technology Milestones, Home Audio," 2022, continuously updated. [Online]. Available: *https://www.sony.com/en/SonyInfo/CorporateInfo/History/sonyhistory-a.html*. [Accessed 15 March 2022].

[28] Wikipedia, "Macrovision," 17 Oktober 2019. [Online]. Available: *https://de.wikipedia.org/wiki/Macrovision*. [Accessed 2 November 2021].

[29] M. Bellis, "The History of the Digital Camera," ThoughtCo, 29 March 2020. [Online]. Available: *https://www.thoughtco.com/history-of-the-digital-camera-4070938*. [Accessed 14 March 2021].

[30] Philips Semiconductors, "I2S specification," 5 June 1996. [Online]. Available: *https://web.archive.org/web/20070102004400/http://www.nxp.com/acrobat_download/various/I2SBUS.pdf*. [Accessed 18 April 2022].

[31] MPEG, "MPEG," 2022, continuously updated. [Online]. Available: *https://www.mpeg.org/*. [Accessed 16 March 2022].

[32] M. Brownstein, "NEC forms Video Standards Group," 14 November 1988. [Online]. Available: *https://books.google.de/books?id=wTsEAAAAMBAJ&pg=PT2*. [Accessed 20 March 2022].

[33] Wikipedia, "Video Electronics Standards Association," 29 April 2022. [Online]. Available: *https://en.wikipedia.org/wiki/Video_Electronics_Standards_Association*. [Accessed 30 April 2022].

[34] R. Braden, "RFC 1122," October 1989. [Online]. Available: *http://tools.ietf.org/pdf/rfc1122.pdf*. [Accessed 23 June 2013].

[35] R. Braden, "RFC 1123," October 1989. [Online]. Available: *tools.ietf.org/pdf/rfc1123.pdf*. [Accessed 26 June 2013].

[36] P. Barford, "The World Wide Web," University of Wisconsin, 11 September 2008. [Online]. Available: *https://pages.cs.wisc.edu/~pb/640/web.ppt*. [Accessed 6 May 2020].

[37] Wikipedia, "Active Pixel Sensor," 22 September 2021. [Online]. Available: *https://de.wikipedia.org/wiki/Active_Pixel_Sensor*. [Accessed 17 October 2021].

[38] Georgia Southern University, Colleague of Arts and Humanities, "Future Phonics, History of Phones," (not known). [Online]. Available: *https://georgiasouthern.libguides.com/c.php?g=612229&p=4545365*. [Accessed 16 April 2022].

[39] Joint Photographic Experts Group, "Information technology – Digital Compression and Coding of Continuous-tone Still Images – Requirements and Guidelines," International Telecommunication Union, Geneva, 1992.

[40] Automotive Electronics Council, "AEC History," not known. [Online]. Available: *http://www.aecouncil.com/AECHistory.html*. [Accessed 6 May 2020].

[41] M. Defossez, "Xilinx D-PHY Solutions," 1 February 2021. [Online]. Available: *https://docs.xilinx.com/v/u/en-US/xapp894-d-phy-solutions*. [Accessed 2022 18 April].

[42] L. Davis, "RS-644 Bus," 1998. [Online]. Available: *http://www.interfacebus.com/Design_Connector_RS644.html*. [Accessed 30 December 2021].

[43] IEEE, "1596.3-1996 – IEEE Standard for Low-Voltage Differential Signals (LVDS) for Scalable Coherent Interface (SCI)," IEEE, New York, 1996.

[44] ISO, "ISO 13818-3:1995 – Information Technology - Generic Coding of Moving Pictures and Associated Audio Information – Part 3: Audio," ISO, Geneva, 1995.

[45] Toshiba, "DVD Format Unification," 8 December 1995. [Online]. Available: *https://web.archive.org/web/19970501192002/http://www.toshiba.co.jp/about/press/1995_12/pr0802.htm*. [Accessed 15 March 2022].

[46] Wikipedia, "MPEG-2," 17 February 2022. [Online]. Available: *https://en.wikipedia.org/wiki/MPEG-2*. [Accessed 15 March 2022].

[47] Wikipedia, "FPD-Link," 9 December 2020. [Online]. Available: *https://en.wikipedia.org/wiki/FPD-Link*. [Accessed 27 March 2021].

[48] M. Stokes, M. Anderson, S. Chandrasekar and R. Motta, "A Standard Default Color Space for the Internet – sRGB," 5 November 1996. [Online]. Available: *https://www.w3.org/Graphics/Color/sRGB.html*. [Accessed 13 March 2022].

[49] International Electrotechnical Commission, "IEC 61966-2-1:1999 Multimedia Systems and Equipment - Colour Measurement and Management – Part 2-1: Colour Management – Default RGB Colour Space – sRGB," International Electrotechnical Commission, Geneva, 1999.

[50] Wikipedia, "IEEE 802.3," 29 December 2020. [Online]. Available: *https://en.wikipedia.org/wiki/IEEE_802.3*. [Accessed 7 February 2021].

[51] IEEE 802.1, "802.1Q- IEEE Standards for Local and Metropolitan Area Networks: Virtual Bridged Local Area Networks," IEEE Communication Society, New York, 1998.

[52] H. H. Meinel, "Evolving Automotive Radar – from the very Beginnings into the Future," in: The

8th European Conference on Antennas and Propagation, The Hague, 2014.

[53]　Wikipedia, "Digital Millenium Copyright Act," 28 March 2022. [Online]. Available: *https:// en.wikipedia.org/wiki/Digital_Millennium_Copyright_Act*. [Accessed 26 June 2022].

[54]　T. Lamont, "Napster: the Day the Music Was Set Free," 24 February 2013. [Online]. Available: *https://www.theguardian.com/music/2013/feb/24/napster-music-free-file-sharing*. [Accessed 6 May 2020].

[55]　J. Callaham, "The First Camera Phone was Sold 21 Years Ago, and it's not What You Might Expect," Android Authority, 1 June 2021. [Online]. Available: *https://www.androidauthority.com/ first-camera-phone-anniversary-993492/*. [Accessed 14 March 2021].

[56]　Digital Display Working Group, "Digital Visual Interface DVI," 2 April 1999. [Online]. Available: *https://web.archive.org/web/20120813201146/http://www.ddwg.org/lib/dvi_10.pdf*. [Accessed 20 April 2022].

[57]　National Semiconductors, "Open LVDS Display Interface (OpenLDI) specification v0.95," 13 May 1999. [Online]. Available: *https://glenwing.github.io/docs/OpenLDI-0.95.pdf*. [Accessed 16 April 2021].

[58]　Wikipedia, "High-bandwidth Digital Content Protection," 12 June 2022. [Online]. Available: *https://en.wikipedia.org/wiki/High-bandwidth_Digital_Content_Protection*. [Accessed 27 June 2022].

[59]　7-forum.com, "Das iDrive System im neuen 7er," 7 March 2008. [Online]. Available: *https://www. 7-forum.com/modelle/e65/idrive.php*. [Accessed 12 March 2021].

[60]　D. Homer, "The First Car With a Touchscreen Came Out in the '80s," MotorBiscuit, 1 January 2021. [Online]. Available: *https://www.motorbiscuit.com/the-first-car-with-a-touchscreen-came-out-in-the-80s/*. [Accessed 12 March 2021].

[61]　R.L. Maestra, "HDMI - A Digital Interface Solution," 26 July 2006. [Online]. Available: *https:// web.archive.org/web/20160530220657/http://www.hdtvmagazine.com/articles/2006/07/hdmi_ part_1_-_a.php*. [Accessed 27 December 2021].

[62]　HDMI, "HDMI Founders," 2021. [Online]. Available: *https://www.hdmi.org/adopter/founders*. [Accessed 27 December 2021].

[63]　ISO/IEC, "ISO/IEC 14496-10:2004 Information Technology – Coding of Audio Visual Objects – Part 10: Advanced Video Coding," 2004. [Online]. Available: *https://www.iso.org/standard/40890. html*. [Accessed 18 March 2022].

[64]　R. Merritt, "Mobile Chip Interface Gets Real," 13 February 2006. [Online]. Available: *https:// www.eetimes.com/mobile-chip-interface-gets-real/*. [Accessed 28 November 2021].

[65]　N. Jurran, "Berlin: Die Antenne ist tot, es lebe die Antenne!," 4 August 2003. [Online]. Available: *https://www.heise.de/newsticker/meldung/Berlin-Die-Antenne-ist-tot-es-lebe-die-Antenne-82989. html*. [Accessed 1 January 2022].

[66]　R. A. Trappe, "DTV Status," 26 June 2017. [Online]. Available: *http://es.dtvstatus.net/*. [Accessed 04 January 2022].

[67]　R. Brand, S. Carlson, J. Gildred, S. Lim, D. Cavendish and O. Haran, "Residential Ethernet, IEEE 802.3 Call for Interest," July 2004. [Online]. Available: *https://grouper.ieee.org/groups/802/3/ re_study/public/200407/cfi_0704_1.pdf*. [Accessed 6 May 2020].

[68]　IEEE 802.3, "IEEE 802.3 Residential Ethernet Study Group Homepage," 10 January 2006. [Online]. Available: *https://grouper.ieee.org/groups/802/3/re_study/*. [Accessed 6 May 2020].

[69]　IEEE 802.1, "802.1 Plenary –11/2012 San Antonio Closing," November 2012. [Online]. Available:

https://www.ieee802.org/1/files/public/minutes/2012-11-closing-plenary-slides.pdf.
[Accessed 6 May 2020].

[70]   Wikipedia, "Camera Serial Interface," 8 December 2021. [Online]. Available: *https://en.wiki pedia.org/wiki/Camera_Serial_Interface.* [Accessed 14 April 2022].

[71]   MIPI Alliance, "An Overview of MIPI's Standardized In-vehicle Connectivity Framework for High-Performance Sensors and Displays," August 2021. [Online]. Available: *https://www.mipi. org/mipi-white-paper-introductory-guide-mipi-automotive-serdes-solutions-mass.* [Accessed 14 April 2022].

[72]   Hewlett Packard, "An Overview of Current Display Interfaces," March 2011. [Online]. Available: *http://h10032.www1.hp.com/ctg/Manual/c01285675.* [Accessed 28 December 2021].

[73]   Wikipedia, "DisplayPort," 12 March 2022. [Online]. Available: *https://en.wikipedia.org/wiki/ DisplayPort#Display_Stream_Compression.* [Accessed 20 March 2022].

[74]   C. Wiley, "eDP Embedded DisplayPort The New Generation Digital Display Interface for Embedded Applications," 6 December 2010. [Online]. Available: *https://www.vesa.org/wp-content/ uploads/2010/12/DisplayPort-DevCon-Presentation-eDP-Dec-2010-v3.pdf.* [Accessed 7 June 2022].

[75]   M. Jerome, "Nissan to Bring Around-View Monitor to Infiniti EX35," Wired, 16 October 2007. [Online]. Available: *https://www.wired.com/2007/10/nissan-to-bring/.* [Accessed 3 April 2021].

[76]   K. Matheus and T. Königseder, Automotive Ethernet, Third Edition, Cambridge: Cambidge University Press, 2021.

[77]   HDMI Forum, "Questions about the HDMI Forum: Why Create an Open Organization Now," 2021. [Online]. Available: *https://hdmiforum.org/about/faq/.* [Accessed 27 December 2021].

[78]   IEEE Computer Society, "802.3bw-2015 – IEEE Standard for Ethernet Amendment 1 Physical Layer Specifications and Management Parameters for 100 Mb/s Operation over a Single Balanced Twisted Pair Cable (100BASE-T1)," IEEE-SA, New York, 2015.

[79]   ISO, "ISO 17215-(1-4):2014 Road Vehicles – Video Communication Interface for Cameras (VCIC) Part 1-4," ISO, Geneva, 2014.

[80]   Wikipedia, "Paris Agreement," 30 April 2020. [Online]. Available: *https://en.wikipedia.org/wiki/ Paris_Agreement.* [Accessed 9 May 2020].

[81]   S. Carlson, H. Zinner, K. Matheus, N. Wienckowski and T. Hogenmüller, "CFI Multi-Gig Automotive Ethernet PHY," 9 November 2016. [Online]. Available: *https://www.ieee802.org/3/ad_hoc/ ngrates/public/16_11/20161108_CFI.pdf.* [Accessed 6 May 2020].

[82]   R. Wilson, "MIPI Makes Market Push for I3C Sensor Interface," Electronics Weekly, 14 December 2017. [Online]. Available: *https://www.electronicsweekly.com/news/mipi-makes-market-push-i3c-sensor-interface-2017-12/.* [Accessed 15 May 2022].

[83]   P. E. Ross, "The Audi A8: the World's First Production Car to Achieve Level 3 Autonomy," IEEE Spectrum, 11 July 2017. [Online]. Available: *https://spectrum.ieee.org/the-audi-a8-the-worlds-first-production-car-to-achieve-level-3-autonomy.* [Accessed 7 June 2022].

[84]   F. Greis, "1000 Meilen – wenig Säulen, Lidar wird nicht mehr benötigt," golem.de, 5 September 2019. [Online]. Available: *https://www.golem.de/news/langstreckentest-im-audi-e-tron-1-000-meilen -wenig-saeulen-1909-143640-5.html.* [Accessed 25 March 2022].

[85]   Pandaily, "XPeng P5, the World's First Production Lidar Car, Rolls off Assembly Line," 20 October 2021. [Online]. Available: *https://pandaily.com/xpeng-p5-the-worlds-first-production-lidar-car-rolls-off-assembly-line/.* [Accessed 3 February 2022].

[86]   MIPI Alliance, "MIPI Alliance to Advance Autonomous Driving, other Automotive Applications

with New Data Interface Specifications at 12-24 Gbps and Beyond," 2 August 2018. [Online]. Available: *https://www.mipi.org/mipi-to-advance-autonomous-driving-other-automotive-applications*. [Accessed 29 March 2021].

[87]　S. Brunner, "Automotive SerDes Alliance (ASA) Completes the First Automotive SerDes Standard with Integrated Security," Automotive SerDes Alliance, 13 October 2020. [Online]. Available: *https://auto-serdes.org/news/automotive-serdes-alliance-asa-completes-the-first-automotive-serdes-standard-with-integrated-security-325/*. [Accessed 28 March 2021].

[88]　C. Pardo, H. Goto, T. Nomura and B. Grow, "Automotive Optical Multi Gig Call For Interest Consensus Presentation," July 2019. [Online]. Available: *https://www.ieee802.org/3/cfi/0719_1/CFI_01_0719.pdf*. [Accessed 29 March 2021].

[89]　IEEE 802.3, "Homepage of the IEEE 802.3 Greater than 10 Gb/s Electrical Automotive Ethernet PHYs Task Force," 2020, continuously updated. [Online]. Available: *https://www.ieee802.org/3/cy/public/jun20/index.html*. [Accessed 7 September 2020].

[90]　IEEE 802.3, "Homepage of the IEEE 802.3 Multi-Gigabit Optical Automotive Ethernet Task Force," 2020, continuously updated. [Online]. Available: *https://www.ieee802.org/3/cz/public/index.html*. [Accessed 6 September 2020].

[91]　MIPI Alliance, "MIPI Alliance Releases A-PHY SerDes Interface for Automotive," 15 September 2020. [Online]. Available: *https://www.mipi.org/MIPI-Alliance-Releases-A-PHY-SerDes-Interface-for-Automotive*. [Accessed 28 March 2021].

缩略语与术语

缩写	意义	解释
1PPODL	One Pair Power Over Data Line 单对数据线供电	IEEE 802.3bu 的研究组名称
2D	2- Dimensional 二维	
3D	3- Dimensional 三维	
4PPoE	Four Pair Power over Ethernet 四对以太网线供电	IEEE 802.3bt 2018 标准，针对电缆，由四对双绞线组成
8P8C	8 Positions 8 Contacts 8 个位置 8 个触点	IEC 60603-7 中指定的模块化连接器
μ	micro 微	
μC	MicroController 微型控制器	
A	Ampere 安培	
A2B	Automotive Audio Bus 汽车音响总线	来自 ADI 的通信接口
AC	Alternating Current 交流电	
ACC	Adaptive Cruise Control 自适应巡航控制	
ACK	ACKnowledge 确认	
ACMD	A- PHY Control and Management Database A- PHY 控制和管理数据库	
ACMP	A- PHY Control and Management Protocol A- PHY 控制和管理协议	
AD	Autonomous Driving 自动驾驶	
ADAS	Advanced Driver ASsist or Advanced Driver Assistance System 高级驾驶辅助系统或高级驾驶人辅助系统	
ADC	Analogue to Digital Converter or Conversion 模数转换器或模数转换	

（续）

缩写	意义	解释
ADI	Analog Devices 模拟设备	
AEB	Automated Emergency Braking 自动紧急制动	
AEC	Automotive Electronic Council 汽车电子委员会	专注于汽车行业电子部件资格标准化的组织
AFDX	Avionics Full-Duplex Switched Ethernet 航空全双工交换以太网	航空航天行业中使用的以太网协议
AGC	Adaptive Gain Control 自适应增益控制	
AIAG	Automotive Industry Action Group 美国汽车工业行动集团	
ALEI	Adaptation Layer Extended Information 适应层扩展信息	作为 IEEE 2977 DLL 包的一部分
ALSE	Absorber-Lined Shielded Enclosure 吸收线屏蔽围栏	在 ISO 11452-2 中有描述
AM	Amplitude Modulation 幅度调制	用于接收短波、中波和长波频段的模拟无线电
AMEC	Automatable Module Ethernet Connector 可自动化模块以太网连接器	
AML	ASA Motion Link ASA 动态链路	也称为 ASAML
AMP	Amplifier 放大器	
ANSI	American National Standards Institute 美国国家标准学会	位于华盛顿特区的美国标准制定机构
AOSC	Always-On Sentinel Conduit 全天候哨兵管道	CSI-2 v4.0 的一部分
APD	Avalanche Photo Diode 雪崩光敏二极管	
API	Application Programming Interface 应用程序接口	
APIX	Automotive PIXel link 汽车像素链路	Inova 公司为其专有的 SerDes 技术所使用的名称
APPI	A-PHY Protocol Interface A-PHY 协议接口	
ARQ	Automatic Retransmission/Repeat reQuest 自动重传/重复请求	
ASA	Automotive SerDes Alliance 汽车 SerDes 联盟	汽车 SerDes 连接联盟，ASA 动态链路的发源地
ASAML	ASA Motion Link ASA 动态链路	也称为 AML

（续）

缩写	意义	解释
ASE	Application Stream Encapsulator 应用流封装器	ASAML 的一部分
ASEP	Application Stream Encapsulation Protocol 应用流封装协议	ASA 动态链路协议的适应性协议
A-shell	Automotive shell 汽车外壳	APIX 侧信道的统一通信接口
ASIC	Application-Specific Integrated Circuit 专用集成电路	
ASIL	Automotive Safety Integrity Level 汽车安全完整性等级	功能安全性分类方法
ASP	Abstract Service Primitive 抽象服务基本要素	
ATCA	Advanced TeleComputing Architecture 高级通信计算机架构	由 I2C 架构派生
ATS	Asynchronous Traffic Shaping 异步流量整形	在 IEEE 802.1Qcr-2020 中定义
ATSC	Advanced Television Systems Committee 数字电视国家标准	美国数字电视标准
AUTOSAR	AUT-motive Open System ARchitecture 汽车开放系统架构	
AUTOSAR SecOC	AUTOSAR SECure Onboard Communication AUTOSAR 信息安全车载通信	
AV	Audio/Video 音频/视频	
AVB	Audio Video Bridging 音频视频桥接	
AVC	Advanced Video Coding 高级视频编码	
AVP	Autonomous Valet Parking 自动泊车系统	
AWG	Arbitrary Waveform Generator or American Wire Gauge 任意波形发生器或美制线规	
AWGN	Additive White Gaussian Noise 高斯白噪声	
B2B	Business-to-Business 电子商务模式	
BCI	Bulk Current Injection 大电流注入	
BER	Bit Error Rate 误比特率	
B-frame	Bi-directional predictive coded picture or frame 双向预测编码图片或帧	MPEG 编码的一部分

（续）

缩写	意义	解释
BGA	Ball Grid Array 球栅阵列	半导体的封装类型
BIST	Built-In Self-Test 内建自测试	
BK	Binding Key 绑定密钥	ASA 安全概念的一部分
BMCA	Best Master Clock Algorithm 最佳主时钟算法	IEEE 802.1AS-2011 标准的一部分
BNC	Bayonet Neill Concelman 贝列特-尼尔-康塞尔曼连接器	也用于 CBVS 视频的连接器，以其发明者名字命名
BOM	Bill of Material 物料清单	
bpp	bits per pixel 每像素位数	
bps	bits per second 比特率	
BSD	Blind Spot Detection 盲点检测	
BTA	Bus TurnAround 总线翻转	MIPI C-PHY 和 D-PHY 的一部分
B/W	Black & White 黑白	
CAD	Command-Address-Data 命令-地址-数据	ASAML OAM 的一部分
CAN	Controller Area Network 控制器局域网总线	
CAN FD	CAN Flexible Data Rate CAN 灵活数据速率	
CAT	CATegory 类别	用于数据中心电缆标准
CBS	Credit Based Shaper 基于信用的整形器	与 IEEE 802.1Qav 2009 标准一起使用
CCC	Capacitive Coupling Clamp method 电容耦合钳位法	用于测试对快速瞬变脉冲的抵抗力
CCD	Charge-Coupled Device 电荷耦合器件	成像技术
CCS	Camera Command Set 摄像头命令集	MIPI CSI-2 接口的一部分
CD	Compact Disc or Collision/Contention Detection 光盘/冲突检测	
CDE	Cable Discharge Event 电缆放电事件	一种 ESD 测试类型

（续）

缩写	意义	解释
CDM	Charged Device Model 带电设备模型	一种 ESD 测试类型
CE	Consumer Electronics 消费类电子产品	
CEC	Consumer Electronics Control 消费类电子产品控制	HDMI 标准的一部分，支持对 HDMI 连接显示设备的远程控制
CERN	Conseil Européen pour la Recherche Nucléaire（European Council for Nuclear Research） 欧洲核子研究中心	
CFA	Color Filter Array 颜色过滤器阵列	
CFI	Call For Interest 立项提案	在 IEEE 802.3 标准中作为项目启动项
CFS	Clock Forwarding Service 时钟转发服务	IEEE 2977 标准的一部分
CiA	CAN in Automation CiA 协会	一个推动汽车行业 CAN 规范发展的组织
CIA	Confidentiality，Integrity and Availability 机密性、完整性和可用性	
CIE	Commission Internationale de l'Éclairage（engl. International Commission on Illumination） 国际照明委员会	灯光、照明、色彩和色域方面的国际权威机构，位于维也纳
CIS	CMOS Image Sensor CMOS 图像传感器	
CISPR	Comité International Spécial des Perturbations Radioélectriques 国际无线电干扰特别委员会	为汽车电磁兼容性（EMC）制定标准，现在是 IEC 的一部分
CLK	ClocK 时钟	
CTL	ConTroL 控制	
CTLE	Continuous-Time Linear Equalizer 连续时间线性均衡器	
CMC	Common Mode Choke 共模扼流圈	
CMD	Command 命令	
CML	Current Mode Logic or Channel Monitor Loop 电流模式逻辑/信道监控环路	
CMOS	Complementary Metal-Oxide Semiconductor 互补金属氧化物半导体	

（续）

缩写	意义	解释
CMYK	Cyan Magenta Yellow black 青品黄黑	用于印刷的减色法颜色格式
CO_2	Carbon DiOxide 二氧化碳	
con.	connector 连接器	
CPU	Central Processing Unit 中央处理器	
CRC	Cyclic Redundancy Check 循环冗余校验	
CRT	Cathode-Ray Tube 阴极射线管	
CS	Chip Select 芯片选择	
CSE	Camera Service Extensions 相机服务扩展	MIPI 协议的一部分
CSI	Camera Serial Interface 相机串行接口	MIPI 协议的一部分
CSMA/CD	Carrier Sense Multiple Access with Collision Detection 带冲突检测的载波侦听多路访问	
CTS	Conformance Test Specifications 一致性测试规范	特别是在 MIPI 中使用的通用术语
CuMg	Copper-Magnesium 铜-镁合金	
CuSn	Copper-Tin 铜锡合金	
CVBS	Color, Video, Blanking and Synchronization 彩色、视频、消隐和同步	用于彩色电视的模拟信号
CW	Continuous Wave 连续波	
D^2B	Domestic Digital Bus 家用数字总线	
DAC	Digital to Analogue Converter/Conversion 数模转换器或数模转换	
DC	Direct Current 直流电	
DCC	Direct Capacitive Coupling method 直接电容耦合法	用于测试对快速和慢速瞬态脉冲的抵抗力
DCP	Digital Content Protection LLC 数字内容保护有限责任公司	授权 HDCP 的组织
DCS	Display Command Set 显示命令集	MIPI 规范

（续）

缩写	意义	解释
DCT	Discrete Cosine Transformation 离散余弦变换	
DDC	Display Data Channel 显示数据信道	VESA 规范
DDWG	Digital Display Working Group 数字显示工作组	负责 DVI 的组织
DEC	Digital Equipment Corporation 数字设备公司	
DES	DESerializer 解串器	
DFE	Decision Feedback Equalizer 判决反馈均衡器	
DFP	Digital Flat Panel 数字平板	早期的 VESA 规范
DIN	Deutsches Institut für Normung 德国工业标准化协会	位于柏林的德国标准化组织
DK	Device Key 设备密钥	ASAML 安全概念的一部分
DL	DownLink 下行链路	在不对称通信系统中具有较高数据速率的传输方向，常与 DS 同义使用
DLL	Data Link Layer 数据链路层	ISO/OSI 分层模型中的第 2 层
DM	Dieselhorst-Martin 迪塞尔霍斯特-马丁	电缆绞合的类型
DMA	Direct Memory Access 直接内存访问	
DMCA	Digital Millennium Copyright Act 数字千年版权法	
DoS	Denial of Service 拒绝服务攻击	一种安全攻击，通过向节点资源发送大量数据，使其开始拒绝额外的通信请求
DP	DisplayPort 显示端口	VESA 的显示连接接口
DPCP	DisplayPort Content Protection 显示端口内容保护	
DPI	Dots Per Inch Direct Power Injection 每英寸点数或直接功率注入	类似于 PPI 或一种 EMC 测量类型
DS	DownStream 下行数据流	在不对称通信系统中具有较高数据速率的传输方向，常与 DL 同义使用

（续）

缩写	意义	解释
DSC	Display Stream Compression 显示流压缩	VESA 标准化的视频压缩格式
DSE	Display Service Extensions 显示服务扩展	MIPI 规范
DSI（-2）	Display Serial Interface 显示串行接口	MIPI 联盟定义的协议
DSI3	Distributed Systems Interface 3 分布式系统接口 3	DSI 联盟的传感器接口
DSNU	Dark Signal Non-Uniformities 暗信号非均匀性	
DSP	Digital Signal Processor 数字信号处理器	
DTLS	Datagram TLS 数据报传输层安全性	TLS 的 UDP 变体
DTMB	Digital Terrestrial Multimedia Broadcast 地面数字多媒体广播	中国使用的数字电视广播传输标准
DUT	Device Under Test 被测设备	
DVB（-T）	Digital Video Broadcasting（for Terrestrial） 数字视频广播（地面）	起源于欧洲的数字电视传输标准
DVD	Digital Video/Versatile Disc 数字视频/通用光盘	
DVI	Digital Visual Interface 数字视频接口	
E	Electric（field） 电（场）	
ECIA	Electronic Components Industry Association 电子元件工业协会	美国标准制定组织（SSO）
ECU	Electronic Control Unit 汽车电子控制单元	汽车内部电子元件的物理单元名称
EDID	Extended Display Identification Data 扩展显示标识数据	VESA 在 DDS 中使用的显示模式信息格式
eDP	embedded DisplayPort 嵌入式显示端口	VESA 定义的显示连接接口
EE	Electrics and Electronics 电气和电子	
EEE	Energy Efficient Ethernet 节能以太网	IEEE 802.3az 中指定
EFM	Ethernet in the First Mile 第一英里以太网	IEEE 802.3ah 中指定
EIA	Electronics Industry Alliance 电子工业联盟	2011 年解散并并入 ECIA 的美国标准制定组织

（续）

缩写	意义	解释
ELFEXT	Equal Level Far End CrossTalk 等电平远端串扰	
EMC	ElectroMagnetic Compatibility 电磁兼容性	
EME	ElectroMagnetic Emissions 电磁辐射	
EMI	ElectroMagnetic Immunity 电磁抗扰性	有时也用于电磁干扰，但本书中未使用
ENIS	End-Node-Interconnect-Structure 端节点互联结构	A-PHY 规范中的 MDI 网络
EOP	End Of Production 生产结束	
EPON	Ethernet Passive Optical Networks 以太网无源光网络	
EPROM	Erasable Programmable Read-Only Memory 可擦可编程只读存储器	
ESD	ElectroStatic Discharge 静电放电	
ESR	Equivalent Series Resistance 等效串联电阻	电容器的直流阻抗
ETSC	European Transport Safety Council 欧洲交通安全委员会	
EU	European Union 欧盟	
EuroNCAP	European New Car Assessment Program 欧洲新车评估程序	
F	Farad 法拉	电容单位
FAKRA	FAchausschuss KRAftfahrzeuge 汽车委员会	DIN 的子委会
FB	Ferrite Bead 铁氧体磁珠	
FBAS	Farb-Bild-Austast-Synchron-Signal 彩色图像消隐同步信号	德语中的 CVBS 信号，俗称"彩色电视信号"
FCC	Federal Communications Commission 联邦通信委员会	美国政府机构，监管无线电频率使用等
FCS	Frame Check Sequence 帧校验序列	
FCW	Forward Collision Warning 前方碰撞预警	
FDD	Frequency Division Duplex 频分双工	在一个信道上分离两个数据流（方向相同或相反）的方法

（续）

缩写	意义	解释
FEC	Forward Error Correction 前向纠错	
FEXT	Far-End CrossTalk 远端串扰	
FFE	Feed Forward Equalizer 前馈均衡器	
FFT	Fast Fourier Transformation 快速傅里叶变换	
FHD	Full High Definition 全高清	
FM	Frequency Modulation 频率调制	用于超短波频段的模拟无线电接收
FMCW	Frequency Modulated Continuous Wave 频率调制连续波	
FMVSS	Federal Motor Vehicle Safety Standards 联邦机动车辆安全标准	
FoFa	Forwarding Fabric 转发结构	ASAML 的一部分
FOT	Fiber Optical Transmitter 光纤发射器	
FPD	Flat Panel Display 平板显示屏	SerDes 技术
fps	frames per second 每秒帧数	
FR	Flame Retardant 阻燃型	PCB 材料类型
FRC	Frame Rate Control 帧率控制	用于在显示屏上模拟比实际更高的颜色分辨率的方法
FRR	Front Range Radar 前置雷达	参见 LRR
FSED	Frame Service Extension Data 帧服务扩展数据	MIPI CSE 和 DSE 的一部分
G	Gear or Giga 档位或千兆	用于 MIPI A-PHY 的不同数据速率类别的名称或 10^9
Gbps	Gigabits per second 每秒吉比特	
GI-POF	Graded Index POF 渐变折射率聚合物光纤	
GMSL	Gigabit Multimedia Serial Link 吉比特多媒体串行链路	Maxim Integrated 公司（现名为 ADI 公司）的专有 SerDes 技术的商品名
GND	Ground 地面	

（续）

缩写	意义	解释
GOF	Glass Optical Fiber 玻璃光学纤维	
GoP	Group of Pictures 组的图片	视频压缩的一部分
GPIO or GPI/O	General Purpose Input/Output 通用输入/输出	
Gpps	GigaPixels Per Second 每秒吉像素	
GPS	Global Positioning System 全球定位系统	
gPTP	Generalized Precision Time Protocol 广义时钟同步协议	IEEE 802.1AS-2011 中指定的协议
GPU	Graphics Processing Unit 图形处理单元	
GUI	Graphical User Interface 图形用户界面	
GVIF	Gigabit Video InterFace 千兆视频接口	索尼专有 SerDes 技术的商品名
H	Henry 亨利	磁（场）强度的物理单位
HBM	Human Body Model 人体模型	一种 ESD 测试类型
HBR	High Bit Rate 高比特率	用于 DP 的数据速率类别
HD	High Definition 高清	
HDCP	High-bandwidth Digital Content Protection 高带宽数字内容保护	
HDMI	High Definition Multimedia Interface 高清多媒体接口	
HDR	High Dynamic Range or High（er）Data Rate 高动态范围或更高数据速率	后者为 I3C 术语
HDTV	High-Definition TeleVision 高清电视	
HEIF	High Efficiency Image File format 高效图像文件格式	数字图像的新格式
HEVC	High Efficiency Video Coding 高效视频编码	也称为 H.265/MPEG-H 第二部分
HF	High Frequency 高频	
HFM	High-speed FAKRA Mini 高速 FAKRA 迷你型	同轴电缆连接器类型

（续）

缩写	意义	解释
HMI	Human Machine Interface 人机交互界面	
H-MTD	High-speed Modular Twisted-pair Data 高速模块化双绞线数据	STP 电缆连接器类型
HQ	HeadQuarter 总部	
Hres	Horizontal RESolution 水平分辨率	
HS	High Speed 高速	
HSB	Hue Saturation Brightness 色调饱和度亮度	从 RGB 派生的颜色格式
HSD	High-Speed Data 高速数据	STQ 电缆连接器类型
HSI	Hue Saturation Intensity 色调饱和度强度	从 RGB 派生的颜色格式
HSL	Hue Saturation Lightness 色调饱和度明度	从 RGB 派生的颜色格式
HSV	Hue Saturation Value 色调饱和度值	从 RGB 派生的颜色格式
HSVL	High Speed Video Link 高速视频链路	汽车 SerDes 的早期名称
Hsync	Horizontal SYNChronization 水平同步	与水平消隐有关
HU	Head Unit 头部单元	汽车信息娱乐系统的主要控制单元
HW	HardWare 硬件	
I2C	Inter-IC, also I^2C or IIC 集成电路总线	由菲利普斯在 1982 年发明的串行通信总线
I2S	Inter-IC Sound, alsoI^2S 集成电路音频总线	由菲利普斯在 1986 年发明的音频总线
I3C	Improved Inter-IC bus 改进的集成电路总线	MIPI 协议
IATF	International Automotive Task Force 国际汽车工作组	定义了一个汽车质量管理体系
IBG	InterBurst Gap 突发间隔	ASAML TDD 方案的一部分
IC	Integrated Circuit 集成电路	
ICC	Inductive Coupling Clamp method 感应耦合钳位法	用于测试对慢速瞬变的免疫力

（续）

缩写	意义	解释
ICMP	Internet Control Message Protocol 控制报文协议	
ICT	In-Circuit Testing 在线测试	
ICV	Integrity Check Value 完整性校验值	认证安全机制的重要组成部分
IEC	International Electrotechnical Commission 国际电工委员会	位于瑞士日内瓦的标准化组织
IEEE	Institute of Electrical and Electronics Engineers 电气与电子工程师协会	世界上最大的专业技术组织，旨在促进技术进步（ieee.org）。该组织主要负责以太网的标准化工作
IET	Interspersing Express Traffic 快速流量插入	IEEE 802.3br-2016
IETF	Internet Engineering Task Force 互联网工程任务组	位于美国特拉华州威明顿的标准化组织
I-frame	Intra frame or picture 帧内编码帧或图像	MPEG 的静态图像表示
IF	InterFace 接口	
IL	Insertion Loss 插入损耗	
Infotainment	Information and Entertainment 信息娱乐	
InGaAs	Indium Gallium Arsenide 铟镓砷	用于红外图像传感器的合金
InSb	Indium Antimonide 锑化铟	用于光伏传感器，对红外光有反应
INTB	Interrupt pin 中断引脚	用于 TI SerDes 芯片
I/O	Input/Output 输入/输出	
IoT	Internet of Things 物联网	
IP	Internet Protocol 互联网协议	
IP Code	Ingress Protection Code or International Protection Code 防护等级代码或国际防护等级代码	IEC（=EN）60529 定义了汽车内部件的机械保护等级
IPMI	Intelligent Platform Management Interface 智能平台管理接口	I2C 派生接口
IPsec	Internet Protocol SECurity 互联网协议安全	

（续）

缩写	意义	解释
IR	InfraRed 红外线	可见光光谱频率以下的频率范围
ISDB	Integrated Services Digital Broadcasting 集成服务数字广播	起源于日本的数字电视标准
ISI	Inter Symbol Interference 码间串扰	
ISM	Industrial, Science, Medical 工业、科学、医疗	用于这些目的的"开放"频段标识
ISO	International Organization for Standardization 国际标准化组织	位于瑞士日内瓦的标准制定组织
ISP	Image Signal Processor 图像信号处理器	
IT	Information Technology 信息技术	
ITU	International Telecommunication Union 国际电信联盟	位于瑞士日内瓦的标准制定组织
IUT	Implementation Under Test 测试中的实现	
IVC	In-Vehicle Communication 车内通信	
IVI	In-Vehicle Infotainment 车内信息娱乐系统	
IVN	In-Vehicle Network（ing） 车内网络	汽车中的物理通信网络，通常包含多种车内通信技术
JAE	Japan Aviation Electronics industry Ltd. 日本航空电子工业有限公司	
JEIDA	Japan Electronic Industry Development Association 日本电子工业发展协会	日本标准制定组织，现为 JEITA
JEITA	Japan Electronics and Information Technology industries Association 日本电子与信息技术产业协会	日本标准制定组织
JITC	Just-In-Time-Canceller 即时取消器	A-PHY 1.0 的重训练可能性
JPEG	Joint Photographic Experts Group 联合图像专家组	
JTAG	Joint Test Action Group 联合测试行动小组	
JVC	Japan Victor Company 日本胜利公司	VHS 的创始人
k	kilo 千	10^3

（续）

缩写	意义	解释
LAN	Local Area Network 局域网	
Laser	Light Amplification by Stimulated Emission of Radiation 受激辐射光放大	激光
LCA	Lane Center Assist 车道居中辅助	
LCD	Liquid Crystal Display 液晶显示屏	
LCL	Longitudinal Conversion Loss 纵向转换损耗	
LDF	LIN Description File LIN 描述文件	
LED	Light Emitting Diode 发光二极管	
LFLT	Line FauLT 线路故障引脚	GSML 解串器引脚
Lidar	Light Detection And Ranging 激光雷达	传感器类型
LIN	Local Interconnect Network 本地互联网络	
LISN	Line Impedance Stabilization Network 线路阻抗稳定网络	
LK	Link Key 链路密钥	ASA 安全概念的一部分
LLC	Limited Liability Company 有限责任公司	
LNB	Low Noise Block（converter） 低噪声块（转换器）	卫星天线系统的一部分，用于实现低噪声接收
LOMMF	Laser Optimized MMF 激光优化多模光纤	
LP	Low Power 低功耗	
LPI	Low Power Idle 低功耗空闲	EEE 的一部分
LRR	Long Range Radar 长程雷达	
LSB	Least Significant Bit 最低有效位	
LSFR	Linear Shift Feedback Register 线性移位反馈寄存器	
LT	Lower Tester 下级测试仪	

（续）

缩写	意义	解释
LTE	Long Term Evolution 长期演进技术	4G 手机标准
LVCMOS	Low Voltage CMOS 低电压互补金属氧化物半导体	
LVDS	Low Voltage Differential Signaling 低电压差分信号	串行化的早期原理
m	mandatory 强制的	
M	Mega 兆	10^6
M2M	Machine to Machine 机器对机器	
MAC	Medium or Media Access Control 介质或媒体访问控制	以太网 ISO/OSI DDL 层的一部分
MASS	MIPI Automotive SerDes Solutions MIPI 汽车 SerDes 解决方案	
MC	Message Counter, MultiCast or Mode Conversion 消息计数器、多播或模式转换	
MCM	MultiChip Modules 多芯片模块	
MCS	Manufacturer Command Set 制造商命令集	MIPI DSI 的一部分
MDC	Management Data Clock 管理数据时钟	与以太网 PHY 管理一起使用
MDI	Media Dependent Interface 介质相关接口	以太网物理层定义的一部分
MDIO	Management Data Input/Output 管理数据输入/输出	
MEMS	Micro Electro-Mechanical System (module) 微机电系统（模块）	
(x) MII	Any type of Media Independent Interface 任何类型的介质无关接口	用于以太网 PHY 和 MAC 之间的接口
MIMO	Multiple Input Multiple Output 多输入多输出	
MIPI	Original meaning: Mobile Industry Processor Interface, however, this meaning is no longer used 原意：移动产业处理器接口，但此含义已不再使用	移动生态系统（也是 MIPI A-PHY）中制定技术规范的联盟
MJPEG	Motion Joint Photographic Experts Group 运动联合图像专家组	视频和音频压缩格式
MM	Machine Model 机器模型	一种 ESD 测试类型

（续）

缩写	意义	解释
MMF	MultiMode Fiber 多模光纤	一种 GOF 类型
MMIC	Monolithic Microwave Integrated Circuits 单片微波集成电路	针对 300MHz 至 300GHz 频段的优化集成电路
MOST	Media Oriented Systems Transport 面向媒体的系统传输	汽车通信系统（正在被淘汰）
MP3	MPEG-2 Part 3 音频压缩格式	MPEG-2 的第三部分
MPAA	Motion Picture Association of America 美国电影协会	
MPEG	Moving Pictures Experts Group 运动图像专家组	视频压缩算法的重要组织
MPEG-LA	MPEG Licensing Administration MPEG 授权管理组织	
MQS	Micro Quadlock System 互联系统	UTP 电缆连接器类型
MRR	Mid-Range Radar 中程雷达	
MSB	Most Significant Bit 最高有效位	
MSE	Mean Square Error 均方误差	
MST	Multi-Stream 多流	DP 术语
MTD	Modular Twisted-pair Data 模块化双绞线数据	UTP 电缆连接器类型
MTP	Multi-stream Transport Packet 多流传输包	MST/DP 的一部分
NACK or nACK	Not ACKnowledged 未确认	
NBI	Narrow Band Interference 窄带干扰	
NCAP	New Car Assessment Program 新车评估程序	
NCF	Node Capability File 节点能力文件	LIN 的一部分
NEXT	Near-End CrossTalk 近端串扰	
NFC	Near Field Communication 近场通信	
NHTSA	National Highway Traffic Safety Administration 国家公路交通安全管理局	美国负责道路车辆安全的机构

（续）

缩写	意义	解释
nMQS	Nano MQS 纳米 MQS	UTP 电缆连接器类型
NRZ	Non-Return to Zero 不归零码	具有两个电压水平的调制方案
nt	thermal noise 热噪声	
NTSC	National Television System Committee 国家电视系统委员会	主要在北美和日本使用的模拟电视标准
NVM	Non-Volatile Memory 非易失性存储器	
NZ	Neutral Zone 中和区	在该区域内电磁干扰被中和
o	optional 可选	
OAM	Operation，Administration and Management channel 运营、管理和维护信道	例如与 ASAML 和 IEEE 802.3ch 2020 以太网相关的侧信道
OB	Odd Bytes 奇数字节	MIPI A-PHY/IEEE 2977 的一部分
OFDM	Orthogonal Frequency Division Multiplexing 正交频分复用	
OLED	Organic Light-Emitting Diode 有机发光二极管	
OPEN	One Pair EtherNet（Alliance） 单线对以太网（联盟）	为汽车以太网制定授权规范的联盟
OpenLDI	Open LVDS Display Interface 开放 LVDS 显示接口	
OSI	Open System Interconnection 开放式系统互联	
OTA	Over The Air（Updates） 空中（下载）技术	
OTP	One-Time Programmable memory 一次性可编程存储器	
P	Profile or Power 配置文件或电源	MIPI A-PHY 术语
P1/P2	Profile 1/Profile 2 配置文件 1/配置文件 2	MIPI A-PHY 的一部分
P2P	Point-to-Point 点对点	通信在一个物理链路内开始和结束
PA	Parking Assist 停车辅助	
PAEB	Pedestrian AEB 行人自动紧急制动	

（续）

缩写	意义	解释
PAL	Phase Alternation Line or Protocol Adaptation Layer 逐行倒相或协议适配层	特别在欧洲和中国使用的模拟电视标准 本地协议与 MIPI A-PHY 之间的连接
PAM	Pulse Amplitude Modulation 脉冲幅度调制	
PCB	Printed Circuit Board 印制电路板	
PCIe	Peripheral Component Interconnect express 外设组件互联标准	高速串行计算机扩展总线
PCLK	Pixel CLocK 像素时钟	在图像传感器中很重要
PCM	Pulse Code Modulation 脉冲编码调制	
PCO	Point of Control and Observation 控制和观察点	ISO 9646 的一部分
PCS	Physical Coding Sublayer 物理编码子层	物理层的一部分
PD	Powered Device 受电设备	通过通信线接收电力的设备
P&D	Plug & Display 即插即显	VESA 的第一个显示连接标准
PDU	Protocol Data Unit 协议数据单元	
PER	Packet Error Rate 误包率	
PE-X	PolyEthylene（also XPE） 聚乙烯	也指 XPE
PFC	Priority-based Flow Control 基于优先级的流控制	IEEE 802.1Qbb 2011 的一部分
P-frame	Predictive coded Frame or picture 预测编码帧或图片	MPEG 编码的一部分
PHD	PHY Header Data 物理层头数据	IEEE 802.3cz PCS 的一部分
PHY	PHYsical Layer 物理层	ISO/OSI 分层模型的最底层（第 1 层）
PICS	Protocol Implementation Conformance Statements 协议实现一致性声明	
PIN	P-type-Intrinsic region-N-type P 型-本征区-N 型	具有较大本征区的二极管类型
PLC	Product Life Cycle or Power Line Communication 产品生命周期或电力线通信	

（续）

缩写	意义	解释
PLL	Phase Lock Loop 锁相环	
PLS	Physical Layer Signaling（service interface） 物理层信令（服务接口）	IEEE 802.3 规范中，调和层与 MAC 层之间的通信
PMA	Physical Medium Attachment 物理介质连接子层	物理层的一部分
PMBus	Power Management Bus 电源管理总线	I2C 派生
PMD	Physical Medium Dependent 物理介质相关子层	物理层的一部分（用于 A-PHY 或 IEEE 802.3 光纤以太网传输技术）
PoC	Power over Coaxial 同轴电缆供电	
PoD	Power over Differential cables 差分电缆供电	
PoDL	Power over Data Line 数据线供电	IEEE 802.3bu 2016 中指定的单对（T1）以太网
PoE	Power over Ethernet 以太网供电	IEEE 802.3af 2003 中指定的双对以太网版本
POF	Polymer/Plastic Optical Fiber 聚合物/塑料光纤	
PP	PolyPropylene 聚丙烯	
p-p	Peak-to-Peak 峰峰值	
PPI	Pixels Per Inch or PHY Protocol Interface 每英寸像素数或 PHY 协议接口	PHY 协议接口是 MIPI C-PHY 的一部分
PPM	Parts Per Million 百万分之几	
pps	Pixels Per Second 每秒像素数	
PRBS	Pseudo-Random Bit Sequence 伪随机二进制序列	
Prio	Priority 优先级	
Pro-AV	Professional Audio and Video 专业音频和视频	
Prot.	Protocol 协议	
PS	PolyStyrene 聚苯乙烯	绝缘材料
PSAACRF	Power Sum Alien Attenuation to Crosstalk Ratio Far-end 综合外部远端衰减与串扰比	

（续）

缩写	意义	解释
PSANEXT	Power Sum Alien Near-End crosstalk 综合外部近端串扰	
PSD	Power Spectral Density 功率谱密度	
PSE	Power Supply/Sourcing Equipment 电源/供电设备	在数据线供电的情况下提供电力的部分
PSI5	Peripheral Sensor Interface Five 外设传感器接口 5	低速传感器总线
PSNR	Peak Signal-to-Noise-Ratio 峰值信噪比	
PSR	Panel Self Refresh 面板自刷新	DP/eDP 的一部分
PTB	Precision Time Base 精确时间基准	ASAML 技术的一部分
PVC	PolyVinyl Chloride 聚氯乙烯	
PWM	Pulse-Width Modulation 脉宽调制	简单数据传输的物理原理
QAM	Quadrature Amplitude Modulation 正交幅度调制	
QFN	Quad Flat No leads 方形扁平无引脚封装	半导体封装类型
QM	Quality Management 质量管理	ISO 26262 中最低的功能安全等级
QoS	Quality of Service 服务质量	
R/W	Read/Write 读/写	
Radar	RAdio Detection And Ranging 无线电探测与测距	
RAM	Random Access Memory 随机存取存储器	
RBP	Reverse Battery Protection 反向电池保护	
RBR	Reduced Bit Rate 低比特率	DP 的数据速率类别
RCA	Radio Corporation of America 美国无线电公司	用于 CVBS 视频的连接器或 HDMI 接口的一部分
RCCB	Red Clear Clear Blue 红白白蓝	成像器的替代 CFA
RCTA	Rear Cross Traffic Alert 后方交叉路口交通警告	

（续）

缩写	意义	解释
RCW	Rear Collision Warning 后碰撞警告系统	
RD	Running Disparity 运行差异	8B10B 编码方案的一部分
RF	Radio Frequency 射频	
RFC	Request For Comments 请求注解	IETF 创建的标准文档名称
RFFE	Radio Frequency Front End 射频前端	
RG	Radio Guide 无线电导向	旧电缆名称
RGB	Red Green Blue 红绿蓝	
RGGB	Red Green Green Blue 红绿绿蓝	有时用于 Bayer CFA 的名称
RJ	Registered Jack 注册插孔	
RL	Return Loss 回波损耗	
RMII	Reduced MII 简化的 MII	
ROM	Read Only Memory 只读内存	
RQ	ReQuest 请求	
RS-FEC	Reed Solomon FEC 里德-所罗门前向纠错	FEC 类型
RSE	Rear Seat Entertainment 后座娱乐座椅	
RTP	Real-time Transport Protocol 实时传输协议	
RTS	ReTranSmission 重传	
RX/Rx	Receiver/receive 接收器/接收	
SA	Shield /Screening Attenuation 屏蔽/屏蔽衰减	
SAE	Society of Automotive Engineers 汽车工程师学会	美国标准制定组织
SATA	Serial Advanced Technology Attachment 串行高级技术附件	连接计算和存储的计算机总线接口

（续）

缩写	意义	解释
SCART	Syndicat desConstructeurs d'Appareils Radiorécepteurs et Téléviseurs 无线电接收器和电视制造商联盟标准	用于 CVBS 电视的连接器类型
SCCP	Serial Communication Classification Protocol 串行通信分类协议	用于 PoDL 的符合 IEEE802.3bu 2016 标准的可选控制协议
SCI	Sub Constellation Index or Scalable Coherent Interface 子星座索引或可扩展相干接口	A-PHY 的头字段或 LVDS 标准的一部分
SCL	Serial Clock 串行时钟	用于 I2C 时钟
SDA	Serial Data 串行数据	用于 I2C 数据
SDI	Serial Data In 串行数据输入	SPI 术语
SDL	Specification and Description Language 规格和描述语言	
SDO	Serial Data Out 串行数据输出	SPI 术语
SDP	Shielded Differential Pair 屏蔽差分对	包括所有屏蔽差分通信电缆、STP 和 SPP
SDR	Standard Data Rate 标准数据率	I3C 术语
SecOC	Secure Onboard Communication 安全车载通信	AUTOSAR 的一部分
SENT	Single Edge Nibble Transmission 单边半字传输	低速传感器总线
SEooC	Safety Element out of Context 上下文无关的安全元素	ISO 26262 的一部分
SEP	Service Extensions Packet 服务扩展包	MIPI CSE 协议的一部分
SEPIC	Single-Ended Primary-Inductor Converter 单端初级电感转换器	DC-DC 转换器的一种类型
SER	Serializer 串行器	
SerDes	Serializer/DESerializer 串行器/解串器	
SFCW	Stepped Frequency Continuous Wave 步进频率连续波	
SG	Speed Grade 速度等级	ASA 中不同数据速率类的名称

（续）

缩写	意义	解释
SI-POF	Step Index POF 阶跃折射率塑料光纤	
SMA	SubMiniature version A 小型版本 A	（非汽车）同轴连接器类型
SMBus	System Management Bus 系统管理总线	I2C 的派生版本
SNR	Signal to Noise Ratio 信噪比	
SoC	System on Chip 系统级芯片	
SOME/IP	Scalable service-Oriented MiddlewarE over IP 可扩展服务导向中间件协议	用于汽车以太网通信的中间件
Sonar	Sound Navigation and Ranging 声呐	超声波传感器的另一种名称
SOP	Start Of Production 生产开始	
SOVS	System Operational Vector Space 系统操作向量空间	
SPAD	Single-Photon Avalanche Diode 单光子雪崩二极管	
S-parameters	Scattering parameters 散射参数	
SPI	Serial Peripheral Interface 串行外设接口	
SPP	Shielded Parallel Pair cable 屏蔽平行对电缆	
SQI	Signal Quality Indicator 信号质量指标	
SRGB	Standard RGB 标准 RGB	
SROI	Smart Region of Interest 智能目标区域	MIPI CSI-2 v3.0 的一部分
SRP	Stream Reservation Protocol 流预留协议	
SRR	Short Range Radar 短距离雷达	
SSL	Secure Sockets Layer 安全套接层	TLS 的前身
SSO	Standard Setting Organization 标准制定组织	
STP	Shielded Twisted Pair（cables） 屏蔽双绞线（电缆）	

（续）

缩写	意义	解释
STQ	STar- Quad/Shielded Twisted Quad（cables） 星形四线对/屏蔽双绞四线对（电缆）	
StVZO	StrabenVerkehrs- Zulassungs- Ordnung 道路交通许可证条例	德国道路交通许可法规名称
SUV	Service or Sports Utility Vehicle 服务型或运动型多用途车	
SVCD	Super Video Compact Disc 超级视频光盘	
SVS	Surround View System 环绕视图系统	
SW	SoftWare 软件	
sync	SYNChronization 同步	
TAS	Time Aware Shaper 时间感知整形器	IEEE802.1Qbv2015
TC	Technical Committee 技术委员会	
TCL	Transverse Conversion Loss 横向转换损耗	
TCP/IP	Transmission Control Protocol/Internet Protocol 传输控制协议/互联网协议	经常与以太网结合使用的协议套件，也包括 UDP 和许多其他协议
TCON	Timing Controller 时序控制器	用于显示屏
TDD	Time Division Duplex or Test- Driven Development 时分双工或测试驱动开发	一种在单个信道上分离两个数据流（在同向或反向）的方法或一种敏捷开发方法论
TDR	Time Domain Reflectometry 时域反射测量法	
TEM	Transversal ElectroMagnetic 横电磁波	
TF	Task Force 任务组	IEEE 802.1 和 IEEE 802.3 小组的术语
TFT	Thin Film Transistor 薄膜晶体管	LCD 技术的一种
TI	Texas Instruments 德州仪器	
TIA	Telecommunications Industry Association 电信工业协会	位于美国弗吉尼亚州阿灵顿的 SSO

（续）

缩写	意义	解释
TLIS	Transmission-Line-Interconnect Structure 传输线互联结构	A-PHY 中的链路段
TLP	Transmission-Line Pulse measurement 传输线脉冲测量	
TLS	Transport Layer Security 传输层安全性	TCP 的安全协议
TMDS	Transition-Minimized Differential Signaling 过渡最小化差分信号	
ToF	Time of Flight 飞行时间	可用于创建 3D 图像的相机类型
TP	Test Point 测试点	
TRC	Three Repetition Code 三重重复码	
TSN	Time Sensitive Networking 时间敏感网络	支持以太网 QoS 的各种 IEEE 802.1 标准
TTL	Transistor-Transistor Logic 晶体管-晶体管逻辑	
TV	TeleVision 电视	
TVS	Transient Voltage Suppression 瞬态电压抑制	一种 ESD 保护类型
TX or Tx	Transmitter/transmit 发射器/发射	
UART	Universal Asynchronous Receiver-Transmitter 通用异步收发传输器	串行接口
UDP	User Datagram Protocol 用户数据报协议	与以太网结合使用的传输协议
UHBR	Ultra-High Bit Rate 超高比特率	DP 的比特率等级
UHD	Ultra-High Definition 超高清	
UL	UpLink 上行链路	非对称通信系统中数据速率较低的传输方向。常与 US 同义
UML	Unified Modelling Language 统一建模语言	
UNECE	United Nations Economic Commission for Europe 联合国欧洲经济委员会	
UNFCCC	United Nations Framework Convention on Climate Change 联合国气候变化框架公约	
URL	Uniform Resource Locator 统一资源定位符	

（续）

缩写	意义	解释
US	UpStream 上游	非对称通信系统中数据速率较低的传输方向。常与 UL 同义
USB	Universal Serial Bus 通用串行总线	
USD	United States Dollars 美元	
USGMII	Universal Serial Gigabit Media Independent Interface 通用串行千兆媒体独立接口	
USL	Unified Serial Link 统一串行链路	CSI-2 v3.0 的一部分
USRR	Ultra Short Range Radar 超短距离雷达	
USXGMII	Universal Serial 10Gbit/s Ethernet Media Independent Interface 通用串行 10Gbit/s 以太网媒体独立接口	
UT	Upper Tester 上位测试仪	
UTP	Unshielded Twisted Pair（cabling） 非屏蔽双绞线（电缆）	
UUID	Universally Unique IDentifier 通用唯一识别码	用于识别 ASA 设备的身份
UWB	Ultra-Wide Band 超宽带	
V	Voltage or Volts 电压或伏特	
VCD	Video CD 视频光盘	
VCIC	Video Communication Interface for Cameras 摄像头视频通信接口	ISO 17215 标准中用于以太网通信
VCR	Video Cassette Recorder 录像机	
VCSEL	Vertical Cavity Surface-Emitting Lasers 垂直腔面发射激光器	光传输系统光源
VDC-M	VESA Display Compression-M VESA 显示压缩技术-M	针对移动设备的压缩技术
VDE	Verband Deutscher Elektrotechniker 德国电气工程师协会	德国 SSO
VESA	Original meaning: Video Electronics Standards Association, however, it is no longer used 原意：视频电子标准协会，但已不再使用	制定显示屏领域的技术规范（包括 DCS 和 DP/EDP）的联盟

（续）

缩写	意义	解释
VGA	Video Graphics Array 视频图形阵列	早期视频传输的特定格式
VHDL	Very high-speed integrated circuit Hardware Description Language 超高速集成电路硬件描述语言	
VHS	Video Home System 家用视频系统	
VLAN	Virtual Local Area Network 虚拟局域网	
VNA	Vector Network Analyzer 矢量网络分析仪	
Vres	Vertical Resolution 垂直分辨率	
Vsync	Vertical Synchronization 垂直同步	与垂直消隐相关
WG	Working Group 工作组	
WOL	Wake-On LAN 局域网唤醒	
WWW	World Wide Web 万维网	
XAUI	10 Gbps Attachment Unit Interface 10Gbit/s 连接单元接口	
XFI or XIFI	No specifics given 未给出具体说明	XAUI 的扩展，发音为 "ziffie"
XGMII	10 Gbps Media Independent Interface 10Gbit/s 媒体独立接口	
XNOR	Exclusive Not OR 同或	
XOR	Exclusive OR 异或	
XPE	See also PE-X 另见 PE-X	
XT or XTALK	Crosstalk 串扰	
YANG	Yet Another Next Generation 下一代	网络管理数据建模语言
YUV		一种视频色彩格式的名称，其中 Y 代表亮度，U 和 V 代表色度信息

第1章　概述及背景

考虑到汽车自 19 世纪末以来就开始被开发和商业化销售，高速传感器和显示屏是一个相对较新的产物。在 20 世纪末，即汽车商业化销售开始后的 100 多年，高速传感器和显示屏，即使有，通常只在概念车中展示或随特定豪华车型销售。然而，自 21 世纪初以来，传感器和显示屏的数量不断增长，截至撰写本书的 2021 年，市场开始崭露头角。

虽然关于传感器和显示屏预期市场增长的具体数字各不相同，但市场研究都认同这一趋势：增长是显著的。例如，在文献［1］中，预计每辆汽车上的摄像头数量将在 2020 年至 2030 年间从 5 个增加到 20 个，显示屏数量从 3 个增加到 15 个。显示屏和摄像头的数量不仅在增加，其分辨率也在提高。此外，由于高级驾驶辅助系统（ADAS）功能的日益普及，除了摄像头之外的其他传感器数量也在增长，同时传感器的类型也在增加。竞相成为首个成功实现不需要驾驶人干预的终极 ADAS 功能——即 4 级或 5 级自动驾驶（AD）［2］的趋势正通过两种方式加速。首先，部署更多的传感器以减少驾驶人需要执行的任务。然后，驾驶人可以利用这种节省下来的精力，更加专注于显示屏上提供的信息和娱乐。

所有这些创新都是由关键的技术发明和发展所推动的。除了为现代生活许多便利性的数字处理技术的不断增强和萎缩之外，更具体的发明包括：高分辨率数字图像传感器技术，为汽车应用［如激光雷达（Lidar）传感器］赋能的新型传感器，数字视频（压缩）格式，小型、坚固且成本效益高的数字显示技术，这些技术足以在汽车内部普遍使用，以及由智能手机使用（加上使其成为可能的移动通信电信基础设施）所推动的现代用户交互方法。

在车内部署所有传感器和显示屏所带来的一个关键挑战是如何将它们集成到电子电气（EE）架构中，特别是如何实现它们的通信。当（数字）摄像头和显示屏在 21 世纪初开始在汽车中采用时，实际的通信是模拟的。然而，模拟视频传输在分辨率和质量方面存在严重限制，这禁止了实现现代 ADAS 和娱乐功能所需的后续处理。因此，如今，数字视频数据传输推动了车内通信系统（IVC）中对数据速率的需求，而合适的高速通信技术为视频相关的客户功能和 EE 架构选择方面的创新打开了大门。

不幸的是，通常不可能简单地重用来自消费电子和 IT 行业的通信技术，这些技术已经在大规模市场中支持了所需的高视频数据速率。本书的一个目标是解释 IVC 技术在鲁棒性和成本方面必须掌握的额外约束，为什么汽车适用的物理层开发很重要，以及为什么汽车 SerDes 和汽车以太网技术是这一背景下的可用选择。为了支持对汽车环境、高速传感器和显示屏用例以及通信技术之间的相互关系的深入理解，并促进选择，本书的结构如下：

● 在本章第 1 节的后续，将重点介绍传感器和显示屏应用。它将解释传感器和显示屏应用之间的差异，以及它们与车内其他用例之间的差异。第 2 节将介绍 SerDes 通信中使用的术语以及汽车 SerDes 的背景。第 3 节将提供以太网的起源以及以太网作为车内通信技术使用的信息。

● "创新及其基础技术"的引入很少仅仅是为了"使用新技术"。通常，它们都有明确的目的。在商业对商业（B2B）环境中，创新的三个主要原因如下：首先，为了实现新的功能（和商业机会）；其次，为了节省成本；第三，为了满足新的监管要求。为了提供背景，本书首先在第 2 章中详细介绍了汽车行业中的高速传感器和显示屏用例的历史以及它们背后的技术和架构选择。

● 第 3 章介绍了汽车环境，在这种环境中，这些用例必须可靠且安全地运行。汽车是特别复杂的产品，因为它们需要在极其不同的条件下提供多种多样的功能，同时需要在竞争激烈的市场中吸引客户。汽车环境影响了汽车所做的所有技术选择，因此本书在早期阶段就涉及了这一点。

● 消费电子和 IT 通信技术经常在汽车中无法使用的一个原因是它们无法满足汽车的电磁兼容性（EMC）要求（至少不能以合理的成本满足）。EMC 对汽车内的所有电子设备尤其重要，因此本书在第 4 章中详细讨论了这一点。

● 线束是汽车内部第三重且第三昂贵的组件[3]。通信电缆需要同时具备坚固、成本效益高和轻便的特点。这也是消费级产品通常不适合车内使用的另一个原因。第 5 章介绍了为所有车内通信技术所做的通信信道的一般选择，这包括电缆和连接器的选项。这些选择对于确保汽车内部通信系统的可靠性、安全性和效率至关重要。

● 电源和节能是汽车中另一个极其重要的方面，与所使用的实际技术无关。第 6 章讨论了与传感器和显示屏用例相关的方面，这些方面通常会影响车内通信技术（IVC）的整体情况。

● 第 7 章介绍了汽车 SerDes 技术的选择。

● 第 8 章介绍了高速（HS）汽车以太网技术，并对高速汽车以太网和 SerDes 标准进行了一般性的比较。

● 首先，汽车 SerDes 和汽车以太网都是与用例无关的物理层和数据链路层技术。为了将它们应用于高速传感器和显示屏用例，需要添加相当数量的相关高层标准和协议，这些标准和协议也可能影响或成为特定 SerDes 或以太网产品的一部分。第 9 章对许多相关标准和协议进行了概述和介绍，这些标准和协议包括颜色代码、控制接口、视频压缩格式、内容保护，以及摄像头和显示屏特定的协议。

● 最后且同样重要的是，第 10 章探讨了测试、资格认证和工具。对于汽车中的所有用例和技术解决方案来说，它们能够被测试和维修是一个极其重要的方面。因此，虽然这个主题是在本书的结尾部分讨论的，但确保所有系统设计和新技术的可测试性实际上是一个重要的起始要求。

请注意，尽管内容和章节的顺序旨在尽可能合理和连贯，但对于本书所讨论的如此复杂的主题而言，完美的顺序是不存在的。各章节之间存在许多相互关系，因此本书包含了许多向前和向后的引用。

1.1　高速传感器和显示屏用例的独特特性

汽车中的显示屏和传感器——包括作为特殊类型传感器的摄像头——实际上针对不同的用例。显示屏的唯一目的是向汽车用户传递技术、娱乐或其他信息。尤其是当它们具有触摸功能、语音识别或相关的拨盘和旋钮时，它们成为人机界面（HMI）的重要组成部分，用户可以通过这些界面控制车内的各种功能。

另一方面，传感器提供的是特定于传感器的技术数据，这些数据在原始格式下通常对车内乘客来说是不可用的。要么传感器数据直接用于控制驾驶功能，而用户永远不会意识到它们的存在；要么这些数据在用于驾驶人/乘客的信息或 ADAS 功能中的用户交互之前需要进行处理。摄像头图像是一个例外，因为它们既可以用于机器视觉/处理，也可以用于人类视觉，例如在倒车摄像头系统中。

表 1.1 列出了显示屏、摄像头和其他传感器用例之间的额外属性差异，这些差异对本书后续章节（尤其是第 2 章）中讨论的用例的架构和其他技术的选择具有一定的相关性。表 1.1 还说明了为什么将摄像头与其他传感器分开讨论是有意义的。虽然摄像头与其他传感器之间有一些相似之处，但也存在重要的差异。

表 1.1　不同传感器和显示用例属性的比较

项目	显示屏	摄像头	其他传感器
数据接收者	仅人类视觉	人类视觉或机器处理	机器预处理
服务质量（QoS）要求	人类视觉允许一定程度的延迟和损失	机器处理需要低延迟且对损失敏感，可能需要压缩或其他技术	
尺寸	通常很大	通常很小	
功耗要求	由于用于显示（取决于尺寸），耗电量大	小型壳体容易积聚热量，这可能会影响传感质量。功耗应低于一定标准	
车中位置	车厢内部，面向驾驶人或其他乘客	面向外部或车身壳体上，ADAS 传感器通常位置要求严格	
可增加的功能	可能包括微型电子设备组合、消费电子（CE）连接、附加音频设备等	可能包括红外光发射二极管（IR LED）用于内部相机，包括辅助插座和夜视功能，甚至外部相机	通常为单一类型，仅收集一种类型的数据

　　然而，这些用例之间也有一些共同之处。它们都需要高度不对称（高速）的数据通信以及相关的架构选择。传感器和显示单元通常都位于网络的边缘作为终端节点。即使它们以某种形式的显示屏或传感器串连方式转发数据——这在任何情况下都很少发生——它们也可以被设计成不需要基于软件的处理，因为这样的处理可能需要频繁的更新。这些方面不仅将高速传感器和显示屏用例统一起来，还使它们与车内的其他（许多）电子控制单元区分开来。

　　图1.1展示了两种根本不同的架构选项。为了直接比较传感器和显示屏的用例，图中的例子假设传感器数据在经过相应处理后直接显示在屏幕上供用户查看。但在实际车辆中，一个传感器和一个显示屏之间的这种直接联系很少。显示屏也可以用来显示预先存储的娱乐数据，或者显示对各种传感器评估结果的汇总。传感器的输出可能会作用于车辆控制，而不需要用户交互或仅通过声音反馈。

　　图1.1的上半部分描述了传感器和显示屏本身不包含视频或传感器数据处理的情况。传感器数据被（或多或少）原样传输到ECU，ECU处理这些数据，在应用中利用结果，然后将结果渲染成视频流传输到显示屏上，最终在屏幕上显示。这可以是一个倒车摄像头的配置。通俗地说，这种情况通常被称为具有"傻瓜式"传感器和显示屏。传感器和显示屏没有处理能力，因此"没有智能"。尽管有些人可能会反对这种措辞，但关键是在这种情况下，传感器和显示屏不运行任何可能需要定期更新或升级的软件。

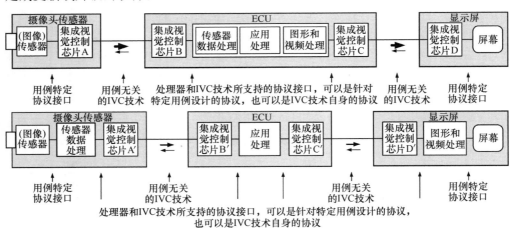

图1.1　传感器和显示屏用例的原则架构选项

　　在图1.1的下半部分，传感器和显示屏自身执行主要的处理任务。一个典型的例子是交通标志识别。摄像头拍摄图像，在其处理器中识别特定的交通标志，然后仅将标识符号码传输给ECU。然后，ECU通过将其识别的交通标志与地图数据进行比较，在其应用程序处理中进行合理性检查，然后向显示屏发送标识符号码。显示屏随后渲染交通标志的图像并将其显示给客户。自然，这样的场景使传感器和显示屏变得更加复杂。但是，同时需要通信的数据量比没有处理的传感器和显示屏要小得多。处理所带来的额外成本可能会因不再需要"高速"的通信系统的较低成本而得到补偿。

值得注意的是，在某些情况下，传感器和显示屏中进行的唯一处理是数据压缩或解压缩。这种较为中和的情况在图 1.1 中并未描绘。传感器和显示屏所需的额外处理通常可以在硬件中实现。通常，硬件压缩比软件压缩更快且功耗更低。使用压缩可以降低数据率，但降低的幅度不如仅传输标识符那么大，这是完全处理后的情况。因此，使用压缩的场景会导致中等程度的处理和中等的数据率。同时，压缩可能会产生其他影响，如压缩损失或增加的处理延迟，这可能是不可接受的（也请参见表 1.1）。有关用例的更多详细信息，请参阅第 2 章。

在这本书的上下文中，重要的是要区分在传感器或显示屏内部使用的协议接口与 IVC（In- Vehicle Communication，即车内通信）技术。用于连接传感器和显示芯片的协议接口是特定于应用的，这意味着相机内部的成像器接口技术不能用于将数据放到显示屏上，反之亦然。同时，相机和显示屏都可能使用相同的 IVC 技术与 ECU 连接。此外，在这两种情况下使用的 IVC 芯片不一定相同。这就是为什么在图 1.1 中，IVC 芯片被区分为带有"'"和不带有"'"的。在图 1.1 的上半部分，很可能需要使用一个"IVC 桥"来桥接使用案例无关的 IVC 技术和使用案例特定的协议。在图 1.1 的下半部分，所使用的接口组合取决于处理器和 IVC 中接口的可用性。

1.2　汽车 SerDes 背景

术语"SerDes"在不同的使用情况和场景中用于描述多种不同的技术。本节旨在至少在本书的使用范围内澄清该术语的模糊性。为此，1.2.1 节首先解释了"SerDes"一词的起源。1.2.2 节介绍了汽车行业中常见的 SerDes 术语，而 1.2.3 节概述了汽车行业中 SerDes 的现状。关于汽车 SerDes 技术的技术选择和特性，将在第 7 章中讨论。

1.2.1　"SerDes"的起源

"SerDes"首先描述了一个非常基本的物理原理。在早期，当两个芯片需要通信时，一个芯片的每个输出引脚都直接连接到另一个芯片的输入引脚，反之亦然。当需要交换多个信息时，会添加其他组的并行引脚和连接。拥有更多的并行数据线是不切实际的，在后面将解释具体原因，在将数据转移到其他芯片之前，原来的并行数据会被序列化成串行数据。数据在内部处理之前会被反序列化。图 1.2 通过一个非常简单的例子展示了这一点。

选择串行数据传输而不是并行传输的三个主要原因如下[4][5]：

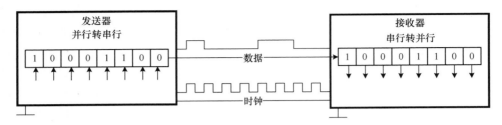

图 1.2　SERializer-DESerializer（SerDes）技术的基本原理

（1）集成电路（ICs）上引脚数量较少

自从集成电路发明以来，其处理能力取得了巨大的进步。摩尔定律观察到，每两年晶体管的密度大约翻一番[6]。与此同时，集成电路的封装和引脚密度并没有以相同的速度发展，这意味着继续采用并行数据传输将导致集成电路变得过于庞大而不可行。这实际上要求更有效地利用现有的引脚。

（2）更好的同步性和支持的数据速率

图 1.3 展示了一个简单的并行传输系统，包括一个发射器（TX）、一个接收器（RX）、八条并行数据线（D0 到 D7）和一条时钟线（CLK）。时钟线非常重要，因为对于接收单元来说，确保所有八条线同步是关键，以便能够正确地处理接收到的数据。在图 1.3 显示的 TX-RX 系统右侧，给出了接收器看到的一个示例位模式。图 1.3 的上半部分展示了理想的情况。在这里，每条数据线上的数据都以完美的同步接收。在精心设计的印制电路板（PCB）布局上，对于低频和短距离传输，这很可能是成立的。图 1.3 的下半部分以高度简化的方式展示了如果并行数据路径没有完美对齐时会发生什么。在这种情况下，接收器可能无法在同一传输时隙中采样所有位。

在这个简化的图中，数据路径的长度是不相等的。在现实生活中，这样的变化还取决于芯片工艺、电压和/或温度。频率越高，系统对这些延迟变化的敏感度就越高。结果是，从某个特定频率开始，在并行信道上传输的数据就无法可靠地接收。

自然地，与在印制电路板（PCB）上的传输相比，通过长电缆进行传输会增加许多困难。

串行系统不会出现这样的同步问题，即使它需要以 n 倍高的数据传输速率来传输数据，以便与通过 n 条并行信道传输达到相同的吞吐量。

（3）减少干扰，尤其是串扰

在并行数据通信中，另一个关键要素是信号的参考电位，也就是信号地。如图 1.3 所示，并行数据传输采用单端而非差分方式。单端传输意味着，一个信道或导线负责传输代表信号的电压变化，而另一个信道或导线则作为通信所需的参考地线。

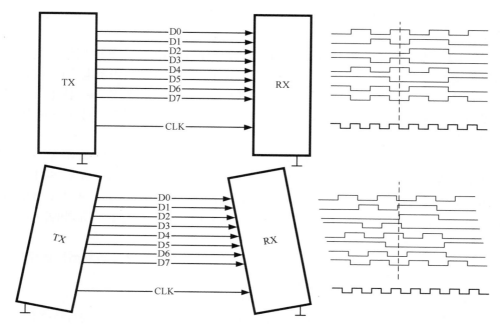

图 1.3 在并行数据传输中的同步问题

这种通信方式极易受到干扰，特别是容易受到串扰的影响。为了减轻这种影响，需要一个完美的信号地设计。串扰是指相邻数据线之间的相互干扰。当线路或电缆越长、越接近，且传输频率越高时，串扰的影响就越显著。在并行数据传输中，由于定义上存在多条相邻线路，因此串扰的风险相对较高。为了减轻串扰的影响，可以在 PCB 上的所有并行数据线之间插入地线，即确保发射器和接收器之间至少连接了相同数量的信号地线。

串行数据可以轻松实现差分传输。在差分传输的情况下，相同的信号通过两根电压水平相反的导线进行传输。在差分传输信号的接收端，这两个信号会被组合起来。这样做可以消除各种噪声源。因此，采用差分传输的串行数据具有更好的抗干扰能力，并且避免了信号地线对信号完整性的影响。

因此，高速串行解串器（SerDes）已成为（大多数）高集成度芯片的主要输入和输出形式[4]，几乎所有现代通信技术都基于图 1.2 所示的串行化/解串行化原理。图 1.2 中的简单示例是单端，它使用专用的时钟线和专用的电压等级来传输单个信号。现代 SerDes 技术是差分式的，不需要专用的时钟线。增强的电路技术可以从接收到的比特流中恢复出稳定且精确的时钟信号。这进一步提高了 SerDes 技术的鲁棒性，因为时钟和数据信号之间的传输时间差异（"时钟偏斜"）被消除了。此外，现有的电路技术允许在发送之前对传输的数据进行调制和编码。这意味着使用单一的物理电压等级，可以传输超过 1bit 的数据，并且可以提高数据速率（更多关于实际解决方案的详细信息，请参见第 7 章）。

1.2.2　汽车 SerDes 术语

1.2.1 节解释了为什么"SerDes"这个术语可能在不同上下文中用于完全不同的通信技术。"SerDes"作为一个物理原理，并不区分通信是在印制电路板（PCB）上、通过线缆，还是无线进行的。通常，即使以太网也被称为 SerDes 技术，仅仅是因为它支持差分串行数据传输，但在本书中，以太网被视为一种不同的技术（参见第 1.3 节或第 8 章）。

为了减少"SerDes"一词的歧义，一种方法是给本书中讨论的 SerDes 一个明确的定义和不同的名称。因此，以下定义了"汽车 SerDes"（Automotive SerDes），并列出了在汽车行业中通常与"SerDes"相关的属性。除了在之前的 1.2.1 节中明确说明外，本书中"SerDes"或"Automotive SerDes"通常具有以下所列的特性。

1）它驱动线缆（驱动线缆）。

2）它支持"非对称通信"，意味着仅在一个通信方向上具有高数据传输速率。

3）它仅支持点到点（P2P）通信。

4）它仅支持 ISO/OSI 通信模型的最下面两层。

（1）明确指出了汽车 SerDes 的一个关键特性，即它驱动线缆来进行数据传输

汽车中的电子设备通常是分布式的。这尤其适用于传感器和显示屏，因为它们需要放置在汽车内部的特定位置以执行其功能。大部分传感操作在车身外壳的边缘完成，而显示屏需要与座椅的视角位置对齐。相比之下，处理单元可以安装在车内的任何有空间和适当环境的地方。然而，所有这些单元都需要通过铜缆或光缆进行通信，这些线缆很容易达到 10～15m 的长度。对于安装在公交车和货车中的系统，甚至 40m 也是典型的长度要求[7]。

如果使用 SerDes 技术为传感器或显示屏服务，它必须能够驱动相应的线缆，否则它对这些用例来说就没有意义。因此，拥有能够支持在具有挑战性的汽车环境中高速数据传输的线缆和连接器，对于该技术的成功至关重要。更多详情请参阅第 5 章。

（2）汽车 SerDes 支持仅在一个通信方向上实现高数据传输速率

SerDes 通信首先是单向的。传输方向从串行化发送器到反串行化接收器。SerDes 支持单向高速数据传输是这种技术在汽车中被采用的原因（见 1.2.3 节）；因为它可用于传感器/视频应用所需的主要传输方向。对于控制，最初使用了另一种低速通信技术——例如本地互联网络（LIN）总线[8]——作为辅助。随后，随着半导体处理技术的进步和成本的降低，开始优化这种配置。结果是，现在汽车 SerDes 解决方案已经提供了双向、低速的控制信道。当然，应用案例也可以通过对称高速通信来实现。但是，我们通常不想要增加复杂性和成本，所以汽车 SerDes 解决方案专注于仅在一个传输方向上支持高速数据传输。

"高速"数据传输速率是相对的，这取决于看待问题的角度。当汽车中的首个

摄像头采用数字传输技术时，图像传感器可能具有 640 × 480 的视频图形阵列（VGA）分辨率（详情见 2.1.2 节）。以每秒 30 帧（fps）和 16 位彩色为例，这导致了大约 150Mbit/s 的数据传输速率。在当时，这对于车内通信来说被认为是非常高的数据传输速率。大约在同时期，引入了面向媒体的系统传输（MOST）总线，它支持 25Mbit/s[9]，这又是从之前可用的控制器局域网（CAN）总线[10] 或 LIN 总线的一个巨大飞跃。到 2021 年，在汽车行业（因此也在本书中），大于 1Gbit/s 的数据传输速率被认为是高速的。大于 10Gbit/s 的数据传输速率被认为是"非常高"的。一般来说，"非常高"描述了当时可行性的边缘；在本书中也是如此。

（3）汽车 SerDes 仅支持点对点（P2P）通信

在物理层上，SerDes 通信是点对点（P2P）的。这不仅意味着 SerDes 链路不是总线，在总线上超过两个单元会共享带宽，还意味着完整的 SerDes 通信从通信的一端开始，并在另一端结束，没有扩展的网络能力。这特别适用于摄像头和显示屏的用例，它们仅将视频数据转发到或从处理这些数据的电子控制单元接收视频数据。

偶尔，会讨论到设想中的汽车 SerDes 架构，该架构中摄像头或显示屏以菊花链方式连接（也见第 2.1.3 节）。这通常是为了节省处理 ECU 中的硬件成本或/和减少所需的电缆长度。然而，在物理层上，以及在数据链路层（DLL）上，通信通常仍然是每个显示屏/摄像头与处理 ECU 之间的点对点通信。如果通信是真正的网络化，那么摄像头/显示屏之间应该能够相互通信，但实际上它们并没有这样做。

（4）汽车 SerDes 仅支持 ISO/OSI 通信模型的最底两层

由于汽车 SerDes 通信是点对点（P2P）的，相关技术通常包括物理层（PHY）和一些数据链路层（DLL）的功能。这意味着在 ISO/OSI 分层模型中定义的 7 个不同通信功能中，汽车 SerDes 仅覆盖第一层和第二层。这反过来意味着汽车 SerDes 技术不需要特定的通信软件。任何可能影响软件的特定要求都与处理特定应用协议有关，这些协议可能是汽车 SerDes 产品的一部分，或者是通过 SerDes 链路传输的应用数据的一部分，而不是汽车 SerDes 技术本身（有关协议的更多详细信息，请参阅第 9.6 节和第 9.7 节）。

这些是"汽车 SerDes"的一般特性。然而，另一个带有歧义的术语指的是通常仅被称为"Serializer"和"Deserializer"的实际芯片产品。图 1.4 提供了一个概述。术语"Serializer"（SER）原本指的是将数据序列化然后传输的部分，而"Deserializer"（DES）指的是接收然后反序列化数据的部分。然而，在现代汽车 SerDes 技术中，负责传输高速数据的通信侧的芯片，也接收用于控制信道的较小数据速率的信息，而接收高速数据的通信侧的芯片也发送较小的数据速率的信息用于控制目的。不过，这两部分仍然被称为 SER 和 DES。此外，这些现在增强的 SER 和 DES 可以与传感器、处理或显示控制芯片集成在一个系统级芯片（SoC）中。它们也可以是独立的 IVC 桥接芯片的一部分。在汽车行业中，这些桥接芯片在发送高速数据的一侧被称为 SER，在接收高速数据的一侧被称为 DES。这意味着，SER 和 DES 可能指的是三种不同的功能集。

为了减少混淆，本书中将图 1.4 所示的桥接芯片根据上下文称为"SerDes 桥""SER 桥"或"DES 桥"。其中，"SER"或"DES"仅描述所讨论通信链路一侧或另一侧的功能，包括潜在的控制信道。在后续内容中，如果特别需要提到"SER"和"DES"的原意，将明确说明。请注意，SerDes 桥接芯片有多种类型，这取决于它们所桥接的应用特定协议，以及它们所包含的 SER 和/或 DES 的数量。在可能的其他组合中，双 DES 桥和四 DES 桥特别常见。

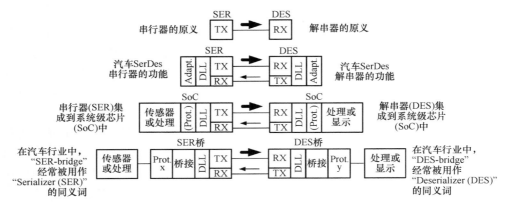

图 1.4 串行器（SER）和并行器（DES）两个术语的不同用途

关于术语的最后一点说明。"SerDes"和"汽车 SerDes"在汽车行业中是相对较新的概念。该行业尝试过其他名称，如"高速视频链路（HSVL）"[12]"像素链路"[13]，或者最常见的"LVDS"。低电压差分信号（LVDS）是一种于 1995 年发布的串行化/反串行化标准，它结合了低电平信号和差分通信（也参见第 7.2 节）。它通常被视为 SerDes 的起源，而汽车行业早期使用的 SerDes 技术大多是基于 LVDS 的。然而，许多现代的汽车 SerDes 技术与原始的 LVDS 大相径庭。因此，将 LVDS 与汽车 SerDes 视为同一概念已不再准确。在本书中，当使用"LVDS"这个术语时，仅指确切的 LVSD。

1.2.3 汽车 SerDes 现状

SerDes 技术在量产汽车中的首次应用是在 2001 年。宝马在其新款 7 系车型中，使用 SerDes 技术将中心显示屏连接到主信息娱乐系统，其中渲染了待显示的图形数据。原始视频数据（如摄像头或电视接收器产生的数据）被设计为可通过模拟传输系统传输。而导航系统的图形数据是一种新型数据，它不适合自动进行模拟传输，但需要在高分辨率下传输。所使用的 SerDes 技术是来自国家半导体公司（现为德州仪器，TI）的首款平板显示（FPD）SerDes 技术。整体传输速率约为

500Mbit/s，使用了四对线（三对线用于数据传输，一对线用于时钟信号传输，也参见第 7.3.1 节），以及一个单独的 CAN 连接用于控制数据传输。

自此之后，SerDes 技术的市场虽然缓慢但持续增长。从 2005 年开始，汽车 SerDes 解决方案甚至可以使用专用的、适合汽车的连接器；这对于成功应用一种通信技术来说是一个不容忽视的事实（更多详情见第 5.3.2 节）。到 2021 年，预计汽车中 SerDes 节点的总数将与汽车中以太网节点的总数大致相同[14]。市场的增长伴随着新的功能，如更高的数据速率、集成的控制信道、通过数据传输电力的能力、支持同轴电缆等。此外，越来越多的供应商进入了市场，尽管他们提供的是自己的非互操作性的、专有的汽车 SerDes 解决方案版本（技术细节见第 7.3 节）。虽然最初的 FPD-Link 技术对其他半导体供应商开放使用，但所有后续版本也都是专有的。

这种情况的发生其实并不简单。毕竟，汽车内部采用的每项技术都需要在资格认证（包括工具和测试）、物流及长期维护方面投入大量努力（请参见第 3.1.2.2 节）。如果汽车制造商决定仅选择一个供应商和技术，以避免工作量的增加，那么他们可能会面临未来被次优技术束缚的风险。因为这意味着一个供应商需要独自承担不断变化和扩展的产品组合供应任务，而这名供应商不太可能成为所有所需芯片变体的最佳选择。此外，垄断的供应商可能会失去未来适应和改进的动力。汽车制造商最期望的是，有多个供应商销售可互操作的产品，从而形成一个充满活力的标准。这样的标准很可能基于各公司的核心竞争力进行优化，包括工具、测试、电缆等生态系统的构建，并注定会随着未来版本的发展而不断完善。

那么，为何会演变出多种专有的汽车 SerDes 解决方案这一状况呢？在作者看来，这主要是以下两个方面的结合所导致的：首先，摄像头和显示技术飞速发展，这些技术从外部迅速涌入汽车行业；其次，在 IVC 网络边缘的连接性是点对点（P2P）的，且这一决策并未纳入战略决策的考量之中。此外，摄像头和显示应用始终在汽车用户中占据重要地位。迄今为止，只有专有技术能够迅速支持汽车行业希望采用的新功能。同时，在封闭系统中，如果通信链路两端的两个单元都由同一家一级供应商提供，那么使用专有技术的影响就不那么显著了。一级供应商会按照汽车制造商的具体需求提供产品，并寻求成本优化的解决方案以赢得合同。而汽车制造商则希望为其客户提供尽可能出色的功能。只要成本控制在合理范围内，那么在这种情境下推动标准化的动力就相对有限。

尽管之前可能已经讨论过汽车 SerDes 的标准化问题，但直到最近，这些讨论都没有得到落实。现在标准化情况发生变化的原因有多个。首先，这是纯粹的体量问题。汽车中的摄像头和显示屏数量在增长，而与此同时，这些应用的模拟连接正在被淘汰。其次，汽车制造商正在设想电子电气架构，在这种架构中，摄像头、高速传感器和显示屏是从与 ECU（电子控制单元）处理数据的不同一级供应商那里购买的，甚至可能遵循不同的时间线。

在这种情况下，①在与 IVC（车载视频连接）供应商交换单元时变得更加灵活，变得更为重要；②现在汽车制造商需要全面负责通信链路。第三方的合规性和互操作性支持是关键。拥有标准化的解决方案会使这些工作变得更容易。

结果是出现了两个汽车 SerDes 标准化工作组。MIPI 联盟（最初缩写自 Mobile Industry Processor Interface Alliance）在 2018 年宣布开发他们的"A-PHY"[15]，并在 2020 年 9 月发布了 A-PHY 1.0 规范[16]。汽车 SerDes 联盟（ASA）于 2019 年 5 月成立，并在 2020 年 10 月宣布完成了其"ASA 运动链路（ASAML）"规范[17]。这两个标准都支持预期的汽车 SerDes 解决方案的未来需求，以维持不断变化的需要（技术细节见第 7.4 节和第 7.5 节）。在撰写本书时，这两个标准都太新，尚未在量产汽车中得到采用。

1.3　汽车以太网背景

与以太网在 1973 年发明时相比[18]——汽车以太网是一个相对较新的东西。2008 年，首款配备以太网通信的量产车是宝马 7 系。2013 年，首款使用专用汽车以太网通信技术的量产车宝马 X5 上市。与"SerDes"一词相比，"以太网"一词的使用相对明确。因此，1.3.1 节仅概述了以太网的起源和以太网的组成部分。1.3.2 节随后解释了"汽车以太网"的区别，然后 1.3.3 节介绍了在第 8 章中会更详细讨论的高速汽车以太网技术。

1.3.1　"Ethernet"的起源

以太网起源于 1973 年的施乐帕克研究中心（Xerox PARC），当时施乐帕克研究中心需要一种通信技术，以便在其第一台个人计算机工作站、打印机和早期互联网之间传输数据。施乐帕克研究中心并没有将这项发明据为己有，而是分步骤地将其公之于众，首先是 1976 年的一篇论文[19]，然后与数字设备公司（DEC）和英特尔公司联合在 1980 年发布了"DIX 标准"[20]，随后是 1983 年 IEEE（电气和电子工程师协会）新成立的 802.3 工作组制定的 10BASE-5 标准，它支持通过粗同轴电缆以 10Mbit/s 的速度传输数据[21]。

自此以后，IEEE 802.3[21] 特别发布了许多以太网变体，但不仅限于 IEEE 802.3。许多行业都采用了以太网通信。这些规范涵盖了不同的传输模式（半双工和全双工）、不同的数据速率（从 10Mbit/s 到 400Gbit/s）、不同的传输介质（同轴电缆、双绞线、双轴电缆、各种光介质、背板）以及附加功能，如流量控制、自动协商、链路聚合、以太网供电/数据线供电（PoE、PoDL，参见第 6.1.2 节）和高效以太网（EEE，参见第 8.2.1.1 节）。除了以太网起源的数据中心之外，采用以太网通信的行业还包括电信、工业自动化、航空、楼宇自动化、专业音视频（Pro-AV）等[22]。

以太网有两个核心属性：它始终只涵盖 ISO/OSI 分层模型的下 1½层（见

图 1.5），并且所有以太网 PHY 变体都使用相同的包/帧格式与数据链路层（DLL）中的介质访问控制（MAC）进行通信（见图 1.6）。以太网始终只涵盖下 1½ 层，并因此尽可能独立于应用程序，提供数据的容器（以便任何人都可以自行决定使用以太网传输什么应用数据），这被视为以太网成功的重要因素之一[18]。

始终使用相同的帧格式意味着处理数据包的微控制器（μCs）和网络中转发数据包的交换机始终看到相同的帧结构，而与所使用的物理层技术无关。速度等级的差异在于，集成在微控制器或交换机中的 MAC 必须能够以与 PHY 相匹配的速度处理数据。当然，PHY 和连接的 IC 都需要支持相同的介质无关接口（MII）类型（见图 1.5）。MAC 的功能始终相同，不同之处在于这些功能的执行速度。

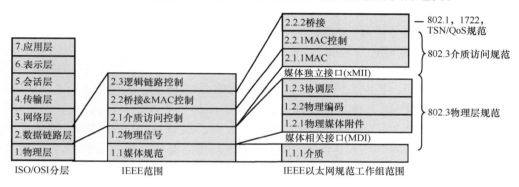

图 1.5　展示了 ISO/OSI 模型所覆盖的 IEEE 以太网规范

图 1.6 展示了以太网数据包（帧）的元素。每个数据包都以一个前导码和一个起始帧定界符开始，它们的作用是警告并启用接收器以接收即将到来的数据。接下来，每个数据包都包含接收者和发送者的 MAC 地址。可选的 IEEE 802.1Q 标签可用于添加虚拟局域网（VLAN）信息和优先级。然后，每个接收者都期望接收 Ethertype（以太网类型）。2B 的 Ethertype 是以太网的核心元素。它标识了期望的有效载荷类型或报头扩展（如 802.1Q 标签或 MACsec，参见第 8.2.3 节）。Ethertype 的列表由 IEEE 维护[23]。

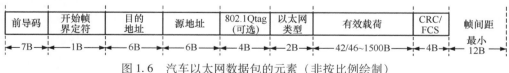

图 1.6　汽车以太网数据包的元素（非按比例绘制）

接下来的有效载荷（payload）长度至少为 42B（带有 IEEE 802.1Q 标签）或 46B（不带 IEEE 802.1Q 标签），最大长度为 1500B。数据包以循环冗余校验（CRC）结束，也称为帧校验序列（FCS），如果检测到错误，则会丢弃该数据包。数据包之间始终有一个至少 12B 长度的间隔。以太网数据包格式对于在 MAC 层上处理和转发以太网数据是至关重要的。因此，对于每一种新的以太网 PHY 技术，一个基本要求是支持面向 MAC 层的帧格式。在物理信道上，图 1.6 中所示的数据包格式是不可见的。

大多数管理和 QoS（服务质量）功能都在"交换机"中实现，在 IEEE 规范中被称为"桥接器"。在这里，"桥接器"——更确切地说是"第二层桥接器"——涵盖了 ISO/OSI 第二层上两个不同以太网 PHY（物理层）之间的通信路径（第三层桥接器会在 IP 级别上这样做）。为了不将以太网桥接器与 1.1 节中介绍的 IVC 桥接器混淆，本书使用"交换机"一词来指代在以太网网络中基于 MAC 地址在第二层转发数据包的 IC（集成电路）。无论 IC 是否还集成了 PHY（物理层），都无关紧要。交换机的功能保持独立。在数据中心中，"以太网交换机"通常是一个独立的盒子，可以连接多条以太网电缆。在汽车网络中，这样的设备并不常见，并且更可能被汽车行业称为"交换机盒"。

交换机在以太网网络中实现了大部分的以太网服务质量（QoS）功能。以太网 QoS 由 IEEE 802.1/1722 时间敏感网络（TSN）定义（详见 8.2.2 节以获取相关详细信息）。

需要指出的是，在以太网网络中，通信通常是"基于以太网的"。这意味着 ISO/OSI 层模型的所有其他层也被涉及，通过使用例如传输控制协议/互联网协议（TCP/IP）协议套件。TCP/IP 本身并不是以太网，但通常在以太网网络中使用。当不需要网络功能时，比如在许多点对点（P2P）传感器和显示应用中，以太网可能会更接近于其核心使用，而不带有协议开销。

以太网的成功

当以太网被发明时，它能否被一直沿用下去还并不明确。它严格遵循 ISO/OSI 的层次分离原则，仅覆盖下 1½ 层，这只是其成功的一个方面。以太网成功的另一个重要原因是它得到了广泛的社区支持，没有任何一家公司主导标准化过程[24]。

显然，在 20 世纪 70 年代末到 80 年代初，不仅 DIX 团队，IBM 也意识到为局域网（LANs）制定一个开放的通信标准是有利的。最初的意图是在 IEEE 内部达成一个共同的解决方案。1980 年，当这个团队"无望解散"时，IEEE 将这项工作分为三个组：802.3 负责以太网，802.4 负责令牌总线，802.5 负责令牌环[24]。在接下来的几年里，以太网特别与令牌环网络竞争。

一开始，令牌环网络被视为技术上更优越，并且至少在开始时，其采用率更高。其信道访问具有更确定的延迟限制，拓扑结构更可靠，网络更易于管理和扩展[24][25]。然而，以太网还是成功了。主要原因在于 IBM 在令牌环技术中的主导地位。IBM 不仅在实际的新功能被纳入标准之前就（几乎）拥有了更先进的产品，而且一些更高层次的管理协议也被 IBM 的专有解决方案所主导。这使得其他公司难以与可互操作的产品竞争，投资也过于冒险。相反，以太网的发起者努力不主导标准化，大量（小型）公司投资产品，最终造成了差异[24]。

1.3.2 汽车行业中的以太网

2008 年开始量产的宝马 7 系采用了 100BASE-TX 以太网技术，这是 IEEE 于 1995 年为 IT 应用发布的技术[21]。宝马公司引入 100BASE-TX 是因为当时需要传输的数据包速度高于当时汽车可用的其他通信技术所支持的速度。数据速率提高的原因是基于 GPS 的导航系统所需的地图数据。这是第一次将地图数据存储在主要的信息娱乐 ECU（电子控制单元），即主机单元（HU）内部，而不是使用外部媒体。这导致了两个结果：①在需要更新时，需要刷入汽车的数据量大幅增加；②高端后座娱乐系统（RSE）也需要访问这些数据。当时，将地图数据复制到 RSE 内部的闪存存储中成本过高。通过以太网从 HU 访问地图数据要经济得多。

100BASE-TX 链路满足了当时的需求。然而，在汽车运行期间使用 100BASE-TX 需要使用具有两对线的屏蔽双绞线（STP）电缆。这对于在汽车中广泛使用 100BASE-TX 来说成本效益不够高。因此，需要找到一种能够在单对非屏蔽双绞线（UTP）电缆上传输 100Mbit/s 数据的以太网解决方案，以便以太网在汽车行业中得到更广泛的应用。这种后来被称为 100BASE-T1 的技术，首先在 2013 年的宝马 X5 中投入量产。

有趣的是，在这个初始用例中，100BASE-T1 将环绕视图摄像头连接到环绕视图系统（SVS）ECU。其前身系统于 2006 年与当时全新的 X5 一同推出，首次在宝马汽车中使用了 SerDes 来连接摄像头。到了 2013 年，为了适配 100Mbit/s 的链路，摄像头数据被压缩了。当时，为每个摄像头压缩数据并通过单根非屏蔽双绞线（UTP）电缆传输，比继续使用不需要压缩但需要 STP 电缆的汽车 SerDes 技术更具商业优势[22]。因此，汽车以太网和汽车 SerDes 往往被视为竞争技术，尽管实际上它们几乎不会在实际应用中相互竞争。然而，这些应用场景正是本书中讨论的高速传感器和显示应用，因此第 8.3 节将详细阐述这两种技术之间的联系和竞争。

在 IEEE 中，需要单根双绞线电缆进行传输的以太网技术被标识为后缀"T1"。由于这些技术主要是为汽车使用而开发的，并且它们满足了汽车对链路长度和鲁棒性的要求，因此 T1 技术通常被称为"汽车以太网"。从更广泛的意义上说，"汽车以太网"也可以用来代替"汽车中的基于以太网的通信"，这包括所有更高的协议层。

由于以太网在汽车中首次引入时是以 100Mbit/s 的速度，因此在撰写本书时，100BASE-T1 以太网是最成功的汽车以太网技术。到 2021 年为止，它几乎已经在所有主要汽车制造商中投入量产[26]。关于更多汽车以太网变体的信息，请参阅第 1.3.3 节。高速汽车以太网技术的技术细节将在第 8 章中提供。

1.3.3 HS（高速）汽车以太网简介

汽车以太网技术以 100Mbit/s 的数据速率被引入汽车行业。然而，很明显，为了以太网技术在汽车行业持续存在，必须启用对其他——首先是更高——数据速率的支持。由于一项技术的标准化工作通常需要在预期投产（SOP）之前的 8~10 年开始（也见第 3.1.2.2 节或文献 [27]），关于 Gbit/s 以太网标准化的首次讨论在 2011 年就开始了。这甚至比第一款 100Mbit/s 汽车以太网技术达到 SOP 还要早两年。同样，在 2016 年完成 1Gbit/s 汽车以太网规范之后，就启动了针对多 Gbit/s 汽车以太网的标准化工作，这同样是在 Gbit/s 技术真正上路之前的几年，而超过 10Gbit/s 的汽车以太网标准化工作则在 2021 年正在进行中，远在任何汽车制造商将多 Gbit/s 以太网应用于量产汽车之前。表 1.2 概述了 IEEE 规定的汽车以太网物理层技术。

由于视频是数据速率的主要驱动因素，所有列出的针对 1Gbit/s 或更高数据速率的项目都提到了摄像头或显示用例作为技术发展的动机[3][27][28][29]。在网络内传输聚合传感器数据也被视为支持更高数据速率的原因。当然，由于以太网是一种网络技术，还列出了其他带宽需求大的用例。这些包括：软件更新和诊断、高性能处理单元和/或区域 ECU 之间的通信，以及与连接到移动网络的天线模块的通信。主机单元（HU）与天线模块之间的通信数据速率也因此受到视频（和软件更新）的影响。

表 1.2 汽车以太网速度等级的可用性概述[21][26]

名称	速度	电缆	开始时间	完成时间	SOP
IEEE 802.3cg 10BASE-T1S	单向（共享）10Mbit/s 带宽	UTP	2016	2019	2025（期望）
IEEE 802.3bw 100BASE-T1	双向 100Mbit/s 带宽	UTP	2013（2008①）	2015（2011①）	2013
IEEE 802.3bp 1000BASE-T1	双向 1Gbit/s 带宽	带护套的 UTP 或 STP	2011	2016	2019
IEEE 802.3bv 1000BASE-RH	单光纤，每方向 1Gbit/s 带宽	两根塑料光纤	2012②	2017	2019
IEEE 802.3ch MGBASE-T1	双向，2.5Gbit/s，5Gbit/s，10Gbit/s，25Gbit/s，50Gbit/s 带宽	STP	2016	2020	2026（期望）
IEEE 802.3cz MGBASE-AU	单光纤，每方向 2.5Gbit/s，5Gbit/s，10Gbit/s，25Gbit/s，50Gbit/s 带宽	MMFGOF	2019	2022（期望）	不确定
IEEE 802.3cy MGBASE-T1 or T2 or T4	双向，25Gbit/s 带宽	STP（长度减小）	2018	2023（期望）	不确定

① 括号中的数字与一对以太网（OPEN）联盟有关，该技术最初在该联盟中以 "BroadR-Reach" 的名义发布。

② 标准化工作最初由德国电气工程师协会（VDE）发起。

表 1.2 还列出了两个用于光数据传输的汽车以太网项目，即 1000BASE-RH 和 MGBASE-AU。在撰写本书时，这些项目在汽车行业中似乎扮演了较小的角色。然

而，没有光数据传输，我们今天所知的全球网络将不复存在。光数据传输具有显著的优势，例如电磁兼容性（EMC）和——取决于所使用的具体光介质——衰减和链路预算。信号在传输过程中经历的衰减在光介质上显著较小。这些方面在未来车内通信（IVC）网络中也可能发挥更重要的作用，是否将包括传感器和显示屏的通信还有待观察。

请注意，对于本书中讨论的传感器和显示屏用例，以太网以三种不同的方式使用：首先，作为控制信道；其次，用于压缩的传感器/视频数据；第三，用于未压缩的传感器/视频数据。支持以太网作为控制信道的第一个串行解串器（SerDes）技术是 Inova 的 Automotive PIXel（APIX）技术（详情见第 7.3.3 节）。当以太网以较低的数据速率用于压缩的传感器/视频数据时，这是汽车以太网的一个标准且几乎与应用无关的用例，感兴趣可参考文献［22］。关于用于未压缩的传感器/视频数据传输所需的高速汽车以太网技术的详细信息，请参见第 8 章。

1.4　参考文献

[1]　S. Brunner and C. Gauthier, "Automotive Ethernet and SerDes Technologies; Friends or Foes?," in: Automotive Ethernet Congress, Munich, 2020.

[2]　J. Shuttleworth, "SAE Standard News," SAE International, 7 January 2019. [Online]. Available: *https://www.sae.org/news/2019/01/sae-updates-j3016-automated-driving-graphic*. [Accessed 11 August 2021].

[3]　S. Carlson, K. Matheus, T. Hogenmüller, T. Streichert, D. Pannell and A. Abaye, "Reduced Twisted Pair Gigabit Ethernet PHY Call for Interest," March 2012. [Online]. Available: *https://www.ieee802.org/3/RTPGE/public/mar12/CFI_01_0312.pdf*. [Accessed 29 March 2021].

[4]　D. R. Stauffer, J. T. Mechler, M. Sorna, K. Dramstad, C. R. Ogilvie, A. Mohammad and J. Rockrohr, High Speed Serdes Devices and Applications, New York: Springer, 2008.

[5]　F. Zhang, High-speed Serial Buses in Embedded Systems, Singapore: Springer Nature, 2020.

[6]　Wikipedia, "Moore's Law," 20 March 2021. [Online]. Available: *https://en.wikipedia.org/wiki/Moore%27s_law*. [Accessed 22 March 2021].

[7]　S. Buntz, "Update on Required Cable Length," 11 July 2012. [Online]. Available: *https://grouper.ieee.org/groups/802/3/RTPGE/public/july12/buntz_02_0712.pdf*. [Accessed 26 March 2021].

[8]　CAN in Automation, "LIN standards and specifications," 2021, continuously updated. [Online]. Available: *https://lin-cia.org/standards/*. [Accessed 4 April 2021].

[9]　A. Gzemba, MOST, The Automotive Multimedia Network, Munich: Franzis, 2008.

[10]　W. Voss, A Comprehensible Guide to Controller Area Network, Greenfield: Copperhill Media Corporation, 2005.

[11]　W. Stallings, "The Origin of OSI," 1998. [Online]. Available: *http://williamstallings.com/Extras/OSI.html*. [Accessed 6 May 2020].

[12]　S. Buntz, T. Kibler, H. Leier and H. Weller, "Koaxialer High-Speed-Video-Link für Automobilanwendungen," Elektronik Net, 7 May 2012. [Online]. Available: *https://www.elektroniknet.de/automotive/infotainment/koaxialer-high-speed-video-link-fuer-automobilanwendungen.88099.html*. [Accessed 27 March 2021].

[13]   K. Matheus and T. Königseder, Automotive Ethernet, Second Edition, Cambridge: Cambridge University Press, 2017.

[14]   Strategy Analytics, "Data Extraction on Customer Request," Strategy Analytics, Milton Keynes, UK, 2019.

[15]   MIPI Alliance, "MIPI Alliance to Advance Autonomous Driving, other Automotive Applications with New Data Interface Specifications at 12-24 Gbps and Beyond," 2 August 2018. [Online]. Available: *https://www.mipi.org/mipi-to-advance-autonomous-driving-other-automotive-applications. https://www.mipi.org/mipi-to-advance-autonomous-driving-other-automotive-applications* [Accessed 29 March 2021].

[16]   MIPI Alliance, "MIPI Alliance Releases A-PHY SerDes Interface for Automotive," 15 September 2020. [Online]. Available: *https://www.mipi.org/MIPI-Alliance-Releases-A-PHY-SerDes-Interface-for-Automotive.* [Accessed 28 March 2021].

[17]   S. Brunner, "Automotive SerDes Alliance (ASA) Completes the First Automotive SerDes Standard with Integrated Security," Automotive SerDes Alliance, 13 October 2020. [Online]. Available: *https://auto-serdes.org/news/automotive-serdes-alliance-asa-completes-the-first-automotive-serdes-standard-with-integrated-security-325/.* [Accessed 28 March 2021].

[18]   C. E. Surgeon, Ethernet: The Definite Guide, Sebastopol, CA: O'Reilly, 2000, February.

[19]   D. Boggs and R. Metcalfe, "Ethernet: Distributed Packet Switching for Local Computer Networks," Communications of the ACM, vol. 19, no. 7, pp. 395–405, July 1976.

[20]   Digital Equipment Corporation, Intel Corporation, Xerox Corporation, "The Ethernet, A Local Area Network. Data Link Layer and Physical Layer Specifications, Version 1.0," 30 September 1980. [Online]. Available: *http://ethernethistory.typepad.com/papers/EthernetSpec.pdf.* [Accessed 6 May 2020].

[21]   Wikipedia, "IEEE 802.3," Wikipedia, 3 March 2021. [Online]. Available: *http://en.wikipedia.org/wiki/IEEE_802.3.* [Accessed 28 March 2021].

[22]   K. Matheus and T. Königseder, Automotive Ethernet, Third Edition, Cambridge: Cambridge University Press, 2021, pp. 75-108.

[23]   IEEE, "Ethertype," constantly updated. [Online]. Available: *http://standards.ieee.org/develop/regauth/ethertype/eth.txt.* [Accessed 7 May 2020].

[24]   U. v. Burg and M. Kenny, "Sponsors, Communities, and Standards: Ethernet vs. Token Ring in the Local Area Networking Business," Industry and Innovation, vol. 10, no. 4, pp. 351–375, 2003.

[25]   Wikipedia, "Token Ring," 11 March 2022. [Online]. Available: *https://en.wikipedia.org/wiki/Token_Ring.* [Accessed 12 March 2022].

[26]   K. Matheus, "Automotive Ethernet Beyond Speed," in: Automotive Ethernet Congress, Virtual event, 2021.

[27]   S. Carlson, H. Zinner, N. Wienckowski, K. Matheus and T. Hogenmüller, "CFI Multi-Gig Automotive Ethernet PHY," November 2016. [Online]. Available: *https://grouper.ieee.org/groups/802/3/cfi/1116_1/CFI_01_1116.pdf.* [Accessed 12 February 2021].

[28]   C. Pardo, H. Goto, T. Nomura and B. Grow, "Automotive Optical Multi Gig Call For Interest Consensus Presentation," July 2019. [Online]. Available: *https://www.ieee802.org/3/cfi/0719_1/CFI_01_0719.pdf.* [Accessed 29 March 2021].

[29]   S. Carlson, C. Mash, C. Wechsler, H. Zinner, O. Grau and N. Wienckowski, "10G+ Automotive Ethernet Electrical PHYs," March 2019. [Online]. Available: *https://www.ieee802.org/3/cfi/0319_1/CFI_01_0319.pdf.* [Accessed 29 March 2021].

第2章　汽车应用案例

本书所讨论的使用案例的关键在于所需通信技术的高度不对称性；在车内通信（IVC）网络的边缘，其中一个方向需要高速传输，另一方向则需要低速传输。接下来，本章首先介绍显示屏使用案例（见第2.1节），然后是摄像头使用案例（见第2.2节），接着是其他高速传感器类型的使用案例（见第2.3节），最后是对上述三类之外的应用案例的展望（见第2.4节）。

2.1　显示屏

汽车内部使用的电子显示屏是一种具有平面屏幕的单元，它通过电气输入向用户呈现字符或图像，以供用户视觉感知信息和娱乐（infotainment）数据。与其他使用显示屏的环境相比，汽车内部的物理限制值得注意，它不仅对所有条件下的机械坚固性和可见性有特殊要求，而且可以使用和应该使用显示屏的空间也有限。因此，汽车内部显示屏的一个关键挑战是如何选择正确的位置和实现技术，以确保在特定目的需要时能够清晰地看到显示内容，而在其他时候又不会分散注意力。

在本书的上下文中，显示屏是单用途的（如替代后视镜的显示屏）还是用于各种不同的应用（如中控台显示屏）并不重要。虽然这对图形处理器有很大影响，但并不直接影响通信。因此，在以下讨论中不会考虑这一点。相反，讨论将包括第2.1.1节中汽车内显示屏使用的简要历史、第2.1.2节中相关技术术语的介绍、第2.1.3节中显示屏架构的概述，以及第2.1.4节中一套典型的显示屏要求。

2.1.1　汽车显示屏简史

车载显示屏的使用案例包含两条主要线索：一是显示屏技术的发展（通常发生在汽车行业之外），二是将信息传达给汽车用户，尤其是驾驶人的需求。从一开始，汽车驾驶人就需要与驾驶功能相关的信息。早在1910年，速度表就已经成为标准配置。它利用车轮旋转产生的磁场产生涡流，从而激活相应的表盘[1]。测量发动机曲轴转速的转速表是一个更早的发明，对于手动换档的汽车来说非常有用[2]。另一个极其重要的信息（现在仍然是）是油箱的油量。油量表也是一项早期发明，诞生于 1917 年[3]。

这些仪表和量规必须放置在驾驶人能够清楚看到的位置。它们被组合在"仪表板"中，通常直接放在转向盘后面。很长一段时间里，甚至有些汽车直到今天，这样的仪表板都是指针式的。1976 年，阿斯顿·马丁 Lagonda 是第一款以数字形式显示车速的汽车。它使用一个传感器来测量速度，而不是使用磁铁。Lagonda 的显示概念[1][4]——首先使用发光二极管（LED），然后使用阴极射线管（CRT）显示屏（关于 CRT 的更多信息，请参阅第 2.1.2 节）——并未持续下去。当时 LED 显示屏太贵，而 CRT 则笨重、体积大且难以处理。CRT 是自 1934 年以来一直用于电视机的技术，直到 2000 年，它还主导着计算机显示屏市场[5]。不过，正如下文将更详细解释的，正是液晶显示屏（LCD）和有机发光二极管（OLED）的出现，才使显示屏在汽车中真正取得成功。要使用传感器测量车速，需要将这些传感器的数据发送到仪表板进行显示。这引出了我们的第二个线索：汽车内部通信技术。

在汽车中使用显示屏的更大推动力来自娱乐功能。早在 1930 年，第一批车载收音机就已经开始销售[6]，到 1963 年，超过 60% 的汽车都配备了车载收音机[7]。到了 20 世纪 80 年代，车载收音机开始配备小型数字屏幕，以显示无线电频率或均衡器输出[4]。随着显示技术的进步，车载收音机的显示屏尺寸逐渐增大，汽车制造商也开始为驾驶人提供更多信息，如温度或油耗。作者甚至记得一些早期的实现，如驾驶人监控（大众/奥迪建议驾驶 2.5h 后休息）或制动片磨损情况的图形显示（宝马）。

真正引发巨大变革的发明是车载导航系统。它不仅改变了对显示屏尺寸和用途的需求，还影响了其他方面，如处理能力、软件和数据的数量、电子存储能力的类型和大小，以及车内网络所需支持的数据速率。本田是第一家在 1981 年推出商业化车载导航系统的汽车制造商[8]，丰田在 1987 年首次引入了彩色显示屏，而马自达则在 1990 年首次提供了基于全球定位系统（GPS）的导航系统[4][9]。

导航功能本质上与驾驶紧密相连。一般来说，当人们使用汽车时，他们的目的是到达特定的目的地。特别是在不熟悉的地区，车载导航系统相较于需要准备正确的纸质地图或找人询问是一个巨大的改进[3]。因此，车载导航系统立即吸引了消费者。然而，提供这种系统也极为昂贵。其中一个成本因素是显示屏。上述所有早期实现都使用了笨重的 CRT（阴极射线管）显示屏，这抑制了车载导航系统的普及[10]。为了更具成本效益，大多数早期导航系统（至少是在日本以外地区销售的）开始使用逐向导航系统，而不是显示完整的地图。所需的箭头被放入车载收音机上的小显示屏中。

30 年后，今天，在汽车中使用具有完整地图显示的导航系统已成为标准配置。其中一个重要的发展是 20 世纪 90 年代中期迅速扩大的笔记本计算机市场，这推动了平板显示屏的普及，特别是液晶显示屏（LCD）和薄膜晶体管（TFT）显示屏（TFT 是 LCD 的一种特定类型）。随后，这些显示屏逐渐进入汽车领域，与 LED 和

OLED 显示屏一起，允许更复杂的图形显示。当然，所有显示技术都需要针对汽车内部的特定条件进行适应，以确保在可见性和对比度方面达到最佳效果。车载显示屏需要在各种不可控的外部光线条件下工作。此外，这些屏幕还需要具备物理特性，以增强在发生事故时的坚固性，并确保在碎裂时不会碎裂成碎片。

最后且同样重要的是，智能手机的出现使消费者习惯了以显示屏为中心的控制方式。特斯拉通过提供足够大的显示屏，将智能手机体验与驾驶情境相结合，为汽车行业树立了榜样。尽管有关屏幕上内容或需要通过触摸控制屏幕而对驾驶人造成干扰的合法讨论仍在继续[12]，但视觉信息显示仍然是向人类快速传达信息的最佳方式之一[13]。随着成本的降低和技术的发展，可以合理预期车内显示屏的数量和尺寸将继续增长[14]（例如，从 2018 年的 1.64 亿台增加到 2025 年的 3.5 亿台[15]）。最重要的显示屏包括中控台显示屏、后座显示屏和抬头显示屏[16]。当然，仪表板（在许多汽车中）也进行了数字化，因此也是一种显示屏。截至撰写本书时，戴姆勒（现为梅赛德斯）宣布了最大的显示屏。它是一款 56in 宽的显示屏，横跨梅赛德斯新款电动轿车 EQS 的整个仪表盘（包括仪表板）[17]。

关于车载电视（TV）在车载显示屏发展中的作用，还有最后一点要说明。电视在娱乐领域占据主导地位已有数十年，因此，车载电视当然也在早期就向顾客提供（例如，可参见 20 世纪 60 年代的一个例子）。电视的核心特征之一是它们需要一个屏幕，因此其用例可能与显示屏讨论相关。然而，车载电视从未在车载显示屏发展或车载设计中占据主导地位。首先，当电视在驾驶人的视野中运行时，驾驶人会分心，这就是为什么当汽车行驶时相应的电视屏幕必须关闭或不能处于驾驶人的视野中（例如，参见文献［19］）。因为在大多数情况下，汽车只有一个乘客，即驾驶人，而驾驶人不能观看电视，所以为车载电视接收功能支付额外费用的动力很小。其次，在电视数字化和视频格式允许压缩之前，车载电视需要一个 CRT 显示屏——如本节前面所述，这种显示屏成本高昂且占用空间。此外，移动汽车中的模拟电视广播服务的接收质量并不太好。

因此，车载电视通常仅作为可选配置和单独的可扩展配置出售。不可能很好地将电视显示屏用于其他信息展示。随着显示技术的变革、数字化视频格式的出现以及数字电视广播标准（如地面数字视频广播 DVB-T 或 DVB-T2、综合业务数字广播 ISDB 或高级电视系统委员会 ATSC）的发展，驾驶时电视接收的质量得到了改善[21]（也见第 2.4 节）。然而，即使今天所有汽车都实现了自动驾驶，车载电视似乎已经错过了其市场机遇，因为互联网及其视频/电视点播服务已经取而代之[22]。因此，专用于车内娱乐的显示屏必须更多地满足现代媒体消费需求，而不仅仅是电视接收。这一趋势支持了显示屏市场的发展，并证明了显示屏在现代汽车中越来越重要的地位。

如今，汽车内部最典型的显示屏位置是中控台，驾驶人可以通过中控台来控制各种信息娱乐和舒适功能（该功能首次在 2001 年的宝马 7 系中实现[23][24]）。另一个显示屏可能位于转向盘后面，用于显示速度、燃油表等信息，从而取代传统的模拟仪表板。对于驾驶人来说，还有一个显示屏是抬头显示屏（HUD），它位于驾驶人前方视野的尽可能远处，而不会分散驾驶人的注意力。其目标是让驾驶人在无须转头看向中控台或仪表板显示屏的情况下，就能通过视觉获取导航方向或当前速度限制等信息。通常情况下，抬头显示屏是通过将信息投影到风窗玻璃上来实现的。在这种情况下，技术实现方式与传统车载显示屏有所不同，但基本要求并未改变。

另一个使用场景是后视镜替代系统。它们的显示屏通常是实际后视镜的一部分，用于显示摄像头数据或直接显示真实的反射图像。这些系统的目的是展示无障碍（无后座乘客头部、大型货物、乘客舱和货舱之间的隔板等）且可能放大的车后视图。外后视镜替代系统的图像通常显示在驾驶人侧风窗玻璃立柱上。外后视镜替代系统可以改善汽车的风阻性能并克服任何盲点。此外，还可以为前排或后排乘客提供额外的显示屏以供娱乐。为了服务前排乘客，汽车制造商偶尔会在中控台提供双视显示屏（例如，文献［25］）。双视显示屏采用视差屏障技术，允许在同一个屏幕上显示两个图形，每个图形只能从特定的观看角度看到[26]。例如，驾驶人可以看到导航数据，而前排乘客可以在同一显示屏上观看电影。车内显示屏的数量可能会进一步增加，例如车门或车顶上的显示屏，也用于娱乐或用户交互。

2.1.2 显示屏基础知识及术语

一个电子显示屏的关键属性是其特定的分辨率，它表示屏幕上水平和垂直轴上可单独寻址和控制的图像元素（像素）的总数，这些像素用于表示图像。用于车内显示屏的两种重要材料是液晶和 OLED（有机发光二极管）。在 LCD 中，一层液晶被夹在透明的导电偏振片之间，这些偏振片根据施加的电压激活液晶的光调制属性。而在 OLED 中，电极之间的材料是一种有机化合物，它根据电流发出光。这两种可能性之间的主要区别是 LCD 需要背光，而 OLED 显示屏则天生发光。因此，OLED 显示屏可以比 LCD 更薄、更轻[27]。如果抬头显示屏不使用投影仪或激光将信息投射到特制的风窗玻璃上，通常也会使用（透明的）OLED 显示屏[28]。

像素是原始图像被分割成的最小单位。一般来说：单位面积内的像素越多，原始图像的表示就越准确，分辨率也就越高。图 2.1 展示了一些特定显示格式的水平和垂直分辨率。可以看出，几十年来一直流行的电视标准 PAL（逐行倒相）和 NT-SC（美国国家电视系统委员会）的分辨率非常小——分别为 0.44 百万像素和 0.3 百万像素——与我们现在所看到的相比。此外，最初流行的长宽比也从 4:3 变为了 16:9 或类似的比例。

虽然理论上任何显示格式和比例都是可能的（并且根据需要被使用，包括在汽车中），但电视和视频标准不仅主导了显示屏的技术进步，也主导了客户的期望。因此，电视和视频标准为显示解决方案提供了重要的参考。例如：高清

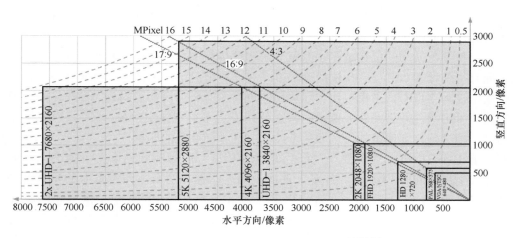

图 2.1　不同视频格式的显示分辨率差异[38][39]

（HD）分辨率最初是通过欧洲的 DVB、日本的 ISDB 和美国的 ATSC 等数字电视标准提供的[29][30][31]。在相对短的时间内，数字电视通过支持全高清（FHD）的分辨率，使得分辨率翻了一番多。到 2021 年，随着视频点播流媒体服务内容的提供，4K 或超高清（UHD）分辨率被快速采用，而 8K（7680×4320 像素）虽然被证明是可行的，但缺乏市场吸引力[32]。

　　在汽车领域中讨论如此高的分辨率可能会让人感到有些惊讶。毕竟，汽车内部的空间有限，特别是与家庭环境相比。在车内，很难想象如何安装一个 42in 的屏幕——当然，也有一些例外，比如第 2.1.1 节中提到的梅赛德斯-奔驰的例子，或者宝马的新型 8K 全景显示屏[33]——尽管 42in 在家庭中是比较常见的尺寸[34]。此外，汽车乘客与各自的屏幕之间有一个近且固定的观看距离，这对于超大屏幕来说并不是合适的应用场景。

　　不过，在汽车中讨论高分辨率的一个原因是分辨率的增加并不一定意味着屏幕大小的增加。屏幕的大小也取决于每英寸像素数（PPI）或每英寸点数（DPI）的值。对于家用电视屏幕来说，100PPI 会是一个很高的值；而 50PPI 左右的值更为常见。在汽车中，300PPI 可能仅被视为良好的图像质量，而好的智能手机则有 500PPI，而且超过 10000PPI 的显示屏已经可以实现[35][36][37]。

　　每个像素的颜色控制通常基于红绿蓝（RGB）颜色模型，因为可见光的大部分颜色都可以通过混合红色、绿色和蓝色光来获得，每种颜色都有所需的相应强度[40]。在电子彩色显示屏中，每个像素因此结合了三个（或四个，如果显示屏还使用白色）单独但物理上非常接近的光源，这些光源一起给人以仅代表一种颜色的印象[41]。用于编码像素信息的位数通常被称为颜色分辨率或深度。单色显示屏通常使用 8 位，允许有 256 种不同的色调。对于彩色显示屏，每个像素（所有三种颜色加在一起）通常使用 18 位或 24 位。这分别允许有 262 144 或 16 777 216 种颜色[42]。每个像素 30 位则会产生超过十亿种色调。在显示屏内部，二进制代码字被转换为相应的电压以驱动像素。

每种颜色使用的位数越多，颜色分辨率就越精细。然而，并非所有显示屏都真正拥有每个像素 24 位或 30 位的分辨率。在这种情况下，图像处理可能会应用抖动或帧率控制（FRC）来模拟比实际可用的更高的颜色分辨率。抖动（Dithering）通过使用可用颜色并借助邻近像素的特定像素模式来再现缺失的颜色[43]。FRC 则是通过每帧交替特定像素的可用颜色来给人一种不同颜色的印象[44]。

请注意，RGB 总是需要一些颜色管理和校准，因为不同的设备可能会以不同的方式呈现相同的 RGB 值。许多人在比较同一图像在两个不同设备上的呈现时都有过这种亲身体验。实际上，标准 RGB（sRGB）能够显示的颜色范围（色域）比许多其他颜色系统要小[45]。然而，RGB 仍然是使用最广泛的（加色）颜色系统之一，许多其他颜色模型如 YUV 及其变体都是从 RGB 派生出来的（也见第 7.1 节和第 9.1 节）。

关于整体色彩管理，需要了解的是，人眼对暗色调的颜色敏感度比亮色调更好。这有助于我们在更广泛的光线范围内看到物体。如果视频使用线性色彩系统显示，那么要么需要过多的带宽来正确显示所有颜色，要么暗色调的变化太少。因此，对数字（视频）图像应用了所谓的"伽马校正"（Gamma correction）。伽马校正重新分配色调级别，以更符合人类的感知，使得更多的位数用于暗色调，而亮色调则使用较少的位数。总的来说，这显著减少了图像所需的位数，并且是数字图像处理中的一个重要组件[47]。

为了处理显示屏上的像素阵列，使用矩阵来单独寻址每个像素。在所谓的"有源矩阵"（active matrix）中，这是通过每个像素的电容器和晶体管来实现的。晶体管控制电压，而电容器在其他像素被寻址时保持像素状态。通常，使用"TFT 显示屏"这个表达。它指的是基于 TFT 的有源矩阵寻址技术，例如用于 LCD 显示屏[48]。

即使在 NTSC 分辨率相对较低的情况下，即 $640 \times 480 = 307\,200$ 像素，也不可能进行并行处理并将每个像素/晶体管与专用线连接。这需要串行化。因此，动态图像的每一帧都是逐行读取到显示屏上的（顺便说一句，这也是模拟电视的工作方式，见第 7.1 节）。这就引出了显示技术的另一个重要方面：消隐（blanking）。

消隐（blanking）起源于模拟电视，或者更具体地说，是模拟电视所使用的阴极射线管（CRT）显示屏。在这些 CRT 显示屏中，电子束按照行和帧的方式移动，在屏幕上产生可见的图像。当电子束到达一行的末尾时，需要关闭并重新定位到下一行的开头（如图 2.2 中的灰色虚线所示）。在 CRT 内部移动电子束的磁场需要进行大幅度的变化以实现重新定位，这不可能瞬间完成。所需的时间称为水平消隐间隔（horizontal blanking interval），在此期间不发送视频信息。同样地，当电子束到达一帧的末尾时，需要关闭并返回到下一帧的开头（如图 2.2 中的灰色点画线所示），这会造成垂直消隐间隔（vertical blanking interval）。LCD 或 OLED 显示屏为了正确显示内容，并不需要与 CRT 相同的消隐间隔。然而，由于这是电视标准的一部分，数字显示屏在呈现图像时也会包含消隐周期。这不仅与模拟通信系统的向后兼容性有关。在数字环境中，消隐周期也经常被用来传输其他信息，如音频、测试数据、时间码、图文电视（Teletext）等[49]。

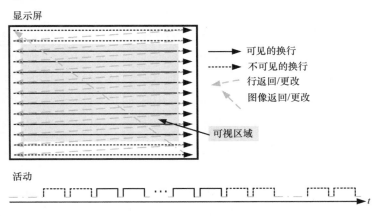

图 2.2　显示屏中显示的实际换行，展示了消隐区域

输入到显示屏的整体视频数据率取决于水平和垂直分辨率、整体位深度（在红、绿、蓝三种颜色之间分配）、每秒传输的帧数（fps）以及消隐开销。请注意，消隐开销的大小会根据所选的确切传输和屏幕格式的不同而有所变化。由于现代数字显示屏中的消隐期不再需要用来覆盖 CRT 内部磁场重新调整所需的时间，而是用来传输额外信息（特别是消费电子显示屏中的音频），因此只需要确保"消隐"间隙足够长，以便这些信息仍然能够容纳。表 2.1 给出了图 2.1 中所示分辨率的一些示例，并添加了 8K 格式的信息。从得出的数据率来看，不难理解视频传输一直是消费行业中新通信标准的主要驱动力。考虑到视频在消费电子中的重要性，也不难理解已经开发出了相当多的协议来支持显示屏的使用场景（详情见第 9.7 节）。

表 2.1　根据分辨率、帧率（fps）、消隐和位彩色分辨率的数据速率示例⊖

名称	水平分辨率 （Hres）	垂直分辨率 （Vres）	帧率 （fps）	消隐 （%）	12 位	18 位	24 位	30 位
VGA/NTSC	640	480	60	16%	0.26Gbit/s	0.38Gbit/s	0.51Gbit/s	0.64Gbit/s
PAL	768	575①	60	13%	0.36Gbit/s	0.54Gbit/s	0.72Gbit/s	0.9Gbit/s

⊖　请注意，NTSC 和 PAL 可能具有不同且常见的水平分辨率。这些分辨率数字是依据文献［38］选定的。在计算消隐开销时，我们为水平消隐设置了固定数量的 80 个像素时钟，并为垂直消隐设置了至少 460μs（以全行中的相应值为准），这在我们看来是最小的必要值。当然，对于消隐（尤其是水平消隐）的不同假设，结果也会有所不同。

（续）

名称	水平分辨率 （Hres）	垂直分辨率 （Vres）	帧率 （fps）	消隐 （%）	12 位	18 位	24 位	30 位
HD	1280	720	60	9%	0.73Gbit/s	1.09Gbit/s	1.45Gbit/s	1.81Gbit/s
FHD	1920	1080	60	6%	1.58Gbit/s	2.37Gbit/s	3.16Gbit/s	3.95Gbit/s
2K	2048	1080	60	7%	1.70Gbit/s	2.55Gbit/s	3.40Gbit/s	4.26Gbit/s
UHD-1	3840	2160	60	5%	6.27Gbit/s	9.41Gbit/s	12.54Gbit/s	15.68Gbit/s
4K	4096	2160	60	5%	6.68Gbit/s	10.02Gbit/s	13.36Gbit/s	16.70Gbit/s
5K	5120	2880	60	4%	11.09Gbit/s	16.63Gbit/s	22.18Gbit/s	27.72Gbit/s
2x UHD-1	7680	2160	60	4%	12.41Gbit/s	18.62Gbit/s	24.83Gbit/s	31.04Gbit/s
UHD-2	7680	4320	60	4%	24.82Gbit/s	37.24Gbit/s	49.65Gbit/s	62.06Gbit/s
8K	8192	4320	60	4%	26.46Gbit/s	39.69Gbit/s	52.92Gbit/s	66.15Gbit/s

① 一些出版物也使用 576 作为 PAL 的垂直分辨率。

在表2.1中，所有格式都假设了60f/s的帧率。但在一些应用场景中，例如在数字显示屏上模拟仪表板上的模拟表盘时，讨论的是120f/s的帧率。这大致会使表2.1中的数据率示例翻倍（大致翻倍，因为垂直消隐的变化）。因此，与数字视频（传输）一起出现的一个关键发明是视频压缩（也参见第9.2节）。它允许在一定程度上将可能的分辨率和位深度与视频传输所需的数据率分离。没有视频压缩，地面数字电视广播将是不可想象的。此外，互联网视频服务也严重依赖于压缩算法。如果没有这些算法，我们现代的媒体消费方式将会完全不同（例如，参见文献［50］）。

在汽车中，是否可能或推荐使用压缩，通常取决于对延迟和潜在压缩损失的要求。对于显示应用，显示的图像质量是最重要的，需要特别详细地研究压缩的影响，特别是对于有损压缩格式。第9.2节提供了关于基于帧的压缩格式（如 H.264 和 H.265）以及基于像素/行的压缩格式（如 Display Stream Compression，DSC）的更多详细信息。

对于显示用例来说，延迟并不像摄像头和其他传感器应用那样关键（也请参见接下来的第2.2节和第2.3节），因为显示屏仅用于人类感知。在作者看来，对于即将出现的极大数据率来说，压缩是不可避免的。这将是一个关于可行性成本的问题（也请参见第7章和第8章，其中更详细地讨论了通信技术的选择）。

2.1.3　显示架构

图2.3概述了显示屏内部可能影响通信的各种功能。每个显示屏都从提供要显示的图像的单元开始；在图中所示的例子中，这在汽车中很常见，它就是图形处理单元（GPU）。基于GPU的输出，使用标准显示协议之一（例如 eDP 或 HDMI，见

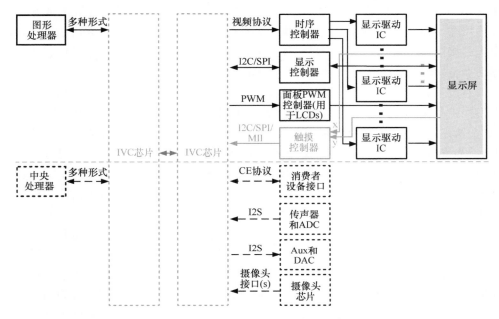

图 2.3　显示屏内部功能和接口示例

第 9.7 节），时序控制器（TCON）将视频协议转换为面板使用的和驱动 IC 所需的协议。显示屏控制器监控温度，启用相应的伽马序列适应，控制电压，并监视链路状态。这种控制通信通常使用 Inter- IC（I2C）或串行外设接口（SPI，见第 9.5.2 节和第 9.5.3 节）。在 LCD 的情况下，显示屏需要一个背光（矩阵、区域或边缘）。相应的控制信号可能直接使用脉冲宽度调制（PWM）。如果显示屏具有触摸屏，则需要收集触摸信息并将其反向发送到 GPU（或潜在的中央处理单元（CPU），具体取决于设置和观察到的命令）。

　　在图 2.3 中，IVC（智能视频控制器）芯片用灰色虚线标出。显示屏的 EE 架构（智能或非智能，见第 1.1 节中的图 1.1）决定了是否需要（高速）IVC 芯片。当显示屏是智能的时，GPU 位于同一盒子里。当显示屏没有 GPU 时，就需要使用合适的通信技术将显示屏连接到包含 GPU 的单元。无论架构如何（带触摸功能的，用灰色标记，只是偶尔可用），图 2.3 中用实线框表示的功能都是必需的，尽管图 2.3 右侧所示的功能需要在面板附近才能实现。当通过线缆进行通信时，重要的是它对整个系统尽可能透明。图 2.3 还显示，除了显示协议格式外，它可能还包含其他几种协议，因此不同的协议通过相同的传输技术进行传输。

　　此外，图 2.3 还展示了其他功能，这些功能本身并不是显示功能所固有的，但由于显示屏相对于使用场景来说在物理位置上很方便和逻辑合理，因此可能会被添加到显示屏中。首先，可能有接口用于连接消费设备，例如通过高清多媒体接口（HDMI）或通用串行总线（USB）。客户可能希望在车内使用安装的大屏幕，而不是移动设备上的小屏幕。通常，图像会首先传输到 GPU，在那里进行增强并适应屏幕尺寸。在撰写本书时，已经提供了相应的解决方案。然而，通常用于连接移动设备的接口并不是直接连接到显示屏上的，而是放置在更方便且安全的位置来放置移动设备。但是，将接口直接设置在屏幕附近也是一个可选项。

通过车载基础设施进行视频会议又增加了一组功能。这是一个高端功能，不仅因为视频会议也可以通过使用移动设备并将图像简单地传输到车内显示屏来实现（如上所述），还因为它要求乘客不需要关注驾驶（如后座乘客或在自动驾驶汽车中）。当支持视频会议时，显示屏附近可能会设置传声器来收集语音，或者有一个辅助插座用于连接耳机（通常都使用 Inter-IC Sound，I2S，见第 9.4 节）。最后，与显示屏相同位置的摄像头完成了视频会议的功能，具有第 2.2 节中讨论的摄像头对通信的所有要求。

摄像头和传声器也可能从车内的其他位置或功能中重复使用。这也是设计师必须做出的选择。通常不讨论与汽车显示屏集成的功能之一的是扬声器。汽车通常具有精心设计的音频系统，并且对于任何与音频相关的功能，这些都会重复使用。在这种分布式系统中进行视频回放的一个重要方面是——音频在不同于视频的位置进行处理——唇音同步。为了获得良好的感知效果，声音和图像之间的延迟需要小于 $\pm 80ms$[51]。使用时间戳和呈现时间等手段是实现足够好的同步的有用方法。

图 2.3 没有包括两个功能：压缩和电源供应。在分布式架构中，可能会添加压缩功能以限制 IVC 技术所需的数据速率。因此，压缩与 IVC 技术相关，但并非其组成部分。压缩是单独进行的，与特定的显示协议或视频格式相关（有关选项也请参见第 9 章）。在作者看来，压缩是必不可少的，特别是对于超过 10Gbit/s 的数据速率。

由于需要大量的电力，显示屏通常使用单独供电，而不是通过 IVC 技术供电。在这种情况下，不依赖于 IVC 技术，因此该功能没有包含在图 2.3 中。然而，对于未来可能使用的非常小型的显示屏（例如，在车门上代替仪表和开关），通过 IVC 技术供电可能是一个选择。有关通过 IVC 技术供电的详细信息，请参见第 6.1 节。

关于在车内使用消费设备，还有一点需要注意。客户常常好奇为什么汽车制造商在启用移动设备用户界面和其他功能的复用方面犹豫不决了这么久。这有多种原因，其中最重要的是与安全性相关。例如，驾驶人的用户界面与坐在桌前的用户的界面截然不同。即使为不需要关注驾驶的后座乘客启用设备集成，仅仅在车内显示屏上显示消费者界面对汽车制造商来说也很困难。如果消费设备上的功能运行不稳定，或者该功能无法在车内显示屏上很好地显示，通常被认为是汽车制造商的责任。当然，连接和集成消费设备也会影响安全系统。除了显示应用所需的链路安全性（在第 2.2.4.3 节的摄像头用例中更详细地讨论了这一点）之外，对于某些外部内容，还需要遵守内容保护要求。汽车显示屏呈现此类内容时——无论其来源是乘客设备还是集成在车内——通常必须支持内容保护协议，如高带宽数字内容保护

（HDCP，详见第 9.3 节）。在本书的上下文中，移动消费设备的集成和支持并没有增加除上述内容之外的内容，因此本书不再进一步讨论这一话题。

到目前为止，本节讨论了单个显示屏的功能和架构。现在，图 2.4 展示了在相同的远程图形处理器服务于两个显示屏时，两种简化的架构选项。图片的上半部分显示了以星型拓扑结构连接到显示屏的两个单独的 P2P（点对点）连接，而下半部分显示了一个串联场景。图中进一步区分了显示屏接收的两个独立视频流（Stream 1 和 Stream 2）以及多播到两个显示屏的单个流（Stream 1*）。实际上，在串联配置中有两个（或更多）显示屏是一个可预见的场景，不仅适用于小型货车的后座乘客娱乐系统，也适用于前部的各种显示屏。这种配置节省了主 ECU（电子控制单元）上的接口和连接器，因为主 ECU 通常需要处理更多的连接，节省屏幕连接以便于可以接入更多其他设备。主 ECU 可能位于中央位置并远离显示屏，从而可以减少使用线缆的长度。

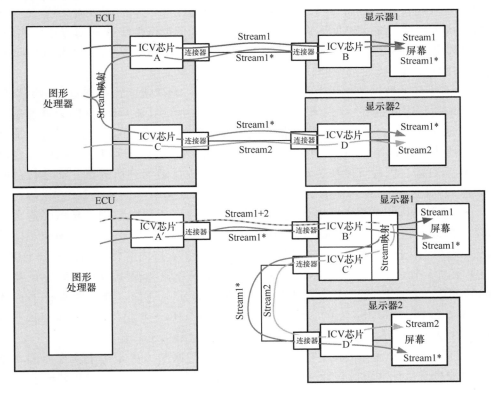

图 2.4　两个显示屏的情况下的两种架构选项：P2P 或菊花链

在菊花链场景下，若涉及两个单播流，主 ECU 需要在单一链路上支持比星型拓扑结构更高的数据速率。而在多播情况下，拓扑结构对数据速率的需求并无影响。无论哪种多播场景，关键需求在于确保两个屏幕上的视频显示高度同步，以避免任何可见差异（如果适用，还需与音频流保持同步）。这确实要求通信技术必须支持一个包含显示时间和时间戳的优质时间同步机制。

在两种描述的拓扑结构中，通信始终只在主 ECU 和每个显示屏之间进行。如果需要在显示屏之间直接进行通信，那么这将是一个不同的架构，要求通信技术具备完整的网络功能。一个用例可能是后座乘客的游戏设备。然而，对于这样的特定应用，从一开始就使用具有智能显示屏的不同架构可能会更好。

2.1.4　显示屏典型的通信相关要求

以下概述了重要的显示要求：

● 关于显示屏的关键因素之一是分辨率。对于 2025 年及以后的显示屏，可能实现 60Hz 的刷新率、每色 10 位（意味着 30 位色彩分辨率）和 8K 分辨率（如图 2.1 和表 2.1 所示），这将导致下行链路（DL）高速方向的理论数据速率约为 65Gbit/s。然而，汽车中的非常大型的显示屏可能会由多个同步良好的小型显示屏拼接而成，数据压缩（也见第 9.2 节）是另一种降低数据传输速率的方法。此外，出于成本和可用性的原因，许多显示屏将保持较小的尺寸，数据速率为 10Gbit/s，这为可用性提供了充足的空间。

● 对于较低数据速率的上行链路（UL）方向，它取决于需要通过显示屏支持的其他应用程序的数量。对于没有额外功能的显示屏，未来 1Mbit/s 的数据速率应该已经足够。然而，如果显示屏具备触控、传声器和压缩摄像头数据的功能，那么上行链路中的数据速率应在 10 ~ 100Mbit/s 之间。在触控和反应之间的延迟要求（≤8ms）可能会因为直接在显示屏中包含一些触控反馈而有所放宽。而上行链路中未压缩的摄像头数据可能需要高达数 Gbit/s 的数据速率（也见第 2.2 节）。

● 显示屏可能需要支持多种视频和控制格式。对于视频数据，显示屏通常只需要支持以下格式之一：openLDI、MIPI DSI、HDMI、eDP/DP、V-by-One（详见第 9.7 节）。用于展示娱乐视频的显示屏可能还需要支持内容保护格式，如 HDCP（也见第 9.3 节），以及 Dolby Vision 支持，并确保音频和视频回放之间有足够的（lip）同步。对于控制格式，情况也各不相同，显示屏通信可能需要支持多种技术。选项包括：100Mbit/s 的以太网、1Mbit/s 的 I2C、速度范围在 100kbit/s 到 10Mbit/s 的 SPI，以及通用输入/输出（GPIO，也见第 9.5.1 节）。

● 可见性是至关重要的。这不仅仅是为了取悦眼睛，更是出于安全原因。显示屏可能具有从标准质量管理（QM）到汽车安全集成等级（ASIL）B 的要求（也见第 3.2.2 节或文献 [52]）。这要求例如采用高动态范围（HDR）和使用伽马序列，以确保在所有类型的光环境中都具有最佳的可见性。另一方面，驾驶人永远不会因为显示屏的亮度而感到刺眼。重要的是，冻结的内容应立即被识别并采取相应的对策。例如，在这种情况下，显示屏应停止显示任何内容，这样可以让用户立即意识到出了问题。此外，显示驾驶关键信息的显示屏（如仪表板显示屏）应该有一个备份，例如缩小版本，以防一些更复杂的图形内容出现故障。链路技术本身需要能够识别和/或纠正传输错误（使用 CRC 或 FEC），进行链路质量评估，以及短路/开路通知。关于功能安全的更多详细信息，在讨论摄像头用例的第 2.2.4.2 节中有讨论。

- 安全性对于汽车内的所有用例都越来越重要，包括显示屏。防盗、防伪以及防止数据篡改等方面与摄像头非常相似。由于摄像头发生安全事件的风险更高——很多摄像头都安装在汽车的外壳上——因此，在第 2.2.4.3 节中，我们将结合摄像头用例来讨论更多细节。

- 大多数显示屏（除了非常小的显示屏）的电源都是与通信分开的。为了节省电力，深度睡眠功能很重要，它允许通过触摸或按钮进行唤醒；在菊花链设置中，这也必须适用于中间的各个节点。由于显示屏位于车厢内部，它们的环境温度适应性通常介于 $-40 \sim +95℃$ 之间。

2.2　摄像头

本节讨论汽车中摄像头的使用。为此，第 2.2.1 节首先回顾了汽车摄像头系统的历史。第 2.2.2 节描述了摄像头的重要技术基础和术语。第 2.2.3 节探讨了摄像头架构内的不同功能。第 2.2.4 节介绍了软件、安全性和安全性相关的方面，这些方面对摄像头用例特别重要。第 2.2.5 节以一份典型的、与通信相关的要求列表结束对摄像头的讨论。

2.2.1　汽车摄像头简史

当摄像头首次被引入汽车时，其主要目的是为停车操作提供支持，即提供倒车影像[53]。这些摄像头录制的汽车后方影像会直接呈现给驾驶人。多种资料都提到有三款车配备了早期的倒车影像系统：1956 年展示的别克 Centurion 概念车[53]、1972 年展示的沃尔沃实验安全车[54]，以及 1991 年开始量产的丰田 Soarer/雷克萨斯 SC[55]。然而，这些早期的系统似乎并未得到延续，因此，日产公司被认为是于 2000/2001 年通过其 Nissan Infinity Q45 车型开创了倒车摄像头市场[53]。此外，日产还是第一家在 2007 年销售配备 360°全景视图系统（SVS）的汽车制造商[56][57]。

这些早期的摄像头系统并非都是全数字的。可用的最早图像传感器使用的是摄像管，考虑到一般的时间线，别克和沃尔沃的倒车摄像头系统很可能就采用了这种技术。而丰田和日产已经使用了从 1974 年开始可用的电荷耦合器件（CCD）成像技术，并在 1990 年完全取代了摄像管[59]。1986 年柯达推出的第一款记录 140 万像素的数码相机也使用了 CCD 成像器[60]。

然而，数码相机的普及受到互补金属氧化物半导体（CMOS）图像传感器的发展和改进的推动（详见第 2.2.2 节）。最初，与 CCD 传感器相比，CMOS 图像传感器产生的图像质量明显较差。但随着 CMOS 技术在许多其他应用领域的广泛部署，其市场接受度迅速增长。因此，成像器质量也受到了必要的研发关注，并得到了显著改进[58]。此外，手机的普及也对数码相机的普及起到了推动作用，自 1999 年第一款集成数码相机的手机出现以来，其增长势头同样巨大[61]。

使用数字相机系统，不仅可以提高人类直接观看的图像质量（与模拟系统相比），还可以利用数字数据轻松地增强图像中的信息，如轨迹或对象识别。因此，摄像头的使用场景在人类视觉和机器视觉之间有所区分，有时也被称为观看（人类视觉）和感知（机器视觉）[62]。一些功能主要需要人类视觉，如简单的倒车/全景摄像头、外后视镜或后视镜替代摄像头[63][64]。对于后者，日本是最早允许在道路上使用摄像头替代外后视镜的国家之一[65]。而其他功能则仅需要机器视觉，例如交通标志识别、车道偏离警告、盲点警告、驾驶人监控（用于疲劳或分心警告）和手势识别（用于某些车辆控制）。还有一些功能，如高端倒车/全景视图系统，同时使用了人类视觉和机器视觉。因此，具体的使用场景会影响摄像系统的架构选择（更多详情请参阅第 2.2.3 节）。

数字相机所使用的通信技术的发展与成像技术的发展在一定程度上是脱节的。最初，所有的数字汽车摄像头——甚至一些在撰写本书时（2021 年）仍在销售的新型汽车摄像头系统——都使用模拟通信；通常是 NTSC，因为这在过去是用于显示图像的显示屏的常见通信接口（也见第 2.1.2 节）。随着图像质量要求的提高和适用于汽车的 SerDes 技术的出现（见第 7 章），模拟通信才逐渐转向数字通信。

在 2021 年，已经开始计划 800 万像素相机的批量生产。汽车制造商的创新性和竞争力是推动汽车摄像头市场发展的重要因素，其最终目标是实现全自动驾驶汽车。此外，一些新的法律也推动了汽车摄像头的普及。自 2018 年 5 月起，美国只授权提供倒车摄像头和视频显示屏的新车型上市[66]。在日本，服务/运动型多用途车（SUV）需要特殊的镜子或摄像头，以便能够查看汽车乘客侧的特定区域[67]。

欧洲联盟（EU）在 2019 年决定，从 2022 年开始，新轿车、货车和公交车必须配备一系列新的安全功能[68]。这些功能包括先进的紧急制动（也适用于行人和骑自行车的人）、驾驶人疲劳和注意力监测，以及分心识别和预防[69]。欧盟并没有明确规定这些功能必须如何实现。上述三种功能都可以使用摄像头，但也可以采用其他不同的实现方式。例如，疲劳和注意力监测可以通过监测转向模式来实现。车道内的车辆位置监测也可能使用其他传感器技术，如雷达（见第 2.3.1.2 节）。但是，如果分心识别是通过监测驾驶人的眼睛和面部来实现的，那么使用摄像头就是可行的[70]。无论如何，从这些规定中可以预见到汽车摄像头市场的进一步增长。随着为娱乐和视频会议而安装的额外摄像头的增加，这些显著的市场预测（例如，文献［62］）似乎变得更切实际。

2.2.2 摄像头基础知识和术语

汽车摄像头的核心是图像传感器或"成像器"。本节将重点介绍汽车摄像头中的图像传感器，这些传感器将动态场景亮度水平转换为电信号，以重现二维（2D）图像。例如，飞行时间（Time of Flight，ToF）摄像头通过测量光脉冲反射的运行时间来测量物体的距离，并可以创建3D图像（见图2.10的基本原理）。这将是第2.3节中讨论的"另一种传感器"。这种区分与数据的使用无关，这些数据可能用于人类视觉或机器视觉。对于许多应用，汽车摄像头使用380~750nm的可见光光谱（也见图2.11）。然而，也有一些汽车摄像头使用不可见的红外（IR）光。例如，驾驶人监控摄像头使用"近"红外光谱（750nm~1.4μm）的波长加上单独的IR LED灯，以确保无论光线条件如何，驾驶人始终对成像器可见；同时也不会分散或产生眩光影响驾驶人的注意力。此外，一些高端汽车提供的夜视摄像头也是基于红外光检测的[71]。汽车夜视系统有两种变体，每种都使用红外光谱的不同部分。主动系统发出与图像捕获过程同步的红外光脉冲，就像刚刚对驾驶人监控系统所描述的那样。被动系统测量热辐射，其中8~15μm的红外波长是最优的（见图2.11）。

以下描述基于最常用的CMOS图像传感器，它们可以检测300nm~1μm范围内的可见光和红外光。与显示屏一样，成像器也将图像分割成单独的像素，这些像素的数量决定了成像器的特定分辨率。图2.5显示了成像器内单个像素背后的技术原理。硅表面作为光敏二极管，根据像素辐照度产生电压，该电压经过放大并产生像素输出。然后，每个像素的电压值都通过模数转换器（ADC，图2.5中未显示）进行转换[72]。

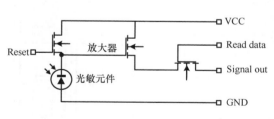

图2.5　主动式图像传感器像素的示意图[73]

图像传感器由一组独立的像素传感器阵列组成，这些像素传感器的值通过行和列的主动矩阵进行访问（见图2.6）。检测入射光子是一个物理过程，可以很容易地想象到单个像素的表面积很重要。像素尺寸越小，可以在一定空间内集成的像素就越多，但每个像素接收到的光线就越少。对于手机摄像头来说，1μm像素尺寸的6400万像素分辨率并不罕见。潜在的图像质量问题，例如由于像素灵敏度降低，可以通过后期处理来减轻。在汽车应用中，视觉图像外观并不一定是最重要的标准，而且摄像头分辨率并不像手机那样是一个突出的卖点。因此，像素尺寸通常更大，例如 4.2μm。这使得每个像素可以接收更多的光线，意味着后期处理的努力更少，但在相同的物理空间内像素更少。因此，分辨率低于手机。预计在未来一段时间内，3 百万 ~ 8 百万像素的摄像头将是汽车摄像头的相关分辨率范围。

在任何相机中，镜头以及镜头和成像器之间的相互关系都是一个基本要素，因为镜头用于将图像聚焦到活动传感器区域上。传感器区域本身无法区分颜色。因此，在每个像素前面都放置了彩色滤镜。这些滤镜决定了每个活动像素元素感应到的颜色，通常是红色、绿色或蓝色光，如图 2.6 所示。图 2.6 还显示，绿色像素比红色和蓝色像素多。这是因为人眼对绿色的敏感度高于蓝色和红色。这种分布被称为拜耳模式滤镜，以发明者布莱斯·拜耳（Bryce Bayer）的名字命名[74]，也被称为"红绿绿蓝（RGGB）"。另一种用于汽车应用的彩色滤镜阵列（CFA）是红明明蓝（RCCB)[75]。每两个像素中，有一个像素没有滤镜，而是接收无滤镜的光。这样做的优点是像素可以接收更多的光（因此可能更小）。然而，虽然绿色信息可以从无滤镜、红色和蓝色之间的差异中计算出来，但颜色分辨率低于 RGGB。根据用例（例如，人类视觉或机器视觉）的不同，可能会应用不同的 CFA 模式。

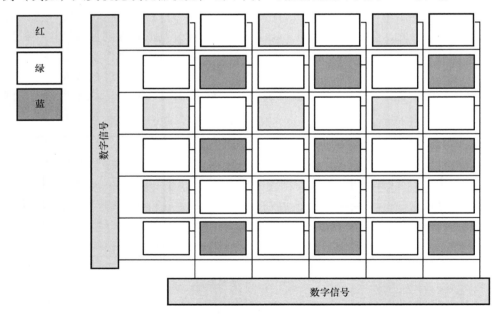

图 2.6　CMOS 成像器的独立数字输出[76]

汽车中的图像传感器使用以下两种快门类型之一：滚动快门或全局快门。在滚动快门的情况下，或多或少，像素传感器是一行接一行地暴露于光线的，而在一行曝光时，前一行的数据正在传输。对于全局快门，所有像素传感器同时暴露于光线。由于不能同时读取所有数据，全局快门成像器需要一个存储门和更多的逻辑电路。因此，它们成本更高，尽管它们更适合于动态图像[77]，但仅在必要时才在汽车中使用。一个这样的情况是，当图像捕获需要与脉冲 LED 光同步时，如上述驾驶人监控或主动夜视摄像头所使用的那样。

　　汽车摄像头系统的一个特定要求是能够覆盖汽车场景条件的完整动态范围，这意味着要覆盖驾驶场景中最暗和最亮的区域。因此，需要使用 HDR 成像器，它们通常依赖于某种多捕获 HDR 方案。这意味着一个场景会在多个图像或每个视频帧的多次捕获中进行采样。为了向应用程序提供单一的图像以进行后期处理或人类视觉显示——同时也为了节省传输带宽——这些多次捕获的图像可能会被合并为一个单一的 HDR 图像。通过对光子散粒噪声的平方根信号行为的利用，减少每像素的位数，可以进一步压缩这个合并的 HDR 视频帧。由于光子散粒噪声主导了中端和高端信号范围，因此可以应用伽马曲线[47]或类似的对数形状压扩方案来进行无损信号压缩。

　　最后且同样重要的一点是，成像器对热量非常敏感，这意味着如果温度过高，图像质量会降低。由于汽车摄像头位于小型外壳中（见图 2.7，为 2010 年的早期示例），并且经常位于暴露于太阳辐射的位置（如外后视镜或风窗玻璃后面），因此摄像头的整体低功耗至关重要，以避免进一步增加其温度。因此，在摄像头和成像器的开发过程中，热模拟也非常重要。这应确保摄像头内的整体环境温度不会上升到某个临界值以上，并且成像器中的热点不会导致像素阵列上出现（暗）信号不均匀性（DSNU）[78]。

图 2.7　汽车摄像头示例（拍摄者：Michael Singer，2010）

图像传感器本身通常生成和输出所谓的"原始"图像数据。在计算机视觉应用中，这些原始图像数据可能只需要最少的额外处理即可使用。然而，在人类视觉应用中，通常需要在图像信号处理器（ISP）中进行大量的进一步处理，以将原始数据转换为完全处理过的数据格式，如 YUV 格式，以便在显示屏上显示（也请参见第 2.1.2 节或第 9.1 节）。ISP 处理单元可能位于图像传感器和 GPU/系统级芯片（SoC，也请参见第 2.2.3 节）之间的任何位置。ISP 的主要功能如下：

- 去马赛克（Demosaicing）。根据拜耳模式 CFA（颜色滤波器阵列）为每个像素计算红色、绿色和蓝色像素值。它通过从周围像素的插值来补足给定像素缺失的颜色信道。
- 颜色校正矩阵。用于计算所有颜色信道的最小颜色误差的正确颜色值。
- 图像增强功能。支持各种特性，如缺陷像素校正、噪声滤波和图像锐化。
- 对于 HDR（高动态范围）图像传感器，还包括特定的功能，如色调映射（类似于伽马校正）和直方图均衡化，以便将传感器输出的大动态范围适应到显示屏有限的数字范围内。

2.2.3 摄像头架构

图 2.8 概述了汽车摄像头内部可能包含的不同元件。以下是对这些不同元件的详细解释。

数码相机功能和质量的关键在于镜头和成像器及其相互关系。不同种类的镜头被使用：长焦镜头、广角镜头、鱼眼镜头（视角至少为 180°）等。早期的相机使用了可擦除可编程只读存储器（EPROM）来存储相机特定的内在校准数据，这些数据需要能够

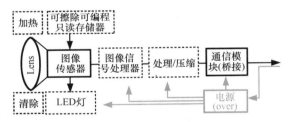

图 2.8　摄像头元件；虚线表示可选项目

被处理这些数据的 ECU（电子控制单元）读取。现代的相机可能会使用一次性可编程（OTP）存储器来存储校准数据，这些数据也需要在配置时能够被 ECU 访问。此外，汽车摄像头可能包含镜头加热和/或清洁功能。

首先，汽车成像器最初使用经典的并行接口作为输出。在撰写本书时，具有这种接口的较低数据速率产品仍在销售中。然而，随着数据速率的提高，这种产品将不能满足需求（也见第 1.2.1 节），汽车行业广泛采用了 MIPI CSI-2 接口用于高速数据成像器，最常见的是与 MIPI D-PHY 结合使用（详见第 9.6 节）。

图 2.8 将 ISP（图像信号处理器）显示为可选功能和独立模块。然而，如果由于人类视觉功能需要 ISP，则不太常见将其在摄像头内部实现为单独的 IC。ISP 可能与摄像头中的成像器或处理芯片（如果有的话）集成在一起，或者 ISP 是摄像头所连接的 ECU（电子控制单元）的一部分。在 ECU 中，ISP 可能是一个单独的

芯片，或者是处理视频数据的 SoC（系统级芯片）或 GPU 的一部分。

一旦摄像头中包含压缩功能，不仅需要硬件加速，还需要一些软件和该软件的更新能力。软件总是包含错误，特别是在如压缩这样的复杂功能中。早期的汽车以太网摄像头使用了 Motion Joint Photographic Experts Group（MJPEG，也见第 9.2.1 节）压缩，因为当时其他合适的压缩方法还没有可用的硬件加速。仅使用软件的实现会产生太多的延迟[79]。然而，一旦硬件加速变得可用，H.264 和 H.265 压缩更合适（关于这些的更多详细信息见第 9.2.2 节）。请注意，即使使用硬件加速，压缩也会导致一些（尽管很小）延迟，更重要的是，可能会导致压缩损失（取决于具体的算法）。因此，在汽车摄像头中使用压缩通常仅限于人类视觉应用。汽车摄像头中可能进行的其他数据处理，包括对象识别或驾驶轨迹计算。

摄像头所选用的通信芯片和技术高度依赖于迄今为止所讨论的架构元件。具有压缩功能的摄像头将使用与仅由镜头/成像器和通信桥接芯片组成的摄像头不同的技术。第 7 章和第 8 章介绍了可能用于此类 IVC（车内通信）桥接芯片的高数据速率通信技术。对于需要主动照明的摄像头，也会包括相应的 LED。作为摄像头的控制信道，通常会使用 I2C 或 SPI（更多细节见第 9.5 节）。

最后且同样重要的是，图 2.8 还包括了电源。如第 2.2.2 节讨论成像器时所提到的，低功耗对于摄像头至关重要。这与显示应用有显著差异，在显示应用中，电源在供电和空间方面没有特别的限制，因此在第 2.1.3 节的图 2.3 中没有明确标出。摄像头的电源可能需要输出不同的功率等级，这取决于所用组件的要求。功耗本身取决于所包含的功能。具有镜头加热和/或 LED 照明的摄像头消耗的功率明显多于没有这些功能的摄像头。举个例子：在撰写本书时，根据作者的经验，一个 8 百万像素/每秒 30 帧的摄像头功耗低于 2W，而镜头加热可能会轻松增加 3W。LED 照明会超出当时同轴电缆供电（PoC）所能提供的功率。然而，对于通过同轴电缆连接的摄像头，通过数据传输来传输电力是很有意思的，因为这可以大大简化连接器设计（也见第 6.1.3 节）。

通过数据线传输的功率量与使用的电感器（以及为它们提供的空间，也见第 6.1.4 节）和所使用的通信技术的媒体依赖接口（MDI）回波损耗（RL）要求之间的相互关系有关（也见第 8.3 节的比较）。

请注意，在设计中纳入安全性不仅增加了至少一个 IC（集成电路）的处理需求，还影响了摄像头中软件和可更新性的要求。此外，它还需要使用外部无法访问的安全存储。更多详情，请参见第 2.2.4.3 节。最后，为了通过摄像头获取深度信息，可以使用二维立体摄像头（另一种选择是使用一个 3D 飞行时间（ToF）摄像头，见第 2.3.1.4 节）。在二维立体摄像头的情况下，通常会在将数据转发给单个通信芯片之前，使用专用集成电路（ASIC）对摄像头数据进行预处理和组合。

2.2.4 摄像头软件、功能安全与信息安全

本节介绍了一些关于软件、功能安全和信息安全的相关考虑因素。所讨论的内容在摄像头应用中最为突出。然而，它们同样在显示屏或其他传感器应用中具有一定的相关性，这在各自的子节中有所体现。第2.2.4.1 节讨论了特定的软件项目，第2.2.4.2 节探讨了功能安全考虑因素，而第2.2.4.3 节则介绍了信息安全解决方案的架构考虑。

2.2.4.1 软件

在本章到目前为止的讨论中，重点一直是硬件相关的要求。然而，在汽车中引入电子组件也需要软件的支持。对于摄像头来说，最明显的软件包涉及图像处理，例如在 ADAS（高级驾驶辅助系统）应用中用于目标检测和分类——无论处理发生在哪里。为了获得最佳结果，通常会为特定任务设计特定的硬件加速处理器，同时再配合专门设计的软件来完成整个系统。这种专用的硬件和软件开发通常来自一家提供完整解决方案的公司（例如，Mobileye/Intel[80]、NVidia[81]、Qualcomm[82]）。没有这些产品，汽车行业就无法设想实现自动驾驶。因此，提供这些产品的供应商往往成为复杂 ADAS 开发项目中"隐藏"的项目领导者。

对于更一般的项目，汽车系统和软件设计师必须考虑 AUTomotive Open System ARchitecture（AUTOSAR），其主要目的是将软件与其所使用的硬件解耦[83]。为了实现这一目标，AUTOSAR 提供了一组特定于汽车需求且非常可扩展的应用程序编程接口（APIs）；AUTOSAR 既可以在微小的 8 位处理器上运行，也可以在非常大型的最先进系统上运行。

AUTOSAR 提供了两种类型：AUTOSAR classic（经典 AUTOSAR）和 AUTOSAR adaptive（自适应 AUTOSAR）。AUTOSAR classic 适用于具有静态配置和整体更新的深度嵌入式系统，通常用于车身电子和小型 ECU（电子控制单元）。而 AUTOSAR adaptive 是更复杂、高性能 ECU 的平台，通常用于处理摄像头和传感器数据的 ADAS（高级驾驶辅助系统）功能。它允许运行时配置以及部分更新和升级。对于包含软件的汽车 ECU 的开发，AUTOSAR 支持是一个先决条件，因此也需要考虑具有智能/软件的传感器和摄像头。AUTOSAR 作为一个操作系统，支持 ECU 的核心功能以及所需的接口，如 I2C、SPI 和 GPIO。它还支持以太网通信，但在撰写本书时，尚不支持 SerDes。

为了进一步推动摄像头应用软件的开发，人们还关注了摄像头的控制和/或视频通信接口的管理。为此，MIPI 联盟定义了 MIPI 摄像头命令集（CCS），它是围绕 MIPI CSI-2 接口构建的基础组件之一[84]（也请参见第 9.6 节）。ISO 在 ISO 17215标准中为以太网连接的摄像头指定了一个视频通信接口（VCIC）[85]。ISO 17215 使用了在汽车以太网中用于摄像头配置的基于 IP 的可扩展服务导向中间件（SOME/IP）的一个子集[86][79]。

2.2.4.2　功能安全

汽车功能安全至关重要。不断改进乘员和环境的安全性是所有汽车制造商的关注点。提供新的 ADAS（高级驾驶辅助系统）功能是实现这一目标的一部分措施。在开发传感器和显示应用时，安全性通常被讨论为"功能安全"，其目标是通过系统保护汽车用户免受因电子系统故障造成的不可接受的伤害风险[87]。功能安全框架在 ISO 26262 中有所描述[88]。为用例提供措施的关键是相应的汽车安全集成等级（ASIL）分类。某个功能在潜在危急情况下使用越频繁或越相关，失效时后果越严重，并且控制和防止情况越困难，则 ASIL 分类就越高，需要满足的要求就越严格[52]。最高的安全目标是 ASIL D，最低的是 ASIL A，如果只需要采取通常的质量措施而不需要特定的功能安全措施，则分类为"质量管理（QM）"。

功能安全适用于顶级功能，并且始终是端到端的，包括完整的应用，并考虑相应实现的所有相关元件。在讨论的传感器和显示应用中，这些元件包括传感器/成像器/显示芯片、传感器/成像器/显示屏中可能存在的额外处理（ICs）、链路两端的通信芯片和技术、链路本身、主 ECU 中的处理，以及可能是通知/操作应用的结果。

在 ISO 26262 中，通信技术本身通常被视为"脱离具体上下文的安全元素（SEooC）"，因为这类技术在开发时并不知道它将被用在何种实现中，也不知道具体如何使用。因此，其开发必须基于对其后续使用的假设。ISO 26262 并没有明确说明实现安全目标的方法，而是定义了不同级别的目标值，并给出了相应的建议。通信技术需要考虑的故障模式包括：通信对等端丢失、消息损坏、消息延迟过长、消息丢失、非预期的消息重复、消息顺序错误、消息插入、消息伪装以及消息地址错误等。

通常，通信系统的开发目标是确保一定的误码率（BER）和延迟。对于传统通信技术，典型的最大误码率为 10^{-10}，但随着数据速率超过 1Gbit/s，对误码率的要求已提升至 $BER < 10^{-12}$ [89][90]。满足这一要求是设计通信技术及其错误处理和纠正机制的基本指导原则（详见第 7 章和第 8 章），这些机制还需要覆盖控制数据。如果检测到错误，例如由于循环冗余检查（CRC）错误，则错误检测通信芯片必须能够通知相应的处理器。此外，重要的是任何集成电路（IC）的故障——如图像传感器检测到过电压、欠电压、过热、错误或"烧坏"的像素，以及通信或显示芯片中的类似问题——都可以通过通信链路传输，以通知主 SoC。通信技术需要能够执行自我诊断，检测开路、短路，以及通常的信号质量。

对于底层通信技术有效的内容，同样适用于高层视频和传感器数据的通信。对于处理单元/显示屏来说，能够检测到图像是否静止且重复显示之前的图像是极其重要的。通信技术必须确保它不会无意中重复发送同一个数据包。然而，通信技术不控制应用程序，也无法知道它接收到的内容是否是预期的内容。因此，视频源/传感器芯片不能重复转发相同的数据也是至关重要的。为了检测冻结的图像，通常在图像的不可见部分（即在消隐期间）包含一个计数器。但请注意，这种计数器仅在显示应用、全局快门成像器或其他具有内部缓冲的传感器芯片中需要。对于滚动快门成像器，成像器没有存储和重复图像的能力。如果滚动快门成像器出现故障，则根本没有图像，任何用户或处理器都可以识别为错误，而不需要计数器。相反，如果全局快门成像器出现故障，存储缓冲区中的数据可能不会被更新而是被重复。

此外，还需注意以下几点：摄像头传感器可能会因镜头上的污垢而受阻。半导体质量需要符合汽车和 ASIL 标准，这将影响整个开发和生产过程（参见第 3.3.1 节）。数据需要得到保护，以确保其真实可靠，始终呈现实际情况（参见第 2.2.4.3 节）。最后，还需要避免一些常见的问题。因此，摄像头和传感器很少采用菊花链连接方式。一旦菊花链中的第一个连接失效，所有连接的传感器都将无法访问。

2.2.4.3 信息安全

讨论安全性通常涵盖两大方面：识别可能的攻击类型以及如何防御这些攻击。对于任何涉及数据传输的应用而言，保护数据的完整性和安全性至关重要。这意味着数据不应被恶意篡改（如中间人攻击）、不应因泛滥网络或导致故障而被更改，更不应被他人窥探。被窃取（窥探）的数据可能引发内容保护（参见第 9.3 节）、隐私方面的问题，甚至可能被用于进一步的攻击。

因此，网络安全方法的核心目标是确保数据的机密性、完整性和可用性（CIA）[91]。CIA 是通用的，也就是说，从原则上讲，摄像头应用在相关要求上与其他汽车 ECU 并无不同。然而，在汽车环境中实现 CIA 的主要挑战在于，汽车 ECU 的资源远不及数据中心丰富，特别是小型摄像头和传感器。此外，许多汽车摄像头和传感器还需要满足快速启动的要求，这限制了冗长的密钥交换过程。同时，汽车需要在整个生命周期内保持保护状态，而较短的密钥和交换过程往往提供的保护力度较弱。当然，在汽车中确保网络安全，往往也是安全关键的，因此，在（自动驾驶）驾驶领域的所有应用中，这一点都是不可或缺的。

对于安装在汽车外壳上的摄像头或其他传感器（参见第 2.3 节），还需要考虑额外的安全因素。这些传感器本身需要防止被盗——以确保被盗的传感器无法在其他车辆上使用——以及防止被假冒部件替换。同时，在必要时，也需要能够轻松地替换损坏的传感器[92]。

典型的防止部件被盗的安全措施包括身份验证或序列号标记，而数据保护和完整性则通常需要数据加密。这些具体可用的方法将在不同技术部分中讨论（参见第 7.5.4 节、第 8.2.3 节和第 9.6.3 节）。本节主要关注在传感器/摄像头使用案例中，安全功能的不同托管位置。图 2.9 对这些选项进行了概述。

1）这种方案将安全处理功能嵌入传感器芯片中，并在处理传感器数据的 SoC/GPU 中完成。这为传感器数据提供了真正的端到端保护。尽管在此场景中，控制

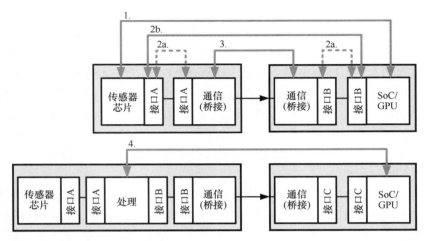

图 2.9　P2P 摄像头/传感器使用案例中，安全选项的启动和终止的各种设置

数据通常不被保护（但也可以实现保护）。一个值得关注的问题是，单个 SoC/GPU 可能需要处理来自不同供应商传感器芯片的多种传感器数据。这会导致应用程序与供应商之间产生不必要的相互依赖，同时也增加了 SoC 的复杂性。此外，在传感器（或更可能是显示屏）串联的场景中也需要特别留意。如果所有视频流都是独立的，且仅与一个接收端通信，那么端到端保护仅需支持数据的转发/隧道传输。然而，当传感器数据有多个接收端，或者多个显示屏通过多播接收视频流时，情况就变得更加复杂。此时，所选的安全和密钥交换机制需要特别设计，以支持传感器或显示屏之间的通信，而不仅仅是与处理 ECU 之间的通信。

2）这种方案减少了因供应商不同而产生的差异，前提是使用集成了安全功能的标准接口（例如，MIPI CSI-2 接口的安全选项，参见第 9.6.3 节）。当然，在添加此接口的单元和终止此接口的单元中都需要使用相同的接口。图 2.9 描绘了两种选项：2a 和 2b。在 2a 的情况下，接口完全在通信芯片中终止。这意味着只有 PCB 上的通信得到了保护。这在某种程度上偏离了目标，因为攻击的可能性在通信芯片之间的链路上最大，而这部分并未受到接口安全的保护。

如果选择 2b 的安全选项，加密的内容会通过通信链路进行传输/隧道传输，就像在第一种选项中的安全做法一样，并且在串联和组播的情况下存在相同的潜在限制。同时，接口 A 需要与接口 B 相同。对于摄像头使用场景（参见第 9.6 节），这是可以预期的，但对于显示屏使用场景（参见第 9.7 节），情况则不那么明显。显示屏在 ECU 中渲染视频内容所使用的接口与其本身所使用的接口不同，这是很常见的。

3）这种方案能够保护通信链路，就像以太网 MACsec 或 ASA Motion Link 安全协议所做的那样（参见第 8.2.3 节和第 7.5.4 节）。它的主要优势在于，它完全独立于应用程序，因为它保护的是最底层，因此在其之上运行的任何协议或应用程序都会受到保护，包括传感器和显示屏应用程序、控制或视频数据等。此外，实施者无须担心网络拓扑或架构的问题。无论是串联还是组播场景，甚至是在传感器或显示屏内部的处理，都得到了相同的支持。在汽车行业中，作者发现厂商对端到端保护或链路保护有着不同的偏好。然而，链路保护的最大缺点是印制电路板（PCB）上的通信仍然得不到保护。但这一点可能更多被视为理论上的威胁而非实际威胁。在非常小的摄像头头部或其他传感器模块中，访问多层 PCB 上的数据线极为困难（也参见第 5.4 节）。同样地，要在不破坏整体功能的情况下更换集成电路（IC）也相当困难。然而，对于汽车内部任何与安全相关的组件来说，降低其物理可访问性始终是一个好主意。

4）当在（摄像头）传感器中使用额外的处理时，这为安全定位提供了另一种选择。端到端的加密（如前文提到的 1）在这种情况下是不可能的，而且除非特别需要保护 PCB 通信，否则方案 2a 也不太适用。数据必须在处理后进行保护。当然，方案 3 在这种场景下也适用。但是，如果方案 3 不可用或需要更多的保护，那么方案 4 是可能的。这里的问题是，是否可能实现标准化的安全保护，以及像方案 1 和 2 那样，是否支持串联或多播场景。

虽然信息安全算法通常通过硬件进行加速，但它们也经常包含软件部分。传感器/摄像系统的设计者需要清楚增加的安全功能不仅增加了成本和处理能力，而且可能导致需要维护和更新安全算法。这可能会抵消没有智能功能的传感器所具有的优势。请注意，安全功能通常还需要特别保护的内存。

2.2.5 摄像头的典型通信需求

以下概述了重要的汽车摄像头的通信要求：

• 尽管显示数据率似乎可以无限提升，但相机数据率却不太可能以同样的方式增长。这其中的主要原因在于热量问题（此外，更高的相机数据率还会对高分辨率成像器的处理负载、相机成本、镜头和光学元件、相机的尺寸，以及制造复杂性和质量等方面产生影响）。成像器的性能对热量的控制非常关键，数据率越高（无论是由于分辨率、帧率还是位深度的提高），所需的功率就越大。然而，即使使用 800 万像素分辨率和每秒 30 帧（fps），也只会产生大约 4Gbit/s 的下行（DL）数据率，同时仍然保持合理的位深度。对于上行（UL）数据率来说，通过 I^2C 或类似接口，1Mbit/s 就足够了。

• 图像传感器与控制器之间的接口通常是 MIPI CSI-2，使用 D-PHY 或 C-PHY（也参见第 9.6 节）。

• 由于功耗限制，深度睡眠和浅睡眠模式是重要的功能特性。

• 由于汽车外壳上摄像头的可接近性，安全性对于防盗保护也同样重要。

• 摄像头通常仅包含一个通信芯片，即使在立体相机中可能使用两个图像传感器的情况下也是如此。然而，处理电子控制单元经常需要连接多个摄像头，因此具有多个通信端口的优化通信芯片就显得尤为重要。当多个摄像头通过同一个通信芯片和应用连接时，不同摄像头之间的时间同步就变得至关重要。

- 摄像头的环境温度范围通常比显示屏更高，典型范围是 −40 ~ +105℃。

2.3 其他传感器

首先，汽车内部的传感器数量庞大：例如，文献［93］声称"智能"汽车可能配备多达 200 个传感器。早在 2001 年的一份列表中，就提到了六种旋转运动传感器、四种压力传感器、五种位置传感器、三种温度传感器、两种质量空气流量传感器、五种废气氧传感器、一种发动机爆燃传感器、四种线性加速度传感器、四种角速率传感器、四种乘客舒适/便利传感器，以及所有不同类型的"新兴"传感器，用于物体检测和图像捕获[94]。除了用于物体检测和图像捕获的传感器外，上述列出的传感器类型主要是为了在不被汽车用户察觉的情况下，实现平稳舒适的驾驶功能。这些传感器通常与电子控制单元紧密合作，处理传感器数据，并且它们的通信所需的数据传输速率相对较低。这些传感器可能采用离散连接，或者采用特定的传感器链接技术，如 PSI5（Peripheral Sensor Interface 5）、SENT（Single Edge Nibble Transmission）、DSI3（Distributed Systems Interface-3）或 LIN（Local Interconnect Network）。它们也可能是通过 CAN（Controller Area Network）、FlexRay或——在不久的将来——10Mbit/s 以太网等网络协议构成的小型网络。

本节主要关注上一节中标记为"新兴"的传感器类型。相关传感器类型——声呐/超声波（Sound Navigation And Ranging, sonar/ultrasonic）、无线电探测和测距（Radio Detection and Ranging, radar）、光探测和测距（Light Detection and Ranging, Lidar）以及飞行时间（Time of Flight, ToF）相机——将在 2.3.1 节中介绍，并在 2.3.2 节中提供整体比较和架构考虑。

2.3.1 相关传感器类型

以下介绍的传感器类型之所以被选中，不仅是因为它们在高级驾驶辅助系统（ADAS）和自动驾驶（AD）功能中与摄像头互补，还因为它们通常产生比引言中提到的其他大多数传感器显著更高、不对称的数据速率。因此，它们可能在电子电气架构（EE-architecture）和高速通信技术方面面临类似的选择。这些选定的传感器类型的另一个共同点是，它们都基于相同的基本技术原理工作：它们都发出特定的信号，并从这些信号的反射中推导出感知到的周围环境（见图 2.10）。

这些传感器之间的差异在于所发送的信号类型——声波或电磁波，以及发送这些信号的频率（见图 2.11）。此外，它们还在反射评估的方式以及可推导出的信息类型和精度上有所不同。这些信息包括距离、大小、相对速度、在三维空间中的相对位置等。在评估方面，典型的选项包括测量信号的往返延迟（通常称为飞行时间，ToF）、频率差异（利用多普勒效应可以确定相对速度），以及信号强度。此外，图2.11还指出，根据不同的目标频率范围，不同类型的传感器使用了不同的半导体技术。

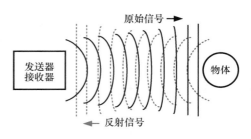

图2.10　所讨论的传感器技术的基本原理[102]

　　根据所使用的方法，这些技术具有不同的、与物理相关的优势和限制。在以下小节中，我们将更详细地讨论这些优势和限制，并在2.3.2节中直接进行比较。2.3.1.1节将介绍声呐/超声波传感器，2.3.1.2节将介绍雷达传感器，2.3.1.3节将介绍激光雷达，而2.3.1.4节将介绍（3D）飞行时间（ToF）相机。

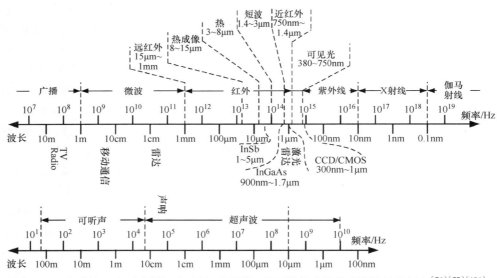

图2.11　电磁波、光（上图）和声波（下图）的不同传感器类型的波长和频率[76][77][104]

2.3.1.1　声呐（Sonar）/超声波传感器（Ultrasonic Sensors）

　　声呐传感器发射的是略高于人类听觉范围的声波（见图2.11），通常频率在两位数的千赫兹范围内（尽管也存在工作在更高频率的超声波传感器，例如，见文献［105］）。声呐传感器具有类似扬声器的发射器和类似传声器的接收器功能，通常使用压电陶瓷或压电合成元件，这些元件通过机械安装，使其能够发射超声波并借助隔膜来感知它们。然而，发射和感知并不是同时进行的，而是连续进行的，这意味着传感器交替发送短促的声波脉冲，并在短暂的等待期后记录它们的反射信号[106][107]。

　　超声波（以及所有其他类型的波）在两种不同材料的界面处发生反射。两种材料之间的阻抗差异越大，反射的能量就越多。阻抗差异越小，波被吸收/穿过的部分就越多，返回的能量就越小[108]（这就是为什么在通信系统中阻抗匹配如此重要，参见第 5.2.1 节）。汽车应用利用了空气与许多其他材料（如人体或另一辆车的金属）之间的阻抗差异较大的事实，因此它们可以通过声呐系统检测到（存在一些物理限制，下面将详细讨论）。相比之下，直接位于传感器表面的污垢或树叶的阻抗值与传感器的阻抗值非常相似，因此不会产生显著的反射。

超声波的相对较低的传播速度（大约 340m/s）和在大气中较大的衰减特性，决定了这项技术的优势和限制。物体在 1m 处反射的信号往返时间大约为 6ms。这意味着可以使用低速和低成本的信号处理方法。同时，声呐传感器的最小和最大检测范围有限，通常在 0.15 到 2~6m 之间。下限是因为在发送突发信号时，需要物理上最小的突发大小，以发出足够的信号能量，并与保护带的长度相匹配（保护带需要足够长的时间来让隔膜停止振动）。如果反射回来的信号过早或过晚，错过了接收时间，则无法检测到这些反射。此外，如果距离过大，回波的信号强度可能会太小。一般来说，物体也需要有一定的尺寸（例如，直径为 3~15cm），才能被汽车声呐传感器很好地检测到（尽管所有给出的值都是技术进步的标志，但仍有待改进）。

因此，这项技术最适合在近距离和低速（相对速度）下使用。声呐传感器的第一个也是最典型的应用案例是泊车辅助系统。丰田公司是第一个在 1982 年就提供此类系统的汽车制造商[109]。基于声呐的简单泊车辅助系统可能会将接收到的信号强度直接转换为声音。外部物体越近，警告声就越响。

现代更先进的基于超声波的泊车辅助系统还提供了外部物体与车辆相对位置的视觉图像。为此，在后保险杠（有时也在前保险杠）上集成了多个传感器头，以实现最佳的"视野"。这些传感器是低成本的硬件元件，它们只将检测到的反射的包络曲线发送到"声呐 ECU"，后者处理数据以创建感兴趣区域的单一视图。然后，声呐 ECU 还负责控制、校准和同步传感器头，以便最小化不同发射的超声波之间的干扰。根据所使用的通信技术，声呐 ECU 还可能控制传感器头的通信和电源供应。

传感器头和声呐 ECU 之间通信所需的数据传输速率取决于数据收集的频率、包络曲线提供的分辨率以及连接的传感器数量和拓扑结构。由于声呐传感器在捕获周期时间和分辨率方面的物理限制，产生的数据速率相对较低。用于连接多个超声波传感器头的 DSI3 总线的线速率为 125kbit/s[97]，这足以满足需求。为了通过 IVN 将声呐 ECU 连接到处理数据的其他单元，使用较低数据速率的技术也足够了。然而，这种技术需要支持诸如诊断和软件更新等系统功能。

对于本书中讨论的高速通信技术，声呐应用的关联性较低，并且预计这种情况将持续下去。然而，在实现自动驾驶的过程中——本章中提到的摄像头和其他传感器都发挥着关键作用——声呐传感器仍然十分重要。超声波传感器的另一个主要应用场景是盲点检测[110]。不过，在泊车辅助和盲点检测系统中，声呐传感器在与

（短程）雷达传感器竞争时，需要在质量和成本之间做出权衡（见第2.3.1.2节）。雷达和声呐在能见度低的情况下都能有效工作，这包括恶劣的天气和光线条件。此外，值得注意的是，在本书编写时，短程激光雷达的开发正在进行中，据作者的经验，其性能非常具有潜力。然而，由于这项技术尚属新兴，我们目前还无法预测其部署和成本情况。

2.3.1.2　无线电探测与测距（Radar）

汽车雷达系统通常发射毫米波段的电磁波[111][112]（见图2.11）。通过雷达信号的物理特性、其天线系统以及检测机制，系统能够计算其他物体的距离、相对速度和方向。基于这些参数，雷达系统可以确定不同类型物体的精确（3D）位置及其速度[111][113]。因此，雷达是一种非常强大的传感器类型，对先进驾驶辅助系统（ADAS）和自动驾驶（AD）来说具有至关重要的意义。尽管雷达技术历史悠久——首项雷达类技术的专利在1904年就已申请[114]——但第一家提供基于雷达的驾驶人辅助系统以实现自适应速度控制的汽车制造商是戴姆勒，它在1998年推出了这项技术[115]。

雷达的一个关键特性是其发送的波形。在连续波（CW）、脉冲CW、调频连续波（FMCW）、步进频率连续波（SFCW）和正交频分复用（OFDM）这些选项中[111]，调频连续波（FMCW）在汽车雷达系统中最为常见[112]。对于FMCW，发射信号的频率呈锯齿形变化：它持续增加到一个特定水平，然后返回到起始频率，并在再次增加之前保持一小段"接收"时间。每个锯齿波都可以称为一个"啁啾"，因此FMCW雷达也常被称为"啁啾"雷达[116]。

与声呐类似，调频连续波（FMCW）雷达通过评估发射信号被接收所需的时间来检测物体的距离。但与声呐不同的是，FMCW雷达是通过比较接收信号的频率与当前发射信号的频率来确定这一点的。飞行时间（Time of Flight，ToF）则是根据当前传输在啁啾中的确切位置来确定的。

另一个区别是，雷达信号以光速传播。如果声波需要（$2 \times 1/340$）s $\approx$ 6ms来传播1m并返回，那么电磁雷达波则需要（$2 \times 1/3 \times 10^8$）s $\approx$ 6.6ns。再加上信号衰减与距离的关系较小，意味着回波中剩余的信号强度更大，雷达的探测范围可以显著大于超声波传感器。调频连续波（FMCW）雷达还可以检测多普勒频移[103]，从而得出发射器与检测对象之间的相对速度差（从原理上讲，声呐传感器也能做到这一点，但受到更多物理限制，而且对于泊车辅助系统来说并不是必需的）。这是通过观察连续接收到的啁啾之间的变化来实现的。

啁啾的带宽（调频连续波中的最低频率和最高频率之间的差异）决定了雷达的距离分辨率。带宽越高，距离分辨率越好。观察到的啁啾数量越多，多普勒频移的分辨率就越好（但确定它所需的时间也越长）。

所使用的频率带也有影响，但这种影响较为间接。汽车雷达最初（主要）使用的是24GHz工业、科学和医疗（ISM）频率带。自从79GHz毫米波带（从

77GHz 到 81GHz) 被分配给汽车雷达以来，越来越多的汽车雷达系统开始使用这一频段[117]。在作者看来，这有两个原因。首先，是监管问题：在 24GHz ISM 频段中，雷达系统被允许使用的带宽因使用国家而异。在许多国家，只有相对较小的频率范围可以使用，这限制了检测分辨率。当使用整个 ISM 频率带时［有些出版物称之为使用超宽带（UWB）技术］，可以获得更好的分辨率。然而，由于监管原因，这些产品只能在某些国家销售，因此市场覆盖范围有限[116]。此外，在 24GHz 频段的允许发射功率（因此也限制了覆盖范围）较小（并且可能因地区而异）。毕竟，回波强度需要足够大才能被检测到。其次，79GHz 频段所需的天线比 24GHz 频段的天线小，这使得传感器可以具有更小的外形因子，或者可以使用更多的天线系统。

行业通常区分短程雷达（SRR）、中程雷达（MRR）或远程雷达（LRR），有时也被称为前向雷达（FRR）。顾名思义，它们在不同距离上检测物体的能力有所不同。雷达类别通常在天线系统设计、处理能力和发射功率上有所差异。有时，也会提到超短程雷达（USRR）。它们似乎更关注在几米范围内的高分辨率[118]。表 2.2 概述了 SRR、MRR 和 LRR 类型之间最重要的差异和典型用例。

表 2.2　三种主要不同雷达类型的典型特性[111][117]

特性	SRR	MRR	LRR（FRR）
频率	24/26，77/79GHz	24/26，77/79GHz	77/79GHz
方位角	±80°	±40°	±15°
俯仰角	±10°	±5°	±5°
范围	0.15 ~ 30m	1 ~ 100m	10 ~ 250m
应用示例	盲点检测，车道偏离警告，预碰撞警告，交叉停车辅助	盲点检测，交叉交通警报，后碰撞警告	紧急制动，自适应巡航控制

图 2.12 展示了雷达传感器的主要功能块。首先展示的是天线系统，它负责发射和接收雷达波。为了使雷达系统不仅能够检测物体的距离，还能检测其角度（方位角，理想情况下也包括仰角），需要使用多个天线，并进行相应的距离和方向定位。由于空间限制，汽车雷达倾向于在所谓的"虚拟阵列"中模拟这些天线的更大孔径[111]。所使用的发射和接收天线的数量对汽车雷达系统的性能和质量具有决定性作用；远程雷达（LRR）可能拥有十多个。请注意，使用多个天线进行发射和接收的系统通常被称为多输入多输出（MIMO）系统，这一术语也经常应用于雷达系统。

在天线捕获数据后，数据需要经过滤波、放大和可能的均衡化，然后才能转换为数字数据。这一过程通常由一个或多个单片微波集成电路（MMIC）支持，这些集成电路针对所需的高处理速度（高达 300GHz）进行了优化。ADC 的输出被称为

"雷达立方"，其数据速率可能高达 Gbit/s 范围。接下来的原始数据处理会执行快速傅里叶变换（FFT），一次用于距离，一次用于速度。输出数据速率也在这个类似范围内。

图 2.12 将前面描述的功能归纳在 "A" 块中。虽然这些功能在图形中被识别为单独的块，但它们很可能总是位于同一个物理实体中。由于它们不需要特定的软件或软件更新，因此允许硬件聚焦的实现。但随着后续功能块的加入，情况发生了变化。雷达传感器的关键是检测局部最大值和角度。这个 "B" 块的输出——检测列表和波束矢量——被输入到目标检测功能中。完整的雷达传感器的输出，标记为 "C"，将是一个包含各种目标属性的目标列表。检测列表也可能被转发。最后，下游的应用程序可以使用传感器数据来做出客户功能中的决策。

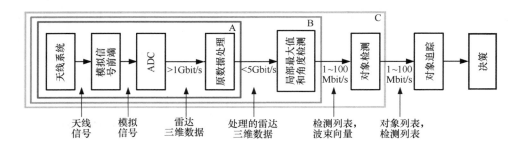

图 2.12　不同的雷达功能块[119]

图 2.12 中 A、B 和 C 块之间的区别表明，雷达系统可能会被划分到不同的单元上，以及这些单元之间通信可能产生的数据速率要求。如果要将 A 块分离出来，就需要使用高速通信系统，可能不需要支持软件更新。由于通信的不对称性质，汽车 SerDes 和汽车以太网都可能是候选方案（参见第 7 章和第 8 章，以及 8.3 节中对汽车 SerDes 和以太网的直接比较）。一旦设想到将 B 或 C 块分开，所需的数据速率就会显著降低，并且必须能够支持常规的软件更新。在这种情况下，较低数据速率的以太网是通信的一个好选择，因为它会随着数据速率要求的增加而扩展（参见 1.3.3 节中的表 1.3 或文献 ［79］）。

最后且同样重要的是：即使作为受管制的设备使用，不同汽车上的雷达传感器或同一汽车上的多个雷达传感器也可能相互干扰并损害彼此的性能。在同一辆汽车内部，可以通过同步雷达，使相邻雷达在不同的时间段发射和感知，来避免干扰。为了减轻来自其他汽车雷达的影响，雷达可能会采用额外的干扰缓解技术，如交错或编码序列，来解决这个问题[111]。

2.3.1.3　激光探测与测距（Lidar）

虽然激光雷达（Lidar）与声呐（Sonar）和雷达（Radar）在基本原理上相同，

但它使用的是另一种信号类型：激光[113]。因此，"laser"这个词本身最初是"Light Amplification by Stimulated Emission of Radiation"的缩写，这有助于我们理解激光背后的物理原理：通过受激辐射产生的高强度光，这通常基于电磁谐振器[120]。

汽车激光雷达是一个相对较新的技术；中国汽车制造商小鹏汽车在 2021 年底宣布其 P5 车型为"首款激光雷达智能汽车"[121]。奥迪公司虽然曾在部分车型上提供过"激光扫描仪"，但随后在 2018 年取消了这一配置[122][123][124]，这表明市场尚未就激光雷达的特定类型达成共识，仍在探索不同的选择。在撰写本书时，激光雷达最常用的波长是 905nm 和 1550nm。然而，850nm 和 940nm 等其他波长也在探索之中，每种波长都有其独特的优势和不足[125]。除了波长，激光雷达的关键性能参数还包括功率、脉冲长度、重复率和光束发散。1550nm 波长的优势在于它超过了 1400nm 的视网膜危害极限，因此可以使用比低波长更高的功率，并能在不伤害人眼的情况下检测更远距离的物体——达到 200～300m[125]。此外，接收路径中检测二极管和镜头光圈的限制，这些都会影响传感器的大小，同样也在最大传感器范围中扮演着重要角色[116]。典型的二极管类型包括具有宽本征区域的 P- N 二极管（PIN 二极管)[126]、雪崩光敏二极管（APD)[127]或单光子雪崩二极管（SPAD)[128]。

文献［125］将激光雷达分为以下几类：①ToF（Time- of- Flight）激光雷达，这包括扫描式和闪光式激光雷达；②相干 FMCW（Frequency Modulated Continuous Wave）激光雷达（其工作原理与 FMCW 雷达类似）；③其他类型。此外，文献［125］还区分了短程激光雷达和远程激光雷达。文献［116］则将汽车激光雷达分为两组：扫描式激光雷达和多波束激光雷达。多波束激光雷达使用多个单元，每个单元指向不同的角度部分。扫描式激光雷达则采用例如旋转镜、微电子机械系统（MEMS）镜[129]或棱镜，以仅依赖一个发射器和接收器。

激光雷达的主要优势在于它们具有大检测范围内的高精度。激光雷达可以立即测量包含数千个条目的"点云"，从而能够创建周围环境的精确 3D 模型[113][130]。激光雷达不仅能够检测物体，还能更容易地识别它们。相干 FMCW（Frequency Modulated Continuous Wave）激光雷达虽然更为复杂，但还可以检测物体的速度[125]。因此，一些人认为激光雷达是实现自动驾驶（Autonomous Driving，AD）的关键使能技术。

激光雷达的功能也有其局限性：激光雷达高度复杂，需要收集、处理和传输大量数据。自然，高强度的计算会增加功耗，因此需要注意散热问题，进而也增加了成本[113]。此外，这也影响了架构和通信技术的选择。图 2.13 展示了一个非常简化的潜在设置。在这个设置中，物理激光雷达接收器收集数百 Gbit/s 的数据。由于数据量巨大，预处理无法与数据收集分开，而必须在同一单元（在图 2.13 中的"A"）中进行。此外，激光雷达通常在硬件中执行尽可能多的处理。然而，与雷达不同（雷达的首次处理可能仅使用硬件实现的 FFT），激光雷达始终需要（可更新的）

软件（这本身也存在风险[113]）。如果检测功能位于与激光雷达接收单元不同的物理位置（如图2.13中的"B"），那么多Gbit/s的通信技术（如 SerDes 和高速以太网）是合适的（见第7章和第8章），其中以太网更适合支持软件更新功能。然后，检测单元可能会将对象列

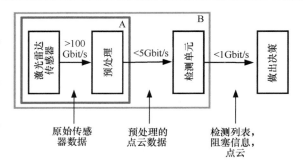

图 2.13　简化的激光雷达架构

表、阻塞信息和点云表示传输到包含客户功能（如决策功能）的单元。很可能，100Mbit/s 或 1Gbit/s 的较低数据速率以太网连接就足以将"B"型传感器连接到网络。

最后且同样重要的是，与摄像头类似，激光雷达信号也会受到吸收、散射和反射的影响，这会在雨天、雾天、雪天或前方车辆溅起水花的情况下降低传感质量，与雷达相比尤其如此[116][125]。

2.3.1.4　飞行时间（Time of Flight，ToF）相机

ToF 相机背后的原理与本节中讨论的所有其他传感器相同。物体的距离是根据信号反射返回发射器所需的时间来检测的。ToF 相机使用光波来实现这一点。由于 ToF 激光雷达系统也使用光（见第 2.3.1.3 节），ToF 相机和 ToF 激光雷达之间的区别往往有些模糊，ToF 相机的描述实际上可能同时包括这两者（例如参见文献[131]）。为了在本书中区分，本节将使用 LED 作为光源（工作在近红外光谱以避免干扰）的传感器视为 ToF 相机，而不是像激光雷达那样使用激光。与第 2.2 节中讨论的使用额外红外光源的相机相比，那些相机根据感知到的光强度生成二维图像，而本节中的 ToF 相机则根据光的反射时间构建深度图。

许多用于驾驶辅助功能的传感器并不需要激光雷达那样的大范围。因此，使用带有 LED 灯的 ToF 相机就足够了。传感器中使用的 LED 灯的照明强度和均匀性都不如激光灯，ToF 相机的探测范围因此也较小，通常只有 30m，小于激光雷达[130]。同时，ToF 相机需要更少的专用设备，并且通常比激光雷达更小、更便宜。此外，激光雷达在高速行驶的车辆中工作得很好，而截至撰写本书时，ToF 相机技术似乎仅限于较低的速度[132]，但这已经足够用于例如手势识别系统，该系统可以将驾驶人的特定手部动作转化为车辆指令。

飞行时间（ToF）相机包括以下组件[131]：

1）光源，可能是射频（RF）调制到高达 100MHz 的光源，或者是一个 LED，它每帧发出一个单一的光脉冲，例如，频率为 30Hz，这与 2.2.2 节中讨论的全局快门成像器类似。

2）带有光学带通滤波器的镜头，用于过滤信号以减少来自其他光源的干扰。

3）ToF 传感器，将相应的感应数据转化为代表距离的电信号值。

4）驱动电子装置，用于同步光源和成像器。

5）用于计算距离并校准设置的处理单元。由于 ToF（飞行时间）传感器的电子元件比 CMOS 成像器的更为复杂，因此它们通常的分辨率低于二维相机，也有可能达到与二维相机相同量级的分辨率[132]。

6）用于识别物体、手势等的处理单元，在经过该处理单元处理后，数据速率可能会降低到多 Mbit/s 的范围内，当然这取决于具体的应用。

7）通信芯片，它将 ToF 相机数据转发给在客户应用中使用这些数据的单元。

2.3.2　传感器的整体比较和架构考虑

在汽车中增加摄像头和传感器的数量的主要动机是追求自动驾驶（AD）。美国汽车工程师学会（SAE）将自动驾驶分为从"无自动化"到"全自动化"六个级别，并对每一级的能力进行了非常专业的划分。表2.3 提供了概述。

表 2.3　SAE J3016 分类的自动驾驶等级[117][133]

名称	无自动化	辅助驾驶	部分自动化	有条件自动化	高级自动化	全自动化
转向，加速，制动	人类	人类和系统	系统	系统	系统	系统
监管	人类	人类	人类	·系统	系统	系统
降级	人类	人类	人类	人类	系统	系统
系统能力	无	少数	一些	一些	多种情况	所有情况（无驾驶人）
ADAS 能力		对象检测	高速行驶和更远的距离上检测并识别对象	区分并识别不同目标（如车辆、行人、障碍物等）之间的最小距离	3D 检测	360°环境评估与识别
ADAS 功能		BSD，LCA	BSD，LCA，ACC，AEB，RCW	BSD，ACC，AEB，RCW，FCW，RCTA	BSD，ACC，AEB，RCTA，PAEB	BSD，ACC，AEB，RCTA，PAEB，AVP，PA

注："BSD"代表盲点检测（Blind Spot Detection）。

　　"LCA"代表车道居中辅助（Lane Centering Assist）。

　　"ACC"代表自适应巡航控制（Adaptive Cruise Control）。

　　"AEB"代表自动紧急制动（Automated Emergency Braking）。

　　"RCTA"代表后方交叉交通警告（Rear Cross Traffic Alert）。

　　"PAEB"代表行人自动紧急制动（Pedestrian Automatic Emergency Braking）。

　　"AVP"代表自动代客泊车（Automated Valet Parking）。

　　"FCW"代表前方碰撞警告（Forward Collision Warning）。

　　"RCW"代表后方碰撞警告（Rear Collision Warning）。

　　"PA"代表泊车辅助（Parking Assist）。

从表2.3中也可以明显看出，对于（全）自动驾驶来说，无论车速、环境或天气条件如何，正确感知和解读汽车周围的完整环境都至关重要。可靠的感知是起点，没有这个起点，也很难对环境进行恰当的解读。自动驾驶处理通常设计用于利用来自不同传感器源的数据。表2.4比较了本章中讨论的传感器的主要特性。似乎并不存在一种完美的传感器类型。

表 2.4　不同传感器类型的原理比较[111][113][116][125]

特性	Sonar	Radar	Lidar	ToF 相机	2D 相机①
检测物体距离	<5m	<250m	<200m	<30m	不测量距离
角度分辨率	中等	中等	高（在弯道中更好）	相当高	高
检测对象相对速度	一定程度上可以	是	是（但不如雷达）	否	否
检测小物体	否	是	是	取决于分辨率，是	取决于分辨率，是
高速车辆下工作	仅慢速	是	是	近慢速	是
低光环境下工作	是	是	是	是	否
恶劣环境下工作（大雨）	受影响	是（取决于实现）	受影响	受影响	受影响
雪天或大雾下工作	是	是	受影响	受影响	受影响
传感器有污垢情况下工作	是	是	受影响	否	否
区分颜色	否	否	否	否	是
对象识别难易程度	困难	更复杂	相当容易	容易	容易
处理数据量	取决于情况	是，尤其是取决于天线	是，很大	是	取决于情况
接收传感器原始数据速率	小 <20kbit/s	取决于情况，100kbit/s 至多 1Gbit/s	大于 100Gbit/s	多 Gbit/s	多 Gbit/s
预处理后传感器数据速率	n/a	多 Gbit/s	多 Gbit/s	多 Gbit/s	多 Gbit/s
预处理所需软件	无	无（FFTs）	是	通常不需要	ISPs 用于人类视觉
传感器成本	低	取决于情况	高	高于 2D 相机，低于 Lidar	取决于情况

① 2D 相机无压缩，输出是可显示的视频图像。

关于传感器特性的两个额外观点：首先，随着自动驾驶技术的广泛普及，当解释算法得到充分验证，并且几乎所有可能的驾驶情况都被评估后，传感器数据的感知和处理方式很可能会发生变化。我们可能会基于过去的经验，采用更分散的传感器数据处理方式，或者对传感器类型的选择有新的偏好。其次，尽管本节主要聚焦于传感器在自动驾驶中的应用，但我们也应意识到，越来越多的舒适性和/或移动应用也在利用这些传感器数据。

最后且同样重要的是，图 2.14 展示了在多个独立传感器的情况下的一些不同架构选项，重点是它们之间的通信。首先，在选项 1 中，不同的传感器直接分配给不同的功能并与之相连，传感器之间没有相互关联。汽车制造商可能会从一级供应商那里购买这样的封闭系统，并且往往也依赖一级供应商选择的通信链路。在选项 2 中，相同的传感器数据被用于多个功能。这可以在保持成本和能效的同时增强用户功能（因为相同的传感器数据只需要生成一次）。但是，这需要在不同的传感器和功能之间进行某种同步，以及一种允许高效共享传感器数据的通信技术。选项 3 提供了一个单元，该单元集中处理所有传感器数据，并将数据分发给各个功能。同样，在这种情况下，所有传感器和功能最好都同步到相同的时间。此外，在这种场景中还有一个额外的要求，即尽管进行了集中处理，但所有定时和延迟要求都能得到满足。

选项 3 也可能应用于自动驾驶场景，其中传感器融合单元直接作为电子控制单元的一部分，负责解释数据并发出指令。所有功能都会被整合到中央单元中，而图 2.14 中单独标记的功能框将由相应的执行器（在图 2.14 中以灰色表示）来代替。如果所有传感器数据都直接发送到中央 ECU，那么这个 ECU 就需要参与到通信技术的选择中来。通信技术中使用的技术种类越少，对 ECU 来说就越有利。选项 4 则是在选项 3 的基础上，进一步采用了区域架构。在这种情况下，对于所选择的通信技术来说，具有最高优先级的安全关键数据的可寻址性和服务质量（QoS）是必需的。通常，汽车以太网（也见第 8 章）被视为这种场景下的理想通信技术。

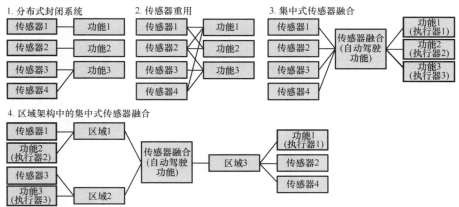

图 2.14 传感器架构的主要选项[116]

2.4 其他应用案例

这本书主要关注传感器和显示应用。问题是，是否存在其他用例，它们对车内通信（IVC）技术有相同或非常相似的要求。两个核心的要求是：高度不对称的通信和点对点（P2P）通信。

最不对称的用例是地面无线电或电视广播接收，所有数据速率都在下行链路（DL）中，上行链路（UL）中没有数据。同时，移动通信系统通常也提供明显大于上行链路数据速率的下行链路数据速率（见图2.15）。5G甚至预见了使用"补充下行链路"或"补充上行链路"来支持特别不对称应用的可能性。对于这三个系统——无线电、电视和移动通信——天线都安装在汽车的外壳上。这些天线要么通过相对较长的天线电缆直接连接到信息娱乐ECU，要么连接到天线附近的"天线模块"ECU。天线模块ECU解码所有接收到的数据，并将其转发到信息娱乐ECU或IVC网络中。

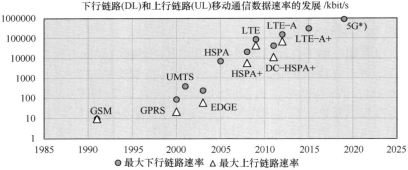

图2.15 不同移动通信标准在DL（下行链路）中的最大数据速率[79]，（如果可用）UL（上行链路）的最大数据速率[135][136]，实际用户数据速率通常要小得多[137]。对于5G，可以聚合多个载波以进一步提高数据速率

当连接聚合的5G载波更多时，天线模块的下行链路（DL）数据速率很容易达到Gbit/s范围（见图2.15）。因此，支持不对称数据速率的高速车内通信（IVC）技术在这里也可能具有潜在的兴趣。然而，就通信的逻辑开始和结束而言，情况可能有所不同。对于地面广播数据的转发，与主信息娱乐ECU的点对点（P2P）连接可能就足够了。但是，任何对潜在的后座娱乐（RSE）系统的镜像或转发都需要改变技术。对于来自移动通信网络的数据，仅与主信息娱乐ECU的点对点连接可能永远不够，即使足够，许多信息娱乐ECU也已经将以太网通信作为主要通信技术。因此，所使用的相应不对称IVC技术需要提供合适的以太网协议接口。

2.5　参考文献

[1]　N. Berg, "Great Inventions: The Speedometer," Hagerty, 6 July 2020. [Online]. Available: *https://www.hagerty.com/media/automotive-history/great-inventions-the-speedometer/*. [Accessed 2 April 2021].

[2]　P. Fears, "The History of the Tachometer," Cearbont Automotive Instruments, 17 February 2017. [Online]. Available: *https://www.caigauge.com/blog/the-history-of-the-tachometer*. [Accessed 12 March 2021].

[3]　K. Kupchik, "10 Inventions That Changed Cars Forever," 2 July 2014. [Online]. Available: *https://www.zaloomsautorepair.com/blog/10-inventions-that-changed-cars-forever?* [Accessed 3 April 2021].

[4]　M. Bubbers, "Shift From Huge In-car Screens May be Under Way - but First They'll get Bigger," The Globe and Mail, 2 May 2018. [Online]. Available: *https://www.theglobeandmail.com/drive/culture/article-shift-from-huge-in-car-screens-may-be-under-way-but-first-theyll/*. [Accessed 12 March 2021].

[5]　Wikipedia, "Cathode-ray Tube," 31 March 2021. [Online]. Available: *https://en.wikipedia.org/wiki/Cathode-ray_tube*. [Accessed 2 April 2021].

[6]　J. Berkowitz, "The History of Car Radios," Car And Driver, 25 October 2010. [Online]. Available: *https://www.caranddriver.com/features/a15128476/the-history-of-car-radios/*. [Accessed 7 February 2021].

[7]　Nationwide, "A Short History of the Car Radio," 7 April 2017. [Online]. Available: *https://blog.nationwide.com/car-radio-history/*. [Accessed 12 March 2021].

[8]　CNN, "Japanese Inventions that Changed the Way we Live," 30 June 2017. [Online]. Available: *https://edition.cnn.com/2017/06/13/world/gallery/japanese-inventions-changed-how-we-live/index.html*. [Accessed 13 March 2021].

[9]　J. P. Leite, "A Brief History of GPS In-Car Navigation," NDrive, 9 April 2018. [Online]. Available: *https://ndrive.com/brief-history-gps-car-navigation/*. [Accessed 3 April 2021].

[10]　M. Lelovic, "Car Navigation History: From Rolled Paper Maps to CarPlay Connected Sygic App," 27 July 2018. [Online]. Available: *https://www.sygic.com/de/blog/2018/car-navigation-history*. [Accessed 3 April 2021].

[11]　THine, "Deep Dive About the Basic Principle of LVDS SerDes, Taking Advantage of its Features – High Speed, Long Distance, Low Noise," 10 October 2017. [Online]. Available: *https://www.thine.co.jp/en/contents/detail/serdes-lvds.html*. [Accessed 27 March 2021].

[12]　J. M. Gitlin, "Is it Time to Turn Away from Touchscreens in our Cars?," 26 November 2019. [Online]. Available: *https://arstechnica.com/cars/2019/11/should-gestures-and-speech-take-over-from-touchscreens-in-our-cars/*. [Accessed 13 March 2021].

[13]　E. Gül, "Kommunikation im 21. Jahrhundert ist visuell," HirschTec, 3 Juni 2019. [Online]. Available: *https://hirschtec.eu/kommunikation-im-21-jahrhundert-ist-visuell/*. [Accessed 12 March 2021].

[14]　Global Market Insights, "Automotive Display Market," Global Market Insights, Delaware, 2019.

[15]　statista, "Worldwide Shipments of Automotive Monitor Displays Between 2018 and 2025," 6 April 2020. [Online]. Available: *https://www.statista.com/statistics/283533/head-up-display-equipped-car-sales/*. [Accessed 21 March 2021].

[16]　IHS Markit, "Automotive Display Panels to Increase 11 Percent in 2018," 18 June 2018. [Online]. Available: *https://ihsmarkit.com/research-analysis/automotive-display-panels-to-increase-11-percent-in-2018.html*. [Accessed 21 March 2021].

[17]　N. Bomey, "Screens in Cars are Getting Even Bigger? Is it Safe?," 15 January 2021. [Online]. Available: *https://eu.usatoday.com/story/money/2021/01/15/new-cars-trucks-suvs-infotainment-merce des-benz-hyperscreen/6636343002/.* [Accessed 13 March 2021].

[18]　S. Hyden, "History Hits: First In-car Video Entertainment," 23 October 2017. [Online]. Available: *https://thespeedtrap.net/2017/10/23/history-hits-first-in-car-video-entertainment/.* [Accessed 10 May 2022].

[19]　American Automobile Association, "Digest of Motor Laws, Video Screens," 2021, continuously updated. [Online]. Available: *https://drivinglaws.aaa.com/tag/video-screens/.* [Accessed 19 March 2021].

[20]　European Environment Agency, "Occupancy Rates," 23 November 2020. [Online]. Available: *https://www.eea.europa.eu/publications/ENVISSUENo12/page029.html.* [Accessed 13 March 2021].

[21]　M. Estevez, "In-car TV - Not Just for Luxury Class," 2005, estimated. [Online]. Available: *https://www.fujitsu.com/downloads/MICRO/fme/digitaltv/Article_Miguel_English.pdf.* [Accessed 3 April 2021].

[22]　L. Reiche, "Internet hängt erstmals Fernsehen ab - auch wegen der Alten," 16 November 2016. [Online]. Available: *https://www.manager-magazin.de/digitales/it/medienkonsum-internet-haengt -erstmals-fernsehen-ab-a-1121560.html.* [Accessed 13 March 2021].

[23]　7-forum.com, "Das iDrive System im neuen 7er," 7 March 2008. [Online]. Available: *https://www.7-forum.com/modelle/e65/idrive.php.* [Accessed 12 March 2021].

[24]　D. Homer, "The First Car With a Touchscreen Came Out in the '80s," MotorBiscuit, 1 January 2021. [Online]. Available: *https://www.motorbiscuit.com/the-first-car-with-a-touchscreen-came-out-in-the-80s/.* [Accessed 12 March 2021].

[25]　A. Duennes, "Range Rover Dual View," 1 July 2016. [Online]. Available: *https://www.sport wagen-kaufen.de/range-rover-dual-view/.* [Accessed 2 February 2022].

[26]　Gartner, "Dual-view Displays," Gartner Glossary, 2021. [Online]. Available: *https://www.gartner. com/en/information-technology/glossary/dual-view-displays.* [Accessed 2 February 2022].

[27]　C. Chiezey, "The Difference Between OLED and LCD Screens on Mobile Phones," DailyMobileTech, 26 August 2020. [Online]. Available: *https://dailymobiletech.com/the-difference-between-oled-and-lcd-screens-on-mobile-phones/* [Accessed 12 April 2021].

[28]　Carlys Connected Car, "Wie funktioniert ein Head-up-Display? + Tipps zum Nachrüsten," 25 March 2020. [Online]. Available: *https://www.mycarly.com/de/blog/allgemein/wie-funktioniert-ein-head-up-display-tipps-zum-nachruesten/.* [Accessed 16 April 2021].

[29]　L.-I. Lundström, Understanding Digital Television, London: Routledge, 2012.

[30]　M. Ito, Y. Takahashi and J. R. Santiago, ISDB-T, North Charleston: CreateSpace Independent Publishing Platform, 2017.

[31]　W. Fischer, Digital Video and Audio Broadcasting Technology: A Practical Engineering Guide (Signals and Communication Technology), Fourth Edition, Luxemburg: Springer, 2020.

[32]　F. Richter, "Infographic: Forecast of Global Ultra HD TV Adoption and 8K TV Sales," International Business Times, 8 January 2019. [Online]. Available: *https://www.ibtimes.com/infographic-forecast-global-ultra-hd-tv-adoption-8k-tv-sales-2750013.* [Accessed 12 April 2021].

[33]　G. Stegmaier and U. Baumann, "Ein Schuss Rolls-Royce, aber kein V12," auto motor sport, 20 April 2022. [Online]. Available: *https://www.auto-motor-und-sport.de/neuheiten/bmw-7er-g70-2022-mildhybrid-diesel-benzin-plug-in-hybrid/.* [Accessed 11 June 2022].

[34]　W. Greenwald, "How to Choose the Right TV Screen Size," PCMag, 25 November 2020. [Online]. Available: *https://uk.pcmag.com/tvs/130191/how-to-choose-the-right-tv-screen-size*. [Accessed 12 April 2021].

[35]　A. Krishnamurthy, D. Ma, C. Metha and I. Weiss, "Powering Automotive Displays to Create Interactive Driving Experiences," Texas Instruments, January 2018. [Online]. Available: *https://www.ti.com/lit/wp/ssay003/ssay003.pdf*. [Accessed 12 April 2021].

[36]　T. Fischer, "How Many Pixels in an Inch (PPI)?," 5 May 2020. [Online]. Available: *https://www.lifewire.com/how-many-pixels-in-an-inch-4125185*. [Accessed 12 April 2021].

[37]　A. Williams, "The 10,000 Pixel per Inch Display is now Possible," Hackaday, 28 October 2020. [Online]. Available: *https://hackaday.com/2020/10/28/the-10000-pixel-per-inch-display-is-now-possible/*. [Accessed 12 April 2021].

[38]　Jedi787plus, "Most Common Display Resolutions," Wikipedia, 26 May 2014. [Online]. Available: *https://en.wikipedia.org/wiki/1080p#/media/File:Vector_Video_Standards8.svg*. [Accessed 6 April 2021].

[39]　MD-Electronik & TI, "Driving Higher Resolutions in Automotive Display & Camera Applications," MD-Elektronik, Waldkraiburg, 2016.

[40]　K. Heuer, "Das Video- oder FBAS-Signal," 4 November 1996. [Online]. Available: *http://www.user.gwdg.de/~applsw/Video/video_intro/node4.html*. [Accessed 4 April 2021, no longer available].

[41]　Wikipedia, "RGB Color Model," 8 April 2021. [Online]. Available: *https://en.wikipedia.org/wiki/RGB_color_model*. [Accessed 8 April 2021].

[42]　National Semiconductors, "Open LVDS Display Interface (OpenLDI) Specification v0.95," 25 May 1999. [Online]. Available: *https://glenwing.github.io/docs/OpenLDI-0.95.pdf*. [Accessed 16 April 2021].

[43]　TechTerms, "Dithering," 10 June 2010. [Online]. Available: *https://techterms.com/definition/dithering*. [Accessed 29 January 2022].

[44]　O. Artamonov, "X-bit's Guide: Contemporary LCD Monitor Parameters and Characteristics (page 11)," 26 October 2004. [Online]. Available: *https://legacy.iho.int/mtg_docs/com_wg/DIPWG/CSMWG18/CSMWG18-06.2.2B_CRT_versus_LCD.pdf*. [Accessed 29 January 2022].

[45]　IEC, "IEC 61966-2-1:1999 Multimedia Systems and Equipment – Colour Measurement and Management – Part 2-1: Colour Management - Default RGB Colour Space – sRGB," IEC, Geneva, 1999.

[46]　ViewSonic, "Was ist Gamut?," 23 August 2019. [Online]. Available: *https://www.viewsonic.com/library/de/kreativarbeit/what-is-color-gamut/*. [Accessed 29 January 2022].

[47]　Cambrigde In Color, "Understanding Gamma Correction," 2020. [Online]. Available: *https://www.cambridgeincolour.com/tutorials/gamma-correction.htm*. [Accessed 16 April 2021].

[48]　Y. Kuo, "The Thin Film Transistor Technology – Past, Present, and Future," Electrochemical Society Interface, vol. 22, no. 1 , pp. 55–61, 2013.

[49]　Audiopedia, Vertical Blanking Interval, *https://www.youtube.com/watch?v=h87735yf2zk*, 2015.

[50]　S. Witt, How Music Got Free, London: Penguin, 2015.

[51]　R. Steinmetz, "Human Perception of Jitter and Media Synchronization," IEEE Journal on Selected Areas in Communication, vol. 14, no. 1, pp. 61–72, January 1996.

[52]　R. Bellairs, "What is ISO 26262? Overview and ASIL," Perforce, 3 January 2019. [Online]. Available: *https://www.perforce.com/blog/qac/what-is-iso-26262*. [Accessed 24 February 2021].

[53] N. Andreev, "A Brief History of Car Parking Technology," Confused.com, 13 June 2018. [Online]. Available: *https://www.confused.com/on-the-road/gadgets-tech/parking-technology-brief-history#* (no longer available). [Accessed 13 March 2021].

[54] EuroSportTuning, "VESC: The Volvo Before its Time," 7 December 2016. [Online]. Available: *https://www.eurosporttuning.com/blog/volvo-vesc/* (no longer available). [Accessed 3 April 2021].

[55] I. Nwosu, "When was Rear-view Camera Technology First Made Available in Vehicles? And what Cars had it?," Quora, 2018. [Online]. Available: *https://www.quora.com/When-was-rear-camera-technology-first-made-available-in-vehicles-And-what-cars-had-it.* [Accessed 3 April 2021].

[56] M. Jerome, "Nissan to Bring Around-View Monitor to Infiniti EX35," Wired, 16 October 2007. [Online]. Available: *https://www.wired.com/2007/10/nissan-to-bring/.* [Accessed 3 April 2021].

[57] S. Gautam, "A Brief Histroy of Car Parking Technology," 8 April 2019. [Online]. Available: *https://blog.getmyparking.com/2019/04/08/a-brief-history-of-car-parking-technology/.* [Accessed 25 March 2022].

[58] Wikipedia, "Charge-coupled Device," 9 August 2021. [Online]. Available: *https://en.wikipedia. org/wiki/Charge-coupled_device.* [Accessed 22 October 2021].

[59] R. B. Musburger and M. R. Ogden, Single-camera Video Production, CRC Press: Boca Raton, 2014.

[60] M. Bellis, "The History of the Digital Camera," ThoughtCo, 29 March 2020. [Online]. Available: *https://www.thoughtco.com/history-of-the-digital-camera-4070938.* [Accessed 14 March 2021].

[61] J. Callaham, "The First Camera Phone was Sold 21 Years Ago, and it's not What You Might Expect," Android Authority, 1 June 2021. [Online]. Available: *https://www.androidauthority.com/first-camera-phone-anniversary-993492/.* [Accessed 14 March 2021].

[62] Mordor Intelligence, "Automotive Camera Market," Mordor Intelligence, Hyderabad, 2020.

[63] J. Capparella, "The Lexus ES will be the First Mass-Produced Car with Cameras Instead of Side-View Mirrors," Car and Driver, 12 September 2018. [Online]. Available: *https://www.caranddriver. com/news/a23103910/lexus-es-side-mirror-camera-digital/.* [Accessed 3 April 2021].

[64] TuningBlog.EU, "An Outside Mirror Camera to Replace the Rearview Mirror?," TuningBlog.EU, 7 October 2020. [Online]. Available: *https://www.tuningblog.eu/en/categories/tuning-wiki/exterior-mirror-camera-299870/.* [Accessed 3 April 2021].

[65] H. Greimel, "Japan Moves Quickly into Mirrorless Cars," Automotive News, 3 July 2016. [Online]. Available: *https://www.autonews.com/article/20160703/OEM06/307049990/japan-moves-quickly-into-mirrorless-cars.* [Accessed 14 March 2021].

[66] N. Bomey, "Backup Cameras now Required in New Cars in the US," CNBC, 2 May 2018. [Online]. Available: *https://www.cnbc.com/2018/05/02/backup-cameras-now-required-in-new-cars-in-the-us. html.* [Accessed 14 March 2021].

[67] Submitted by Japan, "The Draft Regulation on Driver's Field of Vision," 7 June 2001. [Online]. Available: *https://unece.org/DAM/trans/main/wp29/wp29wgs/wp29gen/wp29inf/124/124infdoc_ 10.pdf.* [Accessed 4 April 2021].

[68] European Transport Safety Council (ETSC), "ETSC Welcomes Provisional Deal on New Vehicle Safety Standards," 26 March 2019. [Online]. Available: *https://etsc.eu/etsc-welcomes-provisional-deal-on-new-vehicle-safety-standards/.* [Accessed 21 March 2021].

[69] UNECE, "Revision of the EU General Safety Regulation and Pedestrian Safety Regulation," 17 May 2018. [Online]. Available: *https://unece.org/DAM/trans/doc/2018/wp29grsp/GRSP-63-31e. pdf.* [Accessed 3 April 2021].

[70] Wikipedia, "Driver Drowsiness Detection," 27 January 2021. [Online]. Available: *https://en.wiki-pedia.org/wiki/Driver_drowsiness_detection.* [Accessed 3 April 2021].

[71] Wikipedia, "Automotive Night Vision," 17 November 2021. [Online]. Available: *https://en.wiki pedia.org/wiki/automotive_night_vision*. [Accessed 24 November 2021].

[72] I.-C. Jeong, "CMOS Image Sensors: 5 Major Process Techniques," 20 January 2021. [Online]. Available: *edn.com/cmos-image-sensor-five-major-process-techniques/*. [Accessed 4 January 2022].

[73] Wikipedia, "Active Pixel Sensor," 22 September 2021. [Online]. Available: *https://de.wikipedia.org/wiki/Active_Pixel_Sensor*. [Accessed 17 October 2021].

[74] Wikipedia, "Bayer Filter," 9 December 2021. [Online]. Available: *https://en.wikipedia.org/wiki/Bayer_filter*. [Accessed 9 January 2022].

[75] Maxim Integrated, "SerDes Part 4 – Get the Picture?," *https://www.youtube.com/watch?v=wRf-TtNJKw0*, 2021.

[76] Stemmer, "Whitepaper CCD-vs-CMOS," Stemmer Imaging.com, April 2016. [Online]. Available: *https://www.stemmer-imaging.com/media/uploads/cameras/avt/de/de-Allied-Vision-WhitePaper-CCD-vs-CMOS-0416-KAVTO115-201604.pdf*. [Accessed 22 October 2021].

[77] J. Chouinard, "The Fundamentals of Camera and Image Sensor Technology," Baumer Ltd, 2015 (est.). [Online]. Available: *https://www.visiononline.org/userassets/aiauploads/file/cvp_the-fundamentals-of-camera-and-image-sensor-technology_jon-chouinard.pdf*. [Accessed 24 October 2021].

[78] J.R. Janesick, Scientific Charge-coupled Devices, Bellingham, Washington US: SPIE Press, 2001.

[79] K. Matheus and T. Königseder, Automotive Ethernet, Third Edition, Cambridge: Cambridge University Press, 2021.

[80] Mobileye, "Mobileye company website," *https://www.mobileye.com/*, 2022.

[81] NVidia, "NVidia company website," *https://www.nvidia.com*, 2022.

[82] Qualcomm, "Qualcomm company website," *https://www.qualcomm.com/*, 2022.

[83] O. Kindel and M. Friedrich, Softwareentwicklung mit AUTOSAR: Grundlagen, Engineering, Management in der Praxis, Heidelberg: dpunkt verlag, 2009.

[84] MIPI Alliance, "MIPI Camera Command Set (MIPI CCS)," continuously updated. [Online]. Available: *https://www.mipi.org/specifications/camera-command-set*. [Accessed 30 January 2022].

[85] ISO, "ISO/DIS 17215:2013 – Road Vehicles – Video Communication Interface for Cameras (VCIC) Parts 1–4," ISO, Geneva, 2013.

[86] L. Völker, "Scalable service-Oriented MiddlewarE over IP (SOME/IP)," continuously updated. [Online]. Available: *https://some-ip.com/*. [Accessed 28 January 2022].

[87] TÜV Süd, "About Functional Safety," 2022 (continuously updated). [Online]. Available: *https://www.tuvsud.com/en-us/services/functional-safety/about*. [Accessed 23 March 2022].

[88] ISO, "ISO 26262-1 to 12:2018 Road Vehicles - Functional Safety," ISO, Geneva, 2018.

[89] H. Zinner, K. Matheus, S. Buntz and T. Hogenmüller, "Requirements Update for RTPGE," July 2013. [Online]. Available: *https://grouper.ieee.org/groups/802/3/RTPGE/public/july12/zinner_02_0712.pdf*. [Accessed 27 January 2022].

[90] S. Carlson, "IEEE 802.3 Greater than 10 Gb/s Electrical Automotive Ethernet PHYs (P802.3cy) IEEE 802.3 WG Approved Objectives," 21 May 2020. [Online]. Available: *https://www.ieee802.org/3/cy/P802d3cy_OBJ_WG_0520.pdf*. [Accessed 24 March 2022].

[91] Information Security, "Who is the Creator of the CIA Triad," 27 December 2013. [Online]. Available: *https://security.stackexchange.com/questions/47697/who-is-the-creator-of-the-cia-triad*. [Accessed 23 April 2020].

[92]   L. Völker and S. Lachner, "Automotive Security Challenges and the Automotive SerDes Alliance Solution," in: Automotive Serdes Congress, Virtual, 2020.

[93]   N. Tyler, "Demand for Automotive Sensors is Booming," newelectronics, 14 December 2016. [Online]. Available: *https://www.newelectronics.co.uk/electronics-technology/automotive-sensors-market-is-booming/149323/*. [Accessed 13 March 2021].

[94]   W.J. Fleming, "Overview of Automotive Sensors," IEEE sensors Journal, vol. 1, no. 4, pp. 296–308, 2001.

[95]   Robert Bosch GmbH, "PSI5," 2021, continuously updated. [Online]. Available: *https://www.psi5. org/*. [Accessed 3 April 2021].

[96]   T. White, "A Tutorial for the Digital SENT Interface," 2014. [Online]. Available: *https://www.rene sas.com/us/en/document/whp/tutorial-digital-sent-interface-zssc416xzssc417x*. [Accessed 3 April 2021].

[97]   Denso, Freescale, TRW, "DSI3 Bus Standard Revision 1.0," DSI Consortium, Chandler, Arizona, US, 2011.

[98]   CAN in Automation, "LIN Standards and Specifications," 2021, continuously updated. [Online]. Available: *https://lin-cia.org/standards/*. [Accessed 4 April 2021].

[99]   W. Voss, A Comprehensible Guide to Controller Area Network, Greenfield: Copperhill Media Corporation, 2005.

[100] D. Paret, FlexRay and its Applications: Real Time Multiplexed Network, Hoboken: Wiley, 2012.

[101] IEEE Computer Society, "802.3cg-2019 – IEEE Standard for Ethernet Amendment 5: Physical Layer and Management Parameters for 10 Mb/s Operation and Associated Power Delivery over a Single Balanced Pair of Conductors," IEEE-SA, New York, 2019.

[102] G. Wiora, "Principle of an Active Sonar," 3 October 2005. [Online]. Available: *https://en.wiki pedia.org/wiki/Ultrasound#/media/File:Sonar_Principle_EN.svg*. [Accessed 9 February 2022].

[103] Wikipedia, "Doppler Effect," 17 January 2022. [Online]. Available: *https://en.wikipedia.org/wiki/ Doppler_effect*. [Accessed 3 February 2022].

[104] Wikipedia, "Infrared," 2 January 2022. [Online]. Available: *https://en.wikipedia.org/wiki/Infra red*. [Accessed 5 January 2022].

[105] TDK, "Application Note: Ultrasonic Parking Sensors for Automated Parking," 2021. [Online]. Available: *https://product.tdk.com/en/techlibrary/applicationnote/park-assist_sensor-disk_ultra sonic_mlcc.html*. [Accessed 1 February 2022].

[106] M. Hikita, "An Introduction to Ultrasonic Sensors for Vehicle Parking," 12 May 2010. [Online]. Available: *https://www.newelectronics.co.uk/content/other/an-introduction-to-ultrasonic-sensors-for-vehicle-parking*. [Accessed 1 February 2022].

[107] B.S. Jahromi, "Ultrasonic Sensors in Self-Driving Cars," 6 June 2019. [Online]. Available: *https://medium.com/@BabakShah/ultrasonic-sensors-in-self-driving-cars-d28b63be676f*. [Accessed 30 January 2021].

[108] ers-education, "Brief Overview on the Physics of Ultrasound," 2016. [Online]. Available: *https:// www.ers-education.org/lrmedia/2016/pdf/298770.pdf*. [Accessed 9 February 2022].

[109] Toyota, "Toyota Corona Undergoes full Model Change," 26 January 1982. [Online]. Available: *https://global.toyota/en/detail/7675511*. [Accessed 1 February 2022].

[110] J.J. Asiag, "How Ultrasonic Sensor Data is Powering Automotive IoT," 17 April 2021. [Online]. Available: *https://otonomo.io/blog/ultrasonic-data-automotive-iot/* [Accessed 30 January 2022].

[111]　S. Patole, M. Torlak, D. Wang and M. Ali, "Automotive Radars; A Review of Signal Processing Techniques," IEEE Signal Processing Magazine, vol. 34, no. 2, pp. 22–35, 2017.

[112]　C. Wolff, "Grundlagen der Radartechnik," not known. [Online]. Available: *https://www.radartuto rial.eu/02.basics/Automotives%20Radar.de.html*. [Accessed 2 February 2022].

[113]　Autocrypt, "Camera, Radar and Lidar: A Comparison of the Three Types of Sensors and Their Limitations," 10 August 2021. [Online]. Available: *https://autocrypt.io/camera-radar-lidar-com parison-three-types-of-sensors/*. [Accessed 30 January 2022].

[114]　W. Holpp, "Geschichte des Radars," 2004. [Online]. Available: *https://www.100-jahre-radar.fraun hofer.de/index.html?/content_gdr1.html*. [Accessed 2 February 2022].

[115]　H. H. Meinel, "Evolving Automotive Radar - from the very Beginnings into the Future," in: The 8th European Conference on Antennas and Propagation, The Hague, 2014.

[116]　R. H. Rasshofer and K. Gresser, "Automotive Radar and Lidar Systems for Next Generation Driver Assistance Functions," Advances in Radio Science, no. 2, pp. 205–209, 2005.

[117]　Systemplus Consulting, "Automotive Radar Comparison 2018," Systemplus Consulting, Nantes, 2018.

[118]　F. G. Jansen, "Automotive Radar Sensor for Ultra Short Range Applications," in: 18th International Radar Symposium (IRS), Prague, 2017.

[119]　V. Bhaskar and K. Joshi, "Basic Radar System for Automotive ADAS," PathPartner Technology, Bangalore, 2017.

[120]　Wikipedia, "Laser," 18 January 2022. [Online]. Available: *https://de.wikipedia.org/wiki/Laser*. [Accessed 3 February 2022].

[121]　Pandaily, "XPeng P5, the World's First Production Lidar Car, Rolls off Assembly Line," 20 October 2021. [Online]. Available: *https://pandaily.com/xpeng-p5-the-worlds-first-production-lidar-car-rolls-off-assembly-line/*. [Accessed 3 February 2022].

[122]　R. Skarics, "Lidar: Innovation der Saison," 29 October 2018. [Online]. Available: *https://www.derstandard.de/story/2000089439670/lidar-innovation-der-saison*. [Accessed 25 March 2022].

[123]　Audi communications, "scanner laser audi," *https://www.youtube.com/watch?v=0y7j1lrUTPM*, 2017.

[124]　golem.de, "Lidar wird nicht mehr benötigt," not known. [Online]. Available: *https://www.golem.de/news/langstreckentest-im-audi-e-tron-1-000-meilen-wenig-saeulen-1909-143640-5.html*. [Accessed 25 March 2022].

[125]　C. Rablau, "Lidar – A new (Self-driving) Vehicle for Introducing Optics to Broader Engineering and Non-engineering Audiences," in: Fifteenth Conference on Education and Training in Optics and Photonics, Quebec City, 2019.

[126]　Wikipedia, "PIN diode," 20 July 2021. [Online]. Available: *https://en.wikipedia.org/wiki/PIN_diode*. [Accessed 9 April 2022].

[127]　Excelitas, "Avalanche Photo Diode, a User Guide," 2011. [Online]. Available: *https://web.archive.org/web/20130626133706/http://www.excelitas.com/downloads/app_apd_a_user_guide.pdf*. [Accessed 9 April 2022].

[128]　Wikipedia, "Single-Photon Avalanche Diode," 8 April 2022. [Online]. Available: *https://en.wiki pedia.org/wiki/Single-photon_avalanche_diode*. [Accessed 9 April 2022].

[129]　Hamamatsu, "MEMS Mirrors," 2020. [Online]. Available: *https://www.hamamatsu.com/content/dam/hamamatsu-photonics/sites/documents/99_SALES_LIBRARY/ssd/mems_mirror_koth9003e.pdf*. [Accessed 9 April 2022].

[130] J. Jaehnig, "ToF vs. Lidar: What's the Difference?," 19 November 2020. [Online]. Available: *https://www.makeuseof.com/tof-and-lidar-difference/*. [Accessed 5 January 2022].

[131] Wikipedia, "Time-of-flight Camera," 25 September 2021. [Online]. Available: *https://en.wikipedia.org/wiki/Time-of-flight_camera*. [Accessed 4 February 2022].

[132] W. Hardin, "Time of Flight (ToF) Sensors Bring Autonomous Applications to Market," 21 September 2021. [Online]. Available: *https://www.automate.org/industry-insights/time-of-flight-tof-sensors-bring-autonomous-applications-to-market*. [Accessed 5 February 2022].

[133] SAE International, "Summary of SAE International's Levels of Driving Automation for On-road Vehicles," 2014. [Online]. Available: *https://web.archive.org/web/20180701034327/https://cdn.oemoffhighway.com/files/base/acbm/ooh/document/2016/03/automated_driving.pdf*. [Accessed 4 February 2022].

[134] U. Trick, 5G; An Introduction to the 5th Generation Mobile Networks, Berlin/München/Boston: Walter de Gruyter GmbH, 2021.

[135] Federal Office of Communications OFCOM, "UMTS Fact Sheet," 12 June 2015. [Online]. Available: *https://www.bakom.admin.ch/dam/bakom/de/dokumente/faktenblatt_umts.pdf.download.pdf/faktenblatt.pdf*. [Accessed 5 January 2022].

[136] Wikipedia, "Mobiles Internet," 15 June 2021. [Online]. Available: *https://de.wikipedia.org/wiki/Mobiles_Internet#Enhanced_Data_Rates_for_GSM_Evolution_(EDGE)*. [Accessed 5 January 2022].

[137] Ken's Tech Tips, "Download Speeds: What Do 2G, 3G, 4G & 5G Actually Mean?," 23 November 2018. [Online]. Available: *https://kenstechtips.com/index.php/download-speeds-2g-3g-and-4g-actual-meaning*. [Accessed 5 January 2022].

第3章 汽车环境

在非汽车行业，如消费电子（CE）行业和信息技术（IT）行业，正在开发非常强大的技术。例如，CE 行业推动了相机和显示屏的发展，而 IT 行业在通信技术方面实力强大。虽然人们可能希望直接在车载系统中一对一地重用这些技术，但这通常是不现实的。本章将概述影响汽车技术选择的重要方面，特别是电子和通信系统。目标是帮助读者更好地理解为何会做出某些选择以及这些选择为何是必要的。根据作者在跨行业技术开发方面的经验，了解其他方的底层框架和视角是非常重要的；这不仅适用于那些对各自行业不熟悉的人，也适用于那些对自己所在行业之外的其他行业接触较少的人。

为了更全面地解释汽车环境，本章首先从第 3.1 节开始，概述汽车行业的关键特性。这些特性主要关注那些以各种方式影响电子解决方案选择的方面，即使这些方面并非主导因素。接着，第 3.2 节将详细描述汽车产品的核心要求，这些要求往往与其他行业有着显著不同，并对技术选择产生重要影响。由于电子元件，特别是半导体元件，具有极为严格的要求，我们将单独在第 3.3 节中对它们进行详尽的讨论。

另外，与电磁兼容性（EMC）和静电放电（ESD）以及通信信道等密切相关的内容，我们将在接下来的章节中分别探讨：第 4 章将详细讨论 EMC 和 ESD，而第 5 章则专注于通信信道。

3.1 汽车行业本身

汽车行业每年的全球收入高达数万亿美元，是世界上最大的行业之一[1][2]。2019 年，全球共生产了 9200 万辆汽车[3]，道路上估计有 14 亿辆乘用车、货车和公共汽车[4]。汽车销售占整体收入的不到 40%。超过 20% 的收入来自汽车配件和附件的销售，而剩余的不到 40% 的收入则来自汽车的制造[1][5]。为了概述该行业的主要特性，本节将区分"汽车"这一产品的特定属性（见第 3.1.1 节）和该产品的制造/开发过程（见第 3.1.2 节）。

3.1.1 汽车产品

让汽车成为如此独特的消费品的原因在于，它们不仅由大量部件组成——例如，丰田公司每辆汽车大约使用了 3 万个零件[6]，而高端汽车则可能拥有更多倍的零件数量[7]——还融合了来自多个不同领域的专业知识。汽车作为产品，最初是在 19 世纪末出现的，作为带有轮子的机器。从那时起，汽车不断被改进，以提供更高的安全性和舒适度，因此除了作为从 A 点到 B 点的个人交通工具之外，还具备了众多其他功能。随着科技的发展，汽车首先加入了电力技术，随后是电子技术，再到软件技术，最近还引入了（更）大规模的数据处理技术。这些技术的融合为自动驾驶和未来出行方式的发展铺平了道路。

许多来自其他行业的发展不仅影响了汽车行业的技术创新，还决定了客户期望在汽车中找到的功能及其质量。收音机、磁带和 CD 播放器、移动电话技术，以及应用程序的集成和开发，都是娱乐、消费电子、远程信息处理和电信技术如何被采纳并适应于汽车使用的明显例子。汽车中的摄像头和显示技术也源自其他行业，但如今已成为舒适驾驶的必不可少的元素——对于未来亦是如此。

"汽车"的复杂性有其代价。对于许多家庭来说，汽车是他们所拥有的最昂贵的物品（仅次于他们的住所[9]）。由于其高昂的价格，汽车不会像许多消费电子产品那样在短时间内被替换。即使汽车受到严重损坏，也会进行维修，而车主想要购买新车时，往往会在旧车报废之前将其转售。汽车的平均使用寿命相当长。例如，在美国，汽车的平均寿命几乎达到了 12 年[10]。因此，汽车市场拥有庞大的二手车市场[11]以及售后和零部件市场[1]。预期的转售价值很可能首先影响消费者的购买决策[12]，特别是在租赁市场不断增长的情况下[13]。

汽车不仅是一个购买成本高昂的复杂产品，其维护成本也相当高。与其他许多只需一次性付款的家庭用品不同，汽车的日常开销也是一笔不小的数目。最明显的成本是汽车行驶所需的能源，主要是汽油和柴油，但近年来也包括天然气、氢气、电力等[14]。此外，还需要支付税费、保险和维护费用。这些费用的多少取决于许多因素，其中之一就是汽车的技术设计。例如，当技术设计导致汽车或其部件的更换成本增加时，保险公司往往会提高保险费率。这可能是因为高端部件更容易被盗，或者在需要更换时难以接近。而政府往往会对减少公众污染的技术设计降低税收，这在许多国家为电动汽车提供的税收优惠中最为明显[15][14]，总体趋势也是如此。

此外，即使汽车在生产和设计上均达到最高品质，且从未遭遇任何事故，每辆汽车都需要进行一定程度的维护。这是因为汽车拥有活动的部件，如轮胎，这些部件会自然磨损；同时，电子元件也可能出现故障。因此，汽车制造商建立了一个庞大的服务网络，这些服务设施能够为他们售出的每一款车型提供缺陷分析、维修、部件更换以及保养服务。具有挑战性的是，这些车型往往有多种版本，这在其他行业中是罕见的。比如，当一款车型有 10 个可供客户单独选择的选项时，就会导致一个车型有 $2^{10} = 1024$ 种不同的组合。如果一款车型有 20 个可单独选择的选项，那么仅该车型就可能有超过 100 万种不同的组合。所有这些可能的组合都需要得到支持，并且未来还需要得到相应的维修服务。

3.1.2 汽车的研发和生产

前面 3.1.1 节中描述的产品复杂性不仅影响汽车的成本和使用年限，还影响开发它们所需的时间和精力。在 3.1.2.2 节中，我们将讨论与产品整体生命周期相关的研发阶段。而在 3.1.2.1 节中，我们将针对供应链的特殊性来讨论研发工作的投入。

3.1.2.1 对供应链的影响

汽车制造商很早就开始将所有部件外包给能够更高效生产的更专业的公司。这始于机械工程背景，最初只是简单的机械部件，但后来特别适用于电子产品。这形成了一个包含多个层级的广泛供应商市场。与汽车制造商有直接业务关系的供应商是一级供应商（Tier 1）。为一级供应商提供供应的供应商是二级供应商（Tier 2）。为二级供应商提供供应的供应商是三级供应商（Tier 3），以此类推[16]。由于汽车的复杂性，汽车制造商的核心竞争力在于构想整体产品的功能和设计，以吸引顾客。选择和协调一级供应商的开发工作，并确保所有部件能够按计划协同工作，是一项巨大的任务。最后且同样重要的是，在一个车型的工作完成之前，还需要投入物流、组装、销售、服务和售后供应等方面的努力。这会产生结构性后果，最终影响电子产品的选择和使用：

（1）汽车制造商专注于差异化之处

汽车制造商总是区分差异化和非差异化技术。长期以来，汽车的机械结构和发动机正是汽车制造商的差异化核心技术。而电子产品（以及简单的机械部件）主要外包给一级供应商（Tier 1）。软件和电子产品在过去的 10 年中主导了汽车创新[17]，并预计在未来也将继续如此[18]，这并不矛盾。汽车制造商中的创新领导者通过向创新的一级供应商购买产品来设定标准。这些一级供应商要么自主提出这些创新，要么被汽车制造商所推动，或者两者兼而有之。随后，这些创新再由同一级供应商扩散到汽车制造商中的快速追随者和较晚的追随者中。然而，这种情况最近开始发生变化。随着连接性、移动性变革和自动驾驶的最新趋势，汽车制造商在软件和数据中看到了更多的差异化价值。他们打算在这些领域建立核心竞争力，并将其保留在内部。这甚至包括开发所需的处理能力[19]或与之紧密合作[20]。因此，差异化和非差异化的边界正在从主要是机械和电子之间的界限，转变为电子和电气（EE）架构内部。

这也影响了第 2 章中讨论的传感器、摄像头和显示屏。关键决策在于将智能放在哪里。如果为了集中处理而将智能从这些单元中移除，那么外部单元就会被商品化。传感器、摄像头和显示屏本身则成为非差异化电子产品的一部分。保持差异化的是处理相应数据的其他单元所实现的功能（以及所选传感器、摄像头和显示屏的数量和类型）。此外，这也会影响它们的通信，因为这一转变鼓励使用标准化的通信接口，而以前这可能并没有被看作是同等重要的。

（2）汽车制造商负责汽车内部使用的通信技术

一级供应商（Tier 1）提供所谓的电子控制单元。这些 ECU 中提供的功能通常不是独立的功能，而是需要来自其他 ECU 的信息或向其他 ECU 提供信息。由于一辆汽车内有许多一级供应商和许多 ECU——据估计，2020 年每辆汽车的平均 ECU 数量为 60 个[21]——这些 ECU 之间有很多通信。关于这种通信的责任，需要在封闭系统和个体系统之间进行区分。在封闭系统中，汽车制造商从一个一级供应商那里购买分布在多个 ECU 上的功能作为一个整体包；而在个体系统中，汽车制造商分别购买每个 ECU，每个 ECU 都有不同的合同，并可能来自不同的一级供应商。

在第一种情况下，人们可能会认为通信的全部责任都落在了一级供应商身上。但事实并非如此。一级供应商在封闭系统中通常有一定的选择权，但不是任意的。汽车制造商始终保留对线束的责任，因此通常会限制一级供应商在通信技术上的选择，以避免最终得到特别重或昂贵的线束，或者不适合可用空间、维护和服务过于复杂的线束。如果汽车制造商在封闭系统中对使用特定技术有明确的兴趣，它甚至可能会强制要求使用这种技术。

例如，宝马在 2010 年决定使用 100BASE-T1 以太网将环视摄像头连接到处理单元，以便能够使用非屏蔽双绞线电缆，从而在线束中节省成本和重量。这标志着汽车以太网市场的起点[22]。然而，对于封闭系统来说，这种干预更多的是例外而不是常规，一级供应商在选择上通常有更大的自由度。在第二种情况下，如果汽车制造商单独购买每个 ECU，那么它就必须指定通信技术并对此负责，因为只有汽车制造商才能协调和确保连接单元的整体功能。

过去，尤其是传感器和摄像头经常作为封闭系统的一部分提供。前文提到的趋势是将这些产品商品化，并因此拥有更加集中的电子电气（EE）架构[18][23]。可以预计，将有更多的传感器和摄像头由不同于提供它们所连接处理单元的一级供应商提供，因为每一方都有不同的一级供应商拥有最佳的专业知识。因此，所使用的通信技术的责任完全转移到了汽车制造商身上。因此，对汽车制造商来说，使用标准通信接口变得更加重要。如果使用了单一来源的专有技术来进行通信，而汽车制造商希望在后期仅更换一个摄像头或仅更换一个显示屏并保持系统的其余部分不变，那么汽车制造商就必须与同一专有供应商锁定，或者不得不更换比预期更多的部分，即整个系统。关键问题在于，这是汽车制造商的问题，而不一定是一级供应商的问题，因此突显了潜在的利益冲突。

通信技术本身并不是区分点，对于一级供应商还是汽车制造商来说都是如此。汽车客户并不关心例如气候控制系统是如何与发动机进行通信的，只要气候控制系统能正常工作就行。一级供应商向汽车制造商销售的是功能，而不是通信。然而，汽车制造商可能希望改变通信技术以减少线束的重量、提高可测试性、采用未来可证明的标准，而一级供应商可能更愿意继续使用他们已有的技术，而不是投资新技术。

（3）汽车制造商通常不与二级半导体供应商有直接的业务关系

多年来，汽车中的软件和电子设备的数量持续增长。越来越多以前由机械完成的功能，如转向或制动，得到了电子化的增强或替代；越来越多以前以模拟信号传输的信息已经被数字化，这奠定了以本书讨论的高数据传输速率传输数据的需求。在驾驶人辅助功能方面的持续改进和创新——以自动驾驶为最终目标——正在将汽车转变为车轮上的计算机或数据中心。

所有这些创新的基础都是半导体的能力。因此，到 2021 年，汽车中半导体的数量和总价值仍在持续增长。从 2007 年到 2019 年，全球汽车半导体收入大约翻了一番。在同一时间段内，汽车半导体在整体半导体市场中的份额增加了约50%[24][25][26]，使得汽车半导体成为半导体供应商投资的一个吸引力巨大的市场。鉴于汽车开发周期较长——长达 5 年，而消费电子行业的开发周期不到一年[27]——半导体供应商必须提前进行投资。同时，一旦在汽车设计中获得认可（即设计胜利），所带来的收入周期将比其他行业更长。

尽管如此，尽管半导体行业对汽车制造商变得越来越重要，但汽车制造商与二级供应商之间通常并没有直接的业务关系。二级供应商向一级供应商提供半导体，如果可能的话，汽车制造商不会干涉一级供应商的选择，以避免在最终产品中出现与半导体选择相关的问题时发生责任纠纷。同时，汽车制造商所期望的创新，往往需要半导体供应商进行大量的前期投资。没有直接的业务关系，汽车制造商可能难以激励半导体供应商为新技术创建一个新的多供应商市场。前文提到的（1）中的开发努力是例外，而非常态。

（4）汽车制造商之间经常合作

大多数人不了解的是，实际上有超过 130 家汽车制造商，远超过我们日常生活中熟悉的品牌。这可能是因为它们运营的市场——大约 50% 的制造商来自中国——以及市场份额的不均匀分布。在 2020 年，最大的 6 家汽车制造商生产了超过 50% 的汽车。那些每年生产超过 100 万辆汽车的 18 家汽车制造商占据了 87% 的市场份额，而那些每年销售超过 10 万辆汽车的 37 家汽车制造商占据了 99% 的市场份额（见图 3.1），剩下的约 100 家汽车制造商只占据了 1% 的市场份额。

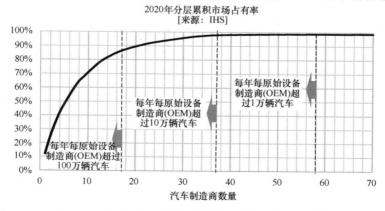

图 3.1　约 50% 汽车制造商的汽车销售市场分布[28]

汽车制造商之间争夺客户的竞争非常激烈。然而，对于特定的汽车型号，客户购买的是由许多部件组成的特定组合。没有一个固定的公式可以决定什么样的组合是成功的。首先，没有单一的客户群体。其次，尤其是私人客户在购买汽车时，不仅仅是根据功能和成本来衡量的，还有一些更难以衡量的原因，如品牌形象、乐趣因素、设计、销售过程中的便利性等（例如，参见文献［29］）。因此，特定的技术只是成功销售汽车的一个元素；更重要的是，如果——正如（1）所强调的——这种技术由相同的一级供应商提供给许多汽车制造商，而这些一级供应商又从相同的二级供应商那里购买零部件。

因此，汽车制造商经常在法律框架内就特定主题进行合作，如合资企业、合作、研究项目或标准化工作［30］。这种合作甚至可以深入到汽车制造商销售（几乎）相同的车型［31］［32］。然而，更常见的是针对特定技术的共同开发。例如，汽车制造商经常合作制定通信技术的开放标准［22］。这符合整个行业的利益（包括最终客户），但可能仍会让那些来自不同产品和市场背景的人感到惊讶。

3.1.2.2 对产品生命周期（PLC）的影响

考虑到汽车产品的复杂性，它们拥有相对较长的使用寿命，并且在新的车型上市前需要较长的准备时间，这是不难理解的。目标参考点是预期的"开始生产"（SOP），从这一时间点开始，其他相关的里程碑会向前或向后推算。本节将详细解释并描绘这一总体时间安排，如图 3.2 所示。

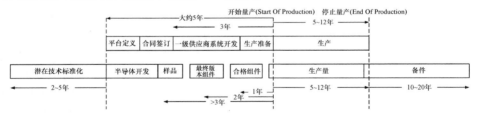

图 3.2　车辆平台及其对应半导体元件的生命周期示例

开发工作的开始可能早在 SOP 之前的 5 年就已经开始。许多汽车制造商不仅仅计划一个车型，而是直接针对一个完整的"平台"组合进行规划：轿车、旅行车、掀背车、运动型多用途车（SUV）等。这个平台定义了基于该平台的车型可用的总体功能和特性，是收集、整理和逐步调整该组合需求的结果。电子电气（EE）架构是这个平台的一部分，它定义了不同功能在不同电子控制单元上的划分，以及它们如何相互连接和通信。定义阶段包括对新功能和所需或期望的变更的可行性研究，这些研究通常与一级、二级甚至三级供应商密切联系。

一旦确定了产品的功能、性能和电子电气（EE）架构的决策，接下来就会启动冗长的招标流程来选定一级供应商。通常，这个流程需要在距离开始生产（SOP）大约 3 年前完成，以确保所需电子或机电部件的首个工作样品能够及时用于产品开发。如果这些部件是标准化流程的结果，那么标准化工作就需要提前足够的时间进行并完成，通常包括 2 ~ 5 年的标准化周期以及足够的开发时间，以便能够及时提供零部件[33]。

一级供应商的系统开发通常是从单个组件的集成开始，先集成到一个小型子系统，然后逐渐扩展到整辆汽车。随着开发的进行，不仅在一级供应商处，汽车制造商的测试次数也会不断增加。在系统开发的后期阶段，几乎是一个持续的集成和测试互动过程。传统上，针对特定的集成里程碑会设定一些目标。然而，最近更灵活的方法改变了这一做法，转变为一种持续的开发、集成和测试方法。

大约在距离开始生产（SOP）前两年时，所有使用的电子元件必须使用最终的生产工具来制造，所有的半导体也必须使用计划用于量产的版本，以便能够在距离 SOP 一年前完成它们的汽车资格认证过程（也请参见第 3.3 节）。此时，大批量生产的准备工作开始启动。软件和电子设备只能进行一些微调，同时，法规放行流程必须与预量产工作并行完成。

对于消费者来说，这样的时间表相当漫长。消费者对于"现实感"的认知主要来自于智能手机及其应用的体验，这些产品的开发和发布通常只需 3 ~ 9 个月[34]。因此，汽车行业多年来一直致力于缩短开发周期[35]。除了通常在 SOP 和生产结束（EOP）之间进行的常规改款之外，汽车行业正积极寻求在 SOP 之后进行产品更新和升级的策略。其中一项措施是在经销商处进行软件更新，或者最新的趋势是通过空中（OTA）更新[36]。然而，这所带来的范式转变——真正以不同的方式开发和销售汽车——值得写成一本书来详细探讨。因此，我们将在以下内容中重点关注 SOP 后电子部件的一般可用性需求。

在特定的平台基础上，汽车制造商会生产不同变体的汽车，这一生产周期通常为 5 ~ 12 年。因此，在这段时间内需要大量生产相关组件。在 EOP 之后，客户通常还可以购买许多年的原厂备件。导航系统的地图数据就是一个例子，即使在 EOP 之后，客户也经常购买该产品（并且客户还会为车辆购买地图数据的订阅服务）。汽车制造商在 EOP 后提供备件的年数各不相同。例如，宝马保证在 EOP 后 17 年内提供原厂备件。对于劳斯莱斯，其备件提供长达 50 年，因为 65% 的劳斯莱斯汽车至今仍在使用中[37]。因此，特定车型的售后市场支持并不会在 EOP 时结束。

无须深谙摩尔定律[38]，我们也能预见半导体器件在发布后 20 年内将不再是顶尖技术。通常情况下，就连最初用于这些器件的半导体制造工艺也已不再沿用。为确保在平台整个生命周期（PLC）内持续供应，电子元件供应商需按合同规定存储一定数量的备件，或者一级供应商也需为合同约定的 ECU 数量采取同样措施。若对未来所需零部件的预测不足，汽车制造商则需承担费用，以开发使后续 ECU 兼容旧系统的技术，或在最不利的情况下，重建旧的装配线。这些方面在消费电子（CE）或信息技术（IT）行业中则无须过多考虑。

开发汽车电子产品的个人经验

在我，Michael Kaindl，开始作为一名工程师进入汽车行业之前，我首先在一

家大型计算机制造商和一家专业数字音频设备制造商的小公司工作，分别担任硬件和软件工程师。在第一家公司，我接触到了大型主机、PC 编程和嵌入式控制。在第二家公司，我负责一个用于音频处理的多处理器系统的硬件和控制软件。这个音频系统包含一个 32 位微控制器、一个数字信号处理器（DSP）和一个 8 位微处理器作为输入/输出（I/O）控制器。对于这个项目，我设计了硬件，通过线绕方式制作了第一个原型，并为 32 位处理器和 8 位微处理器编写了软件。后来，我在汽车行业的第一个项目之一涉及一个带有 4kB 只读存储器（ROM）和 176B 随机存取存储器（RAM）的 8 位微控制器。我原以为这只是一个简单且容易在几天内完成的工作。

从第一张纸上的草图到运行设备，为第一个原型机创建硬件和软件需要数周时间。这符合我之前项目经验的预期。为了完成该项目并开始批量生产，大约需要 3 年时间：进行所有微调，修复所有错误，使一级和二级供应商能够提供所需的质量，解决所有机械问题。在首次预批量生产中，为右舵驾驶汽车开发的版本导致生产停滞了两天。在这两天里，我受到了管理层的高度关注。

我很快了解到，汽车行业与其他行业不同，即使是简单的项目，其复杂性也可能迅速增加。一个小项目或小产品并不意味着它不重要。我的第一个项目的产品在生产线上运行了 1 年。然后，该功能被集成到另一个模块中，每辆车节省了大约 25 欧元。这个集成模块在大约 14 种不同的机械版本中用于两种不同类型的汽车，并且批量生产持续了大约 12 年。在停产（EOP）后的约 13 年，为了维持备件的供应，对第二版集成模块进行了重新设计。原来使用的微处理器在市场上已不再可用。

3.2　一般汽车要求

第 3.1.1 节中对"汽车"产品的描述已经给出了汽车必须满足的各种要求的大致情况。以下小节代表了对这些要求进行分组的两种不同概念。第 3.2.1 节描述了基于物理学的需求和汽车的使用方式。第 3.2.2 节概述了相关的标准和规定。以下描述的重点是那些影响电气和电子元件选择的要求。

3.2.1　与使用有关的要求

消费者希望他们的汽车既可靠又耐用，且几乎不需要维护。考虑到汽车的寿命——例如，在德国，超过 40% 的注册汽车车龄在 10 年以上，7.5% 的汽车甚至达到了 20 年或以上[39]——这确实是一项巨大的挑战。在其他任何主要行业中，其产品都不会像汽车行业的产品一样，在使用时面临如此严重的物理压力，同时还需要保证长时间的安全使用。

对于电子产品而言，核心要求之一是应对老化效应。这一点至关重要，因为即使在接下来将要详细描述的苛刻条件下，经过长时间使用的电气和电子元件的老化也会加速。因此，在选择和生产这些元件时，必须确保它们能够最优地抵抗环境因素的影响。

一些要求会根据汽车内部组件的确切位置而有所不同。汽车制造商通常会有一个复杂的系统来确定某个位置属于哪个位置类别。然后，这个位置类别会决定组件必须具备的能力和必须通过的测试。每家汽车制造商都会以不同的方式指定每个要求的阈值，并据此确定位置类别。因此，可能与以下给出的示例值有所不同。然而，所有汽车制造商的总体框架都是非常相似的。

首先，电气和电子元件需要能够承受广泛的温度和频繁的温度变化。典型值包括车内温度 −40 ~ +85℃，车外组件（如外后视镜）的温度 −40 ~ +105℃，发动机舱或变速器内的温度则可能达到 −40 ~ +105℃/125℃[40]。在假设的标准 15 年使用寿命期间，汽车会面临大约 10 500 次显著的温度变化[41]。

此外，在不同条件下驾驶汽车所产生的物理压力也不容忽视。所有部件都需要能够承受持续振动造成的损坏。其中，连接器是最容易受振动影响的部件之一。它们必须能够以合理的努力进行安装，同时不会因生产过程中的连接不当或材料疲劳而脱落。此外，根据组件的确切位置（例如内部、外部、发动机舱内），组件需要不同程度地具备防水、防尘、防意外接触等物理坚固性。此外，透镜、密封件和塑料材料特别容易受到燃油、机油、润滑剂、盐洗涤剂、混合气体等的化学应力影响。对于穿过车门或行李舱盖的组件（如电缆），还需要具备对移动周期的坚固性要求：车门需要经受 10 万次开/关循环，行李舱盖需要经受 2 万次开/关循环（具体数字可能因汽车制造商而异）。

一辆典型的汽车在 15 年内行驶 30 万 km[41]。过去，这导致汽车电子产品的必要使用寿命为 3000h 的通电时间，因为只有在点火系统启动时，才需要电气和电子部件。但现在情况正在发生变化。越来越多的组件在停车时不会关闭。例如，访问控制系统、防盗系统、导航系统的日历、信息娱乐系统的一些组件、一些高级驾驶辅助系统（ADAS），以及电子开关盒（其中传统的熔丝被智能半导体开关取代）。这些部件在汽车停车时处于低功耗或待机模式。车内的其他电子控制单元可以关闭电源。它们可能不需要那么多电力，但必须每天承受多次冷启动，这也会影响电子设备，但不如持续通电影响大。那些在 15 年内持续通电的 ECU，将面临超过 130 000h 的持续通电时间。

持续通电会带来各种后果。其中之一是电气和电子元件老化的加速。尤其关键的是连接器、线束、电解电容器等组件，以及即使在老化阶段仍需保留数据的可编程设备。其次，它会影响汽车停车时所需的电力。CE 设备的客户如果发现他们的设备电池耗尽，而他们有一段时间没有使用它，他们会准备更换电池或将设备连接到电源插座。但是，如果汽车因长时间未使用而导致电池耗尽而无法起动，汽车客户会感到不满。因此，在点火开关关闭时最小化 ECU 的功耗至关重要。那些在汽车停车时不需要的 ECU，可以通过智能熔丝完全与电池断开连接，以防止电池耗尽。对于越来越多保持连接的 ECU，限制静态电流至关重要。典型的值是每个 ECU 允许的最大静态电流为几百微安，而通信接口允许的电流为 $10 \sim 20\mu A$[42]。对于 CE 设备来说，这一要求并不那么严格。

同样，当汽车在使用时，低功率（燃料或电池）消耗也是客户所期望的。这与其他行业并没有太大不同。所有用户都希望电费账单少、电池寿命长或待机时间长。从这个角度看，汽车只是实现这一目标的一个更复杂的产品。然而，汽车的功耗还有其他影响。对于配备内燃机的汽车，汽车还必须满足二氧化碳（CO_2）减排的法规要求；自 2015 年签署的《联合国气候变化框架公约》（UNFCCC）所谓的《巴黎协定》以来，后者变得更为重要[43]。电子组件的功耗越小，所需的燃料就越少，排放的 CO_2 也就越少。对于电动汽车来说，较低的功耗意味着更长的续驶里程。因此，无论是在使用时还是未使用时，汽车中每个电子组件的功耗都非常重要。

关于汽车内部电力的另一个重要方面是电力的质量和可用性。电子设备通常需要稳定且均匀的供电。在汽车中，实现这一点更加困难，因此汽车内部的电子设备必须能够应对比其他许多行业更大的电压水平变化。这些变化可能是由于电池电量低、电池老化、外部温度非常低，或者因为电力都用于其他地方（例如起动发动机）。这可能导致 ECU（电子控制单元）重置，这反过来又需要快速的恢复机制。最后且同样重要的是，由于单一车型存在大量变体（见第 3.1.1 节），以及客户是否实际使用某些功能，可能会导致同时从供电网络获取电力的 ECU 数量增加或减少，而电池很可能是同一型号。因此，不同数量的活动 ECU 也可能导致供电网络中的不同电力水平。

快速恢复又引出了汽车领域的另一项关键要求：功能的快速启动和可用性。这一要求不仅适用于汽车起动阶段，也适用于为了节省电力而将 ECU 置于休眠状态后的情况。在起动阶段，车辆网络必须在上电后的 $100 \sim 200ms$ 内变得可用并准备好进行通信[42]，以避免系统唤醒时出现明显的延迟。即使是仅仅为了起动发动机，车载网络也必须在此之前就绪，以便防盗系统能够提前交换和计算所需的证书。至于停车辅助系统，人们期望在进入汽车后的 2s 内，客户就能接收到所需的警告信号[44]。

对于习惯了设计如手机等小型设备的人来说，汽车内部的空间问题可能会令人意外。尽管汽车体积远大于手机，但如何合理安置所有 ECU 以及电源和通信线路仍然是个不小的挑战。摄像头就是一个典型的例子，它们需要被安装在外后视镜、仪表板等狭小的空间内。当 2013 年宝马 X5 的全景视图系统首次引入汽车以太网来连接摄像头与处理 ECU 时，满足空间限制成了一个必须克服的重要挑战[28]。特别是在需要通过小开口（如主驾驶舱与车门之间或行李舱内）布线时，这项工作可能会变得异常棘手。

线束还直接影响汽车的重量，进而影响行驶时所需的能源[41]以及二氧化碳排放或行驶距离。线束是汽车内第三重且第三昂贵的组件，仅次于发动机和底盘[45]。因此，保持重量限制和减轻重量也可能成为重要要求，线束在这方面尤其受到严格审查。所选的通信技术以及 EE 架构（电子电气架构）内的各种选择都会直接影响线束的重量。这些选择包括集中处理与分布式处理、分区架构与域架构等。

　　与 EE 架构（电子电气架构）相互关联的其他高阶要求包括汽车的可更新性和最近兴起的可升级性（也见第 3.1.2.2 节），这反过来又使安全性对汽车制造商极其重要。关于显示屏、摄像头和其他传感器的可能架构选择，以及它们对灵活性、可扩展性等方面的影响，已在第 2 章中进行了讨论。

3.2.2　监管要求

　　汽车不仅是一个复杂的产品，而且有可能危及用户和他人。虽然废气排放和污染在监管要求中起到一定作用，但关键是安全。为了能够使用汽车，驾驶人不仅需要拥有有效的驾驶证，而且汽车也需要注册和保险。在考虑将汽车驶上公共道路之前，汽车型号必须遵守严格的法规，汽车制造商必须确保这些法规得到满足。这些法规基于法律规定（见第 3.2.2.1 节）和保险公司鼓励的规定（见第 3.2.2.2 节）。

3.2.2.1　政府驱动的要求

　　首先，汽车必须满足的确切要求可能因使用国家的不同而有所变化。其中一个原因是特定的气候条件。本节只能概述与本书中讨论的使用案例相关的共同点。任何需要了解特定情况下确切细节的人，都必须查阅各相关发布机构的最新出版物。

　　为了限制这种多样性，各国正在努力使车辆规定趋于一致。最显著的例子是世界车辆法规协调论坛（World Forum for the Harmonization of Vehicle Regulations），它由联合国欧洲经济委员会（UNECE）主办。特别是来自欧盟的 54 个国家，以及亚洲的主要经济体如日本和韩国，都在该论坛上达成了关于共同技术要求的协议，特别是针对机动车辆，以实现相互接受和认证。在撰写本书时，最新的车辆规定已经涵盖了网络安全、空中更新（OTA）和车道保持等方面[46]。而在美国，与之相对应的是国家公路交通安全管理局（NHTSA），负责制定和执行联邦机动车辆安全标准（FMVSS）[47]，这些标准与加拿大适用的规则在很大程度上是重叠的[48]。

　　这些规定在大多数情况下为汽车的制造和运营设定了一个高级别的框架。这些规定在每个国家都被转化为立法——在德国，这些上级要求体现在《道路交通车辆登记条例》（StVZO）中[49]。为了满足这些规定，还需要更加详细的要求和测试标准，其中许多标准由标准制定组织（SSO）制定，如国际标准化组织（ISO）、国际电工委员会（IEC）或美国汽车工程师学会（SAE）等。

　　例如，ISO 20653 和 IEC 60529 规定了防水防尘等级（IP 等级）。这些等级用于确定机械和电子部件对水、灰尘等的防护能力[50][51]。IP 等级的使用不仅限于汽车，但对汽车尤为重要。汽车外部的部件，如外后视镜或发动机舱内的部件，都是显而易见的需要承受各种环境影响的候选部件。

另一个非常重要的规范是源自 IEC 61508 的 ISO 26262 系列。它定义了汽车中电气和电子系统的功能安全要求，以及一种称为汽车安全完整性等级（ASIL）的分类方法。系统出现故障的可能性越大，故障后果越严重，且情况越难以控制和预防，对功能安全的要求就越严格（例如，参见文献［52］）。ADAS 系统通常具有特别高的评级。由于 ADAS 系统通常包括摄像头和其他传感器，因此在 2.2.4.2 节中会涉及 ISO 26262 和功能安全的影响。

在汽车的设计和/或通信技术的资格认证中，电磁兼容性（EMC）是一个极其重要的因素，因为汽车内部的许多通信线路都是电磁波的主要接收者和发射者（有关 EMC 的更多详细信息，请参见第 4.1 节）。当然，连接的 CE 或 IT 设备也必须遵守 EMC 规则。然而，在汽车中，中断的后果可能更为严重，同时，布线的成本和重量需要比 IT 或消费品行业通常能承受的更小。EMC 是 UNECE 定义的高级别要求的典型例子[53]，而许多具体细节则在 IEC 或 ISO 中详细说明（也请参见第 4.1.2 节和 1.2.1 节）。此外，汽车制造商还会根据自己的（更严格的）限值和测试来进一步定制这些要求（例如，参见文献［54］）。

最后且同样重要的是，这些要求的细分影响了汽车内部使用的每一个半导体，这些半导体同样需要遵守一系列规格（虽然每个汽车制造商可能会添加自己的规则，参见第 3.3 节）。此外，生产过程和制造地点也必须遵守汽车行业标准。汽车行业行动组（AIAG）发布了基于 ISO 9001 的 ISO/TS 16949，为供应链和组装过程中的质量提供了统一的技术要求[55]。

上述规格只是最重要的几个代表。仅列出在开发和制造汽车时涉及的所有规格本身就是一本书的内容。不同质量规格的数量体现了汽车产品质量方面的深度。每个组件在组装时必须完美匹配，并且在车辆的使用寿命内，必须在整个系统中按照规定的方式运行，不出现任何不良行为。这要求汽车制造商和供应商在整个开发和生产过程中严格遵守这些标准和规格，以确保汽车的质量、安全性和可靠性。

3.2.2.2　保险驱动的要求

由于汽车是一种昂贵的产品，同时也有可能造成大量损害，因此保险在讨论汽车时是一个重要的经济组成部分。能否为汽车提供保险以及保险费率的高低都是顾客的重要考量因素。因此，汽车制造商在设计汽车时也必须考虑对可保险性的影响。尽管保险公司没有政府的法律强制力，但它们有能力阻止某款汽车或汽车技术的市场推广，因为如果没有为那款汽车提供保险，实际上几乎无法进行实际操作。保险公司为了控制经济风险会强制执行其利益（同时，提高事故预防水平也符合顾客的利益）。这可以通过直接制定对汽车技术构造的要求来实现，或者间接地通过最终顾客的保险费率高低来实现。汽车制造商在设计新车时，必须考虑这些因素，以确保其产品能够顺利获得保险，并且保险费率对顾客来说是可以接受的。

为了能够给出专业的评估，保险公司内部拥有大量的汽车知识。例如，德国的安联技术中心（Allianz Zentrum für Technik）在早期阶段就研究汽车行业的创新，以评估这些创新对道路安全以及潜在的保险索赔的具体影响[56]。显然，四级或五级自动驾驶汽车在事故中的责任问题是保险公司、汽车制造商和政府都非常关注的重要议题。不过，对于保险公司来说，需要调查的技术并不一定需要像自动驾驶技术那样全面。例如，当保险公司注意到在低速停车或在小空间内操作时发生了大量损坏，而如果自动制动系统包含车辆侧面或后部的传感器对象检测功能[57]，这些损坏可以减少时，保险公司就会推动这一功能纳入汽车设计之中，这只是时间问题。

Thatcham Research 是一家位于英国的机构，其中多家主要保险公司共同研究包括身体伤害、物质损失或盗窃等保险风险。他们对配备高级驾驶辅助系统（ADAS）的车辆的安全维修要求，展现了 ADAS 的重要性以及保险公司对汽车新发展的潜在影响[58]。

最后且同样重要的是，全球范围内还有新车评估程序（NCAP）。例如，欧洲新车评估程序（Euro NCAP）是一个自愿性的汽车安全评估项目，得到了各国交通运输部、汽车协会和保险公司的支持。尽管它是一个自愿性项目，但其星级评定已成为汽车制造商的重要营销工具。因此，在设计和开发汽车时考虑 Euro NCAP 测试已成为一种惯例。这解释了为什么即使是低端汽车也通常提供超出其大多数客户承受能力的高端安全功能。NCAP 评级的营销影响力超过了开发成本[59]。

3.3　汽车半导体

半导体是电子和软件功能的基础。没有半导体，现代汽车和舒适性设施将不复存在，创新也会呈现不同的面貌。现代汽车的性能和质量从根本上说与使用的半导体性能和质量紧密相连。半导体在价值链的早期阶段就需要。从半导体开始，构建电子控制单元，进而构建汽车。在过程中，越早发现由半导体故障而引起的故障，解决它们的成本就越低[60]。因此，汽车制造商对一级和二级供应商有严格的质量要求，合格的零部件和所有必要的发布文件比标准操作程序（SOP）本身更重要。由于半导体的开发和生产，对半导体的要求超出了纯粹的质量要求（见第 3.3.1节）。此外，半导体还必须满足某些性能要求（见第 3.3.2 节），并满足供应链中的要求（见第 3.3.3 节）。

3.3.1　半导体质量

半导体的一个重要质量指标是每百万部件的统计缺陷率，以百万分之几（PPM）为单位进行测量。PPM 值越低，质量当然越好，但所需的半导体测试就越密集，因此部件成本也越高。然而，在汽车中，由于部件数量众多，低 PPM 值变得至关重要。图 3.3 显示了一个简单的例子：如果一家每年生产 100 万辆汽车、每辆汽车包含 60 个 ECU（电子控制单元），每个 ECU 又由 100 个电子部件组成的汽车制造商，其目标 PPM 值为 30（这在消费电子行业中意味着非常好的质量[61]），并且不

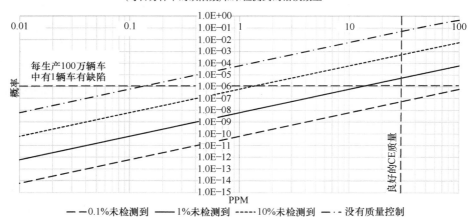

图 3.3　交付有缺陷汽车的概率与半导体质量（PPM）以及每 ECU 和每辆车的测试
努力（假设两者值相同）的关系。在示例中，假设每年生产 100 万辆车，每辆车
包含 60 个 ECU，每个 ECU 包含 100 个部件[22]

进行额外的质量检查，那么这家汽车制造商每年将因为半导体故障而交付 5 万辆有
缺陷的汽车。如果同一家汽车制造商对 ECU 和汽车进行了严格的测试，首先只遗
漏了 10% 的有缺陷 ECU，然后遗漏了有缺陷的汽车，这仍然会导致每年有 500 辆
有缺陷的汽车，如果遗漏了 1% 的缺陷，那么每年将只有 5 辆有缺陷的汽车。请注
意，并非 ECU 中的所有半导体错误都能立即检测到。使用有缺陷的半导体时，某
些错误可能是偶发的，或者只在特定温度或短时间使用后发生。关键是要首先确保
半导体具有良好的质量，并尽可能追求最低的 PPM 值[60]。零缺陷是理想的，但难
以实现。如图 3.3 所示，将目标 PPM 值设定为 0.1 并对 ECU 和汽车进行相关测试，
可以显著降低因半导体故障而交付有缺陷汽车的概率。因此，在汽车行业中，测试
是一个重要的成本因素（即使在过程早期进行）。PPM 值从 30 降低到例如 0.1 的
差异解释了为什么汽车半导体和部件比消费电子行业更昂贵。粗略估计，测试可能
占汽车半导体成本的 1/3。芯片区域的逻辑、带有引脚数量的封装以及一些潜在的
许可费则占另外 2/3。

汽车半导体的一些关键要求由汽车电子委员会（AEC）规定。AEC 成立于
1992 年，基于美国汽车制造商的倡议，他们认为如果汽车制造商统一他们的要求，
而不是半导体供应商不得不根据各种不同的规则来使其产品达标，这将对所有方面
（包括客户）都有利[62]。如今，AEC-Q100 集成电路（ICs）的资格认证代表了汽
车中使用的 ICs 必须满足的最低要求。在撰写本书时，AEC 有 37 项现行规范，涵
盖了 AEC-Q101 中离散元件的额外要求、AEC-Q102 中光电子元件的额外要求、
AEC-Q103 中微机电系统（MEMS）的额外要求、AEC-Q104 中多芯片模块
（MCM）的额外要求，以及 AEC-Q200 中无源元件的额外要求，共有 18 家主要的

一级供应商被列为决策者[63]。

AEC-Q100 中经常使用的一个术语是温度等级。例如，AEC-Q100 1 级定义了组件的环境温度范围为 $-40 \sim +125℃$。AEC-Q100 2 级定义了 $-40 \sim +105℃$ 的范围[40]。汽车半导体资格认证的另一个特点是测试不同的、非连续的晶圆批次，以优化以最少的努力发现缺陷的机会。由于使用的样本数量较少，测试通常必须全部通过，不能有任何失败。任何失败都会使整批产品不合格。

AEC（汽车电子委员会）的质量规范对于汽车半导体的质量确实至关重要，但并非全面。许多汽车制造商都有额外的要求，这些要求可能因半导体在汽车内部的位置而异。例如，ECU（电子控制单元）所处的环境是"潮湿区域"还是"干燥区域"，或者是否必须满足额外的温度要求，这些都会影响到对半导体性能的评估。因此，汽车制造商在选择半导体时，会考虑其在汽车中的具体位置以及可能面临的环境条件。此外，一些汽车制造商还会在半导体供应商处密切监控质量管理、设计规则、测试覆盖率、测试策略以及不同开发阶段和关键半导体批量生产启动的过程技术。这种对过程的严格控制有时甚至是选择和发布半导体用于批量生产的先决条件。

半导体供应商无须在内部实现完整的汽车合格生产过程。那些本来就是无晶圆厂的半导体供应商（意味着他们没有自己的生产设施）或那些将生产重点集中在其他行业的供应商，可以将他们的部件生产外包给那些提供遵循汽车合格生产流程的半导体生产的公司。许多这样的所谓"代工厂"都被汽车制造商广泛接受。但请注意，生产本身只是实现汽车合格标准的一个方面。从一开始就设计具有足够测试覆盖率的芯片也同样重要。

另一个重要方面是芯片封装/外壳的选择。封装的大小和类型显然对散热和所能达到的温度等级很重要。但除此之外还有其他因素。对于封装小且引脚多的半导体，通常使用四方扁平无引脚（QFN）封装。这种封装类型焊接在 PCB（印制电路板）的表面上，无须使用通孔即可连接。一个重要的特性是 QFN 封装侧面显示的所谓"可润湿侧翼"[64]。这允许使用标准相机设备在焊接到 PCB 后进行连接的自动光学检查，这是汽车行业如此重要的一个测试特性，以至于可润湿侧翼起源于此[65]。例如，球栅阵列（BGA）封装在大多数情况下需要使用昂贵的 X 射线来检查焊接情况。据作者所知，这就是为什么它们在汽车行业不是首选的原因。

一般来说，为确保侧翼的正确放置和连接，需要进行全面的自动在线测试（ICT）。ICT 还可以用于进行参数的数字调整或编程所使用的组件。在 ICT 或其他测试步骤中，可能还需要为每个板或组件编程唯一的序列号或加密密钥，以便能够追踪所有板和组件。所选组件的封装、形状和其他任何特性都应支持无须进行人工干预的自动化组装过程，且不应影响生产效率和产能。任何形式的手动制造、手动调整或参数修剪都是极其关键的，必须避免，因为这通常会导致汽车行业无法接受的大量质量变异。电感器就是一个特别相关的组件，即使在撰写本书时，电感器在封装到外壳之前仍然经常需要手工绕制和焊接。虽然原则上，电线是隔离的，即使绕制得不规则也不应有问题。但是，当它们被焊接到 PCB 上时，无意中靠近引脚的不规则电线可能会在焊接过程中破坏隔离层，从而导致短路。在引入汽车以太网时，找到一种允许自动化生产的合适共模扼流圈（CMC）确实是一个令人关注的问题[22]。

3.3.2 半导体性能

讨论半导体的性能可能会让人感到意外。当然，选择半导体时，首先要考虑的就是它们的功能和性能。然而，半导体用于何种功能类型有所不同，特别是当它们或多或少具有独立功能，或者用作车内通信的发射器或接收器时。在后一种情况下，半导体供应商不仅要为其部件提供 EMC（电磁兼容性）测试结果，还要（如果通信技术允许多供应商环境）提供合规性和互操作性的证明。

使用通信技术标准的一个优势在于，使能测试规范通常是在汽车制造商、一级供应商、半导体供应商和专业测试机构之间的合作中开发的。对于以太网来说，这些使能规范是由 One Pair EtherNet（OPEN）联盟[66]开发的。至于串行解串器（SerDes）技术，汽车串行解串器联盟（ASA）[67]以及 MIPI 联盟[68]则负责其汽车 SerDes 技术的使能规范制定。

对于通信技术而言，除了满足基本的通信功能外，在开发和量产阶段，还必须能够测试、监控、记录和追踪数据流。在工具和通信技术上的投资是一个涉及成本和物流的因素，也是选择通信技术时需要考虑的一部分。成功的标准之一在于工具供应商和测试机构能够支持这一过程。

3.3.3 半导体供应

虽然半导体的性能和质量理所当然地受到了大量的关注，但它们并不是半导体方面唯一重要的因素。复杂的半导体需要特定的规划来确保在整个供应链中，包括在自然灾害、工会罢工或其他风险（如火灾摧毁特定子组件的制造工厂）发生时，也能保障所需的供应量。因此，汽车制造商更喜欢从至少两个独立的供应商处主动采购零部件，既可以是直插式的替代品，也可以是功能性的替代品。在任何情况下，半导体供应商都必须确保其生产链的各个方面都不依赖于单一站点的可用性。对于关键组件，汽车制造商通常设有专门的审计部门，评估和确认半导体供应商制造过程的预期质量以及他们提供所需供应量的能力。

为了保持和维持技术和质量的进步，需要在现有产品和工艺的保守维护以及产品的持续创新之间找到适当的平衡。汽车的长使用寿命似乎与这一要求相矛盾。然而，如果不进行足够的改进，半导体产品迟早会失去市场竞争力，从而从市场上消失。因此，创新和改进对于曾经成功的产品来说也很重要。而且，在有竞争的市场中创新的可能性要大于没有竞争的市场。以成本降低或相同价格下提供新功能的新一代产品的供应和供应前景也很重要。在这样的背景下，选择单一制造商的特定产品并不是长期业务的最有效方式。

3.4 参考文献

[1] IBISWorld, "Global Biggest Industries by Revenue in 2021," IBISWorld, 2021. [Online]. Available: *https://www.ibisworld.com/global/industry-trends/biggest-industries-by-revenue/* (no longer available). [Accessed 26 January 2021].

[2] iggrabs, "Die umsatzstärksten Branchen," 21 November 2019. [Online]. Available: *https://iggrabs.ch/die-umsatzstarksten-branchen/*. [Accessed 26 January 2021].

[3] I. Wagner, "Worldwide Automobile Production through 2019," statista, 9 November 2020. [Online]. Available: *https://www.statista.com/statistics/262747/worldwide-automobile-production-since-2000/*. [Accessed 26 January 2021].

[4] A. Chesterton, "How Many Cars are There in the World?," 6 August 2018. [Online]. Available: *https://www.carsguide.com.au/car-advice/how-many-cars-are-there-in-the-world-70629*. [Accessed 26 January 2021].

[5] I. Wagner, "Revenue – Automotive Industry Worldwide 2017 – 2030," statista, 17 September 2020. [Online]. Available: *https://www.statista.com/statistics/574151/global-automotive-industry-revenue/* (no longer available). [Accessed 26 January 2021].

[6] Toyota, "How Many Parts is Each Car Made off?," Toyota Motor Corporation, 1995. [Online]. Available: *https://www.toyota.co.jp/en/kids/faq/d/01/04/* (no longer available). [Accessed 26 January 2021].

[7] T. Hess, "How Many Parts are There on a Modern Car?," Quora, 2020. [Online]. Available: *https://www.quora.com/How-many-parts-are-there-on-a-modern-car*. [Accessed 3 March 2021].

[8] Mercedes-Benz, "1886–1920. Anfänge des Automobils," not known. [Online]. Available: *https://group.mercedes-benz.com/unternehmen/tradition/geschichte/1886-1920.html*. [Accessed 26 January 2021].

[9] Zukunftsinstitut, "Die unlogische Zukunft des Automobils," Zukunftsinstitut, Frankfurt, ~2013.

[10] Green Car Congress, "IHS Markit: Average Age of Cars and Light Trucks in US Rises Again in 2019 to 11.8 Years," 28 June 2019. [Online]. Available: *https://www.greencarcongress.com/2019/06/20190628-ihsmarkit.html*. [Accessed 25 April 2020].

[11] Grandview Research, "Used Car Market," Grandview Research, San Francisco, 2020.

[12] S. Haj-Assaad, "What is Resale Value and What You Can Do to Maintain it," AutoGuide.com, 16 May 2016. [Online]. Available: *https://www.autoguide.com/auto-news/2016/05/what-is-resale-value-and-why-should-you-care-.html*. [Accessed 7 February 2021].

[13] Infinity Research, "Global Car Leasing Market 2020–2024," Infinity Research, Toronto, 2020.

[14] European Alternative Fuels Observatory, "Homepage of the European Alternative Fuels Observatory," European Commission, 2021, continuously updated. [Online]. Available: *https://www.eafo.eu/*. [Accessed 12 February 2021].

[15] Wikipedia, "Government Incentives for Plug-in Electric Vehicles," 2 February 2021. [Online]. Available: *https://en.wikipedia.org/wiki/Government_incentives_for_plug-in_electric_vehicles*. [Accessed 12 February 2021].

[16] Amatech, "OEMs, Tier 1, 2 & 3 – The Automotive Industry Supply Chain Explained," 29 September 2017. [Online]. Available: *https://www.amatechinc.com/resources/blog/returnable-packaging/tier-1-2-3-automotive-industry-supply-chain-explained*. [Accessed 9 April 2022].

[17]　M. Pesce, "Software Takes on More Tasks in Today's Cars," Wired, 25 April 2011. [Online]. Available: *https://www.wired.com/2011/04/the-growing-role-of-software-in-our-cars/*. [Accessed 9 February 2021].

[18]　O. Burkacky, J. Deichmann and J.P. Stein, "Mapping the Automotive Software and Electronics Landscape Through 2030," Mc Kinsey, Düsseldorf, 2019.

[19]　WikiChips, "Tesla FSD Chip," 28 December 2020. [Online]. Available: *https://en.wikichip.org/wiki/tesla_(car_company)/fsd_chip*. [Accessed 9 February 2021].

[20]　BMW, Intel, Mobileye, "BMW Group, Intel and Mobileye Team Up to Bring Fully Autonomous Driving to Streets by 2021," 1 July 2016. [Online]. Available: *http://www.bem-ev.de/wp/wp-content/uploads/2016/08/BMW-Intel-Mobileye-Press-Release.pdf*. [Accessed 12 February 2021].

[21]　I. Riches, "Powertrain, Body, Chassis & Safety Service," Strategy Analytics, Boston, 2021.

[22]　K. Matheus and T. Königseder, Automotive Ethernet, Third Edition, Cambridge: Cambridge University Press, 2021.

[23]　J. Scobie, "The Future of Mobility: A Centralized Vehicle Architecture," Electronic Design, 9 December 2020. [Online]. Available: *https://www.electronicdesign.com/markets/automotive/article/21149210/arm-the-future-of-mobility-a-centralized-vehicle-architecture*. [Accessed 2 February 2021].

[24]　S. Burghardt, S. Choi and F. Weig, "Mobility Trends: What's Ahead for Automotive Semiconductors," April 2017. [Online]. Available: *https://www.mckinsey.de/~/media/McKinsey/Industries/Semiconductors/Our%20Insights/Mobility%20trends%20Whats%20ahead%20for%20automotive%20semiconductors/Mobility-trends-Whats-ahead-for-automotive-semiconductors.pdf*. [Accessed 26 January 2021].

[25]　P. Amsrud, "Global Automotive Semiconductor Revenue in 2020," IHS Markit, 5 November 2020. [Online]. Available: *https://ihsmarkit.com/research-analysis/global-automotive-semiconductor-revenue-in-2020.html*. [Accessed 26 January 2021].

[26]　Fortune Business Insights, "Big Data in Manufacturing Industry," Fortune Business Insights, Pune, India, 2020, March.

[27]　TCgen, "Time To Market: What it is, Why it's important, and Five Ways to Reduce it," not known. [Online]. Available: *https://www.tcgen.com/time-to-market/*. [Accessed 9 April 2022].

[28]　K. Matheus, "Ethernet @ BMW; From Camera Link to System Bus," in: Nikkei Electronics Symposium "Car-mounted Ethernet to Shape the Future of Automobile", Tokyo, 2013.

[29]　J. Link, "The Top Three Things Customers Look for When Buying a Car," AutoFi, 16 July 2019. [Online]. Available: *https://blog.autofi.com/the-top-three-things-customers-look-for-when-buying-a-car/*. [Accessed 31 January 2021].

[30]　Volkswagen Group, "Wer mit wem? Die Verflechtungen der Autobranche," Volkswagen, Wolfsburg, 2012.

[31]　S. Cerchez, "Ungleiche Zwillinge," eurotransport.de, 25 June 2012. [Online]. Available: *https://www.eurotransport.de/artikel/mercedes-sprinter-vw-crafter-ungleiche-zwillinge-625122.html*. [Accessed 9 February 2021].

[32]　M. Andrusio, "Toyota-Supra Chefingenieur: Wie die Zusammenarbeit mit BMW lief," motor.at, 26 May 2019. [Online]. Available: *https://motor.at/technik/toyota-supra-chefingenieur-wie-die-zusammenarbeit-mit-bmw-lief/400504426*. [Accessed 9 February 2021].

[33]　S. Carlson, H. Zinner, N. Wienckowski, K. Matheus and T. Hogenmüller, "CFI Multi-Gig Automotive Ethernet PHY," November 2016. [Online]. Available: *https://grouper.ieee.org/groups/802/3/cfi/1116_1/CFI_01_1116.pdf*. [Accessed 12 February 2021].

[34] E. Barrow, "How Long Does it Take to Build an App?," 3 Sided Cube, 22 May 2019. [Online]. Available: *https://3sidedcube.com/how-long-does-it-take-to-build-an-app/*. [Accessed 12 February 2021].

[35] T. Grünweg, "Modellzyklen der Autohersteller. Eine Industrie kommt auf Speed," Spiegel Online, 10 February 2013. [Online]. Available: *https://www.spiegel.de/auto/aktuell/warum-lange-entwick lungszyklen-fuer-autohersteller-zum-problem-werden-a-881990.html*. [Accessed 12 February 2021].

[36] A. Agarwal, "Understanding Automotive OTA (Over-the-Air Update)," 26 June 2020. [Online]. Available: *https://www.pathpartnertech.com/understanding-automotive-ota-over-the-air-update/*. [Accessed 12 February 2021].

[37] V. Vivek, "65% of Rolls-Royce Cars Ever Made are Still on Road," inshorts, 27 August 2016. [Online]. Available: *https://inshorts.com/en/news/65-of-rollsroyce-cars-ever-made-are-still-on-road-1472301358191*. [Accessed 12 February 2021].

[38] Wikipedia, "Moore's Law," 10 February 2021. [Online]. Available: *https://en.wikipedia.org/wiki/Moore%27s_law*. [Accessed 12 February 2021].

[39] Kraftfahrt Bundesamt, "Bestand an Kraftfahrzeugen und Kraftfahrzeuganhängern," January 2022. [Online]. Available: *https://www.kba.de/SharedDocs/Downloads/DE/Statistik/Fahrzeuge/FZ15/fz15_2022.pdf?__blob=publicationFile&v=5*. [Accessed 15 February 2021].

[40] Automotive Electronics Council, "AEC-Q100 Failure Mechanism Based Stress Test Qualification," 11 September 2014. [Online]. Available: *http://www.aecouncil.com/Documents/AEC_Q100_Rev_H_Base_Document.pdf*. [Accessed 8 April 2022].

[41] VDE Verband der Elektrotechnik Elektronik Informationstechnik e.V., "ITG-Positionspapier: Kfz-Anforderungen an Elektronik-Bauteile," about 2005. [Online]. Available: *https://docplayer.org/12978134-Itg-positionspapier-kfz-anforderungen-an-elektronik-bauelemente.html*. [Accessed 22 May 2020].

[42] H. Zinner, K. Matheus, S. Buntz and T. Hogenmüller, "Requirements Update for RTPGE," July 2012. [Online]. Available: *https://grouper.ieee.org/groups/802/3/RTPGE/public/july12/zinner_02_0712.pdf*. [Accessed 21 February 2021].

[43] Wikipedia, "Paris Agreement," 30 April 2020. [Online]. Available: *https://en.wikipedia.org/wiki/Paris_Agreement*. [Accessed 9 May 2020].

[44] M. Kicherer (Turner) and T. Königseder, "BMW Proposal for an AVB Gen 2 Automotive Profile," BMW White Paper, Munich, 2013.

[45] S. Carlson, "Reduced Twisted Pair Gigabit Ethernt PHY Call For Interest," March 2012. [Online]. Available: *https://www.ieee802.org/3/RTPGE/public/mar12/CFI_01_0312.pdf*. [Accessed 21 Februrary 2021].

[46] United Nations Economic Comission for Europe, "Three Landmark UN Vehicle Regulations Enter into Force," 5 February 2021. [Online]. Available: *https://unece.org/sustainable-development/press/three-landmark-un-vehicle-regulations-enter-force*. [Accessed 25 February 2021].

[47] NHTSA, "Regulations," 2022 (continuously updated). [Online]. Available: *https://www.nhtsa.gov/laws-regulations/fmvss*. [Accessed 9 April 2022].

[48] Wikipedia, "Federal Motor Vehicle Safety Standards," 14 January 2021. [Online]. Available: *https://en.wikipedia.org/wiki/Federal_Motor_Vehicle_Safety_Standards*. [Accessed 24 February 2021].

[49] Bundesministerium für Justiz und Verbraucherschutz, "Straßenverkehrs-Zulassungs-Ordnung (StVZO)," 26 April 2012. [Online]. Available: *https://www.gesetze-im-internet.de/stvzo_2012/BJNR067910012.html*. [Accessed 24 February 2021].

[50] IEC, "IEC 60529:1989/AMD2:2013/COR1:2019 Corrigendum 1 – Amendment 2 – Degrees of Protection Provided by Enclosures (IP Code)," IEC, Geneva, 2019.

[51]   ISO, "ISO 20653:2013 Road Vehicles — Degrees of Protection (IP Code) — Protection of Electrical Equipment Against Foreign Objects, Water and Access," ISO, Geneva, 2013.

[52]   R. Bellairs, "What is ISO 26262? Overview and ASIL," Perforce, 3 January 2019. [Online]. Available: *https://www.perforce.com/blog/qac/what-is-iso-26262*. [Accessed 24 February 2021].

[53]   Economic Commission for Europe of the United Nations, "Regulation No 10 of the Economic Commission for Europe of the United Nations (UN/ECE) — Uniform Provisions Concerning the Approval of Vehicles with Regard to Electromagnetic Compatibility," EUR-Lex, 26 July 2012. [Online]. Available: *https://eur-lex.europa.eu/legal-content/EN/TXT/HTML/?uri=CELEX:42012X-0920(01)&from=DE*. [Accessed 25 February 2021].

[54]   Ford Motor Company, "Component EMC Specifications FMC1278 & FMC1280," 27 July 2019. [Online]. Available: *http://www.fordemc.com/docs/requirements.htm*. [Accessed 26 February 2021].

[55]   Automotive Industry Action Group, "IATF 16949:2016," Automotive Industry Action Group, Southfield, 2016.

[56]   Allianz Zentrum für Technik, "Kompetenzzentrum der Allianz für Automobiltechnologie," 2021, continuously updated. [Online]. Available: *https://azt-automotive.com/*. [Accessed 26 February 2021].

[57]   Allianz Zentrum für Technik (AZT), "Themen aus dem AZT: Einige Highlights aus dem Jahr 2020," 2021. [Online]. Available: *https://azt-automotive.com/de/themen/Jahresrueckblick2020*. [Accessed 26 February 2021].

[58]   Thatcham Research, "Insurance Industry Requirements (IIR) for the Safe Repair of ADAS Equipped Vehicles," July 2020. [Online]. Available: *https://www.thatcham.org/wp-content/uploads/2020/07/006-IIR-Requirements-March-2020-v2.pdf*. [Accessed 27 February 2021].

[59]   Wikipedia, "Euro NCAP," 4 January 2021. [Online]. Available: *https://en.wikipedia.org/wiki/Euro_NCAP*. [Accessed 27 February 2021].

[60]   Infineon, "Living Automotive Excellence, on the Way to Zero Defect Products and Services," 13 September 2010. [Online]. Available: *https://www.infineon.com/export/sites/default/cn/product/promopages/ATV_Symposium/China_ATV_Symposium_ATV_Automotive_Excellence.pdf*. [Accessed 5 March 2021].

[61]   C. Kymal and P. Patiyasevi, "Semiconductor Quality Initiatives," April 2006. [Online]. Available: *https://www.qualitydigest.com/april06/articles/05_article.shtml*. [Accessed 5 March 2021].

[62]   Automotive Electronics Council, "AEC History," not known. [Online]. Available: *http://www.aecouncil.com/AECHistory.html*. [Accessed 6 May 2020].

[63]   Automotive Electronics Council, "AEC Documents," 2021, continuously updated. [Online]. Available: *http://www.aecouncil.com/AECDocuments.html*. [Accessed 5 March 2021].

[64]   NXP, "AN1902 Assembly Guidelines for QFN (Quad Flat No-lead) and SON (Small Outline No-lead) Packages," 6 February 2018. [Online]. Available: *https://community.nxp.com/pwmxy87654/attachments/pwmxy87654/nxp-designs%40tkb/204/5/AN1902.pdf*. [Accessed 6 March 2021].

[65]   R. Fey, "What is Surface Mount, Wettable Flank?," TechForum, March 2019. [Online]. Available: *https://forum.digikey.com/t/what-is-surface-mount-wettable-flank/3055*. [Accessed 6 March 2021].

[66]   OPEN Alliance, "We Enable Wide-scale Adoption of Ethernet-based Automotive Connectivity," 2021, continuously updated. [Online]. Available: *https://opensig.org/*. [Accessed 3 March 2021].

[67]   Automotive SerDes Alliance, "Automotive SerDes Alliance Homepage," 2021, continuously updated. [Online]. Available: *https://auto-serdes.org/*. [Accessed 3 March 2021].

[68]   MIPI Alliance, "MIPI Alliance Homepage," 2021, continuously updated. [Online]. Available: *https://www.mipi.org/*. [Accessed 3 March 2021].

第4章 汽车电磁环境

当其他行业的电子工程师首次接触汽车行业时，他们通常会在讨论之初就听说，尤其是在通信技术方面，电磁要求特别严格。因此，本章将在 4.1 节中概述电磁兼容性（EMC），在 4.2 节中概述静电放电（ESD）。

4.1 电磁兼容性（EMC）

EMC（电磁兼容性）涉及由电场、磁场或电磁场引发的多种效应。每个电路都会产生这样的场。然而，在我们的日常生活中，这些效应通常并不那么显著，这主要是因为政府制定了相关法规，要求设备制造商限制其设备的电磁辐射（EME）。此外，为了将设备销售给客户，除了需要控制电磁辐射外，设备还必须具备足够的电磁抗干扰能力（EMI），以抵御外部电磁干扰。

EMC（电磁兼容性）有着悠久的历史。早在电报和电话业务的早期，人们就明显发现，物理上靠近的电报线或电话线会相互干扰传输。1892 年，德国成为第一个通过法律限制此类影响的国家。1927 年，德国又成为第一个就高频无线电发射机的使用和安装制定专门法律的国家，该法律经过修订后一直沿用到 1995 年[1]。随后，一些国际组织也相继制定了各自地区的指导方针，如欧洲的国际无线电干扰特别委员会（CISPR）[2]，以及美国的美国国家标准学会（ANSI）和联邦通信委员会（FCC）[3]。随着晶体管的发明和普及，对 EMC 进行更广泛监管的需求应运而生。1973 年，国际电工委员会（IEC）成立了一个专门的技术委员会，负责处理 EMC 相关议题[1]。IEC 不仅发布了与汽车相关的 EMC 规范，还发布了汽车内部通信技术所使用的 EMC 规范。

忽视或不遵守 EMC 规范可能会产生严重的后果。例如，在 1984 年 7 月，一架"龙卷风"战斗机因电磁干扰而坠毁。当时，飞行员在德国慕尼黑附近的一个无线电发射站附近失去了对喷气式飞机的控制。该无线电发射站在调幅和短波频段以高发射功率运行，其高电场强度干扰了保护不足的飞行控制和导航系统，导致飞机改变航向并坠毁，机上两名人员丧生[4][5]。

这是一个非常极端的例子，展示了缺乏 EMC（电磁兼容性）的严重后果。然而，这也表明汽车中的 EMC 不仅仅是防止车载立体声系统出现噼啪声那么简单。

它是一个安全问题,尤其是考虑到越来越多的电子设备正在取代原本由机械系统完成的驾驶功能,而这些功能往往依赖于摄像头和其他传感器。本节将概述与汽车中高速通信系统相关的重要 EMC 主题。

4.1.1 节将简要介绍相关的电磁干扰类型。4.1.2 节将描述在汽车中需要考虑 EMC 的不同层次。4.1.3 节将介绍重要的测试方法。4.1.4 节将讨论屏蔽和接地连接对于高速通信系统的重要性和相关性。EMC 是一个复杂的主题,与第 5 章中描述的传输信道密切相关,读者可以在第 5 章中找到与信道相关的具体 EMC 信息。对于想要深入了解的读者,我们推荐阅读 [6 – 10] 等文献。

为什么汽车中的 EMC(电磁兼容性)如此特殊?

毕竟,所有行业的电子产品都需要确保安全性和电磁兼容性。这涉及多个方面。最明显的挑战是汽车的电气接地(GND)。过去,GND 是钢制底盘,主要用于电源的回路。如今,底盘接地越来越多地也被用作通信系统的回路和/或其屏蔽层的接地,而与此同时,汽车可能由非导电复合材料制成[11]。此外,汽车行驶在橡胶轮胎上,这意味着底盘与真正的地面是绝缘的。根据定义,汽车的位置是不断变化的。这与立体声音响、台式电脑或工业生产设备不同。

此外,汽车本身也可能是电磁干扰(EMI)的重要来源。在早期,内燃机汽车的点火系统产生的点火火花是一个严重的电磁辐射源。如今,电动汽车电机的电力发电和转换器在 50kHz ~ 100MHz 的频率范围内产生了大量的电磁辐射。此外,汽车的 12V 电源并不稳定,远不及家庭中的 230V 主电源稳定。此外,汽车行业面临的监管要求也高于其他行业。例如,ECE- R- 10 标准通常要求汽车认证中的抗干扰能力达到 23V/m。相比之下,办公室或工业环境的典型要求仅为 3V/m。而汽车制造商,如宝马和福特[12][13],对他们的汽车提出了 200V/m 的要求。汽车行业甚至存在对更高值的要求。请注意,即使已经达到 200V/m 的水平,如果应用到人体上,也可能被明显感知到(并且具有危险性!)。然而,这一水平仍然是车辆测试所必需的,因为汽车必须在所有可能的环境中(而非预定环境)安全运行!

接下来是空间和经济上的限制(也见第 3.2.1 节)。空间限制导致汽车行业在布线时将电源线和通信线紧密捆绑在一起。而经济限制则强调使用经济高效且轻便的材料。例如,额外的屏蔽层虽然有利于 EMC,但会增加硬件成本和重量。

4.1.1 电磁干扰的基本原理

电磁干扰发生在外部源非故意地将电流引入/耦合到系统中时。从物理学的角度来看,这可以通过 4 种不同的方式发生。首先,区分是传导耦合还是场耦合。其次,区分是近场还是远场。近场意味着干扰源距离小于波长的 1/6[14];在 1GHz 的频率下,这意味着距离小于约 5cm。近场耦合会导致由磁场(感性)或电场(容性）引起的干扰电流[8]。表 4.1 提供了不同变体的概述。

表 4.1　电磁干扰耦合机制[8]

类型	干扰源	物理机制	应对措施
传导耦合	同一设备内部，例如意外或差分高频信号通过电源线离开单元	可通过共用电源线或信号线耦合共用能量	滤波、良好接地连接和 ECU 设计
远场耦合［又称射频（RF）干扰］	较远的系统，如手机基站、地面广播站、机场雷达	来自横向电磁波（TEM）的电磁能量，能量通常低于系统定义的限值	通常耦合能量较小，对 RF 干扰具有鲁棒性（另见 4.1.4 节）
电容性近场耦合	附近具有高阻抗的系统，如高压电源线、点火发射器、通信收发器	高阻抗系统引起的电场变化、串扰（XTALK）	屏蔽电缆（另见 4.1.4.1 节），系统余量
电感性近场耦合	附近具有低阻抗的系统，如高速公路控制发射器、无线站和射频发射器	低阻抗系统引起的磁场变化、干扰随距离、频率、功率的增加以及串扰而增强	屏蔽电缆（另见 4.1.4.1 节），系统余量

这 4 种耦合机制可能同时发生。因此，识别可能的干扰源并提供正确的对策至关重要。在所有情况下，传输频率、发射功率和干扰源的实际距离都是决定性的标准。

4.1.2　相关 EMC 等级

随着高级驾驶辅助系统（ADAS）的发展以及全自动驾驶汽车的规划，对电磁兼容性（EMC）的要求变得越来越重要。直到最近，像转向盘这样的安全关键系统总是为驾驶人提供了完全机械式的备选方案。但在未来，这种情况可能不再存在，这凸显了电磁干扰（EMI）控制的重要性。

图 4.1 展示了汽车中 EMC 可能发生的不同层级。最高层级是汽车与其外部环境之间的电磁相互关系。汽车型号认证的一个重要方面是，它不能对汽车外部的电子设备产生电磁干扰。此外，正如"龙卷风"战斗机的例子所生动展示的那样，汽车需要能够抵御来自汽车外部的合理且可预期的电磁辐射水平。电磁干扰的可能来源包括建筑工地的重型机械、移动业余无线电台或客户带入车内的手机。

对于汽车制造商而言，这是 EMC 的最重要层级，也是汽车制造商自己进行大量测试的层级。ECE-R-10-7 规范[15]定义了欧盟的有效法律要求，这些要求与全球范围内的要求相协调。然而，满足这些法律要求只是汽车制造商的最低标准。通常，汽车制造商会超出这些要求，并制定公司特有的、通常是专有的规范（请参阅文献［12］［13］中的已发布版本示例）。这些公司特有的规范基于相关的 ISO 和 IEC 标准（请参阅表 4.2 中的示例）。由于 EMC 与安全性相关，并受相同物理定律的支配，据作者所知，大多数汽车制造商都有非常相似的要求。

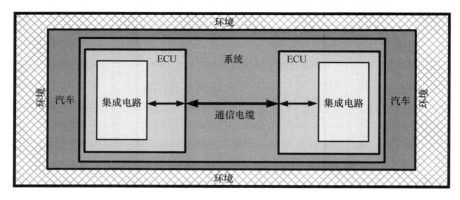

图 4.1　从环境级到 IC 级的不同 EMC 级别[16]

　　政府规范了汽车与外部世界的 EMC 行为。然而，在汽车内部，汽车并不是一个单一的单元，而是由多个由电子控制单元及其通信链路表示的电子系统组成。因此，电磁干扰的风险不仅需要在汽车与其环境之间进行控制，还需要在汽车内部的各个系统之间进行控制，以确保它们不会相互干扰，而是按预期运行。

　　汽车内部最敏感的系统是那些本质上依赖天线的系统，如 GPS、（数字）广播、电视、车载移动通信、WiFi 系统等。收音机和电视系统中的噼啪声会对用户体验产生明显的负面影响（有些人可能还记得手机早期的日子，当时基站发出的定位信号会在附近的音响系统中产生共鸣）。在未来自动驾驶汽车中，GPS 或无线通信中断的影响可能会更加严重。

　　为了确保汽车内部的 EMC，汽车制造商要求其一级供应商和零部件供应商按照他们的要求和测试规范（如前面提到的文献［12］［13］）进行相应的测试。汽车制造商会定期对系统和 ECU 的测试计划和测试结果进行审查。对系统和 ECU 的要求是，结合汽车中所有单元的组合——这是通过多代汽车积累的知识——将确保最终汽车测试通过。

　　图 4.1 中描述的最后一个层级是集成电路（IC）和通信层级。对于汽车中的大多数 IC，汽车制造商本身只进行非常有限的 EMC 测试。对于某些类别的 IC 类型，半导体制造商有不同的 EMC 要求集[17]。在这里，一级供应商有责任选择正确的产品。

　　通信技术对于系统的 EMC 行为尤为重要。毕竟，每条通信线都是一种天线，特别容易受到电磁干扰的收集和发射的影响。对于大多数标准化的通信技术，已经制定了特定的 EMC 和 ESD 测试规范。对于广泛使用的车内通信技术，如 LIN、CAN 和以太网，存在统一的要求和测试[18][19][20][21]。半导体供应商负责测试其通信 IC 和组件。测试结果是一级供应商选择的重要标准。汽车制造商可能会使用测试结果来决定是否将特定的 IC 列入其推荐清单。此外，对于新的通信技术，汽车制造商可能会自行进行测试，以决定是否使用特定的技术。

在撰写本书时，汽车中采用的 SerDes 技术都是专有的，针对这些技术，尚未形成统一的 IC 或 ECU EMC 测试标准。这正是使用专有通信技术时遇到的一个问题：由于缺乏动力，因此很少会制定相关规范。此外，IC 制造商往往不愿将必要的技术细节公之于众，而专有解决方案的市场覆盖率又普遍较小，使得第三方认为制定这些规范并不划算。然而，随着汽车 SerDes 技术的标准化进程，这一情况正在发生改变。目前，相关的（EMC）测试规范正在制定中。

因此，虽然图 4.1 中的叙述是从上到下描述了 EMC 的不同层级，但测试本身却是从下到上进行的。半导体元件——尤其是通信链路中的半导体元件——必须首先表现出良好的 EMC 性能。然后，将 IC 组合在一起的 ECU 本身以及 ECU 的连接性需要符合 EMC 限制，之后才能在汽车内部进行最终测试。只有当每个元件都符合 EMC 要求时，所有元件的总和才可能满足要求。表 4.2 展示了用于汽车通信系统的 EMC 测量方法的示例层次结构。TEM（Transversal ElectroMagnetic，横电磁波）单元测试在汽车制造商中已不再普遍使用，因此未列出也未详细说明。不同汽车制造商所需的确切测试可能有所不同。下一小节将更详细地解释所选的测试方法。

表 4.2　IVC 技术的 EMC 测量方法示例

半导体	电子控制单元	车辆
半导体供应商主要负责	一级供应商主要负责	汽车制造商主要负责
发射（Emissions）		
IEC 61967-4 150 欧姆法	ISO 11452-5：带状线测试	ISO 11451-3、CISPR 12/EN 55012：车载发射机（On-board transmitter），对车外接收器（Off-board receiver）的保护
	ISO 11452-2：装有吸波材料的屏蔽室内进行的天线测量	CISPR 25/EN 55025：使用车载天线/接收机的测量，在吸波暗室中的测量
抗干扰性（Immunity）		
IEC 62132-4 直接功率注入法	ISO 11452-4：大电流注入法（BCI）	ISO 11452-4：大电流注入法（BCI）
	ISO 11452-2：装有吸波材料的屏蔽室内进行的天线测量	ISO 11452-2：装有吸波材料的屏蔽室内进行的天线测量
	ISO 7637-3：（直接、电感或电容）耦合	ISO 11452-5：针对大型汽车所做的适应性调整的带状线测试

4.1.3 EMC 测试方法概述

以下提供了作者认为最为相关的测试方法的简短描述：

（1）150 欧姆法

150 欧姆法通过向通信链路添加一个特定的耦合网络来测量通信技术的辐射（见图 4.2 左侧，右侧显示的是测试单个 I/O 引脚或电源设置的示意图）。该耦合网络的负载阻抗约为 150Ω。电容器的值取决于所研究的通信系统的频率。例如，对于 100Mbit/s 的以太网，C_1 和 C_2 的值均为 470pF。对于更高频率，这些值需要相应地调整为更小的值。

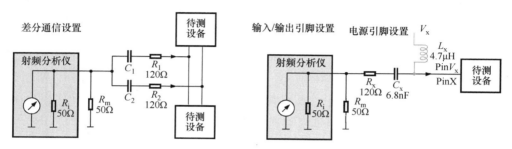

图 4.2　150 欧姆法测试设置

（2）直接功率注入（DPI）方法

DPI 方法"反转"了 150 欧姆法中的过程。如图 4.3 所示，射频功率通过一系列无源组件网络直接耦合到待测设备（DUT）中。这种方法允许直接在被测设备的输入或输出端口上注入射频信号，以评估设备在面临特定电磁干扰时的性能表现。DPI 方法特别适用于测试那些对电磁干扰敏感的部件或系统，如敏感的模拟电路、数字电路接口或电源系统等。通过调整注入的射频信号的频率、幅度和调制方式，可以模拟不同的电磁环境，从而全面评估被测设备的电磁兼容性和抗干扰能力。

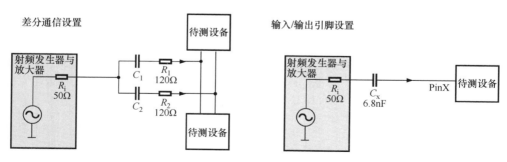

图 4.3　DPI 法测试设置

（3）带状线测量

在带状线测量中，待测设备（DUT）被放置在所谓的"隔板"与接地板之间（见图 4.4）。当向带状线设置施加射频功率时，隔板与接地板之间会产生电场，从而允许测试 DUT 的信号完整性和抗干扰能力。隔板和接地板共同构成了一个具有受控阻抗（通常为 90Ω）的传输线。射频功率的测试值以 V/m 为单位表示，典型的测试值范围为 50～400V/m。该设置在 30～500MHz 之间具有最佳的耦合性能，但将其用于高达 1GHz 的场合也并不罕见。

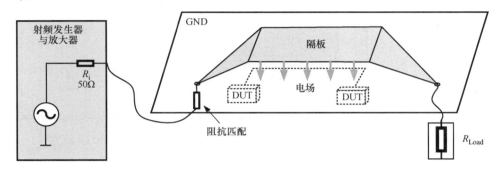

图 4.4　带状线测试设置

测量设置的阻抗是通过保持机械参数之间的恒定关系来维持的。隔板（septum）的宽度"b"与其相对于接地板（GND）的高度"a"之间的比例关系，与为带状线测试设置提供信号的同轴电缆的内径"d"与外径"D"之间的比例关系相同（见图 4.5）。

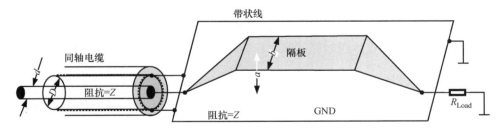

图 4.5　关于阻抗 Z 的带状线设置

带状线测试系统不仅适用于信号完整性测量，也适用于辐射发射测量。在进行辐射发射测试时，射频测试接收机将取代信号发生器和放大器。

（4）大电流注入（BCI）测试

在大电流注入（BCI）测试中，一个电感耦合钳被应用于线束上，该耦合钳通过自身产生的磁场在线束的导线中感应出电流（见图 4.6）。为了监测感应出的电流，使用第二个传感耦合钳进行测量，测量单位为毫安（mA）。进行 BCI 测试的频率范围取决于所使用的耦合钳。在大多数情况下，这些耦合钳的工作频率范围很广，从非常低的频率如 100kHz 到 400MHz，但也有可用于高达 1GHz 频率的版本。进行 BCI 测试主要有两种方法：闭环法和替代法。

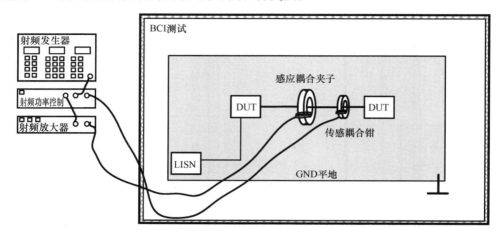

图 4.6　BCI 测试设置［线路阻抗稳定网络（LISN）模拟了汽车中电源线的线束］

LISN—线路阻抗稳定网络

在闭环法中，传感耦合钳测量线束中感应出的电流，并根据此电流值控制耦合钳的放大器，以调整所需的射频功率，从而在传感耦合钳中达到预定的电流水平。闭环测量通常是针对高速通信技术［如汽车串行解串器（SerDes）或以太网］进行测试的正确方法。

替代法被用于为实际的线束提供统一的测试条件，特别是当这些线束没有定义明确的负载阻抗时。例如，使用非屏蔽双绞线（UTP）的 100BASE-T1 网络就具有非常高的阻抗。另外，某些特定的执行器也可能具有非常低的阻抗。在替代法中，射频放大器是根据预先录制的测试值来控制的，这些测试值确保在传感耦合钳中实现了特定的电流。

（5）天线测试

使用天线的测试可以覆盖最广泛的频率范围。所要测试的频率范围决定了天线的形式。例如，杆状天线可用于高达约 100MHz 的频率。在高达 1～3GHz 的频率范围内，通常使用周期性宽带天线（LogPer 天线）。对于更高频率，则使用喇叭天线。

LogPer 天线和喇叭天线具有极化特性，因此测试需要使用天线的垂直极化和水平极化两种方式来进行。在 100MHz 以上的频率下，天线测试具有方向敏感性。因此，天线相对于待测设备（DUT）的位置至关重要，并且是测试变量的一部分。

天线测试会产生辐射电磁场，其场强以 V/m 为单位进行定义。天线测试（图 4.7）还用于测试 DUT 的辐射发射。在这种情况下，天线后面的发生器和放大器被射频测试接收机所取代。

在 ISO 11452[22] 标准中，针对在吸波材料屏蔽室（ALSE）内进行系统组件测

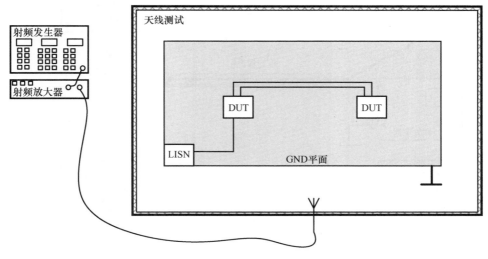

图 4.7　天线测试设置
LISN—线路阻抗稳定网络

试的设置，定义了系统级信号完整性的天线测试方法。这意味着测试设置位于一个能够吸收墙壁射频功率的室内环境中，以模拟开放场地。室内安装了铁氧体瓦片或射频吸收泡沫锥体，它们能够吸收墙壁上的射频能量，从而消除墙壁反射。室内辐射的功率仅来自相应的源或定义的测试设置，而非来自外部环境。

（6）耦合方法

耦合钳耦合方法用于测试通信系统对瞬态脉冲的抗干扰能力。ISO 7637-3[23]标准中将瞬态脉冲定义为通过电容和电感耦合到通信线路上的突发性干扰电气传输。该标准定义了两类基本的脉冲：持续时间为 0.05ms 的慢速重复脉冲和持续时间为 0.15μs 的快速重复脉冲。这些脉冲具有正负两种极性。在测试中，定义了多个测试等级，根据测试方法的不同，所需的测试等级瞬态电压峰值范围从 ±6V 到 +75V 或 −110V 不等。

有 3 种不同的耦合钳耦合方法。电容耦合钳耦合方法（CCC 方法）：此方法用于测试快速瞬变脉冲的影响。直接电容耦合方法（DCC 方法）：此方法适用于测试快速和慢速瞬态脉冲。电感耦合钳（或电流耦合钳）耦合方法（ICC 方法）：此方法专门用于测试慢速瞬态脉冲。图 4.8 详细展示了这 3 种测试方法的设置细节。

4.1.4　屏蔽对 EMC 的影响

一般而言，在电磁环境复杂的情况下，会采用各种形式的金属屏蔽来限制电磁辐射并防止电磁干扰。这些屏蔽可能是一个金属笼，用于保护 PCB 板上的特定芯片；可能是整个电子控制单元的金属外壳；也可能是用于通信链路中的电缆和连接

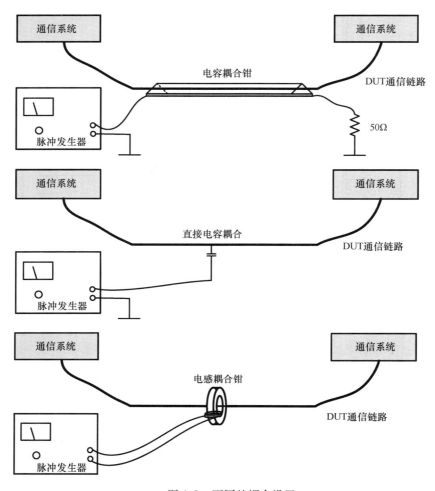

图 4.8　不同的耦合设置

器的一部分。在使用屏蔽电缆时，为了实现所需的保护，不仅要考虑选择合适的电缆，还需要考虑整个 ECU 的设计以及车辆中的接地情况。本节将详细讨论这些影响，其中 4.1.4.1 节将讨论屏蔽电缆的电磁影响，4.1.4.2 节将讨论电缆屏蔽与ECU 外壳之间连接的重要性，而 4.1.4.3 节将讨论必要的接地连接。

4.1.4.1　屏蔽电缆的 EMC

对于工作在高频下的传输系统，普遍共识是必须使用屏蔽电缆以确保所需的传输质量。背后的基本原理很简单，如图 4.9 所示。每个通信系统在设计时都会考虑最大发射机输出功率和最小接收机输入灵敏度。如果发射机输出功率过高，可能会对其他系统的抗干扰能力造成严重影响。相反，如果接收机输入灵敏度过低，则可能会将噪声误判为有效信号，从而增加错误接收的风险。在发射机输出与接收机输入之间的是传输信道，它会对传输信号的信号强度进行衰减。随着频率的增加，衰减也会加剧。

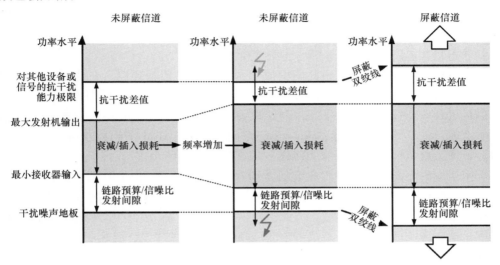

图 4.9　屏蔽对通信信道功率水平的主要影响[6]

　　为了保持特定的、所需的信噪比（SNR），我们通常需要增强发射机的信号强度，或者让接收机能够在较低的信号强度下正常工作。但是，如果不使用屏蔽层（见图 4.9 中间部分），这通常很难实现。提高发射功率可能会干扰到邻近的系统，而降低接收机的灵敏度则可能导致它无法区分信号和噪声。这时，屏蔽层就派上了用场（见图 4.9 右侧部分）。它可以让我们放心地提高发射功率，因为屏蔽层减少了对其他设备的辐射干扰，也就是说，它提高了其他设备的抗干扰能力。同时，屏蔽层还能阻挡一部分干扰噪声，从而降低接收机接收到的噪声水平。

　　以下文本更详细地解释了同轴电缆和屏蔽双绞线（STP）电缆中屏蔽层如何发挥作用。在后一种情况下，还解释了双绞线差分传输的正向效应。首先，图 4.10 展示了同轴电缆的电磁环境。

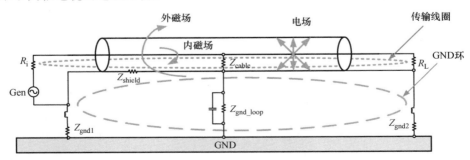

图 4.10　同轴电缆的电磁相关场

左侧是发送器，显示为带有源电阻 R_i 的发电机。接下来是传输信道：同轴电缆及其阻抗 Z_{cable}。右侧是接收器，由负载电阻 R_L 表示。同轴电缆的屏蔽层接地（GND）。在大多数情况下（但并非总是如此），接地是在两端进行的，因为这被认为是获得最佳电磁兼容性（EMC）性能的最佳方法。

发电机、电缆和负载电阻共同构成了一个称为"传输环路"的电路，电流在内导体中流动，并在外导体/屏蔽层中返回。图 4.10 展示了导体周围的电场（E）和磁场（H）。在低频时，磁场占主导地位；而在高频时，电场占主导地位。如图 4.10 所示，电场位于内导体和屏蔽层之间，屏蔽层阻止了辐射从导线中逸出。因此，屏蔽层是抑制电磁辐射（EME）的有效方法。

由于电流方向相反，因此产生的磁场方向也相反，如图 4.10 所示。由于内导体和外屏蔽层的几何形状不同，这两个磁场不会完全相互抵消。由于同轴电缆的屏蔽层通常由非铁磁性材料制成，因此它也不会阻挡磁场，因此仍会保留一定的磁场强度，这会影响最大几百千赫范围内的低频信号。总的来说，屏蔽层的效果通过所谓的"屏蔽衰减"来衡量。

图 4.10 揭示了接地（GND）连接的另一个重要影响。在实际应用中，当汽车车身由钢或铝制成并用作接地时，会存在实际的或至少是寄生性的连接阻抗，如图 4.10 所示的 Z_{gnd1}、Z_{gnd2} 和 Z_{gnd_loop}。这些阻抗会形成接地环路，该环路同样会受到电磁兼容性（EMC）问题的影响。特别是在同轴电缆中，由于屏蔽层同时也作为外导体，导致传输线路和接地环路之间产生了耦合。这意味着接地环路中的电磁干扰（EMI）可能会对数据传输造成不利影响。这解释了为何同轴电缆并不能完全解决所有 EMC 问题，以及为何正确的接地连接在汽车电子系统中显得如此重要。在传统汽车设计中，车身常被用作各种直流电流以及一些低速、单端通信技术的返回路径，如局部互联网络（LIN）、J1850 标准[24]、脉冲宽度调制（PWM）[25]、外设传感器接口 5（PSI5）[26]、单边缘尼布尔传输（SENT）[27]等，因此这些效应是不可忽视的。

对于差分信号传输而言，情况则有所不同。差分信号传输使用一对导线在封闭的电路中传输信号，这种传输方式独立于环境或公共电气接地系统。以下将解释为何差分信号传输即使在未屏蔽双绞线（UTP）电缆中也能对电磁兼容性（EMC）行为和抗噪声性产生非常积极的影响。而使用带屏蔽的双绞线（STP）电缆则可以进一步改善 EMC 特性。图 4.11 展示了 STP 电缆的情况。

STP 信道（屏蔽双绞线）首先也具有一个带有源电阻 R_i 的发生器，一个带有负载电阻 R_L 的接收器，以及双绞线对的电缆阻抗 Z_{dim}，它们共同构成了（差分）传输环路。与同轴电缆的关键区别在于，双绞线的两根导线处于相同的电磁场中。因此，两根导线上的耦合是相同的，这意味着当差分信号在接收器处重新组合时，任何共模干扰都会被消除。两根双绞线的对称性/平衡性越好，效果就越好。

这也影响了产生的电场和磁场。差分信号由差分电流 I_{diff} 驱动，该电流在所使

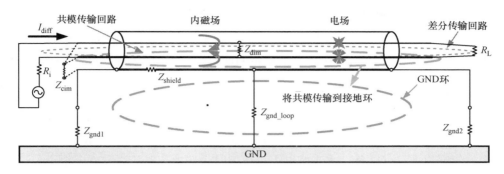

图 4.11　STP 电缆的电磁相关场

用的导线中方向相反，从而产生方向相反的磁场。在理想对称的设置中，磁场的叠加会使它们相互抵消至零。同样，对于距离单根导线较近的电场也适用。

然而，如果设置不是理想的——例如，因为所使用的两根导线在直径、长度、导电性或绝缘材料方面存在差异——那么两根导线之间的差异就会被视为共模信号。共模电流会产生寄生共模传输环路。这种共模传输环路的效果与同轴电缆内导线的效果相同，但由于它仅来源于不对称性，因此幅度会显著减小。

除了屏蔽衰减外，STP 电缆还具有差分传输和不平衡衰减的积极效果（参见图 5.7）。相比之下，同轴电缆的耦合衰减仅由屏蔽衰减决定。这种效果不仅是理论上的，而且可以在实际的 EMC 测试中观察到。

STP 电缆的另一个优点是，任何（干扰）电流被引入屏蔽层，例如由接地环路引起的，都不会影响双绞线上的数据信号，因为传输线与屏蔽系统是独立的。

4.1.4.2　外壳的屏蔽连接

如前一节所述，屏蔽是提高线束 EMC 性能的有效方法。这也适用于机箱屏蔽，这是一种改善整个 ECU 或传感器 EMC 性能的适当方法。通常，电缆的屏蔽层应通过低阻抗的 360°连接与屏蔽机箱相连（见图 4.12 左部分）。这种方法有两个效果：首先，当机箱本身直接连接到接地板或通过低阻抗接地连接时，由于阻抗接近 0Ω，接地环路几乎被消除。其次，360°屏蔽外壳没有间隙，射频辐射无法穿透或逸出机箱。

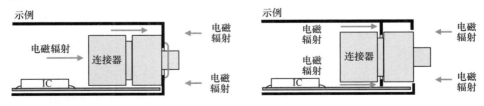

图 4.12　屏蔽连接器

当通信系统使用 GHz 范围内的频率时，机械尺寸（如 PCB 走线或电缆的长度）可能会引起谐振。当连接器不是机箱的组成部分时，连接器周围的间隙也会受到机械几何形状的影响。这可能是由于机械设计或电缆屏蔽层无法直接连接到机箱地所致。在这种情况下，需要特别注意避免高频电磁辐射进入或离开机箱。一种可能的解决方案是使用如图 4.12 右侧所示的曲折结构来阻挡高频、与 EMC 相关的辐射的直接入射或逸出。

4.1.4.3　屏蔽和接地之间的相互关系

在图 4.10（同轴电缆）和图 4.11（STP 电缆）中描绘了接地环路的情况。消除接地环路影响的一种方法是确保屏蔽层与两端的地之间具有低阻抗。当 Z_{gnd1} 和 Z_{gnd2} 的值都很低，且屏蔽层本身的电阻也很低时，接地环路的影响就会很小。

然而，与通常的预期相反，汽车的钢制车体并非接近理想的地。钢制车体是由独立的部件组合而成的。有些部件可能是焊接在一起的，有些是通过螺纹连接安装的，而其他部件（如车门、发动机舱盖或行李舱盖）则是通过铰链作为可移动部件连接的。因此，钢制车体具有不可忽视的电阻。图 4.13 展示了考虑两个连接的地（GND）区域时的效果，这两个区域的连接会导致一个不可忽视的电阻 R_{GND} 和一个由此产生的地电位偏移电压 U_{GND_shift}。

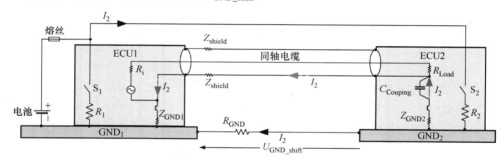

图 4.13　同轴电缆接地环路的潜在风险

如果位于 GND_2 的 ECU2 具有较大的电负载，则高负载电流 I_2 从电池流向 ECU2，并通过 GND_2 和地电阻 R_{GND} 返回到 GND_1，同时还会通过同轴电缆的屏蔽层返回。每个 GND 区域的地阻抗 $Z_{GND1/2}$ 与屏蔽层各端之间的阻抗耦合相对于 R_{GND} 越小，干扰电流就越大。为了避免这种由地电位偏移引起的不希望的效果，可以使用电容器 $C_{Coupling}$（代替图 4.13 中的虚线）来防止由执行器等引起的常见低频地电位偏移的影响。汽车制造商通常会定义电子系统需要能够承受的地电位偏移量。例如，在宝马公司，定义了 ±1V 的地电位偏移量[28]。

直到最近，汽车中使用的同轴电缆仍然较少，而屏蔽电缆则几乎没有。但随着电信服务和高速数据通信的普及，汽车中使用的屏蔽电缆数量正在迅速增加。鉴于对地环路和地电位偏移的深入理解，对屏蔽系统的接地连接进行细致的规划变得至关重要。这包括决定哪些位置可以使用直流耦合接地连接，哪些位置需要更强大的措施，以及哪些位置必须使用电容器来阻断潜在的直流或低频电流。这样的规划能够确保汽车电子电气系统的稳定性和可靠性，避免由接地问题引起的电磁干扰和信号失真。

EMC 学习之旅

在我，迈克尔·凯恩德尔，于应用科学大学求学的日子里，高频技术相关的课程与考试并未在学生中激起多大热情，我亦是如此。顺利通过考试后，我满心期待着一个不再与高频技术打交道的未来。然而，事实证明我大错特错。高频技术很快再次回到了我的工程生涯中，几乎就在我开始撰写关于在 100MHz 范围内定位射频源地理位置系统的毕业论文之际。

自踏入汽车行业以来，EMC 测试便如影随形，几乎贯穿了我整个职业生涯的初期。我迅速意识到，EMC 理论——包括电气和物理原理以及设计规则——与实践应用之间存在着巨大差异。通过实际操作与不断试错，我发现有些问题的解决方案竟然与理论预期截然相反。站在宝马公司 EMC 实验室的门前（见图 4.14），我深知，持有这种想法的并非我一人。

在我看来，除了扎实的理论基础外，EMC 领域的成功还离不开对现象的好奇心以及不懈的探索精神。我们需要不断验证和反驳各种解释，直到找到并尽可能深入理解问题的根源。我自己动手组装收音机的经历便是一次很好的锻炼，尽管我原本打算在大学论文中使用的接收机，直到多年后才得以实现。此外，我还要特别感谢弗里茨·施塔德勒，这位曾在宝马公司与我共事的 EMC 技术人员。我们之间的许多讨论都让我受益匪浅，而这份推荐的 EMC 书籍清单（文献［6］［7］［8］［9］［10］）正是我们交流成果的体现。

图 4.14　2021 年宝马慕尼黑电磁兼容性实验室的门（拍摄者：Michael Kaindl）

4.2   静电放电（ESD）

静电放电（ESD）通常发生在静电累积之后，当两个带有不同电荷的物体靠得非常近时，它们之间会突然产生电流。这种静电累积的主要原因是摩擦学，这个词源于希腊语，意味着"摩擦的知识"，特别是在机械工程领域[29]。具体来说，当某些材料之间发生摩擦或移动时，它们的表面会发生电子分离，从而打破电子的正常平衡状态。为了恢复（或达到更好的）平衡状态，电子会在下一次可能的机会下进行交换。

摩擦电序列是一个材料列表，它展示了通过摩擦电效应产生的电荷的极性。在图4.15中，我们可以看到这个序列的部分摘录[30]。在这个序列中，材料距离中性位置越远，就表示其摩擦电效应越强。

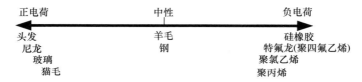

图4.15   摩擦电效应产生的电荷极性[30]

有了这些基础知识，就很容易理解静电电荷的常见来源：人在地面上的移动、滚动的车轮和棍子、设备的操作、打包和解包、撕掉胶带等行为，都可能产生静电电荷。大多数人在日常生活中都有过这样的经历，比如穿着橡胶底的鞋子走在特定的合成地毯上后，再去摸门把手时就会被电到。这是因为电流总是寻找电阻最小的路径。

所有绝缘材料都具有特定的介电强度，这定义了其在不发生电气短路的情况下保持绝缘的能力。对于空气，其介电强度约为30kV/cm[31]。这意味着，当在约1cm处看到火花时，放电电压至少为30kV。对于半导体中最常见的绝缘材料二氧化硅，其介电强度大约为 $8 \sim 10MV/cm$[32]。这看起来是一个非常高的值。然而，半导体的活性结构位于亚微米区域。在最新的汽车半导体技术公告中，高端微控制器和集成电路的尺寸小于10nm。因此，半导体的有效介电强度处于几伏特的范围内。如果我们将这个值与30kV的静电放电相比较，那么半导体器件及其绝缘结构要承受如此高的电压而不受损坏，将是一个相当大的挑战。

一般来说，在半导体中，静电放电（ESD）以电子雪崩的形式出现，从而导致半导体的电击穿。这种击穿是暂时的且可逆的，前提是半导体在同时不会过热。因此，避免进一步的热效应是至关重要的。例如，如果在一个非常小的半导体中发生的ESD在芯片的某个区域产生了过多的热量，那么热击穿将导致电路中出现不可逆的短路，从而永久性地损坏芯片。然而，如果ESD放电面对的是足够大的芯片区域，那么电击穿将是可逆的，且不会对相应的硅结构造成热损伤。

在了解了现代半导体中静电放电（ESD）的影响和风险之后，接下来的小节将深入探讨本书讨论的汽车用例中涉及的各个方面。首先，第 4.2.1 节和第 4.2.2 节将分别阐述未通电设备和通电设备的 ESD 处理。随后，第 4.2.3 节将讨论 ESD 保护设备的相关内容。

4.2.1 无电源 ESD

无电源静电放电（Unpowered ESD）指的是在集成电路（IC）或设备处于非工作状态且未通电时发生的静电放电现象。在汽车行业，这种类型的 ESD 尤其可能发生在组件和电子控制单元的制造、运输和处理过程中。这里的制造过程不仅涉及汽车本身的制造，还包括 ECU 和 IC 的制造。而处理过程则包括设备的包装、拆包、安装以及将设备组装到系统中。因此，无电源 ESD 的处理涉及两个方面：一是在不同的工艺步骤中排除或限制 ESD 的风险；二是测试设备本身的 ESD 保护能力。

4.2.1.1 生产过程中的 ESD 保护

DIN EN 61340-5-1 是一项关于在制造、运输和装配过程中处理静电敏感设备（ESD 敏感设备）的标准。该标准的重点在于通过引导过程指南来避免相关人员产生静电荷，从而预防 ESD 事件的发生。该规范涵盖了与 ESD 敏感设备处理相关的广泛问题。例如，它规定了机器使用要求、工作区域的地板覆盖物、湿度处理、运输时包装材料的选择、操作人员的衣物和鞋子要求，以及一个控制过程，以确保这些措施得到正确实施。表 4.3 提供了一些与潜在工作区域活动相关的静电电荷水平的示例。

表 4.3　静电电荷水平示例[33]

活动类型	10% ~25% 相对空气湿度	64% ~80% 相对空气湿度
在地毯上行走	35kV	1500V
在乙烯基地板上行走	12kV	250V
脱下套头衫	22kV	1000V
从椅子上站起来	18kV	1500V
撕塑料薄膜	8kV	600V
在桌子上工作	6kV	150V

为了构建一个高效的静电放电（ESD）保护流程，我们既提供咨询服务，也提供一系列广泛的相关产品。这些产品包括导电 ESD 手腕带、导电衣物和导电鞋、导电地板覆盖物和 ESD 垫子、导电工具、导电卡片盒和塑料托盘、导电家具和工作台、空气加湿器以及空气离子发生器、ESD 测试仪等。相反，应避免使用非导电绝缘材料、胶带和金属工具，因为它们可能增加静电放电的风险。这样的措施将

帮助我们在制造、运输和装配过程中更好地保护静电敏感设备。

金属工具是一个问题，因为金属是低电阻导电材料。在发生静电放电（ESD）时，金属的低电阻可能会使高电流流入静电敏感设备。在 ESD 保护中，所谓的"导电"是指在规定的静电电压放电过程中，电阻值在 kΩ 范围内达到最优，以避免过大的电流。在实验室中，当使用 ESD 专用工具时，应小心谨慎，避免与常规工具或高电压专用工具混淆。ESD 工具是故意不绝缘的，因此不应与高电压一起使用。

4.2.1.2 ESD 保护测试

一般来说，静电放电（ESD）保护测试的标准在 IEC 61000-4-2[34]中有所规定。而 ISO 10605[35]标准则是基于 IEC 61000-4-2 制定的，它详细规定了汽车组件和系统在人体静电放电情况下的要求。测试电压是非常重要的。表4.4 摘录了这两个标准中规定的测试电压。可以看出，ISO 10605 不仅根据放电类型详细规定了测试电压，而且在每个组别内还分为了不同的类别。汽车制造商可能会再次定义不同的、特定的测试电压和严重程度等级。

表4.4　ESD 测试电压示例[34][35]

严重程度等级	IEC 61000-4-2		ISO 10605					
	接触放电	空气直接放电	接触放电			空气直接放电		
	测试电压	测试电压	测试电压 1	测试电压 2	测试电压 3	测试电压 1	测试电压 2	测试电压 3
1	±2kV	±2kV	±2kV	±2kV	±4kV	±2kV	±4kV	±6kV
2	±4kV	±4kV	±4kV	±4kV	±6kV	±4kV	±6kV	±8kV
3	±6kV	±8kV	±6kV	±8kV	±8kV	±8kV	±8kV	±15kV
4	±8kV	±15kV	±8kV	±8kV	±15kV	±15kV	±15kV	±25kV

根据引起静电放电（ESD）的机制不同，定义了不同的测试场景。以下详细描述了机器模型（MM）、组件放电模型（CDM）、人体模型（HBM）和电缆放电事件（CDE）的测试方法。

（1）机器模型（MM）

机器模型（MM）反映了在制造过程中，当机器或其他机械设备处理芯片和/或组装印制电路板（PCB）时引起的静电放电（ESD）事件。例如，移动或旋转的机械部件可以产生静电能量，这些能量可能在制造过程中放电。图4.16 展示了MM ESD 事件的基本测试设置和波形。由于放电路径中几乎没有电阻元件（只有电感器的电阻部分），因此电流峰值可以比人体模型（HBM）高出 10 倍（尽管施加的电压要小得多）。振荡频率在 20 ~ 100MHz 之间。如果芯片无法承受 MM 测试，则该芯片不适合大规模生产。因此，MM 测试在生产过程的早期阶段就非常重要。

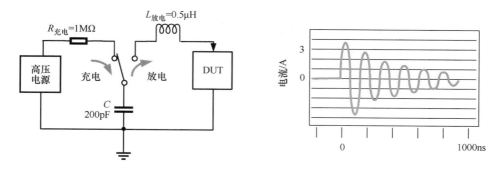

图 4.16　MM 测试设置[36]

（2）组件放电模型（CDM）

在汽车制造过程中，CDM（组件放电模型）反映了由于连接带电部件（如 ECU，即电子控制单元）而引发的静电放电（ESD）事件。在 ECU 被运送到装配线的过程中，这些设备可能会带上电荷，且每个设备的电荷电压水平可能不同。在装配过程中，无论是 ECU 与汽车金属车身发生电连接，还是连接线束时，不同电荷水平会趋于平衡，从而可能引发 ESD 事件。这意味着在汽车生产的第一步中，每个部件都必须在供应商处单独承受 MM 测试，然后在下一步中，在汽车制造商处接受 CDM 测试。图 4.17 展示了基本的测试设置和 CDM ESD 事件的波形。

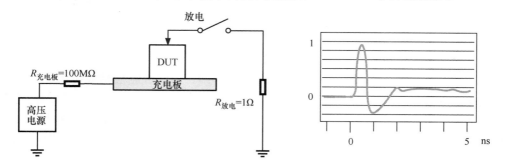

图 4.17　CDM 测试设置[36]

（3）人体模型（HBM）

人体模型（HBM）反映了由静电带电的人处理或触摸芯片或设备时引发的静电放电（ESD）事件。这种事件可能在生产过程中的任何时候发生。对于汽车 ECU（电子控制单元）和传感器来说，进行 HBM 测试是必要的，因为这些设备在制造、运输、汽车装配以及服务和维护过程中都需要由人工处理。在某些情况下，甚至客户也可能会接触到 ECU 和传感器。IEC 61000-4-2 标准中描述了 HBM ESD 事件的基本测试设置和波形，如图 4.18 所示。ISO 10605 标准在保持相同基本设置的基础上，进行了一些修改。

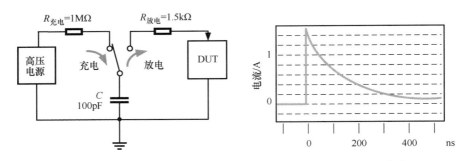

图 4.18　按照 IEC 61000-4-2 标准定义的 HBM ESD 测试设置[36]

（4）电缆放电事件（CDE）

CDE（电缆放电事件）与带电设备 ESD 类似，但存在一些细微的差异。CDE 并不是作为一个测试模型来引用的，而是专门针对电缆的。在装配过程中，末端接的电缆可能会像设备一样带电，例如，在从提供的电缆卷筒上展开时与表面摩擦。由于电缆具有高质量的绝缘层，电荷可以在电缆的金属导体上停留很长时间。电缆放电事件中的电压大约在 20V 左右。然而，电缆的电容与电缆长度成正比，可能会相当高，达到几百皮法（pF）的范围[37]。这意味着在电缆放电时，会释放大量的电荷，这可能对与其连接的电子设备造成损害。因此，在汽车制造和其他行业中，对电缆进行 CDE 测试以确保其不会对敏感的电子设备造成损害是非常重要的。

虽然 CDE（电缆放电事件）主要发生在建筑物内通信网络的电缆安装过程中，但在汽车 SerDes 和以太网通信中也应该考虑其影响。对于不通过数据线供电的通信，无论是屏蔽双绞线（STP）还是同轴电缆，信号总线都会通过电容器与芯片解耦。这意味着电缆中的导体与任何接地都是解耦的，因此可能会充电到几乎任何电压水平。对于 SerDes、以太网或其他具有差分、电气隔离总线信号的总线系统来说，为了防止不必要的充电和放电，在接地线上串联一个阻值在几百千欧范围内的电阻是一个良好的做法。这样做可以限制电缆上可能积累的电荷量，并减少在电缆放电事件中对敏感电子设备造成损害的风险。

在进行 TDR（时域反射测试法）测试时，也应注意 CDE（电缆放电事件）。为了发挥其作用，高性能 TDR 需要在 ps 范围内创建和采样快速脉冲。因此，测试设备的输入端口不能有任何 ESD（静电放电）保护，并且这些端口的最大电压不应超过最大值。对于具有 20ps 上升时间的 TDR，即使是最短的脉冲，其最大电压也仅为 3V。超过这个小电压会损坏测试设备的输入级。因此，在进行 TDR 测试时，必须特别小心，以确保不会因电缆放电事件而导致测试设备损坏。同时，为了防止电缆在测试过程中充电并可能放电，可以采取一些预防措施，如使用适当的接地和绝缘措施，以及确保电缆在测试前已经充分放电。

4.2.1.3　传输线脉冲测量（TLP）

TLP（传输线脉冲测量）是一种旨在确定 ANSI/ESD STM5.5.1 标准中定义的

ESD（静电放电）事件的电流特性和时序的测试方法[38]。TLP 测试装置的主要组件包括一条长度为 L 的传输线、一个开关和一个高压电源。TLP 测试的主要优点是测试装置与待测设备（DUT）之间的耦合是确定的，这确保了测试结果可以仅通过微小的偏差进行复现。这种确定的耦合关系使得 TLP 测试成为评估电子设备 ESD 耐受能力的一种可靠方法。通过 TLP 测试，可以了解设备在受到不同强度和时序的 ESD 冲击时的响应情况，从而为产品的设计和改进提供有力的支持。

　　TLP（传输线脉冲）测试使用 1ns 的上升时间和 100ns 的脉冲宽度。脉冲宽度由传输线 TL_1 的长度 L 决定，如图 4.19 所示。使用适当的测试设备，例如快速示波器和合适的电压和电流探头，TLP 测试的主要优势是能够观察 ESD（静电放电）事件期间的动态行为[39]。这种动态行为的观察对于理解设备在 ESD 冲击下的响应机制至关重要，有助于评估设备的 ESD 耐受能力和改进设计。通过 TLP 测试，可以获得关于设备在 ESD 事件期间电流和电压变化的详细信息，这对于确保设备在实际应用中的可靠性和稳定性具有重要意义[39]。

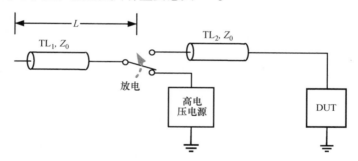

图 4.19　TLP 测量装置的设置，用于观察 ESD 的动态行为[39]

　　尽管 TLP 测试目前并未被汽车行业作为标准的测试方法使用，但在这里进行解释是因为它是一种定义明确且脉冲形状详细的测试方法。作者预计，在未来，TLP 测试在汽车行业中的重要性将会逐渐增加。随着汽车电子化程度的不断提高，对汽车电子部件的 ESD（静电放电）耐受能力要求也越来越高。TLP 测试能够提供关于设备在 ESD 冲击下动态行为的详细信息，有助于汽车制造商更好地评估和改进汽车电子部件的 ESD 耐受能力。因此，尽管目前汽车行业尚未普遍采用 TLP 测试，但作者认为其在未来的应用前景广阔。

4.2.2　供电式 ESD

　　在 4.2.1 中，我们讨论了 IC（集成电路）和设备在未连接到电源时的 ESD（静电放电）问题。当设备通电时，该节中讨论的影响仍然有效，且通电或未通电设备在 ESD 事件上的基本原理没有根本区别。即使在通电状态下，ESD 事件也会对连接的电子元件造成压力，可能会超过其支持的输入电平。然而，在测试通电设备的 ESD 时，目标不仅是要确保设备足够受到保护以防止损坏，还要测试其是否会出现暂时性故障。这是因为 ESD 事件可能不仅会导致设备立即损坏，还可能引起暂时的性能下降或功能异常，这些都需要在测试过程中进行考虑和评估。

其基本原理如下：随着硅结构的不断缩小，芯片内部的电压也几乎以相同的比例降低。在当今的高速通信芯片（HS communication chips）中（这是一个需要考虑的比较新的现象），内部逻辑结构被设计为高速运行，并且工作电压低于 1V，而内部阈值电压约为工作电压的一半。在通电的 ESD 事件中，设备的 ESD 保护电路会在短时间内导致大量电流流向地。这种电流可能高达 30A。如果接地路径的电阻为 20mΩ，则到地的电压降将为 0.6V，这超过了逻辑的阈值电压。在这种情况下，ESD 事件不会破坏输入结构，但会导致逻辑状态的潜在变化。由于许多电子控制单元是永久通电的，逻辑状态的变化可能会对预期的功能产生永久且不希望的影响。因此，在测试通电设备的 ESD 时，必须考虑并评估其对逻辑状态的影响。

图 4.20 展示了针对这种情况的测试设置，它测试了 ESD（静电放电）对正在进行通信的电缆束的影响。在测试过程中，待测设备（DUT）是通电的，并且负载箱中包含了通信伙伴。测试级别是根据 ISO 10605 标准中定义的人体接触放电进行调整的[40]。通过错误标志来检查功能状态。该设置是基于汽车 A 柱（A 柱是汽车车身位于风窗玻璃左右两侧的部分）布线的模型。A 柱上布有连接汽车车顶设备的电缆。当带有静电的驾驶人从车内触摸 A 柱并对底盘放电时，就可能发生放电现象。这种测试设置有助于评估在真实使用场景中，静电放电对汽车内部电子设备及其通信功能的影响。

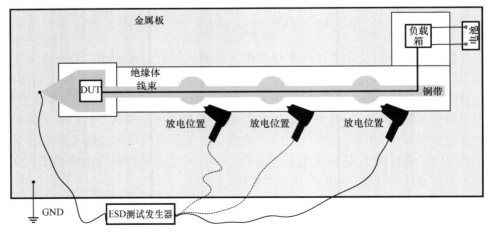

图 4.20　供电的 ESD 测试设置[35]

图 4.21 展示了 ESD（静电放电）影响 STP（屏蔽双绞线）电缆屏蔽层的情况。在所示的例子中，总线线路通过 ESD 保护设备进行保护。屏蔽层在前端与

PCB（印制电路板）的地线相连。当屏蔽层受到 ESD 事件影响时，它不会触发
ESD 保护二极管，因此不会破坏输入结构。然而，在这种情况下，会产生电压降，
并且放电电流会流经 ECU（电子控制单元）。这意味着尽管输入结构可能未受直接
损害，但 ECU 内部的其他电子元件可能会受到 ESD 事件产生的电流和电压瞬变的
影响，从而导致潜在的性能下降或功能异常。

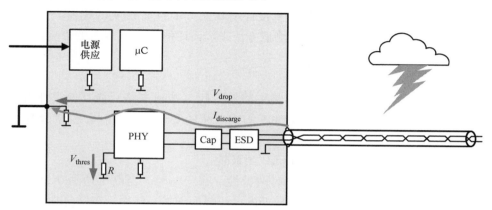

图 4.21　在 ECU 接地连接不良的情况下的潜在静电放电路径

当设备的接地点与屏蔽层的连接点靠近时，如图 4.22 所示，可以减小这种影
响。同样地，ESD 保护电路的接地连接也应如此处理。当采取这些措施时，电压
降会减小，从而不会影响通信 PHY 和其他电子设备的逻辑。这是因为较短的接地
路径能够更快地分散 ESD 事件产生的电荷，减少电压瞬变对电路内部元件的冲击。
因此，在设计和布置电路时，应特别注意接地点的位置和连接方式，以确保设备能
够有效抵抗 ESD 事件的影响。

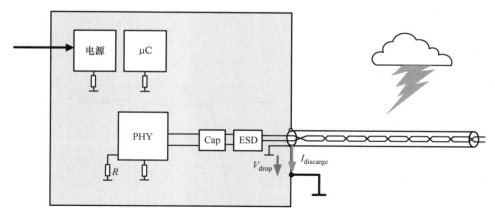

图 4.22　在推荐的 ECU 接地位置下的静电放电路径

为了全面测试通电状态下的 ESD 对设备的影响，需要对所有逻辑状态和完整功能进行测试。然而，在合理的时间内完成这样的测试并不容易。因此，一种替代方案是在测试期间和测试后，监测各个应用程序的功能是否存在潜在的故障或错误状态。相比之下，测试 ESD 对 I/O（输入/输出）特性的影响要比测试对 IC（集成电路）内部逻辑结构的影响容易得多。这是因为 I/O 特性更易于直接观察和测量，而内部逻辑结构则更为复杂，难以直接评估其受 ESD 事件影响的程度。因此，在实际测试中，通常会结合使用多种测试方法来全面评估 ESD 对设备的影响。

4.2.3　如何实现 ESD 保护

通信线路 ESD 保护的主要目标是主动限制 IC（集成电路）或其他组件引脚上的电压，使其降低到一个对这些组件不构成威胁的安全值。目前有多种 ESD 保护技术可供选择。

（1）ESD 或瞬态电压抑制（TVS）二极管

这些设备利用了二极管在反向时的特性。在正向时，当电压达到 0.3 ~ 1V 之间的某个特定水平后，电流会随着较低的电压降而增加。然而，在反向时，二极管会阻止电流通过，直到达到反向击穿点，此时漏电流非常低，仅有几微安。随后，电流也会增加。反向击穿电压的确切值取决于二极管的几何形状和用于生产它的半导体技术。击穿电压的范围可以从几伏到几百伏不等。当电流或时间在反向时被限制在短脉冲内时，不会造成热损伤（即永久性损伤），且这种效应是可逆的。

图 4.23 展示了 ESD 二极管两种典型用途的特性：单向应用和双向应用。根据所需的保护类型（针对正向、负向或振荡放电）以及通信链路上的信号形式，可

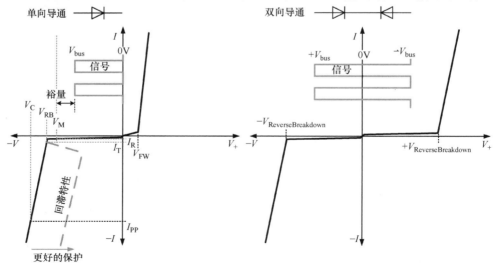

图 4.23　使用单向或双向 ESD 二极管的 ESD 保护[41]

能会使用其他组合的二极管。这些组合旨在提供适当的保护，以应对不同的静电放电情况，同时尽量减少对信号完整性的干扰。

此外，还有一类具有所谓"回滞（snapback）"特性的二极管。当达到某个触发值后，其电阻会大幅度降低，并且每次二极管的特性都会转移到不同的值上，这使得 ESD 保护更加高效。在图 4.23 中，这一特性在单向侧以虚线表示。这种回滞特性有助于在发生静电放电时，二极管能够迅速响应并有效地限制电流，从而保护电路免受损害。

（2）压敏电阻/聚合物 ESD 保护元件

压敏电阻是电子元件，其电阻值会根据所施加的电压而变化。在 ESD 保护中，这些元件主要基于多晶半导体材料，如氧化锌、碳化硅或二氧化硅。压敏电阻具有双向特性。由于其多晶结构，电流流入时会分布在多个半导体结上。压敏电阻是经济且坚固的 ESD 保护元件。它们能够在静电放电发生时迅速响应，通过改变电阻值来限制电流，从而保护电路免受损害。表 4.5 列出了选择 ESD（静电放电）保护器件时的主要参数。

表 4.5　ESD 保护器件的相关参数（也参见图 4.23）

缩写	含　义
V_C	钳位电压，保护电压
I_C	脉冲电流
V_M	正常操作时的最大电压
I_R	泄漏电流
V_{RB}	反向断开电压
I_T	测试电流
V_{FW}	正向电压
C_{ESD}	过电压保护元件的电容值

在选择 ESD 保护设备时，最重要的参数是钳位电压 V_C，其值取决于具体应用场景，通常为 3～100V。在多 Gbit/s 数据传输通信的情况下，第二个最重要的参数是 ESD 组件的电容 C_{ESD}。该电容需要保持在 1pF 或以下，因为超出此范围可能会对通信技术的传输性能产生影响。较小的电容值有助于减少信号在传输过程中的衰减和失真，从而确保数据传输的完整性和可靠性。

大多数集成电路（IC）在其输入引脚处都提供了一个内部结构，该结构具有 ESD 保护功能。这个结构由两个具有特定击穿特性的二极管组成，如图 4.23 所示。朝向 GND 的二极管在大多数硅工艺技术中都是 IC 本体衬底形式的固有部分，并且始终存在于每个 I/O 引脚处。由于衬底的大小，其正向电压通常较低，低于任何外部二极管。而朝向 I/O 电压的二极管则是专门为 ESD 保护而设计的。这种内部

ESD 保护结构能够在一定程度上防止静电放电对 IC 造成的损害，但可能不足以应对所有静电放电情况。因此，在需要更高 ESD 保护级别的应用中，可能需要添加外部 ESD 保护元件。

有了这两个二极管，就可以满足 MM（机器模型）的要求，从而允许在 PCB 组装过程中对这些 IC 进行标准化的大批量生产处理。然而，对于 HBM 和 CBM 的 ESD 保护，情况则有所不同。对于像 CAN 和 FlexRay 这样的通信技术，收发器 IC 采用的是混合模式双极 CMOS 工艺。通过这些工艺，可以在不使用额外外部 ESD 保护设备的情况下，为汽车应用提供足够的内部 ESD 保护。但对于汽车高速通信芯片，则使用 65nm 以下的半导体技术。在这样的工艺下，无法合理地实现足够的芯片内部 CBM 和 HBM ESD 保护，因为这样的保护需要更大的硅片尺寸。如果无法实现内部保护，则需要外部 ESD 保护以满足汽车要求。外部 ESD 保护与内部 ESD 保护协同工作。作为基本规则，外部保护应放置在 ECU 引脚附近，因为这是 ESD 事件最有可能发生的地方。

为了实现有效且经济的 ESD 保护，应对 ECU 或传感器的整个电子电路进行分析，因为其他无源元件也有助于减少 ESD 事件的影响（例如，请参见图 4.24 中的灰色部分）。这些元件可能包括电阻器、电容器、电感器等，它们可以在 ESD 事件发生时提供额外的保护或缓冲作用，从而保护整个电路不受损害。

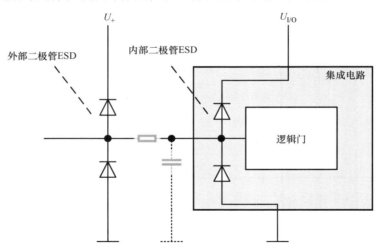

图 4.24　使用集成电路内部和外部二极管的 ESD 方案

大多数 ESD（静电放电）保护测试规范只要求进行少量测试，有时甚至只需要进行 10 次放电作为 ESD 测试的一部分。但需要注意两个影响：首先，无法确定在将未通电的设备投入其预定用途之前，它经历了多少次 ESD 事件。在完美的 ESD 处理过程中，可能从未发生过 ESD 事件。但在不那么完美的情况下，可能会发生数百次 ESD 事件。如果设备具有足够的 ESD 保护，它仍然可以正常工作而不会受到任何明显的影响。

其次，如前所述，当受到保护时，ESD 在原则上是一个可逆的过程。乍一看，这是正确的。但仔细观察后，ESD 几乎总是对涉及的组件产生一些不可逆的影响。经过多次 ESD 事件后，ESD 保护部件的参数会逐渐恶化，但这一过程并不明显。因此，ESD 测试应该反映这一点，例如通过更频繁地进行测试或测试直至部件损坏，以了解保护裕量。这样可以更全面地评估设备的 ESD 保护性能，并确保其在实际应用中能够可靠地抵御 ESD 事件。

需要注意的是，ESD（静电放电）与EMC（电磁兼容性）之间存在相互关系，而在 EMC 方面，EME（电磁环境）与 EMI（电磁干扰）之间也存在相互影响。通常，改善EME 的措施会对 EMI 产生不利影响，反之亦然。现在，ESD 作为一个额外的、不利的因素（图 4.25），需要被考虑进去。在这些因素中，必须首先确保 ESD 保护，因为这是基本要求，没有它，EME 和 EMI 的价值就会受到限制。

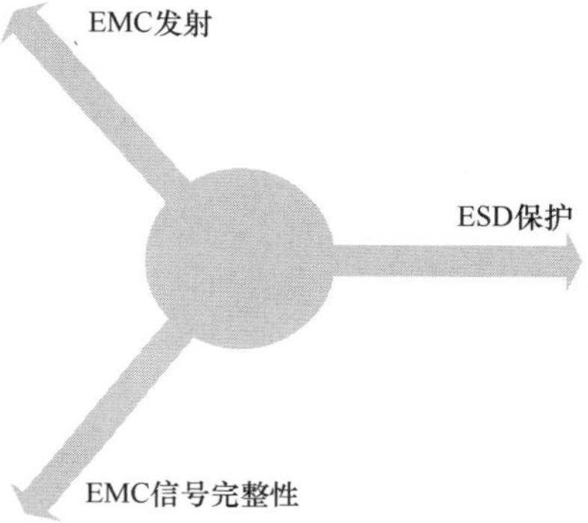

图 4.25　ESD、EME、EMI 之间的冲突

同时，ESD 保护可能会对 EME 和 EMI 性能产生影响。当 ESD 保护组件导致通信链路出现不平衡时，EME 的特性可能会发生变化。这种不平衡可能源于 ESD 组件自身的寄生参数，也可能是因为在 PCB 上ESD 保护组件引脚焊盘等不连续处产生了回波和阻抗阶跃。这些额外的电容还会增加频率相关的衰减，进而削弱信号强度，影响系统的抗干扰能力。

当电磁噪声将电压耦合到总线线路时，信号完整性可能会受到额外影响。例如，BCI（大电流注入）测试可能会将此类噪声引入通信链路。大多数用于商业应用的 ESD 组件的箝位电压都低于 10V。然而，BCI 测试可能会引入高达 100V 的电压。过高的电压可能会导致 ESD 组件被激活并变为导电状态。汽车中的 ESD 组件必须能够承受几千伏的电压和几安的峰值电流，这远远超过了 BCI 测试所引入的100V 电压和相应的几十毫安电流。但是，ESD 组件只能在非常短的时间内承受非常高的电压。在 BCI 测试中，测试会持续几秒甚至几分钟。因此，在 BCI 测试情况下，整体功耗远高于 ESD 事件。因此，BCI 测试或其他信号完整性测试可能会破坏 ECU（电子控制单元）或传感器的 ESD 保护和相关电路。

为了进行全面测试，应在 ECU 或传感器的 ESD 测试之前和之后都进行 EMC 测试，以确保 ESD 组件在 ESD 事件后不会以不可接受的方式改变 EMC 性能。

为了进一步了解相关主题，我们推荐以下参考文献：［36］［41］和［42］。

关于 ESD 的个人经验

在我，迈克尔·凯恩德尔（Michael Kaindl）的职业生涯中，我第一次亲身体验到 ESD（静电放电）的影响是在撰写我的毕业论文期间。当时，一个 CD4027 芯片直接且明显地遭受了 ESD 的损害。在我的专业工作中，我也遇到了一个与 ESD 相关的严重问题。这发生在我设计并负责的一款天窗电子系统的批量生产过程中。这款 ECU（电子控制单元）是机电一体化产品的早期范例之一，其电子元件被集成在了一个直流电动机驱动的执行器中。装有执行器的完整机械框架被送到了工厂进行生产。在生产了几个月都没有出现任何问题的情况下，突然报告了同一类基于 ESD 的错误激增。

这种错误的最糟糕之处在于，除了天窗会忽略进入休眠状态的命令外，其他所有功能都正常工作。这导致汽车持续保持活跃状态，在最坏的情况下，甚至会导致电池电量耗尽。在错误严重程度的排名中，这种情况无疑位于最顶端。为了解决这个问题，我们不得不深入调查并找出 ESD 事件的根本原因。这个过程中，我们学习了很多关于 ESD 防护和避免其损害的知识，这也让我更加深刻地认识到了在电子产品设计和生产中考虑 ESD 防护的重要性。

在寻找 ESD 事件根本原因的过程中，我们追踪了整个流程链，涵盖了包括宝马工厂在内的 5 个参与过程的合作伙伴。最终，在最后一个环节——将框架安装到汽车上时，我们发现了 ESD 损坏的源头：这个大约 $2m^2$ 大小的框架内部覆盖着纺织材料，用于运输保护的塑料薄膜被一次性快速移除。在冬季干燥的空气条件下，这种操作方式使得框架带上了超过 50kV 的静电。当连接电子设备时，静电通过通信总线放电，导致了一些情况下总线接口芯片（IC）部分损坏，进而使得工作电流和静态电流增加。而天窗 ECU 具有一项"安全功能"，该功能会在电流达到一定水平时做出反应。如果休眠模式下的电流超过了这个水平，就会触发重置操作，导致汽车唤醒。由于 ESD 损坏的单元使得休眠电流超过了这一限制，因此出现了电池电量耗尽的情况。

为了纠正这个问题，我们将用于运输框架的塑料薄膜更换为纸张。这是一个典型的 CDM 和 ESD 事件，它发生在汽车制造过程中，由于各个环节的条件和要求不同而引发。在调查安装站和装有已剥离薄膜的容器时，我们观察到这些薄膜积累了大量的静电，以至于只需用指尖轻轻触碰，就能将其从容器中"拖出"，而无须实际抓住它们。

4.3　参考文献

[1]　D.E. Möhr, "Was ist eigentlich EMV? – Eine Definition," not known. [Online]. Available: *http://www.emtest.de/de/what_is/emv-emc-basics.php* (no longer available). [Accessed 6 May 2020].

[2]　Wikipedia, "CISPR," 21 April 2022. [Online]. Available: *https://en.wikipedia.org/wiki/CISPR*. [Accessed 10 June 2022].

[3]　Federal Communications Commission, "About the FCC," Continuously updated. [Online]. Available: *https://www.fcc.gov/about/overview*. [Accessed 9 July 2021].

[4]　Der Spiegel, "Absolut sicher," 22 July 1984. [Online]. Available: *https://www.spiegel.de/politik/absolut-sicher-a-7d6913b5-0002-0001-0000-000013509655?context=issue*. [Accessed 2 July 2021].

[5]　Der Spiegel, "An die Nieren," 10 August 1986. [Online]. Available: *https://www.spiegel.de/politik/an-die-nieren-a-9c3771bd-0002-0001-0000-000013518844?context=issue*. [Accessed 2 July 2021].

[6]　T. Williams, EMC for Product Designes, Oxford: Newnes, 2016.

[7]　J. J. Goedbloed, Electromagnetic Compatibility, Hoboken, NJ: Prentice-Hall, 1993.

[8]　R. Schmitt, Electromagnetics Explained, Amsterdam: Newnes, 2002.

[9]　A. Kohling, EMV von Gebäuden, Anlagen und Geräten, Berlin: VDE-Verlag, 1998.

[10]　A. Schwab and W. Kürner, Elektromagnetische Verträglichkeit, 6. Auflage, Berlin: Springer, 2011.

[11]　D. Alexander, "9 Reasons Composite Materials Are Used Just About Everywhere Including Your Car," 12 February 2019. [Online]. Available: *https://interestingengineering.com/9-reasons-composite-materials-are-used-just-about-everywhere-including-your-car*. [Accessed 5 August 2021].

[12]　Ford Motor Company, "Component and Subsystem Electromagnetic Compatibility Worldwide Requirements and Test Procedures," 10 October 2003. [Online]. Available: *http://www.jaguarlandrover.com/emc/docs/download/ES-XW7T-1A278-AC.pdf*. [Accessed 3 July 2021].

[13]　BMW AG, "BMW Group Standard 95002," October 2004. [Online]. Available: *https://www.yumpu.com/de/document/read/9890334/bmw-group-standard-gs-95002-elektromagnetische-xenona*. [Accessed 3 July 2021].

[14]　Williamson Labs, "EMC," 1999-2011. [Online]. Available: *http://www.williamson-labs.com/ltoc/glencoe-emc-11.htm* (no longer available). [Accessed 26 December 2013].

[15]　UN/ECE, "Regulation No 10 of the Economic Commission for Europe of the United Nations (UN/ECE) — Uniform Provisions Concerning the Approval of Vehicles with Regard to Electromagnetic Compatibility," 26 July 2012. [Online]. Available: *https://eur-lex.europa.eu/legal-content/EN/TXT/HTML/?uri=CELEX:42012X0920(01)&from=DE*. [Accessed 2 July 2021].

[16]　K. Lamedschwandner, "EMV in der KFZ-Technik," 15 November 2013. [Online]. Available: *https://docplayer.org/7364551-Emv-in-der-kfz-technik.html*. [Accessed 6 August 2021].

[17]　T. Steinecke, M. Bischoff, F. Brandl, C. Hermann, F. Klotz, F. Mueller, W. Pfaff and M. Unger, "Generic IC EMC Test Specification," in Asia-Pacific Symposium on Electromagnetic Compatibility, Singapore, 2012.

[18]　ISO, "ISO 17987-6:2016: Road Vehicles - Local Interconnect Network (LIN) – Part 6: Protocol Conformance Test Specification," ISO, Geneva, 2016.

[19]　IEC, "IEC 62228-3 Integrated Circuits – EMC Evaluation of Transceivers – Part 3: CAN Transceivers," IEC, Geneva, 2019.

[20]　B. Körber, "IEEE 100BASE-T1 EMC Test Specification for Transceivers v1.0," OPEN Alliance, Delaware, 2017.

[21]　B. Körber, "IEEE 1000BASE-T1 EMC Test Specification for Transceivers v1.0," OPEN Alliance, Delaware, 2017.

[22]　ISO, "ISO 11452: Road Vehicles – Component Test Methods for Electrical Disturbances from Narrowband Radiated Electromagnetic Energy Part 1 to 11," ISO, Geneva, 2002–2015.

[23]　ISO, "ISO 7637: Road Vehicles – Electrical Disturbances from Conduction and Coupling – Part 3: Electrical Transient Transmission by Capacitive and Inductive Coupling via Lines other than Supply Lines," ISO, Geneva, 2016.

[24] A. Grzemba, MOST, the Automotive Multimedia Network; from MOST 25 to MOST 150, Poing: Franzis Verlag GmbH, 2011.

[25] Wikipedia, "Pulse-width Modulation," 3 August 2021. [Online]. Available: *https://en.wikipedia. org/wiki/Pulse-width_modulation*. [Accessed 12 August 2021].

[26] Veoneer, Bosch, and Continental, "Overview," not known. [Online]. Available: *https://www.psi5. org/overview*. [Accessed 12 August 2021].

[27] Wikipedia, "SENT (Protocol)," 3 July 2021. [Online]. Available: *https://en.wikipedia.org/wiki/ SENT_(protocol)*. [Accessed 12 August 2021].

[28] BMW AG, "GS 95024-2-1 Electric and Electronic Components in Motor Vehicles, Electrical Requirements and Testing," January 2010. [Online]. Available: *https://www.doc88.com/p-819912711273.html*. [Accessed 9 August 2021].

[29] Wikipedia, "Tribology," 7 April 2020. [Online]. Available: *https://en.wikipedia.org/wiki/Tribo logy*. [Accessed 10 May 2021].

[30] Wikipedia, "Triboelectric Effect/Triboelectric Series," 4 May 2021. [Online]. Available: *https:// en.wikipedia.org/wiki/Triboelectric_effect#Triboelectric_series*. [Accessed 10 May 2021].

[31] Wikipedia, "Dielectric Strength," 28 January 2021. [Online]. Available: *https://en.wikipedia.org/ wiki/Dielectric_strength*. [Accessed 10 May 2021].

[32] TU Vienna, "Silicon Dioxide Properties," not known. [Online]. Available: *https://www.iue.tuwien. ac.at/phd/filipovic/node26.html*. [Accessed 10 May 2021].

[33] esd-berater.de, "Änderungen in der Normenreihe für den ESD-Schutz," esd-berater, 2017. [Online]. Available: *https://www.esd-berater.de/esd-infos/aenderungen-in-der-normenreihe-fuer-den-esd-schutz*. [Accessed 13 May 2021].

[34] Wikipedia, "IEC 61000-4-2," 29 March 2021. [Online]. Available: *https://en.wikipedia.org/wiki/ IEC_61000-4-2*. [Accessed 12 May 2021].

[35] ISO, "ISO 10605-2008: Road Vehicles – Test Methods for Electrical Disturbances from Electro-static Discharge," ISO, Geneva, 2008.

[36] Toshiba, "Basics of ESD Protection," not known. [Online]. Available: *https://toshiba.semicon-storage.com/eu/semiconductor/product/diodes/tvs-diodes-esd-protection-diodes.html#Documents*. [Accessed 13 May 2021].

[37] Texas Instruments, "AN-1511 Cable Discharge Event," Texas Instruments, April 2013. [Online]. Available: *https://www.ti.com/lit/an/snla087a/snla087a.pdf*. [Accessed 13 May 2021].

[38] ANSI, "For Electrostatic Discharge Sensitivity Testing: Transmission Line Pulse (TLP) – Device Level ANSI/ESD STM5.5.1-2016," ANSI, Rome, NY, 2016.

[39] ESDEMC.com, "Introduction of Transmisson Line Pulse (TLP) Testing for ESD Analysis – Device Level," 17 April 2015. [Online]. Available: *https://www.esdemc.com/public/docs/TechnicalSlides/ ESDEMC_TS001.pdf*. [Accessed 16 May 2021].

[40] S. Frei and J. Edenhofer, "KFZ-Komponenteprüfverfahren für die Sicherstellung der Störfestig-keit gegen indirekte ESD," 2005. [Online]. Available: *http://www.bordsysteme.tu-dortmund.de/ publications/2005_ESD_Forum_Kfz-Komponentenpr%C3%BCfverfahren%20f%C3%BCr%20die%20 Sicherstellung%20der.pdf*. [Accessed 17 May 2021].

[41] Nexperia, ESD Application Handbook, self-published: Hamburg, 2018.

[42] Apogeeweb Semiconductor Electronic, "ESD Protection Circuit Tutorial," Apogeeweb Semicon-ductor Electronic, 8 January 2018. [Online]. Available: *https://www.apogeeweb.net/article/34. html*. [Accessed 13 May 2021].

第 5 章 汽 车 信 道

在设计新的通信系统时，首先会考虑选择其传输信道，这始于一些基本属性的考量。信道是铜缆、光链路还是无线传输？通信需要覆盖的距离是多远？显然，在10m 铜线上使用的通信技术与覆盖数公里或仅在 PCB 板上几厘米范围内工作的无线通信技术截然不同。然而，即便是在汽车内部，针对长达 15m 的铜缆进行多Gbit/s 通信（如本书所探讨的应用场景）时，我们也有多种传输信道的选择。正如本章将详细阐述的，所选的电缆类型——无屏蔽双绞线（UTP）、屏蔽双绞线（STP）、星绞四线组（STQ）、屏蔽平行对（SPP）或同轴电缆——仅仅是构建这个系统的一个环节。

更为复杂的是，这些选择还与物理层的通信机制相互关联。更复杂的物理层可能允许使用质量稍低的信道，而相比之下，不太复杂的物理层可能需要更高质量的信道才能达到相同的总体传输性能。因此，物理层的设计与信道参数紧密相关。

通信技术标准总是会在项目初期就详细定义通信信道。这不仅为物理层（PHY）设计的性能提供了明确的指导方针，而且与物理层相比，信道的选择通常更少、更不细致。当然，专有的 SerDes 解决方案也有其目标信道。但是，它们的参数并未公开，客户只能在产品规格说明书或应用说明书中获得有关可用电缆的信息，而不是信道的极限参数。

数字通信系统的关键性能指标是误码率（BER）。毕竟，任何通信系统的最终目标都是正确传输数据。因此，通信系统的发布流程总是包括广泛的长期误码率测试。这些测试需要确认在各种噪声条件下可以实现优于例如 10^{-10} 或 10^{-12} 的误码率。误码率为 10^{-12} 意味着在传输 10^{12} 位时，只接收到一个错误位。在 1Gbit/s 的速率下，这相当于每 1000s 或 16.6min 出现一次位错误。在 10Gbit/s 的速率下，这意味着平均每 100s 或 1.66min 出现一次位错误。虽然这看起来有些频繁，但 10^{-12} 的误码率目标是汽车高速通信系统的典型值（例如，参见文献 [1]）。

误码率（BER）代表了最终的结果。设计时的核心问题是，如何达到这一误码率？特定的接收机设计会根据调制方案、奈奎斯特频率以及接收机入口处的信噪比（SNR）等因素来实现一定的误码率[2]。例如，对于非归零（NRZ）/脉冲幅度调制（PAM）2，如果接收机入口处的信噪比达到或超过 18dB，那么可以实现优于10^{-10} 的误码率。根据所选的传输信道和频率，给定的发射功率值决定了接收机处的信噪比。那么，具体来说，信道是如何影响信噪比的呢？

铜缆的常用参数包括线规、绝缘类型、编织线数量等。从这些参数中可以推导出直流（DC）电阻和热行为。然而，在数字通信系统中使用的电缆中，这些参数的重要性相对较低。以下将详细讨论与汽车高速（HS）通信系统相关的选择和信道参数。由于信道不仅仅是电缆，因此第 5.1 节首先定义了汽车通信信道。第 5.2 节详细说明了高速数据传输相关的影响和参数。第 5.3 节一般性地介绍了不同类型的电缆和连接器，而关于特定信道选择的更多信息可以在第 7 章和第 8 章的相关通信技术部分找到。第 5.4 节讨论了印制电路板（PCB）上的一些选择对传输信道的影响。

5.1 信道定义

虽然电缆是信道中最显而易见的组成部分，但它通常并不是信道的唯一元素。图 5.1 给出了信道中不同元素及其各自职责的概览。在标准化的汽车串行解串器（SerDes）技术中，信道涵盖了从发射单元和接收单元中物理层（PHY）芯片引脚上的测试点 1（TP1）到 TP2 之间的所有内容。具体而言，这意味着信道不仅包括电缆，还包括所有的端部和线间连接器，以及所有影响物理层芯片引脚与电控单元（ECU）连接器之间 PCB 上通信路径的元素。这些元素可能涉及滤波器（用于频谱整形）、交流耦合电容器（用于直流抑制）、偏置 T 电路（用于设置组件的直流偏置而不干扰其他组件）、静电放电（ESD）保护二极管、共模扼流圈（CMC，用于共模抑制）等。与 PCB 紧密相关的这些元素，在后续内容中我们将称之为"介质相关接口（MDI）网络"，而 MDI 本身则是指介质从 PCB 过渡到电缆连接器的位置（在图 5.1 中标示为参考点"Ref1"和"Ref2"）。所谓的"（以太网）链路段"则是指 MDI 之间，即"Ref1"和"Ref2"之间的部分。

由于无法直接测试未连接的连接器，因此参考点 Ref1 和 Ref2 在很大程度上是虚拟测试点。因此，图 5.1 在已连接的电控单元（ECU）连接器的两侧分别标识了两个额外的测试点：ECU 1 侧的 TP5 和 TP3，以及 ECU 2 侧的 TP4 和 TP6。现代工具允许使用不同的数学方法来消除真实测试点（TP）与虚拟参考点之间的差异，这一过程称为去嵌入（de-embedding），即隔离连接器部件的性能并将其从测量结果中提取出来[3]。

从 TP1 到 TP5 以及从 TP2 到 TP6，可以模拟或测试 PCB 及其上放置的不同组件的影响。在传输信道中，电缆是位于 TP3 和 TP4 之间的部分，这是不带 ECU 连接器的线束部分。而连接器则是由 TP5 到 TP3 以及 TP4 到 TP6 定义的。

图 5.1 还明确了信道不同部分的职责。提供 PHY 芯片的半导体供应商负责确保 TP1 和 TP2 之间整个信道的性能达到要求。对于 TP1 和 Ref1 之间或 TP2 和 Ref2 之间的部分，一级供应商必须保证 ECU（电子控制单元）、传感器或显示屏等组件

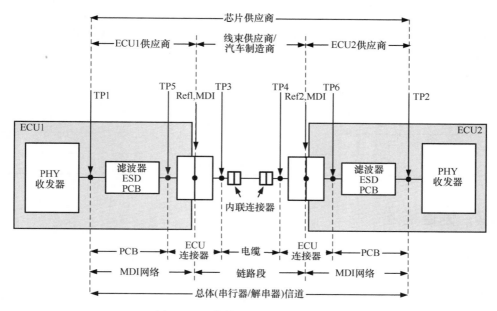

图 5.1　通信信道相关的元素和职责

符合标准或应用说明中定义的限值线。标准提供了功率谱密度（PSD）掩码和/或 MDI 回波损耗作为一级供应商的参考指标（详情请见第 5.4 节）。

位于两个参考点 Ref1 和 Ref2 之间的通信信道部分是线束。汽车制造商负责确定将由线束连接的单元的物理位置。他们有责任选择合适的电缆和连接器，并确保他们或他们的线束供应商使用正确的制造工艺来满足限值线的要求。只有汽车制造商才能确保遵守标准所支持的最大链路长度。

汽车内部的高速数据传输链路长度通常并不极端。在关于千兆通信的早期研究中，其平均链路长度被估算为略高于 3m[4]。然而，链路长度的实际变化范围很大。例如，传感器通常位于汽车边缘，其链路长度较长；而显示屏可能离渲染显示数据的单元非常近，因此链路长度相对较短。在豪华轿车中，摄像头的链路长度可能达到 10m，而在小型货车中甚至可能达到 15m，这些都是现实可行的[5]。但是，随着目标数据速率的提高，实现更长的链路长度会变得更加困难（例如，参见文献［6］）。此外，值得注意的是，非常短的链路长度也可能对高速数据通信构成挑战，因为反射现象会对其产生影响（关于回波损耗的更多详细信息，请参阅第 5.2.3.2 节）。

重要的是要理解，线束通常是通信信道中最具挑战性的部分。当观察整体信道的不同部分如何影响插入损耗时（有关插入损耗的更多详细信息，请参见第 5.2.3.1 节），表 5.1 显示电缆造成的损耗高达 95%。这一点非常重要。当串行解串器（SerDes）技术在 IT 行业中被引入时，它们只需要在 PCB 级别上覆盖远小于

1m 的信道。对于这样的用例，物理层的性能要求可以显著降低。例如，最初为 PCB 通信/电缆（≤1m）开发的 IT SerDes 技术包括外设组件互联标准（PCIe）[7] 或串行高级技术附件（SATA）[8]。

表5.1　不同链路元素插入损耗的比例（作者估算）

百分比	链路元素
5% ~ 20%	PCB、MDI 网络
70% ~ 95%	电缆
<1%	每个单独的、配对连接器

5.2　信道描述

　　描述通信信道有多种目标，其中最重要的是确保在各种情况下通信都能正常工作，而无须单独评估每个案例。对于 IT 或 CE 行业中的许多通信系统而言，这意味着电缆和连接器都有明确的定义。例如，以太网（也参见表5.6）、高清多媒体接口（HDMI，也参见第9.7.3节）、DisplayPort（DP，也参见第9.7.5节）和通用串行总线（USB，也参见第5.3.1.6节和第9.7.7节）都是如此，尽管它们都有许多变种。

　　在汽车行业，不接受这种预定义的电缆和连接器。每家汽车制造商在坚固性、耐久性、尺寸、颜色编码和支持的连接工艺数量等方面都有自己的特定要求。通过使用参数和限值线来描述信道要求，汽车制造商可以选择他们希望以多大的裕量来满足这些要求，以及选择什么解决方案。话虽如此，数据速率越高，满足这些要求就越困难，可供选择的方案也就越少。然而，这些参数和限值线也为电缆、连接器和线束制造商提供了新开发的明确目标。5.2 节解释了用于描述通信信道的值类型。第5.2.1节从阻抗开始，这是最基本的信道描述值之一。第5.2.2节继续介绍了散射参数，这些参数为第5.2.3节中介绍的许多信道限值线提供了基础。

5.2.1　阻抗

　　阻抗 Z 描述了链路段对电磁波传播的特性。它是交流电路中等效于直流电阻的概念。除了直流环境中也使用的电阻外，它还描述了高频数字通信信道的电感和电容所产生的电场和磁场的影响。

　　在理想情况下，信号源的内部阻抗与通信信道的阻抗以及接收器负载的阻抗完全相同。然而，在现实世界中，这种情况很难 100% 实现，因此会产生所谓的"阻抗不匹配"，这可能导致不希望的信号反射或功率传输效率低下[9]。电缆与（内联）连接器之间的过渡是引起通信链路阻抗不匹配的典型位置。为了减轻这些影响，建议：①尽可能实现良好的阻抗匹配；②避免短链路段；③不要使用多个相同长度的链路段。

图 5.2 概述了不同电缆类型阻抗的计算方法。对于高频信号，电缆阻抗 Z_c 可以假设与频率无关。这意味着磁导率没有影响（$u_r = 1$）。相反，阻抗取决于几何结构和所用绝缘材料的介电常数/电容率 ε_r。Z_0 代表自由空间波阻抗，其值可以近似为 $120\pi\Omega \approx 377\Omega$。

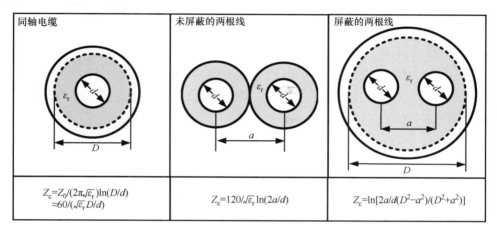

图 5.2 电缆阻抗计算[10][11][12]

表 5.2 列出了用于车载通信系统的双绞线和同轴电缆的典型阻抗值。对于汽车以太网和串行解串器（SerDes），常见的阻抗值是双绞线差分传输的 100Ω，而同轴电缆单端传输的阻抗值则是其一半，即 50Ω，但这仅针对 SerDes 指定。有关电缆类型的更多详细信息，请参见第 5.3.1 节。

表 5.2 汽车中常见的电缆阻抗值

阻抗	电缆类型	用途
50Ω	同轴电缆	SerDes[12]
75Ω	同轴电缆	家庭电视和无线电天线连接
90Ω	USB 电缆	USB[13]
100Ω	双绞线	FlexRay、Ethernet、SerDes
120Ω	双绞线	CAN、CAN-FD（$100\sim130\Omega$ 参见文献 [14]）
其他		模拟音频、测试工具等

5.2.2 散射参数

散射（S）参数是描述传输信道特性的关键指标。它们原则上可用于刻画任何稳定激励下的线性电气网络的电气行为[11][15][16]，但在确定通信系统信道方面尤为有用。通过使用网络分析仪，我们可以测量信道的实际 S 参数，从而将这些测量值与通信技术的规定界限进行比较，进而评估给定解决方案的适用性。

图 5.3 展示了 S 参数与具有一个通信信道的真正串行通信系统之间的关系，这对于第 7 章和第 8 章中讨论的大多数技术都是相关的。S 参数的命名可以这样理解：第一个数字是波的目标端口，第二个数字是波的源端口。例如，

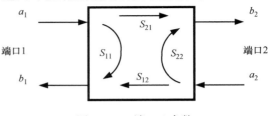

图 5.3　双端口 S 参数

参数 S_{21} 表示从端口 1 起源并到达端口 2 的波的部分。等式（5.1）中的 S 参数矩阵定义了前向和反射功率波之间的关系。S 参数如何转化为信道定义将在第 5.2.3 节中更详细地解释。

$$\begin{pmatrix} b_1 \\ b_2 \end{pmatrix} = \begin{pmatrix} S_{11} & S_{12} \\ S_{21} & S_{22} \end{pmatrix} \begin{pmatrix} a_1 \\ a_2 \end{pmatrix} \qquad (5.1)$$

图 5.3 展示的是非差分、单端信号的 S 参数，这类信号如通过同轴电缆传输的信号。然而，许多通信系统，即使数据传输速率远低于本书讨论的系统——例如，速率为 500kbit/s 的 CAN 总线——也采用差分传输。在差分传输中，信号同时以相反符号通过两根导线传输。在理想情况下，信号在传输过程中受到的任何共模干扰都会在两根导线上产生完全相同的噪声电流，因此，当两个信号在接收器重新组合成一个信号时，这些噪声电流可以被完全抑制（相减）。然而，由于差分传输在两根传输线上永远不会完全对称——两根传输线的长度可能不完全相同，或者外部噪声对两根传输线的影响也不完全相同——接收信号中仍会存在一些寄生共模电流。

对于差分传输，S 参数矩阵被扩展以反映这种情况。差分内容用字母 "d" 表示，共模内容用字母 "c" 表示。字母 c 和 d 的出现顺序与端口相同：第一个字母定义信号的目标端口，第二个字母定义信号的源端口。因此，S_{cd12} 表示从端口 2 到端口 1 的差分到共模参数。从差分模式到共模模式（反之亦然）的转换被称为"模式转换（MC）"。如第 5.2.3 节所述，MC 损耗对 EMC 性能有重要影响。它们是由几何信道特性的不对称性或其他损害引起的。表 5.3 展示了一个双端口差分通信系统的扩展 S 参数集，现在它包含了总共 16 个不同的系数。

表 5.3　双端口差分混合模式信号的 S 参数

目标	源	差分模式		共模模式	
		端口 1	端口 2	端口 1	端口 2
差分模式	端口 1	S_{dd11}	S_{dd12}	S_{dc11}	S_{dc12}
	端口 2	S_{dd21}	S_{dd22}	S_{dc21}	S_{dc22}
共模模式	端口 1	S_{cd11}	S_{cd12}	S_{cc11}	S_{cc12}
	端口 2	S_{cd21}	S_{cd22}	S_{cc21}	S_{cc22}

在非差分传输的情境下，S 参数 S_{ddnn} 与 S_{nn} 扮演着类似的角色。然而，对于差分传输系统，S 参数扩展到了 S_{dcnn} 和 S_{cdnn}，它们代表了影响差分数据传输的不同类型模式转换（MC），这些转换是差分系统所特有的。另一方面，S_{ccnn} 参数定义了共模的传输，但在信道描述中，这些参数的作用相对较小，因此不再深入讨论。

S 参数的定义基于其功率水平之间的关系。在无源网络中，由于没有增益，因此在理想的无热损失网络中，功率总和是恒定的。简言之，这符合等式（5.2）的描述。等式（5.2）的一个重要推论是，例如 S_{dd11} 的波动或凹陷（notch）也会导致 S_{dd21} 出现相应的波动或凹陷。这种变化的确切形态，特别是 S_{dd11} 的变化，很大程度上取决于电缆的长度，其中 S_{dd11} 会显示出明显的凹陷。而在更高频率下，由于 S_{dd21} 的值本身较低，这种影响就变得更加显著。

$$\sqrt{(S_{xx21})^2 + (S_{xx11})^2} \approx \sqrt{(S_{xx12})^2 + (S_{xx22})^2} \approx 1 \qquad (5.2)$$

值得注意的是，在本文所探讨的被动线性网络中，S 参数 S_{xx12} 和 S_{xx21} 主要用来定义信号的损耗。然而，在主动系统中，这些 S 参数还可能表示信号的增益。如果传输系统需要多根导线，比如像 IEEE 802.3ab/1000BASE-T 以太网标准那样，那么 S 参数系统可以进一步扩展到包含更多端口。这时，我们会使用像 S_{dd31} 这样的参数来标识同一系统中相邻电缆之间的串扰。

5.2.3　信道参数

在审视信道参数时，重要的是要确保它们能够反映信号在传输过程中可能遇到的各种损伤。这些损伤可以大致分为三组。第一组参数主要影响信号从发送节点到接收节点的传输（见第 5.2.3.1 节）。这一组中的主要参数是插入损耗（IL），它表示信号幅度在发射机和接收机之间的衰减程度。第二组参数则涉及信号本身的畸变（见第 5.2.3.2 节）。这一组中的主要参数是回波损耗（RL），它代表信号的反射情况。反射不仅会减小信号的幅度，还可能在时域中扭曲信号的波形。这两组参数都只考虑了系统本身的特性，而没有考虑与外部环境的相互作用。然而，第三组参数则有所不同（见第 5.2.3.3 节）。这一组参数关注的是与系统电磁兼容性（EMC）性能相关的方面，包括电磁辐射和电磁抗扰度。在差分传输系统中，模式转换（MC）是一个重要参数；而在使用屏蔽电缆的情况下，屏蔽衰减（SA）也是一个关键参数。第 5.2.3.4 节则在一个传输信道干扰模型中，对前面小节讨论的内容进行了总结。

5.2.3.1　与传输有关的损耗

（1）插入损耗（IL）

当信号通过通信信道传输时，会在发射机和接收机之间经历功率损失。这主要是由于电缆的介电材料损失（介电损耗）、电缆导电表面的功率耗散（电阻损耗）以及系统中的阻抗不匹配所致[18]。所有这些因素都会导致信号强度的降低，因此"插入损耗（IL）"和"衰减"这两个术语经常被用作同义词。特定信道的插入损

耗可以通过读取 S 参数 S_{dd12} 和 S_{dd21} （对于差分系统）或 S_{12} 和 S_{21} （对于非差分、单端系统）来测量。

可以想象，衰减取决于传输介质，并且随着传输信道的长度和传输频率的增加而增加。与无线传输相比，使用铜电缆在同一距离上的衰减会明显不同。而光传输的衰减则小于电传输或无线传输。在标准化项目的初期，通常会选择特定类型和长度的电缆，对于这些电缆，插入损耗是对称的，意味着信号从端口 1 传输到端口 2 或从端口 2 传输到端口 1 时经历的衰减大致相同。这符合等式（5.3）的描述。

$$IL = f(S_{dd12}, f) \approx f(S_{dd21}, f) \text{ 或 } IL = f(S_{12}, f) \approx f(S_{21}, f) \tag{5.3}$$

在本章（第 5 章）开头已经指出，通信系统的最重要性能指标是误码率（BER），它是接收机信噪比（SNR）的直接结果。SNR 中的信号强度 S 与这里讨论的插入损耗（IL）直接相关。这就是为什么插入损耗是通信系统中最重要的性能参数之一。图 5.4 展示了为不同汽车高速（HS）通信系统定义的插入损耗限值线。可以看出，奈奎斯特频率对插入损耗的影响是显著的。特别是对于大于 1GHz 的频率，每增加 1GHz，接收到的信号强度都会明显下降。因此，在设计和评估通信系统时，必须充分考虑插入损耗的影响，以确保系统能够满足预期的误码率要求。

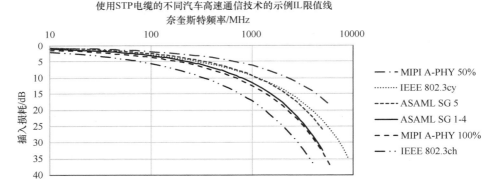

图 5.4　使用 STP 电缆的差分传输的汽车高速通信技术的示例 IL 限值线。请注意，在编写本书时，IEEE 802.3cy（＞10Gbit/s 汽车以太网）规范尚未获得批准。这些值来自文献［19］。有关各自技术的更多详细信息，请参见第 7 章和第 8 章

仅仅通过增加发射功率以获得更好的接收信号功率并不是解决问题的办法，因为更大的发射功率也会导致系统内部（也见第 5.2.3.2 节）以及从 EMC 辐射的角度对周围系统产生更大的失真（也见第 5.2.3.3 节）。同样，简单地使用更高阶的调制方式并在较低的频率下传输以达到相同的数据速率也并不一定是解决方案，因为更高阶的调制方案会减少符号之间的链路预算。

然而，从图 5.4 中可以看出，系统设计者还是有一些选择的；毕竟，具有相似目标数据速率的通信技术对 IL 的限制是不同的。在图 5.4 中，IL 曲线越低，表示

接收到的信号强度越低，接收器需要付出更多的努力来提取正确的信号。同时，这也可能意味着电缆的成本更低。相反，IL 曲线越高，表示有更多的信号强度到达接收器，这意味着接收器需要付出的努力更少（或者可以实现更高的调制和数据速率），但这也需要更高质量的电缆。因此，系统设计者需要在成本、性能和电磁兼容性之间做出权衡。

（2）信号传播延迟

对于一些系统（特别是需要同步的系统），信道中的信号传播延迟是一个重要的参数。在真空中，电磁波以光速 $c = 300\ 000\text{km/s}$ 传播，这意味着电磁波在 1ns 内可以传播 0.3m。然而，在介质中，这个速度会降低。通常情况下，电磁波在铜导线中的传播速度大约是光速的 2/3。因此，在铜导线中，电磁波在 1ns 内大约可以传播 0.2m，这意味着对于 15m 的距离，信号需要大约 75ns 才能到达。

信号传播延迟是不可避免的，但不同的通信技术采用不同的方法来补偿这种延迟。例如，汽车以太网和 ASA 运动链路就提供了同步方法，以减轻在具有各种通信链路的系统中传播延迟的影响。这些方法确保了系统能够准确、可靠地进行数据传输和同步，从而满足实时性和准确性的要求。

5.2.3.2　干扰信号的自噪声参数

（1）回波损耗（RL）

RL 表示在一个端口发送的信号对该端口接收到的信号造成的损害（也见图 5.6）。这种损害发生在传输信号在信道中的不连续点/阻抗不匹配处被反射回其源端时。这些不连续点发生在特定位置，如信道沿线的显著几何变化处。它可能是连接器（包括线间连接器或 ECU 连接器）的压接和接触区域，或者是同轴电缆或屏蔽双绞线（STP）电缆中的急转弯，其中编织层的机械结构发生偏离。回波损耗是回波信号的强度，因此"RL"常与"回波强度"或"回波"同义使用。

回波损耗的行为通过散射参数 S_{dd11}、S_{dd22} 或 S_{11}、S_{22} 来测量，这取决于它是差分通信还是单端通信。与插入损耗（IL）一样，回波损耗效应随频率的增加而增加，即频率越高，回波强度越大（也见图 5.5）。然而，与插入损耗不同的是，回波损耗不一定是对称的，如公式（5.4）所示，因为它取决于电缆中不连续点的具体几何形状和位置，而这些不连续点很少位于信道两端的相同距离处。因此，在设计和评估通信系统时，需要充分考虑回波损耗的影响，以确保系统能够稳定运行并满足性能要求。

$$RL_1 = f(S_{dd11}, f) \neq RL_2 = f(S_{dd22}, f) \text{ 和 } RL_1 = f(S_{11}, f) \neq RL_2 = f(S_{22}, f) \quad (5.4)$$

此外，信道长度对回波损耗（RL）的影响通常与对插入损耗（IL）的影响相反。在信道上传播的回波信号与预期信号一样会受到衰减。当信道非常长时，例如 1km，在信号源端几乎不可能感知到任何具有显著强度的回波。然而，对于非常短的电缆，例如 10cm，反射波可能会衰减并影响接收波，不仅影响振幅，还影响边缘处的时间相关行为，信号内部可能出现过冲和下冲，导致无法正确接收。同样的情况也可能发生在第一个线间连接器距离其中一个单元过近时。

这强调了插入损耗（IL）和回波损耗（RL）之间的关系［也见式（5.2）中的 $S_{xx12/21}$ 和 $S_{xx11/22}$］。将图 5.4 与图 5.5 进行比较，可以看出，在所研究的技术中，例如 MGBASE-T1，其插入损耗限制最为宽松，但回波损耗限制最为严格。理想情况下，接收器上的信号强度大，意味着衰减小。同样理想的是，破坏性的回波强度也小。然而，衰减越小（越好），潜在的回波强度就越大（越不好）。此外，发射功率越大，接收器上的功率就越大，信号抗噪声能力就越强。但是，更大的功率也意味着更大的回波强度和更多的发射。目标是找到最佳平衡点！

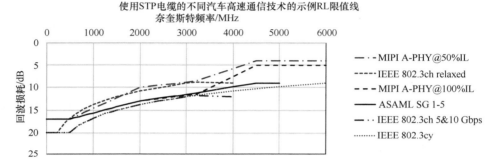

图 5.5　使用 STP 电缆的差分传输的汽车高速通信技术的示例 RL 限值线。请注意，在编写本书时，IEEE 802.3cy（＞10Gbit/s 汽车以太网）规范尚未获得批准。这些值来自文献［20］。有关各自技术的更多详细信息，请参见第 7 章和第 8 章

由于反射大多发生在传输信道沿线的特定点，而观察点位于信道末端，因此测得的 S_{11} 或 S_{22} 回波损耗曲线通常会显示出尖锐的凹槽，这些取决于与阻抗不匹配的距离以及所使用的频率。

值得注意的是，当物理链路上的通信采用半双工模式（即单元要么发送数据，要么接收数据，但不能同时进行）时，RL 的影响相对较小。在半双工通信中，由于没有同时进行的接收信号来干扰，因此不会出现因回波而导致的信号干扰问题。然而，在全双工通信（即单元同时发送和接收数据）中，就需要相应的信号处理技术来抵消回波的影响。但不论是半双工还是全双工通信，多个回波都意味着接收器上的信号强度会降低，因为部分传输能量会被反射，无法到达接收器［这一点在公式（5.2）中得到了强调］。

（2）码间串扰

回波损耗（RL）关注的是在同一端口上，发射信号对（不同）接收信号的反射影响，而码间干扰（ISI）则关注的是发射信号可能引起的反射影响（也见图 5.6）。导致码间干扰的反射发生在阻抗不匹配的区域，如线间连接器处。在码间干扰的情况下，反射信号（即回波）在其原始版本的符号持续时间结束后才到达（预期的）接收器。因此，它根据信道情况对下一个或多个符号造成畸变。因

此，码间干扰有时也被描述为由信号本身在时间域内引起的内部串扰效应。传输距离越长，符号持续时间越短（或奈奎斯特频率越高），码间干扰就越严重。这对于移动通信系统尤为重要，因为必须考虑非常滞后且频繁变化的回波。对于 15m 的汽车通信信道而言，码间干扰可能是干扰的来源，但其紧迫性较低。

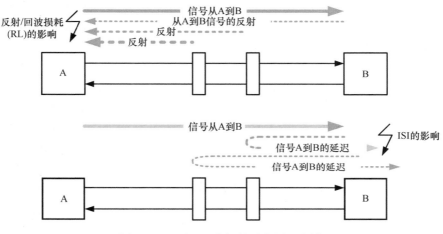

图 5.6　RL 和 ISI 之间的基本原理差异

（3）微反射

随着数据传输速率的提升和调制技术的复杂化，不仅由明显的不连续点（如线间连接器）引起的大反射变得更加显著，而且电缆上那些较小的反射也变得日益重要。这些反射会导致不同频率成分的信号经历不同的群时延，从而影响脉冲信号的频谱特性。因此，接收到的脉冲信号会发生退化。在眼图分析中，这种退化表现为水平开口的减小。由于这些反射的延迟时间很短，它们在时域上表现为"微反射"，可以通过观察信道回波的时域表示来识别。文献［21］已经指出了这一现象，而文献［22］则进一步提出了一个额外的限值线，旨在优化接收器的设计，以满足高于 10Gbit/s 的汽车以太网标准化要求。

（4）线对间偏差

当通信系统依赖多个信道或电缆来实现所需的数据速率时，可能会出现线对间偏差。线对间偏差是由不同信道上信号传播差异引起的，例如信道长度、绝缘性能或连接方面的小差异。其结果是，从发送端发送的两个或多个信号将以不同的方式到达接收端，例如在不同时间到达。

当通信系统需要利用多个信道或电缆来达到预期的数据传输速率时，就可能会出现线对间偏差。这种偏差源于不同信道上信号传播速度的微小差异，这些差异可能由信道长度、绝缘性能或连接方式的不同引起。结果，从发送端发送的两个或多个信号到达接收端的时间会不一致。在高速通信系统中，如果不进行相应的补偿，这种偏差可能会导致接收端接收到的信号发生错误。以 5Gbit/s 的波特率为例，每个符号的传输时间仅为 0.2ns。如之前关于延迟的讨论所述,信号在这么短的时间内可以传播约 4cm 的距离。因此,如果不对线对间偏差进行补偿,即使是很短的电缆长度差异也可能导致信号无法正确合并(请参见 1.2.1 节中的图 1.3)。一些依赖多个电缆的技术,如 FPD 链路的第一版或 1000BASE-T 以太网,就面临这样的挑战。虽然 1000BASE-T 以太网已经采用了补偿线对间偏差的方法,但在 FPD-Link 的原始版本中,这确实是一个亟待解决的问题(也请参见 7.3.1 节)。

5.2.3.3 EMC 相关信道参数和其他噪声

(1)模式转换(MC)损耗

MC 描述的是传输信号从单端模式转换为差分模式,然后再转换回单端模式的过程。因此,它不适用于仅依赖单端通信的通信链路,例如使用同轴电缆的链路。在完全对称的差分系统中,当差分信号在接收端重新组合时,共模干扰会被消除。然而,完全对称的系统是不存在的,因此每个差分通信系统都必须能够承受一定量的共模干扰,这些干扰是由于模式转换中的不对称性而保留在信号中的。因此,模式转换(MC)这一术语常常与"对称性"或"平衡性"同义使用。

不对称性会影响信号的完整性,因为会存在剩余的共模干扰。模式转换损耗限值线因此会告诉物理层(PHY)设计者,他们的设计需要能够应对多少剩余的共模干扰。另一方面,电缆制造商需要提供足够对称的电缆,以至少满足限值线的要求。请注意,不对称性也会导致电磁辐射(EME),因为不对称性也会导致发射无法完全相互抵消。因此,模式转换损耗限值线也会限制由模式转换引起的电磁辐射。

基于 S 参数,有多种方法可以确定 MC 损耗[23]。横向转换损耗(TCL)和纵向转换损耗(LCL)分别是 S_{cd11}/S_{cd22} 和 S_{dc11}/S_{dc22} 的函数,它们测量的是通信近端的回波。而横向转换传输损耗(TCTL)和纵向转换传输损耗(LCTL)则分别是 S_{cd12}/S_{cd21} 和 S_{dc12}/S_{dc21} 的函数,它们测量的是通信远端的衰减。LCL 和 TCL 以及 LCTL 和 TCTL 提供了关于对称性的相同技术信息,因此标准通常只选择其中一种作为模式转换损耗的度量。

另一种描述上述效应的方式是线对内偏差延迟(不要与第 5.2.3.2 节中讨论的线对间偏差混淆,后者是在多个电缆对上并行传输)。差分电缆中两根导线的非对称实现、绝缘的非对称或两根导线长度不同,都会导致每根导线中的信号传播不同。最初,线对内偏差延迟是电缆发布测试中指定的参数。然而,由于这种效应实际上是不对称性/MC 损耗,因此对 MC 的 S 参数进行适当水平的测试正在取代对线对内偏差的明确测试。MC 是一个特别用于 UTP 电缆限值线的参数。对于描述屏蔽电缆,通常使用以下要点中解释的参数,特别是耦合衰减。请注意,在汽车工业开始开发 100Mbit/s 汽车以太网之前,它并没有特别关注对称性对数据通信的影响。现在,从开发 100BASE-T1 以太网中获得的知识可以视为对该行业的一项贡献,该知识也可以应用于其他甚至更高数据速率的通信技术[24]。

（2）耦合衰减、屏蔽/防护和不平衡衰减

如前所述，MC 作为差分系统的一个重要特性，对 EMC 行为具有重要影响。但是，正如第 5.2.3.1 节所示，数据速率/频率越高，衰减越大，接收器上的信号强度越低。在某一时刻，即使是非常对称的非屏蔽电缆，其 SNR 也会变得太小，无法对抗同样增加的 EMC 噪声和敏感性。在这种情况下，通信系统通常会要求使用屏蔽电缆，因为屏蔽层在发射和免疫方面提供了额外的 EMC 裕量（也见图 4.9）。

耦合衰减是描述信道改善 EMC 行为整体效果的参数。在功能上，耦合衰减包括对称性的效果（也称为"不平衡衰减"，其值在至少 2GHz 以下与 MC 参数 LCTL 相当[24]）以及屏蔽层的效果 ［也称为"屏蔽衰减（SA）"][25][26]（也见图 5.7）。请注意，与 UTP 电缆相比，屏蔽层实际上可能会稍微降低 STP 电缆的对称性，因为电缆导线和屏蔽层之间的距离会发生变化。

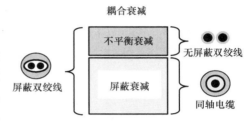

图 5.7 屏蔽、不平衡与耦合衰减之间的基本原理关系[26]

对于同轴电缆，耦合衰减和屏蔽衰减（SA）是相同的，因为同轴电缆仅依靠屏蔽层来抵抗电磁干扰。相比之下，UTP 电缆仅依赖平衡性。STP 或 SPP 电缆可以同时利用对称性和屏蔽层，STP 比 SPP 的对称性更好，因此最为稳健。虽然屏蔽层可以有效改善 EMC 行为，但请注意，这仅适用于屏蔽层与接地之间连接适当的情况。由于使用了新的复合材料、不同的电源电压等级（如 12V 和 42V）等因素，需要特别注意确保接地连接不受干扰（也见第 4.1 节）。IEEE 802.3ch，即 MG-BASE-T1 规范，将耦合衰减和屏蔽衰减都列为信道参数[27]。

（3）串扰（XTALK）

串扰（XTALK）发生在电缆彼此靠近时，它们的发射直接耦合到相邻的电缆中。串扰的根本原因是来自相邻传输线的寄生电阻（通过接地）、电感或电容近场耦合到受害传输信道。具体是哪种类型取决于所涉及通信技术的工作频率。作为一般规则：在 100MHz 以下，串扰的影响很小。在 100MHz 至 1GHz 的频率范围内，串扰每十年增加约 10dB。在 1GHz 以上，串扰每十年增加 15～20dB。因此，串扰对于本书所讨论的通信技术来说是相关的，需要仔细处理。

XTALK 可以由外部/异系统或系统内部的干扰源引起，这取决于传输系统所使用的导线（对）/信道的数量。就 XTALK 的严重程度而言，无法确定是来自同一通信系统的导线还是来自异系统的导线的干扰更为严重。然而，在消除其影响方面，这是有区别的。当发射器和接收器知道在干扰导线上传输的数据时，如 1000BASE-T 以太网或原始 FPD-Link，可以通过相应的信号处理来补偿部分影响。

在任何情况下，汽车线束中通常都有许多电缆被捆绑在一起。其中，只有少数电缆会在类似的频率范围内传输数据，因此有可能产生串扰，从而干扰原始信号。然而，由于汽车中存在大量的线束变化，不能忽视异系统串扰的可能性，并且需要在相应的通信标准中予以考虑。

串扰（XTALK）分为近端串扰（NEXT）和远端串扰（FEXT）。近端串扰发生在干扰源和受影响的接收器位于传输信道的同一端，而远端串扰则发生在干扰源和受影响的接收器位于同一传输信道的相对两端。由于衰减的影响，远端串扰的影响较小，有时甚至被忽略。对于 MGBASE-T1 汽车以太网或 ASA Motion Link，标准定义了近端的外来功率和综合外部近端串扰（PSANEXT）的限制，以及综合外部远端衰减与串扰比（PSAACRF）的外来串扰限制[27][28]。另一个可能使用的参数是等电平远端串扰（ELFEXT）。每种通信技术的具体细节将在第 7 章和第 8 章的标准中讨论。

（4）热噪声

热噪声（nt）存在于每个电气系统中。它是随机且非确定性的，其功率与温度和相关的频率范围成正比。方程（5.5）展示了如何计算热噪声水平。如图 5.8 所示，例如，在 100kΩ 的电阻下，有效热噪声电压在 1GHz 时约为 1.3mV，在 10GHz 时约为 4mV。

$$U_{nt} = \sqrt{4kTRB}\ 有效热噪声电压$$

$$P_{nt} = \frac{U_{nt}^2}{R} = \frac{4kTRB}{R} = 4kTB\ 热噪声功率 \tag{5.5}$$

式中，k 为波兹曼常数；T 为温度；R 为电阻；B 为带宽。

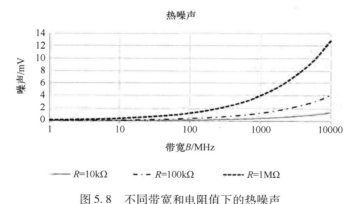

图 5.8 不同带宽和电阻值下的热噪声

5.2.3.4 传输信道干扰模型

图 5.9 在一个综合模型中总结了不同类型的影响——系统固有的或外部来源的——对通信信道的影响，并确定了通信系统开发人员必须考虑的相关参数。这个模型帮助开发者全面了解可能影响通信质量的因素，从而在设计和开发过程中采取相应的措施来减少这些影响，确保通信系统的稳定性和可靠性。

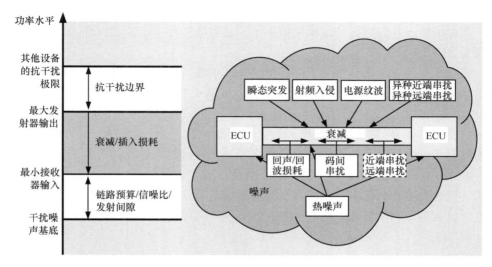

图 5.9　干扰模型[29]

收发器设计的最重要标准是接收机的最小输入电平（见图 5.9 左侧）。当接收到的信号强度低于接收机的最小输入电平时，接收机根本无法检测到信号，或者只能以过高的错误率检测到信号。任何高于最小接收机输入电平检测到的信号都被视为有效信号。为了实现一个功能完备的通信系统，接收机的最小输入电平不仅需要高于自然噪声基底，还需要与噪声基底之间有足够的裕量（"发射间隙"），以便能够处理图 5.9 右侧所示的所有额外的内部和外部干扰源。一个系统能够处理干扰的能力，即需要多大的裕量，实际上是系统设计的结果/部分，也是标准化过程中讨论和决策的重要部分。

在接收机的输入（一个设备）和发射机的输出（另一个设备）之间，是通信信道（见图 5.1）。信道的一个关键参数是其衰减/插入损耗（IL）（也见图 5.9 左侧），它决定了多少发射信号强度能够到达接收机。通常，在 6GHz 下，10m 电缆的衰减超过 20dB（例如，见图 5.4）。这意味着只有 1% 的发射功率或 10% 的电压能够到达接收站（见表 5.5），并且这必须高于接收机的最小输入电平。

更高的发射机输出功率可以确保更高的接收机输入电平。然而，最大发射机输出功率必须保持在一定限制以下（也见图 5.9 左侧），否则它会对其他系统产生过多干扰并影响其抗干扰性。因此，最大发射机输出功率是另一个重要的系统参数。最大发射机输出功率越低，对其他系统产生的干扰就越少，对其抗干扰性也就越有利。为了在发射端也允许来自其他源的额外干扰，最大发射机输出功率和限制其他系统抗干扰性的极限之间需要有一个裕量。这被称为"抗干扰间隙"。

在图 5.9 的右侧，我们列出了可能影响信号传输并导致信号幅度和潜在时序行为失真的不同类型干扰噪声。首先，最基础的是存在于任何电气系统中的热噪声，它主要影响接收机。接下来，我们关注的是系统内部产生的干扰，包括 RL 和 ISI。对于那些依赖于并行数据传输的通信技术，还需要额外考虑系统内部的串扰，具体表现为 NEXT 和 FEXT。

在图 5.9 的右上角列出了不同类型的外部干扰。首先是瞬态脉冲。汽车行业将瞬态脉冲分为慢瞬态脉冲和快瞬态脉冲（也见第 4.1.3 节）。当汽车中的感性负载（如继电器和阀门）被切断时，会产生慢瞬态脉冲。通过控制电源的开启和关闭来控制的负载，如 PWM（脉冲宽度调制）控制的负载，会产生快瞬态脉冲。电动汽车的电机和电源是引起所有附近有线连接系统产生快瞬态脉冲的主要来源之一。

射频（RF）侵入是另一个潜在的干扰源。它是由射频源（如地面广播站）引起的，在 4.1 节的引言中给出的例子生动地展示了其潜在影响。包括汽车在内的所有电子设备都必须能够处理这种噪声，而不会对相关功能造成显著损害（也见文献 [31]）。

此外，电源上的纹波是电磁干扰的来源。这是汽车内所有电子控制单元的常见现象，其产生原因如下：在目前的内燃机汽车中，发电机提供多相交流电压。这些多相电压经过整流和叠加，以便为汽车电池供电或向不同的 ECU 提供几乎恒定的电压。电池通常会抑制这种整流后的交流电压中的变化和特别是峰值。它还会在负载开关发生时最小化电压下降，这些电压下降通常是由电流的突然增加引起的。

然而，根据电池的使用年限和负载开关的严重程度，汽车电源上仍会存在电压纹波。由整流产生的电源纹波比例与发电机的转速有关。这种电源纹波本身会引起低频电磁干扰，以传导耦合的形式出现（也见 4.1.1 节中的表 4.1）。

电动汽车使用 DC/DC 转换器而不是发电机。在这些汽车中，是 DC/DC 转换器的开关特性产生了纹波（有时也称为"开关噪声"）。

这种对电源纹波的一般描述反映在汽车制造商对 ECU 的要求以及相应的测试规范中。德国汽车制造商制定了一项统一的规范 LV 124，每个汽车制造商都将其纳入自己的专有规范中（例如文献 [32]［33]）。除了电源纹波外，还需要考虑以下与电源相关的其他影响：过电压、欠电压、应急起动、负载突然断开、发电机产生的叠加交流电压、短暂中断、起动脉冲。车内的系统，包括其通信，都必须能够应对所有这些情况，即使并非所有情况都与 EMC 行为直接相关。

在汽车 SerDes 中，电源纹波的一般形式被通过同轴电缆（同轴供电，PoC）传输电力时产生的变化所取代。在 PoC 的情况下，电源纹波来源于为设备供电的 DC/DC 电源，该设备被称为供电设备（PSE）。通过通信电缆接收电力的设备（受电设备，PD）中的负载变化会产生额外的电源纹波。例如，在摄像头中，负载变化可能发生在消隐期间，即不传输数据的时候（也见 2.1.2 节）。在这种情况下，LV 124 中定义的电源纹波不再相关，因为 PSE 中的 DC/DC 转换器消除了 PoC 系统中的这些影响。相反，需要考虑的是 PoC 系统的特定电源纹波。

模型中纳入的最后一种外部干扰类型是异源串扰（XTALK），包括近端串扰

（ANEXT）和远端串扰（AFEXT）。传输频率越高，串扰干扰就越显著。对抗串扰的措施包括增加传输信道或连接器之间的距离、使用护套、屏蔽（也见 4.1.4 节），或使用不同绞距的双绞线电缆。与其他外部干扰源一样，串扰本身是无法避免的。确保通信功能正常运行的责任在于系统设计和所选参数——如链路裕量、电缆类型、调制方式、纠错方法和位映射。表 5.4 总结了所讨论的干扰类型，并提出了一些解决这些干扰的措施。第 7 章和第 8 章将详细介绍针对不同高速通信技术所选用的措施。

表 5.4　干扰类型及应对措施概述

干扰	类型	应对措施
Attenuation/IL（衰减/插入损耗）	内部	调整信道长度，选择适当的电缆类型
Echoes/RL（回声/反射损耗）	内部	使用回声消除器（在已知干扰时），通过系统设计[例如，采用时分双工（TDD）代替频分双工（FDD）]
ISI（码间串扰）	内部	通过信号处理（在已知干扰时），调整符号周期等系统设计
NEXT/FEXT（近端串扰/远端串扰）	内部	通过信号处理（在已知干扰时），系统设计避免并行信道/载波
Thermal noise（热噪声）	外部	设定最小接收输入水平，优化链路边缘，调整最小发送功率
Transient bursts（瞬态突发）	外部	优化链路边缘（调整调制方案，使用屏蔽），应用前向纠错（FEC），增加重传机制
Power ripple（功率涟漪）	外部	优化链路边缘（调整调制方案，使用屏蔽），应用前向纠错（FEC），增加重传机制
RF ingress（射频入侵）	外部	优化链路边缘（调整调制方案，使用屏蔽），应用前向纠错（FEC），增加重传机制
Alien XTLK（异种串扰）	外部	优化链路边缘（调整调制方案，使用屏蔽），应用前向纠错（FEC），增加重传机制，增加与潜在干扰源的物理距离

表 5.5　分贝（dB）转换为电压（V）或功率（P）的比例

dB	−30	−20	−10	−6	−3	0	3	6	10	20	30	40	50	60
V	0.0316	0.1	0.316	0.5	0.7	1.0	1.4	2	3.1	10	31.6	100	316	1k
P	0.001	0.01	0.1	0.25	0.5	1.0	2.0	4	10	100	1k	10k	100k	1M

5.3　电缆和连接器

在通信技术标准化的过程中，目标信道是一个至关重要的出发点。常见的做法是首先选定所需的电缆和连接器，然后围绕这些组件来构建物理层。以 IEEE 为数据中心应用开发的双绞线以太网技术为例，除了最早期的 BASE-T 项目外，几乎所有项目在项目启动之初就明确了要满足的信道规范。这些 BASE-T 信道普遍包含国际电工委员会（IEC）60603-7 标准所规定的 8 位 8 触点（8P8C）模块化连接器，它常被（错误地）称为 RJ-45[34]，并作为美国国家标准协会/电信行业协会（AN-SI/TIA）-568[35] 或 ISO/IEC 11801 版本[36] 中 "TR-42" 委员会定义的某一类（CAT）电缆/链路段的一部分。表 5.6 提供了不同 BASE-T PHY 技术及其在 IT 应用中使用的电缆/信道的概览。

表 5.6　数据中心以太网物理层（PHY）及其电缆[37]

PHY 名称	IEEE 编号	PHY 发布年份	EIA/TIA 编号	信道发布年份
10BASE-T	802.3i	1990	CAT 3（电话线）	1991
100BASE-TX	802.3u	1995	CAT 5	1995
1000BASE-T	802.3ab	1999	CAT 5 或更高	1995
2.5/5GBASE-T	802.3bz	2018	CAT 5e 或更高	1999/2002
10GBASE-T	802.3an	2006	CAT 6（较短距离），CAT 6a	2002
40GBASE-T	802.3bq	2016	CAT 7 或更高	2002

汽车制造商传统上坚持使用他们特定的电缆和连接器。因此，为汽车通信技术定义包含电缆和连接器的完整信道是不常见的。在汽车通信标准项目中，更常见的做法是选择一个电缆类别［例如，非屏蔽双绞线（UTP）、屏蔽双绞线（STP）、同轴电缆］，测量几种不同产品（具有适当长度和预定数量的线间连接器）的 S 参数，然后根据这些测量结果，决定信道必须满足的界限值。当然，为了最终采用这些界限值，来自物理层方面的专家需要确认，他们预计会有物理层机制可用，这些机制能够在使用这些界限值的情况下，实现功能完善且经济可行的通信技术。

在汽车中，线束的成本尤为重要：线束是汽车中第三重且第三昂贵的部件（仅次于发动机和底盘，例如参见文献［38］［39］）。因此，电缆和连接器的选择不仅影响硬件成本，还影响能效/二氧化碳排放量。以太网能够成功引入汽车领域的主要原因之一是找到了一种满足汽车电磁兼容性（EMC）要求的物理层技术——当时称为 BroadR-Reach 的 100BASE-T1 技术，该技术仅需要一根非屏蔽双绞线（UTP）电缆（和 UTP 连接器）[24]。在标准化汽车千兆以太网（1000BASE-T1）时，围绕传输信道应使用一对还是两对电缆进行了长时间的讨论[40][41]。由于重量和成本的考虑，最终选择了单对电缆信道。因此，对于本书讨论的高速数据通信用例而言，也倾向于使用单对电缆，尽管并非总是可以使用（详见第 7.1 节和第 7.2 节）。

电缆的直径/横截面积是一个重要的参数，它不仅影响电缆的重量和成本，还影响其直流电阻。由于世界各地使用的命名法不同，表 5.7 显示了汽车数据电缆中常用直径的美国线规（AWG）、英寸和米制单位之间的转换。由于本节后面提供的描述将仅使用米制命名法，表5.7为习惯使用其他系统的读者提供了快速参考。以下小节概述了可用的电缆（第5.3.1节）和连接器（第5.3.2节）解决方案。第5.3.3节讨论了电缆和连接器领域内的规划或建议的未来发展趋势。

表 5.7 电缆直径命名规范转换表[42]

AWG（美国标准线规）	直径/in	直径/mm	截面积/mm²
21	0. 0285	0. 723	0. 411
22	0. 0253	0. 644	0. 326
23	0. 0226	0. 573	0. 258
24	0. 0201	0. 511	0. 205
25	0. 0179	0. 455	0. 163
26	0. 0159	0. 405	0. 129
27	0. 0142	0. 361	0. 102
28	0. 0126	0. 321	0. 081

5. 3. 1 电缆

5. 3. 1. 1 非屏蔽双绞线（UTP）电缆

非屏蔽双绞线（UTP）由两根绝缘导线均匀扭绞而成。线缆制造商通过连续的绞线工艺生产这种电缆，并在此过程中需要严格控制制造参数，以确保扭绞均匀对称，绞合节距恒定。尽管如此，非屏蔽双绞线仍然是一种成本（和重量）效益较高的解决方案，因此更适用于汽车通信系统。然而，由于信号衰减会随传输频率的增加而增加，非屏蔽双绞线在现代传感器和显示应用所需的高数据速率下的可用性受到限制。

当100BASE-T1以太网被引入汽车行业时，人们认为高达100Mbit/s的数据速率允许使用非屏蔽双绞线（UTP）电缆，这是难以想象的。能够使用UTP电缆进行100BASE-T1通信是其成功的一个重要原因。然而，即使在相对较低的奈奎斯特频率（Nyquist frequency）33. 33MHz下，也需要特别注意两根导线的对称性，以及它们的绞合率、连接器中和连接器前未绞合区域的长度、如果使用多针连接器时的引脚配置、导线规格以及导线的绝缘材料[43]。

数据电缆的绝缘材料会直接影响其介电性能。并非所有绝缘材料都具有绝对稳定且可重复再现的介电常数，特别是在温度变化时。聚氯乙烯（PVC）是一种成本效益极高的绝缘材料，适用于如CAN总线所需的低速通信电缆，但不适合更高速度的通信，甚至在宝马公司看来，连CAN-FD都不适用。PVC的质量可能会因制造商的不同或同一制造商不同批次的产品而有显著差异。其中一个原因是，为了达到所需的力学特性，会添加额外的复合材料。增塑剂和填充材料被用来使PVC适合作为绝缘材料。然而，这些附加材料会导致介电特性的广泛波动，并对材料抵抗环境影响的稳定性产生负面影响。例如，当使用石膏作为填料时，介电特性会随着湿度的变化而变化。相比之下，聚丙烯（PP）或交联聚乙烯（PE-X 或 XPE）是更合适的绝缘材料，因为它们在整个工作温度范围内都表现出稳定且明确的介电行为。表5.8 概述了用于汽车电缆的不同绝缘材料。

表 5.8   汽车电缆不同绝缘材料特性表[44][45]

缩写	名称	E_r	温度范围/℃	备注
PVC	聚氯乙烯	4~6	−40~105	随温度变化而变化
PP	孔洞聚丙烯	2.3	−40~125	
PE-XorXPE	交联聚乙烯	3~4	−40~125/150	最高温度取决于变体
FEP	四氟乙烯六氟丙烯	2.1	−60~210	不柔软，硬
PS	聚苯硫醚	1.05	−10~70	目前未在汽车中使用，作为低温范围的参考展示

典型的导线规格介于 0.13~0.5mm^2 之间。对于内导线，规格为 0.13mm^2 的通常意味着使用了铜锡（CuSn）或铜镁（CuMg）等合金。与 0.35mm^2 的纯铜相比，使用 0.13mm^2 的铜合金可以在抗拉强度方面达到相似的坚固性。而规格为 0.14mm^2 的导线则通常表示导体材料为纯铜（这只是对市场上可用产品的一个简单观察）。

在考虑在汽车内部使用非屏蔽双绞线（UTP）电缆进行更高数据速率的传输时，情况如下：1000BASE-T1 以太网的奈奎斯特频率为 375MHz。在标准化过程中，人们认为在这个频率下使用 UTP 电缆是可行的。然而，为了确保足够的抗外来串扰能力，UTP 电缆必须被包裹起来，以增加与邻近导线的物理距离。据作者所知，在撰写本书时，所有实际应用于量产汽车中的 1000BASE-T1 以太网实现都使用了屏蔽双绞线（STP）电缆，以降低风险。显然，与长期控制电磁兼容性（EMC）影响的风险评估相比，UTP 电缆的价格优势被放在了次要位置。

成功以 250MHz 的奈奎斯特频率使用 UTP 电缆进入量产的技术是 HDBASE-T[46]（尽管作者不清楚具体电缆长度）。在使用 PAM 16 调制时，它可以实现高达 2Gbit/s 的总数据速率。如果 PAM 16 的链路预算不足以抵抗干扰，链路自适应机制会降低调制级别，从而降低数据速率但确保通信的连续性。同样，在 MGBASE-T1 以太网的早期讨论中，UTP 也至少被考虑过用于 2.5Gbit/s 的速度等级[47]。然而，该方案被否决了，对于使用 PAM 4 调制、奈奎斯特频率约为 800MHz 的 2.5GBASE-T，最终选择了 STP 电缆[27]。这些是非常好的例子，表明在一定范围内，解决方案空间允许在信道设计和 PHY 实现之间做出权衡。

5.3.1.2 屏蔽双绞线（STP）电缆

STP（屏蔽双绞线）电缆由一对双绞线和一个屏蔽层组成，如图 5.10 所示。屏蔽层在数据传输中本身不发挥功能，但其主要目的是通过减少通信线向外部的辐射和屏蔽外部对通信的干扰来改善电磁兼容性（EMC）行为；在这两种情况下，都是通过将任何感应到屏蔽层上的电流引流到地面来实现的。图 5.10 所示的屏蔽层由铝箔和编织层组成，因为这是高频数据传输的最佳选择。然而，也存在只使用编织层或铝箔（加上引流线）作为屏蔽层的 STP 电缆。

在导体横截面积介于 0.13 ~ 0.35mm^2 且使用常见绝缘材料的情况下，STP 电缆的典型阻抗为 100Ω，但也会出现 90Ω、110Ω 或 120Ω 的阻抗值（也请参见表 5.2）。与具有相同外径的同轴电缆相比，STP 电缆的插入损耗大约高出 50%，因为为了达到相同的外径，STP 电缆的导体需要更细。

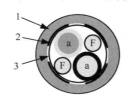

a	双绞线系统
F	填充物（可选）
1	外层电缆外套
2	编织屏蔽层
3	铝箔屏蔽层

图 5.10　STP 电缆的剖面图

STP 电缆在汽车中不仅用于连接摄像头或显示屏的专有 SerDes 技术，还用于传声器或连接低频天线，以满足近场通信（NFC）应用的需求。此外，当 CAN 线需要特别靠近射频（RF）天线时，STP 也常用于 CAN 或 FlexRay 等总线系统。对于这些用途，汽车制造商要么会指定具体的电缆类型，要么仅指定几何数据和屏蔽层的存在。

值得注意的是，1000BASE-T1 以太网是首个为汽车 STP 信道制定了完整规范的汽车通信技术，这凸显了该主题在汽车工业中的相对新颖性。

实际的 STP 电缆在插入损耗（IL）参数中表现出一种称为"吸出"的共振效应。这些吸出区域限制了 STP 电缆仍可用于数据传输的频率。不同的 STP 电缆的第一个吸出区域出现在不同的频率上。在撰写本书时，由于制造工艺的改进，第一个吸出点已经移到了 5GHz 以上。第 5.3.1.4 节中的图 5.12 展示了包括 IL 吸出行为（标记为"1"和"2"）在内的主要差异。

5.3.1.3　星型四线对电缆（STQ）

STQ 电缆是 STP 电缆的一种特殊形式，其特点在于，不是一对双绞线，而是四根导线在一个屏蔽层内连续绞合在一起。图 5.11 展示了其基本结构，其中相对的两根导线被配成一对。这种设计使得每对导线都尽可能地处于另一对的零电位区，从而实现了理想的电磁干扰抑制。

这种双对设置允许简单的并行化，通过降低每对的传输频率，可以在保持相同吞吐量的同时改善插入损耗（IL），或者将吞吐量大致加倍。因此，特别是在一些早期的专有 SerDes 通信系统中，STQ 电缆是必需的。同时，在汽车中，STQ 电缆也常用于 USB 2.0 或 100BASE-TX 以太网等场景。当然，STQ 电缆由于需要更多的材料，其成本会比简单的 STP 电缆更高。但与两根 STP 电缆相比，STQ 电缆的成本效益更高，尽管其链路裕量和吞吐量可能稍低。此外，一个 STQ 连接器所需的空间也比两个简单 STP 连接器所需的空间要小。如果通信技术仅需要单对导线，那么 STQ 电缆中的其他两根导线可以用于电源和/或唤醒功能。对于唤醒功能，实际上只需要一根导线即可。

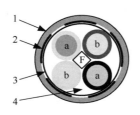

a	双绞线系统a
b	双绞线系统b
F	填充物（可选）
1	外层电缆外套
2	编织屏蔽
3	箔屏蔽
4	内衬或填充物（可选）

图 5.11　STQ 电缆的剖面图

　　由于 STQ 电缆在汽车行业中已有广泛应用，其线束处理——即将连接器连接到 STQ 电缆上——已经实现了高度的自动化。一旦识别出一根导线，其余导线的位置也随之确定，因为它们的排列遵循一端顺时针、另一端逆时针的规则。为了明确方向，连接器的一端附近会标记"A"，另一端则标记"B"。不过，这种排列方式对实际应用并无影响，因为引脚分配是严格的一对一映射，不存在交叉。

　　然而，随着技术的发展，STQ 电缆在高速数据通信中的重要性逐渐减弱。当工作频率超过 3GHz 时，由于制造公差的存在，很难在经济上实现并保持导线间所需的对称性（请参见第 5.2.3.2 节关于电缆间偏差的讨论）。尽管如此，STQ 电缆仍以其独特的优势存在，其导线规格通常介于 $4 \times 0.14 mm^2 \sim 4 \times 0.5 mm^2$ 之间。

5.3.1.4　屏蔽平行对（SPP）电缆

　　SPP 电缆是屏蔽电缆的另一种变体，也仅包含一对导线。但与 STP 电缆不同的是，SPP 电缆中的导线并非绞合，而是在整个电缆长度内保持平行。这意味着，在相同长度的电缆中，SPP 电缆内部导线的实际长度比 STP 电缆要短，因此 SPP 电缆的插入损耗（IL）在相同长度下会略优于 STP 电缆。然而，更重要的是，由于 SPP 电缆的绞合长度非常长，理想情况下可以说是无限长，因此 STP 电缆中可见的第一次吸出效应在 SPP 电缆中几乎可以消除。SPP 电缆的第一次吸出效应出现在更高的频率上，且影响较小，主要是由于屏蔽层的编织结构所致（与同轴电缆类似）。图 5.12 通过比较 STP 和 SPP 电缆的典型插入损耗曲线，直观地展示了它们之间的差异。

　　自然而然地，SPP 电缆的生产需要非常严格的过程控制，因为缺少了导线绞合带来的机械稳定性和由导线极性相互变化导致的电磁兼容性（EMC）正面效应。因此，对于 SPP 电缆而言，导体的完美对称性是不可或缺的要求。

　　在撰写本书时，SPP 电缆仍主要以原型形式存在，尚未在汽车行业中实现量产。同样，SPP 电缆也未被预见用于 MGBASE-T1 以太网或最新发布的 SerDes 规范中。然而，鉴于 SPP 电缆允许使用更高的系统频率，它们在未来更高频率的系统中可能会重新受到考虑[49]。

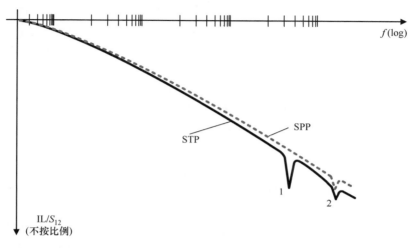

图 5.12　STP 和 SPP 电缆吸出效应的原理比较（参见文献［49］）

在文献［49］中，采用了"屏蔽差分对（SDP）"这一术语来替代 SPP，但"平行"一词可能误导人们认为两根导体必然保持严格的直线状态，进而错误地认为电缆会倾向于单一方向弯曲[50]。然而，实际情况并非如此。我们讨论的电缆中的导体可能并未像 STP 电缆那样进行绞合，但它们的排列方式并不限定于直线。我们认为，在此情境下使用 SDP 术语并不恰当，因为即使在 STP 电缆中，数据传输也是基于差分原理的。因此，我们更倾向于在所有屏蔽导体对电缆中，只要导体未进行绞合（无论其位置是否固定），都统一使用 SPP 术语来描述。同时，我们建议将 SDP 作为 SPP 和 STP 电缆的一个总称来使用，以避免混淆。

5.3.1.5　同轴电缆

同轴电缆由内部导体、介电绝缘层、同心屏蔽层以及外部保护套组成（参见图 5.2）。其中，屏蔽层不仅起到保护作用，还作为信号回路，它通常采用编织方式，因为铝箔屏蔽层在连接上较为困难。在消费领域，同轴电缆最为人所知的应用是连接收音机或电视机与其天线系统[12]。在汽车领域，同轴电缆最初也是作为天线电缆使用的，主要用于模拟信号的传输。后来，10BASE-T2 和 10BASE-T5 以太网等技术的出现，使得同轴电缆也开始被用于数字数据的传输。这两项技术分别于1985 年和 1983 年完成标准化。但值得注意的是，随着 1990 年 10BASE-T 技术的出现，数据中心开始倾向于使用非屏蔽双绞线（UTP）来替换同轴电缆，这一转变被视为以太网成功的重要推动力之一[51]。

在汽车行业中，同轴电缆用于数字数据传输是近年来的新趋势，且主要聚焦于

SerDes 通信链路。正如我们在第 7.3.3 节中对物理层技术的深入探讨中所述，当专有 SerDes 技术不仅支持 STP 电缆，还开始支持同轴电缆时，这一新功能显得尤为重要。紧接着，同轴链路还实现了电力传输的功能，这进一步降低了数据传输的成本——因为同轴电缆和连接器的成本普遍低于 STP 电缆和连接器——同时避免了为数据传输单独铺设电源线的需要。对于摄像头应用而言，这一进步让 SerDes 通信重新焕发了活力，因为它之前曾在部分摄像头市场领域被以太网技术所取代[24]。

同轴电缆在 77Ω 阻抗下信号衰减最小，因此，对于需要传输低能量信号的系统（如天线电缆），常采用 75Ω 同轴电缆。而在大多数通用场合，包括通过 SerDes 进行数字数据传输时，50Ω 阻抗的同轴电缆则是首选。选择 50Ω 的原因在于它能提供源与负载之间的最佳阻抗匹配，同时，它也几乎位于低衰减的 75Ω 与高功率处理能力的 33~40Ω 之间。相较于 50Ω 电缆，75Ω 电缆的衰减大约减少了 10%。此外，50Ω 同轴系统还与 100ΩSTP 电缆形成了良好的互补关系。在差分系统中，若仅使用一根线，就相当于构成了一个单端同轴系统，反之亦然。

在汽车应用中，同轴电缆的外径也是一个重要参数。最常用的同轴电缆外径为 3.2mm，这种电缆在汽车行业常被称为"低损耗"电缆，主要用于静态布线场景（因为它们相较于外径为 2.8mm 的工业标准 RG174 电缆，具有更低的衰减性，见图 5.13）。静态布线意味着电缆安装后位置固定不变。然而，这种同轴电缆的弯曲能力有限，尤其是在需要承受频繁机械应力的情况下，如底盘与车门之间的连接。在静态布置中，电缆的弯曲半径应约为其直径的五倍；而在需要动态弯曲和展开的场景中，弯曲半径则不应小于电缆直径的十倍。

图 5.13 展示了不同同轴电缆的插入损耗（IL）曲线示例。从图中可以看出，电缆直径越小，衰减越大。此外，当汽车中需要在需要动态弯曲的位置使用同轴电

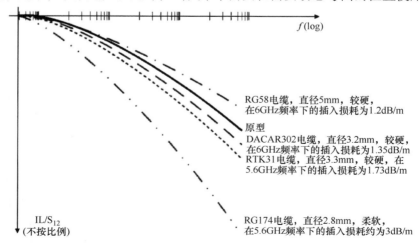

RG58电缆，直径5mm，较硬，在6GHz频率下的插入损耗为1.2dB/m

原型

DACAR302电缆，直径3.2mm，较硬，在6GHz频率下的插入损耗为1.35dB/m

RTK31电缆，直径3.3mm，较硬，在5.6GHz频率下的插入损耗为1.73dB/m

RG174电缆，直径2.8mm，柔软，在5.6GHz频率下的插入损耗约为3dB/m

IL/S_{12}
（不按比例）

图 5.13　不同同轴电缆的插入损耗（IL/S_{12}）的主要差异（参见文献 [44] 和 [53]）

缆时，需要采用不同结构的电缆。在图 5.13 中，唯一允许频繁弯曲的电缆是
RG174。它的直径较小，内芯由铜包钢编织线组成，但衰减也最大。

在阅读产品数据表时，需要格外注意。因为所呈现的数据可能是不同批次中的
典型值或最坏情况数据。

值得注意的是，"Radio Guide（RG）"这一命名法是在第二次世界大战期间发
展起来的，但在 1985 年已从相关标准中移除。因此，今天名称中包含 RG 的电缆
并不一定符合最初的规格要求[10]。

5.3.1.6 其他多端口电缆

本节讨论了多种用于高速数据
通信的附加电缆。所呈现的选择旨
在强调在选择适合汽车高速通信技
术的电缆时需要考虑的特定重要方
面。图 5.14 展示了第一个例子——
Dieselhorst-Martin（DM）绞合电缆。

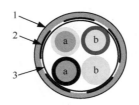

a	双绞线系统a
b	双绞线系统b
1	外层电缆外套
2	编织屏蔽层(可选)
3	箔屏蔽层(可选)

图 5.14　DM 绞合电缆剖面图

DM 绞合电缆是在同一屏蔽系统和/或同一外护套内并排放置的两根或多根双绞线
电缆。这种类型的电缆常用于电信应用，其中经常将两根以上的双绞线导体捆绑
在同一个护套中。

图 5.15 展示了具有两对导线的 DM 电缆与 STQ 电缆之间的主要差异。当两种
电缆使用相同材料，并且每对导线都用于差分数据传输时，可以预期它们具有相似
的性能表现。然而，在图 5.15 中，我们可以看到当这两种电缆类型用于高速数据
通信时，它们之间存在决定性的差异。对于 STQ 电缆，每对导线在其另一对导线
的位置处，其磁场 H 是相互抵消的。而对于 DM 绞合电缆，情况则不同，每对导线
都会通过串扰（XTALK）相互干扰另一对导线。

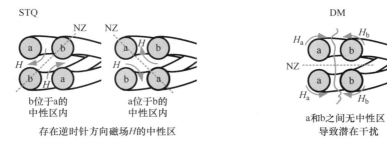

图 5.15　STQ 和 DM 电缆中干扰磁场影响的比较

使用 DM 绞合结构的一个常见数据电缆示例是 CAT 5e 电缆，它通常用于
1000BASE-T 以太网。图 5.16 展示了带屏蔽的 CAT5e 电缆的横截面图。该电缆包
含四对导线，以及一层铝箔屏蔽和一条地线。在 1000BASE-T 中，需要处理各对导
线之间的串扰（XTALK），因此近端串扰（NEXT）补偿通常是接收器设计的一部

分。此外，该电缆为每对双绞线设计了不同的绞合长度，以减少共同耦合的区域，这对于类似结构的电缆来说是一个很好的措施。

请注意，这种电缆解决方案可用于 1000BASE-T，因为 1000BASE-T 的工作奈奎斯特频率为 62.5MHz，并且导致串扰（XTALK）的数据是已知的。然而，对于在显著更高的频率下工作且使用多对导线的系统，即使已知串扰，也可能需要使用能够屏蔽各对导线的电缆；例如，CAT 6a 电缆[54]就提供了这样的解决方案。这样的设计可以更有效地减少串扰，提高数据传输的质量和可靠性。

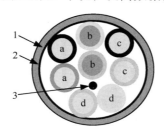

a	扭绞系统a
b	双绞线系统b
c	双绞线系统c
d	双绞线系统d
1	外层电缆护套
2	铝箔屏蔽层
3	引流线

图 5.16　用于 1000BASE-T 以太网的屏蔽 CAT 5e 电缆剖面图

消费电子（CE）行业中最知名且广泛应用的通信接口之一是通用串行总线（USB）。USB 以其从 USB 1.0 的 12Mbit/s 到 USB 4.0 的 40Gbit/s 的高数据传输速率[55]，以及电力分配和点对点（P2P）通信能力而著称。然而，一个常被提出的问题是：为什么 USB 在汽车内部没有得到更广泛的应用？这主要是因为 USB 电缆通常支持的长度较短（一般不超过 5m），而且电缆本身的复杂性也带来了挑战。图 5.17 展示了专为高达 5Gbit/s 速度设计的 USB 3.0 电缆的剖面图。为了实现数据传输，它包含了三对导线：一对无屏蔽导线用于标准的 USB 1.0 和 2.0 通信，另外两对则配备了单独的屏蔽层和地线，以支持更高的数据传输速率。这两对导线的单独屏蔽层是必需的，用于减轻串扰（XTALK）的影响。对于汽车制造商而言，使用这种 USB 电缆不仅增加了成本和重量，而且在需要超过 5m 长度的场景下，还带来了技术难题。

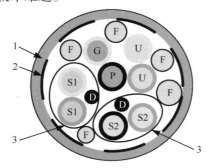

U	USB(1.0/2.0版本)
S1	S1，超高速系统1
S2	S2，超高速系统2
P	V+电源供应
G	接地
F	填充物
D	引流线(未绝缘)
1	外层电缆外套
2	编织屏蔽层
3	子系统的箔片屏蔽层

图 5.17　USB 3.0 电缆剖面图[56]

　　图 5.18 展示了由电缆制造商 Kromberg & Schubert 在其网站上提供的一种混合电缆示例[57]。这种电缆设计独特，将一根屏蔽双绞线（STP）和两根同轴电缆巧妙地集成在同一个护套内。当需要在同一空间内同时铺设天线和（高速）数据通信线时，这种混合电缆就显得尤为实用。然而，这种设计也带来了一个主要挑战，即在将电缆与连接器连接时，至少需要部分依赖手工组装过程。对于汽车制造商而言，这构成了一个潜在的质量风险，因为他们必须确保数千个部件在所有车辆中都能完美协作，且不同车辆之间不存在任何偏差（详见第 3.3.1 节）。

　　手工操作之所以必要，是因为在电缆与连接器的连接过程中，需要仔细处理各种屏蔽层和填充物。自动化设备难以胜任这一任务，因为它需要精确识别和正确连接不同的导线、屏蔽层和填充物。这些填充物在电缆制作中起到了关键作用，它们不仅帮助稳定导线的位置，使挤出过程更为顺畅，还确保了电缆具有均匀的圆形外径。电缆的圆形设计在多个方面都很重要，比如在电缆与连接器接口处需要密封时，或者仅仅是为了给用户呈现一个美观、专业的外观。

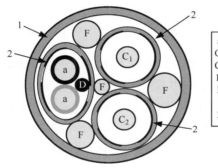

a	双绞线系统a
C_1	同轴电缆系统C_1
C_2	同轴电缆系统C_2
D	引流线
F	填充物
1	外层电缆外套
2	单独外套和屏蔽层

图 5.18　混合电缆示例[57]

5.3.1.7　电缆的老化和机械应力

　　汽车在路上行驶的时间可能相当长，有的甚至能持续 20 年之久。在这期间，汽车内部的电缆会经历无数次的温度变化和机械应力考验。虽然许多电缆主要承受的是振动带来的应力，但在汽车内部的一些特定位置，如车门或行李舱盖附近，电缆会频繁地被弯曲和拉直。图 5.19 通过时域反射测试法（TDR）展示了一根同轴电缆在经历 15 000 次弯曲和拉直机械应力前后的插入损耗（IL）和阻抗测量结果，这直观地反映了电缆在长期使用过程中的性能变化。

　　在经历了严重的机械应力后，电缆的插入损耗（IL）参数增加了约 50%。TDR 的测量结果还显示了一个阻抗变化强烈的区域。其中一根特定电缆的受损情况尤为严重。通过 X 射线检测，结果如图 5.20 所示，可以发现该电缆的编织导体受到了严重损坏，部分编织线已经断裂。虽然 X 射线图像中并未直接显示绝缘层、

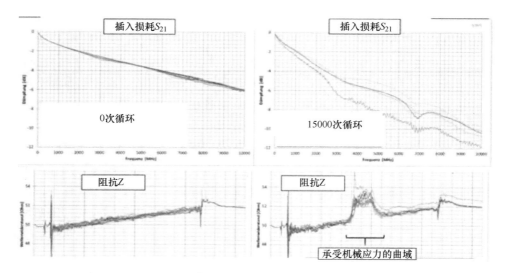

图 5.19　在经历严重机械应力之前（左侧）和之后（右侧）的同轴电缆的
插入损耗（IL）和基于 TDR 的阻抗测量结果（来源：MD-Elektronik）

铝箔屏蔽层或内导体的损坏情况，但进一步的调查表明这些部分也受到了影响。机械偏差越大，S 参数和电缆参数（包括图 5.19 中未展示的 RL 和 SA）与其初始值的偏差也就越大。重要的是要注意到，即使那些没有明显可见损伤的电缆，其电气参数也发生了变化。因此，仅凭肉眼检查是不足以发现所有影响的。

　　因此，在考虑电缆预期安装位置的情况下，调查每种电缆（类型）在不同机械应力情况下的特定抗应力能力至关重要。表 5.9 概述了不同类型的应力及其对电缆不同电气参数的影响。需要注意的是，每个汽车制造商都会遵循特定的产品发布流程，这是必须严格遵守的。

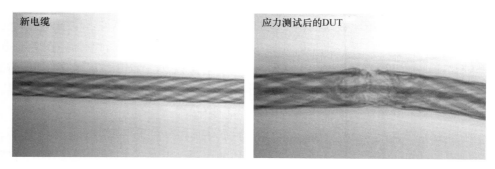

图 5.20　同轴电缆在 1500 次弯曲循环前后的 X 射线成像（来源：MD-Elektronik）

表 5.9 不同的电缆应力类型（例如，参见文献［33］，这些影响是作者根据经验观察得出的）；室温 $t_r = 22 \sim 25℃$，最低温度 $t_{min} = -40℃$，最高温度 t_{max} 可以根据不同的使用场景有不同的值，典型值为 105℃

应力类型	典型释放测试	主要影响参数	参数的变化	可逆性	备注
温度		IL 直流电阻	t_{max} 下增大不超过 20% t_{max} 下增大不超过 25%	可逆	
高温老化	3000h@ t_{max}	IL SA	增大不超过 10%，减小不超过 5dB	不可逆	
湿度	3000h	IL	增大不超过 10%	可逆	取决于绝缘材料
弯曲	6 组共 30000 次循环，每组: t_r 下 4000 次，-25℃ 时 600 次，t_{max} 下 400 次	IL 弯曲位置的阻抗 UTP/STP MC	减小不超过 1dB/m ±5Ω 可观察到的	不可逆	仅适用于柔性电缆弯曲半径 = 5 × 电缆直径
扭转/弯曲	大于 100000 循环，其中 40℃ 时 60000 次，-20℃ 时 20000 次，85℃ 时 20000 次，40℃ 时 5000 次	IL SA 阻抗 UTP/STP MC	减小不超过 1dB/m 减小 10 ~ 20dB ±5Ω 可观察到的	不可逆	扭转似乎是对数据电缆影响最大的机械应力源之一
压力	特定应用	阻抗	±5Ω	取决于压力类型	源自胶带、夹具、密封件、GND 夹子

　　为了加快测试速度，一种常用的方法是在比规定温度更高的条件下进行测试。为此，会采用阿伦尼乌斯方程（Arrhenius equation）[58] 来预测最高环境温度下的情况。这个方程利用了材料在高温下反应速率加快的特性——大约每升高 10℃，反应速率就会翻倍，从而加速老化过程。对于用于电源供应等场合的电缆来说，这种方法非常有效，能够在 240h 内模拟出原本需要 3000h 才能观察到的老化效果，且结果相当可靠。

　　然而，对于数据电缆，特别是那些用于高速数据传输的电缆来说，通过短期升高温度来加速老化的方法并不那么适用。因为短期老化会在一定程度上改变电缆的几何形状，而由温度引起的短期老化会导致 S 参数的变化比正常老化更为严重。虽然对于电力电缆或低速数据电缆来说，这种影响并不明显，但对于高速数据通信中遇到的严格限制条件来说，这种差异却是至关重要的。

关于一般电缆类型的知识

　　普通通用电缆与专用数据电缆之间的主要区别是什么？当被问及这个问题时，一位电缆制造商的专家回答称，主要区别在于生产过程的速度。为了在所有阶段都保持受控的生产过程，将机械偏差控制在严格的公差范围内，从而获得稳定的电气特性，数据电缆的生产时间可能是普通通用电缆的十倍之长。

5.3.2　连接器

连接器对于汽车制造商来说具有特别重要的意义。它们是线束中由工人在生产过程中处理的部分，负责连接线束和电子控制单元。如果连接器过于复杂，连接过程可能会花费太长时间。如果连接过于僵硬，可能会导致许多连接器无法正确插入。如果连接器的编码不易识别，可能会将错误的连接器连接到错误的插座上，或者连接方向错误。根据作者的经验，大多数现场通信问题都源于连接器，可能是没有正确插入，或者连接没有妥善固定，或者在过程中连接器断裂，甚至更糟的是，在过程中部分断裂。部分断裂更为糟糕，因为它往往不会立即显现，更容易被忽视，但肯定会在汽车交付给客户后引发问题。

连接器有着丰富的选择。在描述连接器的不同类型时，最重要的标准是它们预期要连接的电缆类型（如屏蔽、非屏蔽、同轴等）。此外，物理环境的影响也非常关键，它决定了连接器的具体类型（如密封型、非密封型、直型、弯型、单端口、多端口、混合型等）。然而，汽车制造商在做出选择时还会考虑许多其他参数。这些参数包括但不限于：连接周期数（通常正常操作为 25 次，诊断为 100 次）、插入力、拔出力、电阻、最大电流和电压、绝缘电阻、泄漏电流限制、插入损耗（IL）、回波损耗（RL）、串扰（XTALK）、信号衰减（SA）、温度适应性、尺寸、机械强度、单独触点或整个连接器的互锁能力、抗振动性、防止倾斜插入的设计、颜色编码、压接区长度，以及生产过程是手动还是自动化等。这些因素共同决定了汽车制造商如何为他们的产品选择合适的连接器。

以下概述了与所讨论用例相关的最常见连接器类型。请注意，尽管该描述可能无法涵盖所有类型，但它反映了欧洲（作为作者所在地）对特定连接器类型的偏好。

5.3.2.1　UTP 电缆连接器

在早期使用非屏蔽双绞线（UTP）的通信系统，如 LIN、CAN 或 FlexRay 中，通常不需要特别关注所用连接器的电气参数。这些技术的要求相对适中，可以使用多种不同的连接器和 UTP 电缆。

然而，随着 100BASE-T1 以太网的出现，情况发生了变化。该技术的目标是在更高的数据传输速率下也使用非屏蔽电缆。为了实现这一目标，需要更详细地考虑电缆和连接器的电气参数，特别是与阻抗和模式转换（Mode Conversion，MC）相关的参数。连接器的阻抗是由引脚直径/宽度与引脚间距之间的比例来定义的，如图 5.2 所示。对于 100BASE-T1 的 MC 要求，需要采用对称的引脚排列，即两条差分通信线必须连接到相同长度的引脚上（双排连接器通常具有两种不同长度的引脚），以避免相邻引脚产生不对称影响。

　　结果表明，引脚间距为 2.54mm、宽度为 0.63mm 的连接器系统能够满足系统阻抗为 100Ω 的要求。Micro Quadlok System（MQS）就是这样一个连接器的例子。后来开发的 nano MQS（nMQS）也符合要求，它具有更小的尺寸。这两者都源自 TE Connectivity 公司。然而，基于这一知识，多家公司已开发出满足相同要求的专用连接器。表 5.10 列出了其中一些连接器。请注意，美国和亚洲的其他公司也开发了类似的连接器系统。

表 5.10　适用于更高速通信的 100Ω UTP 连接器类型

连接器类型	接触系统	公司	电缆类型
Mate Net	Nano MQS	TE Connectivity	$2 \times 0.13mm^2 \sim 2 \times 0.35mm^2$，也支持带护套和屏蔽电缆
AMEC	Nano MQS	Aptiv	$2 \times 0.13mm^2 \sim 2 \times 0.35mm^2$，也支持带护套和屏蔽电缆
H-MTD，H-MTDe	圆接触	罗森伯格	$2 \times 0.13mm^2 \sim 2 \times 0.22mm^2$，也支持带护套的电缆

　　当汽车行业将 100Mbit/s 汽车以太网技术引入非屏蔽双绞线（UTP）电缆和连接器领域时，他们经历了巨大的学习和适应过程。这些宝贵的经验随后也被应用到了 1Gbit/s 汽车以太网 1000BASE-T1 的开发之中。因此，尽管 1000BASE-T1 以太网标准同样指定了使用 UTP 电缆，但这些电缆往往带有护套，这也是为什么表 5.10 中列出的连接器都支持带护套的电缆。此外，随着 1000BASE-T1 频率的提高，串扰（XTALK）问题在多端口 PCB 接头和线间连接器中变得更加显著。为了应对这一问题，MateNet 和 AMEC 在每个引脚对之间增加了额外的屏蔽层，这些屏蔽层同时也作为这些连接器后续开发的屏蔽版本的接触屏蔽。正如第 5.3.1.1 节所述，在实际应用中，1000BASE-T1 的实现都采用了屏蔽电缆和连接器。

5.3.2.2　STQ 电缆连接器

　　2006 年，罗森伯格公司成功研发了高速数据（HSD）连接器，这种连接器能够连接四条线，类似于 STQ 电缆中的设计[59]。时至今日，HSD 连接器已由多家连接器供应商提供多种变体（包括非屏蔽型），支持高达 3GHz 的奈奎斯特频率，可适应从 $4 \times 0.14mm^2 \sim 4 \times 0.5mm^2$ 不等的导线线规，且系统阻抗为 100Ω。HSD 连接器的问世是汽车行业中 SerDes 技术应用的一个重要里程碑，因为它使得在采用适合汽车并经过认证的连接器的同时，能够传输高速数据。在 HSD 出现之前，汽车 SerDes 所使用的连接器大多是从其他行业移植过来的，因此存在着一些质量和可靠性问题（请参见第 5.3.2.4 节末尾）。

　　长期以来，特别是在数据传输速率不断提升的背景下，HSD 连接器一直是汽车内部对屏蔽连接器需求的首选。因此，HSD 连接器不仅被广泛应用于 SerDes 技术中，还广泛用于 CAN、100BASE-TX 以太网、USB 1.0/2.0、IEEE 1394 Firewire 以及 MOST 等多种数据传输协议[60][61]。当通信仅需要两个引脚时，HSD 连接器的另外两个引脚还可以用于电源供应和/或唤醒功能，进一步提高了其灵活性和实用性。

5.3.2.3　SDP（STP 和 SPP）电缆连接器

可能会令人感到惊讶的是，我们先讨论了 STQ 连接器，而不是 SDP 电缆的连接器。这背后的原因其实很简单，那就是在 STP/SDP 连接器之前，就已经有了适合汽车使用的 STQ 连接器版本。由于最初在汽车中这类高速数据电缆的使用相对较少，直到 2017 年，罗森伯格公司才开始推广一种名为高速模块化双绞线数据（H- MTD）连接器的新 SDP 电缆连接器。H- MTD 连接器有多种变体，并已获得授权，例如授权给 Aptiv 公司[62]。H- MTD 连接器可以连接线规为 0.14mm^2 ~ 0.22mm^2、最大外径约为 4.5mm 的屏蔽电缆。该连接器之所以具有良好的性能，是因为它严格限制了公差。H- MTD 连接器被指定用于高达 20GHz 的频率。罗森伯格公司还宣布了一种混合多端口版本，该版本可以连接特定数量的 SDP 和同轴电缆，以及一种用于非屏蔽电缆的 H- MTDe 版本，例如用于 100BASE- T1 以太网。这样的设置允许使用相同的 PCB 接头来支持非屏蔽的 100BASE- T1 或屏蔽的 1000BASE- T1 以太网[63]。

5.3.2.4　同轴电缆连接器

2000 年，德国标准化组织（DIN）的 "FAchausschuss KRAftfahrzeuge（FAKRA）" 小组在 DIN72594- 1 标准中首次定义了同轴电缆连接器（该标准后来在美国被采纳为 USCAR- 18）。尽管 FAKRA 小组的工作范围广泛，涵盖了多个不同领域，但 "FAKRA 连接器" 这一名称，包括在本书中，常常特指这种已经成为全球范围内广泛使用的标准同轴连接器[64]。这种用法体现了该连接器在业界的广泛认可与应用。

FAKRA 连接器专为高达 6GHz 的应用场景设计，可适配直径范围 2.8 ~ 4.95mm 的同轴电缆。这一连接器由多家供应商提供，拥有多种变体，系统阻抗可选择 50Ω 或 75Ω，以满足不同需求。此外，FAKRA 连接器还是多端口混合连接器家族的一员，例如，在汽车车门连接器中，就可能集成了 FAKRA 同轴选项。然而，在实现特定 FAKRA 连接器时，需要特别注意的一点是，由于该产品的定义较早，且最初的设计仅针对高达 1GHz 的频率，因此许多来自非汽车行业的供应商提供的版本可能仍受到这一频率限制的影响。

通常，FAKRA 连接器提供单端口和双端口版本。然而，由于多端口连接器占用大量空间，因此更高端口数的版本通常是针对特定应用设计的，并不广泛使用。为了优化空间利用，开发了 "迷你同轴" 连接器系统。这些系统，特别是在多端口连接器中，能够显著节省空间。一个四端口的迷你同轴连接器所需的安装空间大约等同于一个单端口的 FAKRA 连接器。根据制造商的数据，与单端口 FAKRA 连接器相比，单端口迷你同轴连接器在几何尺寸上缩减了约 70%。不过，作为折中，迷你同轴连接器在插入损耗（IL）方面往往略逊于 FAKRA 连接器，差值最高可达 0.4dB。

罗森伯格是迷你同轴连接器领域的先驱之一，其 "高速 FAKRA 迷你（HFM）" 连接器原型于 2014 年亮相。目前，HFM 连接器被推广用于支持高达 20GHz 的频率[65]。罗森伯格已将 HFM 设计授权给包括 Molex 在内的其他连接器制造商[66]。

TE Connectivity 的"MateAX"是另一种迷你同轴连接器,其研发始于大约 2013 年。目前,MateAX 连接器的标准版本支持高达 9GHz 的频率,而优化版本则可支持高达 15GHz 的频率。TE 已将 MateAX 设计授权给包括 IMS Connector Systems 在内的几家精选连接器制造商[67]。

HFM 与 MateAX 连接器在最终产品的尺寸及接触系统的基本机械规格上大致相当。两者均针对汽车高速数据应用设计,因此仅提供 50Ω 系统阻抗版本。然而,由于两款连接器的外部/屏蔽接触系统设计布局不同,因此它们并不兼容。

与 FAKRA 连接器相比,HFM 和 MateAX 在回波损耗(RL)参数上展现出优势,这得益于新设计带来的更小公差。同时,这两款迷你同轴连接器还支持更小的电缆直径范围,即 $2.8 \sim 3.5\text{mm}$。

在系列生产的汽车中,通常会使用 HFM 或 MateAX 连接器,有时也会搭配一些 FAKRA 连接器。使用一端为 FAKRA 连接器、另一端为迷你同轴连接器的电缆是一种常见做法。例如,摄像头通常配备 FAKRA 连接器,而在通信链的另一端,电子控制单元则可能采用多端口迷你同轴连接器。尽管 HFM 和 MateAX 连接器无法直接连接,但它们可以分别安装在电缆的两端。

图 5.21 和图 5.22 展示了两种不同应用场景下的多端口 FAKRA 连接器示例。

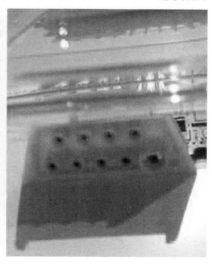

图 5.21　中央单元多端口 FAKRA 连接器示例。右侧展示了几个 SerDes 芯片靠近连接器以及 PCB 上的 SoC。左侧展示了连接器如何在一个外壳内提供八个迷你同轴连接和一个传统 FAKRA 连接(拍摄者:Michael Kaindl)

选择合适的连接器至关重要

数字相机和显示屏技术最初在消费电子产品和信息技术领域崭露头角,其卓越的视频数据质量和便捷的预处理、后处理能力迅速吸引了汽车行业的目光。然而，当时汽车行业还缺乏能够支持如此高数据速率的专用传输技术和连接器，这些数据速率在汽车的其他领域并不常见。

一个典型案例是，某一级供应商为早期数字相机系统选择了一种经过轻微改良的 FireWire 连接器，旨在传输 FPD Link I 视频数据、LIN 控制信号及电力。这一方案得到了汽车制造商的认可，并在电磁环境（EME）和电磁干扰（EMI）方面均满足要求。然而，在正式投产后，问题逐渐浮现：该连接器虽设计为不对称，但对称度不足，导致在某些外力作用下能够 180° 反向插入，进而引发系统性故障。为解决这一问题，必须对连接器进行改造，以防止反向连接。这一教训表明，后期变更不仅繁琐，而且成本高昂。

因此，在汽车行业选择连接器时，我们不仅要关注其电气性能，还需充分考虑其在组装过程中的易用性以及长期运行的稳定性。鉴于汽车行业在组装工艺和机械应力方面与消费电子产品和信息技术领域存在显著差异，直接复用这些领域的 SerDes 或以太网电缆并不明智。可以推测，罗森伯格的高速数据（HSD）连接器系统（或类似产品）在推动 SerDes 链路成为汽车中未压缩视频数据传输的首选技术方面发挥了重要作用。

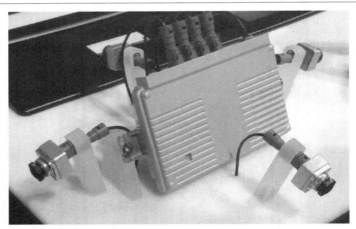

图 5.22　多端口 FAKRA 在环视摄像头系统中的使用示例（拍摄者：Michael Kaindl）

5.3.3　何去何从

在设计通信系统时，必须在系统的奈奎斯特频率（决定其性能的关键参数之一）与随之而来的插入损耗（IL），以及所选的调制模式之间找到平衡点。特别是当奈奎斯特频率达到 GHz 级别时，插入损耗尤为显著，这一点在本章前面的多个部分中已有阐述。采用更高的调制模式可以在单个符号中封装更多比特，从而在降低奈奎斯特频率的同时保持相同的比特率，进而减小插入损耗。这对于提升信噪比

（SNR）和链路余量是有益的。然而，高调制模式也会缩小信号电平之间的差异，这反过来又会降低信噪比/链路余量，从而抵消了因插入损耗减少而获得的信噪比增益。

通常情况下，高速（HS）通信系统的设计都会针对"最佳平衡点"进行优化，即找到能够实现最大信噪比（SNR）/链路余量的特定插入损耗（IL）/调制速率组合。因为从原则上讲，更高的 SNR/链路余量意味着系统更加稳健。这一点对于汽车外围用于 ADAS 传感器的 SerDes 链路尤为重要，因为它们必须严格满足功能安全要求。

随着数据速率的不断提升和奈奎斯特频率的不断增加，我们需要在信道层面采取一些措施来拓展这些性能边界。首要考虑的是降低电缆的衰减或插入损耗。为实现这一目标，我们可以从以下四个参数入手进行优化：

1）导体直径：增大导体的直径可以减小衰减。这是因为直径的增大意味着导体截面的增加，从而有助于改善信号的传输质量。

2）改进导体材料：高频电流存在所谓的"趋肤效应"，即电流主要沿导体表面流动[69]。通过降低导体表面的粗糙度，可以提高其导电性。例如，使用镀银导体就能实现这一点。此外，实心导体比目前汽车行业广泛使用的绞合线具有更光滑的表面，但实心导体电缆难以压接，因此在机械应力较大的汽车环境中并不适用。

3）采用低介电损耗的绝缘材料：目前，汽车中使用的双绞线数据电缆和同轴电缆主要采用聚丙烯（PP）或交联聚乙烯（PE-X）（见表 5.8），这些材料虽然适合汽车环境使用，但并不是介电损耗最低的材料。

4）缩短电缆长度：例如，可以使用单屏蔽双绞线（SPP）代替双屏蔽双绞线（STP）。由于 SPP 电缆没有扭绞结构，其电气长度更短，因此衰减也更小。

另一个需要考虑的参数是串扰。随着速度等级的提高和符号频率的增加，串扰的影响也在加剧。这可能需要更好的屏蔽措施，同时也需要在连接器设计上投入更多关注以减轻其影响。

目前，汽车行业尚未像 IT 行业那样对其使用的通信电缆进行分类，如 IT 行业中的"Cat"电缆（见表 5.6）。OPEN Alliance 和 Automotive SerDes Alliance 为其 PHY 技术提供了通用的信道测试规范，而在撰写本书时，ISO/AWI 8092-6 和 8092-7 项目正在进行中，这些项目将进一步细化和完善汽车（高速）连接器的要求和测试标准。这些举措将有助于提升汽车通信系统的性能和可靠性，满足日益增长的数据传输需求。

5.4 印制电路板

PCB 上 MDI 连接器与通信芯片引脚之间的通信路径是整体通信信道的一部分。通信信道的 5%～20% 的插入损耗（IL）可归因于所谓的 MDI 网络（参见表 5.1）。因此，汽车高速通信标准的规范为 MDI 的回波损耗（RL）设定了极限值，并且至少对于 SerDes 标准，也为 MDI 的插入损耗（IL）设定了极限值（参见图 5.23）。MDI 的 RL 和 IL 分别测量至 MDI 连接器以及 MDI 连接器与通信芯片引脚之间。对于专有 SerDes 技术，供应商没有提供 MDI IL 或 RL 的极限值，但在应用说明和设计指南中建议了 PCB 的 IL 预算以及参考连接器。

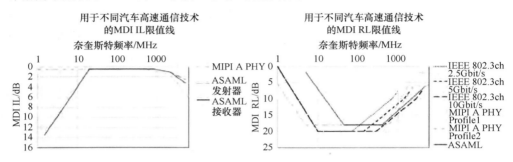

图 5.23　不同汽车高速通信技术的 MDI IL 和 RL 限值线

印制电路板对电感耦合的影响主要取决于传输频率。表 5.11 基于等式（5.6），展示了一些选定频率的频率与波长之间的关系。通常，我们可以估算，电线中电信号的速度大约是真空中光速的 2/3。

$$\lambda = \frac{c}{f}，其中 c \approx \frac{2}{3}c_o \tag{5.6}$$

从表 5.11 中可以看出，在低频（如 30MHz）下，波长（6.67m）远远超过了汽车 ECU 中 PCB 迹线可能达到的长度。然而，在 GHz 频率范围内，这一频率范围被许多汽车高速通信技术所采用，波长与迹线长度相当。考虑到在四分之一波长的整数倍处可以观察到共振或消光等电效应，因此，即使 PCB 迹线只有几厘米长，也足以产生这些不良效应。

表 5.11　频率与波长的关系

频率/MHz	真空中的波长/m	导体中的波长/m
10	30	20
30	10	6.67
100	3	2
300	1	0.67
1000	0.3	0.2
3000	0.1	0.07

PCB 设计对通信信道的影响远不止于此[71]。其中一个需要考虑的方面是 PCB 材料。一般来说，PCB 材料的选择是基于其机械、电气和热参数。最流行的材料是阻燃（FR）-4 材料，这是一种玻璃增强环氧树脂层压材料[72]，成本效益相当高。以 FR-4 为成本参考，最便宜的材料是层压纸，即 FR-2，成本仅为 FR-4 的

30%。而高性能的聚四氟乙烯或陶瓷基材料的价格则是 FR-4 的 8 倍[73]（见表 5.12）。

然而，FR-4 最适合用于低频应用。其是否可用于高频应用则很大程度上取决于 FR-4 材料的供应商，特别是玻璃纤维的编织结构和制造商的相应质量控制流程。低速 FR-4 材料的介电常数与频率密切相关。频率越高，介电损耗越大，电感耦合也越大（见表 5.12）。低速 FR-4 材料可用于高达几 GHz 的速度。对于更高的频率，不同的 PCB 材料更为合适。对于高达 20GHz 的频率，可以使用极低损耗的材料。请注意，相应的 PCB 迹线通常长度为 2~5cm。

表 5.12　不同 PCB 材料对电感值（IL）的影响比较

PCB 材料	IL/cm@2GHz	IL/cm@5GHz	IL/cm@10GHz	相对成本
FR-2	不适用	不适用	不适用	0.3
低速-FR-4	0.07	0.24	0.43	1
中速材料	0.016	0.08	0.16	2
适用于超高速的特氟龙/陶瓷基	0.003	0.01	0.02	8

在设计过程中，选择 PCB 材料是第一步。接下来需要决定的是 PCB 迹线的类型：微带线和/或带状线。对于微带线，PCB 迹线位于介电材料的顶部，而接地平面则位于其另一侧。对于带状线，PCB 迹线嵌入在介电材料中，两侧都有参考平面（见图 5.24）。

图 5.24　微带线与带状线印制电路板[71]

微带线布线因其优越的信号特性和简单的制造工艺而备受青睐。然而，带状线设计虽然实现起来更复杂，却能提供更高的信号线密度，并且更能抵抗机械损伤[74]。值得注意的是，介电材料的厚度对电感耦合有显著影响，对于微带线布局而言，更薄、密度更高的 PCB 会导致更高的电感耦合，相比之下，更厚、标准的材料则表现更佳[75]。在特定例子中，比标准薄 20% 的 PCB 板，其电感耦合会增加约 20%。

由于物理限制，微带线通常只能在 PCB 的两个外层上实现。对于多层 PCB，为了实现层与层之间的连接，就需要采用带状线设计。在决定 PCB 层数时，虽然层间连接数、允许的传输时间、出于安全考虑的访问限制以及可接受的衰减等因素都起着重要作用，但关键在于如何有效利用空间来实现特定的功能。

如今的 PCB 设计工具内置了丰富的功能，它们在设计过程中辅助设计者确保 PCB 迹线的正确实施，以满足系统所需的阻抗要求，并实时提供计算得出的信道参数，从而简化设计流程。

5.5 参考文献

[1] S. Carlson, "IEEE 802.3 Greater than 10 Gb/s Electrical Automotive Ethernet PHYs (P802.3cy) Workgroup Approved Objectives," 21 May 2020. [Online]. Available: *https://www.ieee802.org/3/cy/P802d3cy_OBJ_WG_0520.pdf*. [Accessed 14 June 2021].

[2] N. Patwari, "ECE 5520: Digital Communications Lecture Notes," 2009. [Online]. Available: *https://my.ece.utah.edu/~npatwari/ece5520/lectureAll.pdf*. [Accessed 4 August 2021].

[3] A. Henkel, "What is De-embedding?," Everything RF, 6 August 2019. [Online]. Available: *https://www.everythingrf.com/community/what-is-de-embedding*. [Accessed 4 August 2021].

[4] K. Matheus, M. Tazebay, S. Buntz and S. Korzin, "RTPGE Alien XTALK Scenarios," 24 January 2013. [Online]. Available: *https://www.ieee802.org/3/bp/public/jan13/matheus_3bp_02_0113.pdf*. [Accessed 14 May 2021].

[5] S. Buntz, "Update on Required Cable Length," 11 July 2012. [Online]. Available: *https://grouper.ieee.org/groups/802/3/RTPGE/public/july12/buntz_02_0712.pdf*. [Accessed 26 March 2021].

[6] B. Bergner, E. Cuesta and E. DiBiaso, "Link Segment Measurements," 19 January 2021. [Online]. Available: *https://www.ieee802.org/3/cy/public/adhoc/BergnerCuestaDiBiaso_3cy_01a_01_19_21.pdf*. [Accessed 12 May 2021].

[7] Superuser, "What is the Maximum Length of a PCI-Express Flexible Extension Cable?," 4 March 2015. [Online]. Available: *https://superuser.com/questions/885232/what-is-the-maximum-length-of-a-pci-express-flexible-extension-cable*. [Accessed 4 August 2021].

[8] Seagate, "Serial ATA (SATA) Data Cable Lengths," not known. [Online]. Available: *https://www.seagate.com/de/de/support/kb/serial-ata-sata-data-cable-lengths-182453en/*. [Accessed 4 August 2021].

[9] R. Chen, "Microspeak: Impedance Mismatch," 23 January 2018. [Online]. Available: *https://devblogs.microsoft.com/oldnewthing/20180123-00/?p=97865*. [Accessed 14 May 2021].

[10] Wikipedia, "Koaxialkabel," 21 March 2021. [Online]. Available: *https://de.wikipedia.org/wiki/Koaxialkabel*. [Accessed 14 May 2021].

[11] Wikipedia, "Wellenwiderstand," 5 December 2020. [Online]. Available: *https://de.wikipedia.org/wiki/Wellenwiderstand#Leitungswellenwiderstand*. [Accessed 14 May 2021].

[12] rfcables, "Coaxial RF Cables Classification Guide," 2005. [Online]. Available: *https://www.rfcables.org/articles/18.html* (no longer available). [Accessed 14 May 2021].

[13] USB.org, "Managing Connector and Cable Assembly for USB SuperSpeed," 1 February 2013. [Online]. Available: *https://www.usb.org/sites/default/files/USB_SuperSpeed_CabCon_Whitepaper.pdf*. [Accessed 02 April 2021].

[14] ISO, "ISO 11898-2:2016 Road vehicles – Controller Area Network (CAN) – Part 2: High-speed Medium Access Unit," ISO, Geneva, 2016.

[15] M. Hiebel, Grundlagen vektorieller Netzwerkanalyse, München: Rohde&Schwarz GmbH, 2011.

[16]   Wikipedia, "Scattering Parameters," 28 February 2021. [Online]. Available: *https://en.wikipedia. org/wiki/Scattering_parameters*. [Accessed 04 April 2021].

[17]   B. Noseworthy, "Gigabit Ethernet 1000BASE-T, update," 29 March 2000. [Online]. Available: *https://www.iol.unh.edu/services/testing/ge/knowledgebase/pcs.pdf*. [Accessed 14 May 2020].

[18]   P. A. Rizzi, Microwave Engineering: Passive Circuits, Upper Saddle River: Prentice Hall, 1988.

[19]   C. DiMinico and H. Kadry, "802.3cy Link Segment IL Baseline Proposal," 21 July 2021. [Online]. Available: *https://www.ieee802.org/3/cy/public/jul21/diminico_kadry_3cy_01_06_22_21.pdf*. [Accessed 2 August 2021].

[20]   E. Cuesta, E. DiBiaso and T. Müller, "IEEE 802.3cy Return Loss Limit Proposal," 22 June 2021. [Online]. Available: *https://www.ieee802.org/3/cy/public/jul21/CuestaDiBiasoMuller_3cy_01_06 _22_21.pdf*. [Accessed 2 August 2021].

[21]   Cablefax, "Broadband: What is a Micro-reflection," 1 November 2009. [Online]. Available: *https:// www.cablefax.com/archives/broadband-what-is-a-micro-reflection*. [Accessed 4 August 2021].

[22]   R. Jonsson and R. Farjadrad, "Method for Restricting Micro-reflections," 14 October 2020. [Online]. Available: *https://grouper.ieee.org/groups/802/3/cy/public/adhoc/jonsson_3cy_01a_10_ 14_20.pdf*. [Accessed 4 August 2021].

[23]   C. DiMinico, "802.3bp Cabling Parameters to S-parameter Naming," September 2014. [Online]. Available: *https://www.ieee802.org/3/RTPGE/email/pdfDOLXj6Te3J.pdf*. [Accessed 14 May 2020].

[24]   K. Matheus and T. Königseder, Automotive Ethernet, Cambridge: Cambridge University Press, 2021.

[25]   B. Mund and C. Pfeiler, "Balunless Measurement of Coupling Attenuation of Screened Balanced Calbels up to 2 GHz," 6–8 October 2015. [Online]. Available: *http://www.bmund.de/pdf-03/ IWCS_2015-Balunless_measurement_of%20coupling_attenuation.pdf*. [Accessed 8 January 2020].

[26]   E. DiBiaso and B. Bergner, "Media Considerations - Insertion Loss and EMC," May 2017. [Online]. Available: *https://www.ieee802.org/3/ch/public/may17/DiBiaso_3NGAUTO_01_0517.pdf*. [Accessed 15 January 2020].

[27]   IEEE Computer Society 1, "802.3ch-2020 - IEEE Standard for Ethernet Amendment: Physical Layer Specifications and Management Parameters for 2.5 Gb/s, 5 Gb/s, and 10 Gb/s Automotive Electrical Ethernet," IEEE-SA, New York, 2020.

[28]   Automotive SerDes Alliance, "ASA Transceiver Specification Version 1.01," Automotive SerDes Alliance, Munich, 2020.

[29]   T. Williams, EMC for Product Designers, Oxford: Newnes, 2016.

[30]   Wikipedia, "Pulse-width Modulation," 3 August 2021. [Online]. Available: *https://en.wikipedia. org/wiki/Pulse-width_modulation*. [Accessed 12 August 2021].

[31]   UN/ECE, "Regulation No 10 of the Economic Commission for Europe of the United Nations (UN/ ECE) — Uniform Provisions Concerning the Approval of Vehicles with Regard to Electromagnetic Compatibility," 26 July 2012. [Online]. Available: *https://eur-lex.europa.eu/legal-content/EN/TXT/ HTML/?uri=CELEX:42012X0920(01)&from=DE*. [Accessed 2 July 2021].

[32]   German car makers (Volkswagen version), "LV124: Elektrische und elektronische Komponenten in Kraftfahrzeugen bis 3,5 t, allgemeine Anforderungen, Prüfbedingungen und Prüfungen," June 2013. [Online]. Available: *https://docplayer.org/27074440-Elektrische-und-elektronische-komponenten-in-kraftfahrzeugen-bis-3-5-t-allgemeine-anforderungen-pruefbedingungen-und-pruefungen.html*. [Accessed 11 July 2021].

[33]   German car makers (BMW version), "LV124: Elektrische und elektronische Komponenten in Kraftfahrzeugen bis 3,5 t, allgemeine Anforderungen, Prüfbedingungen und Prüfungen," January 2010. [Online]. Available: *https://www.doc88.com/p-819912711273.html*. [Accessed 11 July 2021].

[34] J. Trulove, LAN Wiring, Third Edition, New York City: McGraw-Hill Professional, 2005.

[35] Wikipedia, "TIA-568A/B," 8 May 2020. [Online]. Available: *https://de.wikipedia.org/wiki/TIA-568A/B*. [Accessed 5 April 2021].

[36] ISO, "ISO/IEC 11801 2017: Information Technology – Generic Cabling for Customer Premises Part 1-6," ISO, Geneva, 2017.

[37] J. Rech, "7.2 Cable Types," in: Ethernet, Heise, 2007, p. 550.

[38] S. Carlson, T. Hogenmüller, K. Matheus, T. Streichert, D. Pannell and A. Abaye, "Reduced Twisted Pair Gigabit Ethernet Call For Interest," 15 March 2012. [Online]. Available: *https://www.ieee802.org/3/RTPGE/public/mar12/CFI_01_0312.pdf*. [Accessed 6 May 2020].

[39] T. Hogenmüller, H. Zinner and S. Buntz, "Tutorial for Lifetime Requirements and Physical Testing of Automotive Electronic Control Units (ECUs)," July 2012. [Online]. Available: *https://grouper.ieee.org/groups/802/3/RTPGE/public/july12/hoganmuller_01a_0712.pdf*. [Accessed 21 February 2021].

[40] K. Matheus, M. Kaindl, S. Korzin, D. Goncalvez, J. Leslie, Y. Okuno, N. Kitajima, M. Gardner, R. Orosz, M. Jaenecke, D. Kim, R. Mei and D.v. Knorre, "1 Pair or 2 Pairs for RTPGE: Impact on System Other than the PHY Part 1: Weight & Space," January 2013. [Online]. Available: *https://www.ieee802.org/3/bp/public/jan13/matheus_3bp_01_0113.pdf*. [Accessed 16 May 2021].

[41] K. Matheus et al, "1 Pair or 2 Pairs for RTPGE: Impact on System Other than the PHY Part 2: Relative Costs," May 2013. [Online]. Available: *https://www.ieee802.org/3/bp/public/may13/matheus_3bp_01a_0513.pdf*. [Accessed 16 May 2021].

[42] ASTM International, "Standard Specification for Standard Nominal Diameters and Cross-Sectional Areas of AWG Sizes of Solid Round Wires Used as Electrical Conductors," ASTM International, West Conshohocken, PA, 2014.

[43] B. Körber, S. Buntz, M. Kaindl, D. Hartmann and J. Wülfing, "BroadR-Reach® Physical Layer Definitions for Communication Channel, v1.0," OPEN Alliance, Irvine, CA, 2013.

[44] Leoni, "Leoni Automotive Cables," not known. [Online]. Available: *https://publications.leoni.com/fileadmin/automotive_cables/publications/catalogues/leoni_fahrzeugleitungen.pdf?*. [Accessed 02 April 2021].

[45] Wikipedia, "Permitivity; PS," 25 February 2021. [Online]. Available: *https://de.wikipedia.org/wiki/Permittivit%C3%A4t*. [Accessed 02 April 2021].

[46] Valens, "Valens and Daimler Partner to Optimize In-car Connectivity," 7 November 2016. [Online]. Available: *https://www.valens.com/press-releases/valens-and-daimler-partner-to-optimize-in-car-connectivity*. [Accessed 2 August 2021].

[47] L. Cohen and R. Shirani, "Initial RF Ingress Measurements for Coaxial and UTP Cables from Automotive BCI Test," May 2017. [Online]. Available: *https://www.ieee802.org/3/NGAUTO/public/may17/cohen_shirani_3ch_01_0517.pdf*. [Accessed 2 August 2021].

[48] B. Körber, B. Bergner, D. Marinac, D. Dorner, F. Bauer, H. Patel, J. Razafiarivelo, M. Dörndl, M. Kaindl, M. Rucks, M. Nikfal, P. Gowravajhala, T. Müller, T. Wunderlich, V. Raman, W. Mir and Y. Bouri, "Channel and Component Requirements for 1000BASE-T1 Link Segment Type A (STP), v1.0," OPEN Alliance, Irvine, CA, 2019.

[49] T. Müller, "Automotive STP and SDP Cable Measurement Results," 1 December 2020. [Online]. Available: *https://www.ieee802.org/3/cy/public/adhoc/mueller_3cy_01_12_01_20.pdf*. [Accessed 13 June 2021].

[50] T. Müller, Interviewee, SDP or SPP. [Interview]. 14 July 2021.

[51] R. M. Metcalfe, "The History of Ethernet," 14 December 2006. [Online]. Available: *https://www.youtube.com/watch?v=g5MezxMcRmk*. [Accessed 6 May 2020].

[52] Microwaves101, "Why Fifty Ohms?," not known. [Online]. Available: *https://www.microwaves101.com/encyclopedias/why-fifty-ohms*. [Accessed 17 May 2021].

[53] Rosenberger, "Rosenberger Cable Groups," Rosenberger, not known. [Online]. Available: *https://www.rosenberger.com/0_documents/de/codes/codes_cablegroups.pdf*. [Accessed 08 April 2021].

[54] Moris, "Shielded versus Unshielded CAT6a: How to Choose?," FS community, 2 November 2016. [Online]. Available: *https://community.fs.com/blog/shielded-or-unshielded-which-to-choose-for-cat-6a-cabling.html*. [Accessed 3 August 2021].

[55] Wikipedia, "USB," 3 August 2021. [Online]. Available: *https://en.wikipedia.org/wiki/USB*. [Accessed 3 August 2021].

[56] L. Davis, "USB 3.0 Cable Interface," 7 January 2012. [Online]. Available: *http://www.interfacebus.com/usb-cable-diagram-30.html*. [Accessed 5 April 2021].

[57] KroSchu – Krombert & Schubert, "Coax Cable," KroSchu-Cable, not known. [Online]. Available: *https://www.kroschu-cable.de/de/automotive/multimedia/koax-kabel.html*. [Accessed 5 April 2021].

[58] D. Wiechoczek, "Wie hängt die Geschwindigkeitskonstante von der Temperatur ab?," 29 November 2004. [Online]. Available: *https://www.chemieunterricht.de/dc2/rk/rk-arrhe.htm*. [Accessed 1 August 2021].

[59] Rosenberger, "Rosenberger HSD High Speed Data Connections," not known. [Online]. Available: *https://www.rosenberger.com/us_en/automotive/hsd*. [Accessed 15 April 2021, no longer available].

[60] Rosenberger, "Auto HSD Technical Reference," [Online]. Available: *https://www.rosenberger.com/0_documents/de/catalogs/ba_automotive/AUTO_HSD_TechnicalReferences.pdf*. [Accessed 15 April 2021].

[61] DATACOM Buchverlag, "HSD (High Speed Data)," 2021. [Online]. Available: *https://www.itwissen.info/HSD-high-speed-data-HSD-Stecker.html*. [Accessed 15 April 2021].

[62] M. Arpe and C. Ensley, "The Future of Automotive Data Connectivity," 2021. [Online]. Available: *https://www.aptiv.com/docs/default-source/white-papers/2021_aptiv_whitepaper_futureofautomotivedataconnectivity.pdf?Status=Master&sfvrsn=343df53d_3*. [Accessed 1 August 2021].

[63] Rosenberger, "H-MTD Modular Twisted-Pair Data," not known. [Online]. Available: *https://www.rosenberger.com/de/produkt/h-mtd/*. [Accessed 15 April 2021].

[64] Wikipedia, "Koaxialstecker," 12 April 2021. [Online]. Available: *https://de.wikipedia.org/wiki/Koaxialstecker*. [Accessed 14 April 2021].

[65] Rosenberger, "HFM, High-speed-Fakra-Mini," not known. [Online]. Available: *https://www.rosenberger.com/product/hfm-high-speed-fakra-mini/*. [Accessed 14 April 2021].

[66] A. Zierler, "Dual-Sourcing-Vertrag für Automotive," elektroniknet, 15 May 2018. [Online]. Available: *https://www.elektroniknet.de/e-mechanik-passive/dual-sourcing-vertrag-fuer-automotive.153594.html*. [Accessed 1 August 2021].

[67] IMS Connector Systems, "MCA – Mini Coax Automotive – Miniaturized Multipole RF- & High Speed Data Solution," 2018. [Online]. Available: *https://www.imscs.com/en/mca-mini-coax-automotive/?cn-reloaded=1*. [Accessed 1 August 2021].

[68] M.J. Teener, "What is FireWire?," 23 March 2015. [Online]. Available: *https://www.johasteener.com/what-is-firewire.html*. [Accessed 31 July 2021].

[69]   Wikipedia, "Skin-effect," 17 July 2021. [Online]. Available: *https://en.wikipedia.org/wiki/Skin_effect*. [Accessed 31 July 2021].

[70]   Wikipedia, "Speed of Electricity," 29 July 2021. [Online]. Available: *https://en.wikipedia.org/wiki/Speed_of_electricity*. [Accessed 31 July 2021].

[71]   Sierra Circuits, "High-Speed PCB Design Guide," 2020. [Online]. Available: *https://pages.protoexpress.com/rs/727-TSC-367/images/High-Speed%20PCB%20Design%20Guide.pdf*. [Accessed 11 April 2021].

[72]   Wikipedia, "FR-4," 20 March 2021. [Online]. Available: *https://en.wikipedia.org/wiki/FR-4*. [Accessed 11 April 2021].

[73]   Wikipedia, "Leiterplatte," 16 March 2021. [Online]. Available: *https://de.wikipedia.org/wiki/Leiterplatte*. [Accessed 11 April 2021].

[74]   Altium, "Stripline versus Microstrip," not known. [Online]. Available: *https://medium.com/@Altium/stripline-vs-microstrip-understanding-their-differences-and-their-pcb-routing-guidelines-9bad77303d2f*. [Accessed 18 April 2021, no longer available].

[75]   H. Kadry, "PCB Insertion Loss Material Comparison," 1 March 2021. [Online]. Available: *https://www.ieee802.org/3/cy/public/adhoc/Kadry_3cy_01a_03_01_21.pdf*. [Accessed 25 June 2021].

第6章 电 源

现代汽车广泛集成了电子设备,这些设备不仅为我们带来了前所未有的驾驶舒适性和安全性,也是未来汽车创新的关键。然而,这一切的前提是汽车必须拥有稳定可靠的电源供应。同时,电子设备的能耗也增加了汽车的总体能源消耗。随着消费者和立法机构对环保问题的日益关注,汽车制造商正积极寻求降低车辆功耗的方法,尤其是随着电动汽车市场的蓬勃发展,这一需求变得更加迫切。

令人欣慰的是,汽车制造商在降低单车能耗和二氧化碳排放量方面已经取得了显著成果。例如,尽管全球汽车注册量在过去几十年间大幅增长,但道路车辆的总体二氧化碳排放量增长幅度却相对较小。在德国,尽管汽车发动机功率提升、车速加快,但每辆汽车的平均油耗仍然实现了大幅下降。然而,我们仍需继续努力,仔细审视汽车中的每一个耗能环节,包括传感器、显示屏及其通信技术,以进一步降低汽车的功耗,推动汽车行业向更加绿色、可持续的方向发展。

汽车制造商在降低汽车功耗方面主要可以着眼于三个关键因素:发动机类型、电子设备的种类与数量,以及汽车的整体重量。特别是针对传感器和显示屏应用,它们的功耗与重量都是不可忽视的考量点。本章并不深入讨论具体半导体或半导体技术的功耗问题,这更多依赖于半导体供应商提供的低功耗产品。相反,本章将聚焦于探讨在结构上节省功耗的可能性。在第 6.1 节中,我们将研究一种创新思路,即通过数据通信来传输电力,从而替代传统的单独电线,这样不仅能节省线束的重量,还能优化汽车内部的布局。要知道,线束是汽车内部重量仅次于底盘和发动机的组件[4]。而在第 6.2 节中,我们将探讨不同的运行和功耗模式,特别是为当前未使用的单元提供低功耗或休眠模式,这对于降低整体功耗至关重要。本章将尽可能从一般性的角度探讨与功耗相关的考量因素,尽量不局限于特定的技术细节。当然,关于(大多数)通信技术的具体细节,我们将在后续的第 7 章和第 8 章中详细阐述。

6.1 利用通信传输电力

通过通信电缆供电的好处远不止于节省单独的电源线。它还能在连接器上节省空间和成本,因为不需要额外的引脚或单独的电源连接器。然而,"电力通过通信线传输"并非总是可行。接下来，我们将详细探讨这一点，并概述需要考虑的相关方面。首先，并非所有通信技术都支持在同一条电缆上同时传输数据和电力。其次，通过通信电缆供应的电力有限，可能无法满足所有需求。再者，在印制电路板（PCB）上，需要安装额外的电路来将电力耦合到供电单元（即"供电设备/电源端设备"或 PSE）的通信线上，并在接收电力的单元（即"受电设备"或 PD）中将其分离。这不仅增加了成本，还占用了 PCB 上的宝贵空间，尤其对于小型传感器来说，这种空间往往非常有限。同时，传感器通常安装在汽车的边缘位置，需要较长的电线连接，因此采用电力通过通信线传输的方式能够节省更多的电缆。因此，在决定是否采用这种供电方式时，需要针对每个具体情况进行仔细权衡和考虑。

第 6.1 节提供了针对此类决策所需的技术背景和设计考量。首先，6.1.1 节详细阐述了在通过数据线路传输电力时所需的专业术语和相关要素。紧接着，6.1.2 节基于现有的汽车以太网（PoDL）标准 IEEE 802.3bu，深入探讨了差分线电力传输（PoD）电缆的应用。随后，6.1.3 节则讨论了同轴电缆电力传输（PoC），该技术不仅适用于当前的汽车 SerDes 标准，还具备未来应用于单端汽车以太网解决方案的潜力，并且与当前众多专有汽车 SerDes 技术兼容。此外，本小节还明确指出，具体的电力传输解决方案需根据所选通信技术的特定特性来确定。

传输电力与数据通信相结合的概念并非新颖，它早已存在并被广泛应用。一个典型的例子就是传声器所使用的幻象电源，其中直流电被叠加在传声器的音频电缆上[5]。另一个实例则见于电视卫星天线系统，那里的低噪声块下变频器（LNB）通过同轴天线电缆接收的电压（14V 或 18V）来决定天线的极化方向[6]。早在 2003 年，IEEE 就批准了首个允许通过以太网传输电力的规范，即以太网供电（PoE），该名称专门用于描述通过双绞线以太网（如 100BASE-TX）传输电力的场景。除了我们在 6.1.2 节中讨论的基于单对线的 PoDL 技术外，IEEE 还发布了适用于 4 对以太网线的电力传输规范，即 4 对以太网供电（4PPoE），具体如 IEEE 802.3bt 标准所定义[7][8]。

最后，我要补充一点：电力传输技术实际上提供了一种便捷的方式，用于控制受电设备的开关状态（请参见第 6.2.2 节内容）。以后视摄像头为例，它们通常只在车辆挂入倒档时才需要工作。因此，仅在数据通信需求时激活摄像头的电源，显然是一种高效的做法。值得注意的是，这种控制并不非得依赖于电力传输技术，即使通过独立的电线也能实现摄像头的电源控制。但当电力传输技术可用时，它无疑为通过电源直接控制摄像头的开关状态提供了内置的可能性，从而简化了系统设计和操作。

6.1.1　电源接通的一般注意事项

电力传输技术的关键在于能够先有效地将电力与数据传输混合，随后再在不相互干扰的情况下将它们分离。为了实现这一目标，首先，通信系统的频率需要足够高；其次，数据信号必须能够实现交流耦合（AC 耦合）与去耦合，这意味着通信机制不能依赖于直流（DC）成分。例如，控制器局域网（CAN）由于不对称地依赖于接地（GND）连接，并且尽管采用差分传输，但仍包含直流内容，因此无法实现电力传输。原则上，交流耦合可以通过电容器或变压器中的两个独立线圈来实现。

图 6.1 展示了电力传输系统的主要构成部分。左侧是供电单元，通常被称为供电设备（PSE）。右侧则是接收电力的单元，即受电设备（PD）。在本书所探讨的典型应用场景中，PSE 通常是处理视频或传感器数据的电子控制单元，而 PD 则是传感器。但请注意，这种配置并非固定不变，PD 也可以是任何（外围）ECU，甚至是功耗足够小的显示屏。当后续内容提及 PD 为传感器时，这并不意味着 PD 不能是其他具有不同功能的设备。

除了构建一个合适的通信系统之外，电力传输还依赖于两个核心要素：首先是 Bias-T，这是负责将电力与数据混合到通信线路中以及从通信线路中分离它们的关键组件；其次是合适的电压调节器，在供电设备（PSE）中尤为重要，用于确保稳定的电力输出。接下来，我们将详细探讨这些要素：6.1.1.1 节将介绍 Bias-T 的工作原理与重要性；6.1.1.2 节将讨论在设计电力供应系统时需要考虑的关键因素；6.1.1.3 节则列出了电力传输系统设计师必须考虑的一些普遍要求。此外，根据所选电缆类型［如屏蔽双绞线（STP）或同轴电缆］的不同，具体的实施细节将在 6.1.2 节和 6.1.3 节中分别展开讨论。

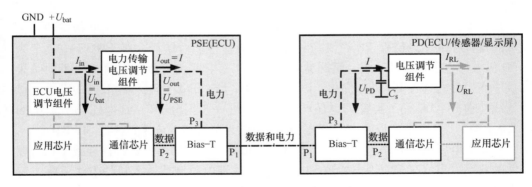

图 6.1　电力传输实现的主要元素

6.1.1.1　直流偏置器（Bias-T）

Bias-T 是 PCB 上的一个关键组件，它能够在供电单元上将电力和（高频）数据流合并到同一信道上。图 6.2 展示了 Bias-T 的基本原理设置。Bias-T 是一个三端口组件，包括 P_1、P_2 和 P_3 三个端口，这些端口代表了电感元件 L 和电容元件 C 组合的技术术语。如图 6.1 所示，Bias-T 在供电设备（PSE）中用于混合电力和数据，而在受电设备（PD）中则用于将它们分离。

Bias-T 巧妙地利用了电感和电容的特性：电感允许直流电流以极小的电阻通过，同时以极高的阻抗阻挡高频电流；而电容则相反，它阻挡直流电流，允许高频电流通过。因此，在图6.2中，高频数据通过电容器 C 耦合到传输信道中，并从信道中解耦，而 C 则阻断了直流电流。同时，直流电流则通过电感 L 耦合到信道中，并从信道中解耦，L 则有效地阻挡了高频数据。

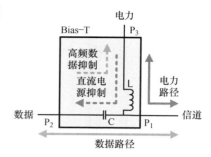

图 6.2　Bias-T 作为耦合的基本元素将电力耦合到数据线上

图 6.2 揭示了数据传输中同时传输电力的基本原理。然而，具体的电路设计会根据电缆类型、奈奎斯特频率、传输模式以及所选电源调节器等多种因素而有所不同。当使用（屏蔽）双绞线（STP）或同轴电缆时，具体的实现方式将在 6.1.2 节和 6.1.3 节中分别详述。此外，Bias-T 中电感器的大小和成本也是设计过程中需要考虑的重要因素，6.1.3 节将提供一些相关示例。

6.1.1.2　电压调节器

在电力传输的实现过程中，PSE（供电设备）中的电压调节器起着至关重要的作用，它负责为 PD（受电设备）提供稳定的电力。同样地，PD 本身也配备了电压调节器。尽管 PSE 的电压调节器与 PD 之间存在一定的相互依赖性，特别是在电压供应水平上，但无论是 PSE 为 PD 供电，还是电池直接为 PD 供电，PD 的电压调节器在原理上并无显著差异。因此，在选择 PD 的电压调节器时，主要依据的是标准的选择标准，以确保 PD 在其应用中达到最佳性能。然而，对于 PSE 中负责为 PD 供电的电压调节器来说，情况就有所不同了。它需要特别针对可能由不同一级供应商提供的远程 PD 进行优化。以下讨论将聚焦于 PSE 中电压调节器的需求，包括线性和 DC-DC 两种类型的电压调节器，并进一步区分 DC-DC 电压调节器中的"降压型""升压型"以及"升降压型"（也称为单端初级电感转换器 SEPICs）。

线性电压调节器作为一种额外的电阻性负载，其高功率耗散特性导致了相对较低的效率。当汽车等应用中的输入电压 U_{in} 在线性电压调节器入口处发生下降，特别是由于负载变化时，输出电压 U_{out} 和电流 I_{out} 所构成的输出功率也会相应减少。尽管对于相机等受电设备（PD）而言，线性调节器因无 DC-DC 开关干扰而可能更受青睐，从而保证了图像传感器的物理性能不受影响，但在供电设备（PSE）的电力传输场景中，线性电压调节器的损耗及其动态变化的功率耗散却成了不可忽视的问题。

PSE 需要为多个设备提供稳定高效的电力，而线性电压调节器的这些特性却会显著降低整体效率，增加系统热负荷，并可能对 PSE 的稳定性和可靠性造成负面影响。因此，在选择 PSE 的电压调节器时，应全面权衡效率、稳定性、可靠性以及成本等多方面因素，以确保电力传输系统达到最佳的整体性能。

DC-DC 降压转换器的作用是将较高的输入电压 U_{in} 降低至较低的输出电压 U_{out}。关键之处在于，为了确保正常运作，U_{in} 必须始终高于 U_{out}，这意味着必须维持一个最小输入电压 U_{in_min}。因此，在 PSE 中使用降压 DC-DC 转换器并不理想，因为电池电压 U_{bat} 可能会波动，甚至偶尔低于 U_{in_min}。相比之下，在 PD 内部使用降压转换器的问题较小，因为 PD 可以从 PSE 获得稳定的电力供应，这也是电力传输的一个显著优势。

另一方面，DC-DC 升压转换器则是将较低的输入电压 U_{in} 提升为较高的输出电压 U_{out}。在此情况下，U_{out} 始终至少与 U_{in} 相等，因此电池电压的突然下降不会对系统造成直接影响。然而，如果电池供电电压因某种原因超出预定的额定输出电压 U_{out_nom}，则 U_{out} 也会相应增加，这可能会导致问题（图 6.16）。为了满足 PSE 中的特定需求，更合适的 DC-DC 电压调节器类型是"升降压"转换器或 SEPIC（单端初级电感转换器）。这两种类型的调节器能够处理比预定输出电压更低或更高的输入电压，并在广泛的电压范围内稳定工作。当使用正确的参数配置时（详见 6.1.3.4 节），这些转换器能够确保即使在输入电压波动较大的情况下，输出电压 U_{out} 也能保持在稳定的额定值。

在选择 DC-DC 电压调节器时，需要综合考虑以下影响因素：

● 输入电流 I_{in} 的大小：当 PD（受电设备）负载保持不变时，恒定的输出电压和功率意味着输出电流 I_{out} 也将保持不变，该电流在任何情况下都会在 PSE（供电设备）中通过熔丝或主动限流电路进行限制。因此，即使输入电压 $U_{in} = U_{bat}$（电池电压）发生变化，所消耗的功率也将保持不变。因此，当 $U_{in} = U_{bat}$ 降低时，输入电流 I_{in} 会增加。从电池到电压调节器的电力路径中的所有组件都必须能够处理这种增加的电流。这是 PSE 设计中一个至关重要的方面！表 6.1 展示了在考虑一个具有 100% 效率的理想升压调节器时，这种差异对电流假设的简单示例。对于标称电池电压 $U_{bat} = 12V$，在实际可能发生的最高和最低电压之间，电流增加到标称值的四倍以上。

表 6.1　可能的输入电流示例 I_{in}（$U_{out} = 10V$，$I_{out} = 0.1A$，两者都是恒定值）

$U_{bat} = U_{in}$	16V	12V	10V	8V	6V	3V
I_{in}	0.0625A	0.083A	0.1A	0.125A	0.167A	0.33A

● 操作频率间的相互影响：DC-DC 转换器在 50kHz ~ 2MHz 的开关频率范围内工作，它们通过数字控制回路来运行，该回路的工作频率可能是开关频率或其分数。有时，PD（受电设备）的负载不是恒定的，而是会以特定频率定期变化，比如摄像机成像器在消隐期间不需要电源（也见第 2.1.2 节）。在这种情况下，重要的是要确保控制回路的频率与负载变化的频率有显著区别，以避免 PSE（供电设

备）中的 DC-DC 转换器输出电压不稳定。此时，选择正确的控制回路频率比关注电流更为重要。

同样，当涉及电压调节器的组合时，即 PSE 中的电力传输电压调节器和 PD 中的电压调节器，也需要特别注意。如果两者都是 DC-DC 转换器，并且它们的调整频率不幸地重合，那么它们可能都无法提供正确的输出电压值。为了避免这个问题，可以在 PD 中使用线性电压转换器。

- DC-DC 转换过程中产生的开关噪声：在第 5.2.3.4 节中，我们讨论了电源纹波的概念，这种纹波可能对通信系统造成干扰。这些纹波可能来源于多个方面，包括 PSE（供电设备）中用于电力传输的 DC-DC 转换器、PD（受电设备）中的电压调节器（如果也是 DC-DC 转换器的话），以及 PD 自身负载的变化（比如由于成像器中的消隐期）。当纹波来自 DC-DC 转换器时，它通常被称为开关噪声。在数据传输过程中，如果 PSE 和 PD 的信道以及 Bias-T 中的功率损耗较大（图 6.11），那么这种开关噪声的影响就会更加显著。

DC-DC 转换器的开关噪声会在其开关频率的谐波处被观察到，它们尤其会对基于频分双工（FDD）的 SerDes 系统的低频控制/状态信道产生影响。而基于 FDD 的 SerDes 高速数据信道、基于时分双工（TDD）的 SerDes 以及高速以太网系统，由于工作在更高的频率上，因此受到的影响相对较小。对于专有的（基于 FDD）SerDes 技术，其应用说明中会列出允许的最大纹波值。一般来说，纹波的最大幅度（峰到峰值）的典型值为 100mV。

需要注意的是，DC-DC 转换器在极低负载或极高负载条件下运行时，其产生的纹波噪声可能会加剧。具体来说，当负载极低时，用于为输出电路充电的脉冲时间变短，导致脉冲边缘的 dV/dt 比率增大，从而产生噪声。相反，在极高负载下，电力传输信道上的直流电阻会增强，使得纹波更加明显。这是纹波的一种常见表现形式。

- 在电源启动时的高涌入电流问题：为了确保 PD（受电设备）的电压稳定，通常会在其电压调节器的输入端接入一个适当大小的电容器，以限制电压纹波的幅度。尽管这个电容器是必需的（如图 6.1 中 PD 部分的 "C_s" 所示），但它也带来了一定的挑战：根据所选电压调节器的不同，所需电容器的容量可能从几纳法拉（nF）到几微法拉（μF）不等。当电源启动时，这个电容器会从放电状态开始充电。即使是较小的电容值，也可能在充电过程中产生较大的涌入电流。这种涌入电流的最大值受到电力传输信道直流电阻和电容器等效串联电阻（ESR）的影响。同时，电容器的容量和 ESR 共同决定了涌入电流脉冲的持续时间。

因此，在设计和选择组件时，特别是在设计 Bias-T 中的电感器时，必须充分考虑这一效应。此外，在系统设计中也需要采取适当的措施来应对涌入电流的影响，比如在电源启动时设置故障检测的超时机制，以确保系统的稳定运行。

- 到目前为止，我们的讨论主要集中在电源开启时信道的电阻特性上。但值得注意的是，信道本身也具备电感特性，与电容负载结合后，若电源开启不受控，可能会引发振铃现象。为了有效应对涌入电流引起的振铃效应，一种策略是在 PSE 中集成额外的电流限制电路，并精心设计电源开启过程中的电压和电流上升曲线，确保它们始终保持在电路能够承受的预定范围内。

此外，关于电流峰值的问题，短信道相比长信道更为敏感，因为短信道的直流电阻较小，是导致涌入电流增大的主要因素。相反，长信道虽然直流电阻较大，但其较大的电感却使得它更容易受到振铃效应的影响。

本节概述了在电源传输系统（特别是供电设备 PSE）中，使用电压调节器时必须考虑的一些普遍影响。而第 6.1.3 节则提供了在 PoC（以太网供电）系统中这些影响产生的更具体实例。

6.1.1.3　故障检测和保护

在实现电力传输功能时，系统必须配备多种机制，用于检测系统运行是否正常，并预防潜在问题。这些机制主要基于直流参数进行操作。值得注意的是，即使电力系统处于无错误状态，也并不能直接证明数据通信的质量同样优秀。然而，一旦电力供应出现严重问题，我们可以合理推断数据通信也可能无法正常工作。

因此，对于设计带有电力传输功能的 ECU（电子控制单元）的工程师而言，他们应当为 PSE（供电设备）和 PD（受电设备）中的电力供应组件设定一系列明确的限值和参数。这包括定义标称电压、电流和功率范围作为基本标准，并额外设定不可逾越的最大温度、最大电流和最大电压的限值。理想情况下，这些实现方式应包含保护机制，能够预防长时间的过热、过电流和过电压事件，并在发生时设置相应的错误标志。

通常，电压调节器的输入端需要维持一个最低电压阈值。如果在实际运行中电压降至该阈值以下，即发生欠电压事件，那么无论是整个电力传输系统还是 PD 的正常运行都无法得到保障（具体示例请参见第 6.1.3.4 节）。在这种情况下，不仅需要及时通知 PSE 以确保电力供应的稳定恢复，还需要在电压恢复正常后，对 PD 的配置进行恢复。但值得注意的是，若电压不足，PD 可能无法记录并通知 PSE 故障事件，这一点系统设计者必须加以考虑。此外，对于 PD 在欠电压事件后的重启，以及那些被检测到但持续时间过短不足以触发重启的电压波动，也应予以记录。

开路和短路问题通常出现在外部电缆上。对于开路负载和短路负载的检测，仅在 PSE 端进行。特别地，当 PD 处于低功耗模式时，应禁用开路负载检测功能。而短路负载的检测机制与过电流检测类似，系统应配备相应的保护措施，以防止短路造成的损害。

为了实现故障检测，大多数情况下会采用超时机制和定时器来控制。这些定时器用于监测过温、过电流、过电压以及 PSE 重启等事件，以确保系统能够稳定地执行上电或故障恢复程序。

由于 PD 并非直接连接到汽车的电源系统，因此它无须满足大多数由电池连接本身产生的要求。例如，PD 无须具备反向电池保护（RBP）功能，以防止电力系统中出现极性反转。然而，PSE 需要支持这一功能。PD 和 PSE 必须共同确保在连接时使用了正确的引脚。

6.1.2 差分供电（PoD）电缆

图 6.3 展示了两种可能的电力传输设置，这些设置通过差分通信线路并利用 STP（屏蔽双绞线）电缆将 PSE（通常为 ECU）与 PD（可能是 ECU，但更常是传感器）连接起来。值得注意的是，尽管使用 UTP（非屏蔽双绞线）电缆进行电力传输的基本设置相似，但考虑到本书讨论的高速应用场景，我们将重点放在 STP 电缆上。不过，需要强调的是，图 6.3 中展示的许多方面对于 UTP 电缆也同样适用。特别地，图 6.3 还突出了数据传输的关键组成部分：由于差分传输技术依赖于两根线，因此每个单元都需要配备两个 Bias-T 电路，以确保信号能够稳定且准确地传输。

在图 6.3 所示的设置中，除了 Bias-T 电路外，我们还需要特别关注共模扼流圈（CMC）这一元件。CMC 的主要作用是减少共模干扰对差分信号（如 100BASE-T1 汽车以太网通信中的信号）的影响。图 6.3 上部的设置有一个显著优势：从 PSE 传输到 PD 的电流无须穿越 CMC，这意味着 CMC 的选用与是否进行电力传输（PoD）无关，可以保持一致。

而在图 6.3 的下部，电源电流则必须流经 CMC。这种设计的一个潜在优势在于，CMC 能够改善电力注入的对称性，从而提高信号质量。然而，由于电流通过 CMC，这要求 CMC 使用更粗的导线，因此通常会比不用于电力传输的 CMC 体积更大。因此，在这种设置下，通常需要选择与不使用 PoD 时不同的 CMC。

在同时进行电力与通信传输时，PD 的地线连接也是由 PSE 提供的。从原则上讲，使用 PoD（电力传输）和 STP（屏蔽双绞线）电缆来实现这一点要比使用同轴电缆更为简单，因为 STP 电缆的屏蔽层并不构成通信路径的一部分，这与同轴电缆不同（也请参见第 4.1.4.1 节）。图 6.3 展示了两种不同的方法，这两种方法与 CMC 的位置无关，并且可以在任何一种设置中使用。在图 6.3 的上部设置中，STP 电缆的屏蔽层直接连接到设备的外壳上（参见 "1" 和 "2"）。而在图 6.3 的下部设置中，则通过电容耦合将屏蔽层与 PD 的 PCB（印制电路板）地线相连（参见 "2"），这样做可以避免地线偏移带来的意外影响。然而，在 PoC（电力与通信分离）系统中，这种耦合是不可能的，因为 PCB 地线与电缆屏蔽层不能分离，否则通信回传信道将被中断。

在图 6.3 的上部设置中，系统地直接连接到设备的外壳上（参见 "3"）。这是一种常见的做法，用于衰减 PCB 上集成电路的辐射发射。而下部设置则主要用于 UTP（非屏蔽双绞线）应用。在 "3" 区域中，使用了一个电源 CMC，它提高了作

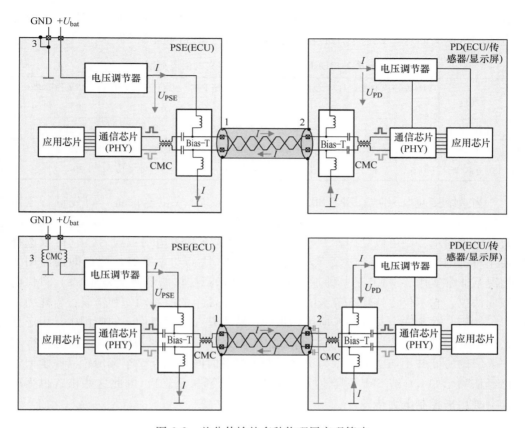

图 6.3   差分传输的多种物理层实现策略

为 PSE 的 ECU 以及整个系统的共模阻抗。由于 UTP 系统无法依赖屏蔽层来减少干扰，因此在系统中保持高共模阻抗以降低有效功率或射频噪声变得尤为重要。无论是电源 CMC 还是信号线上的 CMC，都能提高共模阻抗，从而减轻信号线上意外噪声的影响，这意味着 PoD 可以进一步优化电磁发射（EME）和电磁干扰（EMI）性能。

现有的 PoD（电力与数据同线传输）技术标准是 IEEE 802.3bu 的 Power over DataLine（PoDL）规范[10]。该规范于 2016 年制定完成，专为单对（汽车）以太网解决方案 100BASE-T1 和 1000BASE-T1 设计了电力传输的实现方式。尽管这些技术采用了相同的 PoDL 架构（如图 6.3 所示，特别是下部分展示的配置，参考文献[9]），但所选的电子元件已针对各自速度等级对应的频率进行了优化。在规范中，这些元件被明确区分为 Type A（适用于 100BASE-T1）和 Type B（适用于 1000BASE-T1），而 Type A + B 则兼容两者[10]。规范中定义的功率等级（如表 6.2 所示）与速度等级无关，这一特点使得它们在其他更高数据速率的场景中同样具有参考价值[11]。IEEE 802.3bu 规范共定义了十个不同的功率等级，范围从 0.5W

到 50W 不等。根据我们的经验，在撰写本文时，对于采用专有 SerDes 技术和同轴电缆的摄像头而言，最为适用的功率等级是 3 级，最高可提供 5W。

表 6.2　IEEE 802.3bu[10] 中定义的供电类别

类别	12V 非稳压 PSE		12V 稳压 PSE		24V 非稳压 PSE		24V 稳压 PSE		48V 稳压 PSE	
	0	1	2	3	4	5	6	7	8	9
电压/V	5.5~18		14~18		12~36		26~36		48~60	
电流/A	0.1	0.22	0.25	0.47	0.10	0.34	0.21	0.46	0.73	1.3
PD 功率/W	0.5	1	3	5	1	3	5	10	30	50

当系统接通电源时，IEEE 802.3bu 标准要求 PSE（供电设备）首先进行链路测试。如果链路正常，PSE 有两种选择：如果它已知连接了哪个 PD（受电设备）及其电力需求，则可以立即在"快速启动"模式下注入电力；或者，它可以选择使用可选的串行通信分类协议（SCCP）来与 PD 协商功率等级，这在即插即用的情况下非常实用。SCCP 是一种基于 Maxim 1 线串行协议的低速（333bit/s）自供电双向协议，它不仅支持功率等级的协商，还具备简单的控制功能和错误报告能力。

然而，在预先定义的汽车应用场景中，特别是在后视摄像头的应用中，由于存在严格的启动时间要求（即电源开启后 2s 内必须显示摄像头图像），因此进行功率等级的协商并不切实际，因为这将耗费宝贵的时间。此外，车载传感器系统通常已经依赖于如 I2C 或 SPI 等其他控制格式（详见第 9.5 节），因此这些格式也很可能会被用来控制电力传输。

6.1.3　同轴电缆供电

在本节 6.1 的开头，我们提到了电力传输技术的局限性，特别是它在供电能力方面的不足。车辆网络中的许多节点，其电力需求往往超出了通过数据通信所能提供的范围。此外，这些节点可能原本就靠近电源，因此，通过电力传输技术节省电缆长度的优势，可能无法弥补因增加组件成本和重量而带来的负面影响。因此，在车辆核心网络中广泛采用电力传输技术的可能性并不大。然而，电力传输技术对于位于车辆边缘且需要有限电力和长电线的传感器（如摄像头）来说，却具有特别的优势。在撰写本书时，一些摄像头已经采用了压缩技术和 100Mbit/s 以太网作为通信技术。正如 6.1.2 节所述，电力数据传输链路（PoDL）正是基于这一应用需求而开发的。而对于那些未使用压缩技术的摄像头，它们则采用了多种专有的汽车串行解串器（SerDes）技术之一。

对于这些摄像头来说，电力传输（PoC）能力是一个至关重要的特性。如果没有 PoC，SerDes 摄像头就不得不使用 STQ 连接器，或者 STP/同轴连接器再加上一个额外的电源连接器。显然，两个连接器或混合连接器比单个简单的连接器需要更多的空间（在空间有限的传感器上）和成本。在单个连接器的情况下，同轴连接器通常比 STP 或 STQ 更经济。在竞争中，与采用压缩技术的 100Mbit/s 以太网摄像头相比，PoC 所带来的成本节约对于 SerDes 摄像头来说具有显著优势。由于 PoC 是 SerDes 通信/摄像头传感器连接性的重要组成部分，甚至可能是未来单端以太网版本的关键要素，因此以下将对其使用进行更详细的讨论。然而，以下描述的许多方面也同样适用于电力数据传输（PoD）。

第 6.1.3.1 节首要关注的是电感元件，它们是构建 PoC（电力传输）系统的基石，不仅决定了系统的基本特性，还伴随着诸多限制。这些限制可能包括功率上限（详见第 6.1.3.3 节）以及系统稳定性（详见第 6.1.3.4 节）。为了更直观地理解，第 6.1.3.2 节以 Bias-T（偏置变压器）为例进行了具体说明，而第 6.1.3.5 节则是实用的指南，详细介绍了如何根据实际需求选择合适的 PoC 组件。

6.1.3.1 必要的电感元件

图 6.4 展示了采用电力传输（PoC）技术的（串行解串器 SerDes）通信系统的基本架构。在这个架构中，每个单元仅需配置一个 Bias-T。与图 6.3 中的差分系统相比，图 6.4 还增加了一条潜在的控制路径，用于通过 I2C 或 SPI（或其他 I/O 接口）对电力传输的电压进行调节。需要注意的是，图中并未直接展示数据处理芯片，但无论是供电端（PSE）还是受电端（PD），都会以某种形式包含这些芯片。这些处理芯片所需的电力，加上通信芯片所消耗的电力，共同构成了系统的总负载。

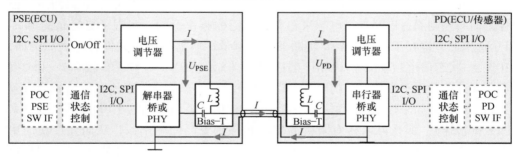

图 6.4 单端（SerDes）通信系统中的 PoC 设置原理

图 6.4 展示了由一个电容器 C 和一个电感器 L 构成的基本 Bias-T 元件。然而，在实际应用中，特别是 SerDes 的实现中，Bias-T 的设计可能会复杂得多，这完全取决于所选特定传输技术的具体特性（可参见第 6.1.3.2 节中的具体示例）。这是因为 Bias-T 中的电感器承担着关键任务，即阻止数据信号进入电源路径。为了确保这一点，电感器需要在整个数据信号的带宽范围内，提供至少 $1k\Omega$（当然，这个值越大越好）的电感交流阻抗。大多数专有的 SerDes 技术以及 MIPI A-PHY SerDes 标准都利用了 SerDes 的不对称数据传输速率特性，通过频分双工（FDD）技术来分离传输中的数据流。具体而言，视频数据以高频（GHz 范围）在一个方向上传输，而控制信道则同时以明显较低的频率在相反方向上传输，从而避免不同频率

的数据流相互干扰。反向信道的实际频率会根据所使用的技术而有所不同，范围从几十 kHz 到约 100MHz 不等（可进一步参考第 7 章的内容）。

大多数电感元件无法在广泛的频率范围内提供所需的电感阻抗，而是仅在较窄的带宽内表现出最佳性能。图 6.5 的左侧图示便展示了单个电感元件的主要特性。为了在整个频率范围内有效阻断数据信号，我们需要将多个电感元件串联起来，以实现连续且宽范围的交流阻抗。这一设计思路在图 6.5 的右侧图示中得到了体现，其中有效的电感阻抗是三个电感元件特性之和。

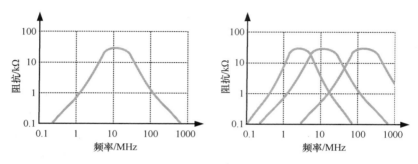

图 6.5　电源路径中电感阻抗随频率变化的示例

图 6.6 中展示了两种 Bias-T 的设计实例。左侧是一个采用单个电感的简单设计，而右侧则通过串联三个电感来覆盖更广泛的频率范围，实现了更复杂的 Bias-T。这里的关键在于，电感需要阻断的频率越低，所需的电感元件就越大。例如，在控制/状态信道频率低于 10MHz 的应用中（如仅使用 I/O 和 I2C 接口），Bias-T 需要在这些频率下提供足够的阻抗，以确保控制/状态信号与直流电源信号的有效分离。相反，如果控制/状态信道的频率高于 10MHz（比如使用 100Mbit/s 的以太网数据传输），那么可以将对阻抗的要求转移到更高的频率段，从而允许使用更小、阻抗值更低的电感元件来设计 Bias-T。全双工以太网系统或时分双工（TDD）SerDes 技术（如 ASA Motion Link）的优势在于，它们主要使用高频信号，因此可以设计得更紧凑，仅使用较小且阻抗值较低的电感元件即可满足需求。

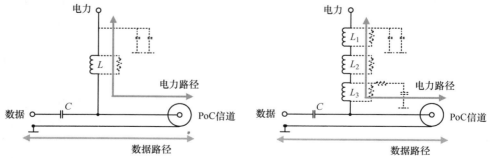

图 6.6　在 PoC 抑制较小频率范围（左侧）或较大频率范围（右侧）高频数据时的 Bias-T 选项

图 6.7 和表 6.3 列举了多种电感元件的示例，并详细列出了它们的尺寸和电气特性。铁氧体磁珠的特性由其标称阻抗 Z_{nom}、寄生电阻 R_{DC} 以及最大允许电流 I_{max} 决定；而电感器则由其电感值 L、寄生电阻 R_{DC} 以及饱和电流 I_{sat} 来标识。需要注意的是，这些示例元件仅供参考，可能并不直接适用于验证性概念（PoC）的 Bias-T 设计。在实际应用中，应根据具体的设计规格和需求来精心挑选合适的电感元件。

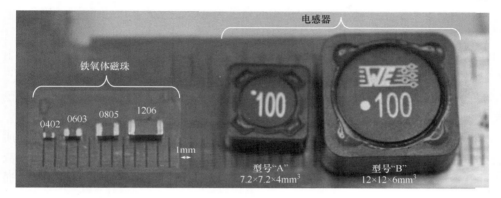

图 6.7　铁氧体磁珠和电感器的样品尺寸（拍摄者：Michael Kaindl）

表 6.3　铁氧体磁珠和电感器特性示例；尺寸类别见图 6.7

铁氧体磁珠				电感器	
型号 0402	型号 0603	型号 0805	型号 1206	型号 "A"	型号 "B"
		$Z_{nom} = 220\Omega$ $R_{DC} = 0.05\Omega$ $I_{max} = 1500mA$		$L = 1\mu H$ $R_{DC} = 0.01\Omega$ $I_{sat} = 5.31A$	
$Z_{nom} = 1000\Omega$ $R_{DC} = 1.0\Omega$ $I_{max} = 200mA$	$Z_{nom} = 1000\Omega$ $R_{DC} = 0.5\Omega$ $I_{max} = 200mA$	$Z_{nom} = 1000\Omega$ $R_{DC} = 0.35\Omega$ $I_{max} = 300mA$	$Z_{nom} = 1000\Omega$ $R_{DC} = 0.3\Omega$ $I_{max} = 1000mA$	$L = 10\mu H$ $R_{DC} = 0.045\Omega$ $I_{sat} = 2.6A$	$L = 10\mu H$ $R_{DC} = 0.018\Omega$ $I_{sat} = 5A$
		$Z_{nom} = 1500\Omega$ $R_{DC} = 0.35\Omega$ $I_{max} = 700mA$		$L = 56\mu H$ $R_{DC} = 0.228\Omega$ $I_{sat} = 0.93A$	
		$Z_{nom} = 2200\Omega$ $R_{DC} = 0.45\Omega$ $I_{max} = 200mA$			

表 6.3 展示了铁氧体磁珠和电感器参数的可变性。当一个参数发生变化时，其他参数往往也会随之不同。这里不存在严格的线性关系，但有一些基本的趋势。使用更高电感值的电感器通常意味着直流电阻的增加和饱和电流的降低。如果需要更

大的电流，就必须选择尺寸更大的电感器，且尺寸的增加并不是线性的。以表 6.3 中 $10\mu H$ 的电感器为例，当电流增加约 1.9 倍（从 2.6A 增加到 5A）时，直流电阻降低了约 60%（从 0.018Ω 降低到 0.045Ω），但尺寸却增加了约 4.3 倍（从 $7.2mm \times 7.2mm \times 4mm$ 增加到 $12.2mm \times 12.2mm \times 6mm$）。这意味着，虽然直流电阻几乎减半，但尺寸的增加却超过了电流增加比例的平方（$1.9^2 = 3.6$）。

如表 6.3 所示，铁氧体磁珠的体积明显更为紧凑，因此其尺寸的增加相较于电感器来说不那么关键。由于铁氧体磁珠是损耗元件，能够在芯材中吸收射频能量，因此它们非常适合用于改善电路的电磁兼容性（EMC）表现[14]。同时，在电源上电电路中，铁氧体磁珠也非常有效，尽管其适用的频率范围总体上比电感器要小。在验证性概念（PoC）电路中，铁氧体磁珠通常用于 20 ~ 300MHz 之间的频率范围[15]。而在更低或更高的频率下，则需要使用电感器。

此外，铁氧体磁珠和电感器之间还有一个重要的区别：铁氧体磁珠由其导线所能支持的最大电流 I_{max} 来定义，而电感器则由其饱和电流 I_{sat} 来定义。当实际电流超过电感器饱和电流的 50% 时，其频率特性会发生显著变化，因此电感器的 I_{max} 通常约为 I_{sat} 的 50%。

图 6.8 通过实例对比展示了铁氧体磁珠与电感器在频率响应方面的典型特性。

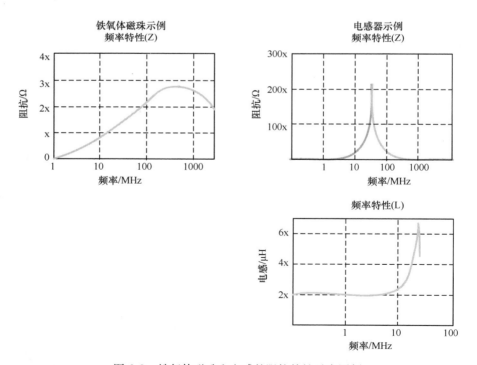

图 6.8　铁氧体磁珠和电感的阻抗特性示意图例

6.1.3.2　Bias-T 示例

图 6.9 展示了基于频分双工（FDD）的 SerDes 技术中 Bias-T 电路的一个当前实现示例。此设置是为了研究 Bias-T 对数据通路电气性能的影响而创建的。它允许为了测试目的而将 SerDes 通信和电源通信分开。如图 6.9 所示，Bias-T 的实现包括两个铁氧体磁珠、两个电感器和三个电容器。同时携带电源（在 P1 处）的数据总线连接器是 PCB 右侧的汽车连接器。电源路径（在 P3 处）通过左下角的小型 A 版（SMA）连接器，而数据路径位于右下角（在 P2 处）。

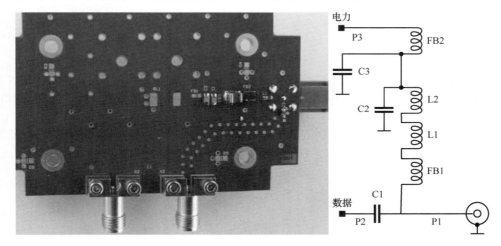

图 6.9　基于 FDD 的汽车 SerDes 解决方案的 Bias-T 实施示例

（拍摄者：Michael Kaindl Michael Kaindl，来源：FTZ）

图 6.10 展示了基于图 6.9 实现的不同测量结果，这些结果直观地揭示了与数据一同传输的电源对数据路径和电源路径插入损耗（IL）的影响。在左侧的两个图形中，可以看到一些变化仅与待测设备（DUT）相关。针对上方两个图形所示的数据路径，设计目标是实现低插入损耗。右上方的图形显示，插入损耗随着传输电流的变化而变化，特别是在极低频率以及 700MHz ~ 2GHz 的范围内，这可能是由于某些元件的寄生损耗比其他元件更大，特别是工作在 1GHz 范围内的电感器。

而左下角的图形则展示了电源路径的插入损耗。为了有效地将电源与数据路径解耦，在使用的带宽范围内需要实现较高的插入损耗。所选电路在大约 10 ~ 100MHz 的范围内表现尤为出色，能够有效地满足这一需求。

6.1.3.3　功率限制

在电力传输系统中，无论是采用 PoD 还是 PoC 方式，一个至关重要的方面就是能够随数据一同传输的电力量。虽然两种系统需要考虑的基本元素相似，但在具体细节上会有所不同。为了更贴近实际应用，本节将以 PoC 系统为例进行阐述。那么，能够随数据一起传输的电力量主要受以下三个因素的影响：

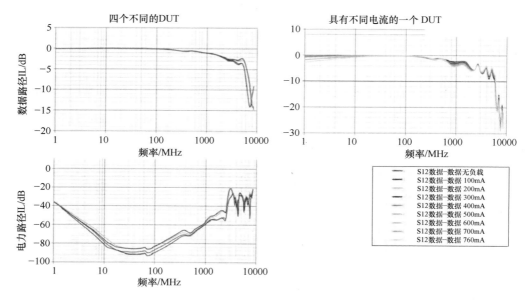

图 6.10　不同 DUT 和不同负载的测量示例（来源：FTZ）

（1）连接器支持的最大电流

这取决于所使用的具体连接器型号，并且不同型号的连接器支持的最大电流各不相同。在撰写本书时，典型的汽车连接器支持的最大电流范围为 1～3A。这意味着连接器支持的最大电流并不一定是电力传输的限制因素，但在选择时仍需根据实际需求进行匹配。

（2）Bias-T 电感器不饱和时的最大电流

一般来说，操作期间的电流应小于或等于 Bias-T 中使用的电感器定义的饱和电流 I_{sat} 的 50%，即 $I_{max} = 0.5 I_{sat}$。电感器产品的描述中会给出 I_{sat} 的实际值，该值随电感值和电感器中使用的导线直径而变化。导线直径越大，I_{sat} 越高，但组件也会相应增大。如果需要使用多个电感器，如图 6.6 右侧图形所示，则决定性因素是这些电感器中最小的饱和电流。

（3）PSE 与 PD 之间电源路径的总功率损耗

电源路径的总功率损耗取决于其直流电阻。在理想系统中，电源路径中的所有元件——包括电缆、连接器、Bias-T 中的电感以及 PCB 走线——都不会产生明显的直流电阻；毕竟，这些元件的设计初衷就是为了导电。然而，在实际情况中，事情并非如此，直流电阻是设计稳定 PoC 应用时需要考虑的关键参数之一。直流电阻的主要来源是电缆（R_{DC_cable}）、PSE 和 PD 中 Bias-T 的电感（R_{DC_LPSE} 和 R_{DC_LPD}）。通常，我们可以忽略 PCB 和连接器的直流电阻。图 6.11 展示了相应的模型。

Bias-T 的电缆和电感器会导致信道上的功率损失，从而相应地降低光敏二极

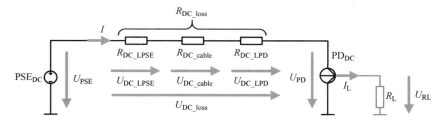

图 6.11 电力通路中产生直流电阻的主要原因

管（PD）上的电压［参见式（6.1）］。电力传输系统的开发人员必须认识到电压的降低，并需要确定传输路径上的最大功率损失。显然，负载所需的电流越大，功率损失就越大。

$$U_{\text{PD}} = U_{\text{PSE}} - (U_{\text{DC\_LPSE}} + U_{\text{DC\_cable}} + U_{\text{DC\_LPD}})$$
$$= U_{\text{PSE}} - I(R_{\text{DC\_LPSE}} + R_{\text{DC\_cable}} + R_{\text{DC\_LPD}}) \tag{6.1}$$

表 6.4 提供了两个同轴电缆直流电阻值的示例，区分了内芯电阻 R_i 和外屏蔽电阻 R_o。这些值将用于后续的示例计算。值得注意的是，在图 5.13 中标识为 RG 174 的频繁弯曲电缆，其直流电阻值明显高于用于静态路径的同轴电缆。除了成本通常较高之外，电阻值显著较高也是我们在 PoC 系统中尽可能少使用这种柔性电缆的重要原因。

表 6.4 典型汽车同轴电缆的直流电阻示例值[16]

类型	内芯电阻 $R_i/(\text{m}\Omega/\text{m})$@20℃	屏蔽电阻 $R_o/(\text{m}\Omega/\text{m})$@20℃
DACAR 302，内芯直径为 3.3mm，低损耗	<50	<20
DACAR 462/RG174，内芯直径为 2.8mm，具有铜包层钢芯的柔性电缆	<320	<50

以下是两个示例的计算详情。两个示例中的电缆都由两个通过线间连接器连接的部分组成。"cable1" 的每个部分使用了不同类型的电缆。其中一部分 "cable11" 使用了 9.5m 的低损耗电缆，而另一部分 "cable12" 则使用了 3m 的柔性电缆。在另一个示例 "cable2" 中，两个信道部分都采用了低损耗电缆。电缆的直流电阻是根据式（6.2）计算得出的。具体而言，RDC_cable1 的直流电阻为 RDC_cable11 与 RDC_cable12 之和，即 0.665Ω + 1.065Ω = 1.73Ω；而 RDC_cable2 的直流电阻为 0.875Ω。

$$R_{\text{DC\_cable1}} = 9.5\text{m} \cdot (R_i + R_o)_{\text{low loss}} + 3\text{m} \cdot (R_i + R_o)_{\text{flexible}} \tag{6.2}$$
$$R_{\text{DC\_cable2}} = 12.5\text{m} \cdot (R_i + R_o)_{\text{low loss}}$$

表 6.5 显示了两个示例信道在电流值达到当前数据连接器常见的 3A 限制时，电缆上产生的功率损耗 $P_{\text{DC\_cable}}$ 和电压降 $U_{\text{DC\_cable}}$。在 1A 电流下，电压降和功率损耗处于适中水平。然而，当考虑至少为信道（特别是包含柔性部分的信道）提供

3A 电流时，信道上的电压降和功率损耗会显著增加，这需要精心设计的系统来支持。相比之下，对于仅使用非柔性电缆的信道，其损耗值减少了约 50%，因此更加可承受。请注意，这些计算值是在室温下得出的。随着温度的升高，电缆的直流电阻也会增加，这取决于所使用的材料。具体而言，静态电缆中常用的铜或铜合金线（如 CuMg、CuSn、CuAg）在 80℃下的直流电阻约为 20℃下的 1.2 倍；而柔性电缆中使用的铜包钢或纯钢线在 80℃下的直流电阻约为 20℃下的 1.3 倍。

表 6.5　示例信道的功耗和电压降值

I/A	$R_{DC\_cable1/2}/\Omega$	$U_{DC\_cable1/2}/V$	$P_{DC\_cable1/2}/W$
0.25	1.73/0.875	0.43/0.22	0.11/0.05
0.5	1.73/0.875	0.87/0.44	0.43/0.22
0.75	1.73/0.875	1.30/0.66	0.97/0.49
1	1.73/0.875	1.73/0.875	1.73/0.875
1.5	1.73/0.875	2.60/1.31	3.89/1.97
2	1.73/0.875	3.46/1.75	6.92/3.5
3	1.73/0.875	5.19/2.63	15.57/7.88

最常见的受电设备（PD）非摄像头莫属。摄像头中的图像传感器对热量极为敏感，这带来了挑战，因为摄像头体积小巧，往往没有足够的空间进行散热。在设计中，我们假设整个摄像头的功率损耗上限为 1W，因此，在选择电力传输（PoC）系统中的电感元件时，应将其最大功率损耗目标设定为 200mW。从表 6.6 中，我们可以看到这些电感元件的直流电阻 $R_{DC\_LPD\_max}$ 以及对应的电压降 $U_{DC\_LPD\_max}$。值得注意的是，从 0.5A 电流开始，电缆上的电压降 U_{DC_cable}（参考表 6.5）就超过了 PD 电感上的电压降 U_{DC_LPD}。由于电流与功率的平方成正比，因此这一差异对系统性能有着显著的影响。

表 6.6　示例摄像头光敏二极管中电感的电压降和直流电阻值表

I/A	$P_{DC\_LPD\_max}/W$	$R_{DC\_LPD\_max}/\Omega$	U_{DC_LPD}/V
0.25	0.2	3.2	0.8
0.5	0.2	0.8	0.4
0.75	0.2	0.356	0.27
1	0.2	0.2	0.2
1.5	0.2	0.09	0.13
2	0.2	0.05	0.1
3	0.2	0.022	0.07

在为受电设备（PD）挑选电感时，核心挑战在于找到既能满足电流需求又能控制功率损耗的理想电感。电感的导线粗细直接影响其直流电阻（R_{DC_LPD}）：导线

越粗，电阻越低，但电感本身也会因此变得更大、更昂贵，且在空间紧凑的摄像头内部占据更多空间（请参照表 6.3 中的示例，了解不同电感规格的差异）。从表 6.6 可以明显看出，随着电流的增大，对低直流电阻电感的需求也随之增加，尤其是在需要串联多个电感以应对更高电流需求的场景中。

另一方面，供电设备（PSE）在设计和约束条件上与受电设备（PD）摄像头有所不同。PSE 通常具有更宽松的热条件，因此可以容忍稍高的功率损耗（$P_{\mathrm{DC\_PSE}}$）。然而，PSE 中的 BIAS-T 组件也会对系统的整体性能构成一定的限制，这一点在系统设计时同样需要加以考虑。

6.1.3.4　PoC 的稳定性

任何电力传输系统都必须关注稳定性方面，这些稳定性因素在很大程度上取决于信道的直流电阻（$R_{\mathrm{DC\_loss}}$）以及 Bias-T 组件的特性[17] ［在后续讨论中，我们将其统称为 $R_{\mathrm{DC\_loss}}$，并参考图 6.11 和式（6.3）］。系统的关键稳定性标准是负载电压 U_{PD} 与供电电压 U_{PSE} 之间的关系。为了确保系统稳定，受电设备（PD）的负载必须显著低于其最大负载能力 $P_{\mathrm{PD\_max}}$，即当 PD 中使用的功率等于传输过程中的功率损耗 $P_{\mathrm{PD}} = P_{\mathrm{DC\_loss}}$ 时，U_{PD} 将降至 U_{PSE} 的一半 ［见式（6.3）］。

$$P_{\mathrm{PD}} \ll P_{\mathrm{PD\_max}} = \frac{U_{\mathrm{PSE}}^2}{4\left(R_{\mathrm{DC\_IPST}} + R_{\mathrm{DC\_loss}} + R_{\mathrm{DC\_LPD}}\right)} = \frac{U_{\mathrm{PSE}}^2}{4R_{\mathrm{DC\_loss}}} \tag{6.3}$$

通常，负载功率 P_{PD} 由应用决定。虽然系统设计者在设计时可以选择降低负载 P_{PD}，但在此假设中，它被视为固定值。直流电阻 $R_{\mathrm{DC\_loss}}$ 越小，供电电压 U_{PSE} 越大，则越容易满足式（6.3）。如本章 6.1.3 节所示，在一定范围内，直流电阻 $R_{\mathrm{DC\_loss}}$ 可以通过选择适当的组件来影响。因此，关键是选择正确的供电电压 U_{PSE}，使其显著大于最小供电电压 $U_{\mathrm{PSE\_min}}$ ［见式（6.4）］。否则，系统存在不稳定的风险。

$$U_{\mathrm{PSE}} \gg U_{\mathrm{PSE\_min}} = 2\sqrt{R_{\mathrm{DC\_loss}} P_{\mathrm{PD}}} \tag{6.4}$$

图 6.12 展示了供电电压 U_{PSE} 所需超过的最低限值 $U_{\mathrm{PSE\_min}}$ 与直流损耗电阻 $R_{\mathrm{DC\_loss}}$ 及受电设备（PD）中负载功率 P_{PD} 之间的关系。以表 6.5 中的一个示例为例，该系统具有约 2Ω 的直流损耗电阻（如部分柔性同轴电缆所示）。在 1A 的电流下，若负载为 5W，则 $U_{\mathrm{PSE\_min}}$ 为 6.5V。若损耗电阻增加到 5Ω 且负载为 10W，则 $U_{\mathrm{PSE\_min}}$ 将提升至 14V。由于电流、负载、损耗和电压值之间相互关联，因此设计稳定的系统时需要格外谨慎。

上述内容阐述了 PSE 与 PD 中电压调节器之间相互关系的理论基础。接下来，我们将通过实际案例，专注于 PD 侧，探讨不同类型的电压调节器的表现。测试设置如图 6.13 所示，其中向 PD 中采用的各种类型电压调节器输入了低频三角波形电压作为激励。为了简化分析，此设置中忽略了所有 Bias-T 的损耗电阻。

在测试中，我们设定了损耗电阻的变化范围为 $0 \sim 5\Omega$，并选用了 10Ω、20Ω 或 30Ω 的负载电阻。表 6.7 列出了参与测试的电压调节器及其基本描述，但请注意，这仅仅是众多可用解决方案中的一小部分示例。同样地，为了清晰明了，我们只展示了部分具有实际意义的测量结果。

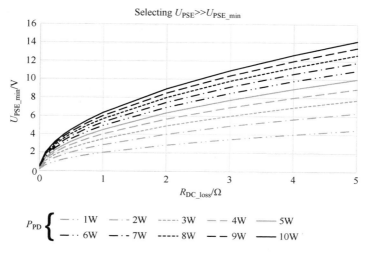

图 6.12　为了确保稳定的功率传输系统，U_{PSE} 需要显著大于最小值（U_{PSE_min}）

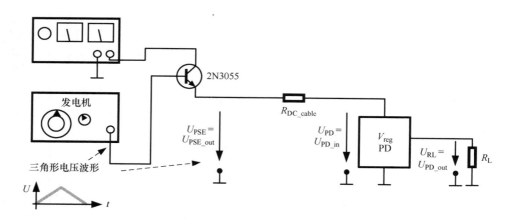

图 6.13　PoC 测试设置，请注意，忽略了 Bias-T 电感器的
直流损耗电阻，因此 $U_{PSE} = U_{PSE\_out}$ 且 $U_{PD} = U_{PD\_in}$

表 6.7　被测电压调节器概述

名称	类型	公司	评价
LT3089	线性调节器	Linear Technology（现 Analog Devices）	适用于恶劣工业环境；供应商板卡
LT8640	DC/DC 降压	Linear Technology（现 Analog Devices）	用于 EMC 关键应用；供应商板卡

（续）

名称	类型	公司	评价
LT8617	DC/DC 降压	Linear Technology（现 Analog Devices）	用于 EMC 关键应用；供应商板卡
LM2596	DC/DC 降压	National Semiconductors（现 TI）	安装在低成本消费板卡上
XL6009	DC/DC 升压	Maxim Integrated（现 Analog Devices）	安装在低成本消费板卡上
EL910.26	DC 降压-升压，SEPIC	Elmos	供应商板卡

图 6.14 展示了在损耗电阻为 1Ω 且负载电阻为 10Ω 的条件下，五种电压调节器（此处展示四种）的各自测量结果。

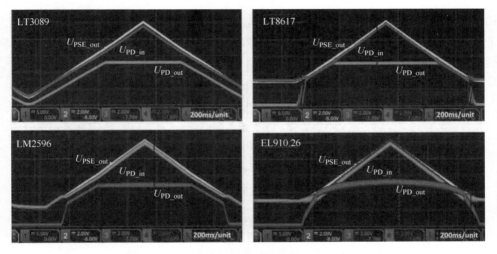

图 6.14　不同调节器在 1Ω 损耗和 10Ω 负载下的输入和输出电压

在损耗电阻是负载电阻 10 倍的情况下，图表显示，线性调节器 LT3089 与两个降压转换器 LT8617 和 LM2596 的表现几乎一致，唯一的区别在于两个降压转换器在达到最大输出电压 U_{PD_out} 之前需要跨越一个特定的阈值。然而，LM8617 在极低电压下表现出轻微的不稳定性。相比之下，EL910.26 SEPIC/buck-boost 调节器在极低的 U_{PSE_out} 值下就能有效地调节 U_{PD_out}。图 6.15 展示了在 5Ω 损耗电阻条件下的相同测试设置。

当负载电阻与损耗电阻之比为 2:1 时，所有电压调节器均无法达到 U_{PD_out} 的稳定工作点。具体表现因所选调节器的不同而有所差异。特别是 LT8617 和 EL910.26 在稳定性标准不满足时的表现尤为引人注目。未在此展示的其他测试结果显示，在

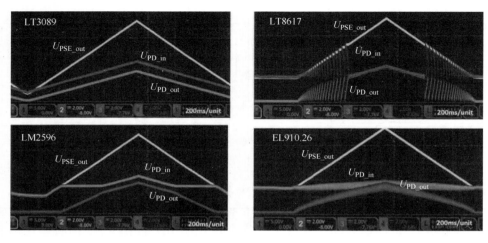

图 6.15　不同调节器在 5Ω 损耗和 10Ω 负载下的输入和输出电压

10Ω 负载的情况下，所选电压调节器的最大损耗电阻应控制在 3Ω 以内。最后，为了完整展示，图 6.16 对比了不同负载电阻下，升压 DC/DC 转换器与 buck‑boost 转换器的行为表现。

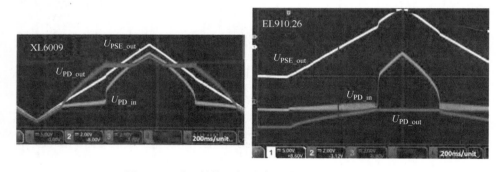

图 6.16　升压转换器与升降压转换器行为的比较

XL6009 升压调节器能够在其工作范围内，将低于目标输出电压的输入电压转换为稳定的输出电压。然而，一旦输入电压高于目标输出电压，XL6009 便不再具有调节功能，此时输出电压将直接等于输入电压。相比之下，buck‑boost 转换器则更为灵活，它能在其指定的工作范围内，无论输入电压是低于还是高于目标输出电压，都能将其转换为稳定的输出电压。

在图 6.16 中，我们可以观察到 buck‑boost 和升压转换器的一个重要现象：在达到某个点之前，输入电压 U_{PD_in} 几乎保持不变。对于 buck‑boost 调节器，这个点是当目标输出电压 U_{PD_out} 被达到时，此时 U_{PD_out} 几乎超过了 U_{PD_in}。而对于升压调节器，则是当目标输出电平被达到时。在这两种情况下，电源输出 U_{PSE_out} 在斜升过程中都呈现出一些不连续性。这种效应是由于电流消耗的突然变化引起的，尽管电源的内部电阻非常低。因此，在使用升压或 buck-boost 转换器时，必须考虑到这一点，因为在低电压条件下，电压调节器输入端的电流可能会远高于其在接近额定电压下工作时的电流。

以一个典型的例子来说明，假设我们有一个理想的电压调节器，在 U_{PD_in} = 12V 时正常工作，为系统提供稳定的输出电压和电流。然而，如果输入电压 U_{PD_in} 降低到 3V（而不是 12V），同时输出电压仍然被调节到目标值，那么此时的输入电流将是原来的 4 倍。因此，我们不能忽视输入电流的变化。另外，电压调节器在低电压下的效率可能极低，这可能会进一步加剧电流的消耗。因此，在使用任何电压调节器时，都需要充分考虑其独特的特性和在低电压下的表现。

本节内容仅涵盖了电压调节器类型的一小部分，并且设置上的变化相对有限，但实际上，电压调节器的应用和实现方式几乎无穷无尽。作为起点，我们建议从理解其操作点和限制的理论开始，但更重要的是，要结合具体的电路进行详细的模拟和实测。并非所有效果都能立即显现，这一点在负载上尤为突出。迄今为止的所有描述都基于一个假设，即负载是一个具有线性特性的电阻，没有考虑时间效应等因素。然而，在实际情况中，如微处理器、图像传感器或其他集成电路等真实负载，其电压与电流消耗之间的关系往往是非线性的，且这种关系可能会随着操作状态和环境条件的变化而变化。因此，图 6.13 所示的设置虽然是一个快速且有效的起点，但在进行测量时，还需要注意所使用的测试工具和电源的内部电阻可能会对测量结果产生影响。

6.1.3.5　PoC 简编

在详细探讨了第 6.1.3 节中 PoC 系统内的所有相关元素及其相互关系之后，本小节将以如何设计一个合适的 Bias-T 的建议作为总结。设计 Bias-T 的几种简便方法如下：

1）参照芯片供应商应用说明中的示例。
2）采纳电感元件供应商提出的解决方案。
3）借鉴电压调节器供应商提供的方案。

这三种方法虽然能提供一个可行的技术方案，但未必能完美契合特定应用的具体需求。为了更好地匹配这些需求，我们还需要考虑线束的参数和要求，具体包括电缆的最小和最大长度、电缆的类型，以及设备间信道内所允许的直流电阻值。

以下设计方案以一台集成了降压 DC/DC 转换器的相机作为受电设备（PD）。对于电源设备（PSE），我们考虑了多种类型的电压调节器。图 6.17 则是对后续讨论中涉及的元素和参数命名进行了归纳和总结。

第一步：明确 PD 的电力需求

首先，必须掌握负载的各项属性，包括其所需的电压（U_{RL}）、功率消耗（P_{RL}），以及据此计算得出的电流（I_{RL}）。对于 DC/DC 降压转换器而言，其输入

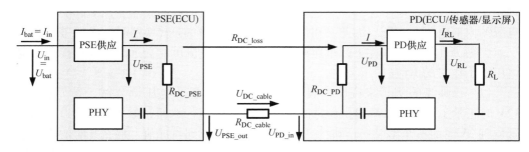

图 6.17　现场手册中使用的参考术语表

电压（U_{PD}）必须大于或等于负载所需电压（U_{RL}），以确保输出电压的稳定性。接下来，我们需要确定 U_{PD} 应比 U_{RL} 高出多少，以满足 DC/DC 转换器提供稳定输出的要求。同时，利用电压调节器的数据手册，确保调节器在此 U_{PD} 值下既稳定又高效。如果不满足条件，应适当增加 U_{PD} 值。随后，利用所选调节器的转换效率系数（$P_{RL} = nP_{PD}$），我们可以计算出所需的电流 I。基于这一电流值和系统的 PoC 需求，我们可以对 PD 中的 Bias-T 电感元件进行初步选择，这将进一步确定其直流电阻（R_{DC_PD}）、功率损耗（P_{DC_PD}），以及相应的 P_{PD_in} 和 U_{PD_in} 值。

第二步：计算 PSE 的最小供电电压 U_{PSE_min}

在 PSE 中，我们推荐选用降压-升压型或升压型电压调节器（具体见第 6.1.1.2 节）。在选择时，需仔细考虑，确保基于电池电压 U_{bat} 和输入电流 I_{in}，PSE 的输出功率 P_{PSE} 能大于 PD 的输入功率 P_{PD_in}，且 PSE 的供电电压 U_{PSE} 能高于 PD 的输入电压 U_{PD_in}，从而确保电压调节器能在稳定的工作状态下运行。基于这些条件，我们可以估算出 PSE 所需的最小供电电压 U_{PSE_min} 和可能的最大供电电压 U_{PSE_max}。同时，利用已知的电流 I，我们可以初步评估所需的电感元件及其功率损耗 P_{DC_PSE}。这样，我们就能确定 PSE 输出电压的标称值、最小值以及最大值。

第三步：计算 PSE 所需的最小供电电压 U_{PSE_min}

在 PSE 设计中，我们推荐考虑使用降压-升压型或升压型电压调节器（具体见第 6.1.1.2 节）。选择时需谨慎，以确保 PSE 的输出功率 P_{PSE} 能满足 PD 的输入功率需求 P_{PD_in}，同时 PSE 的供电电压 U_{PSE} 要高于 PD 所需的输入电压 U_{PD_in}，从而确保电压调节器在稳定的工作点运行。基于这些条件，我们可以推导出 PSE 所需的最小供电电压 U_{PSE_min}，并同时考虑可能的最大供电电压 U_{PSE_max}。此外，利用已知的电流 I，我们可以初步评估所需的电感元件及其功率损耗 P_{DC_PSE}，进而确定 PSE 输出电压的标称值、最小值以及最大值。

第四步：明确电缆规格及损耗计算

首先，根据所选的电缆类型和预期的最大电缆长度，我们可以计算出电缆的直流电阻 R_{DC_cable}。为了增强系统的适应性，特别是应对极端温度条件，我们还需要将温度系数纳入考量，对电缆电阻进行相应调整。最后，确保这一调整后的电缆电阻值落在所选电压调节器和 Bias-T 所允许的损耗电阻范围内，以保证系统运行的稳定性和效率。

第五步：验证合理性与必要调整

所有参数必须相互协调一致。这包括总电压值（U_{PSE} 应等于 U_{DC_LPSE}、U_{DC_cable}、U_{DC_LPD} 和 U_{PD} 之和），以及功率值、电阻值和电流值等。在发现不匹配或不合理之处时，需进行相应的调整或多次迭代优化。比如，若需减少电感器的功率损耗，可更换为电感值相同但直流电阻更低的电感器。然而，这种做法会增加电感器的体积，对于空间受限的相机和其他小型传感器来说，可能会带来不利影响。因此，设计师在进行此类调整时，需充分考虑到设备的空间限制。

表 6.8 给出了基于图 6.13 所示设置的一些示例。

表 6.8　基于图 6.13 所示设置的系统值

型号	R_L/Ω	P_{RL}/W	n	$P_{PD(\_in)}/W$	I/mA	R_{DC_loss}/Ω	U_{PSE}/V
LT8617	30	0.833	1.3	1.078	154	1	7
LM2596	30	0.833	1.96	1.638	182	3	9

请留意，电感元件的数据表往往无法全面描述其实际表现。因此，推荐将所选元件及其参数整合到实际的硬件设计中，并进行模拟测试和实际操作测试，以确保 PSE 和 PD 中的电压调节器能够稳定运行。

6.2　省电模式

车内的电子系统不仅仅局限于开启或关闭两种状态，而是需要支持多种具有不同用途的操作模式。尽管我们的主要关注点可能在于预期的工作模式，但在设计时也必须确保其他模式得到妥善支持。这特别包括每种模式对电源的不同需求，以及在模式转换过程中可能遇到的各种挑战。模式转换往往对系统的稳定性构成威胁，因此确保稳定性是至关重要的。图 6.18 以简化的形式展示了不同专用模式（以白色圆圈表示）和状态（以灰色方框表示）之间的关系。这种图表在开发 SerDes 标准时也被采用，但并未包含在专有技术的官方文档中。

图 6.18 所示的流程始于"开机"阶段。在开机之前，系统处于"关闭"状态，此时无法进行任何操作。由于系统电源路径中的电容器已放电，开机过程中会出现"浪涌电流"现象（详见第 6.1.1.2 节和第 6.2.1 节）。一旦开机，系统即进入"操作"状态，并首先进入"初始化"模式。在这一模式下，系统会进行必要的配置以达到稳定状态。如果系统中包含电力传输功能，那么初始化过程首先需要在电源供电设备（PSE）中完成，随后再在受电设备（PD）中进行。这一过程必须遵循特定的、与系统相关的顺序，以确保控制的精准性。此外，即使在没有电力传输功能的情况下，系统也需要遵循详细的启动和初始化流程，以确保能够实现稳

定的通信和系统操作。

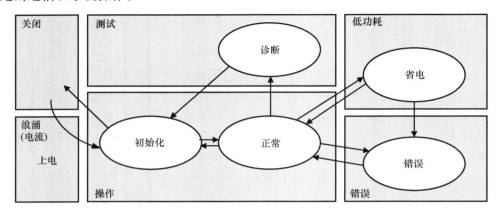

图 6.18　典型功能模式和电源状态

　　在"正常"模式下，单元会按照其设计目的进行工作。通常，ECU 的开发过程会特别关注这一模式，因为它是 ECU 目标应用场景的直接体现。在正常模式下，所有组件都处于活跃状态，硬件（HW）和软件（SW）都可以无障碍地访问系统内的所有资源。此外，诸如通信需求、处理能力、电源系统等大多数系统参数，都是基于正常模式下的操作来设定和优化的。然而，值得注意的是，正常模式下的操作可能还包含图 6.18 中未明确展示的其他模式，并且根据系统和具体用例的不同，还可能会采用特定的方法来有效地节省电力（关于正常模式下节省电力的策略，可参见第 6.2.2.2 节的示例）。

　　测试状态内嵌了一个关键的"诊断"模式，这对于 ECU 的开发和维护至关重要。在诊断模式下，可以执行诸如内建自测试（BIST）或明确的电缆故障检测程序等任务，这些任务由外部测试仪启动并评估。一旦测试模式完成，单元会先进入初始化模式，随后再恢复到正常模式。尽管诊断是系统预设的一个模式，但在实现过程中，还可能预见到针对非预期系统行为的"错误"模式。值得注意的是，并非所有系统都必然包含这一专用的错误模式和状态。然而，由于错误模式始终存在可能性，因此在设计如汽车 SerDes 系统时，会预设一组专用命令，旨在稳定系统并根据故障症状进行相应的处理（关于电力传输系统中涉及的相关参数，请参见第 6.1.1.3 节）。在多数情况下，错误模式会将系统重置回初始化状态。

　　最后，为了应对汽车中对功耗限制的迫切需求，一个单元通常会支持"低功耗"状态和"节能"模式，这在汽车电子设备中扮演着重要角色。实现系统节能的方法多种多样，结构上也有所不同，但并非所有方法都会导致系统进入低功耗状态。关于本书所探讨的相关节能方法的差异，将在第 6.2.2 节中详细说明。在此之前，第 6.2.1 节将集中讨论这些模式对电源需求的影响，以及在模式转换过程中需要考虑的关键因素。

在图 6.18 中，关闭状态仅能从初始化模式重新进入，这反映了系统有序关机的流程。然而，在电源丢失的情况下，系统会立即进入关闭状态，不论之前处于何种模式和状态。尽管这一点在图 6.18 中未明确标出，但在进行系统设计时必须予以考虑。

6.2.1　电源模式之间的转换

在图 6.18 中，我们重点展示了三个重要的有源功率状态：浪涌电流状态、操作状态和低功耗状态。浪涌电流状态特指系统从关闭状态恢复时，由于所有电容器先前已放电，当电源重新接通时，这些电容器会暂时呈现类似短路的状态，但随着电容器的逐渐充电，这种状态会得以缓解。浪涌电流的强度，即浪涌期间流过的电流大小，取决于电容性负载以及电力路径中的直流电阻，特别是在如第 6.1 节所述的电力传输系统中，直流电阻主要由电缆电阻和电力路径中的阻抗构成。

处理浪涌电流的有效策略有：选用能够承受所需功率并在电流、电压或温度过高时自动切断的合适电源开关；采用电流控制源来管理电流流动；设计系统以减少电容性负载对浪涌电流的影响；接受启动时的短暂高负载；以及在电源稳定之前，暂时关闭任何错误检查或诊断功能。

在操作状态下，系统首先会进入初始化模式，以完成系统配置并在必要时进一步稳定电源。接下来，在正常模式下所需的电量会根据实现的功能以及环境条件（如温度和照明）而变化。大多数情况下，正常模式需要持续供电。在单元的设计阶段，操作状态是确定电力路径中组件规格的基础。此外，作为正常操作的一部分，操作状态还应包括定期对电源系统的潜在错误条件进行检查，而无须切换到测试状态。

正常模式指的是硬件和软件能够访问并使用所有可用的元素和资源。然而，正如后续第 6.2.2 节将详细讨论的，这并非总是如此。此外，在正常模式下，为了节能，可能会选择性地停用某些功能或组件。停用的程度将决定硬件和软件对资源和剩余电力的访问权限。关键在于，在正常模式下，应用程序的关键部分仍然能够按预期运行。这与图 6.18 中展示的低功耗状态有所不同，后者意味着整个应用程序暂时不运行，几乎整个单元都被停用。根据具体的实现方式（请参考第 6.2.2.1 节），低功耗状态下的电流消耗范围从几十微安到远小于 1mA 不等[8][18]。

在描述某一模式的正常运行时，我们通常假设该模式处于稳定状态。理论上，模式之间的转换应该是同步且瞬间完成的。但实际上，稳定状态并非即刻达成，而功能模式和电源模式之间的转换往往可能成为严重问题的根源。在这些转换过程中，包括所需电量在内的多个功能参数都会发生变化。因此，测试状态、错误状态和低功耗状态的电量消耗很可能与正常模式存在显著差异。

在模拟系统中，随着功率水平的转移和变化，模拟参数可能展现出特定的、甚至非线性的特性。而在数字系统中，硬件的内部速度和时序可能与软件程序在转换过程中的时序不完全匹配。这意味着并非所有关键组件都能以完全受控和同步的方式运行。有时，模式变更可能只是偶然地成功，但这种情况可能在未来变得至关重要。更为关键的是，如果在下一个模式变更被强制执行时，目标模式尚未达到完全稳定状态，那么这可能会导致严重问题。因此，我们必须尽可能避免这种情况的发生。

以下是一个基于图 6.18 简化序列的示例，描述了一个受电设备（PD）如何从正常模式切换到省电模式，并将电流从 200mA 降低到 50μA。在这个例子中，当 PD 进入省电模式时，供电设备（PSE）会切断电源，并在 PD 返回正常模式时重新供电。然而，如果 PD 在 PSE 未供电期间，由于缓冲电容的供电而未能识别到电源开启事件，那么 PD 可能会陷入一个未定义的电源状态。在这个状态下，PD 会等待一个有效的触发来退出，但由于这个触发并未被识别，因此它可能永远不会到来，导致 PD 持续处于未定义状态。

值得高度关注的是，系统在低功耗模式下的风险往往高于正常模式。在低功耗状态下，即便是微小的扰动也可能导致硬件中的寄存器发生翻转。由于此时软件运行受限或几乎不运行，因此控制和校正机制更难以及时检测和应对这些影响，进而可能在接下来的模式转换中引发系统故障。如果设计和测试流程中没有充分考虑到这类潜在的系统故障，那么在客户在复杂多变的条件下对系统进行多次操作后，出现错误的风险将显著增加。因此，在开发过程中，测试策略应当涵盖在计划中的模式转换期间，通过引入扰动信号对系统进行全面的压力测试。

还有一点非常重要：一个系统可能包含比图 6.18 所展示的更多的操作模式。在实际的实现过程中，可能会忽略某些可能的模式转换，无论是硬件还是软件解决方案中。这种忽略可能是基于某些模式对于特定应用来说不必要，或者从特定其他模式无法进入的考虑。然而，这种理由应当引起我们的警觉。因为在实际操作中，特别是当存在扰动时，几乎无法预测所有可能的转换组合。如果系统没有预先考虑到在特定转换（特别是电源转换）中可能发生的情况，那么系统很可能无法在此之后恢复正常运行。因此，在设计和实现过程中，我们必须充分考虑到所有可能的转换路径和条件。

6.2.2　低功耗模式

低功耗模式是指将当前未使用或不需要全负荷工作的电子元件主动调整至一种能耗显著低于正常模式的状态。根据这一定义，实现低功耗模式的具体策略多种多样，这些策略不仅取决于哪些单元被置于低功耗状态，还紧密关联于低功耗模式的启动和退出机制。

为了清晰地组织讨论，本节首先区分了"深度休眠"和"轻度休眠"两种状态。深度休眠指的是在单元的应用需求不存在时，整个单元（或几乎整个单元）进入休眠状态，以节省能源。而轻度休眠则是指单元的部分应用仍在运行，但通信等部分功能不需要全负荷工作，以实现一定程度的能耗降低。从电源状态的角度来看，深度休眠对应于图 6.18 中的低功耗节能模式，而轻度休眠则属于操作状态的一部分，可能是正常模式的一种变体，或者是图 6.18 中未明确展示的一种额外模式。这两种休眠状态都包含多个子类别，这些子类别的具体细节将在后续小节中逐一阐述。表 6.9 和表 6.10 则提供了这两种休眠状态子类别的概览。

本节着重介绍了深度休眠与轻度休眠两种核心解决方案的基本概念。当涉及具体实现，尤其是在采用不同高速通信技术的场景下，第 7 章和第 8 章将详细阐述这些实现细节，并与各自的技术紧密结合。需要特别指出的是，本书对深度休眠与轻度休眠的分类方式与文献［19］有所不同，这主要是因为我们针对新型汽车串行解串器（SerDes）解决方案，采用了与以往汽车以太网领域不同的命名规则。

6.2.3　深度睡眠与唤醒

当一个单元不再需要执行其预定功能时，可以将其置于深度休眠模式，以最大限度地降低功耗。在合适的时机启用深度休眠模式，不仅能够减少燃油车的二氧化碳排放，延长电动车的续驶里程，还能有效提升电子控制单元及其电子元件的使用寿命（请参见第 3.3 节）。

显然，深度休眠模式仅适用于那些非持续使用的单元，因为只有在不需要时，整个单元（或几乎整个单元）才能被完全停用。以环绕视图停车系统中的摄像头为例，当汽车未进行停车操作时，这些摄像头便无须工作。相反，对于交通标志识别摄像头来说，当汽车处于停车状态时，它便不再需要工作。同样，如果后排座位上没有乘客使用，那么后座娱乐（RSE）显示屏也可以进入休眠状态。这样的例子不胜枚举，尽管并非所有例子都与用户体验直接相关。

深度休眠存在不同的级别，这些级别主要取决于所选的唤醒机制。在实现深度休眠模式时，如何启动深度休眠状态同样重要，但这与唤醒机制之间并无必然联系。控制唤醒的方式主要有三种（请参见表 6.9 的总结）：

（1）通过电源供应唤醒

在第一种方法中，通过电源供应来控制单元的唤醒或休眠状态。这通常依赖于位于独立电子控制单元内的智能电源开关，该 ECU 还具备对相应应用的专业知识。以环绕视图摄像头为例，具体实现如下：环绕视图 ECU 负责处理各摄像头的图像，并内置一个或多个电压调节器，用于为摄像头供电。当汽车挂入倒档时，环绕视图 ECU 会启动电源供应；而当汽车显然不再处于停车状态时，则会关闭电源。这一机制与摄像头是通过供电系统供电还是通过单独的电线供电无关。值得注意的是，如果不采用供电系统，那么组件的设计会略有不同，因为此时不需要偏置变压器。另一个实例是用户通过电源开关来激活或关闭的后座娱乐（RSE）显示屏。该方法的优势在于，当单元被关闭时，它不会消耗任何电力。然而，其缺点在于，需要另一个 ECU 来负责电源供应的逻辑控制，并且当单元重新获得电力时，可能需要经历完整的启动和配置过程，这意味着它们无法保持在图 6.18 所示的低功耗状态。此外，这种方法的使用并不依赖于所选的通信技术。

（2）通过唤醒信号线唤醒

第二种方式是通过唤醒线（Wake-up Line）来实现。唤醒线的原理与老式汽车中的点火开关功能非常相似。在老式汽车中，将车钥匙转到"点火"位置，就会启动所有电气和电子部件的电源。唤醒线也是这样的工作原理，它通过传递逻辑信息来激活相应的 ECU。

唤醒线是一条与单元相连的单独电线。在这条电线上发送的电源开启信息是一个脉冲或连续的唤醒信号。这个信号会控制单元 PCB 板上的一个特殊电路，进而启动单元的内部电压调节器。通常，多个单元会连接到同一条唤醒线上。由于所有连接的单元通常都是由同一个唤醒线信号唤醒的，因此理想情况下，具有相似功能活动需求的单元应连接到同一条唤醒线上。唤醒线系统可以设置为单元只能接收唤醒脉冲，或者也可以设置为单元能够发起唤醒脉冲。然而，决定是否进入休眠状态通常是在每个单元的应用层面上独立进行的。

在使用唤醒线的情况下，整个 ECU 会像使用电源开关那样被置于休眠和激活状态。但与电源开关不同的是，在使用唤醒线时，电源仍然是连接的。因此，单元会消耗一些静态电流，这个电流应该在几十微安的范围内。唤醒线的优点在于，它通常能够保持配置不变，并且是一个稳健、与通信技术无关的机制。然而，其缺点是需要额外的电线和连接器引脚。本书中讨论的使用案例通常具有明确的点对点（P2P）通信和应用关系。这种关系通常允许使用电源开关进行唤醒，而唤醒线（目前）在高速传感器和显示屏应用中并不常见。

（3）通过通信技术（如网络唤醒，WOL）唤醒

在网络唤醒（WOL）的场景中，单元是通过通信链路上的特定活动来被唤醒的。这意味着所使用的通信技术必须支持这一功能，并且需要设计一种能够抵御由干扰引起的意外唤醒的稳健机制。目前，汽车以太网变体的网络唤醒功能已经由 OPEN Alliance 进行了标准化（也见第 8.2.1.2 节）。然而，对于不同的汽车串行解串器（SerDes）技术，我们尚未了解到相应的解决方案。

对于 WOL 系统而言，即使 ECU 的其他部分处于休眠状态，通信芯片的接收部分也需要保持持续供电。这通常意味着为通信芯片供电的电压调节器也需要保持开启。为了能让通信芯片唤醒 ECU 的其他部分，它通常会接收一个专用的引脚信号，这个信号的作用是触发为 ECU 其余部分供电的电压调节器。因此，具备 WOL 功能的 ECU 在休眠状态下的功耗会比使用唤醒线或完全断电的方式要大。根据相关资料，其总功耗应控制在电流 $750\mu A$ 以下。

原则上，WOL（网络唤醒）技术可以灵活设计，不仅支持全局唤醒，还能实现选择性唤醒。在全局唤醒模式下，网络上连接的所有单元都会被唤醒，随后它们会根据应用层的需求决定是否重新进入休眠状态。而选择性唤醒系统则允许在大型

网络中精确唤醒指定的单元，这自然需要在唤醒信号中采用某种形式的寻址机制，从而增加了额外的组织工作（在 CAN 网络中，这可以通过"部分网络化"来实现）。除了这一点，WOL 与唤醒线在功能上有许多相似之处。然而，对于高速传感器和显示应用来说，它们主要是点对点（P2P）连接的，因此与采用电源切换的节能方法相比，WOL 可能带来的复杂性超出了其潜在的优势。WOL 的一个显著优势在于，当唤醒信号在物理层上直接传播，不涉及更高层协议时，睡眠系统可以保持其配置状态，并且唤醒过程可以非常迅速。

表 6.9　深度睡眠变体的属性

控制类型	活动部件的连接状态	功率消耗	睡眠决策	评论
电源切换	无，电源未连接	无	需要额外的通信技术来实现睡眠决策	固有的控制电源和电力线通信
唤醒线	无，电源未连接	休眠电流，$10 \sim 50 \mu A$ [8][18]	每个单元单独进行	需要额外的线路
通过 LAN 唤醒（WOL）	接收部分通信芯片及其电源供应	$\leq 750 \mu A$ [18]	单独或中心化地通过通信技术实施	需要成为社区技术实施的一部分

6.2.4　浅睡眠

"浅睡眠"模式是指在设备正常运作时采用的一种结构性节能策略，其核心思想是对当前不需要的功能模块进行部分关闭。由于 ECU（电子控制单元）所支持的功能多种多样，因此实现"浅睡眠"的具体方法也极为丰富，很多细节都取决于 ECU 的具体设计，这里无法一一详尽阐述。以下我们将重点聚焦于通信领域，探讨在该领域内实现"浅睡眠"的可行方案。

尽管对于大型 ECU 而言，通信系统的功耗可能只是整体功耗的一小部分，但考虑通信节能仍有三大充分理由：首先，随着数据传输速率的提升，通信技术的功耗也会相应增加，因此任何节能措施都值得尝试；其次，对于小型传感器单元而言，高速通信的功耗占比相当可观，降低这部分功耗不仅有助于减少总体能耗，还常常能提升传感器的性能表现，例如 CMOS 图像传感器在高温环境下易受干扰，降低功耗有助于减少热噪声，从而提升图像质量（详见第 2.2.2 节）；最后，第 7 章和第 8 章中介绍的一些高速通信系统本身就内置了节能机制，利用这些机制可以进一步实现"浅睡眠"模式。

深入剖析通信集成电路（IC）的功耗分布，我们可以发现，输出级占据了功耗的大头。此外，模拟实现中的某些功能模块，如模数转换器（ADC）和锁相环（PLL）电路，同样具有较高的功耗。而在数字功能模块中，高速信号处理则是功耗的主要贡献者。

在优化特定应用的功耗时，首要步骤是识别出那些提供了超出必要功能的组件。针对我们讨论的高速通信用例，可以将其归纳为以下三个方面：

（1）数据速率过剩

在探讨"数据速率超出需求"的问题时，我们需要认识到连接传感器或显示屏所需的数据速率往往取决于这些设备本身的分辨率（详见第 2 章）。通信技术通常提供特定的速率范围，例如汽车高速以太网（HS Automotive Ethernet）就支持 2.5、5 和 10Gbit/s 等多种速率。然而，这些速率并不总是与实际应用中的需求完全吻合，因此可能会出现可用数据速率超出实际需求的情况。特别地，一些专有的汽车串行解串器（SerDes）技术往往是针对特定的传感器和显示能力而开发的，这意味着它们提供的过剩容量相对较少。尽管如此，在使用这些 SerDes 技术时，通信的实际提供与需求之间也常常会存在差距。

在这种情况下，有四种结构性的节能策略可以采用：

1）降低时钟频率：CMOS 集成电路的功耗与其工作频率紧密相连。通过降低时钟频率（假设其他条件保持不变），我们可以有效地节省功耗[21]。在数字部分，这种功耗的降低与频率的降低大致呈线性关系。尤其是一些早期的专有汽车 SerDes 技术就支持这一功能。然而，对于频分双工（FDD）系统而言，由于需要保持下行链路（DL，高数据率）和上行链路（UL，低数据率）之间的频率差异足够大，因此时钟频率的降低范围会受到限制[22]。

2）定期中断传输：当传输过程中数据量不足时，发射器可以暂停传输，等待数据积累到一定程度后再恢复。这种机制通过减少驱动器和信号处理部分的工作时间来实现节能。ASA Motion Link 技术就支持这种定期中断传输的节能方式（也请参见第 7.5.2 节）。

3）切换到更低阶的调制方案：例如，从脉冲幅度调制（PAM）4 切换到 PAM 2，可以降低解码的复杂度和发射功率的需求。不过，这种调整通常只能以较大的整数步长进行。

4）降低发射功率：通信系统的发射功率通常是根据一定的输出电压水平来设定的。但在某些情况下，如链路非常短，发射器可能可以在降低输出功率的同时保持通信质量不受影响，从而实现节能。

（2）传输中的固有间歇

另一个节能策略是利用传输过程中的固有间隙。以图像传感器为例，在其消隐期间，由于不需要传输数据，因此可以暂停传输。这相当于在数据需求低于提供速率时，周期性地中断数据传输，正如第（1）点中2）部分所述，并且这种策略也得到了 ASA Motion Link 技术的支持。这种方式的节能效果与前面提到的类似，但区别在于，当传输存在固有间隙时，我们无须在这些间隙期间收集数据，从而进一步简化了操作并提高了效率。

（3）通信以单向为主

在讨论的传感器和显示应用中，一个显著特点是它们通常只需在一个方向上实现高速通信。如果系统原本设计为在两个方向上都传输高数据率，并且初始时并非直接就是不对称的，那么通过降低回程链路的传输速率，我们可以有效地节省功耗。为此，以太网系统引入了能效以太网（EEE）技术，它允许我们根据实际的数据传输需求，独立地减少每个方向上的通信量，从而实现节能效果（关于 EEE 的更多详情，请参阅第 8.2.1.1 节）。

表 6.10 对讨论过的低功耗模式变体进行了全面概述。重要的是要理解，这些方法并非相互排斥，而是可以在低功耗模式的框架内单独使用，或者与深度睡眠方法相结合使用。例如，ASA Motion Link 所采用的时分双工（TDD）通信方案，实质上就是方法（1）中的 2）项与方法（2）的巧妙结合。

值得注意的是，循环工作的低功耗模式通常不需要专门的唤醒和睡眠信号，这与深度睡眠模式的需求有所不同。在这种情况下，"暂停"和"恢复"指令可能更为适用。此外，低功耗模式还常常在其策略中利用特定的定时器。然而，当节能方法根据实际需求（如能效以太网 EEE）来实施时，情况就有所变化了，这要求相应的信号和同步机制来支持（更多详情请参阅第 8.2.1.1 节）。与某些深度睡眠方法相比，几乎所有的低功耗方法都需要直接集成到传输技术之中。

表 6.10　轻睡眠模式变体的属性

节约潜力	节省方法	睡眠决策	应用
（1）可用的数据速率比需要的更多	1）时钟速率降低	预设	一些早期 SerDes 技术
	2）定期停止	循环，预设停止时间	ASA Motion Link[23]
	3）降低调制	链路自适应	
	4）降低功率	预设	标准之外的
（2）（常规）传输中固有的间隙	常规停止	循环，预设停止时间	ASA Motion Link[23]
（3）大多数通信方向在同一方向	非对称睡眠模式	按需信号	EEE[24]

6.3　参考文献

[1]　S. C. Davis, S. W. Diegel and R. G. Boundy, "Transportation Energy Data Book: Edition 30–2011," June 2011. [Online]. Available: *https://info.ornl.gov/sites/publications/files/Pub31202.pdf*. [Accessed 16 May 2020].

[2]　statista, "Number of Passenger Cars and Commercial Vehicles in Use Worldwide from 2006 to 2014 in (1,000 Units)," 2016. [Online]. Available: *https://www.statista.com/statistics/281134/number-of-vehicles-in-use-worldwide/*. [Accessed 16 May 2020].

[3]   VDIK; TÜV Nord; VDA, "Facts and Arguments About Fuel Consumption," VDA, Berlin, 2014.

[4]   S. Carlson, T. Hogenmüller, K. Matheus, T. Streichert, D. Pannell and A. Abaye, "Reduced Twisted Pair Gigabit Ethernet Call For Interest," 15 March 2012. [Online]. Available: *https://www.ieee802.org/3/RTPGE/public/mar12/CFI_01_0312.pdf*. [Accessed 6 May 2020].

[5]   D. M. Huber, Modern Recording Techniques, Ninth Edition, Waldham, MA: Focal Press, 2017.

[6]   Wikipedia, "Satellitenempfänger," 27 July 2019. [Online]. Available: *https://de.wikipedia.org/wiki/Satellitenfernsehempf%C3%A4nger*. [Accessed 15 August 2021].

[7]   Wikipedia, "IEEE 802.3," Wikipedia, 3 March 2021. [Online]. Available: *https://en.wikipedia.org/wiki/IEEE_802.3*. [Accessed 28 March 2021].

[8]   T. Hogenmüller and H. Zinner, "Tutorial for Wake-Up Schemes and Requirements for Automotive Communication Networks," 18 July 2012. [Online]. Available: *https://grouper.ieee.org/groups/802/3/RTPGE/public/july12/hoganmuller_02a_0712.pdf*. [Accessed 14 May 2020].

[9]   D. Dwelley, "IEEE802 Tutorial - A Quick Walk Around the Block with PoDL," 2015. [Online]. Available: *https://www.ieee802.org/802_tutorials/2015-11/PoDL_tutorial_1115.pdf*. [Accessed 22 April 2021].

[10]   IEEE Computer Society, "802.3bu-2016 - IEEE Standards for Ethernet – Amendment 8: Physical Layer and Management Parameters for Power over Data Lines (PoDL) of Single Balanced Twisted Pair Ethernet," IEEE-SA, New York, 2016.

[11]   Commscope, "Single-balanced Twisted Pair Infrastructure for IoT and M2M Connectivity," November 2019. [Online]. Available: *https://www.commscope.com/globalassets/digizuite/3288-single-twisted-pair-ethernet-white-paper-wp-111821-en.pdf*. [Accessed 22 April 2021].

[12]   Maxim (now Analog Devices), "Guide to 1-Wire Communication," 19 June 2008. [Online]. Available: *https://www.maximintegrated.com/en/design/technical-documents/tutorials/1/1796.html*. [Accessed 17 February 2022].

[13]   M. Kicherer (Turner) and T. Königseder, "BMW Proposal for an AVB Gen 2 Automotive Profile," BMW White Paper, Munich, 2013.

[14]   T. Brander, A. Gerfer, B. Rall and H. Zenkner, Trilogie der induktiven Bauelemente, 5th edition Waldenburg: Würth Elektronik, eiSos GmbH, 2008.

[15]   J. Wu, "Wertvolle Perle," Design & Elektronik, no. 2, pp. 14–17, 2021.

[16]   Leoni, "Leoni Dacar Automotive Cables," July 2009. [Online]. Available: *https://publications.leoni.com/fileadmin/automotive_cables/publications/catalogues/leoni_dacar.pdf?1529413350*. [Accessed 17 August 2021].

[17]   Y. Darshan, "1PPoDL System Requirement Discussion," January 2014. [Online]. Available: *https://grouper.ieee.org/groups/802/3/bu/public/jan14/darshan_3bu_01_0114.pdf*. [Accessed 22 April 2021].

[18]   N. A. Wienckowski, "Automotive Wake-up Methods," September 2017. [Online]. Available: *https://www.ieee802.org/3/ch/public/sep17/Wienckowski_3ch_01a_0917.pdf*. [Accessed 3 April 2020].

[19]   K. Matheus and T. Königseder, Automotive Ethernet, Third Edition, Cambridge: Cambridge University Press, 2021.

[20]   P. Axer, C. Hong and A. Liu, "OPEN Sleep/Wake-up Specification 2.0," OPEN Alliance, Irvine, 2017.

[21]   S. Höppner and et.al, "Dynamic Voltage and Frequency Scaling for Neuromorphic Many-core Systems," in: IEEE International Symposium on Circuits and Systems (ISCAS), Baltimore, 2017.

[22] Maxim Integrated, "SerDes – Part 7: Pixels and the Serial Stream," *https://www.youtube.com/watch?v=Rz_Kyl3qA7s,* San Jose, 2021.

[23] Automotive SerDes Alliance, "Automotive SerDes Alliance Transceiver Specification v. 1.01," Automotive SerDes Alliance, Munich, 2020.

[24] H. Barrass, M. Bennett, W. W. Diab, D. Law, B. Nordman and G. Zimmerman, "IEEE 802 Tutorial: Energy Efficient Ethernet," 16 July 2007. [Online]. Available: *https://www.ieee802.org/802_tutorials/07-July/IEEE-tutorial-energy-efficient-ethernet.pdf.* [Accessed 22 April 2020].

第 7 章　汽车 SerDes 技术

　　汽车中使用的显示屏、摄像头和其他传感器很少具备独立功能，而是通常需要与处理数据并生成控制信息的其他电子控制单元进行通信。当摄像头和传感器共享预处理数据，或者显示屏根据接收到的控制信息自行渲染图形时，传感器和显示应用程序通常对数据速率没有过高要求。在这种情况下，它们可以使用一种常用的车内网络技术（IVN）进行通信，如本地互联网络（LIN）、控制器局域网（CAN）、FlexRay、10Mbit/s 或 100Mbit/s 以太网。如果传感器的数据速率非常低，它也可能使用一种低数据速率的传感器总线，如外设传感器接口 5（PSI5）或单边半字传输（SENT）。由于这些技术已有多种出版物进行了介绍（例如文献[1][2][3][4][5][6]），因此本书不再赘述。

　　当摄像头和传感器需要高数据速率来传输其（几乎未经处理的）传感器数据，或者当显示屏接收高分辨率的预渲染视频时，情况就不同了。正是这些应用推动了汽车高速通信链路的发展。本书探讨了汽车串行解串器（SerDes）和汽车以太网作为潜在的通信技术，本章则重点介绍汽车串行解串器（SerDes）技术（关于以太网的内容请参见第 8 章）。

　　由于视频数据传输最初是通过模拟技术实现的，因此本章首先介绍最常用的模拟技术：第 7.1 节中的彩色、视频、消隐和同步（CVBS）。第 7.2 节介绍了低压差分信号（LVDS）。虽然 LVDS 本身并不是一种车载通信技术（IVC），但它为随后的许多汽车串行解串器（SerDes）技术奠定了技术基础。第 7.3 节介绍了最常用的（请注意，还有更多）专有汽车串行解串器（SerDes）技术，包括平板显示（FPD）链路、千兆位多媒体串行链路（GMSL）、汽车像素链路（APIX）和千兆位视频接口（GVIF）。第 7.4 节介绍了 IEEE 2977 中发布的 MIPI A-PHY 标准的物理层和数据链路层。第 7.5 节以介绍汽车串行解串器（SerDes）联盟动态链路（ASAML）标准作为本章的结尾。

7.1　模拟传输

　　CVBS 技术，通常也被称为"复合视频"[7]或德语中的 Farb-Bild-Austast-Synchron-Signal（FBAS），是为了传输模拟彩色电视标准的视频信号而开发的。其中最重要的是美国国家电视系统委员会（NTSC）标准，主要在美国和日本使用，以及衍生出的逐行倒相（PAL）标准，主要在欧洲和中国使用[8]（也见第 2.1.2节）。在开发时，主要要求是 CVBS 需要与当时盛行的黑白电视格式向后兼容。CVBS 仅涵盖视频传输。音频信号是单独处理的，这非常适合车载摄像头和显示屏的使用场景，因为通常汽车摄像头不用于录音，而显示屏的音频则是通过放大器和扬声器系统单独处理的。然而，也（曾）有可能在 CVBS 频带之外略微同时传输一个（调频）音频信号。

　　CVBS 使用 YUV 色彩信息，这些信息源自红绿蓝（RGB）值（见第 9.1 节）。Y 代表"亮度"信号，该信号也存在于黑白电视传输中。U 和 V 代表"色度"信号，表示颜色。CVBS 通过将 U 和 V 的色彩信息通过结合振幅和相位调制（称为正交振幅调制，QAM）添加到侧载波上，来"合成"YUV，进而调制到振幅调制的单色亮度信号 Y 上。CVBS 使用的确切频率值会根据传输的是 NT-SC 还是 PAL 而略有不同。但是，基本原理是相同的。对于 PAL 标准，这一过程如图 7.1 所示。

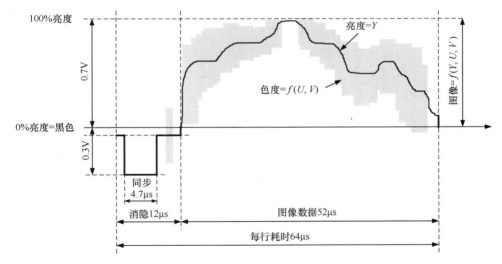

图 7.1　通过 CVBS 传输 PAL 信号[10]

　　基于 50Hz 的电源周期，CVBS 允许每 20ms 传输半个 PAL 帧，该帧由 20ms/64μs=312.5 行组成。由于有 50 行的垂直消隐，这使得 PAL 的可见行数为 575 行。NTSC 则有 480 行可见行（也可见第 2.1.2 节中的图 2.1）。可以看出，在每个 64μs周期的开始，消隐期间有一个长度为 4.7μs 的同步信号。接收器评估此信号以便将两个不同半帧的行拼接在一起[9]。

　　在消费领域，用于 CVBS 的连接器包括 Syndicat des Constructeurs d'Appareils Radiorécepteurs et Téléviseurs（SCART）、Bayonet Neill-Concelman（BNC）和 Radio

Corporation of America（RCA）/cinch 连接器，以及用于音频的额外连接器（也常是 cinch 连接器）。在过去，黄色 cinch 连接器有时也用于汽车中的 CVBS。对于模拟汽车视频用例，控制信号需要单独传输，通常通过 LIN 或 CAN 连接。由于模拟传输的限制，CVBS 的分辨率和质量也始终受到限制。但重要的是要注意，尽管所有视频源都是数字的，但模拟传输过去和现在仍在使用（见第 2.2.1 节）。

7.2 低压差分信号（LVDS）

我们如今所知的（汽车）串行解串器（SerDes）的一个重要发展步骤是低压差分信号（LVDS）的出现。LVDS 由美国国家半导体公司于 1994 年推出[11]，1996 年以 IEEE 1596.3 发布，并于 1999 年在 ANSI/TIA/EIA-644A 中标准化[12]。644A LVDS 标准仅规定了物理层特性（不包括任何 DLL 或协议格式）。LVDS 使用的两个主要物理原理从名称中就可以看出：低压和差分信号，这两个原理详细规定了数字数据的传输方式。

差分传输可以中和电磁场，使系统产生的电磁辐射更少，对电磁干扰的抵抗力更强；两根导线越对称，效果越好（也可见第 5.2.2 节和 5.2.3.3 节）。此外，差分信号传输无须为通信伙伴提供公共接地。信号可以交流耦合，从而可以避免由接地偏移引起的问题（也可见第 4.1.4 节）。低功耗——与其他当时常用 5V 差分传输标准的功耗相比要低得多——使得能够降低功耗并提高开关速度。对于开关来说，改变电平所需的时间和斜率是一个限制因素[13]。图 7.2 展示了 644A 中使用的机制的一个例子，用于单向数据传输。传输使用 3.5mA 的恒定电流。结合 100Ω 的负载终端，这会产生一个非常低的电压，即 350mV，该电压会根据发送的信息而交替变化[14]。

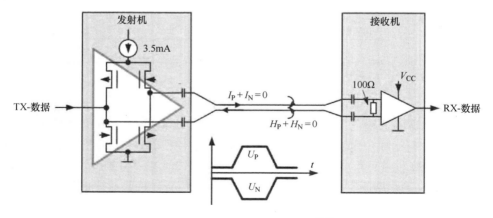

图 7.2 LVDS 信号的基本原理[14]

644A 被指定用于在印制电路板（PCB）和铜质电缆上传输数据。根据来源的不同，可实现的总数据速率（线路速率）和链路长度也有所不同。例如：在 10m 双绞线电缆上可达 655Mbit/s[14]，在 10m CAT 3 电缆上可达 400Mbit/s[15]，在 2m CAT 5 非屏蔽双绞线（UTP）上可达 200Mbit/s，在 0.5m 屏蔽双绞线（STP）上可达 500Mbit/s[16]。最终，这确实会根据环境的不同而有所变化。不过，所有来源都一致认为，随着时间的推移，解决方案供应商能够显著提高可实现的数据速率。这一结论可以在第 7.3 节中找到，该节讨论了一些专有 SerDes 解决方案。

据说，LVDS 的成功得益于当时迅速增长的笔记本计算机市场，该技术被用于处理器和显示屏之间的通信。反之，笔记本计算机和液晶显示屏（LCD）市场也受益于 LVDS SerDes 的可用性[14]。由于它仅是一个物理层标准，因此当时许多其他通信标准和应用都在其基础上构建了自己的技术。例如，串行高级技术附件（SATA）、外设组件互连高速（PCIe）、火线/IEEE 1394，以及平板显示屏链路（FPD-Link）的第一个版本（更多详细信息请参见第 7.3.1 节）。此外，还有几项专有技术也开始使用 LVDS[16]。

7.3 专有汽车 SerDes 技术

2021 年，所有采用 SerDes 技术的汽车都使用了某种专有解决方案。以下各小节将介绍四种最常用的技术的主要特点：德州仪器（原美国国家半导体公司）的平板显示屏链路（FPD-Link），详见第 7.3.1 节；模拟设备公司（原美信半导体公司）的千兆多媒体串行链路（GMSL），详见第 7.3.2 节；Inova 公司的汽车像素链路（APIX），详见第 7.3.3 节；以及索尼公司的千兆视频接口（GVIF），详见第 7.3.4 节。作者知道还有更多可用的专有 SerDes 解决方案，其中一些也可能在汽车内部使用。通过选择这四个示例，我们相信可以介绍这些解决方案的最重要的技术概念。请注意，这些解决方案中的任何一个都没有被详细描述。并非所有信息都可用和/或可公开，并且为了避免过多的重复，这些信息将根据需要分布在各个部分中。

7.3.1 德州仪器的平板显示屏（FPD）链路

FPD-Link 起源于美国国家半导体公司（National Semiconductor，现为德州仪器公司，TI），可追溯至 1996 年。美国国家半导体公司发布了首个 FPD-Link 版本的接口规范，以便其他供应商能够开发可互操作的产品，从而推动市场发展。它成为连接笔记本计算机显示屏的一项重要技术。FPD-Link 的这一版本使用三个 LVDS 链路来传输，例如，18 位 RGB 原始视频数据，加上一对用于时钟信号的导线，如图 7.3 所示。如果不采用基于 LVDS 的串行化技术，那么传输相同的视频数据将需要 22 条并行导线。在 50MHz 的时钟频率下，每对导线的线路速率为 350Mbit/s，总速率为 1.05Gbit/s。除了 18 位 RGB 数据外，每个时钟周期还会传输三个额外的位，分别用于水平同步、垂直同步和"输出使能"[17]。

如图 7.3 所示，通信是单向的。控制数据（和电源）必须单独提供。2001 年，宝马汽车首次在车内使用 SerDes 技术，该技术的整体线路速率约为 500Mbit/s（每对导线 166Mbit/s），并且额外使用了一条专用的 CAN 链路进行控制。

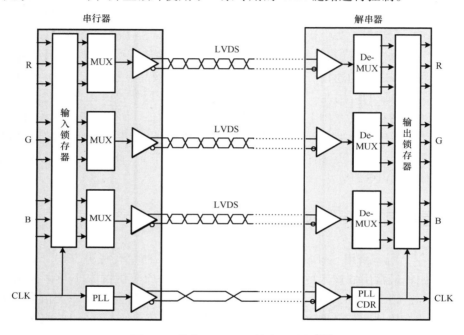

图 7.3 首个 FPD-Link 技术的结构[17]

LVDS：低压差分信号 MUX：多路复用器 De-MUX：解复用器

尽管汽车行业已经引入了这种四对导线的 FPD-Link 技术，但所需的布线对于车内使用并不理想，对于空间受限的相机系统来说更是如此。不仅四对导线本身就很笨重，而且由于链路长度不匹配导致的时钟偏移也带来了额外的质量约束和限制。

为了更好地满足汽车信息娱乐和相机应用的需求，美国国家半导体公司（National Semiconductor）因此开发了 FPD-Link Ⅱ 技术。该技术将导线对的数量从四个减少到了一个。这一对导线随后负责传输视频和时钟信号。由于 FPD-Link Ⅱ 的首次 LVDS 实现将线路速率限制在约 1Gbit/s，且链路长度限制在 10m 左右，因此该技术随后被更改为电流模式逻辑（CML）。CML 凭借更好的信号传输特性[18]，将线路速率提升至 1.8Gbit/s，并将链路长度增加至 10m 以上[17]，以作为起始点。CML 允许 FPD-Link Ⅱ 实现无直流（DC-free）和交流耦合（AC-coupled）。

FPD-Link Ⅱ 技术于 2006 年在量产汽车中得到了应用[17]。与此同时，罗森伯格（Rosenberger）公司也开发了一种专用于这些频率的汽车连接器（另见第 5.3.2

节）。减少导线对数量和采用合适的连接器相结合，对于 FPD-Link（以及其他 SerDes 技术）在汽车市场上的接受度至关重要。

2010 年发布的 FPD-Link Ⅲ 的下一个重要发展是在同一对导线上嵌入了一个双向通信信道。两个传输方向的分离是通过频分双工（FDD）实现的。这是可能的，因为控制信道的数据速率要低得多，例如用于 CAN 或集成电路间（I2C）信道的数据速率。随着这种集成，后者成为随 SerDes 技术发送的控制数据的主要格式。FPD-Link Ⅲ 支持的数据速率提高到在超过 10m 的链路长度上实现超过 3Gbit/s 的线路速率[17]。所得结构如图 7.4 所示。图 7.4 不仅展示了 FPD-Link Ⅲ 的核心结构，还展示了 2021 年汽车中使用的其他现代专有 SerDes 技术的核心结构。时钟信号不再作为单独的信号传输，而是从接收到的数据中导出。遗憾的是，美国国家半导体公司（National Semiconductor），及其后来的德州仪器公司（TI），仅发布了第一代 FPD-Link 技术的技术规范。TI 内部称为信道规范的后续规范并未公开发布。不过，这些信息会在保密协议（NDA）下与客户共享[19]。据作者所知，没有其他半导体供应商提供可互操作的 FPD-Link Ⅱ 及后续版本产品。

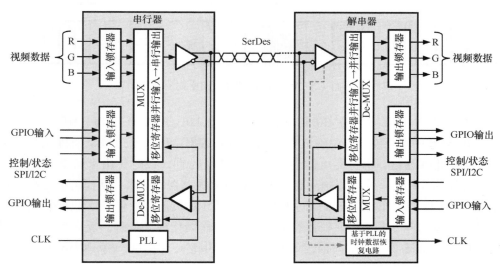

图 7.4 在撰写本书时，汽车中常用的 SerDes 专有技术的基本结构
MUX：多路复用器 De-MUX：解复用器 PLL：锁相环 CLK：时钟

FPD-Link 的另一项重要发展是首先使其能够用于（成本更低的）同轴电缆，然后应用同轴供电（PoC）[20]。这降低了整个系统的成本。这是保持成本竞争力的重要一步，因为大约在同一时间开发这些解决方案时，汽车以太网出现在了市场上。2013 年开始量产的 100Mbit/s 汽车以太网技术的首个用例是环视摄像头系统。在摄像头内部压缩数据，同时能够使用无屏蔽双绞线（UTP）电缆，而不是之前汽车 SerDes 技术所需的屏蔽双绞线（STP）电缆，这大大降低了系统成本，并使引入

新的汽车以太网技术变得物有所值[4]。

到 2021 年，使用同轴电缆的 SerDes 和 PoC 都已经被应用到了量产汽车中。但请注意，由于低频 UL 信道（请参阅下一小节的图 7.8）的原因，（所有）FDD SerDes 系统通过 Bias-T 电路的供电必须抑制更宽的频率范围，因此其电路比全双工或时分双工（TDD）系统的电路更大、更复杂（也请参阅第 6.1.3.2 节）。

在下行链路（DL）中，FPD-Link Ⅲ 使用如图 7.5 所示的基本帧结构。每个帧包含 35bit 的有效载荷，用于视频和状态数据。图 7.5 中所示的例子适用于每像素传输 24bit，其中红色、绿色和蓝色各 8bit。有 2bit 代表时钟，C0 和 C1。从 C0 到 C1 的转换表示一个 35bit 帧的开始。帧中间的 2bit，DCA 和 DCB，用于编码和直流平衡（DC-balance）。剩余的 7bit 用于传输各种数据，如 I2C、GPI/O、音频和 HDCP。前向信道中的位是随机化和加扰的，并且每个有效载荷都会发生变化。对于文献［21］中给出的类型，下行链路线速率在 1.5 ~ 4.12Gbit/s 之间变化。实际视频数据速率更小。对于 24bit 视频数据，会传输 35bit。

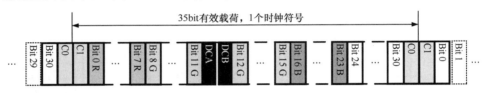

图 7.5 FPD-Link Ⅲ DL 帧格式[22]

上行链路（UL）发送 30bit 帧，用于传输 I2C、GPI/O、SPI、HDCP、中断（INTB）、循环冗余校验（CRC）和编码开销的数据。反向信道也是随机化和加扰的。对于摄像通信，串行器可能会提供一个参考时钟，该时钟由上行链路流量生成，如图 7.6 所示。这可以消除相机内部对额外振荡器的需求，从而可能减少物料清单（BOM）。此外，它还可以同步多摄像头系统中的不同成像器（只要它们都与通信另一端的同一多端口反串行器桥连接），从而简化视频处理。反向信道的数据速率取决于所选芯片。反向信道的典型值为 5Mbit/s、10Mbit/s 或 20Mbit/s，允许高达 ±30% 的变化[22]。

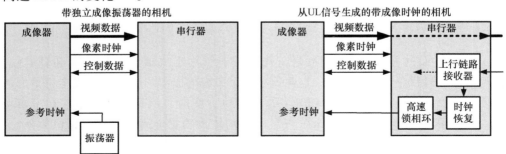

图 7.6 使用 FPD-Link 时提供成像器参考时钟的选项[23]

仅从这个基本设置描述就可以看出，存在许多可能的变体。因此，产品组合中包含专用的串行解串器对或组，它们不仅支持相同的 FPD-Link 类型和下行链路（DL）与上行链路（UL）的数据速率，还支持相同的视频和控制接口。FPD-Link 产品列出的接口包括 RGB、OpenLDI、HDMI、MIPI CSI-2/D-PHY 和 MIPI DSI-2/D-PHY[21]。有关这些协议的详细信息，请参阅第 9 章。此外，对于单芯片中包含多个串行器或解串器的产品，还存在其他产品变体。在撰写本书时，德州仪器（TI）列出了 94 种不同的 FPD-Link 产品[21]，并宣布了下一代产品 FPD-Link Ⅳ。

最后要介绍的与 FPD-Link 相关的一个项目是，在典型的 SerDes 用例中，I2C 控制信道的逻辑，如图 7.7 所示。在此图中，I2C 主设备/控制器位于右侧的 ECU 中。ECU 侧的 I2C 主设备/控制器是所描述系统中的主要控制单元。它控制自身解串器中的 I2C 接收器/目标，以及 ECU 内部可能的其他功能块，还有串行器/传感器侧的 I2C 接收器/目标。串行器和解串器中的 I2C 接收器/目标处理三种不同的数据源：首先，是 IC 的本地寄存器（用于 IC 的状态和控制功能），其次，是传输缓冲区，用于将 I2C 数据转发到 SerDes 通信的另一侧，第三，是用于接收来自 SerDes 通信的数据的缓冲区。根据传输方向，I2C 数据是下行链路（DL）数据的一小部分，或者是上行链路（UL）流量的重要部分（另见图 7.5）。在串行器中的传感器侧，I2C 作为从设备/目标面向 ECU，并且可能作为主设备/控制器面向传感器中的其他 I2C 设备（例如成像器）。有关 I2C 的更多一般详细信息，请参阅第 9.5.3 节。

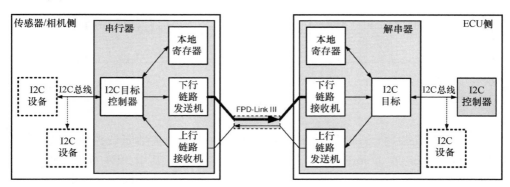

图 7.7　示例，用于 FPD-Link Ⅲ 的逻辑 I2C 通信

图 7.7 中所示的例子是针对传感器/相机应用的。它也适用于显示应用，在这种应用中，SerDes 链路（以及与之相关的串行器和解串器）的下行（DL）和上行（UL）流量方向是相反的。I2C 通信能够双向工作，这使得从电子控制单元向传感器或显示屏使用测试方法和进行诊断访问，以及反向操作成为可能。然而，尝试将 FPD-Link（或任何其他 FDD 系统）通过光学介质进行隧道传输以进行电磁兼容性（EMC）测试是一个挑战，因为光学介质一次只允许一个传输方向，而 FPD-Link

上的 I2C 通信是同时双向进行的。

其他接口（如 SPI，另见第 9.5.2 节）的功能与此类似。

FPD-Link 的综合培训见文献［25］。

7.3.2　模拟设备公司的千兆多媒体串行链路（GMSL）

与美国国家半导体公司（现为德州仪器 TI）一起，Maxim Integrated（现为模拟设备公司 ADI）凭借其称为 GMSL 的自有技术，率先为汽车视频应用开发了 Ser-Des 产品。与 FPD-Link 一样，GMSL 也有多种版本，公开宣布的版本最高到 GMSL3[26]。由于 GMSL 和 FPD-Link 针对的是同一市场，因此 GMSL 的背景和许多主要概念与第 7.3.1 节中讨论的 FPD-Link 相同。因此，本节重点介绍 FPD-Link 部分未讨论的内容。

与 FPD-Link 一样，GMSL 在频分双工（FDD）方案中分离下行（DL）和上行（UL）流量。图 7.8 显示了用于 GMSL1 的相应 DL 和 UL 频段，以及潜在直流电源的位置[27]。直流电源和所用频段的分离是通过 Bias-T 实现的，如第 6.1.3 节所述。当在 DL 和/或 UL 中支持更高的数据传输速率，同时使用相同的非归零（NRZ）调制时，频段的位置会相应移动。因此，每一代 GMSL 的相应图形都有所不同。

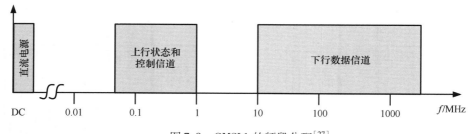

图 7.8　GMSL1 的频段分配[27]

在组织比特流时，GMSL1 允许几种配置。其中一个参数是数据输入宽度，可以是 24bit、27bit 或 32bit。图 7.9 展示了 32bit 的示例，其中 30bit 是数据位，2bit 是控制位/控制信道信息。这 30bit 可以是 30bit 未受保护的数据位，也可以是 24bit 受 CRC 保护的数据位，并且它们可以分配在一个全长位字或两个半长位字中。相应地，需要调整像素时钟。Hsync 和 Vsync 信号既可以映射到前向数据流中，也可以编码到单独的侧信道中[27]。

在比特被发送到信道之前，会执行几个处理步骤：首先，使用伪随机比特序列（PRBS）对比特进行扰乱，并进行 8B10B 编码，或者对于更新版本，使用 9B10B 编码。GMSL（1）和 GMSL2 采用非归零（NRZ）调制，而 GMSL3 则使用脉冲幅度调制（PAM）4。请注意，"GMSL 1" 是原始 GMSL 的非正式名称。"1" 的添加只是为了更好地区分不同版本。第一版本的正式名称仍然是 GMSL。可以使用自适应

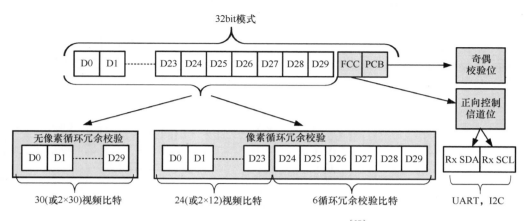

图 7.9　GMSL 32bit 数据包位级细分[27]

Rx SDA：接收串行数据　Rx SCL：接收串行时钟　UART：通用异步收发传输器　I2C：集成电路间通信

均衡和预加重来补偿传输信道的频率相关影响[28]。文献［27］中列出了数据链路（DL）的线速率范围在 1.5 ~ 3.12Gbit/s 之间。实际的 DL 视频数据量更小，并取决于所选的各种参数。对于 GMSL（1），上行链路（UL）的线速率最高可达1Mbit/s。

除了 PHY 和 DLL 的技术特定属性外，汽车 SerDes 产品通常还提供与资格认证和测试相关的功能。这不仅仅针对 GMSL，而且以某种形式也存在于其他汽车 SerDes 技术和产品中，通常是不同供应商之间产品差异化的一部分。以下描述使用 GMSL 来解释其中一些功能，因为这些信息是公开的。

图 7.10 展示了针对 GMSL 的一个产品对（串行解串器）应用电路示例。在解串器输入 LMN0 和 LMN1 处的电阻器和比较器输入，允许检测线路故障（LFLT），如 STP 线之间的短路、对地短路或对电源短路，或开路[27]。这种故障检测机制是所有汽车通信技术的一个重要特性。此外，GMSL 产品允许使用伪随机比特序列（PRBS）生成器生成定义的测试模式。以 PRBS 作为源信号，GMSL 芯片允许通过观察接收信号的眼宽来测试传输行为。通过内置的访问诊断寄存器的功能，结合软件接口和图形用户界面（GUI），可以确定计算出的眼图[27]。另一个功能是确定链路裕量。该工具可以测量 DL 和 UL 信道的最小幅度，以支持无差错通信[29]。

图 7.10 展示了 STP 电缆作为传输介质的应用。STP 最初是为 GMSL（Gigabit Multimedia Serial Link，千兆多媒体串行链路）设计的。在这种模式下，GMSL 的系统阻抗为 100Ω。而将同轴电缆与 GMSL（或其他串行解串器技术）结合使用，则是一种相对较新的趋势。GMSL 使用同轴电缆始于 2016 年的戴姆勒 E 级车，它使用了与 STP 相同的串行器和解串器芯片，只是将"输出"和"输入"引脚通过50Ω 电阻接地。50Ω 是同轴电缆所需的系统阻抗（也请参见第 5.3.1.5 节）。对PoC（Power over Coax，同轴电缆供电）的支持需要新的 GMSL 芯片版本。由于这

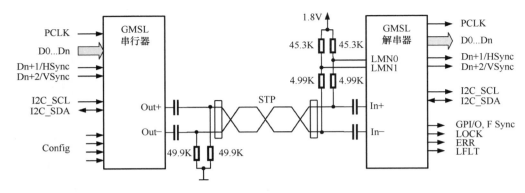

图 7.10 GMSL 应用电路示例[27]

PCLK：像素时钟　HSync：水平同步信号　VSync：垂直同步信号　Config：配置信号

I2C_SCL：集成电路间通信串行时钟　I2C_SDA：集成电路间通信串行数据

Out：输出　In：输入　LOCK：锁　ERR：故障　LFLT：线路故障引脚

是典型的汽车要求，GMSL 也旨在支持 15m 的链路长度[29]。

GPI/O（通用输入输出）引脚可用于同步信息或与其他外部组件进行接口连接。串行器包含一个可编程的视频时序发生器，用于生成或整形所需的同步信号和时钟。它支持通过关闭和深度睡眠模式来节省电力[30]。

GMSL 产品还配备了多种不同的视频和控制接口。实现者需要注意，并非所有提供的串行器和解串器都是可互操作的。文献［31］中提到，除了传统的并行接口外，还有 MIPI CSI-2（使用 C-PHY 或 D-PHY）、MIPI DSI、OpenLDI、eDP 和 HDMI。各自支持的接口也会影响实际的包格式、用户数据速率和其他可用参数。

与大多数 SerDes 技术（尤其是第 7.4 节和第 7.5 节中讨论的标准化版本）一样，GMSL 等专有技术也开始迎合更高级的架构，允许流复制并转发到多个 ECU（电子控制单元）或多标准传输，如 SerDes 和以太网[29]（但请注意，第一个提供以太网信道的 SerDes 技术是 APIX，将在接下来的第 7.3.3 节中介绍）。

7.3.3　Inova 公司的汽车像素链路（APIX）

与前面第 7.3.1 节和第 7.3.2 节中讨论的汽车 SerDes 技术起源的公司（如 National/TI 和 Maxim/ADI）以及接下来第 7.3.4 节中讨论的汽车 SerDes 技术供应商索尼相比，Inova 半导体公司（Inova）是一家规模较小（且无晶圆厂）的半导体公司。然而，Inova 凭借其适时推出的适合市场需求的产品，并凭借主要客户的支持，成功跻身汽车 SerDes 产品的主要供应商之一。由于 Inova 的背景是名为 GigaSTAR 的技术，该技术用于连接分布式显示屏，例如在火车上的应用（该技术于 1999 年推出）[32][33]，因此 Inova 首先专注于为显示屏开发汽车 SerDes 产品。APIX 1 代、2 代和 3 代的物理层是由弗劳恩霍夫集成电路研究所（Fraunhofer Institute for Integrated Circuits）开发的[34]。

表 7.1 提供了不同 APIX 代际技术特性的概览。对于单条 NRZ 编码[35]线
（对），可实现的最大线路速率为 6Gbit/s；使用 STQ 电缆（执行链路聚合）时，线
路速率可达 12Gbit/s。表 7.1 还显示了各自 SOP（量产）的年份：APIX1 于 2008
年（宝马公司），APIX2 于 2012 年（宝马公司），APIX3 于 2020 年（同样在宝马
公司）[32]。双向以太网侧信道是随着 APIX2 引入的。它利用了 MII 接口的一个特
定属性，即发送和接收时钟都是从以太网 PHY 传输到以太网 MAC（通常是从 MAC
传输到 PHY 的发送时钟）。这允许 PHY 和 MAC 之间存在一定的独立性，意味着以
太网数据包可以相当容易地通过非以太网 PHY 以各自选定的 PHY 最优数据速率进
行传输[4]。因此，尽管后/控制信道的数据速率有所提高，但仍允许传输更多触摸
信息或压缩后的摄像头数据，同时允许将相关信息无缝集成到车载以太网系统中。
对于 APIX 来说，STP 和 STQ 电缆所需的电缆阻抗为 100Ω，而同轴电缆的阻抗
为 50Ω。

表 7.1　各代 APIX 的功能概览[32][36][37][38][39]

类型	下行链路速率 /（Gbit/s）	上行链路速率 /（Gbit/s）	视频接口	协议接口	HDCP 支持	电缆	A- shell
APIX1 2008	1	0.0625	10，12，18，24bit 像素接口	边带信道	暂缺	STP，STQ，15m	是
APIX2 2012	0.5，1，3	0.1875	单/双信道 18/24bit、OpenLDI、HDMI	SPI，I2C，Ethernet MII	是	STP，STQ，12m	是
APIX3 2020	1.5，3，6，12	0.1875	HDMI，MIPI DSI，(e) DP	SPI，I2C，Ethernet MII，RMII	是	STP，STQ，同轴	是

从一开始，Inova 就开发了其 APIX PHY 的系统概念以及整个芯片架构，以提
供一个完全异步的传输系统。这意味着 APIX PHY/传输系统可以同时处理理论上
至少无限多种不同类型的视频、音频和以太网数据流，通过同一链路进行传输。因
此，在通信一端的 IVC 桥所支持的视频协议在另一端不必相同。这意味着，在
ECU 端输入到串行器的视频协议可以是 HDMI，而在显示屏内部的解串器输出的则
是 eDP（有关显示屏协议的更多详细信息，请参阅第 9.7 节）。表 7.1 列出了产品
支持的一些典型协议示例。在 PHY 和系统级别上，每一代新的 APIX 都被设计为与
前一版本 100% 向后兼容。Inova 直接为 APIX 使用了 CML，并完全绕过了 LVDS。

图 7.11 展示了一个带有 HDMI 接口的 APIX2/3 串行器桥的功能框图示例。在
解串器中，数据流只是被反向处理，并且帧串行器和帧解串器的模块被交换。与例

如 FPD- Link 和 GMSL 不同，APIX 为串行器和解串器芯片使用了专用的时钟生成。这意味着数据传输独立于视频数据流中可能存在的抖动。这种抖动可能是由视频源的时钟偏差或视频流的数据内容引起的[40]。

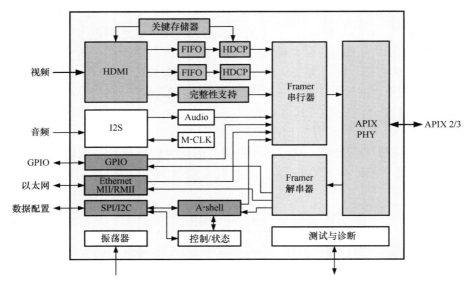

图 7.11 APIX 2/3 串行器桥的功能模块，支持以太网、HDMI、I2S 以及 SPI/I2C[38]

Automotive- shell（A- shell）是 APIX 的一个特定实现，它允许为控制和状态信息的边带信息提供一个统一的通信接口，如 I/O 信号和具有低延迟要求的低速协议（如 PWM、SPI 和 I2C）。A- shell 是 APIX 设备的一个组成部分，因此在图 7.11 中作为一个单独的功能块展示。A- shell 使用一组通用的数据结构和命令。所有 A- shell 数据都受到 24bit 循环冗余校验（CRC）的保护，该校验会通知检测到的错误。一个可选的自动重传请求（ARQ）机制允许启用控制数据的重传[41]。

显然，APIX3 可以支持最多 6 个显示屏的菊花链连接[33]。

请注意，Inova 将 APIX 知识产权作为硬宏授权，这就是为什么其他硅供应商也在销售支持 APIX 的产品。这些产品通常是更复杂的（与显示相关的）SoC，具有集成的 APIX 接口（例如文献[42][43][44]）。由于存在多个供应商，因此需要支持合规性和互操作性测试。因此，测试机构、工具供应商以及电缆和连接器制造商之间也进行了明显的合作。

为什么有些用作高速数据（HSD）电缆的 STQ 电缆是黑色的，而有些是蓝色的？

这有一个简单的解释：我，Michael Kaindl，在 2013 年中期至 2014 年中期负责宝马公司的电缆发布工作。与电缆制造商 Leoni 的重点客户一起，我们提出了一个

易于识别电缆适用速度等级的建议：黑色（Dacar 535）高速数据（HSD）电缆适用于 APIX1，速度限制在约 1Gbit/s。蓝色（Dacar 636）HSD 电缆适用于 APIX2，速度高达 3Gbit/s[45]。由于两种 APIX 系统使用的连接器相同，且电缆的机械特性几乎相同，因此使用不同的颜色降低了为 APIX2 使用错误电缆的风险。适用于 APIX1 的黑色电缆满足 APIX2 的许多要求，但不能完全保证更高的频率范围。如果使用错误的电缆，将导致高风险的间歇性错误，这在作者看来，比永久性的即时故障更为严重。对我来说，很高兴看到整个行业采纳了我们在产品博览会上仅由两人做出的决定。FlexRay 电缆的绿色-粉色背后的故事同样有趣，甚至更加引人入胜……

7.3.4　索尼公司的千兆视频接口（GVIF）

GVIF 技术的第一版由索尼公司于 1996 年开发[46]，并于 1999 年由日本电子工业发展协会（JEIDA）发布[47]。其后续版本 GVIF2 的规范由日本电子信息技术产业协会（JEITA，JEIDA 的继承者）在 2021 年的最新版本中发布[48]。显然，GVIF 不仅被用作汽车行业的高速串行解串器（SerDes）技术，还被用于飞机和公共汽车[49]。尽管已经发布了这些规范，但作者并未了解到除索尼公司外，还有其他半导体公司提供可互操作的 GVIF2 汽车串行器和解串器产品。显然，索尼的 GVIF 真正的量产始于 2002 年在日本和欧洲，此前早在 1999 年就已经进行了某种形式的样品生产[50]。

表 7.2 提供了 GVIF 和 GVIF2 产品可能具备的技术特性的概述。这些特性构成了一个特性超集，在相机传感器或显示屏应用的相应串行器-解串器产品对中，仅包含该超集的一个子集（例如，请参阅文献［51］）。关于支持的链路长度，不同的来源提到了不同的长度，通常是 10m[47][52] 或 20m[46]。除了电缆类型外，文献［47］还推荐了一种合适的连接器（例如，在文献［53］中提供）。

表 7.2　GVIF 和 GVIF2 可能具有的技术特点概述[51][48]

技术特点	GVIF	GVIF2
下行链路速率/（Gbit/s）	1.95	2.4，3.6，4.8
上行链路速率/（Gbit/s）	数据暂缺	0.01
视频格式	18 或 24bit 像素数据	24bit 像素数据，4M 像素/60fps
反向信道	SPI	I2C，UART，SPI
HDCP	1.4	2.3
接口	CMOS，OpenLDI	CMOS，OpenLDI，MIPI CSI-2，MIPI DSI，DVI-D
音频	I2S	I2S
电缆	一个或两个 STP	STP、同轴电缆、供电
架构	P2P	P2P，菊花链

表 7.2 的最后一行表明，GVIF2 允许以菊花链方式连接 GVIF 链路。然而，所提

出的架构略显不寻常，因为菊花链也扩展到串行器端。图 7.12 展示了简化的架构，旨在减少从主机单元引出的电线和连接器的数量。为此，某些 GVIF2 串行器产品不仅具有来自成像器或系统级芯片（SoC）的视频协议输入和 GVIF2 输出，还具有 GVIF2（反序列化）输入。同样，相应的 GVIF2 解串器产品具有额外的中继器（序列化）GVIF2 输出。GVIF2 数据帧结构允许将位模式中的相应位置分配给不同的数据流，特定源可以填充这些数据流，特定接收器可以读取这些数据流[48]。

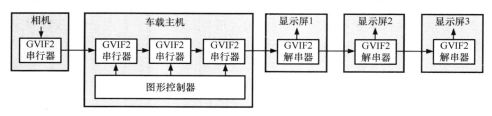

图 7.12　GVIF2 的菊花链用例[51]

根据文献［52］［47］和［48］，GVIF 和 GVIF2 中的视频数据采用 3B4B（GVIF 的 18bit 颜色）、4B5B（GVIF 的 24bit 颜色）或 5B6B 编码（GVIF2 的 24bit 颜色）。GVIF2 在每个 24bit 颜色数据块中添加了一个控制位，使其成为 25bit 数据块。在这些数据块中，任何 5bit 的 K 码都被排除在外，剩余的 D 编码数据被扰乱，然后重新插入 K 码，并进行 5B6B 编码。与 GVIF 一样，数据也进行非归零（NRZ）调制并传输。所有 GVIF 接收器通常都会实现自适应均衡器，以补偿特定传输信道的特性。用于 GVIF2 的编码如图 7.13 所示。

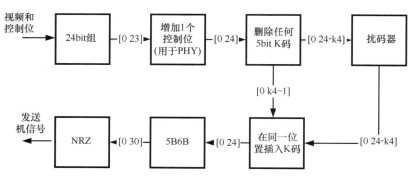

图 7.13　用于 GVIF2 的编码

7.4　MIPI A-PHY/IEEE 2977

在 2021 年 6 月被 IEEE 批准为 IEEE 2977 标准之前[54]，串行点对点（P2P）通信技术 A-PHY 1.0 已在 MIPI 联盟中开发完成。MIPI 联盟大约在一年前，即

2020 年 9 月，就完成了 A-PHY 规范 1.0 版本的制定[55]。MIPI 联盟是一个起源于手机行业的组织。该组织由 ARM、诺基亚、意法半导体和德州仪器于 2003 年联合创立，旨在对手机中使用的许多硬件（HW）和软件（SW）接口进行标准化。当时，手机制造商面临着许多专有硬件和软件接口，这意味着更改设计中的某一部分（例如处理器）通常也意味着需要更改所有外围部件。因此，MIPI 的目标是降低复杂性和成本，同时保持灵活性[56]。

许多由 MIPI 定义的接口在移动/智能手机行业中得到了很好的应用。随着全球化的发展和硬件元素的跨行业再利用，一些 MIPI 接口也扩展到了其他行业。自 2010 年左右开始，MIPI 协议在汽车行业中出现。这最初与 4G/长期演进（LTE）支持的遥测应用有关，主要涉及射频前端（RFFE）接口，该接口将基带处理器和射频收发器连接到包括射频开关、滤波器和天线在内的一系列前端组件[57]。大约在 2017 年，MIPI CSI-2/D-PHY 接口（有关 CSI-2 和 D-PHY 的更多详细信息，请参阅 9.6.2 节）出现在汽车摄像头中，用于连接摄像头的成像器芯片与（专有）串行器。许多半导体供应商都起源于手机行业，这包括成像器供应商和大多数（专有）汽车 SerDes 解决方案的供应商（见第 7.3 节），因此，相应的 MIPI 接口只是简单地扩展到了汽车领域。

目前，MIPI D-PHY（或 C-PHY）信号主要覆盖短距离传输，通常仅限于印制电路板（PCB）上，如移动设备中的图像传感器到处理器或处理器到显示屏的传输。MIPI 接口覆盖的典型距离是 15 ~ 30cm[58]（D-PHY 的官方最大传输距离是 4m[59]）。因此，D-PHY 并不适合汽车内部 15m 的传输距离。然而，随着 CSI-2 协议被引入汽车摄像头领域，且许多相关半导体供应商已成为 MIPI 联盟的成员，MIPI 联盟自然成为推动汽车 SerDes 解决方案标准化的主要力量。经过数年的讨论[57]，2017 年，MIPI 联盟启动了"同路人"（Birds of a Feather）计划，允许非成员参与并讨论相关需求和用例[60]。随后，MIPI 联盟成立了汽车工作组（WG），并于 2018 年公开宣布开发汽车物理层（A-PHY），该物理层能够直接将 MIPI 协议（如 CSI-2、DSI-2 和 I3C）传输至长距离[61]。

从作者的角度来看，MIPI 联盟在开发 A-PHY 方面有两个新的方面：首先，这是 MIPI 联盟首次针对汽车环境和工业领域直接制定解决方案，而其参与者、客户和习惯主要以移动设备为背景。其次，通过为汽车环境指定一个能够覆盖 15m 的物理层，MIPI 联盟针对仅基于 MIPI 规范的独立产品——串行器和解串器桥接芯片——进行了处理，这些产品本身具有巨大的市场潜力。在此之前，MIPI 技术通常被集成到产品中，这些产品的核心价值（例如成像器或处理能力）都超出了 MIPI 的范围。

作者认为，A-PHY 规范 1.0 在两个方面都有所体现，其技术概要基于公开发布的 IEEE 2977 规范[54]，将在以下部分介绍。第 7.4.1 节提供了 A-PHY 背后的基本概念概述以及理解规范细节所需的专业术语；第 7.4.2 节讨论了传输信道；第 7.4.3 节概述了物理层；而第 7.4.4 节则提供了关于更高层（公开可用）的基本信息。

7.4.1　A-PHY 概述和术语

A-PHY 的术语如图 7.14 所示。A-PHY 设备是指包含一个或多个 A-PHY 端口

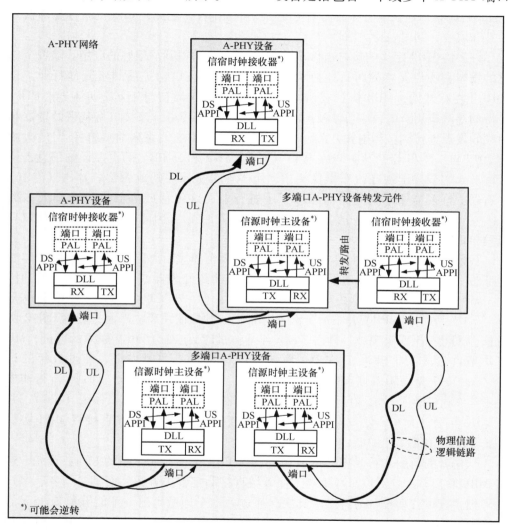

图 7.14　使用示例拓扑为 MIPI A-PHY/IEEE 2977 命名。A-PHY 规范本身以上行（US）和下行（DS）A-PHY 协议接口（APPI）结束。IEEE 2977 中没有指定虚线框中描述的本机协议适配层（PAL）和本机协议（"Prot."）

的任何单元，A-PHY 端口表示存在一个物理通信接口。A-PHY 规范本身仅涵盖物理层（PHY）和数据链路层（DLL）。对于更高的层，A-PHY 允许通过通用的 A-

PHY 协议接口（APPI）连接到多个协议。然后，协议适配层（PAL）将在 APPI 和特定产品中包含的协议之间映射数据大小/数据包格式和时序要求。PAL 不属于 IEEE 2977 规范，而是由 MIPI 联盟单独指定的，例如针对 CSI-2、DSI-2、I2C、GPI/O 和 eDP/DP[62]（有关这些协议的更多详细信息，请参阅第 9 章）。A-PHY DLL 主要负责调度、传输顺序和转发。A-PHY 的物理层规范提供了技术手段，以确保信息能够以特定质量通过电缆进行传输和接收。

如图 7.14 所示，通过 TX 和 RX 框的不同大小可以看出，A-PHY 物理层会根据单元是作为高速率下行链路（DL）/下行流（DS）传输方向的源还是汇而有所不同。这并不罕见，在 7.3 节中讨论的大多数专有汽车 SerDes 技术中也存在这种情况。A-PHY 源是时钟主设备，而汇是时钟接收方，它从接收到的 DL 数据速率中导出其上行链路（UL）时钟。

A-PHY 的一个独特之处在于，其物理层不仅随着 DL（下行链路）数据速率的不同而变化，还取决于所选的配置文件。该规范区分了五个所谓的"档位（G）"和两个配置文件（P）。配置文件 1（P1）基于 8B10B NRZ 调制。配置文件 2（P2）基于不同的 PAM 调制级别，带有重传（RTS），其起源于 Valens 的 HDBASE-T 技术[63]。对于每个档位，必须实现一个配置文件，如表 7.3 所示。支持更高档位的设备需要与所有较低档位实现向后兼容。

表 7.3 GVIF 和 GVIF2 可能具有的技术特点概述[51][48]

档位	总比特率	用户数据速率	配置文件 1（P1）	配置文件 2（P2）
1	2Gbit/s	1.5Gbit/s	m：NRZ 8B10B	o：NRZ 8B10B RTS
2	4Gbit/s	3Gbit/s	m：NRZ 8B10B	o：NRZ 8B10B RTS
3	8Gbit/s	(6[①]) 7.2Gbit/s	o：NRZ 8B10B	m：PAM 4 RTS 重新训练
4	12Gbit/s	10.8Gbit/s	暂缺	m：PAM 8 RTS 重新训练
5	16Gbit/s	14.4Gbit/s	暂缺	m：PAM 16 RTS 重新训练
UL	100Mbit/s	54Mbit/s	m：NRZ 8B10B	m：NRZ 8B10B（4 和 5 档的 UL RTS）

① 用于配置文件 1。

对于 A-PHY 1.0 来说，所有档位的低数据速率上行链路（UL）的技术基础都是相同的，即 NRZ 8B10B。上行链路（UL）与下行链路（DL）通过频分双工（FDD）进行分离。频分双工也通常用于专有汽车 SerDes 技术中。当上行链路的线速率/奈奎斯特频率远低于下行链路时，频分双工是一种有效的方法，允许上行链路和下行链路同时共享同一根导线（也请参见第 8.1.4 节中的表 8.3，了解不同双工选项之间的差异）。

当目标是用标准化技术取代专有汽车 SerDes 解决方案时，MIPI 联盟选择两个在技术上截然不同的配置文件可能会让人感到惊讶。对于作者来说，以下解释是令人信服的：由于低档位面向的是竞争激烈的市场，因此成本优化的解决方案至关重要。NRZ 8B10B 技术就提供了这样一种可能，它允许进行经济高效的模拟实现。然而，随着数据速率的提高，传输环境也变得更加复杂，对噪声的抵抗能力也提出了更高要求。在这种情况下，鲁棒性变得尤为重要，而 PAM x/RTS 方案则能更好地满足这一需求。

7.4.2　A-PHY 信道

尽管 A-PHY 1.0 定义了不同的物理层（PHY）配置文件，但 A-PHY 1.0 的信道限值线（除了一个例外）与所使用的配置文件和档位无关。对于所有档位和配置文件，该规范支持同轴电缆（特性阻抗为 50Ω）的链路长度为 15m，屏蔽双绞线（STP）电缆（特性阻抗为 100Ω）的链路长度为 10m，每种电缆类型均可使用最多 4 个线间连接器。两种电缆类型的最小链路段长度均为 0.3m。

方程（7.1）提供了链路段［在 IEEE 2977 规范中称为"传输线互连结构（TLIS）"］的限值线概览。此外，还有针对 MDI 网络［在规范中称为"端节点互连结构（ENIS）"］的限值线。MDI RL 是列出的信道限值线中唯一一个可选的 8Gbit/s NRZ 8B10B 模式存在变化的限值线。由于 8Gbit/s NRZ 8B10B 实现需要承担 PAM 4 RTS 实现的负担，如果它在任何产品中得到支持，作者会感到惊讶，因此方程（7.1）中未考虑限值线的变化（有兴趣的读者可参考该规范）。有关 IL 和 RL 限值线的图形比较，请参见图 5.4、图 5.5（包括 8Gbit/s NRZ 的 RL 偏差）和图 5.23。

以下几点值得注意：首先，该规范提供了两种不同的 RL 限值线——一种为标准限值线，另一种为相对"宽松"的限值线——如果在使用的电缆能够满足 50% 的 IL 限值线时，可以观察到这两种限值线。对于串扰，A-PHY 区分了 $PSCR_{Bundle}$ 和 $PSCR_{PCB}$。$PSCR_{Bundle}$ 定义了由于同一束线中的其他电缆（可能包括其他 A-PHY 链路以及其他技术，如汽车以太网）引起的串扰的限制。它包括了 A-PHY 接收器所承受的 AFEXT。$PSCR_{PCB}$ 设置了接收器 ANEXT 的限制，这种 ANEXT（仅）可能由于使用相同连接器且在同一 PCB 上并行布线的并行 A-PHY 链路而发生。

信道限值线需要满足所支持速度等级的奈奎斯特频率的 1.5 倍（有关奈奎斯特频率，请参见第 7.4.3 节中的表 7.4）。

$$\text{Insertion loss}_{STP}(f) \leqslant (0.0021 \cdot f + 0.315\sqrt{f} + 0.36)\,\text{dB}$$

$$\text{IInsertion loss}_{Coaxial}(f) \leqslant 0.15 \cdot \left(-1.3 + 0.0115 \cdot f + 2 \cdot \sqrt{f} + \frac{3.79}{\sqrt{f}}\right)\text{dB}$$

$$\text{Return loss}(f) \geqslant \begin{cases} 17\text{dB 若 } 5\text{MHz} < f \leqslant 500\text{MHz} \\ \left(17 - \dfrac{f-500}{1500} \cdot 4\right)\text{dB 若 } 500\text{MHz} < f \leqslant 2\text{GHz} \\ \left(13 - \dfrac{f-2000}{1200} \cdot 1.5\right)\text{dB 若 } 2\text{GHz} < f \leqslant 3.2\text{GHz} \\ \left(11.5 - \dfrac{f-3200}{1300} \cdot 6.5\right)\text{dB 若 } 3.2\text{GHz} < f \leqslant 4.5\text{GHz} \\ 5\text{dB 若 } 4.5\text{GHz} < f \leqslant 6\text{GHz} \end{cases}$$

$$\text{Return loss}_{@50\text{IL}} \geqslant \begin{cases} 17\text{dB 若 } 5\text{MHz} < f \leqslant 500\text{MHz} \\ \left(17 - \dfrac{f-500}{1500} \cdot 7\right)\text{dB 若 } 500\text{MHz} < f \leqslant 2\text{GHz} \\ \left(10 - \dfrac{f-2000}{1200} \cdot 1.5\right)\text{dB 若 } 2\text{GHz} < f \leqslant 3.2\text{GHz} \\ \left(8.5 - \dfrac{f-3200}{1300} \cdot 4.5\right)\text{dB 若 } 3.2\text{GHz} < f \leqslant 4.5\text{GHz} \\ 4\text{dB 若 } 4.5\text{GHz} < f \leqslant 6\text{GHz} \end{cases}$$

$$\text{Coupling attenuation}(f) \geqslant \begin{cases} 60\text{dB 若 } 30\text{MHz} < f \leqslant 4\text{GHz} \\ 50\text{dB 若 } 4\text{GHz} < f \leqslant 6\text{GHz} \end{cases}$$

$$\text{Screening attenuation}(f) \geqslant 45\text{dB 若 } f \leqslant 6\text{GHz}$$

$$\text{Unbalance attenuation}(f) \geqslant \begin{cases} 15\text{dB 若 } 30\text{MHz} < f \leqslant 1.265\text{GHz} \\ \left(15 - 20 \cdot \log_{10}\dfrac{f}{1265}\right)\text{dB 若 } 1.265\text{GHz} \leqslant f < 4\text{GHz} \\ 5\text{dB 若 } 4\text{GHz} < f \leqslant 6\text{GHz} \end{cases}$$

$$\text{PSCR}_{\text{Bundle}}(f) \geqslant \begin{cases} 75\text{dB 若 } 0 < f \leqslant 500\text{MHz} \\ (125.434 - 18.686 \cdot \log_{10}f)\text{dB 若 } 500\text{MHz} < f \leqslant 6\text{GHz} \end{cases}$$

$$\text{PSCR}_{\text{PCB}}(f) \geqslant \begin{cases} 52\text{dB 若 } 0 < f \leqslant 1\text{GHz} \\ \left(52 - 20 \cdot \log_{10}\dfrac{f}{1000}\right)\text{dB 若 } 1\text{GHz} < f \leqslant 6\text{GHz} \end{cases}$$

$$\text{MDI IL}(f) \leqslant \begin{cases} (6 - 5.5 \cdot \log_{10}f/0.1)\text{dB 若 } f < 1\text{MHz} \\ 0.5\text{dB 若 } 1\text{MHz} \leqslant f < 500\text{MHz} \\ (0.5 - 1.66 \cdot \log_{10}500/f)\text{dB 若 } 500\text{MHz} \leqslant f < 2\text{GHz} \\ (1.5 - 9.44 \cdot \log_{10}2000/f)\text{dB 若 } 2\text{GHz} \leqslant f < 6\text{GHz} \end{cases}$$

(7.1)

$$\text{MDI RL}(f) \geqslant \begin{cases} 0\text{dB 若 } f < 0.5\text{MHz} \\ (18 - 18 \cdot \log_{10}5/f)\text{dB 若 } 1\text{MHz} \leqslant f < 5\text{MHz} \\ 18\text{dB 若 } 5\text{MHz} \leqslant f < 500\text{MHz} \\ (18 - 21.6 \cdot \log_{10}f/500)\text{dB 若 } 500\text{MHz} \leqslant f < 2.75\text{GHz} \\ 2\text{dB 若 } 2.75\text{GHz} \leqslant f < 6\text{GHz} \end{cases}$$

式（7.1）中，f 单位为 MHz。

除了串扰之外，A-PHY 规范还定义了噪声环境［也见方程（7.2）］的以下项目：基于 ISO 11452-2[64]中定义的吸收体衬里屏蔽外壳（ALSE）方法的射频干扰（RF ingress）（也见第 4.1.3 节），基于 ISO 11452-4[65]的体电流注入（BCI），以及对 ISO7637-2/3[66][67]进行修改的快速瞬变脉冲，外来电缆束的最大功率谱密度（PSD）水平，以及假设汽车不会超过的汽车噪声 PSD 水平。据作者所知，这是首次为车内网络（IVN）通信技术指定汽车噪声 PSD（对于较低频率的首次评估已在文献［68］中发表）。

RF ingress（射频干扰）：

P1：对于频率 $f\leqslant6\mathrm{GHz}$，峰值为 5mV，该值根据 MDI IL 进行缩放。

P2：对于频率 $f\leqslant6\mathrm{GHz}$，峰值为 40mV，该值根据 MDI IL 进行缩放。

BCI（体电流注入）：

P1：对于频率 $f\leqslant400\mathrm{MHz}$，峰值为 21mV，该值根据 MDI IL 进行缩放。

P2：对于频率 $f\leqslant400\mathrm{MHz}$，峰值为 40mV，该值根据 MDI IL 进行缩放。

Fast transients（快速瞬变脉冲）：

P1：在基础脉冲频率为 150ns 至 40MHz 的范围内，15mV < |峰值电压| < 20mV。

P2：在基础脉冲频率为 150ns 至 40MHz 的范围内，15mV < |峰值电压| < 150mV。

外来电缆束汽车噪声上限：

$$\begin{cases} -138\,\dfrac{\mathrm{dBm}}{\mathrm{Hz}}\ 若\ 0.2\leqslant f\leqslant20 \\[2ex] -138-20.3871\log_{10}\left(\dfrac{f}{20}\right)\dfrac{\mathrm{dBm}}{\mathrm{Hz}}\ 若\ 20<f\leqslant500,f\ 单位为\ \mathrm{MHz} \\[2ex] -166.5+18.1322\log_{10}\left(\dfrac{f}{500}\right)\dfrac{\mathrm{dBm}}{\mathrm{Hz}}\ 若\ 500<f\leqslant4000 \end{cases}$$

汽车噪声（PSD）：

$$\begin{cases} -130\,\dfrac{\mathrm{dBm}}{\mathrm{Hz}}\ 若\ f\leqslant10 \\[2ex] -140\,\dfrac{\mathrm{dBm}}{\mathrm{Hz}}\ 若\ 10<f\leqslant100 \\[2ex] -160\,\dfrac{\mathrm{dBm}}{\mathrm{Hz}}\ 若\ 100<f\leqslant4000,f\ 单位为\ \mathrm{MHz} \\[2ex] -150\,\dfrac{\mathrm{dBm}}{\mathrm{Hz}}\ 若\ 4000<f\leqslant6000 \end{cases} \qquad(7.2)$$

对于前三个值，规范在配置文件 1 和配置文件 2 之间定义了不同的限制。如方程（7.2）所示，配置文件 2 提供了比配置文件 1 更高的抗噪能力，这是这两个配置文件之间的主要区别。通过提供两个配置文件选择，MIPI 联盟为汽车制造商提供了选择。假设两个配置文件都有相应的产品可用，汽车制造商可以根据他们对噪声环境关键性的个人评估来选择解决方案；而实际上，对于所有汽车而言，绝对的干扰状况（或多或少）是相同的。目前尚不确定有多少汽车制造商会认为方案 1 足够安全，而又有多少会倾向于选择更为严格的方案 2，这还有待观察。

最后，A-PHY 1.0 还解决了通过数据线（包括同轴电缆以及 STP/SPP 电缆）传输电力的问题。在这两种情况下，Bias-T 电容器的值介于 10 ~ 100nF 之间，而（理想）电感器的值则在 10 ~ 100μH 之间（有关 Bias-T 的更多信息，请参见第 6.1.1.1 节及后续内容）。

7.4.3　A-PHY 物理层

在物理层方面，A-PHY 1.0 规范区分了三个子层：物理介质相关（PMD）子层（在以太网或 ASA 动态链路中称为物理介质连接子层，即 PMA）、物理编码子层（PCS）以及重传（RTS）子层，后者作为"RTS 旁路子层"提供给那些没有重传功能的实现方式。

图 7.15 展示了 A-PHY 的一个示例，重点展示了在 A-PHY PMD 实现中预期的不同功能块。A-PHY 规范提供了四个（以及其中一个的另一种实现变体）不同的示例，说明了基本的 PMD 实现可能看起来是什么样的（见文献［54］）。主要区别在于它是源部分还是汇部分，以及是否使用 NRZ 8B10B 或 PAMx 调制。在图 7.15 中，这些版本被合并为一个，其中各功能块可能使用相同的名称，但它们的具体实现会根据在发送和接收路径中使用四种可能性中的哪一种而有所不同。例如，在发送或接收 NRZ 时，发送路径中不需要数模转换（DAC），而接收路径中的模数转换（ADC）可能会被简化。

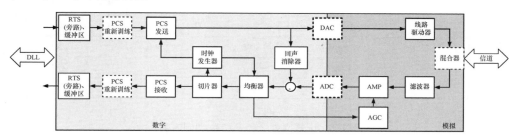

图 7.15　以 PMD 为重点的 A-PHY 功能块示例

对于物理编码子层（PCS），尤其是本节下文将进一步描述的 RTS（重传子层），有 6 种选项：针对以下每种情况的源和汇、无重传的 NRZ 8B10B 实现、带重传的 NRZ 8B10B 版本（PCS 子层中的变化相对较小，RTS 中较大），以及 PAM x 实现。在更详细地解释 PCS 变体之前，表 7.4 显示了 PMD 子层对线路施加的不同奈奎斯特频率和峰峰值电压。可以看出，数据速率和调制方案的选择使得奈奎斯特频率的上限为2GHz（除了不太可能实现的档位3的配置文件1，这将导致4GHz的奈奎斯特频率）。为了保持档位2到档位5的奈奎斯特频率恒定，更多的位被组合成一个符号，这意味着通过分别将PAM调制级别增加到PAM 4、8和16（见表7.4）来实现。

从信噪比（SNR）的角度来看，提高PMA调制水平以实现较低的奈奎斯特频率是一种权衡。较低的奈奎斯特频率减少了衰减（也请参见第5.2.3.1节中的图5.4），从而提供了更强的信号。此外，它还减少了噪声的带宽。同时，随着PAM级别的提高，信号电平之间的间隔也会减小（见表7.5）。不幸的是，简单地计算（$\Delta_{\text{PAM signal levels}} + \Delta_{\text{IL}} + \Delta_{\text{Noise bandwidth}}$）并不能正确回答哪种情况在SNR方面更有利。这种程序会假设使用一个理论上的完美迫零均衡器，这将导致噪声放大与Δ_{IL}相同。相反，为了获得导致最佳SNR的PAM水平，必须进行仿真。这些仿真考虑了精确的信道和噪声放大与均衡器增益之间的权衡。IEEE 802.3ch和cy项目的相应仿真结果（也请参见第8.1.1节和第8.1.2节）得出的结论是，对于类似的情况，PAM 4调制（而非PAM 8或16）将提供最佳SNR（例如，参见文献[69][70][71][72]）。因此，选择A-PHY的PAM 8和PAM 16调制的原因主要集中在较低的奈奎斯特频率上（以可能不是最佳的SNR为代价）。

表7.4　不同A-PHY 1.0档的物理层数据[54][73]；请注意，
在相同的PSD内，STP的振幅可以高出3dB

档位	线路速率/（Gbit/s）	调制	$f_{\text{奈奎斯特}}$/GHz	同轴TX DL放大器/mV$_{\text{p-p}}$	同轴TX UL放大器/mV$_{\text{p-p}}$
1	2	NRZ	1	250	500
2	4	NRZ	2	350	500
3	8	PAM 4（NRZ）	2（4）	250	500
4	12	PAM 8	2	500	250
5	16	PAM 16	2	500	250
UL	0.1	NRZ	0.05	暂缺	见上

表7.5　配置文件2的PAMx调制方案

sC16$_{16}$	sC8$_{16}$	sC4$_{16}$	sC2$_{16}$（G3）	sC2$_{16}$（G4，5）	符号	$\Delta V_{\max}$的占比
0000	000	00	0	n/a	15	1.00
0001	n/a	n/a	n/a	n/a	13	0.93
0011	001	n/a	n/a	0	11	0.87
0010	n/a	n/a	n/a	n/a	9	0.80
0110	011	n/a	n/a	n/a	7	0.73

（续）

sC16$_{16}$	sC8$_{16}$	sC4$_{16}$	sC2$_{16}$（G3）	sC2$_{16}$（G4, 5）	符号	ΔV_{max} 的占比
0111	n/a	01	n/a	n/a	5	0.67
0101	010	n/a	n/a	n/a	3	0.60
0100	n/a	n/a	n/a	n/a	1	0.53
1100	n/a	n/a	n/a	n/a	−1	0.47
1101	110	n/a	n/a	n/a	−3	0.40
1111	n/a	11	n/a	n/a	−5	0.33
1110	111	n/a	n/a	n/a	−7	0.27
1010	n/a	n/a	n/a	n/a	−9	0.20
1011	101	n/a	n/a	1	−11	0.13
1001	n/a	n/a	n/a	n/a	−13	0.07
1000	100	10	1	n/a	−15	0.00

注：n/a 表示暂缺

图 7.16 显示了物理编码子层（PCS）的功能框图。上半部分显示了针对配置文件 1 的档位 1 和 2 的设置，包括无重传的情况，以及带重传的配置文件 2（后者之间的差异由两个灰色箭头表示）。下半部分展示了用于档位 3~5 的配置文件 2 的设置。以下列表详细解释了这些元素。

1）这两个配置文件都区分了三种 PCS 模式：训练模式、空闲模式和正常数据传输模式。对于下行链路（DL）的档位 1 和 2 以及上行链路（UL）的所有档位，字节流控制器负责协调这三种模式所需的控制和数据序列。在训练期间，接收器锁定其解扰器并同步其 10B 字边界。规范允许使用或不使用"K 序列"进行此训练。空闲模式是训练模式和正常操作之间的中间模式，在此期间仅发送扰码器内容。在正常模式下，如果使用的是配置文件 2，并且取决于它是源端还是接收端，字节流控制器可能会包含或提取确认（ACKs）或重新训练或重传请求。在所有情况下，字节流控制器都会使用/从控制标记以及控制和零字节来封装/解封装来自/到 RTS（旁路）层的 A 包。

2）扰码器区分下行链路（DL）和上行链路（UL）的传输方向，但两个配置文件都使用相同的扰码器。下行链路（解）扰码器序列是 $G(X) = 1 + X^{39} + X^{58}$。上行链路（解）扰码器序列是 $G(X) = 1 + X^{19} + X^{58}$。

3）对于 8B10B 编码，每个 8bit 块被分成两个块，一个包含 3bit，另一个包含 5bit。3bit 块包含 3 个最高有效位（MSB），并通过 3B4B 转换为 4bit。5bit 块包含 5 个最低有效位（LSB），并通过 5B6B 转换为 6bit；两者都基于文献 [74]。这种转换包括对一些数据以及控制符号的互补编码选项。使用哪个版本取决于"运行差异（RD）"。其目标是避免出现过多的连续 0 或 1，以确保信号具有良好的直流平

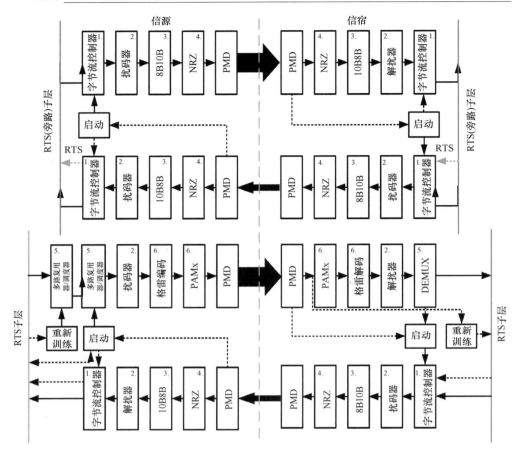

图 7.16 针对配置文件 1（上图）和配置文件 2（下图）的 A-PHY PCS（物理编码子层）
主要功能模块。对于档位 1 和 2 的可选 RTS 模式所做的更改以灰色标记。
实线表示传输的内容。虚线表示重要的控制信息

衡。10B8B 解码则逆转了 8B10B 的选择过程。

4）非归零（NRZ）调制简单地将 0 转换为正峰值 TX 幅度，将 1 转换为负峰
值 TX 幅度，解调时则相反。

5）对于配置文件 2，源端中的两个多路复用器/调度器根据传输模式控制传输的
数据类型。除了确保在启动期间首先传输训练符号，然后传输空闲符号外，还可能会
插入重新训练序列。如果请求了重新训练（下面会有更多解释），则会抢占任何正在
进行的传输，以优先传输重新训练序列。对于配置文件 2，训练过程确保了均衡器和
回声消除器的收敛以及定时恢复。与配置文件 1 类似，空闲模式作为训练和数据传输
之间的中间模式，在配置文件 2 中，扰码器在每个符号周期内稳定地产生 16bit。

6）PAMx 使用 PAM 16 的调制作为基础，以这种方式应用于所有 PAM 变体中，
使得所有相邻的比特电平都进行格雷码编码，如表 7.5 所示。符号"15"代表正

TX 峰值电压，而其他所有电压值都必须相对于此进行计算。

图 7.17 展示了 A-PHY 1.0 版本中，不同发射器版本的 RTS 子层所需的主要组件 A-PHY 的 RTS 功能核心不仅包括定速器和缓冲区，还包括消息计数器（MC）处理、报头更新（包括 CRC 的计算）以及请求（RQ）处理。在所有 TX 版本中，MC 处理块都会为每个数据包分配一个 MC。如果存在 RTS，消息计数器处理块还会限制同时处于 PHY 传输循环中的数据包数量。如果不存在 RTS，RTS 旁路的所有功能都可以是 DLL（数据链路层）的一部分。然而，为了实现两个配置文件的单一 DLL，旁路被指定为如图 7.17 中所示。

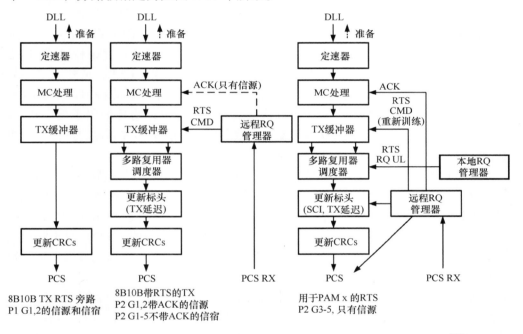

图 7.17　适用于不同档位和实施方案的 A-PHY 1.0 TX RTS 子层的功能模块[54]

请注意，CRC（循环冗余校验）和 MC（消息计数器）也是实现功能安全性的重要元素（另见第 2.2.4.2 节）。在 PHY 层识别传输错误，如错误或丢失的数据包，是任何通信技术 ASIL 评级的基本要求。此外，MIPI A-PHY 定义了一个超时监控，它确保在没有安排常规流量的情况下，至少每 5μs 在上行链路（UL）和下行链路（DL）方向上发送一个"活动"数据包。这确保了即使在常规通信之外也能识别出中断，这可能是由于线束（短路/开路）中的错误或链路另一端的通信芯片故障导致的。

根据具体的传输档位和传输方向，P2 TX RTS 的远程 RQ 管理器可以从通信对端那里接收几种不同的 RQ（请求）：RTS RQ（所有档位的源端和 G 4-5 的接收端）、（可选的）确认（ACK，仅所有档位的源端）、重新训练 RQ（G 3-5 的源端）和 sCMax RQ（G 3-5 的源端）。RTS RQ 确保具有特定 MC 的数据包从 TX 缓冲区被激活，并在下一个较低的 PAM 级别（如果可用，PAM 16→PAM 8，PAM 8→PAM 4，PAM 4→PAM 2，PAM 2→PAM 2）重新传输（前提是 MaxRTSDelay 尚未过期）。当数据包被正确接收时，ACK 会从 MC 处理 TX 缓冲区中释放相应的 MC。如果未实现可选的 ACK，则在 TX 缓冲区的最大驻留时间 MaxRTSDelay 过期后，数据包将被释放。

如果 RTS 接收到一个重传 RQ（请求），它会暂停自己的消息转发，并允许 PCS 立即在数据流中插入重传序列（之后重新发送任何可能已中断的数据包）。sC-Max RQ 将 PAM 级别重置为其在源处的原始值。

图 7.18 展示了在下行链路（信源重传）中的 RTS（请求发送）的不同循环、上行链路（信宿重传）中的 RTS 以及重新训练（信源发送重新训练序列）的过程。RTS RQs 的启动已明确定义。在 RTS RX 中，如果出现循环冗余校验（CRC）失败、缺少 MC 编号或激活了"坏位"（有关 A-PHY 数据包格式，请参阅下一节 7.4.4 中的图 7.19），则会启动 RTS RQ。然后，接收器会启动将 RTS RQ 插入 RTS TX 的数据流中，并将其传输到原始发送方，在那里，物理编码子层（PCS）会提取它并将其转发到远程 RQ 管理器，由该管理器处理相应数据包的重传。请注意，可以请求单个数据包以及数据包序列的 RTS。

由于 RTS 子层是物理层（PHY）的一部分，因此重传过程对数据链路层（DLL）是透明的。A-PHY 在所有 A-PHY 子层中采用统一的数据包格式（意味着在物理层和数据链路层之间没有明确的层分离），其中 RTS 子层控制介质控制（MC）、头部 CRC 以及整个数据包的 CRC 字段（也请参见第 7.4.4 节中的图 7.19）。对于配置文件 2，RTS 子层还会更改 TX-info 字段，该字段包含数据包延迟值以及数据包是原始数据包还是重传数据包的信息。此外，子星座索引（SCI）字段用于标识实际的脉冲幅度调制（PAM）调制级别。在重传时，或当数据包被 PAL 标记为需要更高错误抵抗性的 QoS（服务质量）时，PAM 调制级别会降低。8 位头部 CRC 多项式为 $G(x) = X^8 + X^6 + X^5 + X + 1$。32 位整体数据包 CRC 多项式为 $G(x) = X^{32} + X^{26} + X^{23} + X^{22} + X^{16} + X^{12} + X^{11} + X^{10} + X^8 + X^7 + X^5 + X^4 + X^2 + X + 1$。

何时以及如何启动重新训练 RQ（请求）或 sCMax RQ 并未具体规定，而是取决于信宿 RX 的实现。当在信宿启动重新训练 RQ 时，信宿的 RQ 管理器会将保留 RQ 以最高优先级插入数据流中，并中断所有其他流量，即使数据包正在传输中。在信源，PCS RX 随后会提取该命令。通过远程 RQ 管理器，在信源的 TX PCS 中启动重新训练，该过程也会中断所有正在进行的流量，以便尽快发送重新训练序列。在 A-PHY 规范中，这种机制也被称为"即时取消器（JITC）"，因为它允许接收器适应快速收敛，以应对信道上的突发窄带干扰（NBI）攻击。

正如所述，重新训练和 sCMax RQ 启动算法由实现者决定。实现者必须决定在什么（错误）情况下启动或不启动重新训练。此外，对于由于重传而降低了脉冲幅度调制（PAM）级别的情况，实现者还必须在情况得到足够改善时决定何时应

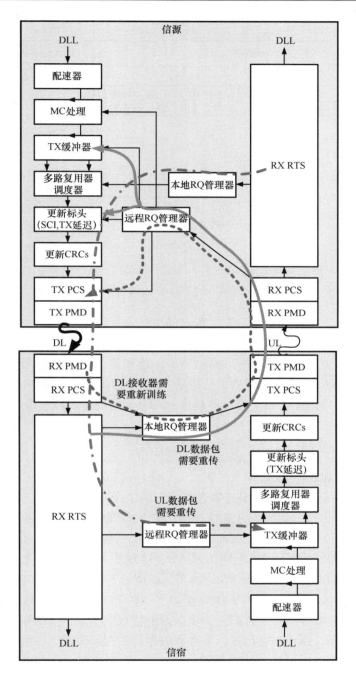

图 7.18　用于 P2 Gear 3-5 的重新训练和重传回路（用于 Gear 4 和 5 的 UL）

再次使用原始的 PAM 级别。定速器的功能是确保一定数量的重传和 PAM 级别降低的特定时间对上层是透明的，而不会导致数据速率的明显下降。因此，实现需要良

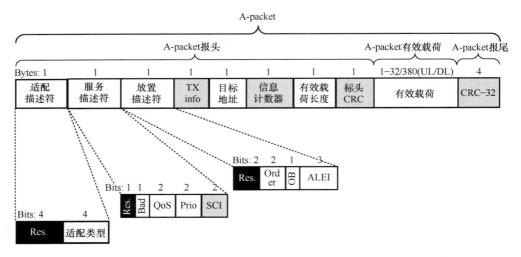

图 7.19 A‑PHY 数据包（称为 "A‑packet"）的结构；灰色字段在 RTS（旁路）子层中最终确定；黑色表示可用于以后版本规范的保留空间[54]

好的系统理解，以确保永远不会发生明显的数据速率降低。

在撰写本书时，MIPI 联盟已于 2021 年 12 月完成了 A‑PHY 规范 1.1 版[62]。新版本引入了新功能，包括上行链路（UL）速率为 200Mbit/s，用户数据速率为 125Mbit/s，以及使用 STQ 线缆的下行链路（DL）速率为 32Gbit/s，并支持链路聚合。这两对线还可以用于每个方向最高达 16Gbit/s 的可变线路速率。此外，在 Profile 2 中，G1 和 G2 可以使用 PAM 4[75][76]。同时，已经宣布了关于具有更高数据速率和更多功能的 A‑PHY 2.0 版本的开发工作[75]。

RTS／重新训练与 FEC

任何高速通信系统的一个核心特性是所选的错误处理和纠正机制。哪种机制是合适和/或必要的，在很大程度上取决于预期的干扰和因此产生的错误的特性。MIPI A‑PHY P2 的核心和基础是定义好的 RTS／重新训练系统。为了深入理解 A‑PHY，我们有必要了解 RTS／重新训练与前向纠错（FEC）方案（如 ASAML 技术，详见第 7.5 节，或高速汽车以太网技术，详见第 8.1 节）之间的一些基本原则和差异。

FEC（前向错误纠正）的工作原理如下：在 FEC 中，会向数据块中添加冗余信息，以便能够检测错误并纠正一定数量的错误。如果发生的错误数量超过了可以纠正的范围，则传输会出错，并导致数据包丢失或失败。一般来说：添加的冗余信息越多，可以纠正的错误就越多［对于 Reed Solomon（RS）码，一个添加 x 位的码可以纠正 $x/2$ 位的错误］。添加的冗余信息是固定的，意味着它必须独立于实际的干扰情况而提供。

在使用 RTS 的情况下，无论是数据包内检测到一个错误还是所有位都出错，都没有区别。检测到一个错误就会触发反馈回路，导致发射器重新发送（而在没有错误时，不会传输任何开销数据）。因此，RTS 系统可以处理非常突发的错误，但如果相同数量的错误均匀分布在多个数据包中，则可能需要比系统能承受的更多的 RTS（例如，由于重传缓冲区溢出）。因此，RTS 特别适用于传输环境急剧变化的系统，就像移动通信系统中通常必须处理的那样。

为了减轻某一类干扰反复引起相同类型错误而导致 RTS 系统阻塞的风险，MIPI A-PHY P2 系统还增加了重新训练功能。重新训练允许接收器调整其均衡器设置，以便从接收信号中忽略感知到干扰的窄频带。因此，连续发送的数据包将不会受到相同的干扰。为了进一步支持这一点，MIPI A-PHY 中重传的数据包是以比前一个损坏的数据包更低的 PAM（脉冲幅度调制）级别发送的，这使得它对噪声具有更强的鲁棒性。由于重新训练只能消除一小部分频带，因此这种机制也被称为窄带干扰（NBI）消除。

这个系统的明显优势是它可能能够承受相当高水平的窄带干扰（NBI）。一个附带的好处是，在所有基于逐个扫描频带的电磁兼容性（EMC）测试中，它的性能也非常出色。然而，在宽带噪声和/或高水平加性白高斯噪声（AWGN）的情况下，该系统的性能可能会明显低于基于 FEC 的系统。如最初所述，哪个系统更受青睐，取决于对可能遇到的噪声场景的假设。MIPI A-PHY P2 系统假设在汽车噪声场景中，NBI 占主导地位，而其他噪声源则不那么重要[77]。那些基于 FEC 错误处理的汽车通信技术（例如，第 7.5 节和第 8.1 节中的例子）的组织认为，他们的系统可以足够好地处理 NBI，同时假设宽带错误类型也非常重要，需要加以处理。

表 7.6 提供了概述，并总结了 RTS/重新训练与基于 FEC 的错误处理之间的差异。还有两个方面需要评论：首先，PHY 上的 RTS/重新训练会隐藏来自更高层的任何位错误和降级。因此，A-PHY 的目标是数据包错误率（PER），而不是误比特率（BER）。为了确保系统能够注意到信道的降级，任何 RTS/重新训练实现都应该包含一个机制，该机制将任何链路质量降级（即使不会立即导致任何数据包错误）报告给更高层。A-PHY 确实定义了各种诊断和统计寄存器，应用程序可以为此目的读取这些寄存器。其次，重传会导致抖动。但是，这种抖动可以通过接收器内部的相应缓冲来最小化，该缓冲会人为地延迟所有非重传的数据包。A-PHY 预见了一个特定的"固定 RTS 延迟（FixRD）"参数来减轻这种影响。

表 7.6　基于 FEC 和 RTS/重新训练的通信技术的主要区别

类别	RS-FEC	RTS/重新训练	
		RTS	重新训练
额外开销	引入恒定的 FEC 奇偶校验位开销	为了预留带宽进行 RTS/重新训练，需要调整节奏，这增加了开销	

（续）

类别	RS-FEC	RTS/重新训练	
		RTS	重新训练
发送方/接收方关系	接收方具有足够的自我纠错能力	需要发送方和接收方之间的反馈系统，这对互操作性有更高的要求。性能可以通过发送方的预编码来提升，而不仅仅是依赖接收方的均衡器调整	
计算/功耗	编码器和解码器实现，功耗相对较高	循环冗余校验（CRC）计算，发送方和接收方的缓冲处理，以及消息计数器管理	决定重新训练（也用于释放被抑制的频率）的算法
延迟	具有固定的延迟	固有的延迟变化，可通过相应的缓冲来缓解（但此时将始终产生最大缓冲延迟）	
错误纠正能力	可纠正每包中特定数量的错误，包括非连续错误	如果在定义周期内 RTS 无误，则可以纠正包括大量突发在内的任何非零数量的错误	缓解非阻塞干扰（NBI）的影响
数据包丢失	当数据包中的错误比特数超过纠错能力时（错误情况会向更高层报告）	当连续出现太多 RTS 导致缓冲区溢出和超时	不适用
处理 AWGN（随机背景噪声）	BER 达 10^{-4} 时效果良好	BER 达 10^{-6} 时效果良好	无效
处理突发瞬态/脉冲噪声	视情况而定，1000BASE-T1 的 176 ns 突发可修正	视情况而定，但在理想情况下预计会更长一些	无效
处理交叉谈话	取决于所定义的级别	取决于所定义的级别	无效
处理连续 NBI	取决于干扰程度	无效	旨在抑制连续 NBI

7.4.4 A-PHY 数据链路层和更高层

IEEE 2977 A-PHY 规范除了描述物理层之外，还描述了数据链路层（DLL）。数据链路层为可能来自协议适配层（PAL）的所有不同数据流提供相同格式的组织功能。它向 PAL 提供的通用接口是 A-PHY 协议接口（APPI），该接口考虑了 16、32 或 64 个并行输入或输出数据位，6 个控制位，以及时钟。根据传输速率的不同，它使用的频率最高可达 500MHz。

DLL（数据链路层）的核心功能是路由和调度。这不仅是因为 A-PHY 设备可能支持多种协议，这些协议需要正确地通过同一个 A-PHY 端口进行流传输。如图 7.14 所示，A-PHY 规范允许建立网络，这需要组织并相应地优先处理不同流的转发。这个概念设想了一个工程化网络，这在汽车行业是常见的（但与具有自学能力的以太网网络不同，也见第 8 章）。图 7.19 展示了 A-PHY 数据包格式。上行链路（UL）和下行链路（DL）使用相同的结构，其详细信息将在下文简要描述。灰色方框包含的内容在 RTS 子层中控制，如前一节 7.4.3 所述（"TX info"字段包含数据包的延迟值和该数据包是原始数据还是 RTS）。黑色方框表示 A-PHY 后续版本中可能使用的保留空间。

（1）适配描述符

A-packet 以适配类型开始，该类型标识了正在通过 A-packet 传输的协议/数据类型。根据 A-PHY 1.0 的定义，这些类型包括 PHY 服务、链路服务、时钟转发服务（CFS）、MIPI I3C、GPI/O、I2C、MIPI DSI、MIPI CSI-2 以及非 MIPI 协议[78]。

（2）服务描述符

"坏位（bad-bit）"指示是否检测到了无法纠正的错误，但数据包仍然需要在 A-PHY 网络中转发，以便通知应用程序。

服务质量（QoS）位允许区分时间关键型和流量敏感型内容，以及常规内容和重要内容。它们使得特定信息（例如关键控制数据包）能够以比常规流量更低的 PAM（脉冲幅度调制）级别发送，例如使用 PAM 2 而不是 PAM 4。

A-PHY 1.0 的优先级（prio）位用于区分正常优先级和最高优先级。在存在多个 PAL（协议适配层）和/或转发流的情况下，这种区分是必要的。

（3）放置描述符

"顺序"位用于处理具有特定帧结构的协议。这在应用程序的数据字节数超过最大长度 A-packet 所能容纳的字节数时（例如，对于 CSI-2 协议）是必需的。顺序位允许在接收器中重新构建原始的应用程序数据。

奇字节（OB）位指示有效载荷中的字节数是奇数还是偶数。

适配层扩展信息（ALEI）允许包含与协议相关的额外信息，这在文献 [54] 中并未进一步详细说明。此字段保留给应用层，并由所使用的 PAL（协议适配层）控制。

（4）此外

目标寻址概念支持一对一（单播）、一对多（多播，多个 A-PHY 设备具有相同的目标地址）、多对一（一个 A-PHY 设备具有多个目标地址）以及广播通信。此外，它还指示目标是否为直接链路对端或者中间是否存在转发多端口 A-PHY 设备。

有效载荷长度标识了有效载荷中 16bit "有效载荷字"（而非字节）的数量。结合 OB 位，也可以识别出奇数个有效载荷字节。有效载荷本身包含了从 PAL（物理层适配层）转发过来的数据内容。在上行链路（UL）中，它可以包含 1~32B，而在下行链路（DL）中，它可以包含 1～380B。

此外，DLL（数据链路层）支持内建自测试（BIST），允许测试通信链路远程端的接收器。可以通过远程睡眠命令启动深度睡眠。A-PHY 控制和管理数据库（AC-MD）以及 A-PHY 控制和管理协议（ACMP）为寄存器设置提供了标准化手段。A-PHY 没有为链路层指定安全性，但必须在更高的协议层上实现。为此，MIPI 联盟指定了相机和显示服务扩展协议（CSE 和 DSE，另请参阅第 9.6.3 节和第 9.7.4 节）。这些协议不仅规定了安全性，还允许在应用协议层增强功能安全性。通过将安全性添加到协议层（而不是像以太网或 ASA 那样可能添加到 PHY/DLL，见第 7.5.4 节和第 8.2.3 节），MIPI 安全性独立于所使用的 PHY 技术，但将安全性绑定到特定于应用程序的协议层（有关不同安全选项的原则性优缺点，请参阅第 2.2.4.3 节）。

最后且同样重要的是，IEEE 2977 仅描述了 A-PHY，其中包含了 PHY 和 DLL 的定义。为了在汽车应用中使用 A-PHY，需要 A-PHY PAL 规范。MIPI 联盟已经发布了针对 CSI-2、DSI、Vesa DisplayPort（DP/eDP）、I2C、GPI/O 和 Ethernet 的 A-PHY PAL 规范，这些规范将协议映射到通用的 A-PHY DLL 上，并可供 MIPI 成员使用[58]。

7.5 ASA 动态链路（ASAML）

汽车 SerDes 联盟（ASA）于 2019 年 5 月成立，旨在基于汽车行业完整生态系统内众多公司的专业知识，定义一种汽车 SerDes 技术[79]。相应的 ASA 动态链路（ASAML）规范 1.01 于 2020 年 12 月获得批准[80]，而截至本书撰写时，版本 1.1 正在完成中。

图 7.20 提供了 ASAML（ASA 动态链路）设想的设置和命名法的概述。ASA 分支代表多个 ASA 设备，这些设备通过相同的数据流连接，这些数据流在分支内部终止。最小的分支由一个根设备和一个 ASA 叶设备组成。除了根设备和叶设备外，超出单个点对点（P2P）链路的拓扑还包括至少一个分支设备和相应数量的其他叶设备。ASA 设备包含至少一个 ASA 节点，每个 ASA 节点由一个 PHY 和 DLL 以及至少一个 ASA 定义的应用流封装协议（ASEP）组成，该协议在协议无关的 DLL 与从高层传输的任何数据类型或协议之间建立桥梁。转发结构（FoFa）连接分支设备内两个 ASA 节点的 DLL。ASA 分支中的每个 ASA 节点都有一个唯一的节点 ID。根设备始终具有节点 ID 1，并且是时钟领导者，无论 ASAML 是用于传感器连接还是显示屏连接，即与 DL（下行链路）或 UL（上行链路）数据流方向无关。尽管出于功能安全性的原因（另请参阅第 2.2.4.2 节），传感器不太可能使用菊花链拓扑，但 ASAML 支持显示屏和传感器的菊花链拓扑。

表 7.7 展示了 ASAML 1.01 的核心属性。ASAML 1.01 包括 5 个速度等级（SG），其线路速率范围从 2Gbit/s 到 16Gbit/s。ASAML 使用时分双工（TDD）半

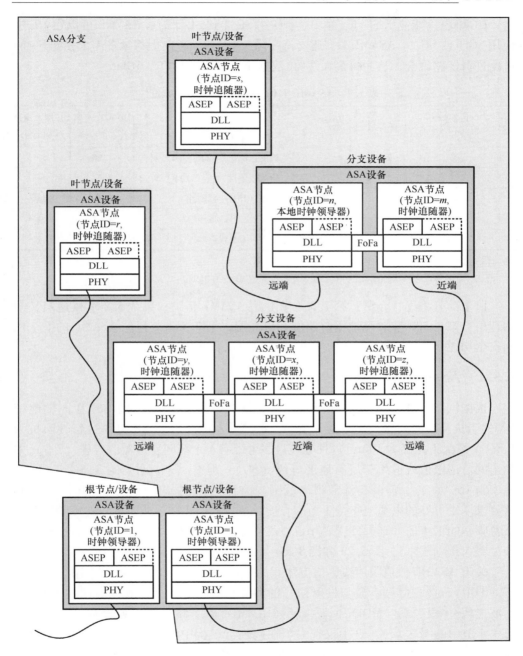

图 7.20　ASA 拓扑示例中的术语

双工方案来在同一线路上分离下行链路（DL）和上行链路（UL）流量。因此，上行链路也以 SG 1 或 SG 2 的 Gbit/s 线路速率运行，但通过减少数据传输频率来提供显著降低的用户数据速率（更多详细信息请参见第 7.5.2 节）。在 DL 中使用 SG 1

时，UL 中也只能使用 SG 1。在 DL 中使用 SG 2 到 SG 5 时，ASAML 可以在 UL 中使用 SG 1 或 SG 2。ASAML 1.1 还支持在同一 DL 传输方向上将最多 4 个相同 SG 的链路进行链路聚合，从而将最大线路/数据速率提高到 64/53.6Gbit/s[81]。

表 7.7　ASAML 1.01 速度等级（SG）概览

SG	线路速率 /(Gbit/s)	PAM 等级	$f_{奈奎斯特}$ /GHz	RS-FEC 错误处理	DL 用户速率 /(Gbit/s)①	UL 用户速率 /(Gbit/s)
1	2	2	1	检测强制性，校正（1B）可选	1.86	50
2	4	2	2	检测强制性，校正（1B）可选	3.73	100
3	8	2	4	校正（13B）强制性	6.7	暂缺②
4	12	4	3	校正（13B）强制性	10.1	暂缺②
5	16	4	4	校正（13B）强制性	13.4	暂缺②

① 无安全开销。
② DL 中的 SG 2-5 可与 UL 中的 SG 1 或 2 结合使用（50 或 100Mbit/s）。

以下部分将逐一介绍：第 7.5.1 节介绍 ASAML 信道；第 7.5.2 节概述定义的物理层；第 7.5.3 节解释数据链路层和更高层；第 7.5.4 节讨论 ASAML 的安全性和安全功能；第 7.5.5 节介绍支持的更高层协议和数据类型。

7.5.1　ASAML 信道

根据汽车行业的要求（例如，参见文献 [82]），ASAML 的信道在同轴电缆（特性阻抗为 50Ω）情况下定义为 15m，在屏蔽双绞线（STP）电缆（特性阻抗为 100Ω）情况下定义为 10m，每种电缆最多可带有 4 个线间连接器。方程（7.3）中列出的信道限值线适用于所有速度等级（SG），但有一个例外：对于 SG 5（线路速率为 16Gbit/s），需要在整个频率范围内将插入损耗（IL）的系数调整为 0.8，这要求使用更好的电缆或支持更短的长度。信道限值线需要满足各自速度等级奈奎斯特频率的 1.4 倍（请参阅上一节 7.5 中的表 7.7）。有关限值线的图形比较，请参见图 5.4、图 5.5、图 5.23 和图 8.21。

关于 ASAML 信道限值线，值得注意的是回波损耗（RL）。由于采用了时分双工（TDD），接收信号不会与发射信号的回波重叠。因此，与其他高速技术相比，回波损耗/多模失真（MDI）回波损耗（RL/MDI RL）的要求有所放宽（另请参阅第 5.4 节中的图 5.23）。这不仅省去了在接收器结构中使用回波消除器的必要性，而且在电源过电压的情况下还减小了所需电感器的尺寸。对于屏蔽双绞线（STP）和同轴电缆，ASAML 支持电源过电压，PHY 可容忍 100mV 的峰峰幅度纹波。

对于 SG 1 和 SG 2，使用屏蔽双绞线（STP）时，发射器的输出幅度为 0.7V 峰峰值，而使用单端同轴电缆时，则为 0.35V。对于 SG 3，使用屏蔽双绞线时，发射器的输出为 1.0V 峰峰值，而使用同轴电缆时，则为 0.5V。对于 SG 4 和 SG 5，使用屏蔽双绞线时，发射器的输出为 1.2V 峰峰值，而使用同轴电缆时，则为 0.6V[80]。

$$\text{Insertion loss}_{\text{STP}}(f) < (0.0024 \cdot f + 0.29 \cdot \sqrt{f}) \, \text{dB} \quad 若 \, 1\text{MHz} < f \leqslant 5\text{GHz}$$

$$\text{Insertion loss}_{\text{Coasial}}(f) < 0.15 \cdot \left(-1.3 + 0.0115 \cdot f + 2 \cdot \sqrt{f} + \frac{3.79}{\sqrt{f}} \right) \text{dB} \quad 若 \, 1\text{MHz} < f \leqslant 5\text{GHz}$$

$$\text{Return loss}(f) \begin{cases} 17\text{dB} & 若 \, 1\text{MHz} < f \leqslant 500\text{MHz} \\ \left(17 - \frac{f-500}{1500} \cdot 4 \right) \text{dB} & 若 \, 500\text{MHz} < f \leqslant 2\text{GHz} \\ \left(13 - \frac{f-2000}{1000} \cdot 1.5 \right) \text{dB} & 若 \, 2\text{GHz} < f \leqslant 3\text{GHz} \\ \left(11.5 - \frac{f-3000}{1500} \cdot 2.5 \right) \text{dB} & 若 \, 3\text{GHz} < f \leqslant 4.5\text{GHz} \\ 9\text{dB} & 若 \, 4.5\text{GHz} < f \leqslant 5\text{GHz} \end{cases}$$

$$\text{PSANEXT}(f) = (54 - 10\log_{10} f/500) \, \text{dB} \quad 若 \, 30 < f \leqslant 5\text{GHz}$$

$$\text{PSAACRF}(f) = (51 - 9\log_{10} f/300) \, \text{dB} \quad 若 \, 30 < f \leqslant 5\text{GHz}$$

$$\text{MDI\_RL\_DLTX}(f) \leqslant \begin{cases} (18 - 17 \cdot \log_{10} 45/f) \, \text{dB} & 若 \, 5\text{MHz} < f \leqslant 45\text{MHz} \\ 18\text{dB} & 若 \, 45\text{MHz} < f \leqslant 400\text{MHz} \\ (18 - 9 \cdot \log_{10} f/400) \, \text{dB} & 若 \, 400\text{MHz} \leqslant f < 5\text{GHz} \end{cases}$$

$$\text{MDI\_RL\_DLRX}(f) \leqslant \begin{cases} (18 - 17 \cdot \log_{10} 45/f) \, \text{dB} & 若 \, 5\text{MHz} < f \leqslant 45\text{MHz} \\ 18\text{dB} & 若 \, 45\text{MHz} < f \leqslant 400\text{MHz} \\ (18 - 11 \cdot \log_{10} f/400) \, \text{dB} & 若 \, 400\text{MHz} \leqslant f < 5\text{GHz} \end{cases}$$

$$\text{MDI\_IL\_DLTX}(f) \leqslant \begin{cases} (0.5 + 11.5 \cdot \log_{10} 20/f) \, \text{dB} & 若 \, 1.5\text{MHz} < f \leqslant 20\text{MHz} \\ 0.5\text{dB} & 若 \, 20\text{MHz} < f \leqslant 800\text{MHz} \\ (0.5 - 1.5 \cdot \log_{10} f/800) \, \text{dB} & 若 \, 800\text{MHz} < f \leqslant 2\text{GHz} \\ (1.1 - 3.7 \cdot \log_{10} f/2000) \, \text{dB} & 若 \, 2\text{GHz} < f \leqslant 5\text{GHz} \end{cases}$$

$$\text{MDI\_IL\_DLRX}(f) \leqslant \begin{cases} (0.5 + 11.5 \cdot \log_{10} 20/f) \, \text{dB} & 若 \, 1.5\text{MHz} < f \leqslant 20\text{MHz} \\ 0.5\text{dB} & 若 \, 20\text{MHz} < f \leqslant 800\text{MHz} \\ (0.5 - 1.5 \cdot \log_{10} f/800) \, \text{dB} & 若 \, 800\text{MHz} < f \leqslant 2\text{GHz} \\ (1.1 - 5.5 \cdot \log_{10} f/2000) \, \text{dB} & 若 \, 2\text{GHz} < f \leqslant 5\text{GHz} \end{cases} \tag{7.3}$$

对于电磁兼容性（EMC），ASAML 规范 1.01 定义了功率纹波、快速瞬变脉冲（遵循 ISO 7637-3 标准）以及 NBI（结合了 BCI 和射频侵入）。对于后两个值，为了保持其界限，屏蔽双绞线（STP）和同轴电缆之间存在差异，如等式（7.4）所示。由于 ASAML 采用时分双工（TDD）系统，它可以通过在预期信号外部进行滤波来主要消除快速瞬变脉冲的干扰。

快速瞬变脉冲

$$\text{Coax}_{\text{pulse}}(t) = -90\text{mV}3.2^{-t/40}(1 - e^{-t/25})\cos(2\pi 0.013t)$$

$$\text{STP}_{\text{pulse}}(t) = 8\text{mV}e^{-t/30}(1 - e^{-t/40})\cos(2\pi 0.025t), \ t\text{in ns}$$

NBI（BCI，RF 输入）：

$$\text{Coax：}\begin{cases} 40\text{mV} \ \text{若} \ 1\text{MHz} \leqslant f < 200\text{MHz} \\ \left(-\dfrac{32}{200}f + 72\right)\text{mV} \ \text{若} \ 200\text{MHz} \leqslant f < 400\text{MHz} \\ 8\text{mV} \ \text{若} \ 400\text{MHz} \leqslant f < 5\text{GHz} \end{cases}$$

$$\text{STP：}\begin{cases} 25\text{mV} \ \text{若} \ 1\text{MHz} \leqslant f < 200\text{MHz} \\ \left(-\dfrac{9}{200}f + 34\right)\text{mV} \ \text{若} \ 200\text{MHz} \leqslant f < 400\text{MHz} \\ 16\text{mV} \ \text{若} \ 400\text{MHz} \leqslant f < 5\text{GHz} \end{cases}$$

功率波纹：

$$\text{以 10MHz 和 100mV}_{\text{p-p}}\text{的振幅向接收 MDI 添加正弦波} \tag{7.4}$$

ASAML 规范提供了特定的线束诊断寄存器，这些寄存器能够实现时域反射测量（TDR），以定位线束错误，如短路或开路，其定位精度在电缆长度为 0.5~32m 范围内，误差不超过 ±0.25m。

7.5.2 ASAML 物理层

ASAML PHY 层有两个子层，即物理介质连接（PMA）子层和物理编码子层（PCS）。图 7.21 展示了一个 PMA 结构的示例。由于采用时分双工（TDD）方案，系统既不需要混合器，也不需要回波消除器。此外，这也使得数模转换器/模数转换器（DAC/ADC）的复杂度降低。对于 PAM 2/NRZ（SG 1-3），一个满足 PSD 限值线的低压差分信号（LVDS）驱动器对于发射器（TX）来说可能就足够了（就像在第 7.3.1 节和第 7.3.2 节中讨论的早期 FPD 或 GMSL 版本中所使用的那样）。PAM 2 接收器可以通过 ADC 加上数字均衡器来实现。但是，也可以使用连续时间线性均衡器（CTLE)/前馈均衡器（FFE）加上判决反馈均衡器（DFE）来实现均衡器的模拟实现。这可以——取决于具体的实现方式——进一步减少设计工作和功耗。

PCS（物理编码子层）的解释借助了如图 7.22 所示的 TDD（时分双工）结构以及图 7.23 所示的功能块。如图 7.22 所示，在 DLL（延迟锁定环）中，有效载荷数据被封装成"容器"，这些容器由容器头和容器有效载荷组成（详情见第 7.5.3 节）。一个完整的下行链路（DL）容器包含 642B，而一个完整的上行链路（UL）容器包含 212B，这些都被作为"d_plp_tx"传输到 PCS。以下根据图 7.23 以及部分图 7.22 中的编号来描述这些模块：

1）在 PCS（物理编码子层）中，每个 DLL 容器都被转换成一个 PHY 数据块。为此，下行链路（DL）的 DLL 容器被分成三个块，每个块包含 214×8bit。在上行

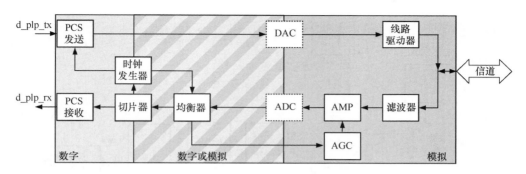

图 7.21 ASA 动态链路 PMA 要素示例

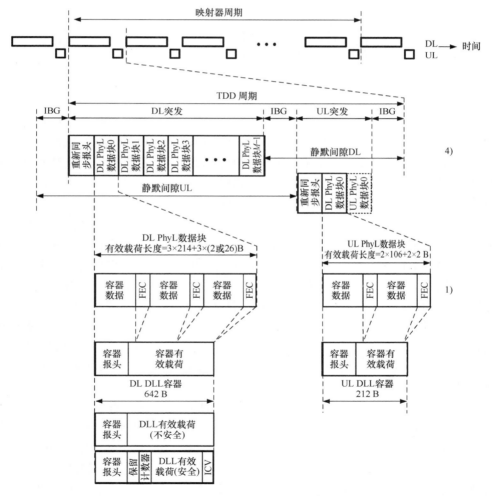

图 7.22 DLL 容器到 PHY 块和 PHY 突发映射[80]

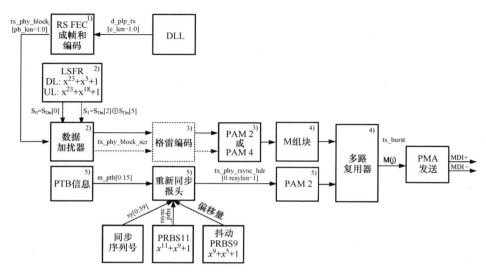

图 7.23　ASA 发送 PCS 时执行的功能

链路（UL）中，DLL 容器被分成两个块，每个块包含 $106 \times 8\mathrm{bit}$。为了生成一个 DL PHY 块，在 SG 1 和 SG 2 的情况下，三个 FEC 块各自通过里德-所罗门（RS）编码器接收两个校验字节，而在 SG 3-5 的情况下，各自接收 26 个校验字节。在 UL 中，RS 编码器为每个块添加两个校验字节。在 SG 3-5 中，最多可以纠正 13B 的错误。在 SG 1 和 SG 2 以及 UL 中，可以纠正 1B 的错误。

2）下行链路（DL）线性移位反馈寄存器（LSFR）的多项式为 $G_{DL}(x) = X^{23} + X^5 + 1$。上行链路（UL）的多项式为 $G_{UL}(x) = X^{23} + X^{18} + 1$。数据扰乱器使用逐位扰乱，在 PAM 2 的情况下，$S_0 = S_{Dn}[0]$（其中 $S_{Dn}[0]$ 表示数据序列的第 n 个符号的第一个比特）。在 PAM 4 的情况下，$S_0 = S_{Dn}[0]$，并且 $S_1 = S_{Dn}[2] \oplus S_{Dn}[5]$。在相应的静默间隔和重新同步头部生成期间，扰乱器会暂停工作，并保持其状态不变。

3）在下行链路（DL）的 SG 4 和 SG 5 中，数据在 PAM 4 调制之前会首先进行格雷编码。具体映射关系为：{0,0} 映射到 1，{0,1} 映射到 1/3，{1,1} 映射到 −1/3，{1,0} 映射到 −1。在所有其他情况下，扰乱器的输出会直接进行 PAM 2 调制，其中 0 映射到 1，1 映射到 −1。

4）根据 SG（服务组）和传输方向，多个 M PHY 块被组合在一起并接收一个重新同步头部（M 的值见表 7.8）。它们共同代表了下行链路（DL）或上行链路（UL）的 PHY 突发。这些突发通过中间的突发间隔（IBG）交替传输。IBG 的长度没有直接定义，而是通过 DL 和 UL 静默间隙的长度间接定义的（静默间隙中的符号数也见表 7.8）。一个 DL 突发、一个 UL 突发和两个 IBG 构成一个 TDD 周期。时钟领导者每 $27.376\mu s$ 启动一个新的 TDD 周期，这对应于 6844 个精确时间基准（PTB）

表 7.8　不同 ASAML 速度等级（SG）的 PHY 参数

方向	SG	DLL c_len /bit	FEC /bit	pb_len /bit	M	重新同步 长度/bit	n/bit	m/bit	$f_{奈奎斯特}$ /GHz	PAM	静默间隙/符号
DL	1		2×8	648×8	10	384×8		$264+$ 偏移量	1	2	2528
DL	2		2×8	648×8	20	768×8		$648+$ 偏移量	2	2	5056
DL	3	$642\times8=$ $3\times214\times8$	26×8	720×8	36	1536×8	$64+2\times$ 偏移量	$1376+$ 偏移量	4	2	10112
DL	4		26×8	720×8	54	1152×8		$992+$ 偏移量	3	4	7584
DL	5		26×8	720×8	72	1536×8		$1376+$ 偏移量	4	4	10112
UL	1	$212\times8=$ $2\times106\times8$	2×8	216×8	1	同 SG 1 DL					52640
UL	2		2×8	216×8	2	同 SG 2 DL					105280

节拍，每个节拍为 4ns。每个 TDD 周期的容差为 ±1 个节拍。映射器的周期长度由实际用例和相应的 ASEP（见第 7.5.5 节）确定。

5）ASAML 技术的另一个核心特性是精确时间基准（PTB）和重新同步头部。重新同步头部的结构如图 7.24 所示。它是一个由长度为 11 的多项式 $G(X)=X^{11}+X^{9}+1$ 生成的伪随机位序列（PRBS）、一个特定的 40 位同步序列（该序列可以单独插入或每位重复插入）以及包含领导者/跟随者信息和相应 TDD 时间戳的 PTB 消息 m_ptb 的串联序列。重新同步头部中同步序列的确切位置通过使用多项式 $G(X)=X^{9}+X^{5}+1$ 的 PRBS9 计算出的偏移量（"抖动"）进行移动。每 27.376μs（即每个 TDD 周期）交换时间戳，允许叶节点将其计数器调整为与根节点相同，并通过环路定时锁定其频率。请注意，ASAML 规范还支持在应用层上进行时间戳记，以便为系统提供最佳的时间行为和使用（详见第 7.5.5 节）。

在启动和训练期间，系统使用与上述正常数据模式几乎相同的结构，但重新同步报头（resync header）和有效载荷（payload）内容有所不同。不过，系统始终从 PAM 2 开始，并相应地调整使用的字节数，以保持 SG 4 和 5 的周期时间。

除了正常数据模式外，ASAML 还支持一种轻睡眠模式以实现额外的节电。轻睡眠模式允许减少突发长度并增加静默间隔，例如，如果相机的数据传输速率低于可用速率，或者在消隐期间没有数据要传输。轻睡眠模式可以使链路活动停止长达 4096 个 TDD 周期（112 132 096 纳秒）。最小睡眠时间约为 250μs。

在轻睡眠模式下，PMA TX 和 RX 可以暂停，并且部分数字处理可以关闭。需要保持用于检测异常唤醒的电路通电，并且需要有时钟来控制计划的唤醒并确保正

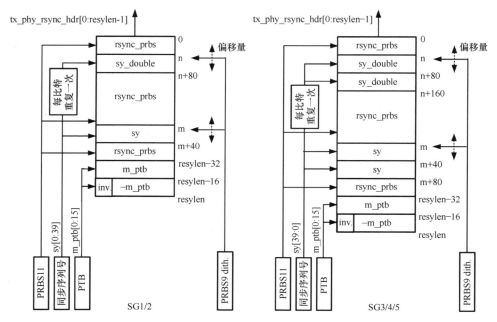

图 7.24　为不同的 ASA 速度等级构建重新同步报头[80]

确的扰码器状态。操作、管理和维护（OAM）信道用于启动轻睡眠模式（有关 OAM 的更多详细信息，请参阅第 7.5.3 节）。

7.5.3　ASAML 数据链路层

图 7.22 已经介绍了 ASAML DLL 容器的概念，该容器由一个容器头部和一个容器有效载荷组成。有效载荷包含来自 ASEP、OAM 或来自另一个 DLL 转发的未受保护或受安全保护的数据。由于 PHY 层上使用的 TDD 方案，DLL 数据包在具有保证的延迟和几乎无抖动的情况下到达。

容器头部用于标识发送方节点 ID、目标节点 ID（在组播情况下为多个 ID）、流 ID、包 ID，以及数据包是否受到保护。组播（因此也是菊花链连接）最多支持四个（叶）节点。流 ID 用于标识应用流封装协议（ASEP）或操作、管理、维护（OAM）内容，并与相应的映射器周期密切相关。包 ID 允许在接收端识别数据包的不规则性。

OAM 提供内部通信信道。每个分支和叶节点都与根节点维护一个 OAM 信道，因此支持多个 OAM。OAM 用于配置和控制非根节点，例如协商轻睡眠模式，以及进行诊断和调试。OAM 是在 ASA 分支内部交流链路质量、信号质量、信噪比（SNR）、前向纠错（FEC）统计信息、线束诊断等相关信息的重要手段。OAM 命令地址数据（CAD）允许访问 ASA 寄存器映射。此外，还支持深度睡眠模式。

安全性也是 DLL 的一部分，并将在以下第 7.5.4 节中详细介绍。

7.5.4 ASAML 安全性与防护性

ASAML 提出了多种机制，以支持在功能安全背景下实现高达 99% 的"高"诊断覆盖率。在 PCS（物理层服务）中，数据流本身通过 FEC（前向纠错）奇偶校验进行保护，并且对（几乎）每个应用流封装协议（ASEP，见第 7.5.5 节）使用额外的 CRC（循环冗余校验），从而使大多数数据的错误检测达到"双重安全"。此外，重复的 m_ptb 字段（正常模式和启动模式）确保了信息的冗余性。在启动过程中，信息字段首先通过一个奇偶校验字节进行保护，随后再通过 CRC 进行保护。ASAML 还包含了多种计数器，这些计数器允许诊断覆盖率甚至能够区分不同的数据流：每个 DLL 容器都会接收一个 packetID（DLP_TX_ID）。OAM（操作、管理和维护）具有单独的帧 ID，I2C 命令、SPI 和 GPI/O 数据包也是如此。对于超时监控，ASAML 提供了一个寄存器来监控应用接口的超时状态。此外，循环通信方案提供了非常确定性的行为，可用于超时监控，例如静默间隙后的下一个重新同步头部以及 PTB 消息的预定发生。存在启动超时（和重试错误条件），并且可以为任何 ASEP 包含一个超时监视器。最后，DLL 中的数据间隙始终通过包含至少带有状态信息的头部的 OAM 帧来填充。

（可选的）ASAML 安全概念为与通信链路相关的所有三种安全场景提供了保护：生产、车辆启动和客户使用车辆[83]。在生产工厂中，高度自动化的流程需要在全球范围内保持稳健和可靠。对于频繁启动的场景，需要实现较短的启动时间，同时保持最低功耗（无待机状态）。除了确保通信本身不被篡改外，该安全概念还需要在汽车的整个长期使用过程中有效，并且能够跨多个车型进行扩展（另见第3.1.2.2 节）。此外，它还需要防止零部件被盗和使用假冒零部件（另见第2.2.4.3 节）。

ASA 安全解决方案的核心是一个三级的车载和车外密钥管理系统[84][85]，其基本原理如图 7.25 所示。为了实现快速启动、低开销和有限的额外计算能力，ASA 安全概念仅使用对称密钥。每个更高级别的密钥都保护其下一级别的密钥：

1）设备密钥（DK）用于控制设备，每个 ECU 包含两个等长的密钥：一级 DK，它与唯一的半导体识别号结合生成一个安全身份；以及 OEM DK，只有原始设备制造商（OEM）知道，并且与一级 DK 结合使用，将 ECU 绑定到 OEM。这允许在生产或服务过程中识别假冒部件。

2）绑定密钥（BK）将设备绑定到特定车辆和/或汽车中的更高级别 ECU（如根设备）。这样可以防止被盗部件被用于同一汽车制造商的另一辆车中，并确保一辆车的密钥被破解不会影响到整个车队。这些密钥在 OEM 的后端生成，并在分发到各单元之前使用相应的设备密钥（DK）进行加密。

3）链路密钥（LK）由根设备生成并分发。链路密钥保护每个点对点（P2P）链路上的通信。这些密钥在分发到叶节点时，会借助绑定密钥进行加密。因此，根节点知道所有连接的 ASA 节点的节点 ID 和一次性可写入的 128bit 唯一单元标识符（UUID）。

密钥层级的描述表明，安全性在叶节点或分支设备上的工作负担较小，但主要集中在根节点上，因为可以预期根节点将具备更强的处理和存储能力。

ASA LK（链路密钥）支持身份验证（完整性保护）或身份验证和加密。身份验证包括完整的容器、报头和有效载荷，以防止使用操纵，而有效载荷加密则确保数据隐私。如图 7.22 和图 7.25 所示，ASA 安全性增加了一个 8bit 的计数器，用于检测丢失的数据包和重放攻击，以及一个 128bit 的完整性检查值（ICV）。

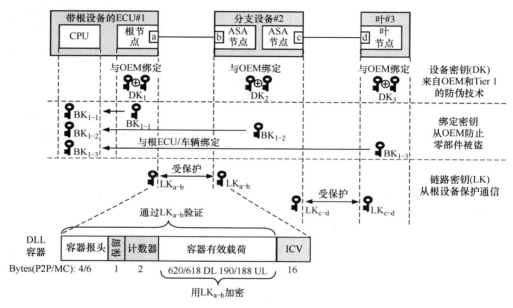

图 7.25　ASAML 3 级密钥管理和安全概念[85]

7.5.5　ASAML 应用流封装协议（ASEP）

ASA 应用流封装协议（ASEP）将各种类型的应用数据以通用方式映射到数据链路层（DLL），无论使用哪种 ASEP，其容器格式都相同。ASEP 数据包可能短于或长于 DLL 容器的有效载荷。如果 ASEP 数据包较大，则会被分布到多个 DLL 有效载荷中（见图 7.26）。这种分段处理由 DLL 以相同方式处理，且与所使用的 ASEP 无关。

图 7.26 还展示了 ASEP 数据包的一般结构。可以看出，ASEP 数据包头包括一个"通用 ASEP 头"，其中包含与应用数据无关的元素，以及一个"特定 ASEP 头"，该头依赖于所选的应用数据。ASEP 有效载荷及其长度，以及是否存在 ASEP 尾部（包含 CRC），也取决于应用数据和所选的特定 ASEP。通过此设置，可以从

叶设备通过分支设备到根设备或反向地保留 CRC。当然，如果存在 CRC，则只有在接收单元重建完整的 ASEP 数据包后，才能在接收单元中对其进行评估。

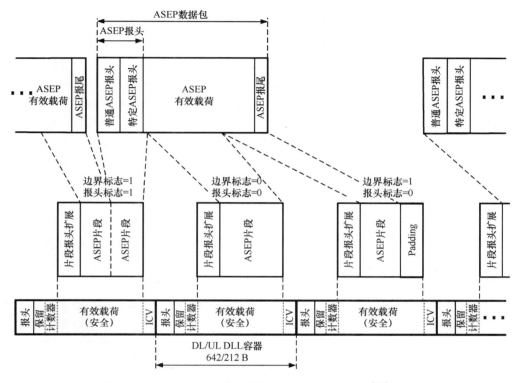

图 7.26 ASEP 映射到带有碎片的 DLL 容器上[80]

通用 ASEP 头用于标识流类型，判断同一容器是否包含多个 ASEP 头（例如，在 DL 或 UL 中存在多个简短控制消息时），以及是否存在 PTB 时间戳，如果存在时间戳，则确定其类型。如果存在时间戳，通用头将扩展 4B 以容纳时间戳值。在规范 1.01 中，针对视频数据、I2C、第 2 层以太网帧以及转发数据包和 OAM 提供了具体的头部定义。此外，规范 1.1 还定义了 eDP/DP、I2S、GPI/O 和 SPI 的特定 ASEP 数据包细节。

ASEP 视频数据可用于摄像头和显示应用，支持多种不同格式和配置。I2C ASEP 支持字节模式和批量模式。I2C 需要远程端的确认，这可能在字节模式下需要多个 TDD 周期来完成一个命令。批量模式定义了如何聚合命令，以在满足所有 I2C 相关定时要求的同时，最小化所需的事务数量。

对于每个 ASEP，DLL 容器有效载荷都会接收一个 1B（"短"）或 2B（"扩展"）的"分段头"（也见图 7.26）。分段头包含一个 ASEP 头的"边界标志"，用于指示容器是否包含分段 ASEP 数据包的结束和/或开始，以及一个"头标志"，用于指示是否存在 ASEP 头。如果没有头但有边界，则 DLL 容器有效载荷的其余部分将被填充。如果存在头和边界，则表示在同一容器中开始另一个数据包。为了给出边界的确切位置（如果存在），分段头将扩展 1B。

制定汽车 SerDes 标准的艰辛之路

尽管 SerDes 技术在其他行业已经存在了一段时间，但宝马公司是第一个在 2001 年将 SerDes 技术引入量产汽车中用于显示屏连接的公司。当时，视频通信主要是模拟的，即使在今天也仍然是如此。那时，对于行业来说，拥有标准化的 SerDes 技术并不是那么重要。汽车制造商很高兴拥有能够传输所需数据速率的可行解决方案。视频链接非常罕见，它们基于对等（P2P）技术，并且只针对特定应用。负责这些应用的技术部门（通常仍然如此）由汽车制造商中负责该应用的部门处理，而不是由负责车内网络技术的中央部门处理。负责应用的部门会紧密配合一级供应商（Tier 1）进行选择，而这些一级供应商在选择时又有不同的动机。

与此同时，汽车 SerDes 市场持续增长，服务于该市场的专有技术数量也在不断增加。尽管本章介绍了德州仪器（TI）、美信（Maxim）、Inova 和索尼四家公司的四大主要专有技术，但有一家一级供应商曾表示，他们与多达十一家供应商进行了会面，以便全面了解汽车 SerDes 市场及其解决方案。

自 SerDes 首次引入以来，最大的变化是高速视频链接在汽车中的重要性日益凸显，以及对专有解决方案所带来问题的认识加深。此外，汽车制造商越来越多地购买或考虑购买与传感器和显示屏通信单元独立的显示屏和摄像头。这导致通信链接的责任从一级供应商转移到汽车制造商，并且一旦选定了 SerDes 技术，在通信链路只有一方改变的情况下，就很难进行替换。因此，业界对标准化的汽车 SerDes 解决方案的兴趣日益增加。

据作者所知，最早（尽管没有作者的参与）尝试标准化汽车 SerDes 的努力发生在 2012/2013 年的德国汽车行业（如果读者了解其他和/或更早的尝试，我们很乐意听取）。其预定目标包括：①协调视频链接技术的要求；②使所有制造商的串行器和解串器桥接芯片的引脚布局相同；③按此顺序标准化通信技术。主要的汽车 SerDes 解决方案供应商被要求提出方案。

最终，这项努力失败了，甚至从未公开宣布过。供应商们喜欢汽车制造商在数据速率、协议接口等方面提出共同要求的想法。有些供应商甚至可能设想过其他半导体供应商会获得其技术许可，以生产可互操作的产品。然而，没有人愿意基于别人的技术开始新的开发。被选中的公司解决方案的优势被简单地视为过于巨大：该公司不仅将免于承担额外的许可费用的商业负担，还将在开发工作上领先多年。同时，追随者也没有机会利用他们自己的任何优势。

7.6　参考文献

[1]　CAN in Automation, "LIN Standards and Specifications," 2021, continuously updated. [Online]. Available: *https://lin-cia.org/standards/*. [Accessed 4 April 2021].

[2]　W. Voss, A Comprehensible Guide to Controller Area Network, Greenfield: Copperhill Media Corporation, 2005.

[3]　D. Paret, FlexRay and its Applications: Real Time Multiplexed Network, Hoboken: Wiley, 2012.

[4]　K. Matheus and T. Königseder, Automotive Ethernet, Third Edition, Cambridge: Cambridge University Press, 2021.

[5]　Robert Bosch GmbH, "PSI5," 2021, continuously updated. [Online]. Available: *https://www.psi5.org/*. [Accessed 3 April 2021].

[6]　T. White, "A Tutorial for the Digital SENT Interface," 2014. [Online]. Available: *https://www.renesas.com/us/en/document/whp/tutorial-digital-sent-interface-zssc416xzssc417x*. [Accessed 3 April 2021].

[7]　Wikipedia, "Composite Video," 9 February 2021. [Online]. Available: *https://en.wikipedia.org/wiki/Composite_video*. [Accessed 4 April 2021].

[8]　K. Heuer, "Das Video- oder FBAS-Signal," 4 November 1996. [Online]. Available: *http://wwwuser.gwdg.de/~applsw/Video/video_intro/node4.html*. [Accessed 4 April 2021, no longer available].

[9]　Wikipedia, "Fernsehsignal," 29 Juli 2021. [Online]. Available: *https://de.wikipedia.org/wiki/Fernsehsignal*. [Accessed 27 December 2021].

[10]　ITwissen.info, "FBAS (Farbe, Bild, Austastung, Synchronisation)," 15 November 2008. [Online]. Available: *https://www.itwissen.info/FBAS-Farbe-Bild-Austastung-Synchronisation-CCVS-color-composite-video-signal.html*. [Accessed 5 April 2021].

[11]　M. Defossez, "Xilinx D-PHY Solutions," 1 February 2021. [Online]. Available: *https://docs.xilinx.com/v/u/en-US/xapp894-d-phy-solutions*. [Accessed 2022 18 April].

[12]　IEEE, "1596.3-1996 – IEEE Standard for Low-Voltage Differential Signals (LVDS) for Scalable Coherent Interface (SCI)," IEEE, New York, 1996.

[13]　Texas Instruments, "Interface Circuits for TIA/EIA-644 (LVDS) – Design Notes," September 2002. [Online]. Available: *https://www.ti.com/lit/an/slla038b/slla038b.pdf*. [Accessed 29 December 2021].

[14]　THine, "Deep Dive About the Basic Principle of LVDS SerDes, Taking Advantage of its Features – High Speed, Long Distance, Low Noise," 10 October 2017. [Online]. Available: *https://www.thine.co.jp/en/contents/detail/serdes-lvds.html*. [Accessed 27 March 2021].

[15]　L. Davis, "RS-644 Bus," 1998. [Online]. Available: *http://www.interfacebus.com/Design_Connector_RS644.html*. [Accessed 30 December 2021].

[16]　Wikipedia, "Low Voltage Differential Signaling," 21 November 2021. [Online]. Available: *https://de.wikipedia.org/wiki/Low_Voltage_Differential_Signaling*. [Accessed 30 December 2021].

[17]　Wikipedia, "FPD-Link," 9 December 2020. [Online]. Available: *https://en.wikipedia.org/wiki/FPD-Link*. [Accessed 27 March 2021].

[18]　Maxim Integrated, "SerDes Part 2: The Signaling Quagmire," *https://www.youtube.com/watch?v=VltCwr9CbYw*, 2021.

[19]　Texas Instruments, Feedback obtained by email from TI, 2022.

[20] T.-K. Chin and D. Tran, "Combine Power Feed and Data Link via Cable for Remote Peripherals," 10 November 2011. [Online]. Available: *https://www.eetimes.com/combine-power-feed-and-data-link-via-cable-for-remote-peripherals/#*. [Accessed 12 April 2022].

[21] Texas Instruments, "FPD-Link SerDes-Produkte," Continuously updated. [Online]. Available: *https://www.ti.com/de-de/interface/high-speed-serdes/fpd-link-serdes/products.html*. [Accessed 6 February 2022].

[22] Texas Instruments, "5.1. Infotainment (IVI) Backchannel Basics," *https://training.ti.com/info tainment-ivi-back-channel-basics?context=1134310-1139225-1134308*, 2017.

[23] Texas Instruments, "FPD-Link III ADAS Serializer Clocking Modes," *https://training.ti.com/adas-serializer-clocking-modes?context=1134310-1139225-1134517*, 2017.

[24] Texas Instruments, "5.3 Bi-directional Communication Channel in FPD-Link ADAS Products," *https://training.ti.com/bi-directional-communication-channel-fpd-link-adas-products?context=1134310-1139225-1134516*, 2017.

[25] Texas Instruments, "FPD-Link Learning Center," 2017. [Online]. Available: *https://training.ti.com/fpd-link-learning-center*. [Accessed 2020].

[26] Weka Fachmedien, "Automotive SerDes Conference 2021; Program," 2021. [Online]. Available: *https://events.weka-fachmedien.de/automotive-serdes/program/* (no longer available). [Accessed 3 January 2022].

[27] Maxim Integrated, "Gigabit Multmedia Serial Links (GMSL) for Camera-Based Systems," October 2018. [Online]. Available: *https://www.maximintegrated.com/content/dam/files/design/technical-documents/design-guides/gigabit-multimedia-serial-links-for-adas.pdf*. [Accessed 30 December 2021].

[28] Maxim Integrated, "SerDes Part 3: All About Line Coding," *https://www.youtube.com/watch?v=krCEYzwFZ3s*, 2021.

[29] S. Taranovich, "Complex but Necessary Technology for Automotive: Serial Links Re-visited," EDN.com, 2 January 2018. [Online]. Available: *https://www.edn.com/complex-but-necessary-technology-for-automotive-serial-links-re-visited/*. [Accessed 30 December 2021].

[30] Maxim Integrated, "Datasheet Max96711 Rev2," February 2017. [Online]. Available: *https://datasheets.maximintegrated.com/en/ds/MAX96711.pdf*. [Accessed 30 December 2021].

[31] Maxim Integrated, "SerDes Part 9: Interfaces," *https://www.youtube.com/watch?v=vaSpYeIKsHU*, 2021.

[32] H. Arnold, "100 Mio. APIX Knoten im Auto," ElektronikNet.de, 8 October 2018. [Online]. Available: *https://www.elektroniknet.de/halbleiter/100-mio-apix-knoten-im-auto.158387.html*. [Accessed 2 January 2022].

[33] A. Vollmer, "Interview mit Robert Kraus, Inova, über APIX und ISELED," Auomobil Elektronik, 8 April 2021. [Online]. Available: *https://www.all-electronics.de/automotive-transportation/interview-mit-robert-kraus-inova-ueber-apix-und-iseled-260.html*. [Accessed 2 January 2022].

[34] Fraunhofer Institut für Integrierte Schaltungen IIS, "Datenübertragung für Automotive," 2022. [Online]. Available: *https://www.iis.fraunhofer.de/de/ff/sse/ic-design/wireline-communication-circuits/asa.html*. [Accessed 2 January 2022].

[35] ITwissen.info, "Automotive Pixel Link (APIX)," 10 October 2017. [Online]. Available: *https://www.itwissen.info/automotive-pixel-link-APIX.html*. [Accessed 30 December 2021].

[36] Wikipedia, "Automotive Pixel Link," 3 July 2021. [Online]. Available: *https://en.wikipedia.org/wiki/Automotive_pixel_link*. [Accessed 30 12 2021].

[37]　Socionext, "Socionext setzt bei der neusten Generation seiner Smart-Display-Controller auf die APIX-3 Technologie von Inova," 16 March 2021. [Online]. Available: *https://www.eu.socionext. com/assets/downloads/566/PR2021169%20-%20Socionext%20Inova%20-%20GERMAN%20FINAL. pdf*. [Accessed 30 12 2021].

[38]　Inova Semiconductors, "3GBit/s Digital Automotive Pixel Link Transmitter," 27 May 2019. [Online]. Available: *https://inova-semiconductors.de/inap560t-590t.html*. [Accessed 4 January 2022].

[39]　Elektronik Praxis, "Das neue SerDes-Flagshiff in der APIX-Flotte erreicht 12 GBit/s," 12 May 2021. [Online]. Available: *https://www.elektronikpraxis.vogel.de/das-neue-serdes-flaggschiff-in-der-apix-flotte-erreicht-12-gbits-a-1020632/*. [Accessed 30 December 2021].

[40]　J. Chen, W. Cranton and M. Fihn, Handbook of Visual Display Technologiy Volume 1–4 2nd Edition, Springer, 2016.

[41]　J. Wiesböck, "A-Shell Protokoll sorgt für Kompatibilität," Elektronik Praxis, 5 May 2008. [Online]. Available: *https://www.elektronikpraxis.vogel.de/a-shell-protokoll-sorgt-fuer-kompatibilitaet-a-120906/*. [Accessed 5 January 2022].

[42]　Cypress, "Traveo MCU Family," Infineon / Cypress, [Online]. Available: *https://www.infineon. com/dgdl/Infineon-Traveo_MCU_Family_Cluster_Solutions-ProductBrief-v05_00-EN.pdf?fileId= 8ac78c8c7d0d8da4017d0f65ac0452b6*. [Accessed 4 January 2022].

[43]　Socionext, "Graphics Controller SC1701,"　[Online]. Available: *https://www.socionext.com/en/ products/assp/gdc/SC1701/*. [Accessed 4 January 2022].

[44]　electronics-sourcing.com, "2D and 3D Graphics for Automotive Instrument Clusters," 2015 December 2011. [Online]. Available: *https://electronics-sourcing.com/2011/12/15/2d-and-3d-graphics-for-automotive-instrument-clusters/*. [Accessed 4 January 2022].

[45]　Leoni, "Neue Generation Leoni Dacar," 7 July 2015. [Online]. Available: *https://d1619fmrcx9c43. cloudfront.net/fileadmin/corporate/press/releases/2015/2015-07-28_neue_generation_leoni_ dacar.pdf?1454936967*. [Accessed 5 January 2022].

[46]　Wikipedia, "Gigabit Video Interface," 10 May 2021. [Online]. Available: *https://en.wikipedia.org/ wiki/Gigabit_Video_Interface*. [Accessed 5 January 2022].

[47]　Japan Electronic Industry Development Association, "JEIDA-59-1999 Digital Interface Standards for Monitor Version 1.0," Japan Electronic Industry Development Association, Tokyo, 1999.

[48]　Japanese Electronics and Information Technology Industry Association, "JEITA CP 6101B: Digital Monitor Interface GVIF," Japan Electronics and Information Technology Industry Association, Tokyo, 2021.

[49]　ITwissen.info, "GVIF Schnittstelle," 26 March 2008. [Online]. Available: *https://www.itwissen. info/GVIF-gigabit-video-interface-GVIF-Schnittstelle.html*. [Accessed 5 January 2022].

[50]　Sony, Feedback to the authors per email, 2022.

[51]　Sony, "GVIF Products," Continuously updated. [Online]. Available: *https://www.sony-semicon. co.jp/e/products/lsi/gvif/product.html*. [Accessed 5 January 2022].

[52]　K. Jack, Digital Video and DSP, London: Newnes, 2008.

[53]　JAE, "Automotive LVDS /GVIF High-Speed Transmission Compatible MX49A Series and MX49C Series Has Been Developed," [Online]. Available: *https://www.jae.com/en/releases/detail/id= 1697*. [Accessed 5 January 2022].

[54]　BOG/CAG – Corporate Advisory Group, "IEEE 2977-2021 – IEEE Standard for Adoption of MIPI Alliance Specification for A-PHY Interface (A-PHY) Version 1.0," IEEE, New York, 2021.

[55] MIPI Alliance, "MIPI Alliance Releases A-PHY SerDes Interface for Automotive," 15 September 2020. [Online]. Available: *https://www.mipi.org/MIPI-Alliance-Releases-A-PHY-SerDes-Interface-for-Automotive*. [Accessed 28 March 2021].

[56] R. Merritt, "Mobile Chip Interface Gets Real," 13 February 2006. [Online]. Available: Mobile chip interface gets real. [Accessed 28 November 2021].

[57] R. Wietfeldt, Email correspondance, March 31, 2022.

[58] A. Lasry, "MIPI Automotive SerDes Solutions (MASS)," in: Automotive SerDes Congress, virtual, 2021.

[59] MIPI Alliance, "MIPI D-PHY Quick Facts," 2021. [Online]. Available: *https://www.mipi.org/speci fications/d-phy*. [Accessed 5 December 2021].

[60] MIPI Alliance, "New MIPI Alliance Group Collaborates with Automotive Industry Experts to Address Interface Specifications for Automotive Applications," 12 October 2017. [Online]. Available: *https://www.mipi.org/new-mipi-alliance-group-collaborates-with-automotive-industry-experts*. [Accessed 5 December 2021].

[61] MIPI Alliance, "MIPI Alliance to Advance Autonomous Driving, other Automotive Applications with New Data Interface Specifications at 12-24 Gbps and Beyond," 2 August 2018. [Online]. Available: *https://www.mipi.org/mipi-to-advance-autonomous-driving-other-automotive-applications*. [Accessed 29 March 2021].

[62] MIPI Alliance, "MIPI Alliance Current Specifications," 2021. [Online]. Available: *https://mipi. org/current-specifications*. [Accessed 5 December 2021].

[63] Valens, "MIPI Alliance's Ultra-High-Speed Automotive Standard to Be Based on Valens' Technology," 4 June 2019. [Online]. Available: *https://www.valens.com/press-releases/mipi-alliances-ultra-high-speed-automotive-standard-to-be-based-on-valens-technology*. [Accessed 5 December 2021].

[64] ISO, "ISO 11452-4:2020 Road Vehicles – Component Test Methods for Electrical Disturbances From Narrowband Radiated Electromagnetic Energy – Part 2: Absorber-lined Shielded Enclosure," ISO, Geneva, 2019.

[65] ISO, "ISO 11452-4:2020 Road Vehicles – Component Test Methods for Electrical Disturbances From Narrowband Radiated Electromagnetic Energy – Part 4: Harness Excitation Methods," ISO, Geneva, 2020.

[66] ISO, "ISO 7637-2:2011 Road Vehicles – Electrical Disturbances from Conduction and Coupling – Part 2: Electrical Transient Conduction Along Supply Lines only," ISO, Geneva, 2011.

[67] ISO, "ISO 7637-2:2011 Road Vehicles – Electrical Disturbances from Conduction and Coupling – Part 3: Electrical Transient Transmission by Capacitive and Inductive Coupling via Lines other than Supply Lines," ISO, Geneva, 2016.

[68] S. Buntz, "Common Mode Noise on an Automotive Data Line," 18 March 2013. [Online]. Available: *https://grouper.ieee.org/groups/802/3/bp/public/mar13/buntz_3bp_01a_0313.pdf*. [Accessed 25 April 2022].

[69] P. Wu, J. Fang and S. Dai, "Multi-level PAM Study for M-Gig Automotive PHYs," September 2017. [Online]. Available: *https://www.ieee802.org/3/ch/public/sep17/wu_3ch_01_0917.pdf*. [Accessed 14 December 2021].

[70] S. Pandey, "First Look at Multi-Gig PHY TX-PSD Mask," 7 November 2017. [Online]. Available: *https://www.ieee802.org/3/ch/public/nov17/Pandey_3ch_01_1117.pdf*. [Accessed 14 December 2021].

[71] R. Jonsson, "On Using PAM 4 Modulation," 31 August 2021. [Online]. Available: *https://www. ieee802.org/3/cy/public/adhoc/jonsson_3cy_01a_08_31_21.pdf*. [Accessed 14 December 2021].

[72] R. Jonsson, "Channel Capacity Calculator Version 1.4," 20 April 2021. [Online]. Available: *https://www.ieee802.org/3/cy/public/adhoc/jonsson_3cy_01_04_20_21.xlsx*. [Accessed 26 April 2022].

[73] A. Lasry and E. Cohen, "A-PHY: The Cornerstone of MIPI Automotive Systems Solutions," 2020. [Online]. Available: *https://www.mipi.org/sites/default/files/MIPIWebinarA-PHYTheCornerstoneoftheMIPIAutomotiveSystemSolution.pdf*. [Accessed 22 December 2021].

[74] A. X. Widmer and P. A. Franaszek, "A DC-Balanced, Partitioned- Block, 8B/10B Transmission Code," IBM Journal of Research and Development, vol. 27, no. 5, 1983.

[75] E. Cohen, "Let's get Practical: How can You Benefit from MIPI A-PHY," in: Automotive SerDes Congress, Virtual, 2021.

[76] J. Goel, "Automotive SerDes Interfaces Come of Age," 20 November 2020. [Online]. Available: *https://www.eetimes.com/automotive-serdes-interfaces-come-of-age*. [Accessed 19 December 2021].

[77] E. Lida, "MIPI A-PHY: Considerations in Developing a Resilient Asymmetric Data Transport for the Vehicle Lifespan," in: Automotive SerDes Congress, virtual, 2020.

[78] MIPI Alliance, "MIPI A-PHY Adaptation Type Values," 2022. [Online]. Available: *https://www.mipi.org/aphy-adaptation-type-values*. [Accessed 25 April 2022].

[79] S. Brunner, "Automotive SerDes Alliance (ASA) Completes the First Automotive SerDes Standard with Integrated Security," Automotive SerDes Alliance, 13 October 2020. [Online]. Available: *https://auto-serdes.org/news/automotive-serdes-alliance-asa-completes-the-first-automotive-serdes-standard-with-integrated-security-325/*. [Accessed 28 March 2021].

[80] Automotive SerDes Alliance, "Automotive SerDes Alliance Transceiver Specification v. 1.01," Automotive SerDes Alliance, Munich, 2020.

[81] Automotive SerDes Alliance, "Automotive SerDes Alliance Transceiver Specification v. 1.1," Automotive SerDes Alliance, Munich, 2022.

[82] S. Buntz, "Update on Required Cable Length," 11 July 2012. [Online]. Available: *https://grouper.ieee.org/groups/802/3/RTPGE/public/july12/buntz_02_0712.pdf*. [Accessed 26 March 2021].

[83] L. Völker, "Why is Network Security in Vehicles so Hard?," in: Automotive Networks, Munich, 2018.

[84] L. Völker and S. Lachner, "Automotive Security Challenges and the Automotive SerDes Alliance Solution," in: Automotive Serdes Congress, Virtual, 2020.

[85] S. Lachner and L. Völker, "Security of SerDes-based Connection, What Makes an Effective Protection Concept," elektroniknet.de, 26 May 2020. [Online]. Available: *https://www.elektroniknet.de/international/what-makes-an-effective-protection-concept.176784.html*. [Accessed 25 December 2021].

第8章 高速汽车以太网

以太网作为一种跨多行业的网络技术，其强大、稳健且广受欢迎[1]。然而，尽管在其他行业中已广泛应用，但在2021年的汽车行业，以太网仍是一项新兴技术。宝马公司在2008年首次在量产车型中引入了IT以太网解决方案100BASE-TX，这距离以太网的发明已有35年之久[2]，距离100BASE-TX规范的发布也过去了13年[3]。直到2013年，首款专为汽车行业设计的以太网技术——100BASE-T1（当时仍称为BroadR-Reach）也在宝马公司实现了量产[1]。至2021年，所有主要汽车制造商均已跟进，采用了100BASE-T1技术，甚至偶尔采用1000BASE-T1技术[4]。

在汽车用高速传感器（HS）和显示应用方面，其应用又另有一番说辞。在此情境下，重要的是要区分以太网是作为控制信道使用，还是用于传感器和视频数据的传输，以及这些数据是否被压缩。当以太网作为SerDes技术的控制信道时，并非采用完整的以太网PHY和延迟锁定环（DLL）实现，而是通常将以太网数据包格式通过另一种PHY技术进行隧道传输。

在处理器端，该技术的相应集成电压控制器（IVC）芯片将以太网部分桥接到媒体独立接口（MII），以便下一层更高的协议层能够识别以太网数据包。第7章中描述的一些汽车SerDes技术就提供了这一功能。以太网控制信道的数据速率通常是灵活的，意味着它不一定非得是10、100或1000Mbit/s，而可以是这些值之间的任何速率。无论具体是多少，以太网控制信道的数据速率都可以预期远低于传感器和视频数据所需的数据速率，否则，那将是另一种类型的应用。

传感器和视频数据是否可以被压缩取决于应用的具体要求。添加压缩功能会在传输过程中增加（一些）延迟，并且根据所使用的压缩技术，可能还会产生压缩损失（也见第9.2节）。对于特定用例，可以容忍多少延迟和压缩损失，这超出了本书的范围，但需要单独回答。关键在于，通过压缩，数据需要额外的处理。这会改变体系结构（也见第1.1节）。在这种情况下，特定的应用——无论是传感器还是显示——对于应用来说是完全透明的，这意味着对于通信实现、收发器集成电路等而言，传输传感器数据还是其他任何流量，都没有区别。有关各自汽车以太网网络的更多信息，请参见例如文献［1］。

本书中所描述的传感器和显示用例的真正区别在于IEEE 802.3ch MGBASE-T1

以太网规范的完成。图 8.1 显示，在 2021 年，汽车制造商和一级系统供应商首次在他们的下一代系统（2026 年及以后）中，在汽车 SerDes 和采用类似 EE 架构的汽车以太网之间有了选择。以太网突然能够与 SerDes 的数据速率相媲美，并且还可能传输未压缩的视频数据。此外，图 8.1 还展示了汽车行业采用标准所需的时间之长。支持高达 10Gbit/s 数据速率的 IEEE 802.3ch 于 2020 年初发布。图 8.1 显示，在量产汽车中，最早预计的 10Gbit/s 量产开始时间（SOP）是 2026 年。而 802.3cy 标准的目标是实现更高的数据速率，并且在撰写本书时正在制定中，因此其 SOP 将相应推迟。

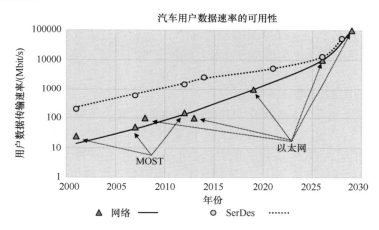

图 8.1　汽车 SerDes 技术与汽车网络技术［媒体导向系统传输（MOST）和以太网］的用户数据速率比较

　　以下章节将重点介绍对传感器和显示应用有用的高速汽车以太网的技术和机制。第 8.1 节介绍了相关的物理层技术，特别是 IEEE 802.3ch（见第 8.1.1 节）以及 2021 年关于 IEEE 802.3cy 的可用信息（见第 8.1.2 节）。第 8.2 节描述了汽车以太网在节能、安全性和服务质量（QoS）方面的有用协议。第 8.3 节直接比较了使用高速汽车以太网与使用汽车 SerDes 技术在传感器和显示应用中的情况。

8.1　物理（PHY）层技术

　　目前，汽车中的大多数通信都使用铜（或铜合金）电缆，包括连接传感器和显示屏。第 8.1.1 节描述了使用铜线的高速汽车以太网技术，特别是 IEEE 802.3ch，其数据速率高达 10Gbit/s。第 8.1.2 节则介绍了目标数据速率为 25Gbit/s 的 IEEE 802.3cy 技术。由于在高数据速率下，光传输介质的带宽限制比电传输介质更少，因此第 8.1.3 节介绍了 IEEE 802.3cz 的研发进展，该技术支持 2.5 ~ 50Gbit/s 之间的数据速率。第 8.1.4 节则探讨了编写本书时的一种假设性，非对称以太网解决方案的选项。

8.1.1　适用于 2.5、5 和 10Gbit/s 的 IEEE 802.3ch

导致 MGBASE-T1 标准诞生的立项提案（CFI）于 2016 年 11 月举行[5]。开发具有更高数据速率的汽车以太网标准的动力不仅来自于摄像头成像器和显示屏的 4k 和 8k 分辨率，还来自于即将到来的车辆5G[6]移动数据连接（允许改进后端连接并增加客户功能，也见第2.4节），以及新的架构选项。这些将允许在区域控制器或强大计算平台之间的一个链路上聚合各种数据流，端口镜像和原始数据记录器[7]，以及不需要网关即可转发来自点对点（P2P）技术的数据，如 USB、HDMI，甚至（专有）SerDes。该标准于 2020 年 6 月发布[3]，这意味着在撰写本书时，该标准已经完成并有了第一批可用的硅产品[8][9]，但该技术尚未被引入任何量产汽车中。以下，第 8.1.1.1 节介绍了 IEEE 802.3ch 的信道，第 8.1.1.2 节则概述了物理层技术。

8.1.1.1　The IEEE 802.3ch 信道

此外，IEEE 802.3ch 标准化工作始于信道的定义。其目标要求使用 15m 长的电信道支持 2.5、5 和 10Gbit/s 的双向数据速率[10]。具体使用的信道类型由负责标准化的特别工作组（TF）决定。他们选择了一个（单）屏蔽双绞线（STP）信道，最多可包含四个线间连接器[11]。选择 STP 的原因是，与非屏蔽双绞线（UTP）或同轴电缆相比，STP 具有（并且仍然具有）最佳的电磁兼容性（EMC）表现，即使同轴电缆的插入损耗（IL）略优于 STP（也见第 4.1.4.1 节和第 5.2.1 节）。

图 8.2 比较了 IEEE 802.3bp 在 1Gbit/s 下的汽车以太网插入损耗（IL）和回波损耗（RL）限值线[12]，与 IEEE 802.3ch 在 2.5、5 和 10Gbit/s 下的限值线[11]以及 IEEE 802.3cy 在 25Gbit/s 下的限值线[13]。图 8.2 还列出了 IEEE 802.3ch 的 IL、RL 及其他限值线的方程式，见方程式（8.1）。三种技术的 IL 曲线均显示随着频率的增加而显著下降，因此每种技术都需要衰减更小的优质电缆。同时，RL 要求也随着频率的增加而提高。请注意，IEEE 802.3ch 的 RL 定义为 5Gbit/s 和 10Gbit/s 提供了两个不同的 RL 值[11]。添加第二条曲线是因为在决策时，尚不确定 5Gbit/s 和 10Gbit/s 的实现是否能与 2.5Gbit/s 使用相同的 RL。"relaxed"（宽松）在图 8.2 中与链路段的视角相关。RL 较低（宽松）意味着在破坏传输的回声中强度更大。这对电缆来说更容易，但对接收器来说更困难。

图 8.2 还展示了 IEEE 802.3bp 的奈奎斯特频率（Nyquist frequencies），即 375MHz，以及 IEEE 802.3ch 和 cy 的相应频率。具体而言，IEEE 802.3ch 的奈奎斯特频率为：2.5Gbit/s 时 703MHz，5Gbit/s 时 1406MHz，10Gbit/s 时 2812MHz，而 IEEE 802.3cy 在 25Gbit/s 时达到 7031MHz。允许的衰减随着数据速率的增加而增加，大约为 1Gbit/s 时 14dB，2.5Gbit/s 时约 15dB，5Gbit/s 时约 22dB，10Gbit/s 和 25Gbit/s 时约 29dB。从 2.5Gbit/s 到 10/25Gbit/s 衰减减少了约 15dB，这意味着功率降低为 1/33，电压降低为 5/33（也见表 5.5）。因此，为了确保高数据速率下

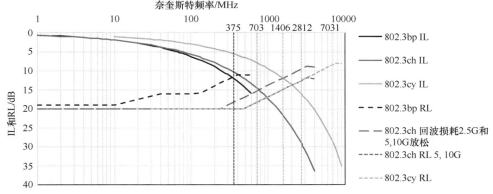

图 8.2　不同汽车以太网技术的 IL 和 RL 比较

的传输足够稳健，需要采取一些额外的措施（也见第 8.1.1.2 节）。方程式（8.1）提供了 IL 和 RL、屏蔽（包括屏蔽衰减和耦合衰减）以及 XTALK（PSANEXT 和 PSAACRF）的限值线方程式。此外，方程式（8.1）还表明，尽管所有 IEEE 802.3ch 速度的限值线形式相同（RL 除外，如前文所述），但最大频率 F_{max} 会发生变化。对于较低的速度，F_{max} 较低；对于较高的速度，F_{max} 较高；在所有情况下，F_{max} 都略高于相应的奈奎斯特频率。

$$\text{Insertion loss}(f) \leqslant (0.002 \cdot f + 0.68 \cdot f^{0.45}) \, \text{dB} \quad 若 1\text{MHz} \leqslant f \leqslant F_{max}$$

$$\text{Return loss}(f) \geqslant \begin{cases} 20\text{dB} & 若 1\text{MHz} \leqslant f < \dfrac{480}{2^N} \\[2mm] \left(20 - 10 \cdot \log_{10} \dfrac{2^N \cdot f}{480}\right) \text{dB} & 若 \dfrac{480}{2^N}\text{MHz} \leqslant f \leqslant \min(F_{max}, 3\text{GHz}) \\[2mm] (12 - 3 \cdot N) \text{dB} & 若 3\text{GHz} \leqslant f \leqslant 4\text{GHz}, 且 F_{max} > 3\text{GHz} \end{cases}$$

$$其中 N = \begin{cases} 0 & 若 5\text{dB} < IL_{5G} @ 1.5\text{GHz} 或 IL_{10G} @ 3\text{GHz} \\ 1 & 若 2.5\text{G}, \text{if } IL_{5G} @ 1.5\text{GHz} 或 IL_{10G} @ 3\text{GHz} \leqslant 15\text{dB} \end{cases}$$

$$\text{Coupling attenuation}(f) \geqslant \begin{cases} 70\text{dB} & 若 30\text{MHz} \leqslant f < 750\text{MHz} \\[2mm] \left(50 - 20 \cdot \log_{10} \dfrac{f}{7500}\right) \text{dB} & 若 750\text{MHz} \leqslant f \leqslant 4\text{GHz} \end{cases}$$

$$\text{Screening attenuation}(f) \geqslant 45\text{dB} \quad 若 30\text{MHz} \leqslant f \leqslant F_{max}$$

$$\text{PSANEXT}(f) \geqslant \min\left(75, 80 - 15 \cdot \log_{10} \dfrac{f}{100}\right) \text{dB} \quad 若 1\text{MHz} \leqslant f \leqslant 4\text{GHz}$$

$$\text{PSAACRF}(f) \geqslant \min\left(75, 86 - 20 \cdot \log_{10} \dfrac{f}{100}\right) \text{dB} \quad 若 1\text{MHz} \leqslant f \leqslant 4\text{GHz}$$

$$F_{\max} = \begin{cases} 1\text{GHz} & \text{若 } 2.5\text{G} \\ 2\text{GHz} & \text{若 } 5\text{G} \\ 4\text{GHz} & \text{若 } 10\text{G} \end{cases} \tag{8.1}$$

在干扰方面，IEEE 802.3ch（以及其他 IEEE 汽车以太网标准）区分了环境安全性和电磁兼容性。然而，这些规范并未定义精确的限值线，而是列出了相关的标准。这符合不同汽车制造商之间所需满足的确切要求略有差异的事实，并且需要他们针对具体情况进行分析。在环境安全性方面，区分了常规负载、电气负载、机械负载、气候负载和化学负载。对于电磁兼容性（EMC）的辐射/传导发射（CISPR 25、IEC 61967-1/4、IEC 61000-4-21），辐射/传导抗扰度（ISO 11452、IEC 62132-1/4、IEC 61000-4-21），静电放电（ISO 10605、IEC 61000-4-2/3）以及电气干扰（IEC 62215-3、ISO 7627-2/3）等方面均列出了相关标准。有关这些规范中某些方面的更多详细信息，请参阅第4章。

8.1.1.2 IEEE 802.3ch 技术说明

原则上，IEEE 802.3ch 的三个速度等级都使用相同的物理编码子层（PCS）、物理介质连接子层（PMA）、介质相关接口（MDI）和管理接口[11]。为了以高效且一致的方式反映不同速度的不同要求，该规范引入了一个缩放因子 S（见表 8.1）。

表 8.1　IEEE 802.3 MGBASE-T1 缩放因子 S

速率	S
10Gbit/s	1
5Gbit/s	0.5
2.5Gbit/s	0.25

图 8.3 展示了 IEEE 802.3ch PHY 的构建块，这些构建块通常由 IEEE 802.3 在其规范中描述。它包括 PMA（物理介质连接子层）、PCS（物理编码子层）、管理模块、PMA 与 PCS 之间的信号，以及与外部设备的信号/接口。管理数据输入/输出（MDIO）是为 IEEE 802.3 以太网 PHY 管理定义的一个接口，允许设置和读取 PMA 和 PCS 寄存器。管理数据时钟（MDC）是 MDIO 的相应时钟。

关于数据接口，IEEE 802.3ch 规范及其描述是基于一个（可选的）10Gbit/s MII（XGMII）接口编写的。该接口最初是为支持 10Gbit/s 以太网 PHY 开发的，但通过降低时钟速率，它也支持 2.5Gbit/s 和 5Gbit/s。如图 8.3 中 PCS 左侧所示，XGMII 由 4B 并行传输和接收数据（分别为 TxD 和 RxD）组成，每个方向有四个控制位。如果控制位为"0"，则相应的字节正在传输用户数据；如果为"1"，则正在传输控制数据。此外，还有一个用于传输和一个用于接收的时钟连接，分别是 TX_CLK 和 RX_CLK。尽管规范中提到了 XGMII，但实际实现并不依赖于这 74 个连接，而是使用串行或减少引脚数的接口。可能的类型包括通用串行千兆 MII（USG-

MII）、通用串行 10Gbit/s 以太网 MII（USXGMII）、10Gbit/s 附加单元接口（XAUI）或其升级版 XFI[14]。请注意，特定的 MII 版本和 PMA 数据速率不必同步。可以通过插入或删除空闲或移除顺序排列的集合来补偿差异。

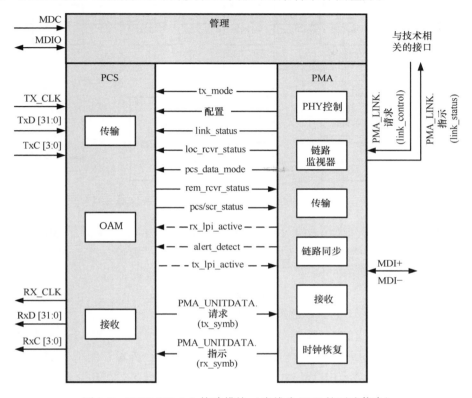

图 8.3　IEEE 802.3ch 构建模块（虚线为 EEE 的可选信令）

PCS（物理编码子层）由发送部分、接收部分以及操作、管理和维护（OAM）部分组成。OAM 利用通过所选编码和链路参数获得的额外数据速率。其实现是可选的，并且在训练阶段确定通信的两端是否都支持它。如果使用 OAM，它将允许进行 ping 操作、PHY 健康检测、能效以太网（EEE，另见第 8.2.1.1 节）信号传输或用户定义数据的传输。

PCS（物理编码子层）发送的主要元素如图 8.4 所示，并根据图中编号在下一段中进行描述。PCS 接收路径未在图中展示，但原则上，它只是以相反的顺序遵循相同的模块。

1）发送器首先将从 XGMII 接口接收到的 32bit 并行 TxD 数据位和 4bit 并行 TxC 控制位分为两组，然后组合成 72bit 的数据块，其中包括 64bit 数据位（即 8 个数据字节）和 8bit 控制位。这 8bit 控制位用于指示这 8 个数据字节中哪些包含控制信息，哪些包含（用户）数据。由于 32bit 并行数据位以 $S \times 10\mathrm{Gbit/s}$ 的速度到

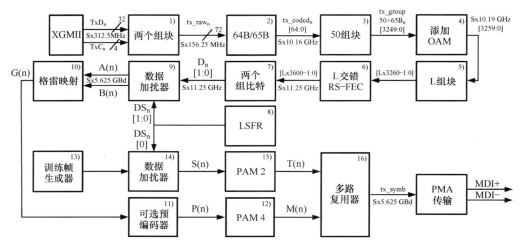

图 8.4　IEEE 802.3ch PHY 发射机元件；术语见文献［11］

达，因此每个 32bit 数据块的数据速率为 $S \times 10\text{Gbit/s}/32\text{bits} = S \times 312.5\text{MHz}$。

2）接下来，这些数据块被转换成 65bit。当所有 8 个数据字节都包含用户数据时，位于 64bit 前面的第 65bit 是 "0"。如果有 1B 包含控制信息，那么前面的第 65 位就是 "1"。

3）50 个 65bit 的块被简单地组合成 3250bit 的块。

4）如果支持可选的 OAM（操作、管理和维护），则每个 3250bit 的块后面会附加 10bit，这 10bit 由 1B 的 OAM 数据、一个帧位和一个保留位组成。因此，OAM 信道的数据速率约为 $S \times 10.19\text{Gbit/s} \times 8/(64 \times 50 + 10) \approx S \times 25\text{Mbit/s}$。

5）根据 PHY 的速度，系统设计者可以选择具有不同交织深度值 L 的交织方式。在训练模式下，也需要沟通所选的 L 值。对于 2.5Gbit/s，L 始终为 1（不进行交织）。对于 5Gbit/s，L 可以是 1 或 2，而对于 10Gbit/s，L 可以是 1、2 或 4，以便所有速度等级都能处理相同持续时间的脉冲噪声，尽管这会增加额外的缓冲、处理和延迟。将 3260bit 的 L 个块进行分组。

6）在这一步中，结合交织进行 Reed Solomon 前向纠错（RS-FEC）编码，以确保目标信道的误码率（BER）$\leqslant 10^{-12}$。对于 RS-FEC，将 $L \times 3260/10 = 326$ 个 10bit 消息以轮询方式增加 $L \times 34$ 个 10bit 奇偶校验位，从而生成 "RS-FEC 超帧"，每个超帧包含 $L \times 360 \times 10 = L \times 3600\text{bit}$（详见文献［11］中的图 149-9）。请注意，通常期望两个传输方向的交织深度相同，因为两个方向都可能面临相同的损伤。然而，规范允许使用不同的交织深度，因此在训练期间无须比较或协商这些值，而只需进行通信。如果出于任何原因选择了不同的 L 值，那么这也不会产生影响。

7）FEC 编码器的输出被分为位对 $D_n[1:0]$。

8）这一步代表线性移位反馈寄存器（LSFR）侧流扰码器，它生成序列 DS_n

[1:0] 以对数据进行扰码处理。$DS_n[0]$也用于对训练序列进行扰码。LFSR 使用主多项式和从多项式 g_M 和 g_S，如式（8.2）所述。这意味着在此时，有 33bit Scr_n[32:0]被存储在移位寄存器中。详细情况见图 8.5。

$$g_M = 1 + X^{13} + X^{33}$$
$$g_S = 1 + X^{20} + X^{33} \tag{8.2}$$

9）LFSR 的输出 $Scr_n[0]$、$Scr_n[3]$ 和 $Scr_n[8]$ 用于生成扰码位对 $DS_n[1:0]$，这些扰码位对随后用于对来自交织生成的 $\{A_n，B_n\}$ 位对 [见式（8.3）和图 8.5] 的输出数据位对 $D_n[1:0]$ 进行扰码处理。

$$A_n = D_n[0] \oplus DS_n[0]；B_n = D_n[1] \oplus DS_n[1]$$
$$DS_n[0] = Scr_n[0]；DS_n[1] = Scr_n[3] \oplus Scr_n[8] \tag{8.3}$$

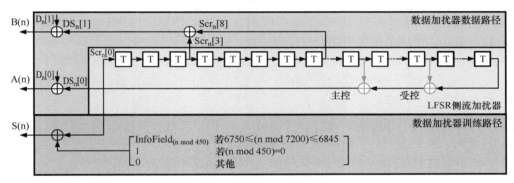

图 8.5 IEEE 802.3ch 线性移位反馈寄存器（LFSR）和数据加扰器，用于数据路径和训练路径的扰码处理

10）$\{A_n，B_n\}$ 位对被格雷编码为数字 G(n)。另见图 8.6。

11）IEEE 802.3ch 允许部署预编码，并提供四种不同的选项。如图 8.6 所示，第一种选项是不进行预编码，而第二种和第三种预编码选项包括前一个符号，第四种选项则包括前两个符号。发射机必须始终启用所有四个选项，因为是由接收机来确定使用哪一个。这是必要的，因为预编码必须与接收机设计相匹配。在训练过程中，接收机将传达在整个通信过程中发射机需要执行哪种预编码。

12）以下 PAM 4 调制将预编码符号转换为 4 个电平电压 M（n）：−1、−1/3、+1/3、+1。另见图 8.6。

13）训练对于建立和初始化通信链路非常重要。为了链路训练，该模块会定期发送 96bit 的"信息字段"。这些信息字段包含相关的功能信息和远程发射机设置请求（例如，关于预编码器设置、交织深度、OAM、EEE 功能等），以及接收机状态信息（例如，关于扰码器锁定、极性检测和校正、RS-FEC 帧边界，以及在训练完成后即将进行的调制转换，以及通信即将切换到数据模式）。训练模式引入了 450bit 长度的"部分 PHY 帧"。7200bit 的块被分成 16 个部分 PHY 帧，这对应于

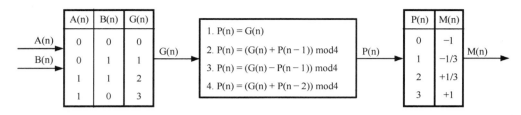

图 8.6　IEEE 802.3ch 的格雷映射、前置编码器选项和 PAM 4 映射

$L = 4$ 的 RS- FEC 超帧。

14）为了生成扰码训练序列 S(n)，扰码器遵循公式（8.4）所示的关系。对于前 15 个部分 PHY 帧，扰码器序列 $Scr_n[0] = DS_n[0]$ 与每个部分帧的第一个位进行反相后传输。对于每第 16 个部分 PHY 帧，扰码器序列的前 96bit 与 InfoField 进行异或运算，而剩余位表示扰码器序列的位。

$$S(n) = \begin{cases} Scr_n[0] \oplus InfoField_{(n \bmod 450)} & 6750 \leqslant (n \bmod 7200) \leqslant 6845 \\ Scr_n[0] \oplus 1 & \text{若}(n \bmod 450) = 0 \\ Scr_n[0] & \text{其他} \end{cases} \quad (8.4)$$

15）在 PAM 2 调制中，S(n) = 0 被转换为 T(n) = +1，而 S(n) = 1 被转换为 T(n) = -1。

16）最后，根据"tx_mode"是 SEND_N、SEND_T 还是 SEND_Z，多路复用器将数据转发到 PMA 传输块。在 SEND_N 的情况下，多路复用器转发传输数据 M(n)。在 SEND_T 的情况下，多路复用器转发训练数据 T(n)。在 SEND_Z 的情况下，传输是静默的（传输零）。这可能在链路处于可选的低功耗空闲（LPI）状态时发生，作为高效以太网（EEE，见第 8.2.1.1 节）的一部分，或者在链路启动的初始阶段（见下一段）。

如果未实现自动协商，规范还预见了 SEND_S 模式。自动协商允许通信伙伴确定彼此的通信能力，如要使用的 PHY 速度。然而，其实现是可选的。由于车载网络通常是经过工程设计和预配置的，因此不太可能实现自动协商。这意味着需要特定的同步序列。在这种情况下，SEND_S 确保有一个与 PCS 分离的 sync_tx_symb 输出（图 8.4 中未显示），这就是为什么 SEND_S 不是 tx_mode 的原因。在这种情况下，PMA 块链路同步控制同步过程。

图 8.3 展示了 PCS 和 PMA 之间交换的多个信号。大多数信号（如 tx_mode、config、link_status、loc_rcvr_status、pcs_data_mode）从 PMA 传向 PCS，目的是告诉 PCS 何时可以安全地传输数据，或者要使用哪种其他模式，以及是作为主设备还是从设备进行操作。PMA 中的 PHY 控制块（见图 8.3）负责准备数据交换并实现以下启动过程。

当 link_control 从禁用更改为启用时，PHY 控制将 tx_mode 设置为 SEND_Z。在

相应的定时器过期后，主 PHY 将立即开始使用 SEND_T 发送训练数据，而从 PHY 则会在检测到足够的信号强度且其发射机状态变为启用后才这样做。通过发送训练数据，两个 PHY 都训练它们自己的回波消除器。在接收训练数据时，接收器会根据各自的实现和所选参数调整其内部 PMA 和 PCS 功能。当完整的 InfoField 被发送，且本地和远程接收器的状态均正常时，主 PHY 和从 PHY 可以结束训练并切换到 SEND_N 数据传输模式。

　　PCS 向 PMA 发出本地和远程接收器检测到的状态信号。此外，图 8.3 中以虚线表示的信号是在高效以太网（EEE，见第 8.2.1.1 节）情况下所需的。

　　链路监视器负责跟踪接收信道的状态。如果检测到"FAIL"（失败），则通过 link_status 信号进行通信，系统需要重新启动并重新建立链路。时钟恢复必须确保系统具有合适的时钟。其余的 PMA 功能块，即 PMA 传输和 PMA 接收，通常可以以不同的方式实现。图 8.7 提供了一个示例，展示了可能作为 IEEE 802.3ch 发射器和接收器一部分的各种功能块。

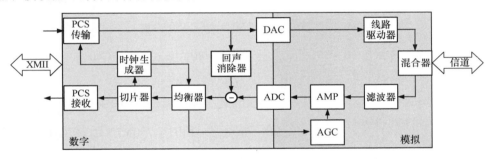

图 8.7　实施 IEEE 802.3ch PMA 可能需要的功能要素[15]

　　PMA 的发送路径相对直接，信号在送入信道之前会经过一个数模转换器（DAC），并可能包括一个线路驱动器。由于单对线信道的全双工操作，PMA 需要一个混合器来分离发送和接收信号。在模拟信号被模数转换器（ADC）转换为数字信号之前，信号通常会经过滤波和放大（AMP）。可以使用自动增益控制（AGC）来控制放大器。同样由于全双工操作，PMA 需要一个回波消除器，它在接收信号被均衡并送入 PCS 接收之前，从接收信号中减去发送信号的回波。

8.1.2　用于 25Gbit/s 的 IEEE 802.3cy

　　自 2019 年 3 月起，通过相应的 CFI 启动了旨在实现更高数据速率标准化的努力[16]。截至撰写本书时，该规范尚未完成。因此，以下描述基于任务组已做出的决策（所有决策均已在文献［13］上公开），但无法保证描述与规范最终版本的内容完全一致。第 8.1.2.1 节讨论了信道，而第 8.1.2.2 节则探讨了物理层机制。

8.1.2.1　IEEE 802.3cy 信道

　　IEEE 802.3 信道的基础是链路段，该链路段由针对 25Gbit/s 数据速率的单 STP

或 SPP 电缆组成。最初，目标预见到 IEEE 802.3cy 还将通过链路聚合技术覆盖 50 和 100Gbit/s 的数据速率，其中 50Gbit/s 使用两对双绞线，100Gbit/s 使用四对双绞线。然而，支持 50 和 100Gbit/s 的数据速率被推迟到后续项目中处理。由于所有单绞线 PHY 解决方案都具有 T1 扩展，因此 25Gbit/s 技术被称为 25GBASE-T1。最初用于 IEEE 802.3ch 速度等级的 MG-BASE-T1 因此也扩展到了 25GBASE-T1。

方程（8.5）展示了在撰写本书时决定的 IEEE 802.3cy 的信道限值线[17][18][19]。图 8.2 展示了插入损耗（IL）和回波损耗（RL）限值线的图形表示。插入损耗的限制更为严格。由于不能期望仅通过使用更高质量的电缆或 SPP 电缆代替 STP 电缆（见第 5.3.1.4 节）来实现此类改进，因此在要求中减少了可支持的传输距离和线间连接器的数量。因此，IEEE 802.3cy 的目标要求为 11m 而非 15m，且线间连接器为两个而非四个[20]。

$$\text{Insertion loss}(f)$$
$$\leq \left(0.00135 \cdot f + 0.3564 \cdot f^{0.45} + 0.495\left(\frac{f}{7500}\right)^6\right)\text{dB} \quad 若\ 10\text{MHz} \leq f \leq 9\text{GHz}$$

$$\text{Return loss}(f) \geq \begin{cases} 20\text{dB} & 若\ 30\text{MHz} \leq f < 480\text{MHz} \\ \left(20 - 10 \cdot \log_{10}\frac{f}{480}\right)\text{dB} & 若\ 480\text{MHz} \leq f < 7.6\text{GHz} \\ 8\text{dB} & 若\ 7.6\text{GHz} \leq f < 9\text{GHz} \end{cases}$$

$$\text{Coupling attenuation}(f) \geq \begin{cases} 70\text{dB} & 若\ 30\text{MHz} \leq f < 750\text{MHz} \\ \left(50 - 20 \cdot \log_{10}\frac{f}{7500}\right)\text{dB} & 若\ 750\text{MHz} \leq f \leq 9\text{GHz} \end{cases}$$

$$\text{Screening attenuation}(f) \leq 45\text{dB} \quad 若\ 30\text{MHz} \leq f \leq 4\text{GHz} \tag{8.5}$$

除了扩展到具有更低底限的更高频率外，25GBASE-T1 的回波损耗（RL）要求与 5GBASE-T1 和 10GBASE-T1 的基本 RL 要求相同。然而，随着频率的增加，不仅沿不连续性的较大反射变得重要，而且较小的所谓"微反射"也会明显扭曲接收到的信号[21]（另见第 5.2.3.2 节）。为了减轻无法通过回波消除解决的任何此类回波的影响，IEEE 802.3cy 为信道提供了额外的限制，这些限制必须针对由微反射引起的残余回波得到满足[22][23]。

其他限制，如用于串扰的 PSANEXT 和 PSAACRF，或最大传播延迟，可能与 IEEE 802.3ch 的限制非常相似，引用的环境应力和电磁兼容性规范也是如此。IEEE 802.3ch 的最大传播延迟为 94ns[11]。请注意，信息性附录中的印制电路板（PCB）和介质相关接口（MDI）连接器的插入损耗（IL）特性已经过调整，以满足 IEEE 802.3cy 在更高频率下的更严格要求[24]。与本书中讨论的所有使用差分布线的类似通信技术一样，链路段的标称阻抗已设置为 100Ω。请注意，IEEE 802.3 汽车以太网项目也并未指定使用同轴电缆。

8.1.2.2 IEEE 802.3cy 的技术说明

针对 25GBASE-T1 的 PCS（物理编码子层）所做出的决策，导致了一种与

IEEE 802.3ch 非常相似的技术。该技术采用 25GMII 接口，同样提供 32bit 并行数据加上四个控制位，以及一个 10bit 的 OAM（操作、管理和维护），在相同的衰减条件下工作（见图 8.2），同时保持最佳信噪比（SNR）仍处于 PAM 4 水平[25]。其构建模块和相互交换的信号可能与图 8.3 中展示的 IEEE 802.3ch 的相应部分相同。如图 8.8 所示，与 IEEE 802.3ch 的主要区别在于更大的块大小（130 65B 字而不是 50）以及 L-交织 RS-FEC（Reed-Solomon 前向纠错）参数的某些变化。不是向每个 3260bit 的块添加 340bit，而是向每个 8460bit 的块添加 900bit[26]，从而提供了更好的保护。此外，交织深度 L 的可能值也发生了变化，除了 1、2 或 4 之外，L 还可以是 8。随着"超帧"大小的改变，训练序列和 InfoField 长度的某些参数也发生了变化[27]［见式（8.6）］。另外，为了提高同步的鲁棒性以适应更高的工作频率，还提出了对 SEND_S 的适应性改进[28]。

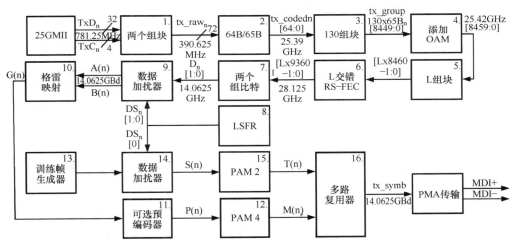

图 8.8　可能的 IEEE 802.3cy PHY 发射机元件

$$S(n) = \begin{cases} Scr_n[0] \oplus InfoField_{(n \bmod 1170)} & 17550 \leqslant (n \bmod 18720) \leqslant 17654 \\ Scr_n[0] \oplus 1 & 若(n \bmod 1170) = 0 \\ Scr_n[0] & 其他 \end{cases} \quad (8.6)$$

与 IEEE 802.3ch 类似，其目标也预见到将可选支持自动协商、以太网供电（Power-over-Ethernet，PoE）以及（非对称）能效以太网（EEE）（详细情况请参阅第 8.2.1.1 节）。

请注意，在后续项目中，当多个 25Gbit/s 信道被聚合到 50Gbit/s 或 100Gbit/s 时，它们很可能在 xMII 级别上进行组合，因为此时不需要进行去偏移校正（deskewing）（另请参见第 1.2.1 节和第 7.3.1 节）[29]。

8.1.3　通过光学介质实现 2.5 ~ 50Gbit/s 速率的 IEEE 802.3cz

以太网成功的一个方面在于其指定了大量以太网 PHY 类型，这些类型都可以在相同的以太网网络中使用。这些 PHY 类型之间的主要区别在于数据速率和信道类型。除了前几节描述的汽车以太网 PHY 类型所使用的双绞线外，IEEE 802.3 还定义了同轴电缆、双轴电缆、光纤电缆以及背板应用的 PHY。总体而言，所涵盖的数据速率从 2Mbit/s 到 400Gbit/s 不等[3]。因此，更高/非常高的数据速率（和/或非常长的传输距离）采用了光介质[30]。

在汽车领域，光通信的使用其实也有着相当长的历史。几乎直到汽车以太网的出现，汽车制造商都认为，只有光通信才能在合理的成本下支持数字信息娱乐系统所需的数据速率。光通信的主要优势在于：信号衰减低且对电磁干扰具有免疫力（例如，见参考文献 [31]）。汽车行业首次使用的光通信系统是家庭数字总线（D²B），该系统后来被标准化为 IEC 61030。据参考文献 [32] 所述，作者认为 D²B 最早是由本田在 1997 年引入的。D²B 的知识和经验被应用于媒体导向系统传输（MOST），该技术由宝马于 2001 年首次引入量产汽车中，数据传输速率为 25Mbit/s。同年，宝马还推出了 ByteFlight，这是一种使用光通信机制、以 10Mbit/s 速率进行时间关键控制应用的技术[33]。2012 年，奥迪成为首家推出 150Mbit/s MOST 的汽车制造商[34]，这比使用非屏蔽双绞线（UTP）的 100Mbit/s 汽车以太网首次量产提前了一年[1]。

标准化适用于 1Gbit/s 的首款汽车光学以太网技术的努力始于 2014 年 3 月采用的立提案标准[35]，并于 2017 年 3 月发布了 IEEE 802.3bv/1000BASE-RH 规范[36]。据作者所知，该规范于 2019 年开始批量生产。而适用于 MGbit/s 级光学传输系统的 CFI 于 2019 年 7 月通过[37]，本节讨论的 IEEE 802.3cz/MGBASE-AU 规范于 2022 年完成最终确定。

在撰写本书时，关于使用光学汽车以太网解决方案的讨论通常围绕电磁兼容性（EMC）的鲁棒性展开（例如，见文献 [38]）。尽管高速传感器和显示屏应用促使了高速汽车以太网（包括光学版本和电气版本，见文献[37][16]）标准化项目的启动，但在撰写本书时，这些应用尚未成为光学通信的重点。其中一个原因是技术描述尚未最终确定。因此，还需要在成本或空间受限传感器中的实施方面进行比较。特别是鉴于显示屏对数据传输速率要求的不断提高，考虑 IEEE 802.3cz 标准提供的可能性仍然是有价值的。

在 8.1.3.1 节和 8.1.3.2 节提供更多关于 IEEE 802.3cz 的信道和物理层信息之前，我们先简要谈谈电气以太网规范与光学以太网规范之间的一个本质区别。光学系统除了包含物理编码子层（PCS）外，还包括物理介质连接子层（PMA）和介质相关接口（MDI），以及一个物理介质相关子层（PMD）部分，该部分负责将电信号转换为光信号，反之亦然。图 8.9 突出了这一区别。PMD 在发送路径中包括驱动器和光源，在接收路径中包括光敏二极管和跨阻放大器。PMD 和 MDI 连接器通常组合在光纤发射器（FOT）中，而 PCS 和 PMA 则在单独的（PHY）芯片中实现。但是，完全集成的版本也是可能的，其中完整的 PHY IC 直接成为连接器的一部分。

除了 PCS（物理编码子层）和 PMA（物理介质连接子层）的选择外，光源和光介质也可能根据具体的技术解决方案而有所不同。从图 8.9 中还可以推断出，为了在 MAC 层实现全双工通信，光学系统始终需要两条线路，一条用于传输，另一条用于接收。因此，在 PHY 层上，它不需要任何 FDD（频分双工）、TDD（时分双工）或回波消除技术。

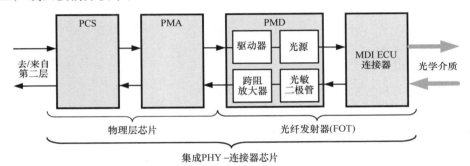

图 8.9   光学（以太网）物理层的典型元件

8.1.3.1   IEEE 802.3cz 信道

在 IEEE 802.3cz-D2 之前的所有光学汽车通信技术——包括 D²B、MOST、ByteFlight 和 IEEE 802.3bv——都采用了（阶跃折射率）塑料/聚合物光纤（SI-POF）作为介质。考虑到汽车应用中显著的机械应力、生产过程中不同的制造和处理要求等因素，SI-POF 在可接受的成本下提供了足够的性能和机械鲁棒性。即使上述大多数技术已被淘汰，但原因也从不是光学介质的问题。

对于 IEEE 802.3cz，其目标中的信道要求为：对于 2.5、5、10 和 25Gbit/s 的速度等级，信道长度为 40m，最多可连接四个线间连接器；而对于 50Gbit/s 的速度等级，信道长度为 15m，最多可连接两个线间连接器[39]（尽管在最终规范[40]中也允许 50Gbit/s 使用 40m 信道）。由于 SI-POF/LED 组合在 1Gbit/s 的数据速率下已基本达到其极限[41]（如 IEEE 802.3bv 所使用[36]），IEEE 802.3cz 工作组在选用介质方面投入了大量精力，甚至为此创建了一个额外的项目。新项目 IEEE 802.3dh 旨在为其目标中的 2.5Gbit/s、5Gbit/s、10Gbit/s 汽车信道（15m，最多三个线间连接器）和 25Gbit/s 汽车信道（15m，最多两个线间连接器）使用渐变折射率塑料光纤（GI-POF）[41]。相比之下，IEEE 802.3cz 预计将使用多模玻璃光纤（MMF GOF）——更具体地说，是使用标称中心波长为 980nm 的 OM3 连接垂直腔面发射激光器（VCSEL）[42][43]——以满足 IEEE 802.3cz 原始信道和光源鲁棒性目标。

多模光纤（MMF）之所以被称为多模光纤，是因为光在其中以不同的模式进行传输。OM3 是一种专为与垂直腔面发射激光器（VCSEL）作为光源一起使用而开发的激光优化多模光纤（LOMMF）类型。VCSEL 是比发光二极管（LED）更精确的光源，并允许更高的带宽。"OM3"中的"3"仅仅表示与 OM1、2、4 或 5 相比具有不同的带宽。其纤芯尺寸为 50μm，包层尺寸为 125μm[44]。请注意，VC-SEL 与 MMF（以及作为整体的 GOF）的组合在车载网络中是全新的。尽管 VCSEL 是一种成熟的技术（其大规模市场进入是与 CD 播放器一起实现的[44]），并且 VC-SEL-MMF 组合已在许多其他行业（包括军事和航空航天[44]）中使用了多年，但其汽车应用的资格认证仍需进行。不过，温度范围和弯曲半径似乎不是问题。

定义的光学回波损耗（RL）容限为 12dB，对于 2.5、5 和 10Gbit/s 的速度等级，最大插入损耗（IL）为 10.1dB，对于 25Gbit/s 的速度等级为 8.1dB，而对于 50Gbit/s 的速度等级则为 4.1dB。此外，IEEE 802.3cz 规范还定义了接收机灵敏度[45]。

8.1.3.2　IEEE 802.3cz 技术说明

图 8.10 展示了 IEEE 802.3cz 物理层实现中不同构建块之间的相互关系。除了将模拟电信号转换为光信号以及进行反向转换外，物理介质相关（PMD）子层还具有检测接收介质相关接口（MDI）上是否存在活动（低于或超过某个阈值）的功能。电气 PHY 规范定义了输出电压电平，而光学 PMD 规范则包括光学特性。

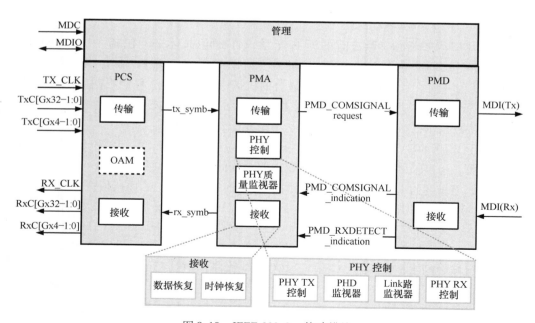

图 8.10　IEEE 802.3cz 构建模块

与本章中讨论的所有以太网 PHY 一样，物理介质连接（PMA）子层的任务是将模拟信号转换为电气比特，然后物理编码子层（PCS）可以对其进行解码。除了时钟和数据恢复之外，PMA 接收路径还必须找到接收到的"传输块"的起始位置，这些"传输块"将在下文与 PCS 一起解释。除了发送和接收功能块之外，PMA 还包含 PHY 控制和 PHY 质量监控，其中 PHY 控制涵盖 PHD 和链路监控。由于发送和接收数据流在不同的光信道上运行，因此 PMA 不需要回声消除。PMA 和 PCS 之间的除传输块之外的信号传递通过管理层进行。

IEEE 802.3cz 的物理编码子层（PCS）在所有速度等级上的基本原理功能都是相同的。通过两个缩放参数 S 和 G 来区分不同的速度等级。S 与频率直接相关，而 G 与调制相关。表 8.2 列出了各自 PHY 速度下的 S 和 G 值，以及信道上产生的波特率。

表 8.2　不同速率等级的缩放系数和波特率

速率/(Gbit/s)	S	G	波特率/GBaud
50	1	2（PAM 4）	26.5625
25	1	1（PAM 2）	26.5625
10	0.4	1（PAM 2）	10.625
5	0.2	1（PAM 2）	5.3125
2.5	0.1	1（PAM 2）	2.65625

图 8.11 展示了物理编码子层（PCS）的不同构建块。与 IEEE 802.3ch 和 cy 的物理编码子层相比，其关键区别之一是，称为物理层头数据（PHD）的物理层控制信息直接与有效载荷数据一起封装和编码。以下将基于文献［46］和［47］详细描述这些细节。

1）PHD 信息包括头部状态、链路裕量、LPI（EEE 为可选）、OAM 信息（可选）等内容。这些数据被分组为每块 224bit，并随后附加一个 16bit 的循环冗余校验（CRC）。该 CRC 多项式采用 $(x+1)(x^{15}+x+1)$ 的形式，并且每 224bit 数据的 CRC 计算都以 0x0000 作为初始化值。

2）以下的三重重复码（TRC）将每个 20bit 的数据块重复三次。

3）这 $3 \times 240 = 720$bit 控制数据被分割成 36 个 20bit 的数据块。

4）根据所使用的数据速率，该规范为 2.5、5 和 10Gbit/s（如 IEEE 802.3ch 所述）预见了 XGMII 接口，为 25Gbit/s（如 IEEE 802.3cy 所述）预见了 25GMII 接口，以及为 50Gbit/s 数据速率预见了 50GMII 接口。因此，XGMII 和 25GMII 接口由并行传输的 32bit 数据和 4bit 控制位组成。而 50GMII 接口则并行处理 64bit 数据和 8bit 控制位。

5）之后，数据会进行 64B65B 转换，这与 IEEE 802.3ch 和 cy 的处理方式相同。

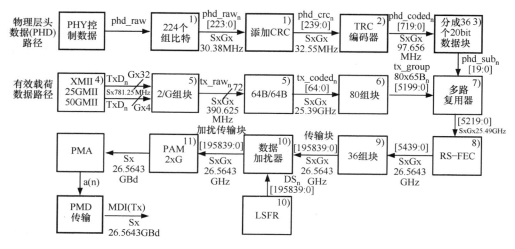

图 8.11　IEEE 802.3cz 发射机的 PCS 要素

6）将 80 个 65bit 的有效载荷数据块进行分组。

7）每 80 个 65bit 的数据块都会与一个 20bit 编码的 PHD 块进行修正/多路复用。

8）每一个 80×65＋20bit 的数据块都会进行 FEC 编码，使用 RS-FEC 添加 220 个校验位进行修正。

9）这 36 个 80×65＋20bit 的数据块代表了一个所谓的传输块（Transmit-Block）的内容。

10）FEC 编码之后是数据加扰。加扰器的线性反馈移位寄存器（LFSR）多项式是 $1+x^{21}+x^{24}$。对于每个传输块，加扰器都会重置为其初始值；在 $G=1$ 的情况下，重置为 0x0FB9659，在 $G=2$ 的情况下，重置为 0x020492C。

11）随后，数据会根据 G 的值进行调制，在 $G=1$ 的情况下使用 PAM 2/NRZ 调制，在 $G=2$ 的情况下使用 PAM 4 调制。请注意，IEEE 802.3cz 的 PAM 调制在规范中与 PMA 一起描述，而对于 IEEE 802.3ch 和 cy，它则归属于 PCS。

如上所述，IEEE 802.3cz 允许可选地将 OAM 作为 PHD 的一部分。此外，还可选地支持 EEE，每个链路分别进行控制。但不包括自动协商。对于工程化的汽车内部网络，预计每个用例都会有相应的参数设置。

8.1.4　非对称以太网

以太网通信与对称能力相关联。这首先意味着以太网节点始终可以发送和接收数据（而不像早期的 SerDes 技术那样只能做其中之一，参见第 7.2 节）。然而，对于大多数指定的以太网 PHY 技术来说，这也意味着在发送和接收方向上支持的数据速率是相同的，这反过来也意味着以太网 MAC 也具有对称的数据处理能力。

以太网 MAC 对于以太网的身份和定义至关重要（也请参见第 1.3.1 节）。为了符合 IEEE 802.3 标准，在启动新的 IEEE 802.3 以太网 PHY 项目时，不仅需要以太网 MAC，而且它还是以太网生态系统（包括交换机、诊断工具等）的一部分，其存在本身就是使用以太网的首要重要原因。在生态系统中，最常用的以太网 MAC 实现遵循 IEEE 802.3 以太网标准的第 4 条[48]，并在发送和接收方向上支持相同的数据速率。

在 PHY 层仅支持非对称数据速率的以太网技术是例外，特别是当它们像 IEEE 802.3av、bk 和 ca[3] 中规定的非对称以太网无源光网络（EPON）技术那样，需要不同的 MAC 时。EPON 使用第 64 条多点 MAC 控制，并且可能为两个传输方向使用不同的速度 xMII 接口[49]。因此，EPON 解决方案不能像对称以太网技术那样利用现有的以太网生态系统。其他例外是 IEEE 802.3ah 以太网最后一英里（EFM）的 10PASS-TS 和 2BASE-TL 变体。它们允许根据实际的传输条件调整传输数据速率。然而，在 MAC 接口上，两个传输方向都假定最大且因此是对称的速度，这与物理层级的实际传输无关。因此，遵守对称的第 4 条以太网 MAC 至关重要。

传感器和显示应用的关键特性之一是它们的不对称性；一个方向上的高数据传输速率和另一个方向上的显著较低的数据传输速率。顺便说一句，不仅传感器和显示通信在本质上是非对称的。一般来说，随着通信系统中数据速率的增加，非对称性往往会增加[50]。当然，一项技术是否真正合适，取决于其确切的细节（也请参见第 8.3 节的比较）。考虑采用具有非对称物理层（PHY）的以太网技术（尽管目前仍处于假设阶段）的主要动机在于，通常情况下，提供超出实际需求的功能并不高效。

因此，有人提出扩展汽车以太网解决方案的功能，以直接支持非对称数据速率（例如，参见文献［49］［51］）。然而，这些提案并未被 IEEE 802.3ch、cy 或 cz 解决方案采纳。相反，这三个解决方案都支持 EEE 的非对称使用。这并不会降低 PHY 实现的复杂性，但与对称操作相比，它确实允许降低功耗（更多详情请参见第 8.2.1.1 节）。简而言之，在撰写本书时，IEEE 802.3 并未指定任何直接非对称的汽车以太网解决方案。因此，以下介绍了一些值得各自解决方案跟进的主要概念。

如前所述，MAC 接口不应更改。文献［49］研究了几种方法来确保对 MAC 的对称性，即使物理层支持非对称数据速率。这包括简单地以较慢的时钟速度运行相应的接口，或者在相同的时钟下运行较慢的方向但用填充材料填充它。因此，即使物理层元素不是对称的，MAC 接口也可以很容易地保持对称。

第 1.3.1 节中的图 1.5 显示，IEEE 802.3 以太网物理层元素不仅包括 PCS

和 PMA（以及光系统的 PMD，见图 8.10），还包括协调子层。通常，协调子层不会被修改，因此物理层的解释不会明确提及它，例如第 8.1.1 节。然而，像 IEEE 802.3cg 10BASE-T1S[52] 或EEE 功能这样的技术，确实会使用协调层来确保当 MAC 层不应将数据转发到物理层时，它不会这样做。这也可以用于非对称传输。图 8.12 显示了略有调整的分层描述，其中明确包含了物理层信号（PLS）服务接口通信和空闲客户端以及相应的控制信息。

因此，MAC 保持对称性。在 PHY 层面，对于数据速率较小的"上行链路"，原则上存在两种不同的方法[49]：一种是以较小的数据速率连续传输；另一种是以与快速"下行链路"大致相同的数据速率传输，但采用突发模式，在传输之间保持静默期（就像非对称 EEE 所做的那样，参见第 8.2.1.1 节）。

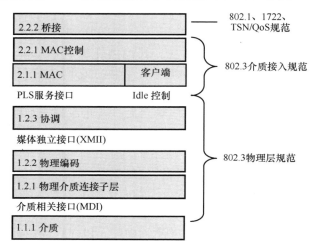

图 8.12　IEEE 802.3 以太网规范的子层描述，特别考虑到协调层

许多专有 SerDes 技术（也请参见第 7.3 节）都使用较低的频率进行传输。两个传输方向在频分双工（FDD）模式下频谱分离，这需要在电力传输的情况下进行滤波和更宽的频谱处理（见第 6.1.3 节）。另一种方法是时分双工（TDD），其中高数据率传输方向（下行链路 DL）或低数据率传输方向（上行链路 UL）处于活动状态，这与 ASA 运动链路所采用的方式相同（也请参见第 7.5 节）。这种方法在灵活性、复杂性和电力传输方面具有一定的优势，但会在时序行为方面产生一些限制。

表 8.3 概述了在物理层级别非对称数据速率环境下，频分双工（FDD）和时分双工（TDD）传输的主要优缺点。请注意，简单地采用大多数汽车以太网类型所使用的全双工对称传输，意味着直接使用汽车以太网（可能包括非对称 EEE，见第 8.2.1.1 节）。全双工的主要缺点以及研究 FDD 和 TDD 的原因是其较高的复杂性和功耗。

表 8.3　不同双工方法对非对称高速数据通信适用性的比较

项目	全双工	FDD	TDD
相同产品数量	+两侧相同	− 双方不同（规模经济效益较低）	o 双方可以相同
MDI 回波损耗	− 强烈的回波损耗影响	强烈的回波损耗影响	+回波损耗不影响传输信号
复杂性	− 需要混合器、高分辨率 ADC 和回声消除器	+ DL 发射机端不如 DL 接收机端复杂，回声消除器可能适用于极高的数据传输速率	+无混合器、无回声消除器、ADC 分辨率较低、PHY 缓冲区较小
耗电量	o 高，但可通过 EEE 降低	o 取决于速度等级。DL 发射机的速度低于接收机	+低于全双工和 FDD DL 接收机
工艺节点	+数字部件较多，使用更小的制程工艺收益大	− 模拟部件较多，使用更小的制程工艺收益小	+数字部件较多，使用更小的制程工艺收益大
系统固有延迟	+延迟小（取决于 FEC、交织、EEE）	+ 延迟小（取决于纠错机制）	− 延迟取决于 TDD 周期，可能 <15μs
供电	o 实际系统为中间系统	− 由于低频 UL，需要大电感	+更小的电感器和/或更大的功率（4A）
诊断	+使用 TDR 可以进行更准确的电缆诊断	− TDR 功能在低速方向上难以实现	+使用 TDR 可以进行更准确的电缆诊断
DL 和 UL 方向的灵活数据速率	+数据可以以低于最大数据速率的任何速率传输	− 不可能（需要两个并行系统）	o 如果技术允许，在 UL + DL 数据速率范围内是可能的

IEEE 802.3 标准化

我（Kirsten Matheus）首次参加 IEEE 802.3 会议，是 2012 年 3 月在夏威夷举行的 IEEE 802.3 全体会议。尽管夏威夷并非一个需要严格审批出行的地方——毕竟，没人会相信你会在户外阳光明媚的海滩边享受时光时，真的愿意在密不透风、温度堪比冰箱的会议室里度过一整天——但这次会议仍标志着 IEEE 802.3 以太网技术新类别的诞生：即适用于汽车领域的单对以太网"T1"技术。在 2012 年 3 月的这次会议上，IEEE 802.3bp/1000BASE-T1 项目的组建实施文件（CFI）被提出并成功获得通过[53]。

在多次 IEEE 802.3 会议及冰冷的会议室经历之后（这些经历并不局限于夏威夷），多项 T1 规范已完成（也请参见第 1.3.3 节中的表 1.2）。然而，并非所有事情都一帆风顺。行业界需要适应汽车行业的特定要求。不仅在 IEEE 802.3cz 中，关于信道定义的争论便层出不穷。对于 IEEE 802.3cg 的多点链路段来说，这也是一个挑战，而 IEEE 802.3bp 在决定使用多少对双绞线的问题上，也耗费了一些会议时间。其中一些因素导致原定的时间表有所推迟。但凭借清晰的流程、透明的决策过程，以及积极向前看、寻求最佳技术解决方案的建设性精神，这些成果最终通常能够获得广泛的认可。给予尊重，收获尊重，我向所有促成这一切的人们致以敬意。

8.2 相关协议

基于以太网的通信遵循 ISO-OSI 模型，如图 1.5 所示。作为 IEEE 802.3 定义的规范，以太网包括物理层和数据链路层（DLL）的下部。以太网通信的成功部分归功于其庞大的生态系统，该系统包含可与以太网配合使用的更高层次的概念和协议。成功的另一部分则归功于 ISO-OSI 第 1 层上的许多概念，这些概念需要根据 PHY 技术的不同而实现差异化，但尽管如此，它们仍为许多不同的 PHY 提供支持，并因此可以在整个以太网网络中通用。层 2 及以上层实现的功能无论如何都与速度等级无关。以下将介绍在将高速传感器和显示屏连接到以太网时可能感兴趣的概念和协议。第 8.2.1 节探讨了节能的具体机制（在层 1 上），第 8.2.2 节介绍了时间敏感网络（TSN）系列的相关协议，这些协议主要由 IEEE 1722 和 IEEE 802.1 针对层 2 进行标准化，而第 8.2.3 节则讨论了可能在不同层上提供的安全性。

8.2.1 节能

在开发汽车时（也请参见第 6 章），实现高效节能是一个重要目标，但这并非仅限于汽车行业。IEEE 802.3 针对以太网通信制定了节能措施，这一举措并不局限于汽车应用场景，原因如下：以太网在发明之初，是作为总线工作的，多个单元共享同一媒体。其通信方式为"半双工"，即一次只能有一个单元发送数据，而其他所有单元只能监听。当没有单元需要发送数据时，信道就会保持静默。然而，随着交换式以太网和"全双工"通信的引入，这一状况发生了改变，而这一切始于 1997 年的 IEEE 802.3x 标准[3]。

在交换式以太网网络中，每个通信链路恰好连接两个参与者。这是全双工通信的基本要求，即这两个单元可以同时发送和接收数据。在全双工模式下，即使没有数据需要发送，单元也会持续发送空闲符号，以保持信道的同步并跟踪其状态。由于这极大地增加了以太网网络的功耗，IEEE 802.3 于 2010 年发布了 EEE（节能以太网）的概念，即 IEEE 802.3az 标准[54]。

对于所讨论的应用场景而言，它尤其有用，作为一种"轻度休眠"模式（也请参见第 6.2.2.2 节），因此将在第 8.2.1.1 节中详细介绍。轻度休眠允许在应用程序处于活动状态时节省电力，但此时通信链路的需求低于其容量所允许的范围。

对于汽车行业而言，重要的是还要解决应用程序长时间不活动的情况。在这种情况下，如果让整个单元而非仅仅通信功能进入所谓的"深度休眠"，则可以节省更多电力。

因此，OPEN Alliance 技术委员会 10（TC 10，在 OPEN 进行了一些组织变革后，现应称为工作组 10，WG 10）开发了唤醒和休眠的解决方案，这些方案将在第 8.2.1.2 节中讨论。与 EEE 类似，唤醒和休眠也具有依赖于传输技术和不依赖于传输技术的元素。

8.2.1.1　节能以太网

EEE 需要满足两个要求：首先，在链路不需要时尽可能节省电力——EEE 的原始目标是将物理层（PHY）的功耗降低约 50%[55]；其次，在链路再次需要时尽可能快地恢复通信[56]。为了实现这两个目标，所有支持 EEE 的物理层类型背后的基本原则都是相同的：在所谓的"低功耗空闲（LPI）"模式下，零传输/静默期 t_q 与显著较短的刷新期 t_r 交替进行，以确保物理层保持同步（见图 8.13）。一个"休眠"信号表示 LPI 模式的开始，而一个"唤醒/警报"信号则结束节电模式。这些信号由 MAC 层中的一个 LPI 客户端控制，该客户端还控制协调层（见图 8.12），以防止 MAC 在 LPI 期间通过设置相应参数（CARRIER_STATUS 为 CARRIER_ON）来发送数据。LPI 客户端控制所需的信号传输。

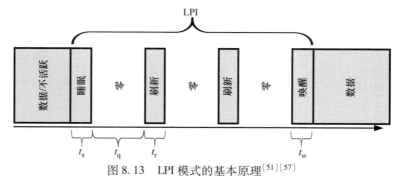

图 8.13　LPI 模式的基本原理[51][57]

如前所述，这一基本原则对于所有支持 EEE 的物理层类型都是相同的。物理层类型之间的差异在于零传输和刷新的最小持续时间、休眠命令的确切信号方式，以及每个传输方向是否可以单独进入 LPI 状态。IEEE 802.3 为数据中心应用开发的 2.5-10GBASE-T 以太网版本引入了非对称 EEE 的概念，允许每个传输方向根据另一方向的通信情况独立进入 LPI 状态[56]。可用数据速率越高，带宽的非对称使用就越有可能，而不仅仅是在汽车行业。

考虑到高速传感器和显示应用通信的非对称性质，仅在一个传输方向（"下行链路"）上需要高数据速率，而在另一个方向（"上行链路"）上的数据速率则较小。当上行链路流量不是连续传输，而是以固定间隔的小突发形式发送时，对称的高速汽车以太网 PHY 的功耗可以通过上行链路方向上的 EEE/LPI 来降低。借助

EEE/LPI，上行链路可以定期进入"轻度"休眠状态[58]。因此，多 Gbit/s 汽车以太网物理层规范 IEEE 802.3ch 和 IEEE 802.3cy 支持将非对称 EEE 作为可选功能。

为了进一步提高可能的节能效果，IEEE 802.3ch 还定义了一个可选的"慢速唤醒"功能[11]。在慢速唤醒中，唤醒信号不能随时发送，而只能在刷新之后直接发送。这可以进一步节省接收器的功耗。在 EEE 中，通常主要在发射器中节省电力。由于警报可以随时发生，因此接收机（主要）需要保持唤醒状态以做好准备。而有了慢速唤醒功能，接收器可以节省更多电力，因为它知道在刷新周期之间不需要接收数据。

上述讨论已经表明，EEE/LPI 能够实现的功耗降低程度存在变化。这取决于多种参数，其中一些基于规范中启用的基本概念，而另一些则取决于实现方式。为了支持更细致的讨论，图 8.14 首先展示了可能的 IEEE 802.3ch 收发器（也见图 8.7）的各个元素，并考虑了它们的活动状态。所有元素都必须提供[15]，但其中一些元素仅在收发器发送时（深灰色）需要，一些仅在收发器接收时（中灰色）需要，一些在活跃时（发送或接收，白色）始终需要，还有一些在同时发送和接收时（对角线浅色和深色）需要。基本思想是，可以在当前不需要的元素中节省电力。

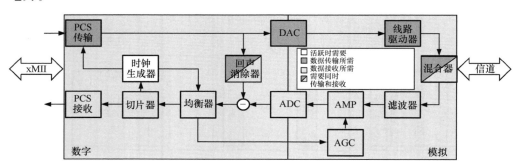

图 8.14　当 IEEE 802.3ch 收发器中只有发送或接收路径处于
活动状态时，使用 EEE 的节能潜力[15]

实际能够节省多少电力取决于多种参数。在 LPI 期间节省电力的第一个重要参数是未发送任何数据（零发送）的时间与活动时间的比例；相对于活动时间，不活动时间越长，某些耗电功能不需要的时间就越长，从而节省的电力就越多（但重新启动可能会更加复杂）。

第二个参数取决于实现方式。即使某个功能块在某一时刻不需要，但实际上可以停用多少部分呢？图 8.7 和图 8.14 区分了数字和模拟功能块。减少数字部分活动的最简单方法是停止时钟，这会使整个单元完全停用。然而，可能无法快速重启所有数字元素，因此通常只有选定的数字功能会完全关闭。模拟功能可以部分关闭，但模拟功能往往具有非线性的启动行为，因此在这里也很可能只有选定的功能会被部分关闭。最终的选择和节省的电力取决于实现者对功能在数据传输恢复时能够快速且稳定地重新运行的信心程度。在通信所需的时间与刷新周期和慢速唤醒模式保持一致的确定性固定间隔内，可以提高节能潜力。

最后且同样重要的是，需要提到的是，EEE/LPI 不仅可以像上述那样作为轻睡眠模式使用，还可以用于 Wake-on-LAN 和深度睡眠。为此，当 PHY 在两个传输方向上进入 LPI 时，它需要向 ECU 的电源发出信号。如果这意味着应用程序也不再需要，则当电源期望或发送定期刷新信号时，除了 PHY 收发器之外，它可以关闭整个 ECU 的电源。

8.2.1.2　唤醒和睡眠

虽然第 8.2.1.1 节中引入的 EEE 允许启动深度睡眠，但其最初的目的是在连接的单元处于活动状态并可能随时需要再次通信时，降低通信接口的功耗。然而，汽车行业的情况有所不同。在大多数情况下（使用对称通信技术进行非对称数据传输，如本书所讨论的，确实是一个例外），如果不需要通信，那么通常也不需要 ECU 上运行的完整应用程序。

因此，与汽车通信系统一起实施的节能机制也总是旨在能够通过唤醒和睡眠机制来关闭整个 ECU。在 Wake-on LAN （WOL）的情况下，只有通信接口的一小部分保持警觉状态，以便以最小的功耗识别任何唤醒信号。像 EEE 那样需要定期刷新信号会限制可能的节能效果。使用没有刷新的唤醒和睡眠进行深度睡眠的代价是唤醒时间稍微延长。

在撰写本书时，IEEE 802.3 标准尚未在其汽车以太网 PHY 规范中纳入旨在实现深度睡眠的唤醒和睡眠信号，而没有使用 EEE 和 LPI 信号；尽管已经提出了一种相应的机制（称为 "链路挂起"[56]）。OPEN Alliance TC/WG 10 为不同的汽车以太网 PHY 技术定义了特定的唤醒和睡眠方法，并随后将其转移到 ISO。这些 TC/WG 10 规范满足了与 PHY 速度无关的目标，如不影响 MAC 和 xMII 接口，能够在 250ms 内实现全局唤醒，并符合汽车开放系统架构（AUTOSAR）网络管理[59]。反过来，这导致了 PHY 速度无关的唤醒和睡眠机制（另见文献[60]），以及在电缆上进行实际唤醒信号时与 PHY 速度相关的机制（另见文献 [61] [62]）。对于物理层而言，重要的是唤醒信号的实现不需要额外的组件或对现有网络架构的更改，同时在对抗干扰存在的情况下，对不必要的唤醒具有鲁棒性。

TC10 机制背后的基本原则区分了唤醒和同步链路睡眠。对于链路睡眠，是单元的应用程序决定它暂时不需要通信链路。这通过向通信对端发送 LinkSleep_request 来传达。该单元可以接受此请求并以 LinkSleep_acknowledgement 做出响应，或者（如果它被配置为允许这样做）它可以用 LinkSleep_reject 拒绝请求。如果请求被确认，则两个单元都会将其通信（以及可能的其他单元）同时置于睡眠状态。如果请求被拒绝，则通信和单元不能进入睡眠状态。

一旦通信链路进入睡眠状态，有三种可能的方法来启动其唤醒：应用程序的更高层决定进行唤醒，链路对端单元请求唤醒，或者同一单元中的另一个"邻居"PHY 检测到线路上的唤醒信号。任何具有唤醒权限的单元发出的相应 Wake-up_request 都会唤醒整个全局汽车以太网网络。然后，每个单元在应用程序级别上独立决定是否需要保持唤醒状态，或者是否可以返回到休眠状态。

这种方法的优点是执行唤醒的层不需要知道哪个应用程序在哪个单元上运行。缺点是，所有单元都需要唤醒，其中许多单元可能是不必要的。OPEN Alliance 唤醒和睡眠机制期望并允许信号通过交换机转发到其他被动或主动链路段，不是通过 xMII，而是通过 MDIO 和/或一个额外的引脚[63]。

乍一看，本书中讨论的高速传感器和显示屏用例可能不需要基于 WOL 的唤醒和睡眠机制。许多传感器和摄像头的唤醒和睡眠可以很容易地通过电源进行控制（另见第 6.2.2.1 节），因为这些单元通常与处理其数据的单元之间具有简单的点对点通信关系。为驾驶人提供信息的显示屏通常会持续开启。然而，通过显示屏控制的其他传感器或应用程序可能会发出唤醒信号以供整个网络使用，因此，通过 OPEN Alliance 为多 Gbit/s 汽车以太网 PHY 完成进一步的唤醒和睡眠机制非常重要。

8.2.2 时间敏感网络（TSN）的服务质量（QoS）

在最初的以太网设置中，数据包是根据信道的可用性进行传输的，没有任何延迟或传输保证。随着以太网的普及，这种尽力而为的传输方式很快被视为一种局限性，并从 1998 年开始，（主要由）IEEE 802.1 不断发布规范，以增强以太网网络中的 QoS 能力（并且仍在继续这样做）。1998 年发布的首个重大更改在以太网数据包头部增加了 4B，称为可选的 IEEE "802.1Q 标签"（另见第 1.3.1 节中的图 1.6）。它由 2B 的标识符（以太类型 0x8100）、允许在 0 到 7 之间添加优先级类的 3bit、在拥塞时可以丢弃数据包的 1bit 标识符，以及一个 12bit 的虚拟局域网（VLAN）标识符组成。后者允许将流量虚拟地分隔到不同的网络中，即使所有流量都使用相同的物理线路。

2004 年 7 月，启动了相关工作，最终形成了几个规范，这些规范最初统称为音频视频桥接（AVB）[64]，后在 2012 年更名为时间敏感网络（TSN）[65]。这些规范的核心目标是能够为特定流量/优先级类别保证最大延迟。这些规范起源于专业音频领域，最初的目标是，在 ISO-OSI 第二层上，对于通过七个交换机连接的链路段传输的 100Mbit/s 以太网 AVB 流量，实现小于 2ms 的延迟。随着 TSN 的发展，其范围扩展到了控制应用，这些应用需要更低的最大延迟。TSN 的目标是，在 TSN 启用的网络部分（有时称为"TSN 云"）中，保证 5 跳之内的延迟不超过 $100\mu s$。

总的来说，已经制定了许多规范，每个规范都包含各种选项和功能。为了缩小选择范围并确保更受支持的生态系统，已经开发了两个汽车配置文件：一个是 Avnu 联盟于 2015 年发布的针对音频和视频数据的配置文件[66]，另一个是在撰写本书时正在开发的针对 TSN 规范的 IEEE P802.1DG 配置文件。

图 8.15 展示了以太网 TSN 网络，重点关注传感器和显示应用。传感器和显示屏通常总是位于网络的边缘，而网络的其余部分对它们来说则是一个（未知的）云。在 TSN 术语中，传感器通常是"发送者"，意味着它是数据流的来源。显示屏则是"接收者"，意味着它是数据流的接收端。在撰写本书时，由于大多数传感器和显示屏都是点对点连接到处理其数据的单元，因此它们也分别扮演发送者和接收者的角色。然而，TSN 的核心思想是发送者和接收者可以位于 TSN 网络中的任何位置，因此它们之间可能相隔多个跳段。图 8.15 以较小的规模展示了显示场景（2）中的这种情况，其中两个显示屏以菊花链架构连接，而不是点对点连接［标记为场景（1）］。两个显示屏将具有相同的发送者作为数据源，但对于其中一个显示屏，数据需要通过另一个显示屏传递。

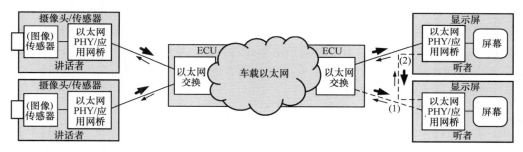

图 8.15 与车载网络相关的高速摄像头和显示应用；（1）以及（2）确定替代方案

需要注意的是，虽然传感器数据更有可能在网络中的多个位置被使用，但传感器本身不太可能采用菊花链连接，因为传感器通常比显示屏具有更高的安全性要求。一个链路中断可能会同时切断多个传感器（也请参见第 2.2.4.2 节）。然而，这可能并不是传感器直接连接的唯一原因。高速传感器架构由 SerDes 技术的能力决定，因为在撰写本书时，SerDes 技术是唯一支持相应数据速率的技术。当时不支持传感器的 SerDes 菊花链连接，因此也未预见其实现。对于以太网来说，无论菊花链是通过传感器还是显示屏实现，只要数据转发传感器或显示屏中包含交换机，都可以支持。由于传感器实现这一点的可能性再次低于显示屏，因此图 8.15 仅展示了显示屏的菊花链架构。

对于需要单跳点对点（P2P）通信的高速传感器和显示应用而言，仅部分时间敏感网络（TSN）规范是相关的。其中，最为关键的机制包括 IEEE 1722 流协议（详见第 8.2.2.1 节）以及 IEEE 802.1AS 中定义的时间同步机制（详见第 8.2.2.2 节）。鉴于流量整形（IEEE 802.1Qav 和 Qcr）和入口流量控制（IEEE 802.1Qci）对于连接传感器和显示屏的单元尤为重要，第 8.2.2.3 节和第 8.2.2.4 节分别对这些标准进行了阐述。第 8.2.2.5 节则概述了针对汽车以太网网络讨论的其他 TSN 规范。

如果传感器或显示数据是大型车载汽车以太网网络中的另一数据流，那么这些数据需要被视为整个系统的一部分，并可能需要更复杂的配置。例如，请参阅文献 [1] 以获取关于 TSN 规范的更详细讨论，以及在设计完整车载汽车以太网网络时这些规范及其功能的有用性。

8.2.2.1 IEEE 1722

IEEE 1722 是一种传输协议，最初设计用于音频和视频数据的传输。该协议于 2011 年首次获得批准，并在 2016 年发布了第一次修订版本[67]。到了 2021 年，该规范的又一次更新已接近完成。

IEEE 1722 拥有自己的以太网类型（0x22F0），这使其能够在第二层被识别。关键之处在于，IEEE 1722 因此绕过了 TCP/IP 等更高层协议。这减少了 IEEE 1722 数据的处理时间，并使对时间敏感的音频、视频和其他流媒体数据的延迟更加可预测。因此，对于所讨论的使用场景而言，IEEE 1722 是一个重要的协议。

最初，这种绕过设计仅针对时间敏感的音频和视频数据，而其他控制数据则假定使用传统的 TCP/IP 或 UDP/IP 通信。据作者所知，截至 2021 年，所有汽车中的车载以太网摄像头均通过 UDP/IP 接收其控制数据（并进行视频压缩，因此无论如何都需要一定的智能处理能力）。

然而，随着进一步的修订，IEEE 1722 协议现在还支持传输典型的汽车控制格式，如 CAN、LIN、I2C 和 SPI（后两者的规范预计将在 2022 年发布[68]）。这允许通过以太网连接实现视频流和控制，例如针对高速摄像头或传感器，而无须实现 TCP/IP 协议栈。如果结合适当的数据速率，该速率允许在不进行压缩的情况下传输传感器或视频数据，那么连接可能会按照图 8.15 中"以太网 PHY/应用桥"的意图在硬件中实现。

图 8.16 展示了基本的 IEEE 1722 数据包结构。在以太网级别上，该数据包看起来与其他任何以太网数据包一样。此外，IEEE 802.1Q 标签是强制性的，因为提供优先级信息是支持数据在整个网络中及时传输的关键（尽管 VLAN 的使用与 IEEE 1722 无关）。

每个以太网数据包的 IEEE 1722 负载都有自己的头部和负载。子类型字段用于识别 1722 数据包的负载，并包含一个序列号（以便接收器能够知道是否有数据包丢失）。流 ID 用于标识特定的数据流及其源；其值源自源的 MAC 地址。下一个字段用于时间信息（可以像 8.2.2.2 节中描述的那样，使用 IEEE 802.1AS 的部分功能）。在音频或视频传输的情况下，这将是呈现时间，它告诉接收器音频或视频应该在何时离开接收器的第二层，以供应用程序使用。这是在多个源或接收器之间存在不同传播延迟时减少抖动的一种可能性。在单个应用程序中使用多个传感器或在有/无单独音频输出的显示屏上使用时，这也非常有用。

在封装控制数据（未在图 8.16 中显示）的情况下，如果数据是时间关键的，则该字段可以包含时间戳。如果控制数据是尽力而为的，则可以省略该字段。负载

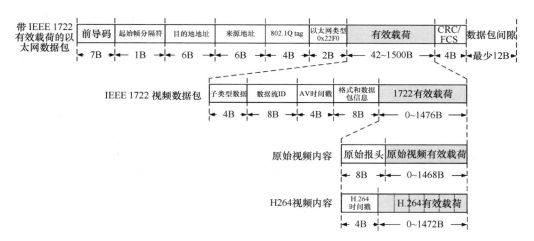

图 8.16　用于未压缩和已压缩视频数据的 IEEE 1722 数据包结构（未按比例缩小）[67]

信息字段与负载内部数据的格式直接相关，并会相应地变化。此负载可能再次包含额外的头部，如图 8.16 所示。有关 IEEE 1722 格式的精确使用详情，请参阅文献 [67]。

请注意，如果 IEEE 1722 数据包短于以太网所需的最小负载长度 42B，则以太网 MAC 将像传输其他任何协议一样自动填充该数据包。

IEEE 1722 可以与本地管理的单播地址或静态或动态分配的多播 MAC 地址配合使用。由于汽车已经设计了网络，也是为了缩短启动时间，建议静态预配置地址。

IEEE 1722-2016 及其即将发布的 2022 版本支持多种已知协议和格式，包括加密格式、UDP/IP 封装以及额外的依赖于应用程序的时钟和事件信息 [67][68]。然而，如果需要比当前已处理的格式更多的格式，可以使用 IETF RFC 3550 [69] 中与实时传输协议（RTP）负载相关的多个 RFC，而无须对 IEEE 1722 进行修改。

8.2.2.2　IEEE802.1AS 同步/定时

在车载网络中，拥有一个共同的参考时间显然至关重要，尤其是在涉及安全关键传感器应用或驾驶人信息的及时显示时。IEEE 802.1AS 标准于 2011 年首次发布 [70]，并在 2020 年进行了最近一次更新 [71]，它允许网络中相关连接参与者的时钟进行同步。由于 IEEE 802.1AS 最初是作为 IEEE 1588 的简化扩展而设计的，因此它通常被称为"广义精确时间协议（gPTP）"。IEEE 802.1AS 的定时精度目标是在最多 7 个不同链路段之间的参与者之间达到 ±500ns，而直接相邻的参与者则必须在几纳秒内完成同步 [72]。

IEEE 802.1AS 的核心是"主时钟"（Grandmaster clock），所有其他时钟都与之同步。对于车载网络而言，尽管标准允许使用最佳主时钟算法（BMCA）进行自动选择，但通常会预先选定一个或多个主时钟（可能包含冗余设计）。这种预选择建议是为了缩短启动时间，并且由于车载网络是专门设计的，因此是可行的。汽车制造商会选择特别适合作为主时钟的主控单元（ECU）：这些单元应存在于每辆汽车中，搭载足够精确的时钟，并持续供电（与可能进入深度休眠的单元不同，见第8.2.1.2 节）。就图 8.15 所示的用例而言，可以肯定的是，（摄像头）传感器和显示屏都不会是主时钟。相反，主时钟将是车载网络云中的另一个单元。此外，传感器和显示屏可能位于"时钟生成树"的边缘，它们会响应 .1AS 命令但不会主动发起命令。一个例外可能是菊花链中的显示屏，它会将数据转发给下一个显示屏。

同步算法的关键在于每条链路的消息传播延迟都是已知的。为此，IEEE 802.1AS 定义了一种所谓的"pDelay"测量。如图 8.17 所示，该测量采用两步法，这种方法使得确定 pDelay 值所需的硬件成本比单步法更低[73]。一旦 pDelay 值已知，就可以通过时钟跨越树中的"sync"（同步）和"follow_up"（后续）消息来实现同步。

为了实现同步算法所需的纳秒级精度，时间戳需要在硬件中可用并提供。这通常在 MAC 的入口和出口处对延迟请求、延迟响应和同步消息进行实施[72]。pDelay 测量和同步操作是循环重复的。

值得注意的是，这种方法不仅可以确定相邻节点之间的传播延迟，还可以确定相邻节点是否都支持 IEEE 802.1AS。

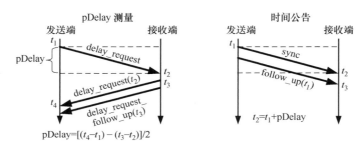

图 8.17　基本 IEEE 802.1AS 同步机制

IEEE 802.1AS 消息使用一个特殊的多播 MAC 地址（01-80-C2-00-00-0E），该地址仅在直接邻居之间交换而不被转发[70]，并采用特定的以太网类型——0x88F 7，以便在第二层上识别其消息。IEEE 802.1AS 消息不使用可选的 IEEE 802.1Q 头部，因为虚拟局域网（VLAN）可能会无意中限制消息的传递。在设计的车载网络中，可以通过在关闭前存储并重用最后的 pDelay 值来进一步缩短 IEEE 802.1AS 的启动时间。

鉴于同步时间对于众多车载功能至关重要，必须采取预防措施以应对主时钟（Grandmaster）可能不可用的情况，这可能是由于搭载主时钟的 ECU 正在重置或发生其他故障所致。若配备最佳主时钟算法（BMCA），则会自动选择新的主时钟，但这一过程可能如系统启动时自行选定主时钟一样缓慢（超过200ms[74]），因此并不推荐。为了在没有 BMCA 的情况下解决主时钟的临时故障问题，Avnu 汽车规范定义了"（桥接）holdover"机制。该机制确保在接收到主时钟的新同步消息之前，交换机继续传输其接收到的最新值。此外，IEEE 802.1AS-2020 修订版还提供了更多支持冗余的机制，包括冗余时钟生成树、冗余主时钟以及同时使用多个 gPTP 时间域[71]。

部署哪种机制，是整体车载网络设计的一个选择，并可能取决于风险分析与复杂性限制之间的权衡。车载网络边缘的通信终端节点，如摄像头、传感器或显示屏，不会注意到主时钟或时钟生成树的变化，也不会察觉到它们接收到的是 holdover 数据。传感器数据可能会在不同的功能域中重复使用，例如用于驾驶辅助和信息娱乐系统。是否值得为多个 gPTP 时间域投入努力，这是一个总体设计选择，并且目前在汽车行业仍然是一个有待解答的问题。

8.2.2.3　IEEE 802.1Qav/Qcr 流整形

无论谁设计通信网络，都必须确保传输的数据量不超过可用带宽。虽然这在平均数据速率或所有数据仅循环传输的情况下相对直接，但如果流量模式包含事件驱动的数据突发，则可能不足以应对。这些数据突发可能会暂时阻塞网络，并阻止其他数据通过，即使平均数据速率低于最大值也是如此。为避免这种情况，一种方法是在发送端实施流量整形，以确保流量突发随时间更均匀地分布。

IEEE 802.1 标准提供了两种不同的流量整形方法：基于类别的（IEEE 802.1Qav，首次发布于 2011 年[75]）和基于流的（IEEE 802.1Qcr，首次发布于 2020 年[76]）。其中，与 IEEE 802.1Qav 配合使用的信用基整形器（CBS）确保所选优先级类别的队列只能以一定的预定义速率发送。只有当信用值等于或大于 0 时，该队列中的数据包才能被发送。当数据包在队列中等待时，信用值会以分配的数据速率累积；而当数据包正在传输时，信用值则以传输速率减去分配的数据速率的差值消耗。若特定 CBS 优先级队列中没有数据包，信用值也会增长，但仅限于增长至 0。

IEEE 802.1Qcr 中定义的异步流量整形（ATS）能够在同一流量/优先级类别中优先处理更紧急的数据，从而实现比 CBS 更低的延迟。这是通过分层排队和按流重新整形来实现的。然而，这种能力在能够自行组织正确优先级的发送者中可能不那么重要。相比之下，交换机没有控制权，并且可能从不同源接收到同一流量类别中不同紧急程度的数据，这可能会大大增加某些数据的延迟。ATS（异步流量整形）是基于每个流的令牌进行工作的，而不是基于每个类别的信用额度。

鉴于其在车载网络中的简便性和有效性，所有车载以太网网络都有可能采用某种形式的流量整形技术[77][78]。其中一个优势在于，是否在一个电子控制单元中实施流量整形机制的决定可以针对每个单元（无论是终端节点还是交换机）独立进行，而不受网络中其他单元所选机制的影响。这种选择应完全取决于该特定单元将要传输的预期流量类型。例如，（摄像头）传感器通常由于其数据是连续记录、收集和发送的，因此本质上就具有流量整形的特性，因此它们不需要额外的整形机制。

通常，显示屏仅作为监听器，并不将视频数据传回网络。如果它仅将一些控制数据传回网络，则其出口端口无须进行流量整形。即使显示屏中包含了摄像头（例如用于视频会议功能），传感器数据的收集本身也是经过整形的。因此，传感器在其出口端口上不太可能需要进行流量整形。然而，在将数据发送到显示屏的一侧可能需要进行流量整形。这种情况可能发生在（更智能的）显示屏接收预存储的数据流时。如果不有意识地采取不同措施，发送数据的节点可能会尽可能多地一次性发送数据，假设接收端（即显示屏）会将数据缓冲到需要时为止。如果数据源位于多个跳段之外，这将使任何中间网络承受压力，并/或在显示屏上存在缓冲区溢出的风险。在任何处理以太网网络中预存储数据流的情况下，对发送器进行流量整形都是至关重要的。

8.2.2.4　IEEE 802.1Qci 入口监管与过滤

设计以太网网络时的一项核心任务是确保所有流量按需到达，并在数据传输过程中避免延迟和丢包。当输出队列缓冲区中的流量（暂时）超过可用带宽时，交换机中会发生网络拥塞，从而导致延迟。同样地，由于这一原因，当缓冲区溢出时，数据包会被丢弃，从而导致丢包。因此，许多 IEEE 802.1 时间敏感网络（TSN）的服务质量（QoS）机制都提供了避免或限制网络拥塞可能性的方法。

第 8.2.2.3 节中介绍的流量整形是一个例子。然而，流量整形不仅假设网络规划得当，还假设网络运行正常。在设备出现故障、存在错误流量或恶意流量［例如由拒绝服务（DoS）攻击引起，见第 8.2.3 节］的情况下，这些流量可能会淹没网络，并阻止目标流量及时到达其目标目的地。2017 年发布的 IEEE 802.1Qci 规范[79]的目标是提供一种手段，以防止错误或过量流量对网络（或网络其余部分）造成损害。

IEEE 802.1Qci 规范区分了两种机制：一种是确定单元是否接收到了比预期更多的流量，另一种是在确实存在过多流量时如何做出反应。为了测量传入的数据流，会对到达的每个数据包进行属性检查，如接收端口、VLAN ID、寻址或优先级。然后将这些值与具有相同流 ID 的数据包检索到的参数进行比较。如果确实超出了诸如最大包长度或最大数据速率等参数，接收单元可能会增加一个计数器以跟踪此类事件。或者，如果过多的流量确实成为问题，它可以将数据包标记为可丢弃。该单元可以丢弃特定的数据包，或者可以配置为在未来阻止来自该流的所有后续数据包[80]。

当然，这样的功能对于具有多个端口的交换机尤其重要，尤其是当这些端口连接到高速传感器发送器时。没有交换机的显示屏或任何不转发任何数据的其他单元也可以从 IEEE 802.1Qci 中受益，因为 IEEE 802.1Qci 可以防止其入口处不需要的过量流量占用其内部处理能力。因此，IEEE 802.1Qci 被视为使以太网网络更加可靠的最重要的 TSN 机制之一[81][82]。

8.2.2.5　其他 TSN 协议

以下描述介绍了在汽车以太网网络背景下考虑的几种时间敏感网络（TSN）协议，然而，这些协议与所讨论的高速传感器和显示屏连接用例并不直接相关。

（1）IEEE 802.1Qat/Qcc 流预留

IEEE 802.1Qat 流预留协议（SRP）规范首次发布于 2010 年[75]。其基本思想是允许为特定数据流在网络中从发送者（Talker）到其监听者（Listener）的路径上预留一定量的带宽。为此，发送者将其数据流公告到网络中，对特定流感兴趣的监听者会响应其兴趣，而沿途的交换机则检查这些数据流是否有足够的带宽可用性。如果可用，则预留该带宽；如果不可用，则会拒绝为该特定流预留带宽的请求。

虽然当传感器数据或视频流通过网络传输时，IEEE 802.1Qat SRP（流预留协议）似乎是一个必备的功能——但如果数据仅用于点对点（P2P）传输，则完全不需要 SRP——但 IEEE 802.1Qat SRP 带来了一些缺点，使其在汽车环境中不切实际。首先，它是一个去中心化、动态的协议。去中心化意味着启动时间比汽车环境所允许的要长。动态意味着需要持续的处理和相应的硬件努力来检查之前预留的带宽是否仍然需要[83]。此外，与家庭娱乐系统不同，在汽车内部，如果任何带宽请求被拒绝，都是完全不可接受的。那么，为什么首先要提供这个功能呢？

为了减少漫长的启动时间，IEEE 802.1Qcc 于 2018 年发布[84]。它实现了集中式网络管理，并提供了更多可配置的流预留类别；而 IEEE 802.1Qat 仅提供了很少的类别。IEEE 802.1Qcc 中定义的增强型 SRP 需要集中式的网络知识（由 IEEE 802.1Qca 支持[85]）。然而，集中式网络管理并不可取，而且它并没有改变这样一个事实，即车内网络中预见的所有流量都需要能够通过网络。因此，以即插即用为导向的预留机制并不适用。

（2）IEEE 802.1Qbv 或 Qch，确定性延迟保证

2015 年发布的 IEEE 802.1Qbv 的时间感知整形器（TAS）[86]允许将以太网网络从属于一个时间表。它确保在定义的、规则的间隔内，只有特定的流量可以通过网络，而在这些间隔之外的所有时间，则进行正常的以太网操作。时间表通过在每个出口端口的每个优先级队列上添加的门来强制执行。此外，在预留的周期时间之前，应观察一个与最大可能干扰数据包大小相同的保护带，以确保在预留的间隔时间开始时，没有先前的数据包仍在传输。

对于需要多跳传输的周期性传感器数据，可以考虑采用时间感知整形（TAS）技术。然而，在点对点（P2P）场景下应用它并无必要。采用 TAS 后，传感器数据确实能以最小延迟通过网络传输。但 IEEE 802.1Qbv 在规划和实施上增加了大量开销。作者认为，这改变了以太网灵活且开销相对较小的特点。因此，应慎重考虑这种努力是否物有所值。

通过引入 IEEE 802.1Qch（2017 年发布[87]）的循环排队和转发功能，也可以

确保确定性的延迟。它通过在交换机中特别引入一种缓冲机制来实现这一点，该机制将在一个周期内收到的所有数据存储起来，直到下一个周期，然后再通过适当的出口端口和队列转发数据。IEEE 802.1Qch 可以确保确定性的延迟，但并不一定意味着短延迟。这再次证明，对于周期性生成的传感器数据来说，这种方法可能非常有效，但在整体网络设计中需要仔细考虑。

（3）IEEE 802.1Qbu 和 IEEE 802.3br 的"抢占"功能

抢占通过允许停止正在进行的低优先级流量传输，并在中断的低优先级数据包其余部分传输之前插入高优先级数据包，从而确保某些流量的最短延迟。如何在 PHY 层上启用"插入式快速传输（IET）"在 IEEE 802.3br[88]中有所描述。允许在接收器处停止、重启和重新组合数据包所必需的方法论在 IEEE 802.1Qbu[89]中进行了定义。这两项规范均于 2016 年首次发布。

抢占是一种分散式方法，它（仅）要求链路两端的设备都承诺支持它。在汽车领域中，对于事件驱动、安全关键的控制流量来说，抢占最具有意义，因为这些流量需要通过大型网络以最高优先级和最短延迟进行传输。然而，对于（循环）高速传感器和显示数据而言，即使数据不仅用于点对点（P2P）连接，而是通过网络传递，抢占的益处也并不那么明显。例如，可以参见文献［90］，其中对不同 IEEE 802.1 QoS 机制对延迟的直接影响进行了直接比较。

（4）IEEE 802.1CB 和 Qca 冗余

通过 2017 年发布的 IEEE 802.1CB[91]和 2015 年发布的 IEEE 802.1 Qca[85]，可以在同一以太网网络中管理不同的路由，并沿着这些路由复制数据包，以实现无缝冗余。一个特定的序列号有助于合并设备识别相应的数据包，并在顺序被打乱时重新建立正确的顺序。

其基本概念类似于为航空航天工业开发的航空全双工交换以太网（AFDX）所提供的冗余概念。飞机要求技术具有故障操作行为，以保持飞机在空中飞行。因此，在飞机中，冗余是必不可少的。如果一个系统发生故障，冗余系统会无缝接管。相应地，在提供两次甚至三次的相关系统中，包括控制单元、通信线路以及通信系统或通信系统内部的冗余。

对于手动驾驶的汽车而言，很难想象到能够证明广泛冗余成本合理的主要优势。但对于自动驾驶汽车则不同。自动驾驶的关键在于例如持续且正确地确认环境，这使得传感器数据成为自动驾驶的重要元素，并建议采用良好的冗余概念。这可能包括不同的传感器检测相同的环境，以及不同的处理单元评估相同的数据。是否应该在传感器的连接性中包括冗余，这是一个有待讨论的问题。"双归属"（Dual homing），即传感器接收两个以太网连接，确实为抵御位错误提供了良好的保护。然而，它给连接性、两个 PHY 和连接器以及处理带来了显著的额外成本[92]。如果传感器以菊花链环的方式连接，则每个传感器还需要一个交换机。这需要进行仔细的系统评估，以确定在通信中增加冗余还是通过增加更多单独连接的传感器来建立冗余，哪种方式更能满足需求。

8.2.3　安全

随着以太网在 IT 行业的引入，其安全性问题在汽车行业应用之前就已得到多年关注，因此汽车以太网从这些发展中受益匪浅[93]。尽管汽车在资源和可更新性方面存在更多限制，但汽车安全概念通常基于与 IT 行业相同的原则，这首先意味着选择了分层方法[94]。图 8.18 展示了以太网安全是网络安全的组成部分，并进一步强调了根据所使用的确切协议栈，可以在 ISO OSI 协议的不同层次上应用安全机制。具体来说，以太网安全属于数据链路层，其中交换机是这一层的重要元素。以下文本详细说明了图 8.18 中展示的各个元素。请注意，为特定层选择的每个解决方案都会保护该层及其上层，但不会保护其下层[95]。

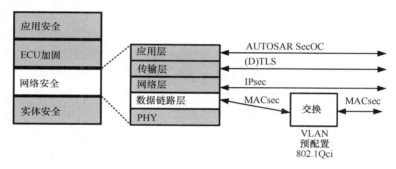

图 8.18　汽车安全的可能层次，重点是以太网（白盒）[94][96]

一种典型的黑客攻击安全性的方法是利用特定协议软件实现中的漏洞，以控制软件的全部或特定部分。在协议栈中位置越高的协议，越依赖于软件，并且通常使用的协议数量也更多样化。

因此，应用层可能遭受的攻击类型也相应多样。第 2.2.4.3 节讨论了直接在相机图像传感器中进行数据认证和加密以保护应用的方法，这可以独立于所使用的通信技术（尽管它不太可能作为通信级别安全的补充来使用，除非它以显示内容保护的形式出现，另见第 2.2.4.3 节）。在通信协议栈的应用层上，AUTOSAR SE-Cure Onboard Communication（AUTOSAR SecOC）[97] 是一个典型的安全保护协议。它来自汽车行业，强调支持 AUTOSAR 的所有网络技术的资源效率和实用性。这些技术包括 CAN（FD）、FlexRay、Ethernet 和 LIN。SecOC 甚至有能力保护正在传递的消息，例如从 CAN 到 Ethernet 的消息。

尽管 AUTOSAR 在许多以太网连接的 ECU 中十分常见，但 SecOC 不太可能应用于高速传感器和显示屏中。一方面，SecOC 在汽车行业中仍属于相对较新的技术；另一方面，AUTOSAR 作为软件堆栈的一部分被使用，若摄像头和显示屏"不具备智能功能"，则 SecOC 无法被应用。

针对传输层 TCP 协议的已知攻击类型包括终止其他 TCP 流、向 TCP 流中盲目注入数据、尝试通过拒绝服务（DoS）攻击（例如，快速启动大量连接而不完成它们）来耗尽另一电子控制单元的 TCP 状态[98]。因此，传输层安全协议（TLS），之前称为安全套接层（SSL），是 IT 领域中最常见的安全协议之一。使用 TLS 时，客户端和服务器会从多种可能性中协商用于加密、密钥交换和身份验证的方法[99]。对于用户数据报协议（UDP），存在一种称为数据报传输层安全（DTLS）的 TLS 变体[100]。TLS 和 DTLS 都只能保护单播通信。

基于以太网通信最常用的协议之一是互联网协议（IP）。该协议也面临多种攻击类型，如 IP 欺骗（更改地址），以及利用特定的 IP 片段绕过过滤。通过发送大量互联网控制消息协议（ICMP）消息，可以实现拒绝服务（DoS）攻击。相应的安全协议被称为互联网协议安全性［IPsec，请参阅互联网工程任务组（IETF）的请求评注（RFCs）概览[101]］。IPsec 可用于 IPv4 和 IPv6，并支持加密和消息认证码作为附加报头元素[102]。

在撰写本书时，一些汽车制造商正在其车载以太网网络中使用 IPsec（同时，由于汽车以太网芯片中尚未提供 MACsec，见下一段）。然而，大多数高速传感器和显示屏应用都侧重于使用 IEEE 1722 进行数据流传输。控制数据可能会使用 UDP 和 IP 通信，但 IPsec 不会保护 IEEE 1722 流量。

MAC 层/数据链路层是以太网通信的固有层，在基于以太网的通信中，它独立于用于更高层的协议栈。该层的关键元素包括 MAC 地址、VLAN ID 和优先级，这些都可能成为网络安全攻击的目标。此外，交换机中的转发地址表和其他敏感元素，以及使用 MAC 级广播消息淹没系统的可能性，也值得注意。

所谓的"MACsec"协议（图 8.19）保护所有这些第二层元素。MACsec 最初被标准化为 IEEE 802.1AE，并在 2017 年修订为 IEEE 802.1AEcg[103][104]。它保护两个直接连接节点之间的链路，从而确保 VLAN 标签也受到保护。如果数据通过交换机转发，则数据会在每个链路上分别进行身份验证和（可选地）加密。为了限制由此产生的延迟，MACsec 的硬件支持至关重要。由于它提供了独立于流量类型或域的良好安全级别，因此对汽车以太网通信大有裨益[105]；同时也对高速传感器和显示屏通信有益。在后一种情况下，MACsec 不依赖于为更高层选择的任何协议，因此无论使用何种协议，都能获得相同的保护，这一点也非常有帮助。

除了 MACsec 之外，还可以使用 VLANs、IEEE 802.1Qci（入口监管与过滤）以及预配置来提高汽车以太网网络的安全性。这些措施共同作用下，可以进一步增强网络的整体防护能力。

预配置可以强化入口交换机端口的过滤器，确保只有具有特定 IP 地址的流量才能通过，或者外部流量不能直接转发到内部通信链路（或反之亦然）。VLANs 可用于确保只有带有特定 VLAN-ID 的流量才能传输到特定链路，而 IEEE 802.1Qci（也见第 8.2.2.4 节）则确保交换机不会在 DoS 攻击中被淹没。这些措施共同提升

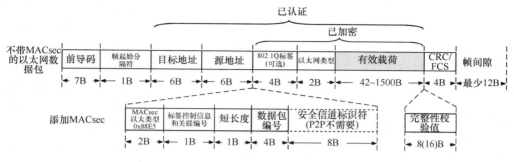

图 8.19　MACsec 情况下的以太网数据包格式

了网络的安全性和稳定性。

当然，通信也可能在 PHY 层受到干扰。由于物理层主要是硬件，它可能会受到机械性破坏，或者在切断的线路中插入恶意设备。然而，网络攻击本身只能发生在较高的协议层之一。

8.3　汽车以太网与汽车 SerDes

本节区分了两种情况：一种是总体上比较汽车 SerDes 和汽车以太网（见第 8.3.1 节），另一种是详细比较具体的技术实现（见第 8.3.2 节）。正如所展示的，汽车 SerDes 和汽车以太网之间的界限正变得越来越模糊。

8.3.1　原理比较

第 1.2.2 节列出了汽车 SerDes 的四个核心特征：驱动线缆、支持单向高速数据传输、点对点通信，以及覆盖 ISO-OSI 通信模型中的最底层两层。同样地，汽车以太网也驱动线缆，在任何类型的拓扑结构中都能对称支持高速数据传输，其核心也针对 ISO-OSI 通信模型中的最底层两层进行了定义。因此，以太网功能涵盖了 SerDes 功能。然而，超越这些一般特性进行更细致的比较是有意义的，在此过程中，如后文所述，区分 PHY 层和相关高层也是必要的。在物理层，许多要求和解决方案颇为相似：

1）鉴于汽车 SerDes 和汽车以太网在阻抗（IL）和回波损耗（RL）值上非常相似（如图 5.4 和图 5.5 所示），且这些频率下只有一定数量的适合汽车的电缆和连接器可供选择，因此布线选项也仅有细微差别。到目前为止，高速以太网已针对屏蔽双绞线（STP）和玻璃光纤（GOF）进行了标准化，而 SerDes 则通常使用 STP 或同轴电缆。然而，这并不意味着以太网不能扩展到同轴电缆上使用，或者不能开发用于光传输的 SerDes 技术（尽管可能性不大）。因此，与 OPEN Alliance 和 ASA 之间的联络一样，合作开发相应的信道测试方法是有意义的[106]。

2）对于可能的双工方法而言，通信是对称还是非对称确实有所不同。对称通信需要全双工（如以太网通常使用的）或时分双工（TDD），而非对称通信则额外允许频分双工（FDD）（如许多汽车 SerDes 技术所使用的）。无论采用哪种双工方法，它都会对最终产品的复杂性和功能产生一定影响（见表 8.3）。

3）所使用的双工方法对电源供电能力有一定影响。双工方法会影响 MDI RL（参见图 5.23），并随之影响 Bias-T 必须阻断的频率范围（参见第 6.1.3 节）。但是，由于 SerDes 可以采用任何一种双工方法设计，而以太网不能使用的 FDD 在电源供电方面并不特别有利，因此，这并不是汽车以太网和汽车 SerDes 之间主要的优缺点区分。这两种技术都是无直流的，这对电源供电来说至关重要。

4）在具有相似信道和相似链路预算的情况下，用于物理编码子层（PCS）和物理介质连接子层（PMA）的方法论选择也相似。无论选择哪种方法，都是第8.3.2 节中讨论的特定技术之间差异的一部分。这同样适用于延迟和同步等方面。

关于可能的拓扑结构和网络能力，以太网和 SerDes 之间的主要差异如下所述。

1）这两种技术都仅针对第 1 层和第 2 层进行了定义。然而，以太网本身能够无缝集成到 TCP/IP 协议栈和其他协议层中，这些协议层涵盖了第 3 层到第 7 层的协议。SerDes 通常仅用作非常特定的视频协议的桥接。但是，当汽车 SerDes 传输以太网数据包并连接到/桥接到 xMII 以太网接口时，这种区别就变得模糊了，SerDes 就变成了另一种以太网 PHY 层（见图 8.20）。

2）以太网的一个重要组成部分是其明确的 MAC 寻址方案。通过交换机，它理论上可以将网络扩展到任何大小和拓扑结构。然而，对于 SerDes 本身（即不是像上面描述的那样桥接以太网的 SerDes）来说，情况并非如此。原则上，SerDes 仅设计为点对点（P2P）通信。虽然一些汽车 SerDes 技术允许通过某种菊花链或其他类似方式扩展这一功能，但这并不是无限的，而是离散的，并且始终需要工程设计。

3）基于其寻址方式，以太网可以实现单播、多播和广播，以及与 IEEE 802.1结合使用的各种服务质量（QoS）机制（见第 8.2.2 节）。

由于 SerDes 面向点对点（P2P）通信，因此不需要或没有预见到在网络中确保满足特定定时要求的服务质量（QoS）机制。在 SerDes 中，通常只预见到一种 QoS机制，即能够同步不同的视频流。至于 SerDes 是否支持多播或广播，这取决于具体的技术实现。

对于这两种技术，原则上在所有 ISO-OSI 层上都可以实现安全性，但具体实现取决于所选的特定技术。因此，实际差异也取决于所选的具体技术。

汽车 SerDes 专为非对称视频传输而设计，并通常作为摄像头或显示应用的桥接器使用。相比之下，以太网则更加通用，但这通常也意味着它在某些方面可能不如 SerDes 优化。然而，对于特定应用而言，最优选择更多地取决于可用的半导体产品，而非基本技术本身。

表 8.4 总结了这两种技术的主要差异。

表 8.4　汽车以太网与汽车 SerDes 的总体比较

项目	汽车以太网	汽车 SerDes
目标对称性	对称数据速率（可非对称使用），这通常意味着在任一链路侧使用相同的芯片	非对称数据速率（可以复制以支持对称传输），这通常意味着任何链路侧都有不同的芯片
介质	为 STP 和 MMF GOF 定义（可适用于同轴）	为 STP 和同轴电缆定义（可扩展到光纤）
供电	可能（需要无直流技术）	可能（需要无直流技术）
PHY 层双工	通常，全双工（理论上 TDD 也是可能的）	TDD、FDD（全双工会不必要地增加复杂性，但也是可能的）
PCS 和 PMA 特点	相似频率和数据速率的类似方法	相似频率和数据速率的类似方法
拓扑和寻址	由于交换机，任何 MAC（和 IP）寻址	P2P（可扩展到菊花链）
协议	旨在无缝集成到 TCP/IP 系统和支持 ISO-OSI 第 3～7 层的其他协议中，包括面向服务的通信等	旨在最佳地桥接到特定的视频协议
网络	设计用于任何规模的网络（TCP/IP），可能面向服务，单播，多播，广播	专为 P2P 设计。通常，非常有限的工程网络是可能的
服务质量	TSN/IEEE 802.1 提供的 QoS	对同步以外的任何东西的需求有限
链路安全	所有层、链路和协议都具有安全性	理论上也可能在所有层上。实际上，这取决于所使用的技术
应用	固有的应用程序无关性。特定的产品可以连接到许多应用中	通常用于针对特定应用进行优化的产品

图 8.20 比较了两种用例：一种是部署汽车 SerDes 的摄像头用例，另一种是部署汽车以太网的摄像头用例，后者在中间还可选地部署了以太网网络。从图中可以看出，原则上，这两种技术都可以用来将相机连接到网络。然而，最终选择哪种技术更优，取决于具体的应用场景（是否需要网络）以及是否有合适的半导体产品可用。

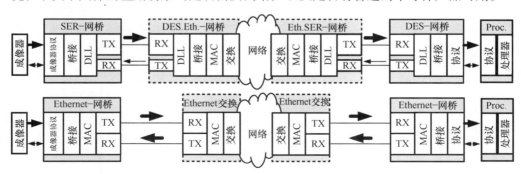

图 8.20　使用摄像头内的汽车 SerDes 或汽车以太网桥通过以太网（虚线）传输摄像头数据

8.3.2 具体比较

表 8.5 对 MGBASE-T1 以太网、ASAML 以及 MIPI A-PHY SerDes 的技术特性进行了直接比较。该表所涵盖的内容是从第 7.4 节、第 7.5 节、第 8.1.1 节和第 8.1.2 节中详细描述的项目中整理而来，因此在此不再对这些内容进行详细展开。

表 8.5 **MGBASE-T1、ASAML 和 MIPI A-PHY 的技术比较**

类别	MGBASE-T1	ASAML	MIPI A-PHY	解释
发布日期 v1.0	2020 年 6 月	2020 年 12 月	2020 年 8 月（2021 年 6 月，IEEE）	
v1.0 DLL 的用户数据速率（无开销，无安全性）/（Gbit/s）	DL: 9.72, 4.86, 2.43 UL: 和 DL 一样	DL: 13.4, 10.1, 6.7, 3.73, 1.86 UL: 0.05, 0.1	14.4, 10.8, 7.2, 3, 1.5 UL: 0.054	
对于 v1.1/（bit/s）		v1.0 x2、x3、x4，带链路聚合功能	DL: v1.0 x2，带链路聚合功能 UL: 125Mbit/s	
下一代/（bit/s）	24.3，带较短（11m）电缆（cy）		v2.0 计划采用更高的数据速率（可能使用更短的电缆长度）	
符合规范的目标 BER	10^{-12}	10^{-12}	P1: 10^{-12} P2: 不适用，改为定义 PER（RTS 后 10^{-19}）	典型的以太网和 ASAML 实现目标 BER 为 $10^{-16} \sim 10^{-15}$
调制	PAM4	PAM4, PAM2	PAM16, PAM8, PAM4, PAM2	
双工方法	全双工、双向同步传输，具有回声消除功能	时域（TDD）	部分 FDD，部分双向同时非对称传输	同时传输需要混合放大器、回声消除器以及更高分辨率的 DAC 和 ADC
耗电量	200%（不对称 EEE 为 150%）	100%	介于 ASAML 和以太网之间	作者根据复杂性比较做出的粗略估计。取决于许多因素，如工艺技术、RX 或 TX 等
供电能力	支持	支持，由于 TDD 和宽松的 MDI RL，允许更高的功率限制	支持	
功率波纹	类型 B, E: $V_{pp} = 100\mathrm{mV}$ 类型 F: $V_{pp} = 66\mathrm{mV}$	10MHz 正弦波 $V_{pp} = 100\mathrm{mV}$	不超过 $V_{pp} = 100\mathrm{mV}$	

（续）

类别	MGBASE-T1	ASAML	MIPI A-PHY	解释
定义的电缆类型	STP（略为宽松的 IL）	STP，同轴（如 MIPI A-PHY）	STP，同轴（如 ASAML），V1.1 新增 STQ	
定义链路长度	15m STP	15m 同轴/10m STP SG1-4、SG5 要求电缆的 IL 值优化 25%	10m STP，15m 同轴	全部支持四个线间连接器
链路层抖动	数据包大小可能会有所不同（取决于协议和使用），可能会出现抖动	固定时间容器，固定延迟，无抖动	可变大小的 A-packets，可能存在抖动，可以通过"固定 RTS 延迟"位最小化	
通信原理	基于数据包	基于 TDM 电路	基于数据包	
适配层	将 IEEE 1722 用于各种视频格式、I2C……	通用视频、I2C（字节和批量模式）、以太网、I2S、(e) DP、SPI、GPIO……	CSI-2、DSI-2、I2C、I3C、以太网、(e) DP、SPI、GPIO……	
链路层安全	MACsec	ASAsec（类似于 MACsec），包括三级密钥配置	未定义	
用于（额外）端到端安全的协议层安全	无论使用的协议支持何种安全性	无论使用的协议支持何种安全性	依赖于 CSE、DSE 和 eDP 提供的安全性	所有技术都可以实现特定于应用程序的安全性
精确的时间同步	是(IEEE 802.1AS)	是（PTB）	平均频率同步（使用时钟转发），不同步挂钟	
缓冲要求	最大交织时为 1.62kB	DL 0.33-2.37KB，具体取决于 SG UL：184～368B（在静默间隙期间保持数据）	由于重新传输 UL：160B DL：2.4～11.5kB（取决于设备）	视频行甚至帧的应用级缓冲可能需要额外的缓冲区（取决于分辨率）
PHY 级别的最坏情况延迟	低（约 2.6μs，最佳情况约 0.6μs，不需要 10Gbit/s 交织）	由于 TDD (1.5μs DL，26.5μs UL)，Medium 提供 I2C 突发模式以确保最佳时序	RTS 是有时间限制的，超过延迟的数据包不会被发送 G1＝12.29μs G3＝10.24μs G5＝6.144μs	接收器信号处理延迟不包括在内
与传感器、处理或显示芯片的可集成性	复杂性使得集成变得困难，尤其是与成像仪的集成	适用于所有芯片类型	传感器侧更容易	
PHY 层鲁棒性机制	RS-FEC	RS-FEC	P1：8B10B P2：重传、重传和链路自适应	

（续）

类别	MGBASE-T1	ASAML	MIPI A-PHY	解释
降低噪声类型	还解决了宽带噪声问题	还解决了宽带噪声问题	P2：针对 NBI 进行了优化，具有最佳的 EMC 测试行为	详见下文
NBI（射频入口和 BCI）的 EMC 抗扰度水平	辐射/传导抗扰度：ISO 11452、IEC 62132-1、IEC 62132-4 和 IEC 61000-4-21，1000BASE-T1 可校正的 176ns 突发长度	同轴电缆/STP：$1 < f \leqslant 200\mathrm{MHz}$ 时为 40mV/25mV 和 25mV，$400\mathrm{MHz} < f \leqslant 5\mathrm{GHz}$ 时为 8mV/16mV，这些值之间的线性频率上的线性斜率为单侧峰值振幅的正弦波	基于 ISO 11452-2 的射频入口 P1/P2：5/40mV 峰值 CW、AM、PM，通过 15m 电缆高达 6GHz BCI 基于 11452-4：P1/P2：21/40mV，峰值高达 400MHz	
EMC 抗扰度水平，快速瞬变脉冲	电气负载：ISO 16750-2、ISO 7637-2:2008 和 ISO 8820-1	ISO7637-3，由于 TDD，低频瞬态可以进行硬件滤波	基于 ISO7637-2/3 P1/P2：15mV < 峰值 < 20mV/150mV，150ns 至 40MHz 基波脉冲频率	
MDI 的噪声基底	-146、-149、-152dBm/Hz(2.5、5、10Gbit/s)	-160dBm/Hz（适用于高达 16Gbit/s 的所有线路速率）	$f < 10\mathrm{MHz}$ 时为 -130dBm/Hz，$10\mathrm{MHz} \leqslant f < 100\mathrm{MHz}$ 时为 -140dBm/Hz，$100\mathrm{MHz} \leqslant f < 4\mathrm{GHz}$ 时为 -160dBm/Hz，$4\mathrm{GHz} \leqslant f < 6\mathrm{GHz}$ 时为 -150dBm/Hz	MGBASE-T1 和 ASAML 假设存在由噪声系数校正的白约翰逊-奈奎斯特噪声[107]；A-PHY 定义了一种称为"汽车噪声"的频率相关噪声分布
外来串扰	与 PSANEXT 和 PSAACRF 非常相似，支持不如 ASAML，类似于 A-PHY PSCR_Bundle	支持明显高于 MGBASE-T1 的 PSANEXT 和 PSAACRF	支持电缆束中的串扰最小	见图 8.21

串扰限值线的比较

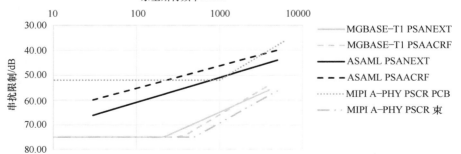

图 8.21　不同串扰限值线的比较

8.4　参考文献

[1]　K. Matheus and T. Königseder, Automotive Ethernet, Third Edition, Cambridge: Cambridge University Press, 2021.

[2]　R. M. Metcalfe, "The History of Ethernet," 14 December 2006. [Online]. Available: *https://www.youtube.com/watch?v=g5MezxMcRmk*. [Accessed 6 May 2020].

[3]　Wikipedia, "IEEE 802.3," 29 December 2020. [Online]. Available: *https://en.wikipedia.org/wiki/IEEE_802.3*. [Accessed 7 February 2021].

[4]　K. Matheus, "Automotive Ethernet Beyond Speed," in: Automotive Ethernet Congress, Virtual event, 2021.

[5]　S. Carlson, H. Zinner, K. Matheus, N. Wienckowski and T. Hogenmüller, "CFI Multi-Gig Automotive Ethernet PHY," 9 November 2016. [Online]. Available: *https://www.ieee802.org/3/ad_hoc/ngrates/public/16_11/20161108_CFI.pdf*. [Accessed 6 May 2020].

[6]　Wikipedia, "5G," 3 February 2020. [Online]. Available: *https://en.wikipedia.org/wiki/5G*. [Accessed 3 February 2020].

[7]　K. Barbehön, "Mitten im Umbruch zur Digitalisierung: Wie die Zukunft der E/E Architektur von IT-Standards beeinflusst wird," in: 21st International Congress on Advances in Automotive Electronics, Ludwigsburg, 2016.

[8]　Broadcom, "Broadcom Announces World's First Automotive IEEE 802.3ch Multigigabit PHYs and Multilayer Switches with MACsec Support," 10 November 2020. [Online]. Available: *https://www.broadcom.com/company/news/product-releases/world-first-automotive-ieee-802-3ch-multi gigabit-phys-and-multilayer-switches*. [Accessed 26 March 2022].

[9]　Marvell, "Marvell Extends Automotive Networking Leadership with Launch of 802.3ch Ethernet PHY," 27 April 2021. [Online]. Available: *https://www.marvell.com/company/newsroom/marvell-extends-automotive-networking-leadership-with-launch-of-8023ch-10g-ethernet-phy.html*. [Accessed 26 March 2022].

[10]　IEEE 802.3, "Approved Objectives for IEEE 802.3ch," 16 March 2017. [Online]. Available: *https://www.ieee802.org/3/ch/0317_approved_objectives_3NGAUTO.pdf*. [Accessed 11 January 2020].

[11]　IEEE Computer Society, "802.3ch-2020 – IEEE Standard for Ethernet Amendment: Physical Layer Specifications and Management Parameters for 2.5 Gb/s, 5 Gb/s, and 10 Gb/s Automotive Electrical Ethernet," IEEE-SA, New York, 2020.

[12]　IEEE Computer Society, "802.3bp-2016 – IEEE Standard for Ethernet Amendment 4: Physical Layer Specifications and Management Parameters for 1 Gb/s Operation over a Single Twisted Pair Copper Cable," IEEE-SA, New York, 2016.

[13]　IEEE 802.3, "IEEE P802.3cy Greater than 10 Gb/s Electrical Automotive Ethernet Task Force Public Area," 2022 (continuously updated). [Online]. Available: *https://www.ieee802.org/3/cy/public/index.html*. [Accessed 26 March 2022].

[14]　D. Hopf, "High-Speed Interfaces for High-Performance Computing," 15 September 2020. [Online]. Available: *https://standards.ieee.org/content/dam/ieee-standards/standards/web/documents/other/eipatd-presentations/2020/D1-02-Hopf-HighSpeed-Interfaces-for-HighPerformance-Computing.pdf*. [Accessed 9 September 2021].

[15]　A. Bar-Niv, G. Zimmerman and P. Langner, "Power Efficient PHY features for Camera and Display," in: IEEE-SA Ethernet & IP @ Automotive Technology Day, Detroit, 2019.

[16] S. Carlson, C. Mash, C. Wechsler, H. Zinner, O. Grau and N. Wienckowski, "10G+ Automotive Ethernet Electrical PHYs Call for Interest Consensus Meeting," 12 March 2019. [Online]. Available: *https://www.ieee802.org/3/cfi/0319_1/CFI_01_0319.pdf*. [Accessed 26 March 2022].

[17] C. DiMinico and H. Kadry, "802.3cy Link Segment IL Baseline Proposal," 22 June 2021. [Online]. Available: *https://www.ieee802.org/3/cy/public/jul21/diminico_kadry_3cy_01_06_22_21.pdf*. [Accessed 27 March 2022].

[18] E. Cuesta, E. DiBiaso and T. Müller, "IEEE 802.3cy-Beyond 10G Electrical Automotive Ethernet PHY TF Return Loss Limit Proposal," 22 June 2021. [Online]. Available: *https://www.ieee802.org/3/cy/public/jul21/CuestaDiBiasoMuller_3cy_01_06_22_21.pdf*. [Accessed 27 March 2022].

[19] T. Müller, "802.3cy Coupling and Screening Attenuation," 28 September 2021. [Online]. Available: *https://www.ieee802.org/3/cy/public/sep21/mueller_3cy_01_09_28_21.pdf*. [Accessed 27 March 2022].

[20] S. Carlson, "IEEE 802.3 Greater than 10 Gb/s Electrical Automotive Ethernet PHYs (P802.3cy) IEEE 802.3 WG Approved Objectives," 21 May 2020. [Online]. Available: *https://www.ieee802.org/3/cy/P802d3cy_OBJ_WG_0520.pdf*. [Accessed 27 March 2022].

[21] Cablefax, "Broadband: What is a Micro-reflection," 1 November 2009. [Online]. Available: *https://www.cablefax.com/archives/broadband-what-is-a-micro-reflection*. [Accessed 4 August 2021].

[22] R. Jonsson and R. Farjadrad, "Method for Restricting Micro-reflections," 14 October 2020. [Online]. Available: *https://grouper.ieee.org/groups/802/3/cy/public/adhoc/jonsson_3cy_01a_10_14_20.pdf*. [Accessed 4 August 2021].

[23] H. Sedarat, "Micro Relections Limit on ETM," 15 March 2022. [Online]. Available: *https://www.ieee802.org/3/cy/public/mar22/sedarat_3cy_01_0315.pdf*. [Accessed 27 March 2022].

[24] N. Wienckowski, H. Kadry and C. DiMinico, "P802.3cy Annex 165A Proposal," 9 November 2021. [Online]. Available: *https://www.ieee802.org/3/cy/public/nov21/Wienckowski_et_al_3cy_01a_11_09_21.pdf*. [Accessed 27 March 2022].

[25] R. Jonsson, M. Tu and H. Sedarat, "Proposed Text for PAM4 Modulation," 21 September 2021. [Online]. Available: *https://www.ieee802.org/3/cy/public/sep21/jonsson_etal_3cy_01a_09_21_21.pdf*. [Accessed 27 March 2022].

[26] M. Tu, "802.3ca D.05 FEC Related Comments," 8 March 2022. [Online]. Available: *https://www.ieee802.org/3/cy/public/mar22/tu_3cy_01_03_08_2022.pdf*. [Accessed 27 March 2022].

[27] M. Tu, "802.3cy PMA Training Frame," 8 March 2022. [Online]. Available: *https://www.ieee802.org/3/cy/public/mar22/tu_3cy_02_03_08_2022.pdf*. [Accessed 27 March 2022].

[28] P. Wu, "Enhancing Robustness of Link Synchronization in Automotive Ethernet at 802.3cy," 21 November 2021. [Online]. Available: *https://www.ieee802.org/3/cy/public/nov21/Wu_3cy_01_1121.pdf*. [Accessed 27 March 2022].

[29] G. Zimmerman, "Laning Approach for 802.3cy," 15 March 2022. [Online]. Available: *https://www.ieee802.org/3/cy/public/mar22/zimmerman_3cy_01b_03_15_2022.pdf*. [Accessed 27 March 2022].

[30] F. Idachaba, D. U. Ike and O. Hope, "Future Trends in Fiber Optics Communication," 2 July 2014. [Online]. Available: *http://www.iaeng.org/publication/WCE2014/WCE2014_pp438-442.pdf*. [Accessed 14 May 2020].

[31] S. Meroli, "Optical Fiber vs. Copper Cable. Who is the Winner?," not known. [Online]. Available: *https://meroli.web.cern.ch/lecture_fibre_vs_copper.html*. [Accessed 12 November 2021].

[32] Tyco Electronics (TE Connectivity), "High Speed Data Networking for the Automotive Market," 2007. [Online]. Available: *https://docplayer.net/19160927-High-speed-data-networking-for-the-automotive-market.html*. [Accessed 8 May 2020].

[33] Wikipedia, "ByteFlight," 27 March 2020. [Online]. Available: *https://de.wikipedia.org/wiki/Byte Flight.* [Accessed 12 November 2021].

[34] MOST Cooperation, "MOST 150 Inauguration in Audi A3," MOST Informative, no. 8, p. 2, October 2012.

[35] C. Pardo, T. Lichtenegger, A. Paris and H. Hirayama, "Gigabit Ethernet over Plastic Optical Fibre, Call For Interest," 27 March 2014. [Online]. Available: *https://www.ieee802.org/3/GEPOFSG/pub lic/CFI/GigPOF%20CFI%20v_1_0.pdf.* [Accessed 6 May 2020].

[36] IEEE Computer Society, "802.3bv-2017 – IEEE Standard for Ethernet Amendment 9: Physical Layer Specifications and Management Parameters for 1000 Mb/s Operation Over Plastic Optical Fiber," IEEE-SA, New York, 2017.

[37] C. Pardo, H. Goto, T. Nomura and B. Grow, "Automotive Optical Multi Gig Call For Interest Consensus Presentation," July 2019. [Online]. Available: *https://www.ieee802.org/3/cfi/0719_1/CFI_ 01_0719.pdf.* [Accessed 29 March 2021].

[38] B. Bergqvist, "Automotive-grade Gigabit Ethernet Links Robustness Against UWB Pulses," in: Automotive Ethernet Congress, Munich, 2019.

[39] B. Grow, "IEEE 802.3cz Optical Multi Gig Ethernet for Automotive; Working Group Approved Objectives," March 2020. [Online]. Available: *https://www.ieee802.org/3/cz/P802d3cz_objectives _01_0520.pdf.* [Accessed 2 April 2022].

[40] Y. Watanabe, "A Proposal of PAR Splitting," 15 February 2022. [Online]. Available: *https://www. ieee802.org/3/cz/public/15_feb_2022/watanabe_3cz_01g_220222.pdf.* [Accessed 22 April 2022].

[41] B. Grow, "Proposed P802.3dh Objectives," 9 March 2022. [Online]. Available: *https://www.ieee802 .org/3/cz/public/mar_2022/grow_06h_P802d3dh-Objectives_20200309.pdf.* [Accessed 2 April 2022].

[42] R. Pérez-Aranda, "Steps Towards a Fair PMD Selection," 16 March 2021. [Online]. Available: *https://www.ieee802.org/3/cz/public/mar_2021/perezaranda_3cz_01d_0321_pmd_comparison. pdf.* [Accessed 2 April 2022].

[43] R. King and J. Pankert, "VCSEL Design for Automotive Datacom, Experimental Results for 980 nm versus 850 nm," 18 May 2021. [Online]. Available: *https://www.ieee802.org/3/cz/public/ may_2021/king_3cz_01a_0521.pdf.* [Accessed 2 April 2022].

[44] G. M. Choudhury, J. S. Abbott, J. Earnhardt and M. Shiino, "Technical Feasibility of Glass Optical Fibers for Automotive Ethernet," in: IEEE-SA Ethernet & IP @ Automotive Technology Day, Munich, 2021.

[45] R. Pérez-Aranda, "BASE-AU 980nm/OM3 Baseline Transmitter and Receiver Characteristics," 8 February 2022. [Online]. Available: *https://www.ieee802.org/3/cz/public/8_feb_2022/perezar anda_3cz_02b_080222_TXRX_characteristics.pdf.* [Accessed 22 April 2022].

[46] R. Pérez-Aranda, "50GBASE-AU Baseline Proposal," 11 May 2021. [Online]. Available: *https:// www.ieee802.org/3/cz/public/11_may_2021/perezaranda_3cz_03_110521_50Gbps_pcs_pma.pdf.* [Accessed 23 April 2022].

[47] R. Pérez-Aranda, "802.3cz Baseline Proposal," 10 November 2020. [Online]. Available: *https:// www.ieee802.org/3/cz/public/nov_2020/perezaranda_3cz_01a_1120_baseline.pdf.* [Accessed 23 April 2022].

[48] IEEE-SA, "IEEE Standard for Ethernet," IEEE-SA, New York, 2018.

[49] W. Lo, "Asymmetric Framework," 14 January 2019. [Online]. Available: *https://www.ieee802. org/3/ch/public/jan19/Lo_3ch_01_0119.pdf.* [Accessed 21 September 2021].

[50] C. Mash, "Network Topology Analysis," July 2019. [Online]. Available: *https://www.ieee802. org/3/B10GAUTO/public/jul19/mash_B10GAUTO_1_0719.pdf.* [Accessed 3 February 2020].

[51] K. Dalmia, "Asymmetry in 802.3cy," 28 October 2020. [Online]. Available: *https://www.ieee802. org/3/cy/public/adhoc/dalmia_3cy_01_10_28_20.pdf*. [Accessed 21 September 2021].

[52] IEEE Computer Society, "802.3cg-2019 – IEEE Standard for Ethernet Amendment 5: Physical Layer and Management Parameters for 10 Mb/s Operation and Associated Power Delivery over a Single Balanced Pair of Conductors," IEEE-SA, New York, 2019.

[53] S. Carlson, "Reduced Twisted Pair Gigabit Ethernet PHY Closing Report," 15 March 2012. [Online]. Available: *https://www.ieee802.org/3/minutes/mar12/0312_rtpge_close_report.pdf*. [Accessed 8 April 2022].

[54] IEEE Computer Society, "802.3az-2010 – IEEE Standard for Carrier Sense Multiple Access with Collision Detection (CSMA/CD) Amendment 5: Media Access Control Parameters, Physical Layers, and Management Parameters for Energy-Efficient Ethernet," IEEE-SA, New York, 2010.

[55] S. Kerner, "Energy Efficient Ethernet Hits Standards Milestone," 17 June 2009. [Online]. Available: *https://www.internetnews.com/skerner/2009/07/energy-efficient-ethernet-hits.html*. [Accessed 16 May 2020].

[56] G. Zimmerman, "Technical Feasibility - EEE for Asymmetry," November 2019. [Online]. Available: *https://www.ieee802.org/3/B10GAUTO/public/nov19/zimmerman_3B10G_01_1119.pdf*. [Accessed 3 February 2020].

[57] B. Nordman, D. Law, H. Barrass, J. N. Fuller, K. Sood, M. Olfat, M. Bennett, P. Klein, S. Lanzisera and W. Diab, "Energy Efficiency and Regulation," 13 July 2009. [Online]. Available: *https://www. ieee802.org/802_tutorials/2009-07/802%20july%20energy%208.pdf*. [Accessed 24 September 2021].

[58] K. Dalmia, "Asymmetrical Link Operation using EEE," September 2017. [Online]. Available: *https://www.ieee802.org/3/ch/public/sep17/dalmia_3ch_01_0917.pdf*. [Accessed 21 September 2021].

[59] R. Sappia, "Enabling Power Efficient and Interoperable Behavior in a Multi-vendor Environment of 100BASE-T1 Components," in: Automotive Ethernet Congress, Munich, 2016.

[60] ISO, "ISO 21111-2:2020 Road vehicles – In-vehicle Ethernet – Part 2: Common Physical Entity Requirements," ISO, Geneva, 2020.

[61] A. Liu, P. Axer and C. Long, "OPEN Sleep/Wake-up Specification," OPEN Alliance, Irvine, 2017.

[62] P. Axer, D. Tseng, W. Lou and C. Fung, "TC10 – OPEN Sleep/Wake-up Specification for Automotive Gigabit Ethernet," OPEN Alliance, Delaware, 2021.

[63] P. Axer, "Automotive Wake-up and Sleep," in: Automotive Ethernet Congress, München, 2019.

[64] R. Brand, S. Carlson, J. Gildred, S. Lim, D. Cavendish and O. Haran, "Residential Ethernet, IEEE 802.3 Call for Interest," July 2004. [Online]. Available: *https://grouper.ieee.org/groups/802/3/ re_study/public/200407/cfi_0704_1.pdf*. [Accessed 6 May 2020].

[65] IEEE 802.1, "802.1 Plenary -11/2012 San Antonio Closing," November 2012. [Online]. Available: *https://www.ieee802.org/1/files/public/minutes/2012-11-closing-plenary-slides.pdf*. [Accessed 6 May 2020].

[66] G. Bechtel, B. Gale, M. Kicherer (Turner) and D. Olsen, "Automotive Ethernet AVB Functional and Interoperability Specification, Revision 1.4," Avnu, Beaverton, 2015.

[67] IEEE Computer Society, "1722-2016 – IEEE Standard for a Transport Protocol for Time-Sensitive Applications in Bridged Local Area Networks," IEEE, New York, 2016.

[68] G. Bechtel, "P1722b PAR," 28 October 2019. [Online]. Available: *https://grouper.ieee.org/ groups/1722/contributions/1722bPAR/P1722b_PAR_Detail-2020-01-14.pdf*. [Accessed 14 April 2020].

[69]　H. Schulzrinne, S. Casner, R. Frederick and V. Jacobson, "RTP: A Transport Protocol for Real-Time Applications," July 2003. [Online]. Available: *https://tools.ietf.org/html/rfc3550*. [Accessed 20 May 2020].

[70]　IEEE Computer Society, "802.1AS-2011 – IEEE Standard for Local and Metropolitan Area Networks – Timing and Synchronization for Time-Sensitive Applications in Bridged Local Area Networks," IEEE SA, New York, 2011.

[71]　IEEE Computer Society, "802.1AS-2020 – IEEE Standard for Local and Metropolitan Area Networks – Timing and Synchronization for Time-Sensitive Applications," IEEE-SA, New York, 2020.

[72]　R. Boatright, "Understanding New Audio Video Bridging Standards," 10 May 2009. [Online]. Available: *https://www.embedded.com/understanding-ieees-new-audio-video-bridging-standards/*. [Accessed 24 October 2013].

[73]　M. Turner, Email correspondance, April 20, 2020.

[74]　D. Pannell, "Audio Video Bridging Gen 2 Assumptions," 16 July 2013. [Online]. Available: *https://www.ieee802.org/1/files/public/docs2013/avb-pannell-gen2-assumptions-0313-v15.pdf*. [Accessed 17 April 2020].

[75]　IEEE Computer Society, "802.1Q-2011 – IEEE Standard for Local and Metropolitan Area Networks – Media Access Control (MAC) Bridges and Virtual Bridge Local Area Networks," IEEE, New York, 2011.

[76]　IEEE Computer Society, "802.1Qcr-2020 – IEEE Standard for Local and Metropolitan Area Networks – Bridges and Bridged Networks – Amendment: Asynchronous Traffic Shaping," IEEE-SA, New York, 2020.

[77]　D. Pannell, "The Challenges and Solutions of Mixed Data Rate," in: IEEE-SA Ethernet & IP @ Automotive Technology Day, Munich, 2021.

[78]　M. Turner, A. Engelmann and J. Walrand, "Arbitrating the Fight Between 802.1Q TSN Shapers," in IEEE-SA Ethernet & IP @ Automotive Technology Day, Munich, 2021.

[79]　IEEE Computer Society, "802.1Qci-2017 - IEEE Standard for Local and Metropolitan Area Networks–Bridges and Bridged Networks–Amendment 28: Per-Stream Filtering and Policing," IEEE-SA, New York, 2017.

[80]　D. Zebralla (now Hopf), "Blocking of Misbehaving Streams," May 2016. [Online]. Available: *https://www.ieee802.org/1/files/public/docs2016/ci-zebralla-block-streams-0516-v01.pdf*. [Accessed 25 June 2022].

[81]　K. Matheus, "The Use of AVB and TSN in Automotive," in: TSNA, Stuttgart, 2017.

[82]　D. Zebralla (Hopf), "Requirements on Future In-vehicle Architectures for Automotive Ethernet," in: Automotive Ethernet Congress, Munich, 2016.

[83]　F.-J. Götz, F. Chen, M. Kießling and J. Schmitt, "TSN basierte automatisch etablierte Redundanz für deterministische Kommunikation," 2020. [Online]. Available: *https://link.springer.com/content/pdf/10.1007/978-3-662-59895-5_1.pdf*. [Accessed 25 October 2021].

[84]　IEEE Computer Society, "802.1Qcc-2018 – IEEE Standard for Local and Metropolitan Area Networks – Bridges and Bridged Networks – Amendment 31: Stream Reservation Protocol (SRP) Enhancements and Performance Improvements," IEEE-SA, New York, 2018.

[85]　IEEE Computer Society, "802.1Qca-2015 – IEEE Standard for Local and Metropolitan Area Networks – Bridges and Bridged Networks – Amendment 24: Path Control and Reservation," IEEE-SA, New York, 2015.

[86] IEEE Computer Society, "802.1Qbv-2015 – IEEE Standard for Local and Metropolitan Area Networks – Bridges and Bridged Networks Amendment 25: Enhancements for Scheduled Traffic," IEEE-SA, New York, 2015.

[87] IEEE Computer Society, "802.1Qch-2017 – IEEE Standard for Local and Metropolitan Area Networks – Bridges and Bridged Networks – Amendment 29: Cyclic Queuing and Forwarding," IEEE-SA, New York, 2017.

[88] IEEE Computer Society, "802.3br-2016 – IEEE Standard for Ethernet Amendment 5: Specification and Management Parameters for Interspersing Express Traffic," IEEE-SA, New York, 2016.

[89] IEEE Computer Society, "802.1Qbu-2016 – IEEE Standard for Local and Metropolitan Area Networks – Bridges and Bridged Networks – Amendment 26: Frame Preemption," IEEE-SA, New York, 2016.

[90] D. Pannell, "Choosing the Right Tools to Meet a Bounded Latency," in: Automotive Ethernet Congress, Munich, 2020.

[91] IEEE Computer Society, "802.1CB-2017 – IEEE Standard for Lockal and Metropolitan Area Networks - Frame Replication and Elimination for Reliability," IEEE-SA, New York, 2017.

[92] D. Pannell and N. Navet, "Practical Use Cases for Ethernet Redundancy," in: IEEE-SA Ethernet & IP @ Automotive Technology Day, virtual, 2020.

[93] H. G. Molter, "Introduction to Security," in: Automotive Ethernet Congress, Munich, 2016.

[94] S. Singer, "IP Based Communication in Vehicles – Learnings from the IT Industry," in: Automotive Ethernet Congress, Munich, 2016.

[95] L. Völker, "Automotive Network Security. Myths Debunked.," 15 March 2021. [Online]. Available: *https://www.youtube.com/watch?v=CC3frh-Kjv4.* [Accessed 13 October 2021].

[96] R. Pallierer and M. Ziehensack, "Secure Ethernet for Autonomous Driving," in: Automotive Ethernet Congress, Munich, 2016.

[97] AUTOSAR, "Specification of Secure Onboard Communication, Release 4.3.1," 8 December 2017. [Online]. Available: *https://www.autosar.org/fileadmin/user_upload/standards/classic/4-3/ AUTOSAR_SWS_SecureOnboardCommunication.pdf.* [Accessed 5 May 2020].

[98] Wikipedia, "SYN Flood," 4 May 2020. [Online]. Available: *https://en.wikipedia.org/wiki/SYN_ flood.* [Accessed 20 May 2020].

[99] E. Rescorla, "The Transport Layer Security (TLS) Protocol Version 1.3," August 2018. [Online]. Available: *https://tools.ietf.org/html/rfc8446.* [Accessed 21 April 2020].

[100] E. Rescorla and N. Modadugu, "Datagram Transport Layer Security," April 2006. [Online]. Available: *https://tools.ietf.org/html/rfc4347.* [Accessed 21 April 2020].

[101] Wikipedia, "IPsec," 12 May 2020. [Online]. Available: *https://en.wikipedia.org/wiki/Ipsec.* [Accessed 20 May 2020].

[102] M. Lindner, "Security Architecture for IP (IPsec)," 2007. [Online]. Available: *https://www.ict.tu-wien.ac.at/lva/384.081/infobase/L97-IPsec_v4-7.pdf.* [Accessed 20 May 2020].

[103] IEEE Computer Society, "802.1AEcg-2017 – IEEE Standard for Local and Metropolitan Area Networks–Media Access Control (MAC) Security – Amendment 3: Ethernet Data Encryption devices," IEEE-SA, New York, 2017.

[104] H. E. Bakoury, "IEEE 802.1AE (MACsec) & IEEE 802.1Qbb (PFC)," February 2015. [Online]. Available: *https://www.ieee1904.org/2/meeting_archive/2015/02/tf2_1502_elbakoury_2.pdf.* [Accessed 12 October 2021].

[105]　L. Völker, "Choosing Network Security Solutions: Guidance for Automotive Use Cases," Technica Engineering GmbH, Munich, 2020.

[106]　Automotive SerDes Alliance, "Technical Committees: TCE – Channel & Components, EMC Tests," 2022, continuously updated. [Online]. Available: *https://auto-serdes.org/technical-committees/*. [Accessed 12 May 2022].

[107]　Wikipedia, "Johnson-Nyquist Noise," 5 April 2022. [Online]. Available: *https://en.wikipedia.org/ wiki/Johnson%E2%80%93Nyquist_noise*. [Accessed 9 May 2022].

第9章　相关标准和协议

在传感器和显示应用的通信中，在物理层上实现高数据传输速率仅是其中的一个方面。对于这些用例，众多其他协议和格式同样至关重要，它们以不同方式影响着通信及其需求。本节将概述并介绍我们作为作者认为最为相关但未能在前几章中详尽阐述的内容。

前4个小节主要探讨了与视频数据相关的标准，这些标准在一定程度上独立于具体应用。第9.1节提供了有关颜色格式的更多细节；第9.2节讨论了当前最重要的视频压缩格式。虽然在撰写本书时，摄像头和显示应用的高数据速率是由于传输未压缩数据的需求所致，但未来的用例可能会通过考虑一种或另一种数据压缩形式，在更高数据速率和功耗之间做出权衡；第9.3节关注内容保护；而第9.4节则讨论了通常与视频内容分开的音频传输。

第9.5~9.7小节则聚焦于更为具体的应用协议。第9.5节研究了可能用于传感器或显示应用的控制接口；第9.6节则探讨了特定的摄像头协议；最后，第9.7节通过审视显示接口为本章画上了句号。

9.1　颜色格式

车内电子设备的色彩视觉和色彩描绘的基础是由1931年首次量化的红绿蓝（RGB）色彩模型提供的[1]。1996年，惠普和微软为万维网（WWW）提出了标准RGB（sRGB）色彩空间[2]，该空间随后由国际电工委员会（IEC）标准化[3]，并沿用至今。图9.1展示了sRGB所能覆盖的实际色彩范围（白色三角形）与整体可能的色彩范围空间（灰色区域）之间的关系。图9.1的黑白呈现无法直接展示色彩，但其整体色彩空间边缘的灰色粗体数字标记了不同色彩的波长。向中心移动，不同的

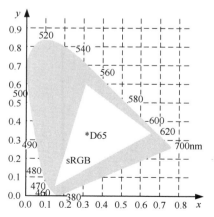

图9.1　sRGB色彩空间与CIE 1931
所定义的整体色域的关系[4]

RGB 波长进行加性混合，最终在标记为 "D65" 的点处累积成白色像素，此处三种颜色同时显示。黑色像素则是通过不显示任何颜色来实现的。

从 RGB 色彩模型衍生出了多种其他色彩方案，其中 YUV 系统尤为重要。YUV 系统的发明是为了使彩色电视信号与黑白（B/W）电视信号保持向后兼容性（也可见第 7.1 节）。其中，Y 代表亮度，即与黑白电视信号兼容的信号；U 和 V 则代表色彩信息，即色度。如式（9.1）所示，U（蓝色投影）是原始蓝色内容与亮度的加权差。V（红色投影）是原始红色内容与亮度的加权差。绿色信息并未明确传输，但可以从 YUV 值中恢复。式（9.2）展示了如何进行反向计算。

$$Y = 0.299 \cdot R + 0.587 \cdot G + 0.114 \cdot B$$
$$U = 0.493 \cdot (B - Y) \tag{9.1}$$
$$V = 0.877 \cdot (R - Y)$$

$$R = Y + 1/0.877 \cdot V$$
$$G = 1/0.587 \cdot Y + 0.299/0.587 \cdot R + 0.114/0.587 \cdot B \tag{9.2}$$
$$B = Y + 1/0.493 \cdot U$$

公式（9.1）和公式（9.2）中给出的公式代表了原始的转换值。随着更高分辨率的引入，缩放因子被调整，并定义了不同的 YUV 版本。其中一个例子是 YPbPr，它也用于模拟接口，其中 $Pb \approx 1/0.872021\,U$，$Pr \approx 1/1.229951\,V$。另一个例子是用于数字接口的 YCbCr 格式，它根据使用的位数不同有多种适应版本[5]。

另一种不同的色彩格式是 YCoCg。YCoCg 大约于 2003 年被定义，当时在为 H.264 等视频压缩格式制定规范时（也可见第 9.2.2.2 节），需要另一种色彩格式。YCoCg 的主要优势在于 RGB 到 YCoCg 以及反向转换的简便性，如公式（9.3）和公式（9.4）所示[6]。对于 YCoCg 来说，Y 同样代表亮度。同样地，在 YCoCg 中，Y 代表亮度。Cg 源自绿色分量，而 Co 作为橙色分量则源自原始红色和蓝色分量。

$$Co = R - B$$
$$t = B + Co/2 = (B + R)/2$$
$$Cg = G - t = G - (B + R)/2 \tag{9.3}$$
$$Y = t + (Cg/2) = (B + R)/4 + G/2$$

$$t = Y - Cg/2$$
$$R = B + Co = Y - Cg/2 + Co/2$$
$$G = Cg - t = Cg/2 - Y \tag{9.4}$$
$$B = t - Co/2 = Y - Cg/2 - Co/2$$

另一种广为人知的色彩方案是青品黄黑（CMYK）。请注意，这是一种 "减色" 色彩方案。它应用于绘画或打印中，这些颜色由这四种成分混合而成[8]。因此，它不适用于本书所讨论的基于光的数字摄像机或显示系统。

9.2　视频压缩格式

在家庭视频技术的萌芽阶段，世界还处于模拟时代，传感器及其对应的显示屏都受限于模拟技术的能力。视频存储使用的是磁带。尽管存在质量限制，但存储电影和节目并按需播放的可能性从根本上改变了消费者的行为和期望。在视频家庭系统（VHS 及类似技术）出现之前，错过电视节目是无可挽回的，而错过在电影院观看某部电影则意味着可能要等待很长时间才能在电视上看到（如果有的话）[9]。VHS 的出现改变了这一切。消费者不仅可以在方便的时候观看录像，而且可以反复观看，理想的情况是拥有（而不是租借）相应的 VHS 录像带[10]。用户开始收藏视频并建立家庭影音库，这最终也推动了视频压缩格式的使用。

模拟家庭视频的黄金时代大约从 1980 年持续到 2000 年[11]，与此同时，计算机开始渗透到我们日常生活的各个领域。模拟技术得到了增强并逐步被数字技术所取代。在此背景下，一个重要的（光存储）媒体是 1982 年推出的用于音频回放的紧凑型光盘（CD）[12]。对于音频 CD，音频数据以 44.1kHz 和 16bit 的采样率进行采样，在 700MB 的存储容量下，可存储约 66min 的立体声音频数据。在接下来的几年里，CD 成了一种更通用的存储介质，人们也努力将其用于存储图片和视频（例如，文献 [13][14]）。然而，对于这些用例，CD 的存储容量过于有限；即使考虑压缩，如（超级）视频 CD（SVCDs/VCDs）所做的那样[14]，也仍然不足。

1995 年，业界完成了数字视频/多用途光盘（DVD）的开发[15]。DVD 的物理尺寸与 CD 相同，但存储容量更大；单面为 4.7kMB。由于这仍然不足以在合理质量下存储未压缩的视频，DVD 需要使用与 DVD 并行开发的动态图像专家组（MPEG-）2 视频压缩技术。随后，所有主要的数字视频系统（如 DVB、ISDB、蓝光）都使用了视频压缩技术，并且自那时以来，已经开发了更多且更好的视频压缩标准。虽然 CD 和 DVD 等存储介质的重要性逐渐降低，但互联网与（它们的）压缩格式相结合，对整个娱乐行业产生了影响。随后，视频压缩格式的使用也扩展到了其他行业，如汽车行业。

以下各小节将介绍在汽车传感器和显示应用领域中备受关注的压缩格式。第 9.2.1 节将介绍（动态）联合图像专家组（MJPEG），第 9.2.2 节将介绍 MPEG（别名 H.26x），而第 9.2.3 节将介绍视频电子标准协会（VESA）显示流压缩（DSC）和视频电子标准协会（VESA）移动显示压缩（VDC-M）。

通常，视频压缩格式会利用人眼的生物学局限性。人眼能够分辨出大约 500 种不同的亮度色调，并能以每秒最多 20 幅图像的速度区分不同的图像。如果速度更快，眼睛——或者更准确地说，人脑——会将其解释为连续运动。此外，人眼对不同颜色的敏感度低于对不同亮度值的敏感度[6]。利用这些事实，可以仅存储相关数据，而省略人眼和大脑本就不会使用的数据。

此外，压缩格式还可以利用视频中各个图像帧之间的差异往往很小的这一事实。移动物体通常不是完全不同，而只是在同一场景中发生了位移。这允许存储移动内容的向量，而不是完整的场景。因此，即使是移动场景也可以用更少的数据来描述。最后且同样重要的是，这些方法可能不是应用于整个图像，而是应用于被切割成较小像素块的图像。

原则上，压缩格式分为无损、有损以及偶尔的视觉上无损方法。无损意味着在需要时，可以完全恢复原始像素数据。相比之下，有损方法则不允许完全重建原始像素数据。视觉上无损意味着原始像素数据不一定能完全恢复，但人眼无法分辨出差异[16]。通常，有损方法（包括视觉上无损方法）允许比无损方法更高的压缩率。同时，机器处理可能不会像人眼那样宽容，这就是为什么在将视频图像用于机器视觉时，有损压缩往往不可接受的原因。

9.2.1 （M）JPEG

联合图像专家组（JPEG）压缩格式代表了一系列有损压缩方法，这些方法最初是为数码摄影开发的，并于 1992 年由国际电信联盟（ITU）这一标准化组织首次发布[17]。JPEG 是消费市场上最常用的（视频）图像压缩方法之一[18]。从技术上讲，它是一种块处理方法，使用离散余弦变换（DCT），该变换通过不同振幅和频率的余弦函数叠加来近似信息。JPEG 格式的像素大小限制为 65 535 × 65 535，这相当于 40 亿像素。

图 9.2 详细描述了这一过程。首先，将 RGB 输入数据转换为 YCbCr。接下来，对颜色信息 Cb 和 Cr 进行下采样（即"色度子采样"）到 C1 和 C2，有三种选项：4:4:4 表示不进行下采样，4:2:2 表示在水平方向上减少一半，而 4:2:0 表示在水平和垂直方向上均减少一半（这通常是使用的）。然后，将 0 ~ 255 范围内的值转换为 −128 ~ 127 之间的值。在应用 DCT 之前，将每个层（Y、C1 和 C2）分别划分为 8 ×8 像素的块。在下一步中，通过用户或用户应用程序定义的因子对得到的振幅进行量化（该因子影响最终的文件大小/压缩率）。量化通常会产生包含许多零的文件。为了能够有许多连续的零，以便对其进行最佳压缩，将 8 ×8 矩阵按照锯齿形模式转换为 1 ×64 向量。然后，应用霍夫曼编码，其中每个值接收一个单独的二进制数。霍夫曼编码的优点是，常用值可以用简短的二进制表示，而很少使用的值则获得较长的二进制表示。创建的值可以连续排列，无须像逗号或空格那样的离散值分隔。解码过程则使用逆 DCT 按相反顺序执行这些步骤[19]。在 DCT 过程中，临时使用的变量大小会增加，但完成整个过程后，整体文件大小会显著减小。

JPEG 编码被广泛应用于数码摄像头、文档扫描仪以及一些图形计算机程序中。由于采用了离散余弦变换（DCT），它在处理亮度和颜色信息连续变化的图像时表现出最佳性能。出于同样的原因，JPEG 并不适合用于具有强烈对比和锐利边缘的图像，包括图形黑白绘图。对于照片来说，15:1 的压缩比仍被视为高质量，尽管

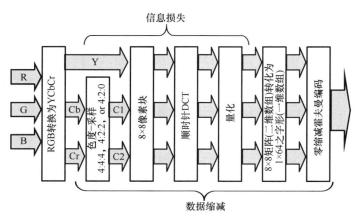

图 9.2　JPEG 压缩过程[19][20]

在此压缩级别下，开始出现第一组伪影（例如，见图 9.3）。23:1 的压缩比被视为中等质量。虽然在一些技术应用场景中，100:1 压缩产生的质量可能仍然足够，但会明显看到颜色和结构细节的极端损失。在高压缩比的情况下，甚至可以看到 8 × 8 块矩阵的痕迹。

图 9.3　JPEG 照片图像中的模糊边缘（照片：Michael Kaindl，
1400 万像素图像，JPEG 压缩率为 15.1:1）

为了改进和替代原始的 JPEG 格式，各方已进行了多种不同尝试，包括 JPEG 组织自身。例如，由 MPEG 开发的一种格式是高效图像文件格式（HEIF）。自 2017 年起，HEIF 被应用于 Apple iPhone 7（及更新型号）的 iOS 11 系统中。其压缩算法更为高效，支持灵活的像素块大小，范围从 4 × 4 像素到 64 × 64 像素（基于 H.265，详见第 9.2.2.3 节）。每个颜色信道的分辨率最高可达 16bit（而非 8bit），并且 HEIF 还能以 HDR（高动态范围）格式存储图像[21]。然而，它是否会真正取代 JPEG，仍有待观察。

还存在一种用于视频压缩的 JPEG 变体，称为运动 JPEG（MJPEG）。在 MJPEG 中，视频的每一帧都被单独压缩为一个 JPEG 图像。MJPEG 曾作为首个基于以太网的环视系统（于 2013 年随 BMW X5 推出）的压缩格式使用[22]。在选择之前，已详细研究了 MJPEG 和 H.264 在延迟和压缩损失对检测算法影响方面的性能。在压缩率小于 10:1 的情况下，这两种压缩格式均未对当时使用的检测算法性能造成影响。然而，并非 H.264 提供的所有模式都适用（见第 9.2.2.2 节），且适用的模式在硬件上不可得。相比之下，MJPEG 的硬件实现则及时可用。据作者所知，后续采用压缩技术的以太网摄像系统转而采用了 H.264 或 H.265。

9.2.2　MPEG（H.26x）

动态图像专家组（Motion Picture Experts Group，简称 MPEG）于 1988 年成立，旨在标准化音频和视频的编码表示[23]。在其长期存在并持续开展的活动中，MPEG 已经确立了一系列广泛使用的压缩格式。例如，MPEG-2 Part 3（MP3）音频格式的出现，不可逆转地改变了我们的媒体消费行为和媒体行业，它使得在 Napster 等平台上的媒体分享变得可以接受并快速传播[24]。由于许多规范是与国际标准化组织（ISO）和国际电信联盟（ITU）共同发布或联合开发的，因此许多视频格式也以 ITU 的名称 H.26x 为人所知。

表 9.1 概述了 MPEG 版本在早期视频相关标准中的技术起点。从表中可以清晰地看到，电视标准 NTSC 和 PAL 的模拟图像处理是如何被数字格式所取代的，这一转变使得显示屏的分辨率得以提升。接下来，本小节将在 9.2.2.1 节中详细介绍 MPEG-2/H.262，并涵盖一些关于 MPEG-1 的一般信息。9.2.2.2 节将描述高级视频编码（AVC，又称 H.264 或 MPEG 4 Part 10）。而高效视频编码（又称 H.265 或 MPEG-H Part 2）将在 9.2.2.3 节中介绍。

表 9.1　MPEG 编解码器在视频和广播标准中的使用[14][25][26][27][28]

名称	年份	MPEG 版本	最大像素分辨率	帧率/Hz	压缩数据速率	音频	其他
VCD	1993	MPEG-1 ISO/IEC 11172	NTSC@352×240 PAL@352×288	29.97/23.976 25	1.152Mbit/s，固定	立体声，44.1kHz，224kbit/s	4:3 格式
DVD	1997	MPEG-2 ISO/IEC 13818 H.262	NTSC@720×480 PAL@720×576	29.97/23.976 25	高达 9.8Mbit/s，自适应	多样，48/96kHz 采样率，高达 1.5Mbit/s	每种颜色 8bit，4:2:0 色度子采样，也是 16:8

（续）

名称	年份	MPEG 版本	最大像素分辨率	帧率/Hz	压缩数据速率	音频	其他
DVB	1998	MPEG-2 ISO/IEC 13818 H. 262	1920×1080 @30fps	多样	4（地面）~ 51（有线） Mbit/s	杜比数字 ac-3	
DVB-T2	2009	MPEG-4 ISO/IEC 14496 H. 264	典型 1920×1080 @30fps，可能 4K@60fps	多样	45.5Mbit/s	杜比数字 plus E-AC-3	

9.2.2.1 H.262，MPEG-2

ITU H.262 和 MPEG-2 的首批出版物于 1995 年问世，紧接着 1993 年 MPEG-1 规范的发布。由于 MPEG-1 和 MPEG-2 视频压缩算法都基于相同的原则，因此，在以下内容中，仅在必要时才对 MPEG-1 和 MPEG-2 进行区分。

MPEG 与（M）JPEG 之间的关键区别在于，MPEG 不仅允许压缩每一帧静态图像，而且还利用了视频中各帧之间变化往往很小的这一事实。因此，MPEG 还包括压缩"动态"的可能性。为了实现这一点，MPEG 区分了 I 帧、P 帧和 B 帧。其中，"Intra-Picture"（也称为 I 帧或 I 画面）是一幅完整的静态图像，类似于（M）JPEG 中使用的图像。"Predictive coded pictures"（也称为 P 帧或 P 画面）包含了前一 I 帧或 P 帧与当前位置帧之间的预测差值。"Bidirectional predictive coded pictures"（也称为 B 帧或 B 画面）则包含了前一 I 帧或 P 帧与下一帧之间，当前位置帧的预测差值。图 9.4 展示了不同帧类型之间的主要关系。

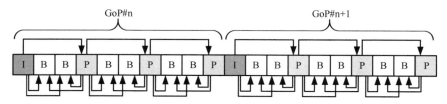

图 9.4 在典型的 GoP 中，MPEG-1 和 MPEG-2 以及 I 帧、P 帧和 B 帧之间的相互依存关系[29]

图 9.4 还展示了特定数量的 I 帧、B 帧和 P 帧被组织成所谓的"图像组（GoP）"，这简单地描述了视频流中一系列编码的连续图像[30]。图 9.4 中描绘的 GoP 结构为 IBBPBBPBBP。该序列的选择是为了满足 MPEG-1 和 MPEG-2 的三个要求：①每个 MPEG-1 或 MPEG-2 的 GoP 必须以 I 帧或 B 帧开始；②每个 GoP 必须以 I 帧或 P 帧结束；③每个 GoP 必须至少包含一个 I 帧。请注意，常见的 IBBPBB-PBBPBBPBB 序列[30]并不满足 MPEG-1 和 MPEG-2 的这些要求。GoP 可能仅由 I 帧组成（称为"全 I 帧方法"，与 MJPEG 类似）。然而，I 帧的总体数量越大，可能

的压缩率就越小。通常，I 帧的压缩率低于 P 帧，而 P 帧的压缩率又低于 B 帧[31]。无论选择何种 GoP 模式，一旦投入使用，它就不会适应或改变，而是在开发过程中固定不变。不同 MPEG 版本中 GoP 的可能长度各不相同。对于 MPEG-2，典型的 GoP 长度约为 0.5s；而对于 MPEG-4，GoP 长度可以长达 10s[32]。

使用 B 帧和 P 帧相较于仅使用 I 帧能够实现更大的压缩比。然而，为了在解码时获得高质量的结果，MPEG 还额外要求对 B 帧和 P 帧的动态信息进行编码（和压缩）。图 9.5 所描绘的简化过程展示了这一过程中采取的额外步骤。该基本图像压缩过程与第 9.2.1 节中解释的 JPEG 压缩非常相似，包括 RGB 转换、色度子采样、对 8×8 像素矩阵进行离散余弦变换（DCT）、量化、零减少以及霍夫曼编码（后两者有时统称为 "熵编码"）。动态矢量是通过比较 P 帧和 B 帧中的 16×16 像素宏块与各自参考图像中的宏块来推导得出的。这些数据随后也被压缩，并成为最终数据流的一部分[30][33]。

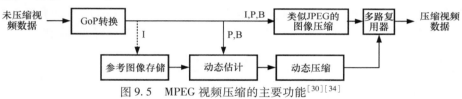

图 9.5　MPEG 视频压缩的主要功能[30][34]

与 JPEG 类似，MPEG-1 和 MPEG-2 通常被实现为有损压缩方法。然而，通过调整相应的参数，它们也可以实现无损压缩，特别是视觉上无损的压缩。

9.2.2.2　H.264，MPEG-4，AVC

H.264，也被称为高级视频编码（AVC）或 MPEG-4，是由国际电信联盟（ITU）和国际标准化组织（ISO）MPEG 组共同开发的一种视频压缩后续标准。ISO14496-10 标准于 2003 年首次发布[35]，其技术内容与同年首次发布的 ITU H.264 标准相同。最新的 ITU H.264 更新（版本 14）于 2021 年 8 月发布[36]。AVC 不仅被用作蓝光光盘（Blu-ray）或数字视频广播——第二代地面数字广播（DVB-T2）等电视广播标准的主要视频编码方式，还广泛应用于 YouTube、Netflix、Vimeo 和 iTunes 等视频流媒体服务中[37]。

H.264 不再使用离散余弦变换（DCT），而是要求使用整数变换。这一改变使得 H.264 能够灵活地运用不同大小的块，例如使用 4×4 像素块替代 8×8 像素块。此外，H.264 还引入了更高效的熵编码器，采用可变长度编码替代了霍夫曼编码。同时，H.264 在运动压缩和图像组（GoP）方面也进行了增强，允许比第 9.2.2 节中介绍的 MPEG-2 使用更多帧模式和相互关联。

H.264 最初是为高清电视（HDTV）而设计的，其压缩效率（及计算量）大约是 MPEG-2 的 3 倍。到目前为止，H.264 标准支持多种不同分辨率的应用级别。它从 128×96 像素、每秒 30 帧的最低配置开始，这种配置下最低质量的数据传输速率为 64kbit/s，最高可达 4096×2160 像素、每秒 60 帧，同时最高质量下的最大比特率为 960Mbit/s[38]。此外，H. 264 还被用作汽车以太网摄像头的压缩机制。

9.2.2.3 H.265，MPEG-H Part 2，HEVC

ITU 标准 H. 265 于 2013 年 6 月 7 日首次发布，随后 ISO/IEC 23008 等效标准于 2013 年 11 月 25 日发布。该标准也被称为 MPEG-H Part 2 和高效视频编码（HEVC）。它被设计为 H. 264 的后续标准，并持续进行后续版本和更新的定义[39]。2019 年，文献［40］发现 H. 265 是仅次于 H. 264 的第二大常用格式，但预计将在不久的将来超越 H. 264。

H. 265（HEVC）以 8K 显示屏为目标，旨在提高图像质量和动态范围。同时，显著提升压缩效率也至关重要。项目初期的一个重要目标是，与 H. 264 相比，在保持主观图像质量不变的前提下，进一步将数据速率降低 50%。表 9.2 比较了 H. 265 的压缩效率。所展示的结果基于视频质量的主观感知。与 H. 264 一样，H. 265 压缩也是有损的。然而，问题在于这种损失是否明显。最终，无论是在机器视觉领域还是其他情况下，损失是否明显比峰值信噪比（PSNR）等技术参数的比较更为重要。通常，这些技术值与主观质量感知之间并没有很好的相关性[41]。

表 9.2 H.265 与 H.264 压缩效率的比较[39]

标准	480p	720p	1080p	2160p
H. 264 High Profile	100%	100%	100%	100%
H. 265	52%	56%	62%	64%

H. 265（HEVC）的效率提升得益于扩展的模式压缩和不同的编码机制。其块大小从 16×16 像素块增加到最大 64×64 像素块，并支持可变块分割。H. 265 还改进了运动预测和滤波。此外，H. 265 允许使用矩形区域的网格，即所谓的"瓦片"，这些瓦片可以独立进行解码和编码。这允许对视频数据进行并行处理。尽管有许多其他细节得到了增强和/或改进，但使用这些改进也需要更多的处理能力。

H. 265 标准定义了不同的应用级别。支持的最低分辨率为 128×96 像素，每秒 33.7 帧，在最低质量级别下，数据速率可达 128kbit/s。而支持的最高分辨率包括 3840×2160 像素、每秒 300 帧或 8192×4320 像素、每秒 120 帧。在最高质量下，数据速率最高可达 800Mbit/s。

尽管 H. 264 和 H. 265 在 ITU 和 ISO/IEC 中得到了标准化，但这并不意味着编码器和解码器就免除了专利和版税。对于包括 H. 264 和 H. 265 在内的 MPEG 标准，MPEG 许可管理（MPEG-LA）负责管理和维护专利和许可池，其中包含了大量的专利。因此，在后续产品中实现这些标准时，必须考虑相关的专利和版税问题。为此，开放多媒体联盟（Alliance for Open Media）开发了一种免版税、兼容的替代方案，称为 AV1[39]。

9.2.3 VESA 显示压缩编解码器

视频电子标准协会（VESA，Video Electronics Standards Association）是一个制

定众多视频/显示相关规范的组织（有关 VESA 的更多信息，请参见第 9.7.5 节）。由于显示屏分辨率的增长速度超过了显示通信技术的跟进速度[42]，VESA 开始着手开发视频压缩技术[43]。VESA 于 2014 年完成了其首个视频压缩规范——数字流压缩（DSC）[42]。此后，DSC 已针对 8K 显示屏增强至 1.2b 版本，并开发了一种特定的压缩格式以纳入 MIPI DSI-2 标准（另见第 9.7.4 节）。VESA 的显示压缩-移动（VDC-M）系列标准在 1.1 和 1.2 版本中实现了标准化[44]，相比 DSC，它允许更高的压缩率，如表 9.3 所示。

　　VESA 压缩算法的一个重要目标是实现主观上视觉上无损的图像质量。表 9.3 提供了压缩率的示例。结合 DisplayPort 1.4a，DSC 支持以 2:1 的压缩率实现 8K 视频在 60Hz 和 24bit 色深下的传输，或以 2.5:1 的压缩率实现 30bit 色深下的传输，从而达到视觉上无损的质量[45]。据说，相应的解码器仅需约 100k 个门电路[46]。压缩/解压缩延迟低至 $4\mu s$（对于 4K@60Hz 显示屏）。这对于用于交互式应用的显示屏来说是一个重要的指标。低门电路数确保了低功耗。

表 9.3　不同 VESA 压缩编解码器的比较[44]

特点	DSC 1.1	DSC 1.2a	VDC-M 1.1	VDC-M 1.2
30bit 彩色视觉无损压缩的压缩率（@ 比特/像素，bpp）	3.75:1（8bpp）	3.75:1（8bpp）	5.1:1（6bpp）	5.1:1（6bpp）
24bit 色彩视觉无损压缩的压缩率	3.1:1（8bpp）	3.1:1（8bpp）	4.1:1（6bpp）	4.1:1（6bpp）
IC 复杂性	低	低	中等	中等
每种颜色支持的位数	8/10/12	8/10/12/14/16	8/10/12	8/10/12
用于（详见第 9.7 节）	MIPI DSI 1.2 MIPI DSI-2 1.0 VESA eDP 1.4b	HDMI 2.1 VESA DP 2.0 VESA eDP 1.4b	MIPI D SI-2 1.1	工作进行中

　　图 9.6 展示了 DSC 编码器的基本元素。DSC 的一个重要特征是它是一种恒定比特率编码器，因此具有速率控制功能，能够追踪颜色平坦度和缓冲区满度。通过调整像素组的量化比特深度，DSC 确保始终达到目标比特率[47]。其预测功能支持三种不同模式：改进的中值自适应预测器、块预测或中点预测，并采用 32 个条目的索引颜色历史记录[48]。DSC 的单行存储缓冲区保证了低延迟和低复杂度。与 H.264 和 H.265 等基于帧的压缩标准相比，DSC 按像素和行处理数据是一个重要区别，后者具有更高的延迟和复杂度。此外，值得注意的是，输入数据不一定是 RGB 格式，而可能是原始成像器数据。

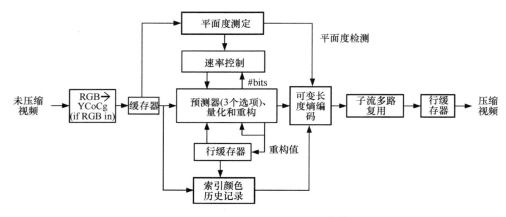

图 9.6　DSC 编码器的基本要素[43]

视频电子标准协会（VESA）遵循 RAND 许可政策，根据该政策，其成员必须许可必要的专利[46][42]。

9.3　内容保护

内容保护指的是采用技术手段来防止版权保护作品的未授权复制和存储。尽管内容保护，尤其是针对商业视频数据的内容保护，拥有悠久历史，并非数字时代特有现象——例如，早在 1983 年便引入了模拟内容保护系统 Macrovision，以阻止商业 VHS 视频内容的复制[49]——但视频数据的数字化与互联网及视频压缩算法的结合（亦见第 9.2 节）为其带来了新的挑战。如今，商业视频的复制及分发不再局限于物理存储介质的传递，而是能够瞬间与全球数百万用户共享数据。

自然而然地，电影业对此表示反对。因此，诸如美国电影协会（MPAA）等组织游说以争取更坚实的法律基础来起诉此类版权侵权行为。这一努力在全球范围内催生了与美国 1998 年颁布的《数字千年版权法案》（DMCA）相类似的法律[50]。此外，这些组织还推动采用更加先进和广泛的内容保护机制。内容保护的核心要求在于：

1）只有获得授权的消费者（设备）才能解码和展示受保护的内容。

2）未经授权不得从原始位置复制内容。

3）在将内容从原始位置流式传输到显示屏上观看时，不能直接存储或记录内容。

在车载显示屏上观看电影是所有后座娱乐（RSE）系统的核心功能，也是相应启用的中控台显示屏的附加功能；随着更高级别的自动驾驶（AD）功能的发展，为驾驶人提供更多观看机会，这一功能的重要性日益增强。因此，汽车制造商若想在市场上销售具备电影回放功能的信息娱乐设备，就必须满足相应的内容保护要求。根据作者的经验，像美国电影协会（MPAA）这样的组织对此类要求非常坚持。这包括汽车制造商必须确保用户无法拆解汽车、剪断传输视频的线路，并插入能够录制传输内容的设备。因此，车内所有用于传输商业视频的通信技术，特别是高速（HS）通信技术，如 SerDes 和以太网，都必须启用内容保护，通常是高清内容保护（HDCP），且不得有任何更改。

值得注意的是，在当前的汽车应用中，高清内容保护（HDCP）仅与显示用例相关。这可能会令人惊讶，因为从摄像头传输到处理 ECU 的视频内容也需要防止未经授权的访问，以确保汽车用户的隐私及其他安全。然而，这并非内容保护的一部分，而是所应用的安全机制的一个重要目标（亦见第 2.2.4.3 节）。内容保护与安全性密切相关，但并不等同。如果说有什么联系的话，内容保护是安全性的一种类型。这意味着实现各自目标的技术机制也是相同的。区别在于，HDCP 是内容提供商要求的一种特定协议，以便设备（汽车）供应商获得授权并能够显示来自这些特定内容提供商的内容。HDCP 是一种端到端的保护机制，与沿途使用的任何底层通信技术无关。如第 2.2.4.3 节和第 8.2.3 节所示，安全机制可能应用于 ISO/OSI 的任何一层，各有优缺点。

HDCP 规范由英特尔公司制定，其首个版本 1.0 于 2003 年发布，旨在防止HDTV 格式数据的未经授权复制。自那时以来，英特尔公司持续扩展和更新 HDCP，截至撰写本书时，最新版本为 2.3，于 2018 年发布[51]。并非所有版本的 HDCP 都向后兼容。尽管这在消费设备中是一个严重的问题（例如，见文献［52］），但在工程化的车载网络中，问题较少，因为视频渲染和显示设备是在紧密协调下开发的。根据作者的经验，在车载实现中，人们更担心的是 HDCP 2.3 所需的计算能力以及对延迟的严格要求。这些时间挑战源于 HDCP 的一些核心特性。除了要求发射器必须验证接收器以及视频流必须使用发射器和接收器已商定的对称密钥进行加密外，HDCP 还要求发射器和接收器必须处于紧密的物理接近状态[53]。为确保这一点，HDCP 设置了较短的超时时间，以便系统可以对因电缆过长而导致的传播延迟过长做出反应。因此，在车载显示屏菊花链场景中产生的转发延迟可能是一个挑战。

HDCP 基于以下三种机制：

1）验证：确保只有获得许可的设备才能接收内容。

2）加密：确保流媒体路径上的任何设备都无法复制信息。

3）密钥撤销：确保设备不会被破解和克隆。

每个 HDCP 设备都存储了 40 个密钥，每个密钥长度为 56bit。在通信开始时，链路对端交换它们的设备 ID，并使用一个临时的一次性密钥进行通信。从这一刻起，通信便使用底层的加密机制。具体使用 40 个密钥中的哪一个，是协商过程的一部分。这些密钥本身在未加密的情况下绝不会被传输[54]。

2010 年主密钥的公开并未使内容保护失效，因为用于篡改数据的加密密钥和设备也并未被公开。此外，每位设备制造商都签署了许可协议，该协议规定其设备不得录制受 HDCP 保护的内容，并且一旦发现对版权保护的篡改行为，应阻止其设备的运行。

表 9.4 提供了不同 HDCP 版本的概览。可以看出，HDCP 的开发是为了与特定的通信接口协同工作。然而，它也允许实现接口无关的功能。HDCP 既可用于未压缩的数据，也可用于压缩的视频流。HDCP 的许可和许可要求由英特尔子公司数字内容保护（DCP）有限责任公司（LLC）组织[55]。

表 9.4　HDCP 修订和适用的通信标准[54]

HDCP 修订	发布	接口示例
1.0 ~ 1.4	2000—2009 年	DVI, HDMI, DP, GVIF
2.0 IIA，2.1 IIA，2.2 IIA	2008—2012 年	+任何基于 IP 的接口，接口独立适配，用于压缩和非压缩视频数据
2.2 用于 HDMI，2.2 用于 MHL	2013	+用于 4K 视频，不再向后兼容 2.0 和 2.1
2.3 用于 HDMI	2018	+用于 8K 视频

9.4　音频接口

汽车中的一些摄像头模块或显示屏可能需要音频功能，这些功能以传声器的形式支持音频控制或视频会议等功能，或者以扬声器的形式输出音频信号（尽管在汽车中不太典型，因为扬声器系统通常是单独设计的）。在此上下文中经常提到的一种接口技术是集成电路音频（Inter-IC Sound，I^2S，简称 I2S）总线。I2S 最初由飞利浦半导体公司（现为 NXP 半导体公司，该公司于 2022 年 2 月根据 NXP 的出版指南重新发布了该规范，特别是将"主从"术语更改为"控制器-目标"）于 1986 年设计，以支持电子设备中的数字音频通信[56][57]。

I2S 使用脉冲编码调制（PCM）来处理音频数据（任何类型的控制数据都在 I2S 之外单独传输），并使用一个三线串行总线来实现一个双路复用数据信道、一个选通信号线和一个时钟线（见图 9.7）。时钟信号的下降沿定义了音频信息的传输开始。选通信号通过复用左右声道（其极性可能通过单独的输入引脚反转）来支持立体声系统。由于没有其他控制手段，据作者所知，多信道应用必须使用其他串行数据线来并行传输控制数据。时钟和字选择由作为控制器的链路节点（以前称为主设备[57]）生成，而音频数据则始终来自音频源。

在 I2S 规范中，字长（每个信道在一个块中可以发送的比特数）并未明确定义。常见的字长有 16bit、24bit 或 32bit。也存在罕见的 48bit 或 64bit 实现。当未使用所有比特时，将使用逻辑"0"进行填充，以达到相应的比特大小。对于典型应用，时钟速率在 8kHz 采样率时为 512kHz，在 192kHz 采样率时为 12.288MHz[59]。I2S 不包含错误检测或错误纠正机制。

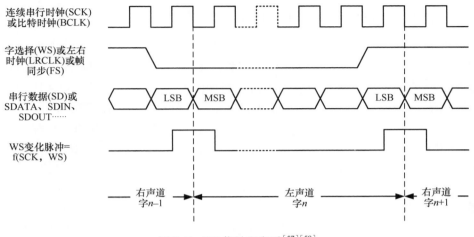

图 9.7　I2S 信号和定时[57][58]

　　I2S 最初旨在用于 PCB 上的芯片到芯片连接或设备内部短距离通信，例如数字源和扬声器之间的通信。然而，其他通信技术，如汽车音频总线（A2B）[60] 或 ASAML（见第 7.5 节），可能会在汽车内部通过典型的链路距离传输 I2S 数据。I2S 可用于包含两个以上源和接收器的总线结构。但是，一次只能有一个源发送数据，这需要额外的（芯片选择）信号或类似的机制来控制信道访问[61]。

9.5　控制接口

　　此外，没有"智能"的传感器、摄像头和显示屏也包含集成电路（例如用于传感/显示和通信），这些集成电路具有寄存器和系统配置参数。根据定义，由于这些设备内部没有运行软件的控制实例，因此需要一种方法，允许从处理视频/传感器数据流的电子控制单元远程访问和/或设置相应的值。请注意，这与任何（SerDes）芯片内部测量电压水平或温度的能力无关，而这些测量值反过来可用于配置设备。例如，FPD-LINK Ⅲ 串行器 DS90UB953 具有两个内部 3bit 模数转换器（ADC），这些转换器也用于此目的[62]。

　　本节介绍了汽车传感器和显示应用中使用的各种典型控制接口。第 9.5.1 节从通用输入输出（GPI/O）开始；第 9.5.2 节描述了串行外设接口（SPI）；第 9.5.3 节讨论了集成电路总线（I2C）；第 9.5.4 节介绍了改进型的集成电路总线（I3C）；最后，第 9.5.5 节介绍了一种名为"内存映射"的新方法，该方法避免了在所使用的高速通信技术的物理层上添加对控制接口协议的特定知识。尽管在汽车 SerDes 解决方案中，带有以太网控制信道的解决方案在本书出版前一段时间就已上市

（例如，见第 7.3.3 节），但本小节并未特别提及以太网。然而，数据包格式和更高层协议与第 8 章所述内容并无不同，因此本节不再赘述。

9.5.1 通用输入/输出（GPI/O）

GPI/O（通用输入/输出）引脚是集成电路中未指定用途的引脚，其行为由系统设计者决定。默认情况下，这些引脚不会被使用，但如果被使用，它们可以作为直接输入、直接输出或两者兼有。将信号施加到 GPI/O 引脚上时，会从原始芯片以低延迟传输到通信对端，而不需要来自原始芯片的进一步控制机制。

对于通信芯片而言，这意味着 GPI/O 可以在通信的两端以及两个传输方向上使用。尽管 GPI/O 代表数字接口，但它们也经常被用于线性过程，其中 PWM 的占空比定义了幅度。如果没有或没有足够数量的专用引脚可用，通信协议，如 SPI（见第 9.5.2 节）或 I2C（见第 9.5.3 节），也可能使用 GPI/O 引脚；但请注意，这通常会降低可实现的数据速率，因为 GPI/O 的支持较少。在摄像头应用中，GPI/O 引脚可用于触发曝光。在显示应用中，GPI/O 可用于检测特定的用户输入。具体细节通常包含在集成电路的数据手册中。例如，FPD-LINK Ⅲ 串行器 DS90UB953 具有 4 个 GPI/O 引脚[62]。

9.5.2 串行外设接口（SPI）

SPI（串行外设接口）是 Motorola 公司（现为 NXP）在 20 世纪 80 年代发明并获得专利的一种半标准化双向接口，用于芯片之间的串行通信[63]。它不仅可以用于简单的点对点通信，还可以用于多参与者总线。在汽车 SerDes 实现中，SPI 常被用作侧信道，特别是针对显示屏或其他应用，这些应用需要比 I2C（见第 9.5.3 节）支持的更高的上行链路（UL）数据速率。

如表 9.5 所示，SPI 至少包含三条信号线：串行时钟（始终由主设备控制）、串行数据输入和串行数据输出。使能/选择线是可选的。许多集成电路还额外支持从设备复位功能。

表 9.5 必选和可选 SPI 信号线

主要名称		替代名称		类型
缩写	意义	缩写	意义	
SCLK	串行时钟	SCL，clock	串行时钟，移位寄存器时钟	必选
MOSI	主输出，从输入	SDO	串行数据输出	必选
MISO	主输入，从输出	SDI	串行数据输入	必选
SS	从选择	CS，CE，STE	芯片选择、芯片使能、从传输使能	可选
Reset	复位（从属芯片）			可选

图 9.8 通过 SPI 作为简单 8bit 移位寄存器的例子，可视化了部分信号传输过

程。常见的实现方式使用 8bit、9bit 或 8bit 倍数的移位寄存器。因此，从串行总线到芯片内部并行输出的数据传输（见图 9.8）可以在时钟信号的上升沿或下降沿进行。对于简单的硬件和集成电路设计，边缘选择是一次性的，之后不会更改。更复杂的集成电路、系统和几乎所有现代微控制器（μC）都具有通过控制寄存器中的相应参数选择时钟的活动边缘以进行数据传输的能力。时钟既不需要对称——即高电平和低电平阶段不需要具有相同的长度——也不需要特定的时钟准确性。

串行数据输入（SDI）和串行数据输出（SDO）是串行数据传输方向的独立线路。因此，SPI 通信在高层是全双工的（在物理层是双工的）。由于这两条线路是独立的，系统也可以设计为支持非对称数据流。如果这种情况通过高层使用 TDD（时分双工，意味着两个方向没有同时传输）来实现，那么可以使用如图 9.8 所示的简单移位寄存器实现方式。这种方式的优点在于，有许多现有的晶体管-晶体管逻辑（TTL）集成电路支持这一点。在两个节点之间的单向通信情况下，实现仅需要三条线路中的两条，即时钟和相应的串行数据线。如果存在同时发送和接收的情况，则需要如图 9.9 所示的实现方式。

片选（CS）线向相应的从设备指示与主设备的活动通信。图 9.8 中的简化时序图显示，在激活时钟之前应确认 CS。将对从设备施加的非活动 CS 会禁用该从设备在 SPI 总线上的所有通信。

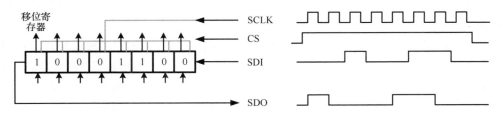

图 9.8　用作简单移位寄存器的 SPI 时序示例[64]

由于 SPI 实现简单，因此它几乎可以作为专用硬件应用于每个微控制器中。不同制造商和用例之间的具体实现可能会有很大差异。有时实现非常简单，有时则非常复杂，具有可变数据长度、可变输入/输出缓冲区队列、硬件支持的协议处理以及直接内存访问（DMA）等功能。

图 9.9 展示了一个典型的简单实现，允许同时进行数据传输和接收。由于 SPI 不是一个严格定义的总线协议，因此物理层、信道等也未被详细定义。数据手册可能会列出诸如 I/O 电压（通常为 3.3V 或 5V）、电容负载、所需上拉电阻、输入迟滞等参数，或者由标准化机构定义其使用。此类努力的一个例子是由 OPEN Alliance 定义的汽车以太网 10BASE-T1S SPI 接口的定义[65]。另一个需要定义的项目是 SPI 可选提供的奇偶校验错误检测机制。

SPI 接口在汽车中已经使用了很长时间。一个例子是宝马 7 系车型（1986—

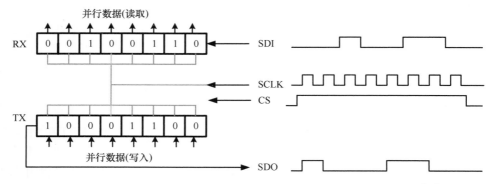

图 9.9　现代微控制器、集成电路和系统中 SPI 的典型实现，8bit 示例[66]

1994 年）的第一代中央车身电子系统。在这个实现中，电子控制单元由两部分组成。一部分包含微处理器（Intel 8052）和所有输入接口。另一部分（称为"继电器模块"）包含通过继电器控制的高电流输出（因此得名）。这两部分之间的数据交换使用类似 SPI 的通信方式。由于它们的工作电压范围很广，在 3 ~ 15V 之间，因此在这个应用中使用了 4000 系列的 CMOS 集成电路作为接口驱动器。

在现代汽车应用中，SPI 接口也用于控制和监控 SerDes 传感器或显示屏。SPI 可用于控制激光雷达系统的射频卫星。在显示屏中，SPI 通常用于显示屏上的人机界面（HMI）功能（如简单的 I/O 按键、触摸信息或通知 LED）。

在许多使用 SPI 的场合中，是因为所涉及的集成电路（IC）中没有提供 I2C 或其他技术，或者它们的数据速率不足以满足需求。通常，SPI 被认为支持高达约 20MHz 的时钟频率（对于 10BASE-T1S 则更高），这比 I2C 所能提供的要高（见 9.5.3 节）。这些限制是由于 SPI 对影响串行时钟的尖峰或噪声敏感所致。

9.5.3　集成电路总线（I2C）

I2C 总线（有时也被称为 IIC 或 I^{2}C）是由飞利浦公司（现为 NXP）于 20 世纪 80 年代发明的[67]，最初是为了在印制电路板上连接不同的功能集成电路，以减少信号线的数量和制造成本[68]。尽管 I2C 的开发初衷是面向印制电路板通信，但它也可以通过电缆进行传输。最新的 I2C 规范版本是 2021 年 10 月发布的第 7 版[69]。

I2C 总线被广泛应用于各种电子设备中。它也被部署在汽车中，其中一个用例是用于汽车摄像头和显示屏的控制信道（也见第 2 章和第 7.3.1 节）。例如，在典型的摄像头应用中，通过电缆在视频数据旁边传输封装的 I2C 数据，同时在图像传感器集成电路和通信芯片之间的印制电路板上使用原始的 I2C。

以下内容中，第 9.5.3.1 节首先介绍了 I2C 的物理层。接着，第 9.5.3.2 节讨论了控制器-目标概念与信道访问，而第 9.5.3.3 节则讨论了一些扩展内容，并介绍了 I2C 总线的一些衍生版本。

9.5.3.1 I2C 物理层

I2C 是一种双线总线，它基于总线上节点之间的控制器-目标（以前称为"主-从"）关系。这两条总线分别是：串行时钟（SCL）和串行数据（SDA）。只有控制器可以断言 SCL 线，而控制器和目标都可以在 SDA 线上发送数据。图 9.10 展示了主要关系。当没有数据传输时，两条线都处于"高"电平状态。如果有数据要传输，控制器会将 SDA 设置为"低"，从而启动 SCL。在接下来的数据传输期间，数据位值的更改只能在 SCL 处于"低"电平期间进行。数据传输以控制器在 SCL 为"高"电平时将 SDA 设置为"高"来结束。

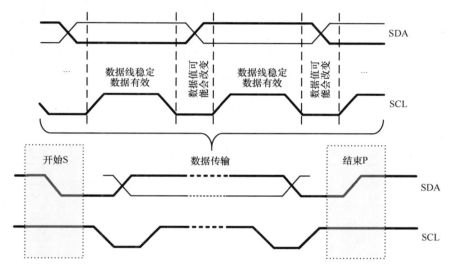

图 9.10 I2C 位传输和启动/停止条件[69]

图 9.11 展示了其背后的物理原理。I2C 使用开集电路来访问 SDA 和 SCL 线，以便发送数据。在 I2C 物理层实现中，SDA 和 SCL 线的最大电容 C_{max} 是限制总线上节点最大数量的物理因素。实际的电容值 C 因此取决于 PCB 设计、I2C 总线信道的长度以及每个连接节点的寄生电容。图 9.11 中所示的上拉电阻 R_p 的值则取决于这一电容和总线速度。I2C 规范提供了有助于选择合适 R_p 值的图表，其典型值范围在 $2.2 \sim 10 k\Omega$ 之间。此外，图 9.11 还展示了 V_{dd}。I2C 规范并未强制规定 V_{dd} 的值，实际使用值可根据所用设备/集成电路进行调整，并可通过双向电平移位器来实现。推荐的低电平信号输入阈值 $V_{IL} = 0.3 \times V_{dd}$，而高电平信号输入阈值 $V_{IH} = 0.7 \times V_{dd}$。一些较旧设备可能使用固定电压阈值，如 $V_{IL} = 1.5V$ 和 $V_{IH} = 3V$。

I2C 并未强制使用特定的波特率，但它为不同的模式定义了最大数据速率。表 9.6 显示，数据速率在 $100 kbit/s \sim 5 Mbit/s$ 之间变化。但请注意，提供 $5 Mbit/s$ 速率的超快速模式仅允许单向传输，因此它并不是典型的 I2C 总线[67]。在汽车摄像头和显示屏应用中，通常使用标准模式和快速模式。虽然可以在一个 I2C 总

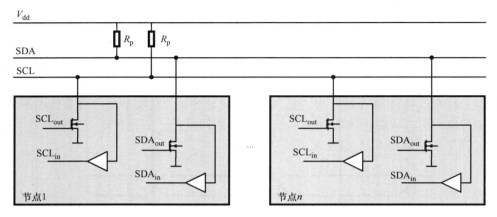

图 9.11 I2C 物理层[69]

线上混合使用物理层速度，但这会带来一些限制，并需要在物理层上进行特定的适配[70]。

表 9.6 I2C 传输模式

模式	C_{max}	最大数据速率	用途
标准模式	400pF	100kbit/s	双向
快速模式	400pF	400kbit/s	双向
快速模式增强版	400pF	1Mbit/s	双向
高速模式	100pF	3.4Mbit/s	双向
超快速模式	暂无	5Mbit/s	单向

9.5.3.2 I2C 信道访问

在 I2C 控制器-目标架构中，一个单元可以仅作为控制器，仅作为目标，或者根据应用需求在控制器和目标之间切换。此外，还可能存在多个控制器共同参与一个总线的情况，如图 9.12 所示[69]。

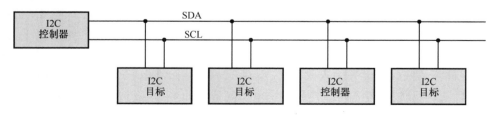

图 9.12 多个 I2C 控制器和目标共用一条 I2C 总线

图 9.13 展示了考虑到控制器-目标关系后的相应信道访问过程。控制器发起启动信号后，发送目标的唯一 7bit 地址加上读/写位，由目标确认（ACK）。如果该

位是"写"，则控制器随后向接收方发送数据（2B），每个字节再次由目标确认（ACK）。如果该位是"读"，则目标向控制器发送数据（2B），控制器在每个字节后通过 ACK 进行确认。如果控制器没有更多数据要发送给此目标或其他任何目标，则通过停止信号结束通信。因此，SDA 的命令字段只能由控制器断言。数据字段由控制器或目标断言。最高有效位（MSB）首先传输。

　　由于控制器仅在数据传输期间激活时钟信号，如果控制器激活了停止信号，则目标必须结束传输。规格说明预见了时钟延展功能，允许目标在时钟周期不足时延长时钟持续时间。然而，这存在某种风险，即故障的从设备可能会阻塞整个通信[68]。地址别名方案用于解决多个具有相同 I2C 地址的相同单元共享同一 I2C 总线的情况。在这种情况下，要么由硬件定义的 I2C 地址接收逻辑扩展，要么由软件定义地址。

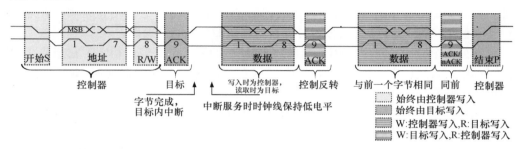

图 9.13　基于读/写（R/W）位的控制器/目标信道访问

　　请注意，I2C 协议中既定义了确认（ACK），也定义了不确认（nACK）。在此，确认（ACK）是数据接收方通过将原本为"高"的信号线拉至"低"电平来实现的。如果总线上的参与者没有发送应答，则不确认（nACK）是发送方将看到的默认状态。表 9.7 展示了根据确认（ACK）/不确认（nACK）响应是来自目标还是控制器，其不同的用途和含义。

表 9.7　ACK/nACK 与 I2C 配合使用

方案	ACK/nACK 响应
控制器向目标发送 1B 的控制或数据信息	如果数据被正确接收，则目标以 ACK 响应，并且目标可以接收更多数据
	如果目标未准备好与控制器通信，如果它无法接收更多数据，如果它不理解内容，或者如果数据被发送到不同的单元，则它不会响应（相当于 nACK）
目标向控制器发送 1B 的数据信息	如果数据被正确接收并且需要另一个数据字节，控制器将以 ACK 响应
	如果控制器不希望目标发送更多信息，则不会响应（相当于 nACK）。然后，控制器可以停止或重新启动新的循环（与相同或另一个接收者）

正如本小节开头所述，I2C 还支持多控制器系统，其优势在于存在多个单元（即控制器）可以发起通信，这有助于减少延迟。在此情况下，有两个重要方面：首先，控制器的时钟需要同步；其次，当多个控制器同时想要访问信道时，需要进行仲裁并明确定义仲裁规则。所使用的原则与 CAN 总线相同。在传输开始时，发送最多"低"信号的控制器可以继续传输。如果一个控制器在发送"高"信号时读回"低"信号，则会中止其传输[68]。I2C 的多控制器功能在 I2C 系统的调试和测试中尤其有用。

9.5.3.3 I2C 扩展和派生

图 9.13 中的示例展示了采用 7bit 寻址方案的 I2C。同时，I2C 也支持 10bit 寻址。一个应用场景是已经提到的系统，其中使用了相同的 I2C 目标单元。在这种情况下，可以借助地址别名来修改原始硬件地址，以便能够明确地对每个单元进行寻址。控制器随后简单地将地址字段扩展到第二个命令字节中。具有正常 7bit 寻址的设备和使用扩展 10bit 寻址的设备可以在同一条 I2C 总线上操作。

在另一个应用场景中，I2C 控制器在地址后的第二个字节中指定了它想要在特定目标中写入或读出的特定寄存器[53]。这在与非易失性存储器（NVMs）的通信中可能非常有用。

此外，基于 I2C，已经开发出了多种派生协议，这些协议也可能在更复杂的汽车电子控制单元中找到。

1）系统管理总线（SMBus）在 PC 实现中用于配置和热插拔 PC 组件[68]。

2）电源管理总线（PMBus）是 SMBus 的一种变体，用于电源转换器与系统主机之间的通信[71]。

3）智能平台管理接口（IPMI）即使在计算机关闭或没有操作系统的情况下，也能实现对其的远程控制[72]。

4）高级电信计算架构（ATCA）用于机架安装的电信硬件[70]。

5）而显示数据信道（DDC）则作为第 9.7 节中讨论的许多显示协议的一个（独立）控制信道使用[70]。

9.5.4 MIPI 改进型集成电路总线（I3C）

I3C 规范是在 MIPI 联盟的主持下开发的，该联盟于 2014 年公开宣布了 I3C 的开发计划[73]。其目标是在保留 I2C 优势（双线、简单）的同时对其进行增强，并融入 SPI 的功能（更高的数据速率、低功耗）。这将统一两种非常广泛使用的控制协议，并通过附加功能对其进行增强[74]。2017 年发布了第一个版本 1.0[69]，而最新版本 1.1.1 则于 2021 年 6 月发布[75]。请注意，该规范有两个版本：MIPI I3C 和 MIPI I3C Basic，后者是公开可用的，而要获取 MIPI I3C 规范则需要成为 MIPI 联盟的成员。有时，I3C 也被称为"SenseWire"[76]。

与 I2C 一样，I3C 也使用 SCL 和 SDA 线。如图 9.14 所示，由于保留了 7bit 寻址，因此可以使用相同的 I2C 总线为旧版 I2C 目标提供服务。与 I2C 一样，时钟由控制器控制，并且时钟速率可以调整，通常从 400kbit/s 到 12.5MHz 不等，在此速率下，I3C 支持 10Mbit/s 的标准数据速率（SDR）[69]。高速数据（HDR）模式是可选的，并且可以实现 20Mbit/s 或 33Mbit/s 的有效数据速率（在 25MHz 的时钟速度下）[76]。在此上下文中，另外两个新增功能是目标可以控制 SDA 并启动中断，以及仅存在 7bit 地址，但这些地址可以动态分配[74]。

具有相同硬件的设备会被动态地分配不同的地址（在分配过程中仅使用它们唯一的 48bit 地址[76]），而不是给它们分配不同的 3bit 地址扩展。目标设备能够启动中断，这使得传感器能够通知控制器状态的变化或自行启动数据传输，而不必等待控制器对其进行寻址。

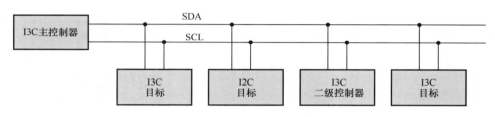

图 9.14　支持的 I3C 参与者类型[74]

I3C 的其他特性包括：多控制器支持（称为主控制器和次控制器）、同步和异步时间戳以提高来自不同外设信号的应用准确性、命令码兼容性以及高级电源管理。后者的一部分包括睡眠模式和批量处理数据的功能，以便以批量方式传输数据，从而减少数据传输间隔中的能耗[69]。I3C 在某种程度上改变了数据结构。它保留了 I2C 中发送 8bit 信息的 9 个时钟周期（见图 9.13）。在 I2C 中，第 9 个时钟周期用于在相反传输方向上发送 ACK/nACK。而 I3C 仅将此用于控制/地址消息。对于用户数据消息，第 9 个时钟周期在写入时用作同向传输的奇偶校验位，在读取时用作数据结束标志。因此，基于奇偶校验的错误检测仅用于 SDR。HDR 使用 5bit CRC。I3C 不再需要外部上拉电阻（见图 9.11），并且高速设计目标仅允许最大总线电容为 50pF。时钟延展不再可能。目标单元的预期速度应足够快[76]。

如前文所述，与 I2C 相比，I3C 在功能上有了显著提升，并反映了现代移动设备系统的需求。在 MIPI 规范套件中，I3C 是控制、监控和调试未来几代移动设备的重要组成部分。在撰写本书时，I3C 尚未被用于汽车摄像头和显示应用中。

9.5.5　改用内存映射

撰写本书时所使用的所有汽车 SerDes 解决方案和产品均支持本节中讨论的一些控制格式，包括 GPI/O、SPI、I2C 以及本节 9.5 引言中简要提及的内部 ADC 数据（I3C 当时还太新，尚未应用于量产汽车）。常用的说法是控制数据使用"旁路信道"，这仅意味着其传输的数据速率远低于 DL 视频数据。关键在于，在视频源端，控制数据格式（无论是传感器还是显示应用）都会被封装并通过 SerDes DL 进行隧道传输；这仅仅是将控制协议的"覆盖范围"扩展到了 15m（或特定汽车 SerDes 技术所支持的其他长度）。无论上行链路（UL）如何组织，这里也会采用不同的 PHY 来隧道传输控制协议，以确保达到所需的覆盖范围。

图 9.15 展示了以摄像头应用为例的相应设置。图像传感器的内部逻辑（显示在右侧）通过相应的接口与串行器桥接芯片进行通信。串行器桥接器使用特定的内部适配（或封装）层来合并和提取视频流中的控制数据。在处理端，这个过程是相反的。在解串行器桥接器内部的适配（解封装）层中，视频和控制数据类型被合并和/或分离，然后通过专用的接口通信信道将这些数据从 SerDes 桥接器传输到微控制器及其相应的寄存器。

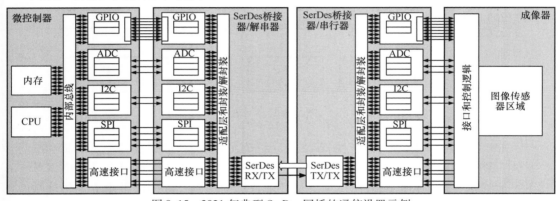

图 9.15　2021 年典型 SerDes 网桥的通信设置示例

在图 9.15 所示的摄像头示例中，低速控制信道从 ECU 与微控制器通信到摄像头，而高速通信信道（包含低速控制信道）则从摄像头运行到微控制器。以 I2C 为例，情况如下：I2C 控制器通常位于微控制器中，而 I2C 目标则位于成像器中。从控制器到目标的通信通过低速信道进行，因此该信道需要以至少所需的 I2C 数据速率运行（通常几百 kbit/s 就足够了）。高速信道预计无论如何都会支持 I2C 数据速率，并允许立即响应。对于任何需要目标主动响应的 I2C 通信，这几乎可以实现无延迟的管理。

当是显示应用时，情况会有所不同，其中控制器到目标的通信与高速链路集成，而目标到控制器的响应则使用低速链路。在这种情况下，无论是使用 FDD 还是 TDD 基础的 SerDes 技术，情况都会有所不同。在 FDD 系统中，低速控制信道是连续的，因此即使其运行速度仅为几百 kbit/s，也期望能够保证所需的低延迟响应时间。然而，在 TDD 系统中，情况就有所不同了。低速返回信道的平均数据速率通常与任何 FDD 系统一样高；但是，流量被组织成定期的快速突发，并且在突发之间有等待时间。因此，令人担忧的是，由于等待时间的存在，响应方向的延迟可能会过大。

　　自然，这是否会成为问题取决于具体的系统，并且本身并不是阻碍因素。以 ASAML 的 TDD 系统为例，其 UL 的最大延迟为 26.5μs（见第 8.3.2 节中的表 8.5），如果数据速率低于 $1/26.5μs = 37.7$kbit/s（ASAML 的 UL 数据速率为 50Mbit/s 或 100Mbit/s），则可能会导致问题。在选择这些值时，并设计 ASAML 技术时，已考虑到这种延迟不会对 I2C 通信造成影响（部分原因是通过提供 I2C 批量模式[77]）。然而，在选择系统参数和设计时，仍需积极考虑这一点，并且围绕 TDD 行为的讨论促使采用了一种不同的方法，称为"内存映射"。内存映射消除了在通信双方支持相同控制接口的必要性，并去除了以原生形式支持控制接口的要求。

　　出发点是微控制器内部的软件视角。对于各种控制接口，软件简单地看到一组寄存器。图 9.16 展示了这可能是什么样的一个例子。该例子基于 NXP 在 20 世纪 00 年代初推出的 8/16bit 微控制器系列 9S12，它是"HCS12"的派生产品[78]。选择这个例子的原因是它支持所有讨论过的接口，同时没有当今高端微控制器的复杂性。对于内存映射方法来说，高端计算能力并不是必需的。正如所示，它也可以与旧系统版本一起工作。

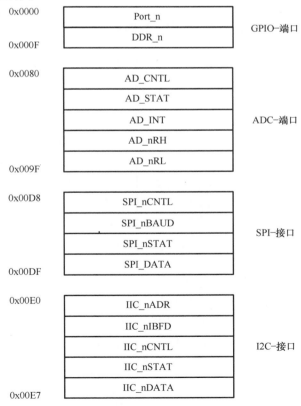

图 9.16　示例寄存器基于 NXP 在 20 世纪 00 年代初推出的 8/16bit 微控制器系列 9S12[78]

　　重要的是，即使在微控制器内部，CPU 对寄存器的访问以及如图 9.15 所示的外围控制接口的操作也会导致一定的延迟。延迟的原因如下：大多数接口都有一个状态机以及控制和状态寄存器，这些寄存器定义了接口的操作。在 CPU 上运行的软件必须与接口的过程进行交互，并需要在正确的时间访问（读取或写入）接口的寄存器。为了知道何时是正确的时间，原则上可以通过三种不同的方式来实现：首先，软件在循环中等待，直到接口完成某个步骤；其次，软件周期性地轮询寄存器；第三，接口在完成时发出中断。第一个选项会浪费资源。第二个选项只能在预定义的周期时间（例如 1 ~ 10ms 之间）内获取信息。第三个选项很快就会对整个系统构成挑战，因为正在进行的例程可能会在任何不寻常的时刻被中断。因此，微控制器系统通常会将对中断的可能性限制在绝对最小值，并且不会为外围接口的正常操作启用中断。结果，在与微控制器中的控制接口进行交互时，会存在额外的延迟。

　　内存映射方法的关键点在于，不是在其原始例程中使用带有外部引脚的控制接口，而是通过高速接口传输所有数据，如图 9.17 所示。所有必需的寄存器都在微控制器的内存中虚拟实现，并且内存的内容与高速视频 SerDes 链路对端进行交换。在摄像头端，解封装过程首先保持不变，如图 9.15 所示。为了使这种方法有效，微控制器中的所有软件都需要知道 SerDes 链路伙伴的寄存器布局。

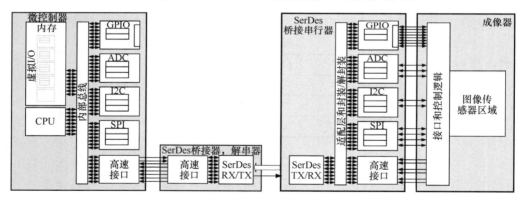

图 9.17　在控制器侧使用内存映射

　　这种方法具有以下优势：连接到微控制器的 SerDes 桥不需要为所选的控制接口实现硬件。这节省了硅成本，减少了 I/O 引脚的数量，并允许使用更小的封装。寄存器的布局可以从 SerDes 链路伙伴那里采用，或者由标准定义，或者仅仅是基于软件的定义。由于涉及特定协议的硬件，微处理器中的软件可能因此实现标准化。采用这种方法的一个先决条件是，高速数据接口需要稍作修改，以额外允许双向控制数据交换。

　　图 9.18 展示了串行器桥与成像器集成的情况。当然，这一集成步骤不仅限于

摄像头端，也可以在微处理器内部进行。采用这种方法，可以消除当前已知和使用的接口。

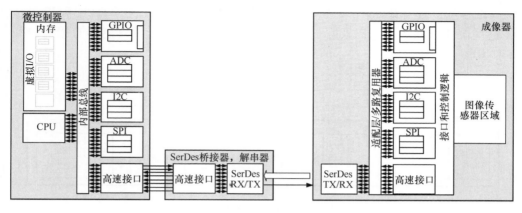

图 9.18　在通信两端优化使用内存映射

9.6　摄像协议

早期的成像器以及 SerDes 桥（通常被称为"串行器"和"解串器"，参见第 1.2.2 节图 1.4）使用特定于产品的并行接口，这些接口在至今的低数据速率汽车 SerDes 产品中尤为常见（也参见第 7.3 章）。专有技术将这些接口称为"RGB""x 位并行接口"或"CMOS/低压 CMOS（LVCMOS）"。后者更多的是对 PCB 上物理传输方式的一种描述。它必须是通常所说的"无物理层（PHY-less）"的。

除了通常使用 RGB 的视频数据（尽管并非必然如此，也参见第 9.1 节）之外，时钟、水平同步（Hsync）和垂直同步（Vsync）信号，以及一个"显示/输出使能"信号通常也是数据交换的一部分。该"使能"信号表示何时存在有效像素，因此它在某种程度上与 Hsync 和 Vsync 信号是冗余的，因此并非总是提供[53]。

较新的汽车成像器以及 IVC 桥接产品已经收敛于使用 MIPI 摄像头串行接口（CSI-2）（有关详细信息，请参阅第 9.6.1 节），并结合串行、多信道 MIPI PHY（D-PHY，以及最近推出的 C-PHY）用于 PCB 上的通信（有关详细信息，请参阅第 9.6.2 节）。MIPI 联盟成立于 2003 年，旨在简化新兴手机市场中各自的接口，其目标也包括在计算机和笔记本电脑中的使用[79]。最初，MIPI 被称为"移动产业处理器接口"（Mobile Industry Processor Interface），但现在这一称谓似乎已不再被 MIPI 联盟本身使用[80]。如今，MIPI 旨在为从主机处理器到包括多媒体显示屏和摄像头、射频前端设备等在内的广泛外设的短距离通信提供一个更通用的框架。通常，这些接口的目标最大距离为 30cm，尽管在降低数据速率的情况下距离可能会更长。而长距离汽车用 MIPI A-PHY（见第 7.4 节）则是一个例外，它标志着在汽车市场中明确使用 MIPI 协议的第一步。由此产生的 MIPI 汽车 SerDes 解决方案（MASS）框架包括额外的协议功能，如摄像头命令集（CCS）和摄像头服务扩展（CSE，有关详细信息，请参阅第 9.6.3 节），以及 MIPI A-PHY（见第 7.4 节）。图 9.19 展示了这些协议之间的关系以及它们如何合理终止。在 PCB 上将传感器直接连接到 SoC/GPU，并移除与 IVC 技术的链接，应该可以无缝工作。

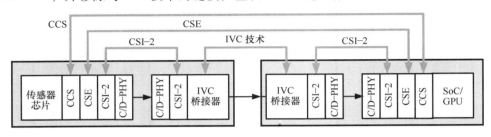

图 9.19　用于汽车摄像系统的 MIPI 协议

9.6.1　MIPI CSI-2

MIPI CSI-2 协议的第一个版本早在 2005 年就已发布，这是在 MIPI 联盟成立两年之后，并作为 CSI-1 的继任者[81]。然而，与 MIPI CSI-1 不同，MIPI CSI-2 仍在不断扩展，最新版本 4.0 已于 2021 年 12 月发布[75]。此外，还有一个适用于基于 UniPro M-PHY 网络的 MIPI CSI-3 版本[82]。然而，它已被 CSI-2 全面取代，因此在汽车领域，CSI-1 和 CSI-3 并不受关注。

MIPI CSI-2 协议包括一个主数据信道和一个控制信道，控制信道通常是 I2C，但也可以是 I3C（也参见第 9.5.3 节和第 9.5.4 节）。控制信道用于交换操作参数和状态信息[53]。MIPI CSI-2 数据信道支持最多 24bit（v3.0）或 28bit（v4.0）原始数据色彩深度的像素数据[83]。这些数据首先被聚合成字节（在"像素到字节"层），然后接收为特定用途所需和选择的协议开销扩展（在"低级协议层"），之后数据被分配到所选物理层使用的相应信道数（在"信道合并层"）[81]。对于合适的物理层，MIPI 联盟定义了 C-PHY 和 D-PHY（也参见 9.6.2 节），以及具有相应协议适配层（PAL）转换的 A-PHY（参见第 7.4 节）。

CSI-2 不断扩展新功能和新能力，例如统一串行链路（USL），它通过将控制通信与视频数据相结合，减少了 PCB 上的布线数量（也参见 9.6.2 节）；智能目标区域（SROI），它支持传感器中的预处理；以及始终在线的哨兵导管（AOSC），它允许传感器在检测到重要事物时唤醒处理单元[83]。

9.6.2　MIPI D-PHY 和 C-PHY

尽管字母顺序可能暗示了相反的情况，但 MIPI D-PHY 的开发实际上早于 C-PHY，自 2009 年起便已存在[84]。而 MIPI C-PHY 规范则首次发布于 2014 年[85]。

由于 D-PHY 起步较早，它首先被应用于汽车串行器与解串器 IC 中，而当前已有支持 C-PHY 与 D-PHY 组合的实现方案。C-PHY 与 D-PHY 的共同之处在于，它们都被设置为多信道串行接口，并优化了用于 PCB 上芯片间通信所需的相对短距离。然而，它们在信道设置、时钟处理以及支持的数据速率等方面存在差异，这些将在后续中详细阐述。

每个 MIPI D-PHY 信道首先是一对差分（微带）线。"D" 在此并不代表"差分"，而是代表罗马数字 500，因为最初的 D-PHY 支持每信道 500Mbit/s 的数据速率[53][82]。根据 2021 年 7 月发布的 MIPI D-PHY 规范版本 3.0，在最大信道长度 4m 的情况下，每信道的最大数据速率已提升至 9Gbit/s（是之前版本支持 4.5Gbit/s 的两倍）[86]。然而，一种较不复杂的实现方式则达到了最高 2.5Gbit/s 的数据速率[84]。截至 2021 年，作者尚未了解到任何汽车串行器与解串器桥接产品在使用 D-PHY 时，能够在信道长度远小于 30cm 的情况下，每信道的数据速率超过 2.5Gbit/s。

除了数据信道外，MIPI D-PHY 还使用了一个单独的 2 线信道来传输（半速率）位时钟[53][82]。此外，还可能使用另外两条线来传输 I2C 或 I3C 控制数据。从协议层面来看，MIPI CSI-2 协议本身并不限制数据信道的数量。D-PHY 的典型实现使用多达四个数据信道，这意味着汽车应用中的数据速率最高可达 $4 \times 2.5\mathrm{Gbit/s} = 10\mathrm{Gbit/s}$。为了能够在视频数据传输信道上同时传输控制流量，D-PHY（和 C-PHY）规范中包含了一个可选的总线翻转（BTA）操作，其中一个信道可用于反向通信[83][87]。新的 USL 利用 BTA 为 CSI-2 协议启用此功能。D-PHY 遵循非对称的主从设计，即视频处理 ECU 作为时钟主设备，为从设备的摄像头生成时钟。D-PHY（和 C-PHY）结构适用于通信主要在一个方向上进行的应用，如从摄像头到 ECU 或从 ECU 到显示设备的应用[86]。

该链路本身以低功耗（LP）模式或高速（HS）模式运行。在 HS 模式下，（视频）数据以低电压摆幅传输。在每个水平消隐期间每条线的末尾，以及每个帧在垂直消隐间隔期间的末尾，会采用 LP 状态。在 LP 状态下，HS 时钟被禁用。在 LP 模式下传输的任何系统或控制数据都具有高电压摆幅[53][87]。帧开始和帧结束数据包分别标记每帧的开始和结束[53]。D-PHY 确实允许使用可选的 8B/9B 调制[82]。然而，作者并未了解到它在汽车应用中的使用情况。

与 D-PHY 使用的每信道两根线的传统差分信号不同，C-PHY 引入了每信道使用三根线（也称为"三组"）传输的大约 2.28bit/符号的三相符号编码[88]。虽然典型实现使用三个三组/九根线，但规范并未限制三组的数量。C-PHY 不需要单独的时钟信道，而是将时钟嵌入到每个信道中，接收器从传入的符号中导出时钟。与 D-PHY 一样，可以使用单独的两线接口（如 I2C）进行控制通信，但这并不属于 C-PHY 规范的一部分。

C-PHY 的最新版本 v2.1 于 2021 年 7 月获得批准。根据标准，在"长"信道上，每数据信道的最大数据速率为 6GBaud × 2.28 位/符号 = 13.7Gbit/s，这意味着使用三个信道（即九根线）可以实现大约41Gbit/s的数据速率[88]。对于"短"信道，数据速率可以提高到8 GBaud × 2.28bit/符号 = 18.24Gbit/s，如果使用三个信道，则总数据速率可达54.72Gbit/s。在任何数据速率下，实现方式都可能使用连续时间线性均衡器（CTLE）[88]，这对于任何可能因信道受损（例如，由于距离更长）而受到影响的情况可能非常有用。假设 MIPI D-PHY 的 2.5Gbit/s 可以转换为 MIPI C-PHY 的 2.5GBaud，那么使用三个信道的汽车应用的最大数据速率将为3 × 2.5GBaud × 2.28bit/符号 = 3 × 5.7Gbit/s = 17.1Gbit/s[84]。

"C-PHY"中的"C"在正式上并不代表任何具体含义，但有人讨论过它可能代表罗马数字50，因为与 D-PHY 的罗马数字500相比，C-PHY 在相同的总数据速率下具有较低的符号速率。在 2.1 版本中，MIPI C-PHY 引入了一个可选的 64bit PHY 协议接口（PPI），以便在物理接口和芯片核心逻辑之间实现更宽的总线。此外，MIPI C-PHY 也支持 BTA/USL 操作。

MIPI C-PHY 和 D-PHY 可以在一个接口中以"双模"方式实现，即它们共享相同的引脚，用户可以选择使用哪种 PHY。对于单信道传输，MIPI D-PHY 需要四根线（一对数据线和一对时钟线），其中三根可以重新用于 MIPI C-PHY。对于四信道 D-PHY 设置，将需要十根线（四对数据线和一对时钟线），其中九根可以重新用于三信道 C-PHY。图 9.20 展示了双模发射器实现的一个示例。传输的视频数据以高速（HS）模式进行，而双向控制数据则在低功耗（LP）模式下传输。由于双向控制数据使用同一信道（半双工），因此需要采用竞争检测（CD）来组织信道访问。

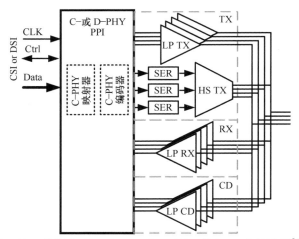

图 9.20　单信道 MIPI C-PHY 和 D-PHY 联合 TX 实施示例[84]

9.6.3　MIPI CCS 和 CSE

通常，I2C（或未来可能的 MIPI I3C）用于在摄像头传感器与处理摄像头数据并控制摄像头的 ECU 之间交换控制、调试和状态数据。由于成像传感器来自不同的供应商，它们之间的具体操作方式各不相同，因此需要特定于设备的驱动程序。MIPI 摄像头命令集（MIPI CCS）通过以标准化的方式提供一组定义的命令来改变这一点，其目标是简化相应的实现。它可用于具有 I2C、MIPI I3C 和 MIPI CSI-2 USL 命令与控制接口的传感器[83]。

MIPI 摄像头服务扩展（MIPI CSE）允许添加额外的功能安全措施、安全性以及其他特性[83]。为了包含额外的信息，CSE 定义了一种服务扩展包（SEP）格式，用于通过 MIPI 物理层进行通信，以增强端到端的功能安全性和/或安全性保护，如图 9.19 所示。SEP 格式允许以不同的粒度进行数据保护，范围从每条消息的保护到频率较低的每帧保护[89]。

因此，CSE（MIPI 摄像头服务扩展）包括了认证、完整性保护和可选加密的规定。除了视频内容的数据保护外，CSE 规范还提供了保护 I2C 控制数据的手段[90]。根据第 2.2.4.3 节中的图 2.9，这对应于"2b"项下的安全措施，因此为没有额外处理的传感器进行了优化。

9.7　显示协议

尽管成像传感器和摄像头实现者似乎或多或少地收敛到单一的协议格式，即 MIPI CSI-2，但显示屏的情况却大不相同。对于显示屏而言，随着时间的推移，已经开发了多种不同的协议，并且许多协议至今仍并存。在作者看来，这是因为从一开始，数字显示屏就经常（并且仍然是）与内容生成设备在物理上分隔开，作为单独的单元存在。在智能手机或数码摄像头等推动成像市场增长的设备中，摄像头成像传感器始终与处理单元位于同一设备中。尽管这里也需要一个通用的协议，但其紧迫性并不像显示屏那样强烈，因为显示屏不仅需要协议，还需要适合消费者的即插即用连接线。除了手机市场外，它还有庞大的市场需要服务（例如，参见文献［91］）。毕竟，正是笔记本电脑市场推动了 SerDes 市场的增长（参见第 7.2 节）。正如此类增长市场中经常发生的那样，技术、要求和分辨率都随着时间的推移发生了巨大变化，导致出现了多个新的协议版本。

以下小节概述了作者认为出于各自小节中解释的不同原因而相关的显示协议。这些协议按照历史顺序排列，即大致按照规范的出现或协议开发的启动顺序列出。第 9.7.1 节从开放低压差分信号（LVDS）显示接口（OpenLDI）开始；第 9.7.2 节讨论数字视频接口（DVI）；第 9.7.3 节讨论高清多媒体接口（HDMI）；第 9.7.4 节讨论 MIPI 显示串行接口（DSI）；第 9.7.5 节讨论 DisplayPort（DP）和嵌入式 DisplayPort（eDP）；第 9.7.6 节讨论 V-by-One；第 9.7.7 节讨论通用串行总线（USB）；第 9.7.8 节提供了对这些不同技术的概述和比较。

9.7.1 开放式 LVDS 数字接口（OpenLDI）

OpenLDI 规范由半导体、显示、计算机系统、连接器和电缆行业的多家公司联合开发，旨在在视频渲染源和显示设备之间实现统一的逻辑、电气和机械接口。国家半导体公司（现为德州仪器公司）被视为该计划背后的主要推动者之一[92]，于 1999 年发布了相关规范，该规范可免费使用，无须支付许可费或满足会员要求[93]。该规范的主要目标是通过定义具有同步和控制机制的完全数字接口，以支持串行位流的即插即用功能。该规范支持通过 FPD-Link/LVDS 技术传输数字像素数据[94]，提供通用串行总线（USB）接口，并使用信号线进行显示数据信道（DDC）传输。DDC 是由 VESA（也参见第 9.7.5 节）制定的一项规范，最初发布于 1994 年[95]。它允许视频源通过 DDC 内置的扩展显示标识数据（EDID）了解显示设备的显示相关功能（如分辨率和位深度），从而为即插即用场景提供了关键能力。

在汽车工程系统中，虽然即插即用（plug & play）的概念并不占据核心地位，但本书对 OpenLDI 尤为关注，原因在于它与 FPD Link 技术紧密相关，并被用于汽车早期的实施中。OpenLDI 还定义了连接器和电缆。然而，正如第 4 章和第 5 章广泛讨论的那样，在汽车中使用消费级电缆和连接器并不可取。因此，本节（第 9.7 节）在描述 OpenLDI 以及所有讨论的接口时，除了少数例外情况外，均省略了对相应电缆和连接器的描述。OpenLDI 允许使用不同的电缆和连接器，甚至与其他 PHY 技术结合使用[93]。

在 OpenLDI 规范发布的 1999 年，阴极射线管（CRT）显示屏和 VGA/NTSC 4:3 视频格式仍然非常普遍（也参见第 2.1.1 节和第 2.1.2 节）。虽然 OpenLDI 的初衷是通过全数字接口驱动液晶显示屏（LCD）来提高质量，但它也必须兼容 CRT 显示屏。为此，OpenLDI 通过简单的公式 $X = Y^Y$ 提供伽马颜色校正，其中 X 为选定显示屏上的真实颜色，Y 为像素颜色，且 $Y = 2.2$[93]。

该规范中预计的最高分辨率为 2048 × 1536 像素。在颜色分辨率方面，支持 18bit 或 24bit 单像素以及 18bit 或 24bit 双像素，这意味着每个 RGB 值对应 6 个或 8 个像素。系统中使用的其他信息包括 Hsync 和 Vsync、数据使能以及像素时钟信息。此外，OpenLDI 还预计了两个通用位 CNTLE 和 CNTLF，用于其他控制信息。根据传输模式（非平衡像素模式或平衡像素模式，后者用于更远的传输距离）和所选颜色分辨率，控制信息要么嵌入视频流中，要么在消隐期间传输。

图 9.21 展示了 OpenLDI 可能的信号和串行线。如图所示，OpenLDI 支持多达八条数据线和两条时钟线，分别为 A0 至 A7 以及 CLK1 和 CLK2。最小实现由非平衡像素模式下的单 18bit 格式组成，其中每个像素的 18 个视频位和 3 个控制位通过数据线 A0、A1 和 A2 传输。这意味着每个像素传输 7bit。在最小位时间为 893ps[93] 的情况下，像素时钟约为 1/（893ps × 7）≈160MHz。在单 24bit 格式的情况

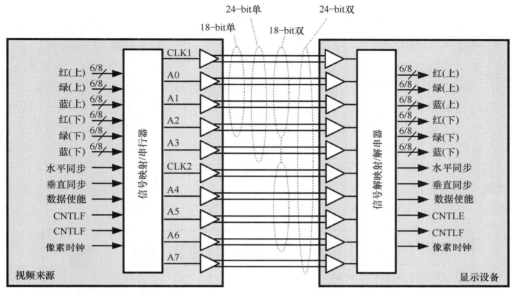

图 9.21　OpenLDI 支持的不同比特分辨率的信号和信道[93]

下，使用 A0 至 A3 线。在双像素选择的情况下，则分别使用两个时钟和三条或四条线。

在平衡像素模式下，控制信号在消隐期间传输。如果传输包含相同位的序列，则可以对部分像素数据进行反转。为此，添加了一个特定的反转位，该反转位是通过将（其他）控制数据移动到消隐期间而释放的空间来添加的。

OpenLDI 还定义了可由视频源或显示屏提供的电源，规定为至少 100mA 的 5V 电源。OpenLDI 连接器有 36 个引脚，最大电缆长度为 10m。此外，为了支持更长的电缆，还可以应用预加重技术。虽然 OpenLDI 仍在汽车实现中使用，但第 9.7.2 节讨论的数字视频接口（DVI）似乎在消费电子（CE）市场上更为持久，特别是用于将独立液晶显示屏连接到台式机或笔记本电脑[94]。

9.7.2　数字视频接口（DVI）

DVI 规范由数字显示工作组（DDWG）于 1999 年 4 月制定并发布，与 OpenLDI 接口发布时间大致相同。其目标同样是实现视频源与数字显示设备的即插即用连接，特别关注计算机与显示屏之间的连接[96]。DDWG 由康柏电脑、富士通、惠普、IBM、英特尔、NEC 和 Silicon Image 等公司领导[97]。尽管 DVI 旨在利用数字质量并面向数字显示屏的连接，但它也不得不考虑 CRT 显示屏的遗留问题。因此，DVI 同样旨在支持 CRT 设备的连接。DVI 能够在单个连接器中同时支持模拟视频图形阵列（VGA）和数字接口（见图 9.22），这一能力被认为是 DVI 成功的原因之一。

该规范定义了 DVI 接口的五种不同变体：DVI-I 单链路（一个模拟和一个数字 DVI 链路）、DVI-I 双链路（一个模拟和两个数字 DVI 链路）、DVI-D 单链路（一个数字 DVI 链路）、DVI-D 双链路（两个数字 DVI 链路）和 DVI-A（仅模拟）。图 9.22 和表 9.8 详细说明了 DVI-I 双链路连接器的引脚配置，该连接器是其他接口所需连接器的超集。虽然该连接器本身对于汽车内部的使用并不（也从未）具有相关性，但其引脚配置仍然能够可视化该技术背后的物理通信概念。如图所示，DVI 也使用每个数据信道三对差分线（分别用于绿色、红色和蓝色），即使在双信道模式下也仅提供一条时钟线。有单独的信道支持 VESA DDC、5V 电源供应、热插拔检测和各种接地/屏蔽引脚。模拟 Hsync 和 Vsync 信号有单独的引脚，而数字 Hsync 和 Vsync 信号则包含在蓝色数据的第一个数字数据信道中。

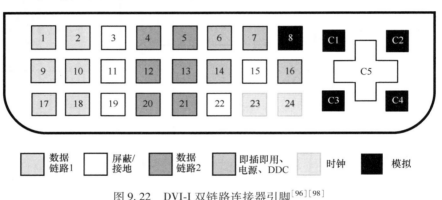

图 9.22　DVI-I 双链路连接器引脚[96][98]

表 9.8　DVI-I 双链路连接器的引脚细节；所有引脚都承载数字信号，
但明确标记为模拟信号的引脚除外[96][98]；CTL 代表 ConTrol

引脚	分配	引脚	分配	引脚	分配	引脚	分配
1	1R-（和 CTL2/3）	9	1G-（和 CTL0/1）	17	1B-（和 sync）	C1	模拟 R
2	1R +（和 CTL2/3）	10	1G +（和 CTL0/1）	18	1B +（和 sync）	C2	模拟 G
3	屏蔽	11	屏蔽	19	屏蔽	C3	模拟 B
4	2G-（和 CTL6/7）	12	2B-（和 CTL4/5）	20	2R-（和 CTL8/9）	C4	模拟水平同步
5	2G +（和 CTL6/7）	13	2B +（和 CTL4/5）	21	2R +（和 CTL8/9）	C5	模拟 GND
6	DDC 时钟	14	5V 电源	22	屏蔽		
7	DDC 数据	15	GND	23	时钟 +		
8	模拟垂直同步	16	热插拔检测	24	时钟 -		

DVI 支持最高 165MHz 的像素时钟，每个时钟周期传输 10bit（采用 8B10B 编码，见下一段）[99]。由于每种颜色使用 8bit，这导致每个信道的数据速率达到 3 ×

$8 \times 165 \mathrm{Mbit/s} = 3.96 \mathrm{Gbit/s}$，当存在两个信道时，总数据速率则为 7.92Gbit/s（注：原文为 7.96Gbit/s，疑似有误）。DVI 电缆的最大长度定义为 5～7m。

在物理层上，DVI 将其视频信号编码为最小化转换差分信号（TMDS）。TMDS 是一种 8B10B 编码类型，其中 10B 字使用异或（XOR）或异或非（XNOR）操作，以在发送的 10bit 数据中产生最小数量的信号变化，从而减少射频发射。在数据传输期间与发送相应控制数据的消隐期间，会产生不同的码字[100]。TMDS 非常普遍，也用于 VESA DDC 中。此外，DVI 还使用 VESA 的 EDID，该 EDID 提供有关显示设备支持的显示模式的信息。这允许 DVI 与当时使用的 VESA 格式之间进行简单的无源适配器转换。它还提供了 DVI 与早期高清多媒体接口（HDMI）（另见第9.7.3 节）之间的一些基本兼容性。然而，DVI 技术已不再维护（尽管仍在使用一些较旧的电脑显示屏），并且已在消费电子即插即用行业中被 HDMI 和 DisplayPort（另见第 9.7.5 节）所取代，如文献［101］所述。

9.7.3　高清多媒体接口（HDMI）

HDMI 有些与众不同，因为它最初是由一组封闭的公司制定的规范，但随后这些公司会将最终的技术授权给一个特别成立的授权组织——"HDMI Licensing Administrator"，以供所有感兴趣方获取。首个规范于 2002 年 12 月发布。在该首个规范中列为开发者的公司有日立、松下电器工业、飞利浦、Silicon Image、索尼、汤姆逊和东芝[102]，而到 2022 年，这些公司变成了莱迪思半导体、Maxell、松下、飞利浦、索尼、特艺集团和东芝[103]。

HDMI 的目标同样是定义一个标准，以实现（各种）视频源和显示设备之间的即插即用连接。该开发需要与 DVI（见第 9.7.2 节）向后兼容，包括音频传输，并防止未授权内容的复制。自那以来，支持的格式和数据速率以及支持的功能一直在不断增加（另见表 9.9），最新的 HDMI 规范版本 2.1a 已于 2022 年初发布[104]。尽管 HDMI 被视为主要用于家庭娱乐（电视、视频播放器、多媒体系统连接[53][101]），但它也普遍应用于电脑显示屏以及车载信息娱乐系统。车载 HDMI 支持可将消费电子设备和/或消费电子应用带入汽车环境。除了多媒体应用外，对内容保护的支持同样重要。2011 年，原先封闭的 HDMI 开发团队转交给了 HDMI 论坛，这是一个开放的组织，所有成员都可以参与相应的工作组[105]。

与 DVI 一样，HDMI 版本（包括直到 2.0 的版本）首先基于三对数据信道线对传输 TMDS 8B10B 编码数据，外加一个差分时钟信道（每个都带有自己的终端屏蔽）[53]，见图 9.23。HDMI 系统还额外包括两条用于 DDC 的导线。除了允许从 EDID EEPROM 读取显示功能（如分辨率、颜色深度、颜色模型、刷新率和其他信息）外，DDC 还传输 I2C 控制数据以实现优化操作。DDC 的数据速率为 400kbit/s[106]。此外，与 DVI 一样，HDMI 具有独立的 5V 电源供应——即使在显示屏未通电时也能读取 EEPROM——以及热插拔检测功能。

HDMI 不再支持任何模拟视频传输。相反，它增加了一个消费电子控制（CEC）接口，允许远程控制显示设备中的某些功能。这些功能包括启动设备、开始录制、定时器编程、将设备置于待机状态、预设调谐器数据等。CEC 是一个双向单线接口，比特率为 417bit/s，该接口自 HDMI v1.2 版本起引入。

如图 9.23 和图 9.24 所示，音频信号是数据传输的一部分。它在水平和垂直同步时间内传输，与 Hsync、Vsync 和其他控制信号共享带宽。对于音频传输，最常用的是 I2S（另见第 9.4 节）。HDMI 的基础音频格式是未压缩的 PCM 立体声，采样大小通常为 16、20 或 24bit/样本，采样率介于 32 ~ 192kHz 之间。此外，HDMI 还可以传输压缩的数字音频流。

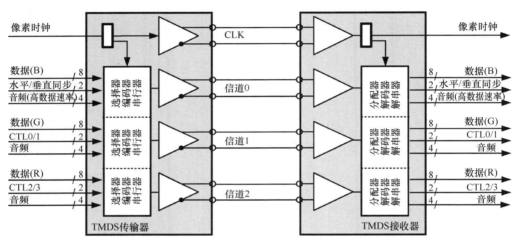

图 9.23　用于 HDMI 通信的 TMDS 传输和接收部分（版本 1.4 之前）[53][106]

图 9.24 显示 HDMI 支持基于 HDCP 的内容保护。这对于家庭娱乐系统至关重要，因为许多第三方内容提供商要求支持 HDCP，以便允许观看和显示其内容（另见第 9.3 节）。所需的密钥交换和验证通过 DDC 进行。由于 DDC 使用 I2C，而 I2C 并非为相同需求而开发，例如长距离电缆的使用，因此这种与 HDCP 的组合在早期实现中经常是 HDCP 失败的根源。它阻止了受保护媒体的回放[107]。尽管这一问题早已得到解决，但如果在原始环境之外重复使用技术，这仍是一个相当常见的问题。

表 9.9 概述了不同 HDMI 版本数据速率的发展及新增功能。从表中可见，版本 1.4 增加了额外的 100Mbps 以太网信道和反向信道音频（RCA）。RCA 不仅允许音频随视频流传输，还能在视频流的相反方向上传输音频，从而解决了在独立音频设备上播放接收到的视频声音的可能性。通常情况下，扬声器是与电视机集成的。然而，家庭娱乐系统正日益从电视接收器去中心化，因此越来越多的家庭多媒体系统使用不同的单元进行音频回放，而视频接收可能仍在电视上。RCA 因此在 HDMI

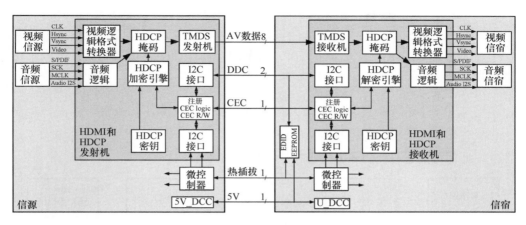

图 9.24 含 HDCP 的 v1.3 HDMI 发射机和接收机系统示例

电缆中增加了两条额外的线，与 100Mbps 以太网功能一同加入[53]。

另一个在此上下文中重要的特性是唇音同步（lipsync），这一特性是在 HDMI v1.2 中引入的。它支持这样一种场景：例如，当视频源是 DVD 时，视频在视频显示屏上显示，而多声道音频则由音频/视频（AV）接收器处理，并将其转发到独立的放大器（见图 9.25）。每个 HDMI 设备都会在其 EDID（扩展显示标识数据）中存储针对视频和音频的设备特定延迟值[109]。

表 9.9 特定 **HDMI** 版本的属性[108][105]；括号 （）
表示在所列版本之间的规范版本中添加的功能

版本	1.0	1.3	1.4	2.0	2.1
发布日期	2002.12	2006.6	2009.3	2013.9	2017.11
最大视频数据速率/(Gbit/s)	3.96	8.16	8.16	14.4	42.6
最大像素时钟/(Mp/s)	165	340	340	600	?
并行数据信道	3	3	3	3	4
编码	TMDS 8B10B	TMDS 8B10B	TMDS 8B10B	TMDS 8B10B	16B/18B
压缩	不适用	不适用	不适用	不适用	DSC 1.2
最大比特深度/(bit/像素)	24RGB 36YUV	48RGB/YUV	48RGB/YUV	48RGB/YUV	48RGB/YUV
RGB，YCrCr 4:4:4 & 4:2:2	Yes	Yes	Yes	Yes	Yes
YCbCr 4:2:0	No	No	No	Yes	Yes
音频信道	8	8	8	32	32
其他		（CEC），LipSync	以太网、音频反向信道、3D		（HDR）

图 9.25 展示了 HDMI 家庭娱乐系统可能包含的各种设备示例。该系统包括

（电视）显示屏、录像机、AV 接收器、HDMI 开关、DVD/蓝光播放机、机顶盒、放大器和游戏机。随着基于流媒体的点播视频服务的成功，连接的视频录像机和 DVD 播放器的数量可能会减少。然而，汽车制造商也面临着类似的场景。汽车可能包含电视接收器（机顶盒）、放大器、主机单元（AV 接收器）、一个或多个显示屏，以及一个接口，允许（后座）乘客连接自己的设备，包括游戏机。过去，DVD 播放器也曾被提供。然而，如今，除了显示屏和乘客连接性外，车内可能还需要强大的互联网连接和设备连接性。但请注意，在车内，除了显示屏和乘客连接性外，通信可能还会使用除 HDMI 之外的其他协议。

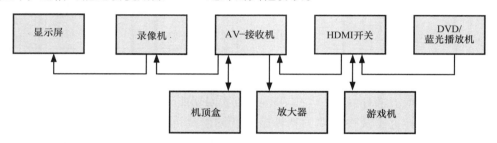

图 9.25　扩展的、支持 HDMI 的家庭娱乐系统[108]

9.7.4　MIPI 显示串行接口（DSI-2）

　　早在手机配备摄像头之前，它们就已经包含（并需要）数字显示屏。尽管第一款配备集成摄像头的商用手机于 1999 年推出[110]，但手机从一开始就配备了各种形式的显示屏，甚至可以追溯到 1992 年，当时已有支持触摸屏的商用手机上市[111]。因此，MIPI 联盟不仅着手为摄像头图像传感器数据开发视频协议，还同样迫切地制定了相应的显示协议。第一个 DSI 规范也出现在 21 世纪中期[83]；随着对 MIPI C-PHY 的支持，又增加了 DSI-2 扩展[112]。如果 DSI-2 用于没有帧缓冲区的显示屏，则需要连续刷新（通常为 60f/s），以避免丢失任何内容[87]。通过使用 MIPI 显示命令集（MIPI DCS）的命令模式 DSI，还支持具有帧缓冲区的显示屏。

　　DSI-2 规范的最新版本 v2.0 于 2021 年 7 月发布[75]。与 CSI-2 类似，DSI-2 通过 MIPI C-PHY、D-PHY 以及（通过正确的 MIPI PAL）与 MIPI A-PHY 相连。它是 MIPI MASS 的一部分，包括相应的 MIPI DCS 和 MIPI 显示服务扩展（MIPI DSE）[83]。DSI-2 支持与 CSI-2 规范相同的封装和信道，允许根据 C-PHY 或 D-PHY 接口的视频流，并具有多个显示屏的额外菊花链功能。DCS 定义了各种（通用）命令，并支持来自 VESA、VDC-M 和 DCS 的视觉无损视频压缩标准（另见第 9.2.3 节）。

　　与 CSE 类似，DSE 允许为端到端的功能安全和安全性包含额外的数据保护[83]。此外，DSE 还支持使用 HDCP 进行内容保护（见第 9.3 节）。

请注意，尽管 CSI-2 和 DSI-2 在架构和功能上具有相似性，但它们不能直接耦合。摄像机和显示屏都需要分别进行配置。值得注意的是，一个有趣的区别是，对于 DSI-2，数据和控制都通过利用 BTA 的视频数据进行传输；而对于 CSI-2，通常使用两条单独的导线来传输 I2C 数据。在撰写本书时，允许也为 CSI-2 消除单独导线的 USL（统一串行链路）规范才刚刚制定。

9.7.5　显示端口（DP）和嵌入式显示端口（eDP）

DP（DisplayPort）和 eDP（Embedded DisplayPort）是由 VESA（视频电子标准协会，原名 Video Electronics Standards Association，但该协会现已不再使用此名称）开发的规范。VESA 是一个由 NEC 于 1988 年 11 月发起（并于 1989 年 7 月注册成立[113]）的组织，其目标是制定计算机显示标准，以取代 IBM 的专有 VGA 接口[114]。虽然 VESA 已经扩展了其业务范围，但推动显示行业的发展仍然是其至今的目标[115]。在撰写本书时，VESA 的董事会成员包括 AMD、Apple、Intel、LG Electronics、NVIDIA、Parade Technologies 和 Qualcomm[116]。

在成功推出 DP（DisplayPort）和 eDP（Embedded DisplayPort）之前，VESA 已经采纳了一些用于即插即用显示连接的前置标准，如 1997 年的 Plug & Display（P&D）标准和 1999 年的 Digital Flat Panel（DFP）系统[117][118]。此外，VESA 还制定了许多支持性标准，其中一些已在本章前面的部分中提及，如压缩格式 DSC 和 VDC-M（见第 9.2.3 节）、DDC 以及 EDID（例如，见第 9.7.1 节）。DP 显然是由 HP、Dell、Philips、NVIDIA、ATI（现为 AMD）、Samsung 和 Genesis Microchip 在 2005 年底带入 VESA 的[98]，并于 2006 年 5 月被采纳为 VESA DP v1.0。DP 的最新版本 v2.0 于 2019 年 6 月发布。

随着各种更新，DisplayPort（DP）根据需求不断发展，现已成为计算机行业公司的重要标准[101][105]。然而，DisplayPort 的设计初衷并不仅仅是为了实现与外部显示屏的连接，还适用于设备内部/PCB 级连接[98]，因此它已进入汽车显示屏的实现中（特别是 eDP）。

DisplayPort（DP）是第一个使用基于数据包的传输的视频接口，它支持基于固定数据速率和时钟速度的各种不同类型的数据（正如以太网、USB 等所做的那样）[119][98]。这种单向、串行和差分数据信道因此允许在视频、可选音频（压缩或未压缩）和其他数据类型之间灵活分配带宽[105]。如果主流带宽全部被视频信号占用，则音频和其他数据将在消隐期间作为"辅助流"传输[119]。通常，DP 可以使用多达四条串行数据信道，而不需要单独的时钟信道（也可以更多[53]）。这些信道中的每一条都可以以不同的数据速率运行，这些数据速率被标识为降低比特率（Reduced Bit Rate，RBR）、高比特率（High Bit Rate，HBR，普通或索引为"2"或"3"）或超高比特率（Ultra High Bit Rate，UHBR，索引为"10""13"或"30"）。表 9.10 显示了每条信道各自的数据速率。此外，DP 还具有一条电源线、一条 HPD（热插拔检测）线和一条双向半双工辅助信道。除了交换 CEC 或 EDID 数据外，辅助信道还用于内容保护的密钥交换，并允许模拟 I2C 或 USB 通信[119]。请注意，VESA 已经定义了自己的内容保护机制，即 DisplayPort 内容保护（DisplayPort Content Protection，DPCP）。但是，由于 HDCP 是汽车行业占主导地位的内容保护机制，并且 DP 自 v1.1 版本以来就支持 HDCP，因此此处不详细解释 DPCP。本节的后续部分将解释多流（Multi-Stream，MST）和多模式支持（DP + +）。

表 9.10　DP 版本的长期发展[48]

版本	1.0/1.1	1.2/1.2a	1.3	1.4/1.4a	2.0
发布日期	2006 年 5 月/2008 年 1 月	2010 年 1 月/ 2012 年 5 月	2014 年 9 月	2016 年 3 月/ 2018 年 4 月	2019 年 6 月
总/净数据传输率/(Gbit/s)	10.8/8.64	21.6/17.28	32.4/25.92	32.4/25.92	80/77.37
编码	8B10B	8B10B	8B10B	8B10B	128B132B
可选压缩	不适用	不适用	不适用	DSC 1.2/DSC 1.2a	DSC 1.2a
传输模式 [净数据速率/信道/ (Gbit/s)]	RBR（~1.3）, HBR（2.26）	RBR, HBR, HBR2（4.32）	RBR, HBR, HBR2, HBR3（6.48）	RBR, HBR, HBR2, HBR3	RBR, HBR, HBR2, HBR3, UHBR10（9.67）, UHBR13（~13）, UHBR20（~19.34）
辅助信道/(Mbit/s)	1	576	576	576	非公开
音频信道数	8	8	8	32	非公开
音频信道采样率/kHz	192	768	768	1536	非公开
音频位分辨率	24	24	24	24	非公开
内容保护	DPCP 1.0	DPCP 1.0 HDCP 1.3	DPCP 1.0 HDCP 2.2	DPCP 1.0 HDCP 2.2	DPCP 1.0 HDCP 2.2
多流	否	是	是	是	是
其他	RGB, YCbCr	+3D、可变刷新率（FreeSync）、DP + +（与 HDMI 1.2 或 1.4 兼容的双模 LVDS/TDMS 发射器）、可选 USB	+具有强制 HDMI 2.0 兼容性的双模式	+HDR，包括静态和动态元数据	+面板回放

eDP（Embedded DisplayPort）是 DP（DisplayPort）的一种变体，专为移动应用和嵌入式系统设计。它旨在减少计算工作量和功耗，因此已取代笔记本电脑等设备中的传统 OpenLDI 接口[48]。eDP 的第一个版本于 2008 年 12 月最终确定。请注意，

eDP 的版本编号与 DP 的版本编号不对应。表 9.11 提供了不同规范版本的概述。

表 9.11　eDP 规范的制定[48]

版本	出版日期	对应 DP	添加的主要功能
eDP 1.0	2008.12		省电功能
eDP 1.1	2009.12		
eDP 1.2	2010.3		HBR2，使用辅助信道的显示控制协议
eDP 1.3	2011.2		面板自刷新模式（PSR）
eDP 1.4	2014.2	显示端口 1.2	PSR 部分更新
eDP 1.4a	2015.2	显示端口 1.3	HBR3，DSC
eDP 1.4b	2015.10		
eDP 1.5	2021.10		

在 DP（DisplayPort）v1.2 版本中，一个重要的特性 MST（Multi-Stream Transport）被添加到 DisplayPort 中。MST 允许通过单独的或集成的 MST 集线器[119]（见图 9.26），从单个视频源以菊花链方式连接最多 63 个独立的显示屏。这一功能还可以用于拼接显示或条件更新。当然，所有数据流共享最大可用数据速率。

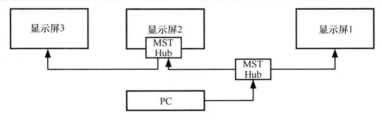

图 9.26　DP 多流架构示例[120]

图 9.27 展示了 DP/eDP 的数据结构，其中传输时间被划分为多个数据包。在单流情况下，该图示说明了当传输的视频数据不足时，数据包是如何被填充的。而在多流情况下，每个多流传输数据包（MTP）被划分为 64 个等长的时隙，其中第一个时隙保留给 MTP 头部，其余 63 个时隙可由 63 个不同的视频/音频/数据流占用。图中未展示的是：$2^{10}=1024$ 个 MTP 被组合成链路帧，其中每帧的第一个 MTP 接收一个特殊头部，用以标记扰码器的重置。不过，图 9.27 确实展示了如何利用消隐期来传输次要数据[119]。

最后且同样重要的是，从 v1.2 版本开始，DP 支持双模式传输，这通过 DP++ 标志进行识别。这一特性确保了 DP 与 HDMI（以及 DVI）的兼容性，并且可以通过无源适配器（通过 3.3V 电源线供电）来更换连接器[105][119]。从 v1.3 版本开始，这一功能成了 DP 的强制性要求。

9.7.6　V-by-One

V-by-One 是由 THine Electronics 于 2007 年为高分辨率电视开发的一种数字视

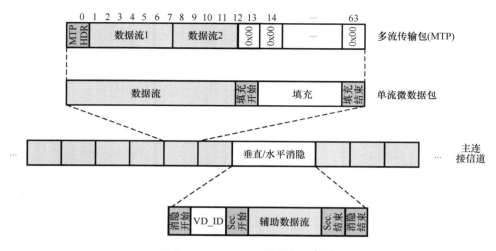

图 9.27　DP/eDP 的数据结构[119]

频信号标准。截至撰写本书时，V-by-One 存在两个版本：V-by-One HS 和 V-by-One US，这两个版本的发布年份可追溯到 2018 年[121][122]。显然，最初仅称为 "V-by-One" 的版本已不再相关[123]。表 9.12 比较了 HS 和 US 版本在不同（差分）信道上支持的不同速度。V-by-One US 每个信道传输的数据量是 V-by-One HS 的 4 倍。请注意，V-by-One HS 提到的 "速度" 根据来源的不同而有所变化，有的为 3.75Gbit/s，有的为 4Gbit/s（例如，参见文献［124］［123］）。

表 9.12　V-by-One 版本比较[122]

接口	每信道速度	4K@60Hz 所需的信道数	8K@60Hz 所需的信道数
V-by-One HS（2010）	4Gbit/s	8 对	32 对
V-by-One US（2018）	16Gbit/s	2 对	8 对

　　尽管市面上有 V-by-One 的电缆和连接器可供选择[125]，但 V-by-One 更多地被应用于汽车高分辨率显示屏内部，用于 TCON（时序控制器）与实际面板之间的通信。传统上，显示屏内部使用（并仍在使用）OpenLDI 类型的连接进行此类通信，但它在可支持的数据速率方面存在限制。相比之下，在 4K@60Hz 分辨率下，V-by-One HS/US 分别需要 8/2 对线对，而 OpenLDI 则需要 48 对线对[123]。

　　除了 8B10B 编码外，V-by-One 还对数据进行加扰，以便能够省略单独的时钟信道。此外，使用的信道数量不受限制。这正是表 9.12 没有列出支持的最高分辨率，而是列出了达到特定分辨率所需的信道数量的原因。此外，对于更高的数据速率和更长的链路，还采用了预加重和均衡技术，以确保所需的数据传输质量。

　　图 9.28 展示了一台真实拆解的液晶电视，以强调像 V-by-One 这样的解决方案的必要性。底部的 PCB 包含控制逻辑、所有外部设备的连接器、天线输入以及与

LCD 的连接。放大的部分显示了由约 27 根线组成的线束：10 对双绞线用于数据传输，4 根线用于接地（GND），3 根线用于电源电压（Vcc）。左侧部分还展示了数据如何被分配到 LCD 上。总的来说，6 条扁平电缆构成了从显示电子元件到显示面板的接口。这台拆解的液晶电视的分辨率为 1440×900[126]。可以很容易地想象到，像 V-by-One 这样的数字技术是如何帮助减少这种布线工作的。

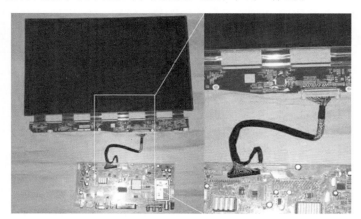

图 9.28　液晶电视[126]拆解示例（带模拟电缆；照片：Michael Kaindl）

9.7.7　通用串行总线（USB）-C

USB-C 并非特定的视频接口，而是一种（通用）连接器。之所以在本节中列出，是因为它在消费电子（CE）行业中越来越常见，也用于连接计算机/视频显示屏。鉴于其在显示屏连接方面的普及性，读者可能希望了解它在本书内容中的作用。

USB-C 是一种为 USB 3.1 及更新版本（包括 USB 4.0）定义的特定 24 针连接器[127]。它体积小巧，支持高达 100W 的电源供应，同时可进行数据传输。用户体验的独特之处在于它不需要特定方向，可以正反两面连接[128]。USB 组织并未规定 USB-C 的具体用例，而 DP 和 HDMI 的标准化工作使得它们的数据可以通过 USB-C 传输，不需要单独的适配器[105]。支持 USB 的 DP 替代模式于 2015 年发布。因此，USB-C 是一种非常通用的连接器系统。

然而，对于汽车内部显示屏的连接性，USB-C 并不适用（就像即插即用的 CE 连接器系统一样）。在汽车中，USB-C 在消费者设备连接性方面发挥作用，汽车制造商将在不久的将来必须提供支持。

9.7.8　概述与比较

本章 9.7 之前小节中讨论的协议及其发展数量表明了与摄像头市场的差异。将大尺寸显示屏连接到视频源，与将相机内的小型成像器连接到处理器，这两者在技术上一直存在显著差异，而长期以来，对于（标准化）解决方案的需求也显得尤为迫切。深入探究这些技术差异，我们不难发现，其背后还隐藏着更为复杂的政治因素，其中涉及许可规则和知识产权归属等问题，只是这诸多方面中的一个[119]。要讨论这一点，可能值得专门写一本书。因此，表 9.13 中的比较主要集中在技术特性上。USB-C 不在比较之列，因为其属性是该链路上所用协议的特性。

表 9.13　不同显示协议主要功能的对比概述，参考文献请参见前几节[129][130][131]

特性	OpenLDI	DVI	HDMI	MIPI DSI-2	DP/eDP	V-by-One
厂商/来源	国家 + 其他	DDWG	HDMI 论坛	MIPI 联盟	VESA	THine
许可要求	无	暂缺	RAND 会员，独立授权实体	会员，RANDz	RAND 会员，独立授权实体	"开放"
首次发布	1999 年 5 月	1999 年 4 月	2002 年 12 月	~2005	2006 年 5 月/2008 年 12 月	2007
最新版本	暂缺	暂缺	v. 2. 1a 2022 年 3 月	v. 2. 0 2021 年 7 月	v. 2.0/1.5 2019 年 6 月/2021 年 10 月	2018
最大像素时钟/(Mp/s)	160	165	887.5，2000	暂缺	600	暂缺
最大显示分辨率	2048 × 1536	2048 × 1536	7680 × 4320	7680 × 4320	7680 × 4320/3840 × 2160	任何
最大比特深度	24（x2）	24（x2）	48	n/a	48	暂缺
最大视频数据速率/(Gbit/s)	3.84（x2）	3.96（x2）	42.6	41.1（C-PHY）	77.37/17.28	每条信道约 15
时钟信道	每 3 条数据信道 1 条	每 3 或 6 条数据信道 1 条	每 3 条数据信道 1 条	D-PHY：每 3 个数据信道 1 个，C-PHY：固有	固有	固有
控制信道	2 个 I/O 引脚	DDC	DDC/I2C	I2C	辅助	无
固有音频支持	无	无	是	无	是	无
PHY 定义	是，使用可选	是，使用可选	是，使用可选	是，使用必填项	是，使用可选	是，使用可选
电缆和连接器	是，使用可选	是，使用可选	是，使用可选	无	是，使用可选	是的，但不是初衷
最大电缆长度	<10m	4.5m@1920 × 1280 15m@1280 × 1024	>13m，定义电缆等级	30cm/4m	>2m（<15m），定义电缆等级	10m
即插即用	是	是	是	无	是	无
持续发展	无	无	是	是	是	可能

9.8　参考文献

[1]　T. Smith and J. Guild, "The C.I.E Colorimetric Standards and their Use," Transactions of the Optical Society, vol. 33, no. 3, pp. 73–134, 1931.

[2]　M. Stokes, M. Anderson, S. Chandrasekar and R. Motta, "A Standard Default Color Space for the Internet – sRGB," 5 November 1996. [Online]. Available: *https://www.w3.org/Graphics/Color/sRGB.html*. [Accessed 13 March 2022].

[3]　International Electrotechnical Commission, "IEC 61966-2-1:1999 Multimedia Systems and Equipment – Colour Measurement and Management – Part 2-1: Colour Management – Default RGB Colour Space – sRGB," International Electrotechnical Commission, Geneva, 1999.

[4]　Wikipedia, "sRGB," 6 March 2022. [Online]. Available: *https://en.wikipedia.org/wiki/SRGB*. [Accessed 13 March 2022].

[5]　Wikipedia, "YUV," 28 October 2021. [Online]. Available: *https://en.wikipedia.org/wiki/YUV*. [Accessed 1 November 2021].

[6]　T. Strutz, Bilddaten Kompression, Wiesbaden: Springer Vieweg, 2017.

[7]　Wikipedia, "YCoCg," 20 August 2021. [Online]. Available: *https://en.wikipedia.org/wiki/YCoCg*. [Accessed 16 November 2021].

[8]　B. Menegus, "The Difference between RGB and CMYK, Explained," 5 May 2016. [Online]. Available: *https://gizmodo.com/the-difference-between-rgb-and-cmyk-explained-1777830600*. [Accessed 13 March 2022].

[9]　S. Glinis, "VCR's: The End of TV as Epherma," University of Wisconsin-Milwaukee, Milwaukee, 2015.

[10]　G. Boucher, "VHS Era is Winding Down," 22 December 2008. [Online]. Available: *https://www.latimes.com/archives/la-xpm-2008-dec-22-et-vhs-tapes22-story.html*. [Accessed 14 March 2022].

[11]　Wikipedia, "Video Home System," 10 May 2021. [Online]. Available: *https://de.wikipedia.org/wiki/Video_Home_System*. [Accessed 11 October 2021].

[12]　Sony, "Product & Technology Milestones, Home Audio," 2022, continuously updated. [Online]. Available: *https://www.sony.com/en/SonyInfo/CorporateInfo/History/sonyhistory-a.html*. [Accessed 15 March 2022].

[13]　Wikipedia, "Photo CD," 6 September 2021. [Online]. Available: *https://en.wikipedia.org/wiki/Photo_CD*. [Accessed 11 October 2021].

[14]　Philips, "Super Video Compact Disc, a Technical Explanation," 2001. [Online]. Available: *https://wayback.archive-it.org/all/20080528131354/http://www.ip.philips.com/view_attachment/2450/sl00812.pdf*. [Accessed 16 March 2022].

[15]　Toshiba, "DVD Format Unification," 8 December 1995. [Online]. Available: *https://web.archive.org/web/19970501192002/http://www.toshiba.co.jp/about/press/1995_12/pr0802.htm*. [Accessed 15 March 2022].

[16]　Stack Exchange, "What's the Difference Between "Visually Lossless" and Real Lossless and what does this Mean for Future Encodes?," 19 May 2019. [Online]. Available: *https://video.stackexchange.com/questions/27656/whats-the-difference-between-visually-lossless-and-real-lossless-and-what-doe*. [Accessed 21 May 2022].

[17]　Joint Photographic Experts Group, "Information technology – Digital Compression and Coding of Continuous-tone Still Images – Requirements and Guidelines," International Telecommunication Union, Geneva, 1992.

[18]   Wikipedia, "JPEG," 11 October 2021. [Online]. Available: *https://en.wikipedia.org/wiki/JPEG*. [Accessed 11 October 2021].

[19]   S. Wickenburg, A. Rooch and J. Groß, "Die JPEG Kompression," September 2002. [Online]. Available: *https://www.mathematik.de/spudema/spudema_beitraege/beitraege/rooch/nkap04.html*. [Accessed 2 November 2021].

[20]   Image Engineering, "How does the JPEG Compression work?," 19 September 2011. [Online]. Available: *https://www.image-engineering.de/library/technotes/745-how-does-the-jpeg-compression-work*. [Accessed 8 November 2021].

[21]   FotoMagazin, "Löst HEIF JPEG ab?," fotoMagazin, no. 10, p. 86 to 88, 2021.

[22]   K. Matheus and T. Königseder, Automotive Ethernet, Third Edition, Cambridge: Cambridge University Press, 2021.

[23]   MPEG, "MPEG," 2022, continuously updated. [Online]. Available: *https://www.mpeg.org/*. [Accessed 16 March 2022].

[24]   T. Lamont, "Napster: the Day the Music Was Set Free," 24 February 2013. [Online]. Available: *https://www.theguardian.com/music/2013/feb/24/napster-music-free-file-sharing*. [Accessed 6 May 2020].

[25]   Wikipedia, "DVD Video," 27 Feburary 2022. [Online]. Available: *https://en.wikipedia.org/wiki/DVD-Video*. [Accessed 18 March 2022].

[26]   P. Marshall, "A Milestone in the History of the DVB Project," 1998. [Online]. Available: *https://tech.ebu.ch/docs/techreview/trev_278-marshall.pdf*. [Accessed 18 March 2022].

[27]   Wikipedia, "DVB-T," 28 May 2021. [Online]. Available: *https://de.wikipedia.org/wiki/DVB-T*. [Accessed 18 March 2022].

[28]   Wikipedia, "Advanced Video Coding," 17 March 2022. [Online]. Available: *https://en.wikipedia.org/wiki/Advanced_Video_Coding*. [Accessed 18 March 2022].

[29]   FotoMagazin, "Wie funktioniert Videokomprimierung," FotoMagazin, no. 11, pp. 86–88, 11 November 2021.

[30]   K. Gavali, "Video Compression | MPEG-2 and H.261," *https://www.youtube.com/watch?v=zEkiYSAH9Go*, 2020.

[31]   D. Marshall, "Differences from H.261," 10 April 2001. [Online]. Available: *https://users.cs.cf.ac.uk/Dave.Marshall/Multimedia/node261.htm*. [Accessed 19 March 2022].

[32]   Wikipedia, "Bildergruppen," 11 March 2021. [Online]. Available: *https://de.wikipedia.org/wiki/Bildergruppe*. [Accessed 11 November 2021].

[33]   A. Bansal, "Video Compression IV: MPEG-2," *https://www.youtube.com/watch?v=z8rPhGu72Ek*, 2020.

[34]   J. Chen, W. Cranton and M. Fihn, Handbook of Visual Display Technology, Berlin Heidelberg: Springer, 2012.

[35]   Fraunhofer Institute for Telecommunication, "H.264 Overview," Fraunhofer Institute for Telecommunication, [Online]. Available: *https://www.hhi.fraunhofer.de/en/departments/vca/technologies-and-solutions/h264-avc/h264-overview.html*. [Accessed 12 November 2021].

[36]   ITU, "ITU Recommendations H.264," ITU, 2021. [Online]. Available: *https://www.itu.int/ITU-T/recommendations/rec.aspx?rec=11466*. [Accessed 1 November 2021].

[37]   Wikipedia, "Data Compression," 26 February 2022. [Online]. Available: *https://en.wikipedia.org/wiki/Data_compression*. [Accessed 18 March 2022].

[38]　Wikipedia, "H.264," 30 July 2021. [Online]. Available: *https://de.wikipedia.org/wiki/H.264*. [Accessed 12 November 2021].

[39]　Wikipedia, "High Efficiency Video Coding," 11 September 2021. [Online]. Available: *https://en. wikipedia.org/wiki/High_Efficiency_Video_Coding*. [Accessed 29 September 2021].

[40]　Bitmovin, "Bitmovin Video Developer Report," 2019. [Online]. Available: *https://cdn2.hubspot. net/hubfs/3411032/Bitmovin%20Magazine/Video%20Developer%20Report%202019/bitmovin-video-developer-report-2019.pdf*. [Accessed 18 March 2022].

[41]　Wikipedia, "Subjective Video Quality," 14 October 2021. [Online]. Available: *https://en.wikipedia. org/wiki/Subjective_video_quality*. [Accessed 14 November 2021].

[42]　Unigraf, "Display Stream Compression (DSC)," Unigraf, 10 February 2020. [Online]. Available: *https://www.unigraf.fi/resource/fec-dsc/*. [Accessed 16 November 2021].

[43]　F. Walls and S. MacInnis, "VESA Display Stream Compression," 3 March 2014. [Online]. Available: *https://www.vesa.org/wp-content/uploads/2014/04/VESA_DSC-ETP200.pdf*. [Accessed 20 March 2022].

[44]　VESA, "VESA Display Compression Codecs," VESA.Org, not known. [Online]. Available: VESA Display Compression Codecs. [Accessed 15 November 2021].

[45]　P. R. Miguel, "Visually Lossless Compression for UHD Displays," not known. [Online]. Available: *https://www.synopsys.com/designware-ip/technical-bulletin/visually-lossless-compression-uhd-2017q3.html*. [Accessed 21 May 2022].

[46]　VESA, "FAQ: How Does VESA's DSC Standard Compare to Other Image Compression Standards?," continuously updated. [Online]. Available: *https://www.displayport.org/faq/#tab-display-stream-compression-dsc*. [Accessed 23 May 2022].

[47]　A. Legault, "MIPI DevCON - VESA Display Stream Compression (DSC) Standard," *https://www. youtube.com/watch?v=ubI_MSwgw_k*, 2017.

[48]　Wikipedia, "DisplayPort," 12 March 2022. [Online]. Available: *https://en.wikipedia.org/wiki/ DisplayPort#Display_Stream_Compression*. [Accessed 20 March 2022].

[49]　Wikipedia, "Macrovision," 17 Oktober 2019. [Online]. Available: *https://de.wikipedia.org/wiki/ Macrovision*. [Accessed 2 November 2021].

[50]　Wikipedia, "Digital Millenium Copyright Act," 28 March 2022. [Online]. Available: *https://en. wikipedia.org/wiki/Digital_Millennium_Copyright_Act*. [Accessed 26 June 2022].

[51]　Digital Content Protection LLC, "HDCP Specifications," 2022, continuously updated. [Online]. Available: *https://www.digital-cp.com/hdcp-specifications*. [Accessed 22 March 2022].

[52]　4K Monitor, "Alle wichtigen Informationen zum Kopierschutz HDCP 2.2," not known. [Online]. Available: *https://www.4kmonitor.net/hdcp-2-2/*. [Accessed 22 March 2022].

[53]　Maxim Integrated, "SerDes Part 9: Interfaces," *https://www.youtube.com/watch?v=vaSpYeIKsHU*, 2021.

[54]　Wikipedia, "High-bandwidth Digital Content Protection," 8 September 2021. [Online]. Available: *https://en.wikipedia.org/wiki/High-bandwidth_Digital_Content_Protection*. [Accessed 4 November 2021].

[55]　Digital Content Protection LLC, "Licensing," 2022, continuously updated. [Online]. Available: *https://www.digital-cp.com/licensing*. [Accessed 22 March 2022].

[56]　Philips Semiconductors, "I2S specification," 5 June 1996. [Online]. Available: *https://web.archive. org/web/20070102004400/http://www.nxp.com/acrobat_download/various/I2SBUS.pdf*. [Accessed 18 April 2022].

[57]　NXP Semiconductors, "UM11732 I2S Bus Specification," 17 February 2022. [Online]. Available: *https://www.nxp.com/docs/en/user-manual/UM11732.pdf*. [Accessed 18 April 2022].

[58]　Wikipedia, "I2S," 22 March 2022. [Online]. Available: *https://en.wikipedia.org/wiki/I%C2%B2S*. [Accessed 18 April 2022].

[59]　J. Lewis, "Common Inter-IC Digital Interface for Audio Data Transfer," 24 July 2012. [Online]. Available: *https://www.edn.com/common-inter-ic-digital-interfaces-for-audio-data-transfer/*. [Accessed 23 May 2022].

[60]　Analog Devices, "A2B Audio Bus: An Easier, Simpler Solution for Audio Designs," 2022, continuously updated. [Online]. Available: *https://www.analog.com/en/applications/technology/a2b-audio-bus.html*. [Accessed 18 April 2022].

[61]　Elektronik-Magazin.de, "Der I2S Bus," 2 February 2010. [Online]. [Accessed 18 April 2022].

[62]　Texas Instruments, "DS90UB953-Q1, 2 MP MIPI CSI-2 FPD-Link III Serializer for 2MP/60fps Cameras & Radar," 19 April 2021, last update. [Online]. Available: *https://www.ti.com/product/DS90UB953-Q1*. [Accessed 8 May 2022].

[63]　S. Hill, J. Jelemensky and M. Heene, "Queued Serial Peripheral Interface for Use in a Data Processing System". USA Patent US4816996A, 28 March 1989.

[64]　Databook, COS/MOS D-Series 3rd Edition, Pasadena, CA: SGS, 1982.

[65]　T. Baggett, T. Belitz, P. Beruto, D. Brandt, G. Huszak, K. Jennings, W. Koczwara, M. Miller, V. Vozar and H. Zweck, "10BASE-T1x MAC-PHY Serial Interface," OPEN Alliance, Delaware, 2021.

[66]　H. Stöllner, HCMOS, 7. Auflage, Frechen: MITP Verlag, 2003.

[67]　telos Systementwicklung GmbH, "I2C - What is that?," 2020, estimated. [Online]. Available: *https://www.i2c-bus.org/*. [Accessed 14 May 2022].

[68]　Philips Semiconductors, "Philips Semiconductors I2C Handbook," 2004. [Online]. Available: *https://paginas.fe.up.pt/~ee00013/microPCI/files/I2C/Philips%20Semiconductors%20I2C%20Handbook.pdf*. [Accessed 14 May 2022].

[69]　NXP Semiconductors, "UM 10204 I2C Bus Specification and User Manual, Revision 7," 1 October 2021. [Online]. Available: *https://www.nxp.com/docs/en/user-guide/UM10204.pdf*. [Accessed 14 May 2022].

[70]　V. Himpe, Mastering the I2C Bus, Publitr Elektor, 2011.

[71]　Wikipedia, "Power Management Bus," 4 September 2021. [Online]. Available: *https://en.wikipedia.org/wiki/Power_Management_Bus*. [Accessed 23 May 2022].

[72]　Wikipedia, "Intelligent Platform Management Interface," 17 April 2022. [Online]. Available: *https://en.wikipedia.org/wiki/Intelligent_Platform_Management_Interface*. [Accessed 14 May 2022].

[73]　R. C. Johnson, "MEMS/Sensor Interface I3C Rocks," EE Times, 12 November 2014. [Online]. Available: *https://www.eetimes.com/mems-sensor-interface-i3c-rocks/*. [Accessed 15 May 2022].

[74]　Tektronix, "Decoding and Searching MIPI I3C Bus Activity with … – Tektronix," March 2020. [Online]. Available: *https://www.tek.com/-/media/marketing-documents/decoding-searching-mipi-i3c-48w-61676-0.pdf*. [Accessed 15 May 2022].

[75]　MIPI Alliance, "Current Specifications," MIPI Alliance, 2022, continuously updated. [Online]. Available: *https://www.mipi.org/current-specifications*. [Accessed 23 June 2021].

[76]　Wikipedia, "I3C (Bus)," 25 May 2021. [Online]. Available: *https://en.wikipedia.org/wiki/I3C_(bus)*. [Accessed 23 June 2021].

[77]   Automotive SerDes Alliance, "Automotive SerDes Alliance Transceiver Specification v. 1.01," Automotive SerDes Alliance, Munich, 2020.

[78]   Wikipedia, "Motorola 68HC12," 24 April 2022. [Online]. Available: *https://en.wikipedia.org/wiki/Motorola_68HC11*. [Accessed 19 May 2022].

[79]   Wikipedia, "MIPI Alliance," 16 May 2019. [Online]. Available: *https://de.wikipedia.org/wiki/MIPI_Alliance*. [Accessed 23 June 2021].

[80]   MIPI Alliance, "MIPI Overview," MIPI Alliance, 2021, continuously updated. [Online]. Available: *https://www.mipi.org/about-us*. [Accessed 23 June 2021].

[81]   Wikipedia, "Camera Serial Interface," 8 December 2021. [Online]. Available: *https://en.wikipedia.org/wiki/Camera_Serial_Interface*. [Accessed 14 April 2022].

[82]   Wikipedia, "UniPro Protocol Stack," 2 February 2021. [Online]. Available: *https://en.wikipedia.org/wiki/UniPro_protocol_stack*. [Accessed 14 April 2022].

[83]   MIPI Alliance, "An Overview of MIPI's Standardized In-vehicle Connectivity Framework for High-Performance Sensors and Displays," August 2021. [Online]. Available: *https://www.mipi.org/mipi-white-paper-introductory-guide-mipi-automotive-serdes-solutions-mass*. [Accessed 14 April 2022].

[84]   A. Ella and J. Lukanc, "Dual Mode C-PHY/D-DHY," Mixel, not known. [Online]. Available: *https://mixel.com/dual-mode-c-phy-d-phy-vr-displays/*. [Accessed 23 June 2021].

[85]   MIPI Alliance, "MIPI Alliance Introduces MIPI C-PHY Specification and Updates its D-PHY and M-PHY Specifications," 17 September 2014. [Online]. Available: *https://www.mipi.org/content/mipi-alliance-introduces-mipi-c-phy%E2%84%A2-specification-and-updates-its-d-phy%E2%84%A2-and-m-phy%C2%AE*. [Accessed 22 May 2022].

[86]   MIPI Alliance, "MIPI D-PHY Quick Facts," 2021. [Online]. Available: *https://www.mipi.org/specifications/d-phy*. [Accessed 5 December 2021].

[87]   Wikipedia, "Display Serial Interface," 14 July 2021. [Online]. Available: *https://en.wikipedia.org/wiki/Display_Serial_Interface*. [Accessed 14 April 2022].

[88]   MIPI Alliance, "MIPI C-PHY Quick Facts," 2022. [Online]. Available: *https://www.mipi.org/specifications/c-phy*. [Accessed 14 April 2022].

[89]   A. Lasry, J. Goel and H. Takahashi, "How MASS Simplifies the Integration of Cameras and Displays in Automotive Architectures," *https://youtu.be/qPWayi09NBs*, 2021.

[90]   A. Lasry, "MIPI Automotive SerDes Solutions (MASS)," in: Automotive SerDes Congress, virtual, 2021.

[91]   Knowledge Based Value Research, "Global Flat Panel Display Market by Application, by Technology, by Region, Industry Analysis and Forecast 2020 – 2026," Knowledge Based Value Research, Delhi, 2020.

[92]   Wikipedia, "OpenLDI," 11 July 2021. [Online]. Available: *https://en.wikipedia.org/wiki/OpenLDI*. [Accessed 18 April 2022].

[93]   National Semiconductors, "Open LVDS Display Interface (OpenLDI) specification v0.95," 13 May 1999. [Online]. Available: *https://glenwing.github.io/docs/OpenLDI-0.95.pdf*. [Accessed 16 April 2021].

[94]   Wikipedia, "FPD-Link," 30 November 2021. [Online]. Available: *https://en.wikipedia.org/wiki/FPD-Link*. [Accessed 30 November 2021].

[95]   Wikipedia, "Extended Display Identification Data," 29 March 2022. [Online]. Available: *https://en.wikipedia.org/wiki/Extended_Display_Identification_Data*. [Accessed 21 April 2022].

[96] DDWG Digital Display Working Group, "Digital Visual Interface DVI Revision 1.0," 2 April 1999. [Online]. Available: *https://web.archive.org/web/20120813201146/http:/www.ddwg.org/lib/dvi_10.pdf*. [Accessed 28 December 2021].

[97] Onkyo Corporation, "Acerca de HDMI," 2014. [Online]. Available: *https://www.onkyo.com/manual/htr993/adv/es/066.html*. [Accessed 20 April 2022].

[98] Hewlett Packard, "An Overview of Current Display Interfaces," March 2011. [Online]. Available: *http://h10032.www1.hp.com/ctg/Manual/c01285675*. [Accessed 28 December 2021].

[99] B. Dipert, "Connecting Systems to Displays with DVI, HDMI, DisplayPart: What we got Here is Failure to Communicate," EDN, 4 January 2007. [Online]. Available: *https://www.edn.com/connecting-systems-to-displays-with-dvi-hdmi-displayport-what-we-got-here-is-failure-to-communicate/*. [Accessed 19 April 2021].

[100] Wikipedia, "Transistion-minimized Differential Signaling," 1 November 2020. [Online]. Available: *https://de.wikipedia.org/wiki/Transition-Minimized_Differential_Signaling*. [Accessed 28 December 2021].

[101] Intel, "Leading PC Companies Move to All Digital Display Technologies, Phasing out Analog," 8 December 2010. [Online]. Available: *https://newsroom.intel.com/news-releases/leading-pc-companies-move-to-all-digital-display-technology-phasing-out-analog/#gs.k4cf6g*. [Accessed 28 December 2021].

[102] Hitachi, Matsushita, Philips, Silicon Image, Sony, Thomson, Toshiba, "High-definition Multimedia Interface Specification 1.0," HDMI Licensing Administrator, San Jose, 2002.

[103] HDMI Licensing Administrator, "HDMI founders," 2022, continuously updated. [Online]. Available: *https://hdmi.org/adopter/founders*. [Accessed 21 April 2022].

[104] S. Cohen, "HDMI 2.1a is on its Way. Here's What you Need to Know.," digitaltrends, 8 February 2022. [Online]. Available: *https://www.digitaltrends.com/home-theater/hdmi-2-1a-source-based-tone-mapping-everything-you-need-to-know/*. [Accessed 22 April 2022].

[105] Wikipedia, "HDMI," 20 April 2022. [Online]. Available: *https://en.wikipedia.org/wiki/HDMI*. [Accessed 21 April 2022].

[106] Hitachi, Matsushita, Philips, Silicon Image, Sony, Thomson, Toshiba, "High-definition Multimedia Interface Specification 1.3a," HDMI Licensing Administrator, San Jose, 2006.

[107] familie-farr, "Warum HDCP selten (mittlerweile) richtig funktioniert," 2 Februar 2017. [Online]. Available: *https://www.familie-farr.de/hc.htm*. [Accessed 4 October 2021].

[108] Infotip, "HDMI High-Definition Multimedia Interface," 27 July 2015. [Online]. Available: *https://kompendium.infotip.de/hdmi-high-definition-multimedia-interface.html*. [Accessed 21 April 2022].

[109] Kompendium Technical Know-How, "HDMI - High-Definition Multimedia-Interface," InfoTip Service GmbH, 15 July 2015. [Online]. Available: *https://kompendium.infotip.de/hdmi-high-definition-multimedia-interface.html*. [Accessed 7 December 2021].

[110] J. Callaham, "The First Camera Phone was Sold 22 Years Ago, and it's not What You Might Expect," Android Authority, 1 June 2021. [Online]. Available: *https://www.androidauthority.com/first-camera-phone-anniversary-993492/*. [Accessed 14 March 2021].

[111] Net10 Blog, "A History of Smartphone Screens and how Modern Displays Came to Light," 14 January 2019. [Online]. Available: *https://blog.net10.com/a-history-of-smartphone-screens-and-how-modern-displays-came-to-light/*. [Accessed 16 April 2022].

[112] A. Lasry, Comment during document review, 2022.

[113] Wikipedia, "Video Electronics Standards Association," 29 April 2022. [Online]. Available: *https://en.wikipedia.org/wiki/Video_Electronics_Standards_Association*. [Accessed 30 April 2022].

[114]　M. Brownstein, "NEC forms Video Standards Group," 14 November 1988. [Online]. Available: *https://books.google.de/books?id=wTsEAAAAMBAJ&pg=PT2.* [Accessed 20 March 2022].

[115]　VESA, "Membership Benefits," 2022, continuously updated. [Online]. Available: *https://vesa. org/join-vesamemberships/membership-benefits/.* [Accessed 30 April 2022].

[116]　VESA, "Board of Directors," 2022, continuously updated. [Online]. Available: *https://vesa.org/ about-vesa/policies/.* [Accessed 30 April 2022].

[117]　H. Eiden, "TFT Guide Part 3 Digital Interfaces," 7 July 1999. [Online]. Available: *https://www. tomshardware.com/reviews/tft-guide-part-3,117-2.html.* [Accessed 28 December 2021].

[118]　VESA, "VESA Digital Flat Panel (DFP) Version 1.0," VESA, San Jose, February 14, 1999.

[119]　Infotip, "DisplayPort," 7 July 2016. [Online]. Available: *https://kompendium.infotip.de/display-port.html.* [Accessed 30 April 2022].

[120]　Tripp Lite, "DisplayPort Multi-Stream Transport (MST) Explained," not known. [Online]. Available: *https://www.tripplite.com/products/multi-stream-transport-mst-hub-technology.* [Accessed 23 May 2022].

[121]　Wikipedia, "V-by-One HS," 3 March 2021. [Online]. Available: *https://en.wikipedia.org/wiki/V-by-One_HS.* [Accessed 1 May 2022].

[122]　Wikipedia, "V-by-One US," 1 April 2020. [Online]. Available: *https://en.wikipedia.org/wiki/V-by-One_US.* [Accessed 1 May 2022].

[123]　R. Sosnowsky, "Große Displays hoher Auflösung mit geringem Aufwand ansteuern," Elektronik Praxis, 10 October 2014. [Online]. Available: *https://www.elektronikpraxis.vogel.de/grosse-dis plays-hoher-aufloesung-mit-geringem-aufwand-ansteuern-a-463975/.* [Accessed 30 October 2021].

[124]　V-by-One Cable China Manufacturers, "V-by-One HS, LVDS, eDP, MIPI Common Display Inter-face Comparison," 23 May 2012. [Online]. Available: *http://www.v-by-one.com/html/5147925030. html.* [Accessed 1 May 2022].

[125]　V-by-One, "V-by-one Cable China Manufacturers," V-by-one, [Online]. Available: *http://www.v-by-one.com/V-By-OneData/V-By-One/.* [Accessed 30 November 2021].

[126]　ODYS, "LCD-TV 19 View," not known. [Online]. Available: *https://www.odys.de/downloads/data sheets/ODYS_LCDTV19View_web.pdf.* [Accessed 23 May 2022].

[127]　S. Shankland, "USB 4 will Support 8K and 16K Displays. Here's how it'll Work," cnet.com, 1 May 2020. [Online]. Available: *https://www.cnet.com/tech/computing/usb-4-will-support-8k-and-16k-displays-heres-how-itll-work/.* [Accessed 21 December 2021].

[128]　S. Luber and A. Donner, "Was ist der Unterschied zwischen den Monitorschnittstellen HDMI, DisplayPort; DVI und USB-C," IP-Insider.de, [Online]. Available: *https://www.ip-insider.de/was-ist-der-unterschied-zwischen-den-monitorschnittstellen-hdmi-displayport-dvi-und-usb-c-a-999888/.* [Accessed 21 December 2021].

[129]　IT Wissen, "DisplayPort," 18 March 2021. [Online]. Available: *https://www.itwissen.info/Display Port-DisplayPort-DP.html.* [Accessed 8 May 2022].

[130]　Wikipedia, "Digital Visual Interface," 11 April 2022. [Online]. Available: *https://en.wikipedia.org/ wiki/Digital_Visual_Interface.* [Accessed 8 May 2022].

[131]　video-kabel.de, "DisplayPort vs HDMI," not known. [Online]. Available: *https://video-kabel.de/ blog/displayport-vs-hdmi/.* [Accessed 23 May 2022].

第 10 章 测试和认证

正如第 3.1.1 节详细讨论的那样，汽车是极其复杂的产品。在汽车中，众多不同的功能是通过来自不同供应商的多种部件（包括软件）来实现的。汽车制造商负责确保汽车的整体功能以及所有部件能够无缝且安全地协同工作。在此过程中，通信技术发挥着特殊作用，是汽车内部分布式电子系统整体功能的关键要素，汽车制造商对此负有核心责任。由于电子系统（通常）由不同的一级供应商提供，每个一级供应商都必须依赖汽车制造商通过其通常也选择的通信技术，在正确的时间提供正确的信息。

鉴于这种复杂性，如果没有贯穿整个供应链的广泛测试和认证机制，汽车将无法正常工作。故障和错误发现及消除得越早，成本就越低[1]。汽车制造商针对生产中汽车实施的每一次召回行动，不仅成本巨大[2]，而且此类召回行动往往会受到公众关注，从而损害品牌的声誉和形象。图 10.1 描绘了避免质量问题所产生的成本与质量问题产生时所产生的成本之间的主要关系。

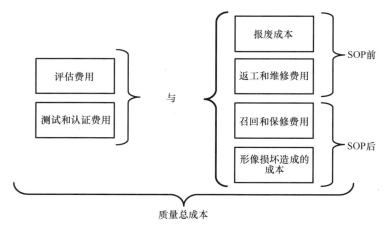

图 10.1 确保质量的成本与质量不足的成本[2]

因此，可以假设所有汽车制造商都致力于通过适当的测试和认证机制来避免召回。因此，本节概述了测试和验证，并尽可能聚焦于通信技术的关键要素。测试不仅需要测试方法、工具和测试规范的可用性，还需要确保所有待测试内容都能进行测试。因此，可测试性至关重要，必须在每个电子组件的设计之初就予以考虑和实现。第 10.1 节首先从测试如何融入典型设计流程的角度进行了概述。第 10.2 节提供了可测试性设计对通信芯片意义的示例。第 10.3 节根据选定的测试指标和待测设备（DUT）的处理方式，探讨了不同的测试特性。第 10.4 节介绍了相关的测试规范。第 10.5 节概述了重要的工具。第 10.6 节以从实际测试经验中得出的一些基本原则作为结尾，为本章（及本书）画上句号。

10.1　开发方法和测试

本章引言明确指出，开发与测试不能割裂开来，而应相辅相成。以下将介绍三种标准的开发方法，并解释每种方法中测试的处理方式。第 10.1.1 节介绍了瀑布模型，第 10.1.2 节解释了 V 模型，而第 10.1.3 节则简要探讨了敏捷开发对测试方面的影响。

10.1.1　瀑布模型

瀑布模型最早于 1970 年由温斯顿·W. 罗伊斯（Winston W. Royce）提出[3]。该模型将项目分解为可连续执行的独立步骤。一旦某个步骤完成并发布了预期的输出，就会基于前一步骤的交付物开始下一步骤。典型的步骤如图 10.2 所示，包括需求、设计、实施、验证和维护。发布过程包括根据步骤不同而定的特定测试套件或文档审查。

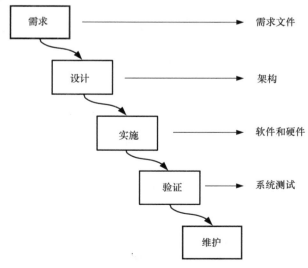

图 10.2　瀑布模型的主要功能[3]

瀑布模型的关键在于项目开始时能够且必须完全了解需求，并且这些需求不会改变。在这种情况下，它提供了一个非常可靠且可测量的过程，该过程基于在过程中创建的明确定义的交付物，从而能够进行良好的前期成本估算[3]。这些交付物还提供了严格的测试指导方针。瀑布模型的两个核心缺点是：时间和对变更的抗拒性。只有当前一步骤完全完成后，才能进入下一个步骤。这可能会导致在启动下一步骤之前出现低效的等待时间。更关键的是项目中的变更。通常，在项目开始时并非所有需求都是已知的。一些需求在项目过程中会发生变化，因为它们被证明是不可行的，或者虽然可行但成本过高。在汽车电子项目中，这并不罕见，尤其是在新电子设备的情况下。

10.1.2 V 模型

V 模型由巴里·伯姆（Barry Boehm）于 1979 年首次提出，他借鉴了瀑布模型中将项目划分为阶段的方法，并要求进入一个阶段必须以前一个阶段的完成为基础[4]。然而，各阶段及其设置有所不同。V 模型的左侧（见图 10.3）将需求进行分解，并在每一步中进一步细化。在 V 模型的底部，系统得以实现。而 V 模型的右侧则代表组件和系统的集成与测试，这些测试与左侧定义的需求和测试细节层次相对应。

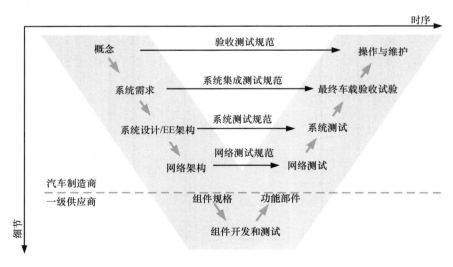

图 10.3　车载电气和电子系统的 V 模型

V 模型在汽车行业中是一种非常常见的开发方法[5]。图 10.3 因此展示了 V 模型在汽车电子电气（EE）系统中的应用。汽车开发始于一个概念，包括市场趋势和风险评估。一旦完成这些工作，就会定义总体系统需求，这些需求已经详细说明了所需的功能。然后，系统设计将确定 EE 架构，将功能分配给不同的电子控制单元。这些 ECU 随后会产生对用于每个组件的网络和通信技术的要求。产生的组件规格随后由汽车制造商转发给相应的 Tier1 供应商，Tier1 供应商负责开发和实施组件，并根据规格进行测试。汽车制造商随后在网络中测试组件，首先测试通信，然后测试系统功能，之后将所有组件组装到汽车中。在运营和维护期间，会评估市场期望的满足情况。关键在于，每个需求规格都会自动生成其测试规格。

与瀑布模型类似，V 模型也相对静态且耗时。每个步骤都需要以前一个步骤的完成为基础，并且没有预见到需求的变化。然而，在汽车漫长的开发周期中（请参阅第 3.1.2 节中的图 3.2）以及按照 V 模型进行的开发过程中，需求的变化是常见的，并且成本高昂。

10.1.3　敏捷开发

为了在需求发生变化时能够快速适应，通常会采用敏捷开发方法。这些方法起源于软件开发领域，尽管它们早在多年前就已经被讨论和应用[6]，但赋予这些方法论名称的"敏捷宣言"是在 2001 年提出的。该宣言的要点包括"重视个体和交互胜过过程和工具，重视可以工作的软件胜过详尽的文档，重视客户合作胜过合同谈判，重视响应变化胜过遵循计划"[7]。

在汽车行业中，敏捷开发方法相对较新。然而，它们正在变得日益重要，因为汽车行业也需要更快地响应不断变化的需求，更快地引入新的、与客户相关的功能，并能够更好地处理日益增长的软件量。敏捷方法的目标是快速实现并将想法推向市场。详细的规格说明是在开发过程中创建的。这并不意味着没有需求和测试需要满足，但一个优先事项是客户功能。如图 10.4 所示，许多流程步骤在短序列中紧密相连，几乎并行处理。

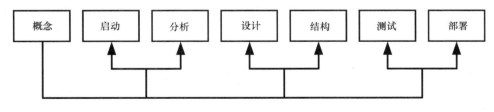

图 10.4　敏捷开发过程的要素

三种重要的敏捷方法包括[8]：

1）极限编程（Extreme Programming）拥抱变化，根据客户需求立即编码并测试，以尽快满足客户需求，因此不考虑事先进行详细的需求讨论。

2）敏捷开发（Scrum）倾向于在短阶段后停止并重新启动项目，整合新的需求，旨在处理许多小的、可管理的任务，每个任务都有自己的可交付成果。

3）测试驱动开发（Test-Driven Development，TDD）首先定义测试，然后快速迭代编写代码，直到通过测试。同样，整体任务被分解成可以快速实现的小子集。

需要注意的是，在当今汽车行业中，本节中解释的开发方法均不是以纯粹的形式应用的。瀑布模型可能用于允许迭代的小型项目中。V模型仍然非常受欢迎，但通常融入了敏捷开发的元素。采用哪种方法以及采用的程度取决于项目本身、开发人员和项目领导者的思维模式、项目环境以及参与合作伙伴的组织结构。在所有情况下，测试都是所有方法中定义明确且重要的一个环节。

10.2　专为可测试性而设计

在为汽车开发和部署电子元件时，系统设计人员通常会希望利用多个性能参数。然而，并非所有感兴趣的参数都可用或可访问。通常，必须专门设计电子元件，以确保这些参数的可用性和可访问性。因此，本节将探讨设计电子元件，特别是用于可测试性的通信集成电路时所相关的和/或感兴趣的不同方法。

图10.5展示了通信集成电路的主要功能。该系统扩展了第8.1.1节中图8.7所示的全双工汽车以太网系统，增加了一个"逻辑"模块，该模块可用于不同目的，如提供DLL功能、为IVC桥（包括视频和控制数据输出）提供协议转换，以及管理和测试接口。自然地，基于TDD的汽车SerDes系统不需要混合或回声消除（也见第7.5.2节中的图7.20），而基于FDD的系统可能需要（也见第7.4.3节中的图7.14），这取决于所选的具体技术。对于本节而言，重要的是所有技术之间的相似性，如放大器、自动增益控制（AGC），以及某种形式的数模转换器（DAC）和模数转换器（ADC）、均衡器、时钟恢复和切片器。

接下来的内容中，第10.2.1节将探讨内置状态寄存器和质量指标；第10.2.2节将讨论为测试目的所需信息的可访问性；第10.2.3节将描述扫描线作为访问数据和测试功能的原则；第10.2.4节将介绍环回测试；第10.2.5节将描述内建自测试（BIST）。

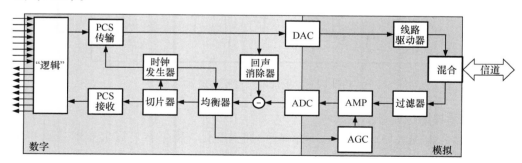

图10.5　可测试的简化通信IC

在详细讨论之前，还有一点需要说明：以下介绍的方法旨在简化测试和调试过程，以确保在恶劣环境中无差错运行。测试功能的目标是便于访问和使用。但请注意，这可能与安全和可靠的通信要求存在潜在矛盾。在设计测试功能时，必须考虑这一点。必须防止测试功能在正常操作期间绕过安全或安全机制。同时，必须避免测试功能的意外激活中断或改变正常操作。

10.2.1　内置状态寄存器和质量指示器

所有通信技术通常都会预见到多个状态寄存器和设置，这些对于技术的运行是必需的（实施时通常会有供应商特定的差异）。在许多情况下，这些寄存器的内容可用于全面了解通信集成电路的状态，这在测试阶段特别有用，但在正常操作期间也可能被使用。

其中一组感兴趣的数据是均衡器设置。均衡器的主要目标是平衡和平坦化信道特性。访问均衡器设置可以确定并分析传输信道的特性。例如，均衡器值可以显示何时情况变得危急，即当均衡器值达到其极限时。这意味着在操作过程中没有余量，这可能导致在极端温度条件下出现故障。

通信系统有时会定义一个信号质量指示符（SQI），该指示符基于上述原则，由均方误差（MSE）和均衡器值导出。通过 MSE 值，可以精确计算出信噪比（SNR）和误码率（BER）。在测试期间，当应用一组已知的压力参数时，MSE 值（或其他派生参数）允许将压力与系统行为直接关联起来。在实际操作中，如果性能持续下降，这些值可能会通知更高级别的层。

从自适应增益控制器（AGC）中读取的信息可以以与均衡器设置类似的方式使用。AGC 的设置首先与所用传输信道的插入损耗相关。此外，如果 AGC 的运行接近最小或最大限制，则表明操作余量较小。

在切片器和模数转换器（ADC）处对数据的解释也允许对系统状态进行非常详细的解读。具有定义符号状态 [+10 −1] 的 PAM-3 调制在形式上只有三个定义级别。一个 4bit ADC 有 16 个值，这意味着其中 5 个可以归因于 +1，5 个可以归因于 −1，6 个可以归因于 0。根据 ADC 值中有多少接近下一个值的阈值，以及有多少接近实际值，还可以评估噪声的影响（例如，见图 10.8）。

10.2.2　信息的可访问性

芯片内部未记录在特定寄存器中的数据通常是隐藏的，无法被观测到。如果希望读取这些数据，则必须做出特定规定。图 10.6 展示了这样一个例子。市场上的一些汽车 SerDes IC 具有一个可切换的输出，该输出将内部模拟信号镜像到一个额外的引脚上。在图 10.6 中，这个引脚简单地提供"测试输出"。在源 IC 中，它被称为"信道监视环路（CML）"（见文献 [9]）。此引脚允许在 ADC 之前或 DAC 之后，在发送和接收路径中观察系统的模拟行为。在此示例中，仅需要少量的附加逻辑和一个引脚即可访问相关信息。

图 10.7 提供了作者在汽车以太网早期遇到的另一个例子。宝马公司正在寻找

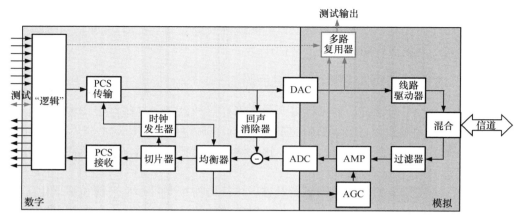

图 10.6　示例接收器结构，该结构可访问模拟接收和发射信号

一种解决方案，以便通过非屏蔽电缆传输 100Mbit/s 的以太网数据，并已向不同的以太网半导体供应商征求建议[10]。其中一家供应商对现有产品进行了固件更改，允许在切片器之后（和 PAM 解调之前）监控数据，如图 10.7 所示。因此，在电磁兼容性（EMC）测试期间，通过在表示结果之前将数据通过数模转换器（DAC）的方法，可以监控干扰对数据的影响。

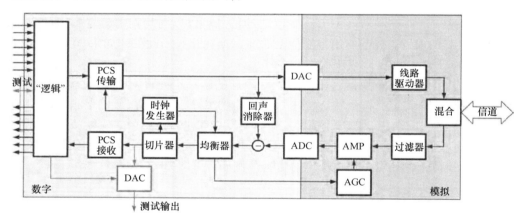

图 10.7　在切片器之后可以访问数字化接收信号的示例接收器结构

图 10.8 展示了图 10.7 所示设置的测试输出，该结果明确指出了在此点之前，电磁兼容性（EMC）对接收信号以及模拟和数字信号处理功能的影响。

除了与测试目的的相关性以及从这些测试输出中可以得出的明确观察结果外，所呈现的特性还提供了商业集成电路可能具有的额外测试特性的样例，这些特性在正常操作中不使用也不可见，但仍然被视为足够重要，可以与产品一起提供。它们为创建可测试性设计以及在标准化技术中考虑这一点提供了宝贵的启示。然而，将

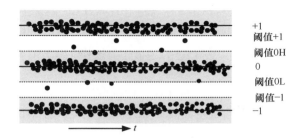

图 10.8　图 10.7 所示设置的示例测试输出

此方法应用于更复杂的数字逻辑可能会增加所需引脚的数量，并且在更大规模上并不适用。

10.2.3　测试扫描线

集成电路（IC）开发中的一个关键要素是能够测试其实施情况。本节展示了为何芯片中专门用于测试的部分会占据显著面积。其中一种测试结构是扫描链，它由放置在芯片输入和输出端以及内部逻辑相关测试点的影子寄存器组成。其基本原理如图 10.9 所示。从图中可以看出，扫描链是一长串移位寄存器，它提供特定的输入并读取相应的输出。扫描链由三个信号组成：移位寄存器时钟、扫描输入和扫描输出。值得注意的是，边界扫描测试和联合测试行动小组（JTAG）是这种方法的特殊形式。JTAG 在 IEEE 1149.1 和 IEEE 1149.7 标准中定义了相关细节[11][12]。

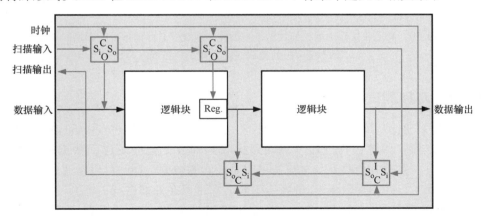

图 10.9　扫描线的基本原理

图 10.9 所示的设置展示了一个具有两个专用逻辑块之间的单个数据输入和单个数据输出的场景。在实际应用中，可能拥有更多的输入、更多的输出以及大量的内部逻辑块。在此示例中，扫描链结构允许访问电路的输入和输出，以及逻辑块的输入和输出。当在大规模上应用此方法时，可以将芯片或电子控制单元的复杂功能

划分为更小的部分。使用移位寄存器可以将芯片或 ECU 所需的引脚数量减少到几个。图 10.10 展示了在高速以太网物理介质连接子层（HS Ethernet PMA）中，扫描链可能连接的功能块示例。可以看出，扫描链不仅可用于数字功能，还可用于模拟块（及相应的模数转换器 ADC）。

当前的微处理器也可能以类似的方式进行调试。在这种情况下，访问微处理器的特定功能是主要目标。这些特定功能可能包括对数据内存的访问、对特定寄存器的访问以及对调试控制器（如果可用）的访问，调试控制器允许控制微处理器的操作，如启动、停止执行、在特定步骤停止执行等。对于以太网交换机而言，分析数据流内容的内部寄存器和功能可能是其关注的重点。这包括过滤和生成数据，以显示源地址和目的地址、数据流中的任何相关部分以及所有相关的时间信息。这种调试和测试选项的一种形式涉及"深度包检测"（Deep Packet Inspection）这一关键词[13]。

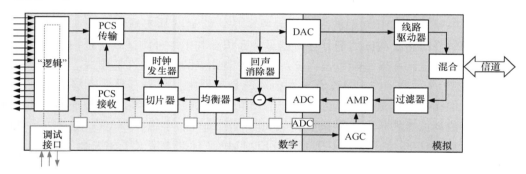

图 10.10　高速收发器中的扫描线示例。因此，虚线只是标记了可能识别的功能，而不是实际的接线（通常使用三条线）

10.2.4　环回测试

图 10.11 展示了环回测试的一般原理。集成电路（IC）的可访问输出数据被反馈回输入端。因此，物理层（PHY）接收到的数据会被发送回数据的发送方，理想情况下，发送方会收到与之前发送完全相同的数据。环回可以在通信的任何可访问阶段发生，并不局限于 IC 的特定引脚。它可以在外部进行，即 IC 外部（甚至在更高协议层的下一个 IC 中），或者如果设计允许，也可以在内部进行。在图 10.11 所示的示例中，"逻辑"块可以提供内部环回测试模式。环回测试分为"近端"和"远端"两种。远端环回测试包括一个发送单元和一个接收单元，两者之间通过基于电缆的通信信道连接。当发送单元直接接收回自己的数据时，这被称为"近端"环回[14][15]。

图 10.11 所示的示例代表了一个以太网系统。以太网是一种对称通信技术，因此不仅允许在环回中返回控制数据，还可以返回视频数据，因为返回链路的数据速

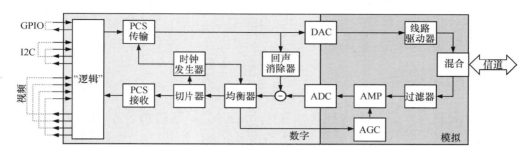

图 10.11 环回测试的一般原则

率足够大。而 SerDes 则是一种非对称通信系统，其中一个方向是单向高速数据流量，另一个方向是低速控制和状态数据流量。因此，对于 SerDes，环回方法仅在有限制的情况下有效。通常，它仅适用于控制数据。对于基于 TDD（时分双工）的 SerDes 系统，这可能会更容易一些，因为串行器和解串器 IC 可以是相同的部件。但对于基于 FDD（频分双工）的 SerDes 系统，视频数据的环回可能无法实现。尽管非对称系统存在这一缺点，但环回在不同测试方法中仍然是有帮助的，主要是在系统级别，当控制数据很重要或需要研究控制数据与数据流之间的相关性时。

10.2.5　内建自测试功能

在某些实现中，环回模式（Loopback modes）和对特定寄存器的访问构成了内建自测试（Built-In Self-Tests，BISTs）的一种形式。一般而言，BISTs 是额外的硬件特性，允许用户在专用测试模式下通过定义的命令来测试和监控特定的参数。这些测试既可以由用户初始化后独立运行，也可以设计为与正常操作并行执行，以便在不影响系统性能的情况下，在后台分析系统。无论哪种情况，测试结果都通过控制和状态接口的命令进行访问。

在通信技术中，一个常见的 BIST（内建自测试）功能是模式生成器，它能够在不连接外部硬件的情况下，以最大速度生成并发送测试数据至总线。这个内部模式生成器具有预定义且已知的模式，这使得在测试设置的不同阶段，能够轻松验证通信链路的正确功能。因此，系统可能会为视频数据定义与控制接口（如 I2C）不同的测试模式。对于视频接口，可能会使用如棋盘格等易于创建和解读的预定义图像模式。

一个能够确定系统可用裕量的 BIST（内建自测试）是一个有用的特性。它有助于确定系统发射功率可以减少多少。与模式生成器结合使用，它还可以在不修改系统本身的情况下，指示已安装的 SerDes 或以太网系统的稳定性。内置的错误或噪声生成器也可用于这些目的。

BISTs（内建自测试）的主要优势在于它们允许在信号源和目的地直接进行测试和测试访问。无须安装外部测试仪或数据源即可执行测试，这意味着不会存在可能影响测试结果的外部测试硬件产生的测试伪影。然而,在 GHz 频率范围内实现无测试伪影是一个日益严峻的挑战。

10.3 测试特性

在定义和设置测试方面存在主要差异。本节将探讨两个不同的方面:第 10.3.1 节定义了用于确定测试覆盖范围的不同指标;第 10.3.2 节则探讨了被测设备(DUT)的不同可能性。

10.3.1 测试指标

为了获得测试进度的指标、测试覆盖的功能数量以及对测试性能的评估,通常会定义测试指标。对于许多测试规范,会使用以下指标之一:

1)标签覆盖率:当存在带有状态图和已定义要求的正式规范时,可以使用标签覆盖率。标签是在明确定义的状态下定义的标记。首先,必须识别和标记所有状态、分支和子例程。然后,测试指标会检查测试是否确实至少通过所有标签一次。这确保了所有状态、分支和子例程都确实得到了测试。标签覆盖率在 FlexRay 协议一致性测试的开发中得到了应用,该测试是在 2006 年至 2010 年期间开发的(作者之一参与其中)。

2)分支覆盖率:分支覆盖率是从软件测试中借鉴来的一种度量标准,它检查代码中所有具有条件执行或基于决策结果执行的部分是否都至少执行了一次。这意味着在测试过程中,代码的所有部分都至少运行了一次,并且所有代码分支都至少进入和退出了一次。分支覆盖率也可以以与软件类似的方式用于硬件,主要是在状态机的情况下。拥有正式规范,理想情况下是以图形格式(如统一建模语言 UML)或状态图的形式,使得这种测试度量标准得到了很好的应用[16]。

3)协议实现一致性声明(PICS)的满足情况:在测试过程中,不同 PICS 的满足情况被视为测试性能的度量标准。例如,IEEE 802.3 以太网规范[17]要求声称符合规范的供应商填写 PICS 表格。PICS 定义了测试需要达到的结果。这类似于标签覆盖率,但形式较为宽松。

10.3.2 被测设备

被测设备(DUT)代表正在接受测试的对象。在测试汽车内部通信时,被测设备通常是一个通信芯片、一个带有通信接口的 PCB 板,或一个完整的电子控制单元。被测设备的测试描述会根据测试人员预期对被测设备的知识掌握程度而有所不同。

1)黑盒测试不需要对设备内部功能有具体了解,它仅考虑可访问接口的特性。在这里,必须了解电气参数以及功能和逻辑行为。通常,黑盒测试会将外部接口的可观察行为与事先定义好的预期行为进行比较。被测设备（DUT）作为一个完整的模块进行测试，其内部结构不可观察。对于汽车制造商或一级供应商来说，在测试通信接口时，这通常就足够了。但对于开发通信集成电路的半导体供应商来说，黑盒测试通常是不够的。

2）在白盒测试中，测试人员了解被测设备（DUT）的功能和所有细节。在某些情况下，测试人员可以访问 DUT 的内部结构，并且在理想的白盒测试中，可以单独测试不同的功能块。白盒测试可能会利用对 DUT 每个技术细节的了解。因此，白盒测试适用于半导体供应商进行的芯片测试，因为他们应该拥有所有设计数据。

特别是在讨论通信技术的互操作性测试时，通常会使用一个"黄金设备"来与被测设备（DUT）进行测试对比。理想情况下，黄金设备是特定通信技术的一个完美实现。通常，它是提供的第一个实现。使用黄金设备进行测试通常被视为一种实用且易于实施的方法。这种测试基于这样的假设：两个与黄金设备互操作的不同 DUT 也将能够相互工作。从短期时间框架来看，这是足够有效的。

然而，考虑到汽车通信技术的生命周期——例如，CAN 自 1992 年起在汽车中使用，LIN 自 2001 年起，MOST 自 2001 年起（本书撰写时正逐步淘汰），FlexRay 自 2006 年起，100BASE-T1 以太网自 2013 年起[10]——可以合理推测，即使使用相同的规范，引入时的黄金设备可能已不再是最新的。继续使用相同的黄金设备可能会阻碍创新、新产品的开发以及新测试的开发。因此，对于黄金设备测试来说，定义一个允许更换黄金设备或允许拥有一个黄金设备池的测试过程是一个好方法。在后一种情况下，应对多个黄金设备执行多次测试。当这些测试产生不同结果时，就变得非常有趣了！

10.4　测试规范

能够测试任何电子元件的行为至关重要。然而，如果期望来自多个不同芯片供应商的通信集成电路在汽车内部实现互操作，那么必须存在相应的测试规范。汽车制造商在将通信集成电路纳入其电子控制单元之前，总是会首先依赖通过各种合规性、电磁兼容性（EMC）和互操作性测试的通信集成电路。因此，合规性意味着满足规范的所有要求，这又是后续互操作性测试的基本要求。互操作性测试通常验证，在最恶劣的条件下，使用不同年代和/或不同供应商的不同产品时，通信功能是否能正常运作。

只有通过了所有这些测试的部件才值得继续开发。利用这样完成的电子控制单元，汽车制造商可以开始测试 ECU 的通信行为。首先是独立测试，然后是网络测试。如果提供了相应的测试规范，汽车制造商通常会依赖测试机构来确认测试结果。这就是测试规范（和测试机构）如此重要的一个原因。

在接下来的内容中，第 10.4.1 节首先讨论了根据 ISO 9646 对传统汽车通信技术进行测试的基础；第 10.4.2 节则概述了汽车以太网的测试规范；而第 10.4.3 节则以讨论汽车 SerDes 可用的测试规范来结束这一小节。

10.4.1　ISO 9646 一致性测试方法

ISO 9646 规范最初于 1994 年发布[18]，至今仍未改变。它们描述了一个一致性测试框架，其基本方法是分别测试 ISO/OSI 通信模型的不同层。

根据 ISO 9646，测试设置的基本元素如图 10.12 的左部分所示。在此，被测设备（DUT）被称为被测实现（IUT），代表 ISO/OSI 分层模型中的一个完整、独立的单层。上层测试仪（UT）是测试系统的一部分，代表被测层之上的 ISO/OSI 层，而下层测试仪（LT）则代表被测层之下的层。例如，如果在 IUT 中测试数据链路层（DLL）实现，则 LT 是物理层（PHY），而 UT 是 IP 层、网络层或应用层，具体取决于通信技术提供的内容。在 IUT 与 LT 和 UT 之间的接口处，各自的控制点和观察点（PCO）允许基于称为抽象服务基本要素（ASP）的特定可执行命令，在测试期间访问和观察在定义的协议数据单元（PDU）中传输的数据。测试协调器控制 UT 和 LT，启动测试，定义测试初始化的数据，并将测试结果与预期结果进行比较以进行验证。

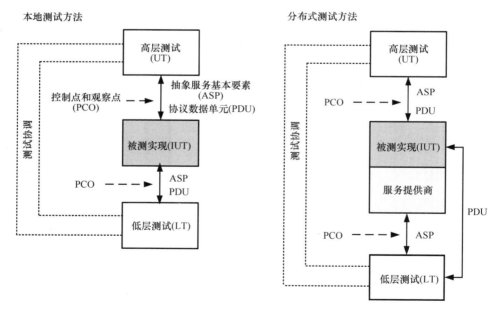

图 10.12　ISO 9646 高层低层测试设置[18]

图 10.12 的右侧展示了在 IUT 和 LT 之间添加服务提供商作为额外抽象层的可能性。这在以下场景中具有重要意义：当使用具有物理硬件接口的 IUT 时，似乎很容易且方便地将该实际实现也用于 LT 接口。然而，在这种情况下，测试失去了一些重要

功能，因为在大多数情况下，LT 不再能够修改该接口的参数。而在这两者之间的服务提供商将再次支持可调接口参数，从而实现对 IUT 的更深层次测试覆盖。

如图 10.12 所示，ISO 9646 测试类型已被应用于 CAN、LIN、FlexRay 以及汽车以太网的高层（参见文献 ［19］［20］）。值得注意的是，特别是对于 CAN 这一最早的系统而言，在其最初设计时，测试并非技术不可或缺的一部分。后来人们才逐渐意识到这一点，而 LIN，尤其是 FlexRay，直接提供了符合性测试规范，这些规范随后均被纳入 ISO 标准中（参见文献 ［21］［22］［23］）。在 LIN 系统设计中，提供了 LIN 描述文件（LDF）、节点能力文件（NCF）和 LIN API。为了促进测试，FlexRay 自 2001 年起就采用了基于系统和描述语言（SDL）的正式规范方法[24]。因此，CAN、LIN 和 FlexRay 都仅提供了物理层（PHY）、协议和协议控制器。而汽车以太网的情况则更为复杂，将在接下来的 10.4.2 节中详细阐述。

FlexRay 3.0 版—致性测试

FlexRay，作为汽车总线技术，于 2006 年（在宝马公司）开始批量生产。当时，FlexRay 协议 2.1 被实现于三种不同的知识产权（IP）中：博世（Bosch）的 E-Ray，它目前是大多数微控制器中使用的；摩托罗拉/飞思卡尔（Motorola/Freescale）基于 PowerPC 架构的 FlexRay 控制器；以及恩智浦（NXP）为基于 ARM 的微控制器提供的 FlexRay 控制器。FlexRay 联盟大约于 2010 年结束了其工作，并发布了 FlexRay 协议规范 3.0[25]。该版本随后被纳入 ISO 17458 标准。然而，至今尚未开发出任何 FlexRay 3.0 产品（无论是物理层还是控制器）。不过，已经制定了 FlexRay 协议控制器符合性测试规范，该规范依据 FlexRay 协议规范 3.0 进行测试。这是通过协议规范的 VHDL 实现以及基于符合性测试规范的测试套件来完成的。测试方法遵循 ISO 9646 标准。这一方法之所以可行，是因为 FlexRay 的完整协议引擎是使用 SDL 图进行指定的。2010 年，在 VHDL 环境中对 VHDL 模型进行了完整的协议符合性测试。这种方法对于 IP 开发和 IP 许可非常有趣，因为可以对 IP 进行测试。好处是，这种方法可以在芯片流片之前使用。虽然 VHDL 测试并非免费，但它是避免最终产品故障成本的一种良好方法。然而，该方法并不适用于所有技术。例如，IEEE 以太网物理层（PHY）规范就不包含所需的完整图集。

如图 10.12 所示，ISO 9646 中的 UT/OT 方法也是下文所述系统操作向量空间（SOVS，基于文献 ［26］）的一部分，并在图 10.13 中以图形方式显示。为了系统地开发测试套件，SOVS 根据等式（10.1）处理所有参数的所有可能组合。

$$SOVS = Configuration\{conf1, conf2, \ldots\} \cdot Power\{pow1, pow2, \cdots\}$$
$$\cdot\ Environment\{env1, env2, \ldots\} \cdot Failure\{f1, f2, \cdots\} \cdot Operation\{op1, op2, \ldots\}$$

$$(10.1)$$

这种方法的好处在于创建和执行测试用例的方式非常正式。通常，从一个测试

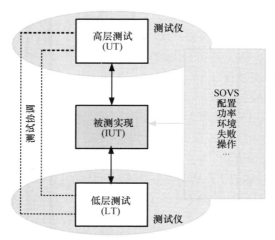

图 10.13　基于 ISO 9646 的 SOVS 测试原理[26]

运行到下一个测试运行，只会修改一个参数。但缺点是测试套件可能会变得相当庞大。减少测试数量的方法有两种：①减少参数数量，如果风险评估显示某些参数对测试结果没有显著影响；②减少组合数量。背后的基本思想是，通过识别最相关的用例，仅测试最可能的参数组合，并将这些组合置于测试执行的前列（称为"田口方法"[27]）。该理念是在 100% 覆盖率需要两倍或更多测试用例的情况下，仅通过 90% 的覆盖率即可获得可接受的结果。为了进行选择，可以应用统计方法来减少 SOVS 中的组合。当然，可能还有其他方法来提高测试在时间和成本方面的效率。

10.4.2　汽车以太网测试规范

在汽车以太网领域，物理层规范全部由 IEEE 提供（参见文献 [28][29][30][31][17]）。这些规范重点关注物理层，涵盖传输信道的限值线、物理编码子层（PCS）、物理介质连接子层（PMA）、物理介质相关子层（PMD，仅针对光学系统）、物理层控制（帧内容描述和支持的功能）以及协调子层（也请参见第 1.3.1 节中的图 1.5）。IEEE 规范主要关注发射机特性，仅少数项目也涉及接收机。IEEE 本身不提供任何测试规范。然而，IEEE 规范确实预见了固有的测试模式或性能参数（如第 10.2 节中所述原则）。例如，在 IEEE 802.3ch 中，已定义接收机监视 RS-FEC 的帧错误率，并在总帧错误过多或连续出现超过 40 个帧错误时，（取消）断言相应的标志。表 10.1 提供了 IEEE 802.3ch[17] 中定义的测试模式的概述。规范中也提供了相应的测试模式。

如前所述，IEEE 不提供任何测试规范。对于汽车以太网技术，这项工作由 OPEN Alliance 组织负责，该组织成立于 2011 年，旨在实现汽车以太网的工业化（当时从 100Mbit/s 汽车以太网开始）[10][32]。对于每一个新的物理层（PHY）规范，OPEN Alliance 都会定义：

表 10.1　电气汽车以太网 IEEE 规范（IEEE 802.3ch）中定义的测试模式[17]

模式	值	内容
0	000	正常运行
1	001	在链接模式下设置主 PHY 和从 PHY 进行传输时钟抖动测试
2	010	在 MASTER 模式下传输 MDI 抖动测试
3	011	预编码测试模式
4	100	发射机线性测试模式
5	101	空闲模式下的正常运行。这是用于 PSD 屏蔽测试
6	110	发送器电压跌落测试模式
7	111	零数据模式正常运行。这是用于 BER 监测的

1）PMA（物理介质连接子层）、PCS（物理编码子层）和 PHY 控制测试套件。

2）PHY 互操作性测试规范。

3）收发器 EMC（电磁兼容性）和 ESD（静电放电）设备测试规范。

4）通信信道规范。

5）系统实现和高级诊断功能规范。

6）唤醒和休眠规范。

7）（如果适用的话）CMC（连接管理控制器）测试规范。

此外，OPEN Alliance 还定义了交换机和 ECU 测试规范（两者都涉及更高的协议层，并且在原则上与 PHY 速度无关），或者（测试）PHY 层和 MAC 层之间接口的规范，如果有此类需求的话（已发布的规范请参见文献［33］）。请注意，2016年，OPEN Alliance 开始将其最终规范转移到 ISO 21111 标准中。

如前所述，IEEE 规范的一个主要特点是主要定义了发射机的行为，而将接收机的设计留给实现者。这有利于硅片供应商根据各自的专长在其接收机中进行差异化设计。然而，这也带来了一个缺点，即无法制定正式的接收机测试规范。包括接收机在内的完整设备的符合性只能从设备的行为（黑盒方法）中推导出来。如果设备的行为符合预期，则假定实现了正确的功能。

10.4.3　汽车 SerDes 测试规范

与汽车以太网相比，汽车 SerDes 的情况并不那么直接明了，这主要是因为存在大量不同的技术，包括专有技术以及新标准化的技术。专有技术的一个关键特点是通常没有（开放的）测试规范可供使用。专有 SerDes 技术的供应商会在内部进行测试，以确保其部件具有互操作性，包括潜在的向后兼容性。通常，专有 SerDes 解决方案的供应商也会简单地宣传他们的串行桥接产品可以与哪些解串桥接产品配合使用（另见第7.3 节）。当前专有 SerDes 实现中的一个例外是 APIX SerDes 技术。由于 APIX 技术被授权给不同的芯片制造商，因此 APIX 2 合规性测试是 APIX 基础设施的一部分，由服务提供商进行测试[34]。

虽然如果一项专有通信技术的两个收发器都是由同一家半导体供应商提供的，那么互操作性可能不是一个问题，但在专有技术的情况下，电磁兼容性（EMC）行为、信道限制以及类似特性仍然值得关注。在没有相应规范的情况下，可以使用第10.5节中介绍的一些工具进行一般性的评估。

在撰写本书时，针对两种标准化的汽车SerDes技术，相关的测试规范大多仍在制定中。汽车SerDes联盟正在为ASAML开发一套与OPEN Alliance为以太网提供的测试规范类似的测试规范（包括合规性、互操作性、通信信道和组件，以及EMC/ESD测试[35]）。MIPI联盟传统上为其技术提供一致性测试规范（CTS），并且在撰写本书时，预计也将为MIPI A-PHY提供相应的CTS。

10.5 工具

汽车制造商和一级供应商在研究和评估新的通信技术或集成电路（IC）时，通常依赖半导体供应商几乎与首批硅片/工程样品同时提供的评估板。这些评估板使用户能够迈出第一步，了解该技术以及如何在后续中使用和实现它。因此，评估板相当直观，通常仅包括通信收发器芯片、电源和配置工具。配置工具允许设置相应的操作和诊断模式。其中一些诊断模式可能非常强大，足以进行批量生产的资格认证。通常，评估板是用户自己开发电路板的基础。此外，为了详细评估通信技术的性能，往往需要专门的工具。

因此，本节概述了有助于进一步分析通信技术、实现其操作和维护的有用工具。第10.5.1节介绍了在调查传输信道时使用的主要工具。第10.5.2节介绍了调查收发器性能时使用的特定工具。第10.5.3节概述了可能用于研究数据传输对数据内容影响的工具。

10.5.1 信道测试工具

用于信道测试的工具的主要任务是支持传输信道的确定和鉴定。以下列出了三种最重要的工具：

1）矢量网络分析仪（VNA）通常通过测量被测设备（DUT）在频率域端口的行为来进行测试。为此，向DUT发送正弦波，并在另一端测量其振幅、功率以及相位。因此，VNA至少有两个端口，一个用于发送，一个用于接收，通常每个端口都允许两个方向，以便可以反转发送方向[36]。通过使用数学方法，可以将结果从频率域转换到时间域。通过这种设置，VNA不仅可以以S参数的形式测试信道上的传输行为，还可以测量由信道阻抗不匹配而产生的反射量。图10.14展示了相应的设置示例。对于同轴电缆（单端传输信道），可以使用两个VNA端口测试4个S参数。对于差分传输信道，会测试16个S参数（另见第5.2.2节）。四端口

VNA 是差分传输信道的最小设置，并且它通常用于将两个单端测试端口组合成一个逻辑差分端口。VNA 通常从入门级的几 kHz 到 4GHz 不等，高端可达到 40GHz。

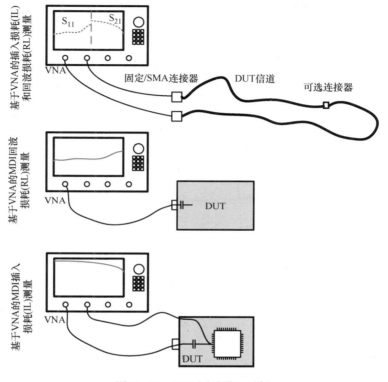

图 10.14　VNA 测试设置示例

2）时域反射仪（TDR）：TDR 使用具有快速上升沿的极短脉冲来测试传输信道。该脉冲在信道中传播。如果信道中存在不连续点，即阻抗不匹配的区域，则脉冲的部分会被反射。这些反射允许 TDR 在时域中测量相应的信道响应。由于信道会衰减信号，因此反射信号也会被衰减。这不仅可以通过脉冲发送和 TDR 上可见之间的时间来确定沿信道阻抗不匹配的位置（粗略估算，铜缆内的传播速度约为光速的 2/3，因此电脉冲约为 5ns/m），还可以确定诸如衰减和回波损耗之类的值。通过相应的计算和软件，时域信号也可以转换为频域。图 10.15 展示了相应的测试设置示例。

TDR 主要观测的参数是传输信道沿线的阻抗分布。TDR 通常使用单个测试端口来测试同轴电缆和单端设备。具有双端口的 TDR 设备可以将两个端口在逻辑上组合在一起来测试差分传输信道。市场上还有特定的基于 4 端口的 TDR 测试工具，这些工具用于 VNA 通常会进行的测试。在撰写本书时，市场上已有上升时间约为 20ps 的 TDR，这大致相当于 20GHz 的带宽。生成 20ps 的脉冲不允许 TDR 测试端口具有容量。在此背景下，高速 TDR 的测试端口极易受到静电放电（ESD）损坏，因此在使用 TDR 时需要采取特定的 ESD 预防措施（另见第 4.2.3 节）。

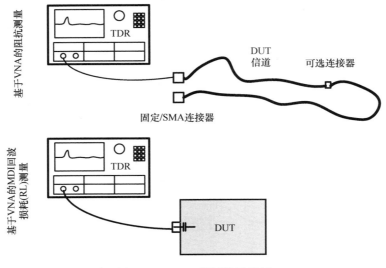

图 10.15   TDR 测试设置示例

3）Bias-T：如果测试设置包括 PoC，并且希望分别观察数据流和外部布线上的功率，则使用外部 Bias-T。图 10.16 显示了相应的测试设置。

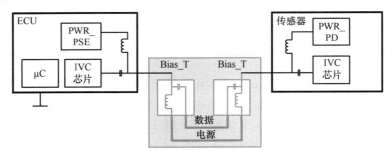

图 10.16   PoC 测试设置，通过外部 Bias-T 分离数据和电源

10.5.2   发射机/收发机测试工具

在芯片开发和通信芯片的资格认证过程中，芯片制造商的实验室会部署高速模式发生器和误码率（BER）测试设备。这些设备能够在发射端生成不同的比特模式，并在接收端测试其正确接收情况。以下两种工具对于详细评估相应的性能极为有用。值得注意的是，汽车制造商和一级供应商通常依赖芯片供应商的资格认证报告，因此这些工具在他们的实验室中较为少见。

1）示波器：示波器作为工程师的"瑞士军刀"，被用于观测各种类型的电信号。示波器基本上用于测量信号的幅度及其时序参数。数字存储示波器能够通过在特定点触发并叠加多个信号轨迹来测量和生成眼图。测量眼图开口是评估特定传输技术和媒介鲁棒性的典型方法（例如，参见文献［37］）。借助示波器增强的功能，特别是数学后处理功能，如快速傅里叶变换（FFT），示波器甚至可以替代频谱分析仪。现代示波器通常内置不同通信技术的协议解码器，其中许多包含测试夹具和完整的内置一致性测试套件。通过这些测试套件，用户可以获得被测设备（DUT）的电信号级别和时序行为报告，如浮动电压测试、功率谱密度（PSD）水平测试或发送抖动测试。但请注意，这些工具并不代表对特定设备的全面合规性测试，因为通常不会测试规范的所有部分，且测试并非基于发布的测试规范。然而，它们确实有助于确定设备的基本行为。示波器的频率范围从入门级的 100MHz 到专业级的 4~12GHz，再到高端级的 50GHz。图 10.17 展示了使用示波器的一个示例测试设置。

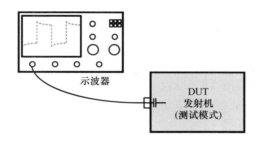

图 10.17　使用示波器测试衰减、发射机抖动或发射机输出电压

　　2）频谱分析仪：频谱分析仪可视为具有特定接收带宽的接收器。该设备内部的接收器会连续扫描从起始频率到停止频率的整个频段，并显示每个频率点的接收信号强度。与示波器不同，频谱分析仪一次仅使用非常有限的接收带宽，因此极为灵敏，能够测量低至几微伏（μV）的信号强度。在汽车电子高速通信技术领域，频谱分析仪被用于测量发射机的功率谱密度（PSD）频谱。此外，它们还用于电磁兼容性（EMC）测试，特别是企业内部进行的 EMC 预合规测试。对于最终的合规测试，则会采用更为敏感的 EMC 测试接收器。结合 EMC 场强探头，频谱分析仪可用于定位芯片和印制电路板（PCB）层面上的电磁干扰（EMI）和电磁辐射（EME）的频率。图 10.18 展示了使用频谱分析仪进行相应测试的设置示例。

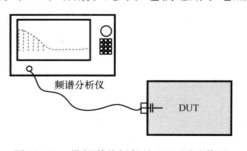

图 10.18　带频谱分析仪的 PSD 测试装置

10.5.3 评估数据内容的工具

虽然半导体供应商必须评估和证明其收发器集成电路（IC）的性能，但汽车制造商和一级供应商通常还需要一些工具，以便他们能够对传输数据的内容进行评估。接下来，将介绍几种相关的评估工具。

1）数据记录器：关注的数据不仅包括视频/传感器数据，还包括应用程序的控制和状态信息。通过使用记录器记录这些数据，可以在无须进行实时操作的情况下，对记录的数据进行更深入的离线分析和相应的开发工作。在车辆测试中，监控和日志记录工具会在各种条件下记录数据，而评估工作则会在稍后的实验室阶段进行。这种数据记录器的优势在于，它能够在车辆内部所有数据流和功能同时激活时记录数据。

在记录过程中，无须更换相应的收发器集成电路（IC）。从这个意义上讲，数据的监控和记录属于黑盒测试。然而，这种方法也存在缺点：记录器需要插入到传输链路中，这意味着它①必须使用完全相同的通信技术（在采用众多专有 SerDes 技术的情况下，这并非易事）；②并且会对传输性能产生一定影响。带有记录器的传输信道与原始传输信道不同，当工具插入时，所有与原始设置相关的物理参数都会发生变化，从而产生新的物理设置。此外，由于数据速率高，记录器可能需要存储大量数据。因此，在某些记录应用中，会并行使用多个快速磁盘驱动器的堆叠来存储数据。

除了测试之外，记录的数据还支持软件开发，并允许测试各种算法。在开发高级驾驶辅助系统（ADAS）功能时，使用模拟场景以及真实数据至关重要。为此，在记录数据时，不仅可以将实时数据流，还可以将人工创建的测试视频插入到（真实）系统中。结合协议分析仪，记录器还可以仅存储数据流中的特定部分。此外，一些记录器还具有在总线上重放记录数据的功能。

2）协议分析仪是一种工具，它将总线上的电信号转换为用户可读的格式。这些分析仪会解码信号，并根据定义好的格式和上下文解析不同的数据流。在简单形式下，仅显示用户数据；而在复杂形式下，会完全解码格式，并添加其他与系统相关的增强信息。在相应的硬件和软件支持下，协议分析仪可以通过将数据内容与触发模式进行比较来生成触发信号。

3）模式发生器能够合成并行或串行数据流的序列。这在测试时非常有用，特别是当被测设备（DUT）是接收器而发射器不可用，或者需要非常特定的序列时。通常，发射器不允许生成错误的序列，在这种情况下，模式发生器便成了一个潜在的解决方案。

4）任意波形发生器（AWG）能够创建用户定义的信号，这一特性几乎可以生成任何脉冲形式。当测试设置中需要再现信号的非理想形式时，尤其是进行接收器测试时，就会用到这一功能。许多 AWG 还具有生成随机噪声信号的功能，其中一种特定的噪声发生器形式是加性高斯白噪声（AWGN）。在许多测试设置中，AWGN 被用作定义的噪声模式。AWG 从内存中的数据生成波形，并使用高速数模转换器（DAC）。图 10.19 展示了使用 AWG 的测试设置示例。

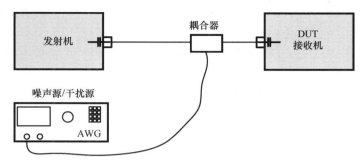

图 10.19　使用任意波形发生器（AWG）
作为噪声源/干扰器的抗噪性测试装置

10.6　测试经验

测试是汽车开发过程中不可或缺的一部分。作者希望分享他们在参与的各种通信技术开发项目中遇到的一些主要测试问题。这些问题涉及测试序列（见第 10.6.1 节）、系统意外行为（见第 10.6.2 节），以及"未发现错误"（是否理想？）的情况（见第 10.6.3 节）。

10.6.1　测试序列的陷阱

在为一款特定宝马车型的全景天窗开发电子控制单元的过程中，所有功能都基于测试序列进行了测试。该测试序列包括在 PC 上运行的一些测试程序，用于测试通信协议，以及一个针对需要机械和手动交互的项目（如防夹保护）的检查清单。基本的电气测试大约需要 1h，而基本的机械测试也需要大约 1h。而一些需要更具体机械应力的测试，则需要一个周末的时间来完成。

随后，最终的软件开发完成。在添加了一些不错的附加功能后，由于新代码已接近可用内存的极限，因此需要进行一些优化。经过这些修改后，按照测试序列对最终系统进行了测试。由于所有测试都已通过，因此订购了用于批量生产的 ROM。通常，开发 ECU 使用 EPROM 来适应整个开发过程中的更改，这些更改在批量生产 ECU 时更改为 ROM。

对于这次特定的开发，出现了一个问题：软件可以装入 EPROM，但无法装入 ROM，因为 ROM 需要一些额外的字节用于工厂测试程序，没有这些程序，就无法生产汽车。这些额外的字节仅约 32B，但不幸的是，这 32B 的空间并不存在。因此，软件进行了调整，并按照测试序列再次进行了测试。幸运的是，所有测试再次通过。

然而，当第一辆汽车生产出来时，工厂却无法完成最初的配置步骤。原因是生产过程遵循的序列与测试过程中遵循的序列不同。在优化过程中，为了减小代码大小，重新定义了一个变量。在测试序列中，为这个变量分配了一个有效值。但工厂遵循的序列使用了该变量的初始默认值，这导致配置电报产生了负面响应。这个问题通过补丁软件得以解决，该补丁软件是一个存储在 EPROM 中的短程序，原本是为了在需要修复防夹算法的情况下预留的。现在，这个 EPROM 被用来修复编程错误。

这段经历的总结是：以不同的顺序进行测试，而不仅仅是一个固定的序列，可能是一个好主意。并且，一如既往地，后期的更改会带来很大的风险，将全部内存用于生产软件（出于多种原因）并不是一个好主意。原本作为修复功能的 EPROM，最终成了该特定 ECU 的永久解决方案。然而，根据这一经验，宝马公司从 ROM 转为了只可编程一次（OTP）的内存，这样可以在生产过程中稍后阶段进行单独更改。

10.6.2　意外的系统行为

在系统开发过程中，它们会表现出特定的行为，这些行为要么是符合预期的（"系统工作正常"），要么是不符合预期的（"系统工作不正常"）。表 10.2 显示，这种系统行为可以与两个层次的理解相结合，即了解并理解系统行为的原因，或者不了解。这导致了四种不同的状态。

表 10.2　开发和测试中的系统行为选项

状态	系统工作正常	系统工作不正常
知道原因	1. 完美的工作/流程	2. 修理设备
不知道原因	4. 往往这样！	3. 分析原因

状态 1 到 3 在开发项目中是预期且常见的。状态 4 虽然看似是人为构造的，但往往确实存在！其主要原因通常是硬件或软件代际的变更，或是运行在不同硬件上的软件组件的变更。如果内部状态使用的接口没有被完全描述，那么它们通常也不会被测试，相应的差异也不会在任何测试过程中显现出来。然而，这并不意味着系统在所有情况下都能正常工作。如果在实际使用中触发了一个罕见的序列，导致不一致性，就可能会发生严重的错误。

一个例子是，虽然两个供应商的 PHY 具有略有不同的状态机，但使用了相同的通用软件实现。供应商 A 实现了一个具有十一个状态的硬件状态机。而供应商 B 为了增强额外功能，实现了一个带有两个额外状态的状态机。这些额外功能被认为是可选的，并不包含在通用软件中。当开发人员使用相同的通用软件从 PHY A 切换到 PHY B 时，新 PHY 在没有问题的情况下工作，直到在批量生产的汽车中出现了极为罕见的环境条件组合。结果是完全失效，需要上电复位。

根本原因是，当从供应商 A 切换到供应商 B 时，硬件开发人员从未与软件开发人员核实过供应商 B 新芯片的详细功能。最终，在开发和发布测试期间，ECU 工作正常，但原因却不得而知。

10.6.3　"未发现错误"

"未发现错误"的测试结果是最好的测试结果吗？答案是既对也不对。对，是因为它意味着所有测试都顺利通过，每个单独测试都取得了完美的结果。但是，如果多年以来，这一结果一直是测试报告的主要内容，而在实际应用中尽管测试结果是正面的，但仍观察到存在问题，那么这一结果的价值何在？测试结果的价值并非为零，但也不高。它反映出测试并未涵盖所有需要测试的方面（测试覆盖不足）。

这意味着，随着时间的推移，更新测试和跟踪测试效率是有益的。系统设计人员会根据之前的测试结果和实现情况来学习，并相应地更改其硅或 ECU 设计。每次更改通常都会创建出应测试的新项目。另一方面，长时间未受影响的测试项目可能会被删除或仅偶尔测试，以便保持测试工作量，并可以专注于新添加的测试，因为其中更有可能出现错误。也就是说，"未发现错误"可能仅仅是测试不充分或过时的结果，因此建议定期对测试程序进行审查。

10.7　参考文献

[1]　T. Kirchmeier, "Design and Qualification of Automotive Ethernet," in: Automotive Ethernet Congress, Munich, 2015.

[2]　M. Held, A. Marian and J. Reaves, "The Auto Industry's Growing Recall Problem and how to Fix it," January 2018. [Online]. Available: *https://www.alixpartners.com/media/14438/ap_auto_industry_recall_problem_jan_2018.pdf*. [Accessed 26 May 2022].

[3]　D. Hughey, "The Traditional Waterfall Approach," 2009. [Online]. Available: *https://www.umsl.edu/~hugheyd/is6840/waterfall.html*. [Accessed 26 May 2022].

[4]　Wikipedia, "V-Modell," 6 January 2022. [Online]. Available: *https://de.wikipedia.org/wiki/V-Modell*. [Accessed 26 May 2022].

[5]　A. Grzemba, MOST – The Automotive Multimedia Network, Poing: Franzis, 2011.

[6]　Wikipedia, "Agile Software Development," 26 May 2022. [Online]. Available: *https://en.wikipedia.org/wiki/Agile_software_development*. [Accessed 26 May 2022].

[7]　K. Beck, M. Beedle, A. v. Bennekum, A. Cockburn, W. Cunningham, M. Fowler, J. Grenning, J. Highsmith, A. Hunt, R. Jeffries, J. Kern, B. Marick, R. C. Martin, S. Mellor, K. Schwaber, J. Sutherland and D. Thomas, "Manifesto for Agile Software Development," 2001. [Online]. Available: *https://agilemanifesto.org/iso/en/manifesto.html*. [Accessed 26 May 2022].

[8] D. Hughey, "Agile Methodologies," 2009. [Online]. Available: *https://www.umsl.edu/~hugheyd/is6840/agile.html.* [Accessed 26 May 2022].

[9] Texas Instruments, "Data Sheet DS90UB954 FPD-Link III Deserializer," Dezember 2018. [Online]. Available: *https://www.ti.com/lit/ds/symlink/ds90ub954-q1.pdf?ts=1622752198110.* [Accessed 03 June 2021].

[10] K. Matheus and T. Königseder, Automotive Ethernet, Third Edition, Cambridge: Cambridge University Press, 2021.

[11] Wikipedia, "JTAG," 27 May 2021. [Online]. Available: *https://en.wikipedia.org/wiki/JTAG.* [Accessed 9 June 2021].

[12] J. Stanbridge, "Are you Ready for Evolution?," 4 September 2019. [Online]. Available: *https://www.jtag.com/wp-content/uploads/2019/09/Electronics_Weekly_Sep_2019.pdf.* [Accessed 27 May 2022].

[13] C. Mash, "The Need for Deep Packet Inspection in Automotive Networks," Marvell, 6 April 2018. [Online]. Available: *https://www.embeddedcomputing.com/application/automotive/vehicle-networking/the-need-for-deep-packet-inspection-in-automotive-networks.* [Accessed 06 June 2021].

[14] Juniper Networks, "Ethernet Interfaces User Guide for Routing Devices," 14 March 2022. [Online]. Available: *https://www.juniper.net/documentation/us/en/software/junos/interfaces-ethernet/interfaces-ethernet.pdf.* [Accessed 11 June 2022].

[15] Microchip, "KSZ8873MML," 2018. [Online]. Available: *https://ww1.microchip.com/downloads/en/DeviceDoc/KSZ8873MML-Integrated-3-Port-10-100-Managed-Switch-with-PHY-DS00002776A.pdf.* [Accessed 11 June 2022].

[16] Stack Overflow, "In any Program Doesn't 100% Statement Coverage Imply 100 % Branch Coverage?," 2 February 2012. [Online]. Available: *https://stackoverflow.com/questions/9119153/in-any-program-doesnt-100-statement-coverage-imply-100-branch-coverage.* [Accessed 11 June 2022].

[17] IEEE Computer Society, "802.3ch-2020 – IEEE Standard for Ethernet Amendment: Physical Layer Specifications and Management Parameters for 2.5 Gb/s, 5 Gb/s, and 10 Gb/s Automotive Electrical Ethernet," IEEE-SA, New York, 2020.

[18] ISO, "ISO/IEC 9646 Information Technology – Open Systems Interconnection – Conformance Testing Methodology and Framework Part 1-7," ISO, Geneva, 1994–1998.

[19] ISO, "ISO 21111-10:2021 Road Vehicles — In-vehicle Ethernet — Part 10: Transport Layer and Network Layer Conformance Test Plans," ISO, Geneva, 2021.

[20] ISO, "ISO 21111-11:2021 Road Vehicles — In-vehicle Ethernet — Part 11: Application Layer to Session Layer Conformance Test Plans," ISO, Geneva, 2021.

[21] ISO, "ISO 17987-6/7-2016: Road Vehicles – Local Interconnect Network (LIN) Part 6-7," ISO, Geneva, 2016.

[22] ISO, "ISO 17458-3/5:2013 Road Vehicles — FlexRay Communication System — PART 3/5," ISO, Geneva, 2013.

[23] ISO, "ISO 16845-1/2:2016 Road Vehicles — Controller Area Network (CAN) Conformance Test Plan — PART 1/2," ISO, Geneva, 2016.

[24] Wikipedia, "Specification and Description Language," 1 April 2021. [Online]. Available: *https://en.wikipedia.org/wiki/Specification_and_Description_Language.* [Accessed 30 May 2021].

[25] K. R. Avinash, P. Nagaraju, S.Surendra and S. Shivaprasad, "FlexRay Protocol Based an Automotive Application," International Journal of Emerging Technology and Advanced Engineering, pp. 50–55, May 2012.

[26]　A. Grzemba and H.-C. v. d. Wense, LIN-Bus, Poing, Gemany: Franzis Verlag, 2005.

[27]　H. Quentin, Versuchsmethoden im Qualitäts-Engineering, Braunschweig: Vieweg, 1994.

[28]　IEEE Computer Society, "802.3cg-2019 - IEEE Standard for Ethernet Amendment 5: Physical Layer and Management Parameters for 10 Mb/s Operation and Associated Power Delivery over a Single Balanced Pair of Conductors," IEEE-SA, New York, 2019.

[29]　IEEE Computer Society, "802.3bw-2015 - IEEE Standard for Ethernet Amendment 1 Physical Layer Specifications and Management Parameters for 100 Mb/s Operation over a Single Balanced Twisted Pair Cable (100BASE-T1)," IEEE-SA, New York, 2015.

[30]　IEEE Computer Society, "802.3bp-2016 – IEEE Standard for Ethernet Amendment 4: Physical Layer Specifications and Management Parameters for 1 Gb/s Operation over a Single Twisted Pair Copper Cable," IEEE-SA, New York, 2016.

[31]　IEEE Computer Society, "802.3bv-2017 – IEEE Standard for Ethernet Amendment 9: Physical Layer Specifications and Management Parameters for 1000 Mb/s Operation Over Plastic Optical Fiber," IEEE-SA, New York, 2017.

[32]　OPEN Alliance, "About OPEN Alliance," 2022, continuously updated. [Online]. Available: *https:// opensig.org/about/about-open/*. [Accessed 28 May 2022].

[33]　OPEN Alliance, "Automotive Ethernet Specifications," 2021, continuously updated. [Online]. Available: *https://www.opensig.org/about/specifications/*. [Accessed 31 May 2021].

[34]　Inova Semiconductor, "APIX2 Compliance Measurements," not known. [Online]. Available: *https://inova-semiconductors.de/files/daten/pdf/Support/APIX%20Compliance%20Measurement. pdf*. [Accessed 28 May 2022].

[35]　Automotive SerDes Alliance, "Technical Committees," 2022, continuously updated. [Online]. Available: *https://auto-serdes.org/technical-committees/*. [Accessed 28 May 2022].

[36]　electronics notes, "What is a Vector Network Analyzer, VNA: the Basics," not known. [Online]. Available: *https://www.electronics-notes.com/articles/test-methods/rf-vector-network-analyzer-vna/what-is-a-vna.php*. [Accessed 6 June 2022].

[37]　C. Donahue, "Challenges and Complexities of 10GBASE-T1 Automotive Ethernet Testing and Compliance Verification," in: Automotive Ethernet Congress, Munich, 2022.